后浪

印度佛教史

[日] 平川彰 著

庄昆木 译

北京联合出版公司
Beijing United Publishing Co., Ltd.

目　录

序一　平川彰及其《印度佛教史》…………………………… 1

序二　鉴往知来，学习佛陀的人间关怀

　　　溯源穷流，发挥菩萨之人本精神……………………… 5

译者序……………………………………………………… 10

自序………………………………………………………… 14

缩写表……………………………………………………… 16

前言………………………………………………………… 1

第一章　原始佛教………………………………………… 1

　第一节　佛教以前的印度　2

　第二节　佛陀时代的思想界　4

　第三节　佛陀的生涯　9

　第四节　教理　25

　第五节　教团组织　42

　第六节　原始经典的成立　49

　第七节　教团的发展与分裂　55

　第八节　阿育王的佛教　71

第二章　部派佛教……………………………………… 79

第一节　部派教团的分裂与发展　80

第二节　阿毗达磨文献　99

第三节　阿毗达磨的法的体系　111

第四节　世界的成立与业感缘起　134

第五节　业与无表色　143

第六节　烦恼的断尽与修行的进展　151

第三章　初期大乘佛教……………………………………167

第一节　阿育王以后的教团发展　168

第二节　贵霜时代的大乘经典　188

第三节　大乘佛教的源流　195

第四节　初期大乘经典的思想　211

第五节　初期大乘佛教的思想与实践　228

第四章　后期大乘佛教……………………………………241

第一节　教团的兴衰　242

第二节　龙树与中观派　258

第三节　第二期的大乘经典　278

第四节　瑜伽行派的成立　295

第五节　唯识的教理　312

第六节　如来藏思想　342

第七节　中观派的发展　359

第八节　瑜伽行派的发展　378

第九节　佛教逻辑学的展开　392

第五章　秘密佛教……………………………………………………425
第一节　秘密佛教的意义　426
第二节　原始佛教时代的秘密思想　429
第三节　从大乘佛教到密教　438
第四节　纯正密教的成立　451
第五节　中期与后期的密教　471

后记……………………………………………………………………493
校对者记………………………………………………………………495
索引……………………………………………………………………501
出版后记………………………………………………………………591

序一

平川彰及其《印度佛教史》

蓝吉富教授

十九世纪下半叶欧洲学术界所发展出来的佛学研究，为人类的佛教研究史开启了一片新的视野。从此，一种客观的、批判的、重视原典与史实的研究风气，逐渐弥漫到各国佛学界，并且逐渐扭转了亚洲佛教国家的传统佛教研究法；其中，受到最大影响的佛教国家是日本。

日本的传统佛教研究，所承袭的是中国汉传佛学传统。从七世纪初圣德太子的佛典注释开始，一直到十九世纪间各大宗派的义学体系及各家著述，大体都可以说是中国汉传佛学的承袭与衍生。这样的佛教研究传统是信仰式的，带有宗教感情而不能全然客观的；纵使有所批判也是局部的、有限的。这样的传统研究法当然无法重现原典（梵、巴文佛典），而仅能以汉语佛典为依据。此外，在史实考订方面，经文上的记录不能怀疑，必须肯定大乘经典是释迦牟尼亲口所说；偶有批判者（如富永仲基的《出定后语》）也无法蔚为学术主流。这样的研究立场、态度与风格，我们可以名之为“信仰式的佛教研究”。

相对于这种信仰式的研究风格，十九世纪以来欧洲所开启的方向，我们可以称之为“学术性的佛教研究”。日本佛学界开始意识到这种客观、批判与求真特质的重要性，是在欧洲佛学界形成这种学风之后不久。公元一八七六年，日本净土真宗大谷派的南条文雄被送到英国牛津大学研习梵文及欧洲学界所开启的学术性佛教研究法；公元一八八四年，南条回到日本，次年他在东京大学讲授梵语。这是日本佛学界从事客观性佛教研究的开始，也是在高等学府中开设梵语课程（客观性佛学研究的指标性课程）的开始。

此后，到欧洲学习这种研究法的日本学者愈来愈多，他们回日本后所造成的影响自是不可言喻。二十世纪日本各所公立大学所开设的佛学课程，以及日本各大佛教宗派所设大学之佛学课程，几乎清一色都以欧洲学界所开启的这种研究风格为导向。而承袭自中国汉传佛学的佛典诠释法及研究法，则逐渐退缩到各大宗派之中，成为传教弘法的内容，而无法在客观学术界争一席之地。

平川彰（公元一九一五～二〇〇二年）便是在这种学术背景之下成长的佛教学者。他承袭了南条之后学术界数十年的研究成果，在东京大学毕业后又曾到西德、英国及印度等地留学。丰厚的学术资源与宽广的国际学术视野，加上他本身的优秀条件，使他成为二十世纪下半叶的卓越佛教学者。

平川彰的博士论文是《律藏的研究》。其著作中最常被人讨论的是《原始佛教的研究》《初期大乘佛教的研究》与《印度佛教史》。这些著作的领域都在“印度佛教”范围内，而其所处理的主要问题也大体可以归入“历史学”范围。专业领域主要在印度佛教，所探讨的又多半是历史问题，具有这种学术背景所撰写完成的《印度佛教史》，其基本可信度应该是比无此条件者要高一些的。

当然，学术背景只是基本条件，我们还必须谈谈作品本身。

这部《印度佛教史》的最大特色是，作者总结了二十世纪七十年代以前学术界在印度佛教方面的主要研究成果。在这一基础之上，透过作者的抉择与取舍，并提出其独特的看法，然后组织、结构以形成此一通观印度佛教的历史著作。因此，检读这部著作，我们大体可以窥见近百年来国际学术界在“印度佛教”领域内，所注重的是哪些层面，所解决的又有哪些问题。如果我们能再注意每章所附的注释说明，则更能加强我们对印度佛教研究史的认识。

其次，本书是有关印度佛教的“通史”。“通史”的主要意义不只要通贯全史，而且所照顾的层面也要宽阔，要适度地掌握“大局”，而且要能贯串前因后果；在这方面，本书可以说是拿捏得宜的。全书从原始佛教论述到密教后期，也能注意到历史发展之承先启后的特质，让读者在展读过后，可以对印度佛教的发展与流变有一通盘、均匀而不偏倚的理解。此外，在论述主题方面，教义、教团、经论文献、历史人物等，作者也都能适当地诠释或批评。质言之，作者在通史体裁的运用上，可以说掌握得颇为得心应手。

研究印度佛教史的人还要面对的另一重要问题是历史分期。本书将印度佛教史分成原始佛教、部派佛教、大乘佛教（又分初期、后期）、秘密佛教四期。这是日本佛学界行之有年的分期法，但是与汉传佛学界并不一致。二十世纪汉传佛学界的二大巨擘吕澂与印顺，他们对印度佛教的分期法便与本书不同。吕澂的《印度佛学源流略讲》将印度佛学依序分为原始、部派、初期大乘、小乘、中期大乘、晚期大乘及余论等七期。其中他将部派佛学区分为前期的“部派”与后期的“小乘”二部分，而且对密教只在余论中以两三页篇幅稍稍提及。

至于印顺也有其独特的分期法。他在其《说一切有部为主的论书与论师之研究》序文中，将印度一千余年的佛教史分为“佛法”“大乘佛法”“秘密大乘佛法”三阶段，与吕澂、平川彰二氏都有不同。

印顺用“佛法”一词来概括“原始”与“部派”二时代的佛法，此中固有所见，但是“佛法”一词的通俗意义容易与此处之特殊意义相混淆。而吕澂对流传印度数百年之密教的有意忽视，虽然有其思想上之见地为依据，但仍难脱“有违客观史实”之评论。因此，平川彰之分期法虽然不甚细腻，但是以时代显学为宗，通俗易解，因此较易为学界所接受。

关于作者在本书中的特殊看法，可举上册第三章为例。他以为大乘教团的起源与佛塔信仰有关，大乘应出自非僧非俗的佛塔集团，而非出自小乘部派僧团；这一看法源自其另一著作《初期大乘佛教的研究》。这一见解的提出，曾引起国际佛学界的热烈讨论；台湾的印顺法师也曾撰文批评。

综合地看，这部书能译介到汉传佛教学术界是值得赞叹的。当前的汉传佛学界，并未形成严格的学术规格，佛学界的学术基准也言人人殊，并不精确。加上信仰式研究与学术性研究的界线不清，非专业研究者与专业研究者的互不认同，乃使长年来的研究成果良莠不齐。因此，在这时候多译介一些像平川彰这类纯学术性的名著进来，对国内学术基准的建立与学术共识的形成，应该是有益的，对客观的佛教研究，应该也会有正面的影响。

（本文作者为台湾佛光人文社会学院宗教学研究所副教授、“中华佛学研究所”研究员）

序二

鉴往知来，学习佛陀的人间关怀
溯源穷流，发挥菩萨之人本精神

惠敏法师

印度文明源远流长，约可上溯至公元前二千五百年，是人类精神文化的重要遗产之一。其中，印度佛教发展成世界性的宗教，佛法中“缘生缘灭”的宇宙论与“无常无我”的人生观，历久弥新，颇为现代社会注意与重视，广为各方人士学习与运用。

但是，由于佛教不是由“天启”（神的启示或旨意）而产生的宗教，典籍与教义有其发展的“自由度”。因此，佛教典籍浩瀚，只算传译至中国的印度佛典约有一六九二部（五千余卷）。佛教流派繁多，在印度有声闻乘二十部派，菩萨乘中观、瑜伽学派，以及金刚乘金刚界、胎藏界两部密教法门。佛教思想深广，可分为“我空法有”“诸法皆空”“空有双彰中道”三时教法，以及我法俱有宗、法有我无宗、法无去来宗、现通假实宗、俗妄真实宗、诸法但名宗、胜义俱空宗、应理圆实宗等八种宗义。

如何探索佛教的本质以去芜存菁，或舍“方便”取“真实”？如何究明各种法门的流变以截长补短、各尽其用？佛教起源于印度，流传成为国际宗教，乃至现代，但又为什么印度佛教却在十二世纪灭亡？这是攸关正确地理解与实践佛教的大课题，也是很高难度的目标，因为古印度是史籍史料比较缺乏的地区。

古来传译至中国或汉译的中国撰述的佛教史传资料被编辑在《大正大藏经》的“史传部”（第四九册～五二册）。其中，作为印度佛教史料类别有：佛典结集史、法住法灭史、部派史、佛教通史（《历代三宝纪》《佛祖统纪》《佛祖历代通载》……）、佛传（《释迦谱》）、阿育王传、印度祖师（马鸣、龙树、提婆……）传、《付法藏因缘传》等。但是，由于新史料史迹的发现与丰富的现代学术研究成果，有需要重新撰写合乎实证主义要求的印度佛教通史。

佛学界泰斗印顺法师在他的《印度之佛教》（一九四二年）序文中，叙述其研习印度佛教史的动机："深信佛教于长期之发展中，必有以流变而失真者。探其宗本，明其流变，抉择而洗炼之，愿自治印度佛教始。察思想之所自来，动机之所出，于身心国家实益之所在，不为华饰之辩论所蒙，愿本此意以治印度之佛教。"

一九八八年他又撰写《印度佛教思想史》，于自序中说明："一九六七年，我在《说一切有部为主的论书与论师之研究》'自序'中说：'在战乱中所写的《印度之佛教》，是用文言写的，多叙述而少引证，对佛教史来说，体裁是很不适合的，而且错误与空疏的也不少……我要用语体的，引证的，重写一部。'但直到现在，二十年的悠长岁月，《说一切有部为主的论书与论师之研究》以外，只写了《原始佛教圣典之集成》《初期大乘佛教之起源与开展》《如来藏之研究》《空之探究》，晚年衰病，'重写一部'——分为多少册的意愿，已无法达成，所以三年前，将《印度之佛教》重印出版。《印度之佛教》的错误与空疏，在上面几部写作中，虽已作部分的改正与补充，但印度佛教演变的某些关键问题，没有能作综合联贯的说明，总觉得心愿未了。现在据我所理解到的，再扼要地表达出来。

"'佛法'在流传中，出现了'大乘佛法'，更演进而为'秘密大乘佛法'，主要的推动力，是'佛涅槃后，佛弟子对佛的永恒怀念'。怀念，是通过情感的，也就可能有想象的成分；离释尊的时代越远，想象的成分也越多，这是印度佛教史上的事实。"

本书的作者平川彰（公元一九一五～二〇〇二年）教授是东京帝国大学文学博士，从公元一九八三到一九九一年担任日本印度学佛教学学会理事长、日本学士院会员、日本国际佛教大学理事长。其代表作为《律藏的研究》《初期大乘佛教的研究》《佛教通史》《印度佛教史》（上、下）等。在工具书编辑方面，有《阿毗达磨俱舍论索引（梵汉藏）Ⅰ，Ⅱ，Ⅲ》（一九七三年，一九七七年，一九七八年）、《印度学佛教学研究索引》（一九八七年）、《佛教汉梵大辞典》（一九九七年）等，并且推动成立"印度学佛教学论文资料库"（Indian and Buddhist Studies Treatise Database, INBUDS，一九八四年开始输入，一九九八年开始网络公开于 http://www.inbuds.net/）。近年来，教授整编所有著作为《平川彰著作集》十七册（东京春秋社），对日本学术界举足轻重，被尊为日本国宝级学者，也是国际知名的佛学专家。在教学、研究、推广教育等方面，精勤不断。他于二〇〇二年三月三十一日逝去，享年八十七岁。

我在日本东京大学留学期间（公元一九八六～一九九二年），有幸有几次亲聆演讲或讲课的机会，很佩服其诲人不倦、乐说无碍的讲学精神。去年（二〇〇一年）印度学佛教学学会五十周年纪念大会，教授已是八十六高龄，并且据说身罹癌症，但他在纪念晚宴时，仍然宝刀未老，侃侃而谈，高情逸态，四座无不动容，真是学者典范。平川彰教授数次来台学术交流，特别是在一九九七年七月台湾"中华佛学研究所"主办的"第三届中华国际佛学会议"期间，以"净土之现代意义"为题，担任主题演说者，广为当时的报章杂志所报导。

教授的《印度佛教史》以"原始佛教""部派佛教""初期大乘佛教""后期大乘佛教""密教"等五章，来论述印度佛教源流之生灭，令鉴往知来；并探究佛陀本怀与宗派发展，使本末有序。此书各种议题考名责实，参考资料巨细靡遗，内容条理分明，文笔深入浅出，不仅是学者专家之参考必备，也是初学大众的入门指南。本书是我研究生时期的佛学研究启蒙书，乃至今日身为教授，也常置于案头，以便教学与研究。

《印度佛教史》名重国际，是学术界经典之作，美国弗吉尼亚的 Paul Groner 教授（也是平川彰教授的高足）曾英译出版上册为 *A History of Indian Buddhism, From Śākya to Early Mahāyāna*（University of Hawaii Press，1990）。如今由庄昆木先生汉译全部，以飨华语世界的读者，可谓学术交流的一大庆事。庄先生目前就读于东京大学印度哲学研究所，他在台湾学习期间已有深厚的佛学与语文基础，博学多闻，古道热肠。在留学课业繁忙之际，有心译介如此名著，并且提供相关延伸阅读资料，以提升华文学术界水准，非常值得随喜赞叹。本人并补充下列两点，野人献曝，也谨作为序言之结语。

一、平川彰教授在《初期大乘佛教的研究》（一九六八年）、《印度佛教史》（一九七四年，一九七九年）“第三节 大乘佛教的源流——佛塔信仰与大乘”中对于印度佛教之大乘佛法的起源问题，提出“大乘教团不是出于出家的部派佛教，推想有‘非僧非俗’的佛塔教团，以说明菩萨团体的起源”的观点。对此，印顺法师之《初期大乘佛教之起源与开展》（一九八〇年）中论及：“果真这样，初起的大乘教团，倒与现代日本式的佛教相近。这一说，大概会受到日本佛教界欢迎的，也许这就是构想者的意识来源！不过，佛塔与出家的僧伽别体，佛塔非僧伽所有，是否就等于佛塔与在家人，或不僧不俗者一体？佛塔属于不僧不俗者的所有物？部派间真的不能交往吗？十善戒但属于在家吗？这些问题，应该作更多的研究！”（p.9）并且提出：“佛法”，是从“对佛的永恒怀念”而开显出来的（p.4)。“初期大乘经，决不是离开传统的部派佛教，由不僧不俗的第三集团所阐扬出来。起初是从部派佛教中，倾向于佛德、菩萨行的少数比丘，或重信，或重智，或重悲，多方面传出，渐渐地广大起来”（p.1302）。这是我们可注意所谓华人观点的回应之一。

二、印顺法师与平川彰教授一致认为：佛教不断地“密教化”，进而“印度教化”（梵神化、梵我化）是印度佛教衰亡的主因。印顺法师说：“大乘初兴，犹知‘正直舍方便，但说无上道’。而后起者，惑于菩萨方便之胜于二乘，举一切而融摄之。不知时空之适应，不知主客之势，不知常轨与变例。彼‘方便究竟’者，且举淫秽邪鄙为无上方便，遑论其余？佛教有谚云：‘方便出下流。’吾于佛教之梵化，有同感也。嗟乎！过去之印度佛教已矣，今流行于黄族间之佛教又如何？殷鉴不远，勿谓圆融神秘而可以住持正法也！”（《印度之佛教》p.332)

平川彰教授则说：“亦即在大乘佛教中，刚开始时咒术的成分很大，但这是为了回应民众的宗教要求，也有不得已之处……这种咒术的成分在大乘佛教中渐渐取得优势，而自公元六世纪左右起，密教逐渐兴盛。密教虽然也是佛教的一种，但其表相的仪礼与印度教几乎没甚么两样，因此若忘却了根本精神，只重视表相的仪礼的话，密教会完全消解于印度教之中……中国及日本的密教中，在表相的印度教仪式背后，佛教的空观思想成为支柱，因此密教并不失佛教的本质。但是在印度，佛教不断地密教化，进而印度教化的结果，终于完全失去了密教之所以是佛教的特征……佛教在初兴而充满朝气的时代，曾强力主张无我或空的思想，但随着时代变迁，在教理产生变化之中，渐渐与梵我思想同化，然后佛教在印度就失去了势力。佛教本来不是梵我说，这是佛教在印度灭亡的一大理由。”（p.5—9〔上〕）

最后，祈愿读者，鉴往知来，学习佛陀的人间关怀；溯源穷流，发挥菩萨之人本精神。

二〇〇二年九月一日　释惠敏　序于西莲净苑

（本文作者为台北艺术大学荣誉教授、法鼓文理学院校长）

译者序

本书是平川彰先生的《印度佛教史》(『インド仏教史』上册 1974 年、下册 1979 年，东京春秋社出版）的中文翻译本。原书再版时曾补入附记，并将目次改为详目。中文版为了阅读与流通的便利性，将上下册整合为一册，也在正文中标示出原书的页数，呼应书末的索引，以利读者查询。

本译作中，注释中的日本人名、书名与文章名，及参考书目，均用日本的汉字系统，且书名与文章名也保留原文，以便读者查询，而年代则统一以公元纪年。原书上册的梵文等有不明处，间或参考英译本（*A History of Indian Buddhism, From Śākya to Early Mahāyāna*, Paul Groner tran., University of Hawaii Press, 1990）添入，皆为便于读者理解，不一一注明。

虽然本书成书的年代早，而日本学界在这二三十年来在佛教研究上已有长足的发展，可是仍未出现比本书更完整的印度佛教史概论书，所以依然缺乏较新而简便的佛教史概论书来归纳近年研究上的进展，以弥补本书的不足。作为一部长期影响日本学界的通史，本书历久不衰，自有其价值与历史定位。加之平川彰先生在著书时，兼具资料的搜集与丰富的论述，读者能有个较梗概的了解，对初学者来说，也是一本生动而流畅的最佳读本。

近年，平川彰先生结集所著为《平川彰著作集》十七册（东京春秋社），在著作集中，有他对印度佛教的一些新看法，读者可以参酌阅读。平川彰先生一生的研究，主要集中在“法”与“律”上，对初期佛教较熟悉，而成果也都集中在法义和戒律的探究上。他对中后期的印度佛教比较不熟，加上七〇年代时，后期大乘、密教与藏传资料的研究不多，所以本书在这方面较少个人的创见。

关于本书的延伸阅读，即《平川彰著作集》，书名列于下，以供参考：

1.《法与缘起》
2.《原始佛教与阿毗达磨佛教》
3.《初期大乘佛教的研究》Ⅰ
4.《初期大乘佛教的研究》Ⅱ
5.《大乘佛教的教理与教团》
6.《初期大乘与法华思想》
7.《净土思想与大乘戒》
8.《日本佛教与中国佛教》
9.《律藏的研究》Ⅰ
10.《律藏的研究》Ⅱ
11.《原始佛教的教团组织》Ⅰ
12.《原始佛教的教团组织》Ⅱ
13.《比丘尼律的研究》
14.《二百五十戒的研究》Ⅰ
15.《二百五十戒的研究》Ⅱ
16.《二百五十戒的研究》Ⅲ
17.《二百五十戒的研究》Ⅳ

有关后期大乘佛教的梵文文献资料，较新的有塚本启祥、松长有庆、矶田熙文编著的《梵语佛典的研究Ⅲ 论书篇》（1990年，京都，平乐寺书店）、《梵语佛典的研究Ⅳ 密教经典篇》（1989年）可参考，不过这也是十余年以前的书了。在碑铭方面较新的研究有塚本启祥《印度佛教碑铭的研究》Ⅰ、Ⅱ、Ⅲ（1996—1998年，京都，平乐寺书店）。另外前几年高崎直道有一篇介绍近年学术发展的文章：高崎直道《最近十年的佛教学——佛教思想学会十年之际》（《佛教学》三六，1994年），介绍当时佛教学的研究动向，可供参考。

由于近三十年来西藏学的发展，使得后期大乘佛教与密教的研究有较显著的进展。不过梵文写本的研究还有许多空白，例如东京大学所藏的河口慧海与高楠顺次郎收集的梵文文献，其使用率偏低。其中很多是密教典籍，而且文献所使用的字体都依写本年代而有所不同，增加了辨识阅读的困难。总之，虽然后期大乘佛教与密教的研究已有所进展，但要到达全面解明的地步还需要相当的时日。

本书的密教典籍书名之汉译，多依大谷大学监修《大谷大学图书馆影印北京版西藏大藏经总目录・索引》（1985 年，临川书店，此依日本西藏大藏经研究会影印版《影印北京版西藏大藏》总目录三册缩刷复刻），因为此总目录是以日译为主，并未完整附有汉译经名，所以在本书中酌情加以汉译。

而新书的出版书讯，有佛教书总目录刊行会《佛教书总目录》，每年刊行新版目录。网址为：http ：//www.bukkyosho.gr.jp/。

在平川彰先生的《印度佛教史》中未列出引用书籍或文章的出版社资料部分，读者可从网络上取得相关讯息，其中设于东京大学的印度学佛教学学会有论文资料库，网址如下："INBUDS インド仏教学論文データベース（Indian and Buddhist Studies Treatise Database）"，http ：//www.inbuds.net/jpn/index.html/。

另外在书籍杂志方面，东京大学藏书检索的网址是：http ：//opac.dl.itc.u-tokyo.ac.jp/。

还有日本国立情报学研究所提供的全国大学图书藏书的资料库检索网址（编者按，最新的 CiNii 大学图书馆目录检索网址为：http ：//ci.nii.ac.jp/）。

透过这些资料的补强，应该可以补足本书在文献资料上的不完备之处。

2001 年 5 月，东京大学的下田正弘助教授参加在斯坦福（Stanford Center for Buddhist Studies, Palo Alto and Asilomar）举办的"初期大乘佛教讨论会"（Early Mahāyāna Conference: Investigating the Early Mahāyāna），译者在听完下田助教授的归国报告之后，深深感到遗憾的是，与会的十七人中，除了三位日本人、一位韩国人外，其他都是西方的学者，没有任何一位华人参与；也就是说在佛教的理解上，现代华人的缺席成为一个令人不得不反省的深刻问题。虽然不一定要赞成学者的意见和做法，但是不去了解别人在想什么，不与人沟通，连自己都不重视自己的发言权，还会有谁愿意理会呢?

因近代中国的印度学尚未完全成熟，所以译者不揣谫陋进行翻译，疏漏之处似不能免，尚祈十方贤达的宽宥。竭尽绵薄之力的期许，是希望本书的翻译出版，能抛砖引玉，有助于华人在佛教研究上的进展，而对过去曾是印度学、佛教学大国的中国，能有所激励和助益，在近代化上能有比较深刻的思考，以思索自己应走的道路。

译者谨识于东京之客寓

自序

印度正如一般所说的，是缺乏历史的国家，确实的年代数据可说几乎完全没有，因此要撰写《印度佛教史》的确很勉强；但因为就历史的发展去理解印度佛教是很重要的，所以有必要在尽可能的范围内达成这个计划。

明治时代以后，不论在日本或在西洋，印度佛教的研究取得了长足的进展，历史研究的成果也不在少数。基于这些成果，而有印度佛教史、印度哲学史、印度精神史、印度思想史等书籍出版。本书试图效法这些前贤，以至今为止的印度佛教研究成果为依据，尽可能试着就历史的发展来叙述印度佛教。所述虽然尽量顺从学界的定说，然而未成定说的问题也不少，例如“佛灭年代论”等即是。若依锡兰（编者按：今斯里兰卡的旧称）的《岛史》等史籍，部派教团的枝末分裂早在阿育王以前就已经结束；即意味着阿育王是部派佛教割据时代的人物。相对地，若依
（i）上 北传佛教，则是阿育王即位以后部派才产生分裂。这并不只是“阿育王是在部派分裂之前或之后出现”的问题而已，而是会使得对当时佛教教团发展史的看法因此而完全改观。在本书中，著者随顺能合理理解佛教历史发展的年代论，然而因为这并不是定说，所以当然也不得不承认其他看法成立的可能性。

除此之外，在印度佛教中，像这样的问题并不在少数，因此要编纂标准的印度佛教史可说是不可能的。在这种情况下，虽然并举异说似乎也是方法之一，但本书则顺着著者自认妥当之说，而呈现单一的佛教史。不过因为本书是概论书，所以避免一一论证本书所采用的论据。作为论述根据的经论文章的出处，也以括号中的《大正大藏经》的卷数与页数，或巴利圣典学会（P.T.S.）发行的巴利圣典来表示，或者也有标示作为叙

述典据的学者成就，但这样并不能全部网罗殆尽；有不少地方是为了初学者研究之便而标示的。

本书原本是打算写到日本佛教为止，因此以简单的叙述与列出参考书的方式来撰写，但时值东京大学处于大学学运期间，时间并不规律，而无法顺利掌握全体的平衡，结果在撰写之中，仅是印度佛教史就分为上下二卷，而放弃了中国佛教史、日本佛教史的撰写。印度佛教史的叙 上（ⅱ）
述方式也有前后不一贯的地方，不过本书致力于两点：以流畅而连贯的流变来掌握印度佛教史，及希望本书成为初学者也能理解的平易近人的佛教史。因此关于自原始佛教到部派佛教的教团史的展开、初期大乘佛教兴起的情形，或大乘诸经典的内容等，给予比较详细的说明，而关于部派佛教的教理、中观派、唯识佛教，或如来藏思想等，也着力于平易近人的说明。所以龙树以后的佛教叙述的分量增大，而将这些作为下卷。

本书的完成，当然蒙受至今为止的诸学者的恩惠，但无奈的是，印度佛教史相关的研究成果太庞大了，著者理解所得的也只不过是这些成果的一小部分而已。想必本书在内容上也有意想不到的错误，但愿能得到读者的指正，让此书尽可能近于完善。此外，对有关本书的完成，长期给予著者督促鼓励的春秋社神田竜一先生，及在出版上给予关照的日隈威德先生，于此谨致上诚挚的谢意。

平川　彰　识

一九七四年六月一日 上（ⅲ）

缩写表

AN.	Aṅguttara-Nikāya	（增支部）
DN.	Dīgha-Nikāya	（长　部）
KN.	Khuddaka-Nikāya	（小　部）
MN.	Majjhima-Nikāya	（中　部）
SN.	Saṃyutta- Nikāya	（相应部）
Sn.	Suttanipāta	（经　集）
VP.	Vinaya-Piṭaka	（律　藏）
GOS	Gaekwad's Oriental Series, Baroda.	
HOS	Harvard Oriental Series, Cambridge（Mass）.	
IHQ	The Indian Historical Quarterly.	
JA	Journal Asiatique.	
JRAS	Journal of the Royal Asiatic Society, London.	
WZKM	Wiener Zeitschrift für die Kunde des Morgenlandes.	
WZKSO	Wiener Zeitschrift für die Kunde Süd-und Ostasiens.	

VP. 以外的巴利语原典皆根据巴利圣典学会（P.T.S.）之原典。

T（大正）《大正新修大藏经》（卷数，页数，上·中·下栏）

《印佛研》《印度学佛教学研究》（卷数，号数）

南传　　《南传大藏经》

前　言

印度佛教是什么

佛教是起源于印度、发展于印度的宗教，所以似无特地称为印度佛教的必要。后来佛教越过印度边境，扩展至全亚洲，而发展出南传佛教、西藏佛教、中国佛教、日本佛教等各具特色的佛教。这些佛教的发展渗入了各地域的民族与风土的特色；相较之下，印度佛教也有其他佛教所未见的特色，所以就有了“印度佛教”之称。印度佛教相较于中国或日本佛教，由于气候风土不同，因此在修行生活上有很大的差异。修行生活既然不同，理所当然地也反映在教理上。就这一点而言，南传佛教（锡兰、缅甸、泰国佛教）的气候风土与印度本土相似，因此南传佛教与印度佛教在生活方面有很多类似的地方。总之，如果是以地域来区分，则对于佛教全体可见的共通普遍性，及各个地域的佛教所具有的特殊性，似乎非加以阐明清楚不可。在此想先简单地概观印度佛教与中国或日本佛教相异的特殊性格。(3)上

佛教是由释尊（释迦牟尼、乔达摩·悉达多）于公元前5世纪开创的宗教。释尊出生在北印度靠近尼泊尔的释迦国，出家后来到中印度恒河南岸地区的摩竭陀国，然后在此地修行，在35岁时得到佛陀（觉悟的人）的自觉。他将这一自觉表达为“觉悟不死”，也表明“发现了自苦解脱之道”。人生中虽有种种的苦，但对死的怖畏是其中最严重的，因此觉悟了解决人生苦恼的真理，才以“觉悟不死”来表现。这里显示出一种确信：

即使佛陀的身体在80岁时消灭，心也与永恒的真理合一。无论如何，既然人生的苦恼是人永远的课题，在对这些课题的回应中，由苦解脱之道显然拥有最深的普遍性，因此佛教能一直流传到现代。但若是如此，为什么佛教在印度却灭亡了呢？

公元前5世纪起源于中印度的佛教，在佛陀入灭之际，还只不过是流行于中印度的地方教团而已。此后，经由佛教弟子的努力，首先传播至西方及南方。在公元前3世纪的阿育王时代，因阿育王的皈依，佛教急速地扩展于全印度。但是随着教团的扩大、人数的增加，对于教理的解释或戒律的实践，在教团内产生了对立的意见，原始佛教教团分裂为两派，然后成立了进步的大众部与保守的上座部。其后，两者皆发生了枝
上(4) 末分裂，因此最后出现许多部派教团，进入所谓的部派佛教时代。一般传说部派分裂成十八部或二十部，但根据碑文，可以知道有二十部以上的部派名称。其中，上座部系的上座部、说一切有部、正量部、经量部，大众部系的大众部等占有优势。在公元前后之际大乘佛教兴起时，被大乘攻击的"小乘佛教"，主要似乎是说一切有部。说一切有部不只是教团势力强大，同时在教理上也提出一套卓越的体系，拥有能与大乘佛教相抗衡的出色教理。

总之，佛教分裂成许多部派，而且各个部派皆被公认是佛教，这是由于佛教本来就重视个人的自由思考和觉悟。也就是说，佛教是一个自觉的宗教。在《文殊问经》里曾解释部派佛教的分裂：有二十位佛的真子解释佛陀的教法，解释虽有分歧，但全都在传承佛陀的真正的教法。（译者按：原经文作"未来我弟子有二十部能令诸法住，二十部者并得四果，三藏平等无下中上，譬如海水味无有异，如人有二十子，真实如来所说"。）而在《南海寄归内法传》中，亦有将金杖折为十八段的譬喻，认为即使分为十八部，佛教的本质并未改变。而部派佛教能这样互相认定其他部派同样是佛教，是佛教并非立足于盲目信仰的缘故；这点固然是佛教出众的特色，但却同时也是使教团容易出现异说，进而使佛教的主体性削弱的理由之一。佛灭五百年后左右，顺应时代的大乘佛教虽然兴起，但其中却含有种种原始佛教中所未见的杂质。当然佛陀的精神既

未失却，依不同的观点，也可以说大乘佛教适应新时代，能依时代而善 （5）上
加活用佛陀精神；但是如果着迷于那些杂质，于时代再次转变之时，则有使佛陀的思想变得极为稀薄的危险性。

亦即在大乘佛教中，刚开始时咒术的成分很大，这是为了回应民众的宗教要求，而有不得已之处。在《般若经》里则强调，受持《般若经》能免除危难，而称《般若经》为大明咒、大神咒；《法华经》中也宣称信仰观音菩萨能免除灾害。与此相关的是，大乘经典中陀罗尼的信仰增大了。这种咒术的成分在大乘佛教中渐渐取得优势，而自公元6世纪左右起，密教逐渐兴盛。密教虽然也是佛教的一种，但其表相的仪礼与印度教几乎没什么两样，因此若忘却了根本精神，只重视表相的仪礼的话，密教会完全消解于印度教之中。印度教与密教同为印度的宗教，所以二者在印度较容易融合。相形之下，中国佛教、日本佛教、南传佛教等，则是移植到不同国土的佛教，因此印度的东西①，乃至佛教的本质，并不容易与当地的文化融合，结果是佛教的特色被显著化，反而保存了下来。这在比较中国或日本的密教与印度的密教时，也可以说得通。中国或日本的密教中，在表相的印度教仪式背后，佛教的空观思想成为支柱，因此 （6）上
密教并不失佛教的本质。但是在印度，佛教不断地密教化，进而印度教化，结果终于完全失去了密教之所以是佛教的特征。

初期的大乘佛教，除了《般若经》《法华经》《华严经》等之外，也包含了阿弥陀佛的信仰等，是极为多彩的宗教。之后自公元2世纪左右起，将这些经典加以理论化，且立足于空观的中观派成立了。但由于一开始并没有与它相对的第二个学派，所以并未特别称之为中观派，这个名称的产生，应是在瑜伽行派兴起之后才有的。瑜伽行派在中观派百年之后成立，立足于唯识思想。自此之后数百年间，是这两个学派并立的时代，但是在瑜伽行派兴起之前，宣说唯识思想及如来藏思想的经典，即《解深密经》《如来藏经》《胜鬘经》《涅槃经》等，已经著述流传。而中观、瑜伽两学派并立的同时也互相影响，随着时代的变迁互相融合，

① 日文原文为“もの”，除“东西”外，本书中也译为“法”等。——编者注

其间两者也一起密教化了。另外，在大乘佛教兴起之后，部派佛教也很兴盛，这由公元 5 世纪初朝礼印度的法显的《佛国记》，或 7 世纪前半留学印度的玄奘的《大唐西域记》，及继踵其后的义净的《南海寄归内法传》等书的记载可以明白。而且不论任何时代，部派佛教都较大乘佛教占优势。特别是义净（公元 635—713 年）停留印度时，大乘佛教与小乘
上(7) 佛教间的区别变得相当含糊，似乎极为融合，由这时起，密教急速地盛行。总之，大小乘都已密教化，而随着印度教的兴盛与回教徒攻入印度，佛教失去了原有势力。至 12 世纪末超岩寺（Śrī–vikramśilā，或作超戒寺〔Vikramaśīla〕）被回教徒烧毁后，佛教就从印度灭亡了。但佛教也并非完全灭亡，其后仍继续存于孟加拉地区，现在东孟加拉地区还存有少数自古以来的佛教徒。

总之，在回教徒攻入印度以后，印度教仍维持庞大的势力，而耆那教的信徒虽少，但却从未灭亡。相对地，一时有“佛教印度”之称而遍及印度全境的佛教，其灭亡的理由为何？

如上所述，使佛教教理渐渐变质的最大理由，是佛教并未排斥和打击其所确立的固有教义以外的种种见解；但这绝不意味这是不正确的。因为各人的能力不同，时代也不同，故顺应时机而宣说不同的法；从这一点看来，也可以说释尊的教法完成其使命，而在某个时候消灭，这种时机的到来是不可避免的。在佛教教团之中，自古即有正法灭时，或有正、像、末三时的看法等，即是反映这种观点。

但并非只有佛教没有严格地宣传其教义，印度教也是一样。印度教的代表圣典《薄伽梵歌》（*Bhagavad Gītā*，神之歌），即可予以相当自由的
上(8) 解释。印度教并未严格建立教义，故而佛教在印度的消灭，应当也有其他理由，其中一大理由在于佛教否定了“梵我”（ātman，アートマン）。佛教从原始佛教以来即主张“无我”，这与印度传统的梵我宗教对立。梵我的存在与轮回思想有密切的关系，而轮回思想可说已成为印度人的血肉，所以佛教在印度也接受轮回思想，基于轮回思想发展教理。然而释尊的佛教并非不认同轮回思想，当然也并非与轮回思想相矛盾，因为所谓自苦得解脱是意味着，生存若是轮回的，则是要自此生存的轮回中解

脱出来，所以佛教没有积极地抨击轮回的必要。因此轮回思想虽也流入佛教中，但佛陀的目的却是自轮回中解脱。

不过，如果认同轮回思想，则须有轮回的主体。因此在佛教里，一边说无我，同时也须认定轮回的主体与梵我是不同的形态。唯识思想的阿赖耶识、如来藏思想的如来藏或佛性等，都是与梵我极为类似的观念。而部派佛教中主张机械式无我的说一切有部也逐渐失去势力，主张某种“我”（ātman）的补特伽罗（pudgala，ふとがら，人我）之正量部，其势力在后代变得非常强盛。这些可以由玄奘或义净的旅行记得知。比起说一切有部，那时正量部更盛行于印度全境。佛教在初兴而充满朝气的时代，曾强力主张无我或空的思想，但随着时代变迁，在教理产生变化当中，渐 （9）上
渐与梵我思想同化，然后佛教在印度就失去了势力。佛教本来不是梵我说，这是佛教在印度灭亡的一大理由。同时，印度佛教是与轮回思想结合的佛教，这一点是印度佛教的特色。中国或日本佛教都是印度佛教的移植，所以表面上虽然接受轮回思想，但本质上并不是以轮回思想为主体的佛教，因为中国人或日本人自古以来的灵魂观并不是基于轮回思想而有的。当然关于这一点似有必要更加详细地论述，不过由于偏离主题所以省略。在此只指出两点：佛教的目的是“自苦解脱”，与印度佛教是轮回思想的佛教。

印度佛教史的时代区分

在本书中，将分原始佛教、部派佛教、初期大乘佛教、后期大乘佛教、密教五章，来论述印度佛教史。前半的原始佛教、部派佛教、初期大乘佛教收为“上册”（编按：日文版分上、下两册出版），后期大乘佛教与密教则收于“下册”。在第一章的“原始佛教”里，将用心阐明佛陀的思想，并致力于通过阐述佛陀的传记及教团的成立，勾勒出原始佛教的轮廓。佛灭后，佛教教团逐渐发展，虽然其资料极为有限，仍依这些资料来考察直到阿育王为止的佛教教团发展，并以叙述阿育王的佛教作为第一章的结束。从内容来看，阿育王的佛教并不归入其后的部派佛教， （10）上
而是与原始佛教同质的佛教，因此将其收入第一章。

原始佛教教团在佛灭百余年后分裂成上座部与大众部，其后两者产生枝末分裂，进入所谓的部派佛教时代。部派佛教在教理上称作阿毗达磨（论藏）佛教，拥有与原始佛教相异的成分，因此一般区分为原始佛教与部派佛教。虽然部派佛教在此后一千年间仍持续存在，但其独自的教理的发展却已在最初的三百年间完成，即西历公元前后之际的三百年。不过部派佛教虽传为共十八部或二十部，实际上似乎还有更多。这些部派的成立年代并不相同，而我们能大体确实知道的部派佛教教理，只有说一切有部与锡兰上座部的；其他部派的教理，所知只不过是一小部分。而在西历公元以后变得盛行的经量部与正量部，似乎发展出卓越的教理，但遗憾的是并不清楚这些教理的详情。无论如何，部派佛教持续了一千年以上，公元 671 年左右义净到印度时，尚有上座部、说一切有部、正量部、大众部等盛行；其后渐渐与大乘佛教融合，而同时密教化，不过那时候部派佛教的具体状况不明。

与部派佛教并列而在公元前后之际兴起的，即是大乘佛教。在公元前 1 世纪，大乘经典也许已经存在了。大乘佛教是强力地提出空的思想的佛
上(11) 教，这一特质与阿毗达磨佛教不同。空的思想早已存在于原始佛教，但大力提出这点的却是大乘佛教。大乘佛教并不是以弟子的立场来学习的佛教，而是向往佛陀的行迹，立足于和佛陀相同的立场而欲救度众生的佛教。大乘佛教称部派佛教为“声闻乘”，声闻即是弟子的意思；因此由学习立场的佛教转换成教导立场的佛教，即是大乘佛教。大乘佛教采用佛陀修行时代的称呼，以所谓“菩萨”（追求觉悟的人）来称呼自己，而称自己的教法为“菩萨乘”。这种声闻乘与菩萨乘的对立，后来转化成小乘与大乘的对立。总之，从公元前 1 世纪左右起，无名的菩萨们著述了大量的大乘经典；这是公元前到公元后大约两百年间的时代。第三章的“初期大乘佛教”里，即要叙述大乘佛教的起源问题，与初期大乘经典的思想。

第四章的“后期大乘佛教”中，则叙述公元 2 世纪以后兴起的中观派的思想，及其后的瑜伽行派的思想，亦即唯识思想，及与唯识并行出现

的如来藏思想等，更考察继踵其后的因明学[①]之发展。中观派后来分裂成自续派（Svātantrika）与应成派（Prāsaṅgika），而这两派后来又与瑜伽行派合流，形成瑜伽行中观派等，中观派或瑜伽行派的论师同时也变成是密教的论师，但是并不清楚在六七世纪盛行的密教与后期大乘佛教之间的关系。（12）上

最后一章要叙述密教。但密教留下数量庞大的经典，而且大部分未经整理，所以真正的密教研究只能指望日后。在密教的研究上，印度教的研究是不可或缺的，而且在密教的理解上，不只是理论，对事相的研究也是不可欠缺的。由这几点来看，可知密教的研究是非常困难的。总之，密教自称为“密教”，而称在其之前的大乘佛教为“显教”，以和自己作区别。因此很明显地，密教拥有与大乘佛教相异的特质，所以将密教作为第五章，并且在尽可能的范围内试着概观密教的教理。

如上所述，虽将印度佛教作历史的区分，此外也有依据王朝的时代区分来叙述的作法，然而这里主要是以说明佛教教理的发展为主，所以采用如上 5 种区分法。公元前 5 世纪左右到公元后 10 世纪以后的时期中，虽然佛教长期活跃于印度，然而在整个印度史当中也只占约一半而已。一般的印度史中，将自土耳其系的穆斯林攻入印度（11 世纪左右）起称作中世，在此之前称为古代，将自英国人的印度殖民（18 世纪左右）起视为近代。如果以这种时代区分来说，“佛教印度”主要是属于古代，因此有必要留意的是，如果只研究佛教及其同时代的印度哲学思想，只不过是了解印度思想的一半而已。（13）上

参考书目

宇井伯寿『印度哲学史』(大本，小本)，1932，1936 年。

宇井伯寿『仏教思想研究』，1940 年。

宇井伯寿『仏教汎論』上，下，1947，1948 年。

竜山章真『印度仏教史』，1938 年。

赤沼智善『仏教教理之研究』，1939 年。

① 日文原文为『論理学』，本书中根据不同情况译为因明学或逻辑学等。——编者注

赤沼智善『仏教経典史論』，1939 年。
金倉円照『印度古代精神史』，1939 年。
金倉円照『印度中世精神史』上，中，1949，1962 年。
金倉円照『印度哲学史要』，1948 年。
金倉円照『インド哲学史』，1962 年。
宮本正尊『根本中と空』，1943 年。
宮本正尊『大乗と小乗』，1944 年。
宮本正尊『中道思想及びその発達』，1944 年。
宮本正尊編『仏教の根本真理』，1956 年。
中村元『インド思想史』，1956 年。
中村元『インド古代史』上，下，1963，1966 年。
山田竜城『梵語仏典の諸文献』，1959 年。
山口益，横超慧日，安藤俊雄，舟橋一哉『仏教学序説』，1961 年。
山口益『仏教思想入門』，1968 年。
山口益「インド仏教破析の一遠因」（『山口益仏教学文集』上，1972 年）。
渡辺照宏『仏教のあゆみ』，1957 年。
水野弘元『仏教とはなにか』，1965 年。
岩本裕『インド史』，1956 年。
山本達郎編『インド史』，1960 年。
T. W. Rhys Davids: *Buddhist India*. London, 1903.
Sir C. Eliot: *Hinduism and Buddhism*. 3 vols, London, 1921.
E. J. Thomas: *The History of Buddhist Thought*. London, 1933.
E. Conze: *Buddhism: its essence and development*. Oxford, 1951.
E. Conze: *Buddhist thought in India*. London, 1962.
L. Renou, J. Filliozat: *L'inde classique*. Tome II, 1953.
É. Lamotte: *Histoire du bouddhisme indien*. Louvain, 1958.
P. V. Bapat: *2500 years of Buddhism*. Delhi, 1959.
A. Bareau: *Der indische Buddhismus*. Stuttgart, 1964.
E. Frauwallner: *Die Philosophie des Buddhismus*. Berlin, 1969.
R. C. Majumdar, H.C. Raychaudhuri, Kalikinkar Datta: *An advanced History of India*. London, 1965.
上(14) D. D. Kosambi: *The Culture and Civilisation of Ancient India in Historical Outline*. London, 1965. (山崎利男訳『インド古代史』，1966 年。)

第一章

原始佛教

第一节　佛教以前的印度

为了理解佛教，似乎有必要将佛教之前的印度宗教思想作一说明。建立印度文明的是雅利安（Ārya）人，他们越过兴都库什山（Hindūkush）之险阻进入印度，是在公元前 1500 年左右；但在此之前已有原住民族居住于印度，即所谓的文荼（Muṇḍa）人、达罗毗荼（Draviḍa）人等。特别是达罗毗荼人，人口多，又拥有相当高度的文化，所以即使为雅利安人所征服，沦为奴隶阶级而被吸收到雅利安人的社会系统中，也对印度文化的形成给予了有形无形的影响；尤其是宗教思想的女神、蛇神和树木崇拜等，对后世印度教的形成有重大的影响。

达罗毗荼人与雅利安人混血而成为印度人，然而现在的印度半岛南部仍有较纯粹的达罗毗荼人生存，还使用达罗毗荼系的语言。不过在雅利安人入侵以前，已有其他民族居住在印度河流域，建立了印度文明
上(17)（Indus civilization），这大约是在公元前 2000 年的前后一千年间。这个已有文明活动的地方，以印度河流域的哈拉帕（Harappā）及摩亨约陀罗（Mohenjo-daro）两都市较有名；根据其后的挖掘研究，知道这一文明分布在更广阔的地域。由出土文物可知这一民族拥有青铜器文明，且建立了井然有序的都市。出土文物中与宗教相关的物品，有不少与后世的印度教关系颇深，然而这一文明在广大的地域持续了一千年，之后突然完全消失，因此并不清楚这个民族和其后印度文化的发展究竟是如何结合的。

入侵西北印度的雅利安人在印度河上游的旁遮普（Pañjāb）地区定居下来，成立了以《梨俱吠陀》（*Ṛg-veda*）为中心的宗教（在公元前 1200 年左右），主要是以天空、雨、风、雷及其他自然界力量为神祇而崇拜的多神教。之后从公元前 1000 年左右起，雅利安人更向东推进，占据了阎牟那河（Yamunā）与恒河（Gaṅgā）之间的肥沃土地。这地方因土地肥沃而物产丰富，也无外来侵略的敌人，所以在长久的和平中发展了丰富的文化；

后世成为印度文化特征的种种制度，大致是在这个时代（约公元前 1000—前 500 年）确立下来的。紧接着《梨俱吠陀》，到公元前 1000 年左右成立了《沙摩吠陀》（*Sāma-veda*）、《夜柔吠陀》（*Yajur-veda*）、《阿闼婆吠陀》（*Atharva-veda*）三吠陀，继而完成了说明祭祀方法的梵书（Brāhmaṇa，（18）上
公元前 800 年左右），及哲学思索的成果奥义书（Upaniṣad，公元前 500 年左右）等文献。

这时代的雅利安人分部族而生活，以农耕、畜牧为主，但工商业也日渐发达，可是大都市尚未成立。随着职业分化的进展，也确立了四姓（varṇa）之差别，即主持祭神之祭礼的婆罗门阶级（Brāhmaṇa），统率军队而从事政治的王族阶级（Kṣatriya，刹帝利），在其下从事农耕、畜牧、商业、手工业等的庶民阶级（Vaiśya，毗舍），及被赋予侍奉以上三个阶级的义务的奴隶阶级（Śūdra，首陀罗），这成为后来多歧分化的种姓（caste）制度的根源。在不同的阶级之间，不能结婚及一起饮食。

随着雅利安人的发展，引起了部族间的对立及统合；小部族逐渐被统合，发展成推戴拥有独裁权的王（rājan）的王国。部族的战争中，以当时最强的部族婆罗多族（Bhārata）与普鲁族（Pūru）之间的战争最有名，最终被写成大史诗《摩诃婆罗多》（*Mahābhārata*）而流传后世。当时的国王以毗提诃国（Videha）的旃那迦王（Janaka）最有名。毗提诃位于远离婆罗门教的“中国”（阎牟那河与恒河之间的国土）之东方，亦即雅利安人已由“中国”向东方发展，扩展到了恒河的中游地带。随着国土的扩大，王族的势力也强盛起来，而与原住民的接触、融合更深一层，产生了与西方的婆罗门中心的文化相异的王族中心的思想文化。佛（19）上
教的开创者乔达摩，正是出现在这个时代。

参考书目

辻直四郎編『印度』，1943 年。
辻直四郎『ヴェーダとウパニシャッド』，1953 年。
辻直四郎『インド文明の曙』，1967 年。
辻直四郎『リグ・ヴェーダ讃歌』（岩波文庫），1970 年。
以及“前言”所列的参考书籍。（20）上

第二节 佛陀时代的思想界

佛教的创始者乔达摩（Gotama）出生于公元前500年左右，这时代的中印度正处于社会、思想的转换期。佛陀出生于这个社会的变革期，可说是佛教在全印度能顺利发展的一个理由。北印度虽信奉吠陀的宗教，尊重婆罗门的权威，但在中印度新开发的地区，婆罗门的权威则尚未确立。这地区武士阶级的势力还很强盛，婆罗门则甘居下位。

雅利安人自北印度向中印度发展的过程中，小部族逐渐被统合起来，王国也跟着变化。当时中印度有“十六大国”，这些国家又再统合成更少的王国。特别是占有中印度西北方的憍萨罗国（Kosala，以舍卫城〔Śrāvastī〕为首都），和占据恒河中部之南方的摩竭陀国（Magadha，以王舍城〔Rājagṛha〕为首都〕，是当时最强大的国家。尤其是摩竭陀国，
上(21) 虽是当时的新兴国家，但最后统一全印度，开创了印度第一个王朝；以农产品为主的丰厚财力，或许是摩竭陀国强大的有力因素。总之从这时起，严密定义下的王者（rājan）出现了，而王者的权威也受到重视。

恒河流域酷热多雨，农产物丰富，出现了以农耕为主的农民及地主。随着物资的丰富，工商业及手工业跟着繁盛，都市也发展了起来，于是商人及手工业者们组织了商队或公会，商人之首的长者商主阶级（śreṣṭhin，seṭṭhi）也出现了。当时的政治及经济关系在变化，古老的阶级制度日渐崩坏。接着婆罗门阶级的权威不再受重视，意味着吠陀的自然崇拜宗教已经失势。经历了奥义书梵我一如的哲学，当时的知识分子似乎已经不能满足于以自然现象为神而崇拜的朴素宗教了。雅利安人与达罗毗荼人的宗教相接触而受其影响，也成为促成新宗教思想抬头的理由，且当时中印度食物丰富，因此能养活大量的游民、出家者，所以有志于宗教的人便出家成为游行者（paribbājaka），依在家者的布施生活，而醉心于真理的探求。在食粮丰富、生活安定且缺乏娱乐的古代，青春洋溢的年轻人的生活中产生了无法挽救的不安与倦怠，因而出现了逃避现实而追
(22)上 求彼岸真理的风潮，产生良家子弟竞相出家的现象。

当时有两种宗教者，即婆罗门与沙门。传统的宗教徒称为婆罗门

（brāhmaṇa），他们信奉吠陀的宗教，执行祭典，同时潜心于梵我一如的哲学，想由此获得不死的真理。他们在少年时代入师门成为弟子，接着进入学生期学习吠陀，继而学成返家，结婚而尽家长的义务，进入家住期。年纪大了以后，再将监护家庭的责任让给儿子，退隐森林，过林住期的生活。最后也舍去森林的住处，进入不住一处的游行期，在行方不定的旅行中终结一生。

相对于婆罗门修行者，这时代出现了全新形式的宗教修行者，即所谓的沙门（śramaṇa，samaṇa），意思是“努力的人”，是在古奥义书中未曾出现的新的宗教族群。他们舍家而行乞食生活，直接进入游行期，而且从青年时代起就严守禁欲的生活，进入森林从事瞑想（yoga，瑜伽）的修行，或委身于严厉的苦行，想由此体会人生的真理，获得不死。

根据佛教的经典，当时的沙门有六师外道，即有 6 位有名的宗教家，每一位都统率群弟子，而被尊为教团之长（gaṇin）。这 6 位宗教家如下：

1. 富兰那迦叶（Pūraṇa Kassapa） （23）上
2. 末伽梨瞿舍梨（Makkhali Gosāla）
3. 阿耆多翅舍钦婆罗（Ajita Kesakambalin）
4. 婆浮陀伽旃那（Pakudha Kaccāyana）
5. 散若夷毗罗梨沸（Sañjaya Belaṭṭhiputta）
6. 尼乾子（Nigaṇṭha Nātaputta）

这些人最重视的问题，是善恶的行为（业）是否带来结果（果报）。首先，富兰那迦叶主张道德的否定论，认为杀人、偷盗等并非造恶，即善恶的行为并不带来道德的结果。第二，末伽梨瞿舍梨倡导偶然论、宿命论，人既无升天亦无堕落，没有因也没有缘。他的教团被称作 Ājīvika（或 Ājīvaka），佛教的经典里译作“邪命外道”，但本来是“遵守严格的生活法的人”之意，即苦行主义者。在阿育王碑文或《实利论》（*Arthaśāstra*）等中也提到这个教团，到后世也还与佛教及耆那教并列为有力的教团。据传末伽梨瞿舍梨曾和耆那教领袖大雄（Mahāvīra，或译大勇）一起修行，似乎是一位想藉由苦行获得解脱的修行者。

第三，阿耆多翅舍钦婆罗主张唯物论，说只有地、水、火、风四元素是实在的，而且倡导道德行为之无力。这种唯物论的传统此后也流传
上(24) 于印度，称作路伽耶陀（Lokāyata），佛典中译作顺世外道，在后世也称之为唯物论者（Cārvāka）。

第四，婆浮陀伽旃那，在地、水、火、风四元素之外，加上苦、乐、生命三者，主张七要素的实在说。七要素是不变的，所以即使杀人，刀也只是从这七要素的缝隙间通过而已，杀人并不成立。婆浮陀伽旃那认定只有这些要素才实在的想法，发展成后世的胜论学派（Vaiśeṣika）。

第五，散若夷毗罗梨沸，对质问并不作确切的回答，而作令人捉摸不定的答辩。根本原因是其对知识存有怀疑和持不可知论，也有对逻辑学的反省。后来成为佛陀的上首弟子的舍利弗（Sāriputta）与大目犍连（Mahāmoggallāna），即是散若夷毗罗梨沸的弟子。

第六，尼乾子（Nigaṇṭha），是耆那教（Jaina）的创始者大雄。尼乾陀（Nigaṇṭha，离系）是"远离束缚"之意，即以远离身心的束缚为目的而修苦行之人，其教团称为尼乾陀派。大雄进入这个教团修苦行，"开悟"而得到"耆那"（Jina，胜者，即克服迷惑的人）的自觉，因此在他之后，这个教团便称作"耆那教徒"。耆那教前身的尼乾陀派的历史似乎很长，在这一派的二十四祖中，波栗湿缚（Pārśva，Pāsa，即"胁"之意）
上(25) 被认定为是实际上存在的历史人物。

耆那教与佛教同为强势的教团，教理用语等也有许多和佛教共通。耆那教以克服身体的束缚，即肉体的欲望和本能，而得到心灵的自由为目的，因此修苦行，使身体的力量减弱。在此之上更实践以五大誓为中心的严格戒律，特别是空衣派，严格禁止杀生，强调无所有（舍去所有的一切），因此连衣服也舍弃，裸体来修道。这一派的教理与知识论都相当出色，被纂集成经典流传至今。这一派的早期经典是以半摩竭陀语（Ardha-māgadhī）书写的。

当时得以有如此大量的沙门辈出，正处于时代的思想变革期虽然是重要因素，但同时不可忽略的是，当时中印度也具有养活大量出家者的

经济能力。中印度位于恒河的中游，当时处于雅利安人确立农耕定居生活的时代，中印度的稻米耕作技术进步，粮食丰富，因为是热带，所以食物很快就会腐败，因此煮好的食物如果有剩余，一般都是丢弃，也使得依乞食生活而修行的沙门大量出现。

从以上六师的主张，可见当时的大问题是，道德的行为是否导致结果（果报）。这是业（karman）的果报问题，如果有业的束缚，为了得到心灵的自由（解脱），如何断除业便成为问题。这又与轮回的问题相关联。轮回转世的思想在吠陀里尚未出现，它是在奥义书里逐渐成熟的世 （26）上
界观，但是轮回（saṃsāra）一语在古奥义书里还没出现，在佛陀以后的奥义书里才被频繁使用，亦即在佛陀的时代，这“反复生死”的轮回观才固定下来。但若承认轮回，当然得考虑到轮回的主体。业的思想在佛陀之前即已存在，但尚未承认业的果报法则。佛教将这个含混笼统的业观以佛教独有的方法组织成“业的因果律”。耆那教虽然也承认业的果报，但他们倾向将行为的结果当作惩罚（daṇḍa）。

关于作为轮回的主体的自我（ātman，attan；命我〔jīva〕），与作为生存的场所的世界（loka），当时有所谓的 62 种见解，在佛教的《梵网经》里称为“六十二见”而流传下来。人的心是经常变化的，如果承认在内心深处长住的自我，便出现各种“如何掌握自我”的意见。耆那教的文献中说当时有 363 家的主张，而将论诤家们归为 4 类，即作用论者（业论者）、无作用论者、无知论者（怀疑家）、持律论者（道德家）。另在佛典中，将当时的世界观整理为 3 种，即把一切看作是依神意而动的自在神化作说（Issaranimmāna-vāda，尊祐造说）、一切皆是依过去业而被决定的宿命论（Pubbekatahetu，宿作因说），与一切都是偶然产生的偶然论（Ahetu，Apaccaya，无因无缘论）。佛陀喝斥这 3 种否定人的自由 （27）上
意志及努力成果的见解。佛陀所说的缘起的立场，是超越了这 3 种立场的。

总括以上各种见解，可以分成两种，即认为自我与世界皆从唯一的“梵”流出转变的正统婆罗门的转变说（Pariṇāma-vāda）之观点，和不承认此唯一的绝对者，而认为每个要素皆常住，它们聚集时人或世界就成立的积集说（Ārambha-vāda）。这两种想法的基础是在这个时代形成的。

修行的方法也可归类为两种，即修习禅定，静心以实现解脱的修定主义，和依苦行而断除束缚心灵的烦恼力以得解脱的苦行主义。总之，佛陀出现的时代，是传统的吠陀宗教已失去光辉，但取而代之的新宗教权威尚未确立，许多思想家欲在自己的心灵中发现真理而摸索着的时代。

参考书目

宇井伯寿「六師外道研究」(『印度哲学研究』第二，1925 年)。

宇井伯寿「六十二見論」(『印度哲学研究』第三，1926 年)。

金倉円照『印度古代精神史』，1939 年。

金倉円照『印度精神文化の研究』，1944 年。

宮本正尊「中の哲学的考察」(『根本中と空』，1943 年)。

水野弘元「十六大国の研究」(『仏教研究』四之六，1940 年 11 · 12 月号)。

松濤誠廉「六師外道の思想精神」(『印度精神、世界精神史講座』III, 1940 年)。

松濤誠廉「聖仙の語録」(『九州大学文学部四〇周年記念論文集』，1966 年)。

松濤誠廉「ダサヴェーヤーリヤ · スッタ」(『大正大学研究紀要』第五三輯，1968 年)。

上(28) 中村元『インド古代史』上，第一編，第二編，第三編第六章「シャモン」その他，1963 年。

雲井昭善『仏教興起時代の思想研究』，1967 年。

H. V. Glasenapp: *Der Jainismus*. Berlin, 1925.

W. Schubring: *Die Lehre der Jaina*. Berlin und Leipzig, 1935.(英译 W. Beurlen：*The Doctrine of the Jaina*. Delhi, 1962.)

H. Jacobi: *Jaina Sūtras*, Part I, II.(*SBE*. Vols. XXII, XLV.)

Dasgupta: *A History of Indian Philosophy*. Vol. III, Appendix, The Lokāyata, Nāstika and Cārvāka.

A. L. Basham: *History and Doctrines of the Ājīvikas, A Vanished Indian Religion*. London, 1951.

S. B. Deo: *History of Jaina Monachism*. Poona, 1956.

G. C. Pande: *Studies in the Origins of Buddhism*. Part II. Allahabad, 1957.

D. D. Kosambi: *The Culture and Civilisation of Ancient India in Historical Outline*. Chapter V. London, 1965.(山崎利男訳『インド古代史』

(29)上 第五章)

第三节　佛陀的生涯

佛陀

佛教的创始者称为佛陀（Buddha），这在印度思想界是公认的，而在其他教徒之间也称佛教徒为 Bauddha①。佛陀这一名词虽然成了佛教的专用语，但它本来是普通名词，耆那教也在使用。佛陀是“觉悟的人”（觉者）之意，这一用语成为佛教的专用语，正显示了佛教是“智慧的宗教”。

耆那教也使用“佛陀”一语。在《圣仙的箴言》（*Isibhāsiyāiṃ*）②中，说 45 位圣仙（ṛṣi，isi）“全都是佛陀，不再来此世”，但耆那教在很多地方将大雄称作胜者（Jina），因此就以 Jaina 来表示耆那教了。可是佛教中也经常称佛陀为胜者，特别是在大乘经典中有颇多例子。而阿罗汉（arhat，arahant）一语，佛教与耆那教也都在使用。特别是因为耆那教徒被称作 Ārhata（按：“堪敬”之意）③，所以这个用语在耆那教中特别受到重视。在佛教中，阿罗汉则转为表示佛弟子的“觉悟”之用语，而“佛陀”则成为对释尊一人的尊称。相对地，耆那教则较重视“胜者”，而广泛使用“佛陀”一语。此外，牟尼（muni）、世尊（bhagavat）等，都是在佛教与耆那教中常使用的词语④。 上（30）

佛陀的出生

在此用“释尊”一词表示佛陀。释尊是释迦牟尼（Śākyamuni，释迦族出身的圣者）的简称。释尊是释迦族（Śākya，Sakiya）出身，姓瞿昙（Gotama，Gautama，或译乔达摩，是“最好的牛”之意），出家前名为悉达多（Siddhattha，Śiddhārtha）。释迦族是住在尼泊尔与印度的国

① *Sarvadarśanasaṃgraha*. 2. Bauddhadarśanam.

② 松濤誠廉訳「聖仙の語録」（『九州大学文学部四〇周年記念論文集』，1966 年 1 月），中村元「サーリプッタに代表される最初期の仏教」（『印仏研』一四之二，1966 年 3 月）。

③ *Sarvadarśanasaṃgraha*. 3.Ārhatadarśanam.

④ 松濤誠廉「ダサヴェーヤーリヤ・スッタ」（『大正大学研究紀要』第五三辑，1968 年 3 月）。H. Jacobi: *Jaina Sūtras*. *SBE*. Vols. XXII, XLV.

境附近的小部族，都城是迦毗罗卫城（Kapilavastu），似是刹帝利（战士）族，但从事农业，以稻作为主。释尊虽是刹帝利出身，但释迦族内部似乎没有四姓的区别。虽然不能确证他们是雅利安系的种族，但也无法断定他们是属于亚细亚系的民族。释迦族首长是以交替制来选拔的，被称为“王”（rājan）；国政是刹帝利的寡头贵族制。释迦族虽然被认可自治，但并未完全独立，而是附属于南方的憍萨罗国（最近称释尊为“乔达摩·佛陀”的学者很多。乔达摩是姓，与不同姓的迦叶·佛陀、弥勒·佛陀等比较时，是有意义的；但是这些佛陀是传说中的佛陀，并非是在乔达摩以外有不同姓的佛陀，所以用比“乔达摩”的意义更广的“释迦族的圣者”称呼释尊较妥，这一称呼自古就有）。

释尊的父亲是净饭王（Suddhodana），是首长之一，母亲为摩耶
上(31) 夫人（Māyā），在释尊出生7天以后便去世了，之后姨母大爱道瞿昙弥（Mahāpajāpatī-Gotamī）成为继母而将他养育成人。难陀（Nanda）则是异母弟。摩耶夫人因产期将近之故，欲返回故乡天臂城（Devadaha），途中到达蓝毗尼园（Lumbinī）时生下了释尊。后来阿育王朝礼释尊的圣地，至此地建立了塔与石柱。玄奘也曾见闻这些遗迹。在1896年时，这些石柱被发现，解读其碑文，而确认这里就是佛陀的诞生地。该地现在称为Rummindei。根据传说，释尊出生之时有位来自喜马拉雅山的阿私陀仙人（Asita）出现，替太子占面相，并预言说：“这婴儿的前途只有两条路：在家继承王位的话，将成为统一全世界的转轮圣王；出家的话，则必定成佛。”

释尊的出生年代

关于释尊的出生年代，自古以来有很多异说，难有定论。这是个相当困难的问题。传说释尊80岁入灭，所以有必要决定其没年。有关佛灭年代的有力说法，一个是依锡兰的《岛史》（*Dīpavaṁsa*）及《大史》（*Mahāvaṁsa*）。盖格（Wilhelm Geiger）据此而算定佛灭为公元前483年[①]，据此佛陀的在世年代即为公元前563—前483年。雅可比（H. Jacobi）

① W. Geiger：*The Mahāvaṃsa*. Introduction. Colombo，1912.

也以此方法算定为公元前 484 年。金仓圆照博士对此推断表示赞同[①]，这也与同为南方佛教的传承而随《善见律毗婆沙》之翻译传入中国的《众圣点记》的说法大致相合。根据《历代三宝纪》，至齐永明七年（公元 （32）上
489 年）庚午之岁（正确地说应是永明八年）为止，共计得 975 点[②]，据此释尊的入灭在公元前 485 年。[③]

以上，锡兰史传中诸王在位的年数计算虽有若干出入，但有不少学者赞成佛灭于约公元前 480 余年的说法。此外也有根据婆罗门教与耆那教的传说所得资料，订正锡兰史传，而算定佛灭年代为公元前 477 年者。这是 Max Myller 等学者所主张的。但由于在《往世书》（*Purāṇa*，古传书）或耆那教中的异说颇多，从中选取近于锡兰史传的说法而得此结论，所以最近已无支持者了。

相对于此，宇井伯寿博士则根据北方传承，认定佛灭至阿育王即位之间为 116 年，而主张佛灭于**公元前 386 年**[④]；据此则佛陀在世年代为公元前 466 至前 386 年。前面提到的锡兰史传，自佛灭到阿育王即位为止共 218 年，在此之间有 5 位锡兰王，但五王共在位 218 年则未免太长了，这也是宇井说成立的根据之一，所以舍锡兰史传，将阿育王即位为公元前 271 年之说，结合北方传承，而得到这个年代。中村元博士进而修正阿育王的即位年代为公元前 268 年，而得出佛灭于公元前 383 年左右。[⑤]

如上所述，南北两传之间相差约有百年，要融会贯通并导出众人都能接受的结论，在目前是不可能的。锡兰史传的长处是具体地传承下历代的国王名字及在位年数，北传则仅记录佛入灭至阿育王为百余年，有 上（33）

① 金倉円照『印度古代精神史』页 338 以下。

② 依《善见律毗婆沙》师资相传的《众圣点记》：释迦牟尼逝世的当年，佛弟子优波离结集律藏，是年七月十五日僧自恣竟，以香花供养律藏，即记下一点置律藏前。以后每年安居竟添加一点，至南齐永明七年（公元 489 年），共计得 975 点，即 975 年。——编者注

③ 《历代三宝纪》卷十一（T49.95b 以下）。金倉円照，前引书页 347。

④ 宇井伯寿「仏滅年代論」（『印度哲学研究』第二，页 5 以下）。

⑤ 中村元「マウリヤ王朝の年代について」（『東方学』第十輯，1955 年 4 月）。还有有关当时的印度王统，参照中村元『インド古代史』，1963 年，页 243 以下；塚本啓祥『初期仏教教団史の研究』，1966 年，页 62 以下。有关佛灭年代论的资料，参照塚本啓祥博士前引书页 27 以下，及 É. Lamotte: *Histoire du bouddhisme Indien*. 1958，p.13 ff.

欠缺具体年代的记录的弱点。但是锡兰史传中说，自佛入灭至阿育王即位的锡兰王有5代，而佛教教团中自佛入灭至阿育王为止的遗法相承也有5代（北传为大迦叶、阿难、末田地、商那和修、优波毱多，锡兰所传为优波离〔Upāli〕、陀娑〔Dāsaka〕、苏那拘〔Sonaka〕、私伽婆〔Siggava〕、目犍连子帝须〔Moggaliputta Tissa〕)。虽然根据锡兰史传，在阿育王的时代佛教教团即已分裂成许多部派，但是核对阿育王的碑文，却难以认定这个时代部派佛教已经盛行。而且在山齐（Sāñchī）、鹿野苑（今Sārnāth）、憍赏弥（Kosāmbī）等当时重要的佛教据点，有禁止僧伽分裂的法敕，由此来看，显示出当时有相当广泛的佛教教团骚动；这也可以看成是“十事”之后的僧伽争论。另外从下面将要叙述的佛教教团发展史来看，似乎以北传所说为妥。所以本书采取释尊在世年代为公元前463—前383年的看法，不过并不打算排斥锡兰史传。这个问题或许也应该与耆那教及婆罗门教方面的历史发展一起考虑。

佛陀的出家

释尊在年轻的时候，过着自由、舒适而富足的生活。长大成人后与耶输陀罗（Yaśodharā）结婚，生了一子罗睺罗（Rāhula），但因深深困恼
上(34) 于人生问题，便于29岁时舍家族而出家(也有19岁出家、31岁出家之说)，投身游行者的行列中。释尊与生俱来就有喜坐禅瞑想的性格，还在俗家之时，即使随父王为了农耕祭典来到野外，也会远离人群，于树下坐禅，而入于初禅的境地。有回见到虫由农夫掘起的泥土中爬出来，立刻被空中的鸟啄食而去，因而痛感于众生的互相残杀。虽然人们看到丑陋的老人时感到厌恶，但是任何人都无法避免变老；谁都不期望有生病之苦及病人的污秽，但是谁也无法避免生病；人们都恐惧死亡而不希望死去，可是死亡必定降临于每个人身上。年轻的释尊沉思这生老病死之怖畏，充满青春的身体中，一切的欢乐顿然消失了。若依后世的传说，释尊从父王的宫殿出城游观，最先见到老人，第二次见到病人，接着见到死人，因心中不乐而返回宫殿，最后出游时，见到沙门的威仪，而坚定了出家的决心；此即“四门出游”的传说。总之，释尊在年轻时违逆父

母之意而出家了。根据传说，他是在夜半之际乘爱马犍陟（Kanthaka），由御者车匿（Channa）相随从而出城。在《大般涅槃经》（*DN*. Vol. II, p. 151）中记载，佛陀为“追求善（kusala）而出家”。

修行

释尊出家，剃发、着袈裟衣而成为游行者，前往南方的新兴国家摩竭陀国；因为那里聚集了优秀的宗教家。当时的公道是由舍卫城开始，（35）上
向东到迦毗罗卫，更向东进，渐渐南曲，经拘尸那罗（Kusinagara）及毗舍离（Vesāli），而到达恒河，接着渡河进入摩竭陀国，到王舍城；这一条道路称作“北路”（Uttarāpatha），释尊应是由这条路到摩竭陀的。他在王舍城乞食时，被频毗娑罗王（Bimbisāra）看到了，他想请释尊当自己的臣下，而遣使要求释尊放弃出家之念，但被拒绝了。释尊跟随当时有名的宗教家阿罗逻·迦罗摩（Āḷāra-Kālāma，Arāḍa-Kālāma）修行。阿罗逻是禅定的实践者，教释尊“无所有处定”的禅定，但释尊并不满足于此，转而跟随郁陀迦·罗摩子（Uddaka-Rāmaputta，Udraka-Rāmaputra）修行。郁陀迦已达到“非想非非想处定”之禅定，这是比无所有处定更微妙的禅定境界。进入如此微妙的禅定，心就完全寂静，感觉到心宛如与“不动的真理”合一似的；但是一从禅定出来，便又回到日常的动摇不停的心。所以这只是以禅定而心寂静，并不能说已得真理。禅定是心理上的心的锻炼，但是真理却是具有合理性的，是以智慧而得到的，因此释尊认为只依他们的修定主义方法，并不能解脱生死之苦，所以就离去了。

这里所谓的无所有处定、非想非非想处定，包含在原始佛教教理的“四无色定”中。有人怀疑这些是否确实是由阿罗逻及郁陀迦所发明的，但在佛教以前即已经有以禅定（jhāna，dhyāna，禅那；yoga，瑜 上（36）
伽）使心寂静的修行方法存在了。也有学者认为在印度文明的出土文物中，已经有实践禅定的迹象，阿罗逻及郁陀迦或许就是修习禅定的修行者。佛教说戒、定、慧之“三学”，而在禅定上安立智慧，表示只以禅定无法发现真理之意。禅定因为是心理上的心的锻炼，所以自身是盲目的，

唯有加上智慧之眼，才得以实现真理。

接着释尊便进入森林开始独自修行。他看见摩竭陀的乌留频螺西那耶尼村（Uruvelā-senāni）的尼连禅河（Nerañjarā) 附近适合修行，便在这里修苦行，此即“苦行林”。这里略述其修行之一二，例如上下齿相扣，舌舐上颚，持续不断，以坚强的意志来克服其中的痛苦。或修习使呼吸停止、精神集中的禅定，令经由口、鼻出入的呼吸停止，据说这样做后，空气就会由耳朵出入，但是最后耳朵的呼吸也要停止；忍受种种苦而异常精进努力、安住于正念，心不为苦所役而安住。为了这种止息禅，释尊陷于几近死亡的状态。或是从事绝食修行，也就是断绝所有食物而活；或是渐渐节食而至断食。由于长时间的断食，四肢变瘦，皮肤松弛，毛发脱落，承受严酷的痛苦。苦行是要克服种种痛苦，锻炼坚强的意志，
上(37) 由苦而达成心的独立。

一个人在森林中修苦行，若能忍受苦，则会因对生命的执着而产生种种妄念，进而有返回在家的欲乐生活的诱惑，或生起对于此般修行方法究竟是否正确的疑惑。尤其在鸟兽横行的暗夜森林里，更令人感到恐怖。这些妄念或恐惧化为恶魔波旬（Māra-Pāpimant）之形来诱惑释尊。波旬在七年之间纠缠释尊，却无法趁虚而入（后世的佛传中说佛陀修六年苦行，也可以视为满六年；但后世又传说，此时佛陀入于檀特山〔Daṇḍaka〕。檀特山是犍陀罗的山）。

要克服苦或恐怖、怀疑、爱欲等，需要有坚强的意志。以苦行来锻炼坚强的意志，因此心能脱离痛苦获得独立，心灵就能得到自由，但是意志变坚强是一回事，正确的智慧生起又是另一回事。释尊虽忍耐任何人都未曾经历过的强烈痛苦，同时心住于正念，但是却无法得到超越常人的圣知见。此时他想起了青年时代曾随父王出城参与农耕祭典时，在树下坐禅而达到初禅之事，认为这才是通往“觉悟”（bodhi）之路，便舍弃苦行。

成道

舍弃苦行的释尊认为，以这极度瘦瘠的身体难以得到初禅之乐，便取

固体食物及乳糜而食，以恢复身体；这时供养乳糜的是修舍佉（Sujātā，善生）牧牛女。释尊接着入尼连禅河洗浴净身，并饮河水。追随释尊的5 (38)上
位修行者见到这个情形，误以为“沙门瞿昙已陷于豪奢，舍弃努力精进了”，便失望离去。释尊以固体食物及乳糜滋养身体，然后在附近森林的阿说他树（aśvattha，即毕波罗树〔pippala〕）下敷座，而于此入禅定，然后在这树下开悟，成为“佛陀”。这开悟称作“正觉”（abhisambodhi），所谓佛陀，即是“觉醒的人”之意。阿说他树是无花果树的一种，后来称为“菩提树”（Bodhi-tree），而佛陀开悟的地方则称作“佛陀伽耶”（Buddhagayā，或作菩提伽耶），后来建了佛塔，成为佛教徒朝礼的圣地之一。

释尊成道之日，南传记载是毗舍佉月（Vaiśākha，Visākhā，四月至五月）的满月夜；日本则是以十二月八日为释尊的成道日。在古代的传说中，释尊是29岁出家，35岁成道，之后教化45年，于80岁入灭；但是也有19岁出家，30岁成道，教化50年之说。

佛陀的成道自古以来即被说为“降魔成道”，亦即降伏恶魔（魔罗）而得悟。恶魔是死神，也是欲望的支配者。如果开悟是克服对死的恐惧，断除欲望而得到精神的自由，那么在悟道中才会有最激烈的与恶魔之战。这其实是佛陀心中的交战。不过释尊于成道时虽已降伏恶魔，但此后恶魔并非不再出现于佛前。在佛悟道后，恶魔也经常出现，并试着诱惑佛 (39)上
陀。人身的佛陀也难以避免食欲、睡眠、疾病等欲望及痛苦，但前来诱惑的恶魔常常为佛陀所斥退。

佛陀成道时所悟为何，是个重大的问题。《阿含经》（*Āgama*）中关于这点有种种说明，宇井博士将其中15种相异之说整理出来①。在这里，以由于四谛说而悟之说、由于悟十二因缘而成佛之说，与由于四禅三明而悟之说占优势。但是四谛说已成为对他人说法的型态，要看作成道内观的原形似有困难。其次的十二因缘，则是缘起说的完成型态，其他还有更朴素的缘起说，因此把十二因缘看成原始之说也有困难；不过倒应注意，此说具备了成道内观的型态。第三的四禅三明，也如宇井博士所

① 宇井伯寿「阿含の成立に関する考察」（『印度哲学研究』第三，页394以下，页49〔译者按：此页所在之文为「八聖道の原意及び其変遷」〕），1926年。

说，是比较新成立的教法，而且三明（三种智慧）最后的“漏尽智”，与四谛说的内容相同，并且在缘起说与四谛说中，可见到其思想的共通点，亦即四谛、十二缘起、三明，有内容上的共通性。在其他看法里，有说佛陀“悟了法”。佛陀在开悟后，于树下坐禅时，思惟如下：“无所尊敬、无所恭敬，则是苦的。但是在这世间并未见到比自己更完全地具备戒、定、慧、解脱、解脱知见的人，所以自己不如尊敬自己所悟的法，恭敬而安住吧！”（*SN*. Vol. I, p.139）在这个意义上，四谛与缘起都是“法”；
上(40) 此法具有何种意义，可以从原始佛教的全体教理来考察而获得理解。因此佛陀所悟的内容，可以从原始佛教根本思想的检讨加以推定；亦即佛陀悟了“法”，而其内容可由原始经典全体推测得知。

关于佛陀的悟道，有的学者重视佛陀是释迦族瞿昙姓出身，以此来解释。佛陀确实是特定的种姓出身，而追随其教法的人们也是中印度的部族出身。佛陀入灭时，分其遗骨而建佛塔的就是中印度的 8 个部族，在这个意义上，似乎可以说佛陀的宗教是在诸部族之间所信奉的特殊宗教。但即使佛教最初是在极为狭小的地域流布，却也不应无视其后来扩及全印度，接着越过国境，扩及整个亚洲的事实。与佛教约略同时兴起的耆那教虽然拥有近似佛教的教理，但是却没有越过国境扩展，仅是印度国内的宗教；比耆那教势力更强盛的印度教，在印度以外也不过扩及到南亚的一部分而已。

由这一点来看，可知佛教拥有超越民族的世界宗教的性质，而其世界宗教的性质应是具备于佛陀的证悟之中。如果佛陀的悟道仅具有部族宗教的性质，则后来将其转变为世界宗教的人，才是佛教的创始者。但是我们在佛教的历史中并未发现这样的人物，这正显示了，开创者佛陀的宗教中，具备了超越部族、民族的，解决人类一般苦恼的性质，应该
(41)上 理解这就是佛陀所证悟的“苦之灭”教法。

因为传说佛陀是在禅定中开悟的，要加以说明佛陀悟道的智慧是在怎样的心理状态中实现的。关于这点，也有说佛陀是在四禅三明中悟道的，亦即佛陀是在四禅中得悟，但仅是“四禅”本身并不是悟道。禅（dhyāna，jhāna）是观行（瞑想）的一种，坐禅有如俗称的安乐法门，

是以结跏趺坐而使身体安乐以修观行的方法。精神统一，而由初禅依序深入到二禅、三禅、四禅。禅译作“静虑”，即是使心寂静。另外在瞑想时也有“瑜伽”（yoga）的修行方式，这是经由精神的集中而令心静止的“心集中”的修行方法。所谓的静止（心之灭）似是瑜伽的特色，瑜伽能生出神秘的智慧。在瑜伽学派成立以后，流传着在瑜伽里能获得神秘的智慧之说。相对地，“禅”虽也是精神之集中，但却是极具流动性的，是有如帮助智慧自由活动的心集中。所谓悟是“如实知见”（原原本本地了知）。心本来就有睿智的性格，而以思惟为本性，所以心平静统一，心的集中力加强的话，超凡智慧的作用自然就会显现。亦即禅与瑜伽都是生出智慧的根源，但是心集中的性格不同的话，产生的智慧的性格也相异。由禅生出的悟的智慧，是“见法”的智慧。这个由初禅到四禅渐渐深入的“心集中”的形式，可说是佛陀在长时期修行之间，他与生俱来的禅 （42）上
观本性，得到阿罗逻或郁陀迦的指导，或是以在苦行中的正念修习等为助力，而自然得以发挥。

“禅”是观行的意思，这是自《奥义书》（*Chāḍ. Up.* 7.6.1 etc.）以来即有使用的，但是四禅可说是佛教的新发挥。四禅是动态的心集中，由此而生出的智慧并非神秘的直观，而是自由而理性的如实知见。此智慧是体悟真理，与真理合一而安住不动，不为恐惧、痛苦，乃至爱欲所乱，这才是“悟”。因为这是心已自烦恼的束缚而解放的状态，所以称作“解脱”（mokṣa，vimokkha，vimutti）；依这解脱的心所体悟的真理称为“涅槃”（nirvāṇa，nibbāna，灭）。也有学者解释解脱为心的“自由”，涅槃为“平静”①。

最初说法

佛陀开悟后，沉浸于甚深的寂静。七日之间于菩提树下入于三昧（samādhi，心的统一），之后更到别的树下坐禅玩味解脱之乐（这期间帝梨富娑〔Tapussa，Trapuśa，提谓〕及跋梨迦〔Bhalliya，Bhallika，波利〕

① 宫本正尊「解脱と涅槃の研究」（『早稲田大学大学院文学研究科紀要』第六輯，1960 年）。

二位商人供养佛陀蜜丸而成为信众），在树下五个星期未曾起来。其后考虑到自己所悟的“法”（dhamma，真理）甚深，即使向他人说明也难以为人所理解，所以有倾向于不愿说法的心理；这似乎显示了达成“大事”后心里
上(43) 的空虚感，因为如果达成人生的最高目的，则已难找出更高的生存意义了。

但是释尊从达成“自利”大事后的虚无深渊站起来，心念转向济度众生的“利他”活动，成为“说法的决心”。这期间心理的变化，是以在树下五周的静思，及其间的“踌躇于说法”，以及梵天的劝请说法之神话来表现；所以也有学者认为“梵天劝请”有很深的宗教意义[①]。

达成大事后的“虚无感”，唯实际上实现大事的人才能了解，佛弟子中也有不少人在开悟后实际上体验到这种虚无。从这里才出现所谓释尊开悟后受到想直接入涅槃的诱惑的故事，而在过去，一定也有佛陀在成道之际就直接入涅槃的说法，所以在这里便出现了所谓的“辟支佛”（pacceka-buddha，pratyeka-buddha，缘觉，独觉）的想法，而后就开始考虑“辟支佛乘”了。辟支佛是即使开悟也不回心于利他，而直接入灭的佛陀，但是也有学者从佛陀时代孤独地修行的圣仙（ṛṣi）们的宗教态度，来追究辟支佛的起源。[②]

佛陀决心说法度众，考虑先向谁说法，最后决定为苦行时代共同修行的5位修行者（五比丘）而说，因为佛陀考虑到如果是他们的话，应该可以理解自己所证悟的法。他们在西方的波罗奈（Bārāṇasī）的鹿野苑（Migadāya）。鹿野苑现在以沙尔那特（Sārnāth）之名而为世人所知，是佛陀初转法轮之遗迹，现存有阿育王石柱，其有法轮（Dharma-cakra）
(44)上 的“狮子柱头”是出色遒劲的石雕，成为独立印度的徽章。

佛陀的说法名为“转法轮”，即佛陀在波罗奈对5位修行者说远离苦乐两种极端的中道（majjhimā paṭipadā），及苦、集、灭、道“四圣谛”的教法。首先证悟法的是五比丘中的憍陈如（Aññāta-Kondañña），他

① 山口益『仏教思想入門』，1968年，页128以下。
② 藤田宏達「三乗の成立について—辟支仏起源考」（『印仏研』五之二，1957年）。桜部建「縁覚考」（『大谷学報』三六之三，1956年12月）。

成为释尊最初的弟子，之后其余四人也悟了法而成为弟子，这时佛教的教团（saṃgha，僧伽）就成立了。之后佛陀又接着说“五蕴无我”的教法，五比丘依此得到阿罗汉的证悟。阿罗汉是指完全灭除烦恼的人，是弟子最高的觉悟。佛陀也已灭除烦恼，所以是阿罗汉，在这点和弟子是相同的，但由于佛陀在觉悟的智慧上远胜之故，所以弟子不称为佛陀。佛教中称出家修行者为比丘（bhikṣu，bhikkhu，乞士），这是以乞食生活，专心一意于修行的出家者的意思。

教团的发展

释尊最初的弟子应该是憍陈如等五比丘，根据古老的《佛传》，佛陀此后于波罗奈教化长者（seṭṭhi）之子耶舍（Yasa），他的父母、妻子等都成了在家信众（优婆塞〔upāsaka〕；优婆夷〔upāsikā〕）。而耶舍的 4 位知己及 50 位朋友出家成为佛陀的弟子，后来也都成了阿罗汉。佛陀对这些弟子们教诫道：去弘法吧！去救度众生吧！“诸比丘，去人间游行 （45）上
吧！为了慈愍众生，为了众生的安乐，为了爱世间，为了诸神与人们的利益，为了爱与安乐，去吧！分开走，不要两个人结伴同行一条路。去宣说初亦善、中亦善、后亦善的具足真与美的法吧！”（*Vinaya*. Vol. I, p.21）这正显示出佛陀无论如何也要传达真理给更多人的慈悲心。

佛陀此后再度回到摩竭陀国，度了许多弟子，特别是与当时摩竭陀有名的宗教家优楼频螺迦叶（Uruvela-Kassapa）法战且得胜，并度他为弟子；优楼频螺迦叶的两位弟弟及其弟子们全都成为佛陀的弟子，因此佛陀在摩竭陀的名声顿时高涨。佛陀带领他们进入王舍城，频毗娑罗王（Seniya Bimbisāra）就皈依佛陀成为在家信徒。频毗娑罗王布施竹园作为僧伽的住处，教团的根据地就形成了，频毗娑罗王也成了僧伽的外护。散若夷的弟子舍利弗（Sāriputta）及大目犍连（Mahā-Moggallāna）也大约是在这时候成为佛陀弟子的。舍利弗听了五比丘之一的阿说示（Assaji，马胜）说“所有的法皆由因而生。如来说其因，亦说其灭。大沙门是如此说法的人”（*Vinaya*. Vol. I, p.41）便悟了法，而邀目犍连一起成为佛陀的弟子。佛陀看到二人前来，说：“他们将成为我僧伽弟子中的两位上

首。”后来果然如佛陀所说，他们二位协助佛陀，于弘传佛陀的教法上有莫大的功绩。另外，大迦叶（Mahākassapa）也大约是在此时于多子塔
上(46)（Bahuputraka Caitya）遇到佛陀，而成为其弟子（*Mahāvastu* II，p.50）。大迦叶是位严谨的修行者，在佛灭后召集僧伽以结集遗法上有大功劳。

可以说是佛陀在家弟子之首的给孤独长者（Sudatta，须达多），在寒林（Sītavana）礼见佛陀，而在王舍城皈依。他是舍卫城的居民，也是大商人，因为布施饮食给孤儿们，所以被称为“施予孤独者饮食的人”（Anāthapiṇḍika，给孤独长者）。他为了经商来到王舍城时，听到“佛陀已出现”的消息，天未明之际就起床出城到寒林拜访佛陀；而在皈依佛陀后，又邀请佛陀到舍卫城。然后给孤独长者向祇陀太子买下祇陀林（Jetavana，祇园精舍），作为僧众的住处，在此建造精舍，布施僧伽。精舍大约三个月就盖好了，所以最初的祇园精舍应该很简朴，或许是木造的。另外，可说是在家信女（Upāsikā，优婆夷）代表的毗舍佉（Visākhā-Migāramātā）也住在舍卫城，她布施许多财物给僧伽。佛陀虽然喜住于舍卫城，但使舍卫城的波斯匿王（Pasenadi）皈依佛陀，却是相当晚的事，而且还是由于末利夫人（Mallikā）的劝导。

佛陀在成道数年后，回到故乡迦毗罗卫城，与父王及王妃再度会面，此时佛陀度了罗睺罗出家。因为这时罗睺罗还是小孩，所以是以沙弥（sāmaṇera）的身份出家，而令舍利弗来教导他。此后释迦族的许多
上(47)青年都出家了，其中包括佛陀的堂兄弟提婆达多（Devadatta）及阿难（Ānanda），乃至异母弟难陀（Nanda）。释迦族贵族们的理发师优波离也在其中，他后来精通戒律，成为教团中重要的人物。

佛陀从成道到入灭为止的45年间，游行于以摩竭陀国与憍萨罗国为中心的中印度地区，为人们说法。从东南的王舍城北上，经过那烂陀（Nālandā），到达华氏城（Pāṭaliputta，今巴特那〔Patna〕，当时为小村落），由此渡恒河到北岸的毗舍离，而进入离车族（Licchavi）之国；自此更北上经过拘尸那罗，而向西迂回到迦毗罗卫，由此向西南进入舍卫城。自舍卫城南下，通过阿罗毗（Āḷavī，旷野国），进入憍赏弥（Kosambī），由此转向东方，经波罗奈而达王舍城。在王舍城，除

了竹林精舍之外，佛陀喜住于灵鹫山（Gijjhakūṭa），另外也止宿于杖林（Laṭṭhivana）。此外，召开第一结集的七叶窟（Sattapaṇṇiguhā）也位于王舍城。毗舍离有著名的大林重阁讲堂，憍赏弥有著名的瞿师罗园（Ghositārāma），这是瞿师罗长者（Ghosiṭa）所布施的（但是佛陀在世的时代恐怕没有如后世所见的豪华精舍。古代木材丰富，精舍也应是木造的。根据律藏所载，王族的城也是木造的。由华氏城的考古挖掘，可知古城是木造的，而古佛塔的栏楯等也是木造的。但是后世木材 （48）上
变少，建筑物也就改用石造，现存的佛塔等都是石造的）。憍赏弥是跋磋国（Vamsa）的都城，即优陀延王（Udena）的城堡。王妃舍摩嚩底（Sāmavatī，舍摩）皈依佛陀，由于她的劝导，国王也皈依了。

佛陀的养母瞿昙弥在许多释迦族青年出家后，希望自己也能出家，而与释迦族的女子一起到佛陀的跟前请求出家，但一直未获允许。再三请求之后，由于阿难的斡旋说项，好不容易才获得准许。由此女性的出家者，亦即比丘尼（bhikkhunī）的教团便成立了，但是顾虑到非守禁欲生活而修行不可的比丘僧伽与比丘尼僧伽之关系，佛陀制定了两者往来的严格规定，限令比丘尼应终身守“八重法”（Aṭṭha-garudhamme，八敬法）。不过因为佛陀是卓越的导师，所以培育出许多优秀的比丘尼。例如差摩（Khemā）与昙摩提那（Dhammadinnā，法乐）比丘尼，她们智慧拔群，屡向男众说法；而莲华色（Uppalavaṇṇā）神通善巧，翅舍憍答弥（Kisāgotamī）所悟甚深；此外知名的比丘尼也很多。

在家信众中以质多（Citta）居士在法的理解上特别出众，而毗舍离的郁伽（Ugga）居士及释迦族的摩诃男（Mahānāma）则在布施方面很有名。另外，大盗鸯掘摩罗（Aṅgulimāla，指鬘外道）也受到佛陀教化而成为其弟子，连一偈都无法记住的朱利槃特（Cullapanthaka）也 上（49）
因为佛陀的教导而达到甚深的觉悟。还有善于说法的富楼那（Puṇṇa Mantāniputta）、精通于法的解释的大迦旃延（Mahākaccāna）及摩诃拘绨罗（Mahākoṭṭhita）等，知名的弟子亦不少。大迦旃延是在远离中印度的南方的阿槃提国（Avanti）弘扬佛法的名人，富楼那甚至弘扬佛法到印度西海岸的输那钵罗得迦（Sunāparanta）。而《经集》（*Suttanipāta*）

的古诗《彼岸道品》（*Pārāyanavagga*）中，记载了住在南印度德干地区的跋婆犁（Bāvarin）婆罗门的弟子十六人，千里迢迢来到中印度，闻法于释尊之事；这应是佛教传到南印度以后的事情。他们由德干的波提陀那（Patiṭṭhāna），经由阿槃提国的优禅尼（Ujjenī）、卑提写（Vedisa），再经过憍赏弥、沙祇（Sāketa，娑鸡多）城等，而到舍卫城。这条从德干通到舍卫城的道路称作“南路”（Dakkhiṇāpatha），是自古就贯通的通商道路。但那时释尊不在舍卫城，所以他们再经由“北路”到王舍城，在此见佛闻法，成为佛弟子。这十六位婆罗门青年中有阿逸多（Ajita）
上(50) 与弥勒（Tissa-Metteyya），是被比定为后来的弥勒菩萨的人物。

佛陀的入灭

佛陀的弘法在中印度顺利地发展。当时有许多宗教家及为后世所知的教团，除了佛教之外，尚有耆那教与邪命外道。阿育王及其孙子十车王在跋罗婆（Barābar）山将窟院布施给邪命外道的教团，所以到这时代为止邪命外道尚存于世。在佛陀的晚年，提婆达多图谋分裂教团。摩竭陀国频毗娑罗王之子阿阇世（Ajātasattu，Ajātaśatru）弑父而继位，提婆达多得到阿阇世王的皈依，声名大噪，因此而起了想要统治僧伽的野心。因为这个要求为佛陀所拒绝，所以提婆达多驱赶醉象，要置佛陀于死地，或从山顶投石伤了佛足，令佛身出血。提婆达多更主张禁欲的戒规“五事”，掌控了新学比丘们的心，接着带领他们图谋教团的独立；但是由于舍利弗、大目犍连的努力，其企图终究失败。提婆达多的徒党可知的有瞿迦梨（Kokālika）及迦留陀提舍（Kaṭamorakatissa）等。阿阇世后来后悔弑父的罪行，皈依佛陀。

憍萨罗国波斯匿王死后，他的儿子毗琉璃（Viḍūḍabha）继承王位，但因为他曾受辱于释迦族，所以一继位就为了雪除宿恨，而将释迦族全灭了。这是佛陀晚年的事。但憍萨罗国之后也为阿阇世王所灭，阿阇世
(51)上 王更想征服恒河北方的跋耆族（Vajjī）。这时候佛陀由王舍城出发，踏上了最后的游行之旅。佛陀渡过恒河进入毗舍离，在此教化了游女菴婆罗（Ambapālī），并接受她所布施的菴罗园。之后佛陀孤独地度过雨期（雨安居）时，陷入严重的病苦。根据传说，在这之后恶魔出现劝释尊入灭，

因此释尊作了三个月后将入灭的预言。

接着佛陀由毗舍离出发继续旅程，经过许多村落而到达波婆城（Pāvā），在这里接受锻冶工纯陀（Cunda）的施食而罹患重病，苦于出血与下痢。这时佛陀所吃之物是 sūkaramaddava，有人说是软的猪肉，或者也说是一种香菇（栴檀树耳）。之后佛陀忍受病苦继续游行，而到达拘尸那罗城（Kuśinagarī，Kusinārā），在沙罗树（Sāla）下终于入般涅槃。根据《大般涅槃经》，佛陀在临入灭前似留下种种遗言，例如关于导师亡后教团的未来，佛陀说道：“僧伽于我有何期待？我已内外无区别地说法了。在如来的教法中，并无要对弟子秘而不宣的教法。”表明了虽然是佛陀，但并不是比丘僧伽的统治者。僧伽是共同体，所以在其中不会有特定的统率者，虽然相传佛灭后的僧伽有大迦叶、阿难、末田地等相承传法，但只是表示教法传承的系谱而已，并非意味他们是僧伽的统率者。佛陀更接着嘱咐道：“以自己为明灯（或译为“岛”），以自己为归依 （52）上
处！以法为明灯（岛），以法为归依处！”

接着佛陀又说，自己入灭后，出家的弟子们不应为佛陀的遗体（śarīra，舍利）劳心，出家弟子应努力于“最胜善”（sadattha）。接着说，在入灭后：“不应认为教主的教诫已经结束，我们没有教主了。我已说的教法（dhamma）与戒律（vinaya），在我灭后是你们的导师。”佛陀最后反复地问在旁的大众们三遍：“还有没有什么疑问？”因为大众都沉默不言，所以佛陀说：“所有存在的东西都是会灭亡的，不要放荡不羁，专心修行吧！”然后入深禅定，终于入涅槃。

佛陀灭后，遗体由拘尸那罗的末罗人（Mallā）入殓，以香花伎乐等恭敬供养，而后火葬（按：jhāpita，阇维、荼毗）。残存的遗骨（舍利）分给中印度的 8 个部族，其皆建舍利塔供养。而得到火葬使用的瓶子的人，为祭祀此瓶建造了瓶塔，得到残灰的人则建造了灰塔。公元 1898 年培佩（Peppé）在释迦族的故址毕普罗瓦（Piprāhwā）挖掘故塔时，发现了收纳遗骨的骨壶。壶上以阿育王的碑文或较之更古的字体，记载着这是由释迦族所祭祀的释尊的遗骨。这已被承认是释尊真实的遗骨，而转让于泰国的国王，但其中一部分也分赠日本，奉祀于名古屋的觉王山日泰寺，

上(53) 其舍利瓶则保存于加尔各答博物馆。1958年在毗舍离旧址挖掘到的舍利瓶上虽然无碑文，但同样被认定为佛陀的遗骨。所谓的《涅槃经》“八王分骨”的记载，可以视为历史上的事实。

被祭祀的舍利塔（stūpa）为仰慕佛陀的人所礼拜，成了未来佛塔信仰兴盛的根源。

附记：最近印度的考古学者重新调查1898年培佩所挖掘的故塔，在比培佩发现舍利壶的地方更深之处发现了几个舍利壶，这些舍利壶恐怕比培佩挖掘到的舍利壶更古老。详细情形有待今后的研究，但是有关释尊的遗骨也不得不重新再考究。

参考书目

佛陀的传记虽然只是片断，但将它们集中起来的古经典，如下所示：

律藏的『仏伝』(*Vinaya*. Vol.I, p.1ff.『南伝』第三卷，页1以下)。

『スッタニパータ』的『出家経』(*Suttanipāta* III, 1, *Pabbajjāsutta*.『南伝』第二四卷，页147以下)。

『長部・大本経』(*DN*. 14, *Mahāpadānasuttanta*.『南伝』第六卷，页361以下)。

『長部・大般涅槃経』(*DN*. 16, *Mahāparinibbānasuttanta*.『南伝』第七卷，页27以下)。

『中部・聖求経、サッチャカ大経』(*MN*. 26, *Ariyapariyesanasutta*, 36, *Mahāsaccakasutta*,『南伝』第九卷，页290以下，页414以下)。

『ジャータカ・ニダーナカター』(*Jātaka*. Vol. I, *Nidānakathā*, II, *Avidūrenidāna* ff.『南伝』第二八卷，页101以下)。

以上在汉译里各有相应的经典。

关于《涅槃经》的各种译本比较，参考和辻哲郎『原始仏教の実践哲学』，页87以下。

关于律藏的佛传之比较，参考拙著『律蔵の研究』，页511以下。

现代学者的佛传研究中，略示具有特色的作品如下：

井上哲次郎，堀謙徳『釈迦牟尼伝』，1911年。

赤沼智善『ビガソデー氏緬甸仏伝』，1915年。

赤沼智善『釈尊』，1934年。

常盤大定『仏伝集成』，1924年。

立花俊道『考証釈尊伝』，1940 年。
中村元『ゴータマ·ブッダ、釈尊伝』，1958 年。
水野弘元『釈尊の生涯』，1960 年。
増谷文雄『アーガマ資料による仏伝の研究』，1962 年。
渡辺照宏『新釈尊伝』，1966 年。
塚本啓祥『仏陀』，1967 年。
前田恵学『仏陀』，1972 年。
H. Oldenberg: *Buddha*. pp. 84–228. (55) 上
Erster Abschnitt: *Buddhas Leben*.（木村、河合訳，页 117 以下）
R. Pischel: *Leben und Lehre des Buddha*. Leipzig, 1921.（铃木重信訳『仏陀の生涯と思想』，1924 年）
H. Beck: *Buddhismus*. I, Der Buddha, Berlin, 1916.（渡辺照宏译『仏教』上，岩波文庫，1962 年）
André Bareau: *Recherches sur la biographie du Buddha dans les Sūtrapiṭaka et les Vinayapiṭaka anciens: I De la quête de l'éveil a la conversion de Śāriputra et de Maudgalyāyana*. Paris, 1963; do. *II Les derniers mois, le parinirvāṇa et les funérailles*, Tome I, Paris, 1970, Tome II, Paris, 1971.

第四节　教理

教理大纲

佛陀入灭后，其成道以来 45 年间所说的教法被搜罗起来，成为第一结集（saṅgīti）；此时所集的是法（Dhamma，达磨）与律（Vinaya，毗奈耶）。当时虽已有文字，但是圣典的传承是用背诵的。所集的“法”（教理）在传承之间整理纂辑成经典，而集成“经藏”（Sutta–piṭaka），所集的“毗奈耶”（戒律）经由整理而成为“律藏”（Vinaya–piṭaka），特别是经藏也称作“阿含经”（Āgama，传来的圣教），这显示它是传承古老的圣教，而这些经典是以记忆来传承的，所以传承之间附加了弟子的理解与解释而增广，不可避免地使古老的圣教起了变化。因此《阿含经》虽然并非佛陀教法的原样，但是在诸多佛教经典之中，它含有最浓厚的佛陀教法，所以要追究佛陀的思想，首先非得在这里面探求不可。在《阿含经》中也有成立的新与古的部分，关于这点留待后叙。在此打算将《阿含经》中所呈现的
上(57) 基础教理，包括弟子的解释在内，当作“原始佛教的教理”来论述。要由现存的《阿含经》中只抽出佛陀的思想，在学问上是不可能的。①

原始佛教的特征，一言以蔽之，即是其理性的性格特别强。例如《法句经》的偈颂说：“以怨止怨，怨恒不止。舍怨方止，此恒真理。”（*Dhammapada* 5）这里面除了道德伦理上的事之外，也包含了断除现实烦恼的理性上的洞察。“不寐夜长，疲者道远。昧正法者，生死道长。”（对睡不着的人来说夜晚很长，对疲倦的人来说一由旬〔距离单位〕的路也很远。对不知正确真理的愚昧者们来说，生死的流转很长。*Dhammapada* 60）这一偈中可说蕴含同样的道理。佛陀知道道德的行为可使人幸福，可令生活富足，所以劝谏道德于众人；亦即教导不应杀害而当互相爱敬，不应偷盗反而应当乐施，不应妄语而当喜真实语。但是在这里，并不仅止于道德，而是指出由合理性所达之处，从包含矛盾的现实本身脱出的通路。

佛教拥有提升社会道德的性质，而在日常生活中也导入合理性，拥有合理改革生活的态度。自从原始佛教的时代以来，佛教的僧院就是卫生的、文化的，在简朴中过着丰足的生活，自此而有僧院、佛塔的建筑及绘画等技术及艺术之发展。在《阿含经》里既有关于农耕技术的说明，也有关于商人财产运用的开示，律藏之中也说明关于药物与医术之事。但是佛教并非仅是合理而已，也洞察人自己的现实是包含矛盾的，而探
(58)上 求如何由这个苦脱出；佛教修行的重点就在这里。

四谛说

佛法以生、老、病、死四苦来说明人生的苦，或再加上另外四苦——爱别离苦、怨憎会苦、所求不得苦、五蕴炽盛苦，以此八苦来说明。人生虽也有乐，但因此夺去这个乐的病、死也就成了苦，因而有爱别离、

---

① 宇井博士认为佛陀的根本思想在于“诸行无常、一切皆苦、诸法无我”（『印度哲学研究』第二，页224）。但是和辻博士主张这样的尝试是不可能的（『原始仏教の実践哲学』，页36以下。

怨憎会、求不得这些苦生起。这苦的根源是对生存的执着，称之为五取蕴苦（五阴盛苦）。作为自然现象的生老病死并不是苦，对自己来说的生老病死才是苦，而且生老病死是人生不可避免的，也是自我存在的基底，所以称之为“苦谛”（苦的真理）。但人生是苦，只有圣者（ariya）才能了知其作为真理的含义，所以称作“苦圣谛”（Dukkha-ariyasacca）。

说明苦的原因的是“苦集圣谛”（Dukkhasamudaya-ariyasacca，原因的真理）。对自己来说，生存之所以为苦，是因为在内心深处有“渴爱”（taṇhā），这是成为所有欲望之根底的欲望；是永不满足的欲望，是造成人的不满的欲望。之所以称为渴爱，是因为好像口渴的人在寻找水时有强烈的欲求一样。有渴爱，所以人的生存才继续下去，因此称之为“成为轮回（再生）之原因者”，也说为“与喜、贪俱，求满足而不停者”。渴爱有3种：欲爱（kāma-taṇhā）、有爱（bhava-taṇhā）、无有爱（vibhava-taṇhā）。

欲爱是感觉上的欲望，或为情欲；有爱是希望永续生存的欲望；无 （59）上
有爱是期望生存断绝的欲望。追求幸福虽也是欲望的一种，但渴爱与那些不同，是指在欲望根源的“不满足性”，这是使人堕入不幸的原因。渴爱又称作“无明”（avidyā），以渴爱、无明为根源，于其上产生种种烦恼，就污染了心。所以所谓集谛，就是以渴爱为根源的种种烦恼，这就是苦的原因。

渴爱灭尽无余的状态，称作“苦灭圣谛”（Dukkhanirodha-ariyasacca），即“苦灭的真理”之意，也称为“涅槃”（nibbāna，nirvāṇa），因为是心从渴爱的束缚中脱离，所以也名为“解脱”（vimutti，vimokkha，mokṣa）。在心中首先是智慧解脱，所以名之为“慧解脱”（paññā-vimutti），接着灭却全部烦恼，使心的整体得解脱，名为“心解脱”（cetovimutti）。这是爱情、欲望、努力等不为渴爱所染污而活动的“心的自由状态”。因为是真的乐（sukha），所以说“寂灭为乐”。由于涅槃译作“灭”，所以也有人将涅槃理解为“虚无”，但是灭是“渴爱之灭”，并不是心本身之灭。由于渴爱灭，正确的智慧才显现，以此智慧所知的不动的真理就是涅槃，因此涅槃是理性的（论理的）存在。但是也有学者将实现涅槃的心的寂

静状态理解为“完全的平和”，而以为这“平和”即是涅槃[1]。

实现苦之灭的方法，名为“苦灭道圣谛”（Dukkhanirodhagāminī-
上(60) paṭipadā-ariyasacca，道的真理），以“八圣道”（ariyo aṭṭhaṅgiko maggo）来表达，即是实践正见、正思惟、正语、正业、正命、正精进、正念、正定等八法之意。第一的“正见”是“正确的看法”，即是原原本本地了知（如实知见），据此则能了知自己与世界的本来面貌，亦即了知缘起的道理。基于正见则能生起正确的思惟，接着据此实践正确的言语（正语）、正确的行动（正业）、正确的生活（正命）、正确的努力（正精进）等。这些是指基于正见，日常生活能成为符合道理的生活，由此第七的正念则能确立。正念是指正确的注意力、正确的记忆，是使心经常维持在正确状态的心念力。最后的正定，是指基于正见、正念而实现的“心的统一”，亦即正确的禅定。在以上八圣道中，正见与正定〔最为〕[2]重要，因为在正确的禅定中，正确的智慧才能生起。在这八圣道的实践中灭除苦的状态，亦即解脱、涅槃才会实现。

以上的苦、集、灭、道四谛，称为“四圣谛”（cattāri ariyasaccāni）。“圣”（ariya，ārya）有“尊贵”的意思，意味着“圣者”，但这似乎与雅利安（ārya）人的“ārya”有关。佛陀把自己的代表性教理冠上ārya，或许是认为自己所悟的真理，是雅利安民族（当时雅利安本身就意味着世界）的真理，对此他饱有自信。

上(61) 这四谛说据传是佛陀在鹿野苑对五比丘宣说的最初说法。五比丘听闻以后，得“一切是集法（samudaya-dhamma）的都是灭法（nirodha-dhamma）”的“法眼”，而且“见法，知法，悟入于法”，由此显示他们已打开法的世界。

中道与无记

八圣道即是“中道”（majjhimā paṭipadā）。贪于欲乐的生活是卑下

① 关于涅槃，参照宮本正尊「解脱と涅槃の研究」（『早稲田大学大学院文学研究科紀要』第六辑，1960年）。

② 正文中第一重〔〕内的内容，为校者及编者为了便于读者理解而补充。下同。——编者注

的生活，放纵于物欲的生活并不是上进的，而相反地，一味折磨身体的苦行也只是虐待自己而已，并未带来利益。佛陀舍弃了这两个极端（二边），以中道而得正觉。这中道即是正见、正思惟，乃至正定。正见等的“正”，并未在八圣道的教法中说明，而阐明它的，即是中道。快乐是任何人都期望的，但是不加节制地纵身于快乐当中却是堕落，毫无精神的上进。其次，苦行的实行需要坚强的意志与努力，这努力虽然可贵，但只折磨肉体，并不能得悟；因为只依苦行，理性并未受到磨炼。看穿这两个极端的中道之智慧，即是八正道的“正”的意义。中道，除了以“苦乐中道”（*VP*. Vol. I, p.10）来说明之外，也以“断常中道”（*SN*. Vol. II, p.38）、“有无中道”（*SN*. Vol. II, p.17）等来说明。苦乐中道是实践的立场，而断常中道及有无中道则是“观点”的问题。不持臆测或先入之见，如实地照见法，不落于固定的看法，是中道的立场。视现象为常恒、为断绝、为有、为无，都是固定的看法，都是独断的；不依此固定性立场 （62）上
之处才有中道[1]。

由如实地知见法导入了“无记”（avyākata）的立场，对于“我及世界是常住？是无常？是有边？是无边？”等问题，佛陀沉默不答；此外，关于“身体与灵魂是相同？是各别？”“如来死后是有？是无？”等问题也是一样。对这类不可认识的、形而上学的问题，佛陀知道知识的界限而不作答。

面对他人所加的论难，要保持沉默是很难的。当时的思想家皆主张“只有这个才是真理，其他都是虚妄不实的”，而排击他说，主张自说，以论诤为业，于此而有对自己的执着与自满。即使是真理，在以论诤为立场时，真理也因为执着而被染污了。佛陀已远离执着，所以见到这种论诤的无益，而不参加论诤，此正显示出佛陀的理性的自制力。当时的思想家们主张己论的绝对性时，正显示其论诤实际上也不过是相对的而已。经中引镜面王命令盲人摸象，而就象作答的故事作譬喻，来说明这个情形（*Udāna* IV, 4）。

① 关于中道，参考宫本正尊「中の哲学的考察」（『根本中と空』，页 365 以下）。

佛陀如实地知见对象，超越了先入之见或偏见，这在佛陀主张四姓平等一事上也显示出来[①]。佛陀说："人并非因出身而是贱民，而是因行为而成为贱民。莫问出身，但应问行为。"（*Suttanipāta* 42, 462）主张依照
上(63) 行为决定人的价值。

五蕴无我

"无我"（anattan，anātman）是固定的实体我并不存在的意思，是佛教重要的教理之一。但无我说并不是否定常识上所认识的自己（假我）及主观认识、人格或理性等的意思。如果如实地观察自己，则无法否定自己成长变化的事实，但是凡夫只是静止地看待自己，而设定一个固定的自我，并执着其上。从对自己的执着，便产生有关自己的种种的苦。如果能如实地观照现实，就不会认定固定的自我。原始佛教中将身心分析为"五蕴"以表达无我；五蕴即是色蕴、受蕴、想蕴、行蕴、识蕴。蕴（khandha）是"聚集"的意思。色（rūpa）是有颜色、形状的东西，特别是指肉体；受（vedanā）是感受，以苦受、乐受、不苦不乐受来说明；想（saññā）是想象、概念的作用[②]；行（saṃkhārā）是形成的力量的意思，但这里特别是指心的意志作用；识（viññāṇa）解释为"了别"，是认识、判断的作用。

自己是由这五蕴所构成的，但是任何一蕴都不断地变化，也就是无常（anicca）；但是因为人执着于无常的五蕴，所以苦必然随之而生。无常的东西就是苦，在此苦之物中，"我"并不存在。"我"应是常住的，常住者应有自由自在的性格，因此其中不应有苦存在。因此，由于是苦的，所以可知自己并非常一主宰的我，因而说："是无我的法，则不是我
(64)上 所有的（mama，我所）。我（aham）不是它，它也不是我的'我'。应如实以正智慧观照。"[③]无我说是动态地去理解人格的立场，而不是虚无论，所以执着于无我也是错误的；因而说："既无我（attan），亦无非我

① 关于四姓平等，参考藤田宏達『原始仏教における四姓平等論」(『印仏研』二之一，页 55 以下)。

② 此处原文指，想是「表象」。——编者注

③ 关于无我，参考拙论「無我と主体」(『自我と無我』，页 381 以下) 及「初期仏教の倫理」(『講座東洋思想』5，页 45 以下)。

（nirattan）。”（*Suttanipāta* 858, 919）

在后世，开始在包含一切物质的第一的“色”中作解释，而以五蕴意味“无常”的一切，名为“有为法”（saṃkhatadhamma）；相对地，无变化的存在、常住的存在，名为“无为法”（asaṃkhatadhamma），例如虚空或涅槃。有为法、无为法的看法已可见于《阿含经》，而在后世，于五蕴中见无我称作“人无我”，于法之中见无我称为“法无我”，但是这种区别还未见于《阿含经》。

法与缘起

所谓“见法”，在佛陀的觉悟里是重要的宗教体验。五比丘也是听闻四谛的开示，而见法、悟法、开法眼。“法”（dhamma，dharma）是“保持”（由字根 $\sqrt{\text{dhṛ}}$ 所衍生）的意思，由此再衍生“不变者”之意，而维持人伦秩序的规范、自古的惯例、义务、社会秩序，乃至善、德、真理等意，在印度自古以来就在使用了。而在佛教中，“法”也以同样的意思在使用，例如诗偈“以怨止怨，怨恒不止。舍怨方止，此恒真理（dhammo sanantano）”中，法是真理的意思。佛教虽然也继承前时代的用法，但是 （65）上
在佛教以前，法意味着善与真理，而称恶不善为“非法”（adharma）的用法，并未包含在法之中。不过到佛教时，烦恼或恶也都称为法（烦恼法〔kilesa-dhamma〕，恶不善法〔pāpa-akusala-dhamma〕），法的解释已扩大了，然后在“存在”（bhāva）中见法的新解释就出现了。①

公元 5 世纪，名为觉音（Buddhaghosa，佛音）的大注释家（论师）出现了，注释了《阿含经》的大部分。觉音出生于南印度，而渡锡兰作佛教的研究，整理传于锡兰的佛教教义学，著《清净道论》，并综合整理《阿含经》的注释。他在注释书中论述法有四义，举出属性（guṇa）、教法（desanā）、圣典（pariyatti）、物（nissatta）4 种（*Sumaṅgalavilāsinī* I, p.99。按：此即长部注《善吉祥光》）；或除去其中的教法，加上因（hetu）（*Aṭṭhasālinī* II, p.9。按：即《法集论》注《殊胜义》）。在佛、法、僧三

① 关于法，参考拙论「諸法無我の法」（『印仏研』十六之二，页 396 以下），及「原始仏教における法の意味」（『早稲田大学大学院文学研究科紀要』第一四号，1968 年）。

宝中的“法宝”，也有作为教法的法的意思，但同时也意味着在教法中所示的真理、涅槃。其次，作为“九分教”的法（法藏），是作为“圣典”的法。九分教是将《阿含经》中所含的教法，依其内容分成九类，这是结集经藏以前教法的分类方式。第三，所谓“因”，即如善法、恶法一般，是产生结果的法。例如善法有生出善的能力，所以无记法不含于因中。同样地，“假法”也不成为因。而作为属性的法也译作“德”（guṇa），
上（66） 如佛陀所具足的“十八不共佛法”，即是作为德的法。第四，作为“物”（nissatta，nijjīva，无情）的法是佛教独有的概念。像这种法的理解，在吠陀或古奥义书中并未出现。所谓佛陀悟道的法，也包含在这个意义的法中。佛陀在正觉中所悟的是“涅槃”，是真理，同时也是“实在”；在这个意义上，涅槃也包含于作为物的法中。换言之，作为现象的存在，本身就拥有永远的实在、真理的性格，这种意义也包含在其中。而发现与永远之实在同一的现象之性格、状态，即是“见法的立场”。自己虽是现象上的存在者，但是发现自己所具备的真理性时，即发现了“作为法的自己、成为法的自己”。这意义的法，经常表现于“诸法无我”情形的法，或“缘起与缘已生法”情形的法之用例中。

在原始佛教中，并未直接将“作为个体事物的存在”称作法。法是使现象成立的基础性存在，例如构成人的色、受、想、行、识这五蕴称为法，但是在色及行之中，法还可再细分。“色”意味着肉体或物质，在肉体上安立眼、耳、鼻、舌、身五根的法。最后的身根是触觉的法，因为遍及筋肉等全体，所以也可以指身体。然后以此为本而有眼根（视觉）等感觉器官的法存在。以这五根能完全穷尽心理、生理上的肉体，所以这些就被立为法。外界的物质更分为色、声、香、味、触五境。眼根所
（67）上 见的色是狭义的色，指“颜色与形状”。颜色再分为青、黄、赤、白等，皆是法的存在。声、香、味等也再细分。“触”是指以触觉（身根）所认识的对象，也有种种区别，包含地、水、火、风四元素（四大）。

其次在五蕴说中，心理的法包含在行蕴之中，其中有作意、慧、念等，信、精进等也作为心理上的力量而抽取出来，所以是法的存在。而烦恼则有贪、瞋、慢、疑、见等法，渴爱、无明也是法之一。贪或瞋等

是心理的力量，是与其他不同的存在，所以立之为法。如此安立了几种心理的法。在《阿含经》的新层中，将这些法分类为五蕴、十二处（处是 āyatana，领域之意）、十八界（界是 dhātu，要素之意）。

如上法虽有种种，但是在原始佛教中法的数量并未确定下来，而且也无法断言，非要有像这样的基础性存在才得以立之为法。但是在原始佛教的经典中，若枚举称为法的，大概可以上述方法来解释；亦即把所谓自己的存在，还原为肉体的、心理的诸法，于观法时去理解自己存在的真实相。这样的法是无我的（诸法无我），是依缘起而成立的（缘已生法〔paṭiccasamuppanna-dhamma〕）。

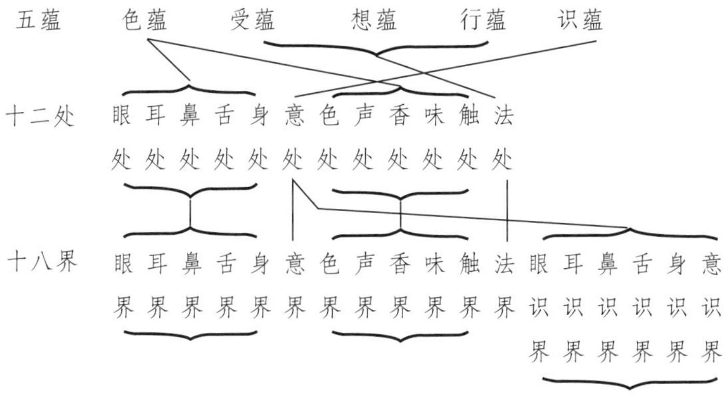

此基础性的存在者名之为法，这一点表示承认这存在者有真理性，（68）上
因为在“法”的名称中有真理的性格。涅槃被称为最胜法，但不消说，涅槃中的永恒性及真理性当然是受认可的。不过其他依缘起所成立的法中，也承认其真理性。“缘起”是“相依”（paṭicca）而“生起”（samuppāda）之意，是说由相依相关而成立的存在，指同时依于名为“缘”（paccaya）的他者，而自己才成立的情形，以“此有时彼有，由此生彼生。此无时彼无，由此灭彼灭”的公式来表达。所谓“依于他”，即成为自己得以存在的条件。有“自他不二”的世界，这在空间上成为依赖关系，所以也表现为“相依性”（idappaccayatā）。世界是相依相助而成立的，这个特质（dhātu），不管如来出世或不出世，都作为法而被确定、确立着（*SN*. Vol. II, p.25）。在多缘聚集处，新的法便成立，所以能生的缘与所生的法　上（69）

有关联。这个关联在时间上可以上溯到永远的过去，在空间上可以扩及到全世界；可以考虑到贯串一个个法的“法界”（dhamma-dhātu）。

时间上的法的关联，并不是如一条线般单纯的联系。例如，即使试想自己的生命是遗传的，自己的生命也受之于双亲，但双亲更有父母亲4人，其上更有父母亲8人，更上溯至16人、32人、64人等；以这样的方法追溯而考虑的话，可知自己的生命中有无数生命汇集聚在一起。这里有自己的生命或遗传所持有的普遍性、永远性，亦即法性；以缘起而成立的存在名之为法的理由就在这里。在空间上的关联也可说是一样的；世界的存在是到任何地方都联系在一起，即缘起的世界是“连续的世界”（法界）。

但因为法是一个存在者，所以在其界限中有与其他切离的存在，亦即法拥有孤立的存在面。例如，贪之所以能被识别为贪，发挥作为贪的力量，是因为贪是与其他切离的独立者的缘故（例如憎与爱在一起，则憎的力量便不能发挥。即使爱与憎同时在一起，两者仍是不同的个体）。阿毗达磨佛教从这一点定义法：“持自相者为法”。法是持有自相，与他
上（70）者相区别，而可清楚地认识的。在这一点，法断绝于周围的“缘”。

法有连续面与断绝面（不常不断），在此有法的普遍性与个别性，这都依据法的缘起的性格，所以说“见缘起者则见法，见法者则见缘起”（*MN*. Vol. I, p.191）。在这里有法是持有自相，是有力的实在（成为因），而且同时是无常、无我的理由，大乘佛教里主张“空”（śūnyatā）的理由也在这里。法是无常，是无我，在五蕴的教法中也有所开示，如说道：“色是无常的，无常的则是苦，无常、苦而变易之法，即是无我。”法即使能持自相，也无法独立自存，因为要依缘（他力）而生之故。所以法必然改变型态成为非自己者，“毁坏”是有为法的本性。

这也表现于“三法印”之中。“诸法无我”（sabbe dhammā anattā）与“诸行无常”（sabbe saṅkhārā aniccā，*Dhammapada* 277–279）互为表里之关系（再加上“一切行苦”〔sabbe saṅkhārā dukkhā〕为三法印，但北传佛教则以诸行无常、诸法无我、涅槃寂静为三法印）。诸行无常是一切〔法〕的存在都不断地流转变化（变成非自己者）的意思，无常即是法（有为法）的本性，但是因为变化中的东西都无法固定地把握，故以

“行”（saṅkhārā）来表现（亦即不说“诸法无常”。从连续面来看存在而说为 saṅkhārā，个别面来看称作法，但是法与行有表里的关系）；这表明缘起的连续性、全体性的状态。存在的流转变化是不可避免的，但是因为凡夫想要令它不变而执着，所以成为“一切皆苦”（sabbe saṅkhārā dukkhā）。流转的存在是连续的，一切都联结在一起，但由于变化着的缘 (71) 上
故，在连续中便有差别。这里所成立的是能持自相的法。法的反面是流转的行，所以法不得是固定的实体；这一点以“诸法无我”来表现。

如上所述，可以在知缘起的道理，知空与无我之处，得知存在所持有的作为法的状态；也就是说知法即是知存在的真相。

十二缘起

以缘起的道理，从法的立场来说明人存在的状态，就是“十二缘起说”。

十二缘起是由无明（avijjā）、行（saṅkhārā）、识（viññaṇa）、名色（nāmarūpa）、六入（saḷāyatana，六处）、触（phassa）、受（vedanā）、爱（taṇhā）、取（upādāna）、有（bhava）、生（jāti）、老死（jarāmaraṇa）等十二“支分”（aṅga）所成立的，所以称为十二缘起或十二支缘起（Dvādasaṅga-paṭiccasamuppāda）；虽也称为十二因缘，但原文是相同的。说明执迷的现实生存是基于什么而成立的，是流转门的缘起，即顺观的十二缘起。表达现实的“苦的生存”的，是十二支最后的“老死”。探索这老死的根据，所发现的是“生”，因为有“出生”，所以才有老死；将此表现为“以生为缘而有老死”。接着追究作为“生”的存在条件之“有”；“有”（bhava）是指轮回的生存，自己流转于轮回之中，即是出生的缘， (72) 上
所以说“以有为缘而有生”。就“有”是轮回的生存这点，可说十二缘起说包含了轮回的思想。轮回的生存是苦，但追问它以何为条件时，所发现的是“取”。取是执着之意，执着于生存，成为使生存持续不断的条件，所以说“以取为缘而有有”。其次追问人的执着以何为条件时，所发现的就是“爱”。爱是渴爱，即是在所有烦恼的根本的欲求性、不满足性。这是让取所以是取的原因，所以说“由于爱而有取”。

因为爱是在执迷生存的根源，所以无法发现让爱产生的“更根源”的

事物。从这点来说，爱是缘起系列的一个起源，由此来看，而称爱、取、有、生、老死五支为“渴爱缘起”。但是并非没有使爱进行活动的条件，这条件即是“受”。受是去接受对象，有苦受、乐受、不苦不乐受；为受所触发，爱就生起，所以称作“以受为缘而有爱”。接着可以发现作为受的生起条件的“触”，触是在认识上的主观与客观的接触，识（主观）、境（客观）、根（感官）三者的和合称作触，这是使知觉触发的心的力量，所以说“以触为缘而有受”。接着安立作为触生起的条件的“六入”（saḷāyatana），也称为“六处”，即眼、耳、鼻、舌、身、意六种认识领域。分为主客的话，眼耳鼻舌身意为六内处，色声香味触法为六外处，合为十二处，称为“以六入为缘而有触”。此认识领域是以身心为条件而存在的，即“名色”。名
上(73)（nāma）在这里是指心，色（rūpa）是指身体，但是色广义而言即是物质，所以外界也得以包含于色之中，因此说“以名色为缘而有六入”。

接着追问自己的身心（名色）得以存在的根据时，即可发现“识”（vijñana, viññāṇa）。识解释为了别，是认识作用，以眼识、耳识、鼻识、舌识、身识、意识等六识来表示。若失去识（认识作用），身心就会死灭。依识而使作为生命体的身心统一起来。更广言之，可以说在识的认识里世界才成立，这成为认识与认识内容的关系，所以说“以识为缘而有名色”。但是由于身心同时活着，识的活动才成为可能，如果没有肉体，就不会有识，就这点可说“以名色为缘而有识”，因而识与名色是处于相互依存关系的状态，所以缘起成立条件的关系也可以到此为止。如此，识与名色虽有相互依存的一面，但是识能统一，具有主动的性格，所以较之名色，识可说更基本。因此追究识的存在条件，可发现“行”。自己的经验界虽由识所统一，但是识成为具有个人个性色彩的思惟。于此预想到使这个识具色彩、使识活动的力量，这就是“行”。一般来说，行是作成事物的“形成力”。诸行无常的“行”是形成全世界的力量，这是行的最广的用法。而五蕴中第四蕴的“行”是指心理上的形成力，特别是指意志，这是狭义的用法。十二缘起的“行”是指使识染色的形成力，被
(74)上 解释成业（karman,kamma）。因为过去的业将识着色，识受其影响而进行判断或活动。

其次追究行的存在条件时，发现无明（avidyā,avijjā）。无明是没有正确的智慧（明），是无知。不知无常为无常，即是所谓的无明，没有如实知见一切的力量。无明本身虽无能动性，但在知的能动性被无明所染而起动时，一切的迷妄便出生了。凡夫是透过无明来看一切的。如果做梦的人能觉察到那是梦的话，梦就会消失；如果觉察到无明是无明的话，无明就会消失，亦即无明是由被发现而消失的。因此缘起的追究，是由于发现无明而终止，所以在说“以无明为缘而有行”的同时，也是在说“无明灭则行灭”。当然为了行的存在，虽然有无明以外的许多条件，但是在这些当中无明是最基本的条件，所以说“无明灭则行灭”。以同样关系说“行灭则识灭。……生灭则老死灭”，如此一来，苦的生存之灭就实现了，因此说“一切苦蕴灭”。观照此灭，称为缘起的“逆观”，也叫作“还灭门”。传说佛陀即是顺逆观十二缘起而开悟的。

十二缘起的无明、行……老死的十二支，是成立于缘起上的“法的存在”。无法体悟缘起、没有能力观照法的人，就没有观照十二缘起的能力。亦即以基于我执的固执立场所见的十二支，不过是观念而已，并不是“法”，所以不成缘起观。将这十二支以永恒性与个别性来观照，“法观” （75）上
才成立。

十二缘起说作为缘起观，是已经完备的体系。此外也有除去无明与行，以识、名色的依存关系为始的十支缘起说，这是因为如上述般可以见到识、名色之间相互依存的关系。也有宣说将十支中的六入除去，由名色直接到触的九支缘起说，以及如上所述的由五支所成的渴爱缘起说；或是宣说种种更简单的缘起说。四谛说也因为是因与果的二重构造，所以可看成简单的缘起说，因此难以认定十二缘起说是最初起就存在的。佛陀在菩提树下所观到的缘起的真理，恐怕是更直观的内容；发现了无明，就是发现了缘起。在为了将这个真理传达给他人而作种种的说明时，种种的缘起说便成立，而最后由于十二缘起说，缘起说才完成。

观照法必然成为观照缘起，而以这个立场来追究并阐明缘起上迷惑的原因，可说是十二支、十支、九支，乃至其他诸支缘起说的目的。在这里，有十二缘起说在后来发展的佛教中最受重视的理由，而且因为

十二缘起说中,“行”是“业”的意思，所以在这里业受到承认；接着“有”是以轮回上的生存的意思在使用，所以轮回说也受到承认。业说及轮回说都是自奥义书时代起一直到佛陀时代逐渐发展的思想，佛教采用了它，
上(76) 而完成了佛教式的业说、轮回说。

实践论

以无执的心如实地见到真实，即能发现真理，这个看法是原始佛教的立场，因此不得不除去偏见及执着。心的邪恶的性格即是“烦恼”（kilesa）；渴爱、无明是烦恼之最，也称为“痴”（moha），加上贪及瞋，即成三毒之烦恼，因为这是使心染污得最强烈的烦恼。另外，慢、疑、见等也是重要的烦恼，特别是对自己的执着（我慢或我见、我所见），或是对特定的人生观的执着（见取见、戒禁取见）等，会妨碍正确的知见。因为烦恼是心中的染污显现于外，所以也称为“漏”（āsava）。

因为烦恼使心染污，所以除去烦恼即成为修行实践的目标，而且如果除去烦恼，心的染污就消失了，心本性的智慧就会自然地显现。这样去看心的本性的想法，称之为“自性清净心”的思想，这思想的萌芽也存在于《阿含经》中①（但是并无“自性”的“性”〔prakṛti〕之用语）。但是由于贪、瞋、我见等并非自己的心外之物，所以烦恼也是自己的内部之物，因此要将心的本性与烦恼清晰地区别开来是不可能的。这个观点反对将心的本性看作自性清净，后世佛教的发展中，可以看到以上两种思想的流派。但是在否定烦恼之处，就有正智的显现，而且也不应忽视心具有自我否定的力量。

正确智慧的实现之道，是以八正道的实践而获得，这又归纳为戒定慧
(77)上 三学。首先以戒学调整生活；皈依佛法僧三宝而发挥真正的信仰，在此之上以戒严身。信众守五戒（远离杀、盗、邪淫、妄语、饮酒），若出家为沙弥或比丘则须守更多戒，过严格的修行生活。以实践戒而离恶，因此心中没有后悔或不安，更因戒的规律生活得到健康、身心的平安，而完成入

① 关于自性清净心，参考拙著『初期大乗仏教の研究』，页204以下。

禅定的准备。基于此戒学而实践禅定，即是第二定学（增上心学）。定学虽以四禅的实习为主，但其准备阶段的修行有种种观法，如观呼吸的数息观，观身体之不净的不净观，观身不净、观受是苦、观心无常、观法无我的四念处观，及慈、悲、喜、舍的四无量心，空、无相、无愿的三解脱门等。定学也可以分成实现心寂静的“止”（śamatha，samatha），与立足于此寂静而洞察真理的“观”（vipaśyanā，vipassanā）。基于定学而实现缘起智慧的实习，即是第三慧学；分为止与观的情形的“观”可以包含在慧学里。对“观”来说，虽然四念处观或四无量心等也很重要，但是为了正确智慧的实现，观四圣谛，观五蕴的每一蕴皆无常、苦、无我，顺逆观十二缘起等，特别受到重视。如此随着正智慧的增强，烦恼就断除了。

三学完成后，解脱就在此之上实现，而产生“已经解脱”的自觉（解脱知见）。三学的完成即是灭除烦恼，所以称为“无漏”；而无漏的戒、定、慧、解脱、解脱知见，称作“五分法身”。这是圣者所具备的实践上的“法”。

还有，在原始佛教的修行道方面，“三十七道品”（三十七菩提分法）
受到重视。此即四念处、四正勤、四如意足（四神足）、五根、五力、七 （78）上
觉支、八圣道。

因修行而进步的觉悟的进展，区分作四阶段，即预流果（达到预流果之前为预流向）、一来果（在此之前为一来向）、不还果（在此之前为不还向）、阿罗汉果（在此之前为阿罗汉向）。果与向合称为“四向四果”，也称作“四双八辈”；这四向四果的教理也可见于《阿含经》中。“预流”是“预于流”之意，是指入于佛教之流，已达到不再退堕的阶段。皈依三宝（得到正信），受持圣戒，即是预流，但此外预流之说也有断三结（我见、戒禁取见、疑），或得如实知见之说①。“一来”是再回到这世间一次的意思。虽然说在修行途中去世的人来世生于天界，但是在天界无法完成修行入涅槃，而再一次出生于人间，称作一来。一来是指已断三结而

① 关于预流，参考舟橋一哉『原始仏教思想の研究』页184以下，及拙论「信解脱より心解脱への展開」(『日本仏教学會年報』第三一号，页57以下)。

贪瞋痴变薄的状态（三毒薄），“不还”则是不再回到这世间的意思，是指死后生于天界，在那里入涅槃的人，是断了五下分结（贪、瞋、身见、戒禁取见、疑）的人，五下分结即是将人结缚于欲界的烦恼（结）。第四的阿罗汉是修行已完成的人，已断了一切烦恼而在这世间入涅槃。

在《阿含经》中也宣说了此四向四果的阶段。这个修道论承认轮回观及作为轮回场所的三界（欲界、色界、无色界）的存在，这是为了只在
上(79) 此世无法完成觉悟的人们，才产生如此反复轮回来修行的思想。所谓地狱（naraka 奈洛迦，niraya 泥拉耶）的观念也见于《阿含经》，在地狱之上加入饿鬼（preta）、畜生、人、天界而成五道的观念，也可看作是由这时代起就有的。

佛陀观

四向四果是弟子的证悟。佛陀是在菩提树下直接开悟成佛，所以不立佛陀悟道的阶段。在后世部派佛教的时代里，说菩萨的修行为“三阿僧祇劫百劫的修行”，为大乘佛教所继承，但是在原始佛教的时代里，则只是宣说《本生经》（*Jātaka*），说佛陀前世的种种修行的程度而已。

佛陀在世时，弟子们直接接触到佛陀的伟大人格，受其感化，在佛陀灭后，佛陀逐渐被神格化，开始被视为超人的存在；但在原始佛教时代，佛陀还被视为人。佛陀也称作如来（Tathāgata），另外也有阿罗汉、正等觉者等十种名称（如来十号）。一般相信佛陀在身体上具备“三十二相”，三十二相是常人所不具备之胜相，唯有佛陀与转轮圣王具足。但是一般认为佛陀的身体也是无常的，无法避免生老病死，而且认为因为佛陀在精神上具备“无漏的五分法身”，具足“十八不共法”，完全修了四神足，所以如果想要的话也可以住世一劫。而关于佛陀的去世，也开始解释成，在佛陀 80 岁时，应教化的众生都已经度尽，而已经为未来的众生种
(80)上 下教化的因缘，所以随意而舍命。佛陀的死称为“般涅槃”（parinibbāna，完全的涅槃），因死亡而入“无余涅槃界”（anupādisesanibbāna-dhātu），后解释佛陀生前的涅槃为“有余依涅槃”（sopadhiśeṣanirvāṇa），因死

入于“无余依涅槃”（nirupadhiśeṣanirvāṇa）。[①] （81）上

参考书目

姉崎正治『根本仏教』，1910 年。

宇井伯寿「十二因縁の解釈、縁起説の意義」（『印度哲学研究』第二），「八聖道の原意及び其変遷」「六十二見論」（『印度哲学研究』第三），「阿含に現れた仏陀観」（『印度哲学研究』第四）。

木村泰賢『原始仏教思想論』，1922 年。

赤沼智善『原始仏教之研究』，1939 年。

竜山章真『南方仏教の様態』，1942 年。

宮本正尊『根本中と空』，1943 年。

増永霊鳳『根本仏教の研究』，1948 年。

舟橋一哉『原始仏教思想の研究』，1952 年。

西義雄『原始仏教に於ける般若の研究』，1953 年。

水野弘元『原始仏教』，1956 年。

雲井昭善『原始仏教の研究』，1967 年。

中村元『中村元選集』10「インド思想の諸問題」，1967 年，12「原始仏教の成立」，1969 年，13·14「原始仏教の思想」上，下，1970，1971 年，15「原始仏教の生活倫理」，1972 年。

宮坂宥勝『仏教の起源』，1972 年。

金倉円照『インド哲学仏教学研究 I 仏教学篇』，1973 年。

H. Beck: *Buddhismus. II, Die Lehre*, Berlin und Leipzig, 1920.

E. J. Thomas: *The History of Buddhist Thought.* London, 1933.

Mrs. Rhys Davids: *The Birth of Indian Psychology and Its Development in Buddhism*. London, 1936.

E. Conze: *Buddhist Thought in India*. London, 1962.

T. W. Rhys Davids: *Buddhism.* London, 1920.

H. Oldenberg: *Buddha sein Leben, seine Lehre, seine Gemeinde*. 9 Auf., Stuttgart, 1927.（木村泰賢，景山哲雄『オルデンベルグ著仏陀』，1928 年。）

G. C. Pande: *Studies in the Origins of Buddhism*. Allahabad, 1957.

D. Schlingloff: *Die Religion des Buddhismus*（Sammlung Göschen Band 174）, Berlin, 1962. 上（82）

① 参考宇井伯寿『印度哲学研究』第二，页 235 以下。

第五节 教团组织

佛教教团的理想

佛教的教团称为“僧伽”（saṃgha），特别称作“和合僧”（samagga-saṃgha）①，这是实现平和的团体的意思。佛教的目的，在个人方面是求开悟，过着与真理合一的生活，这样的人们聚集在一起共同生活的话，真实的平和才能实现。而已进入僧伽但尚未开悟的人，则为了自己的解脱而努力，并致力于实现团体的平和。致力于平和的实现，本来就与自己悟道的实现一致。

弟子们以佛陀为“大师”（satthar）而皈依，奉上绝对的信赖；尊崇佛陀为法根、法眼、法依，常随顺于佛陀的指导，所以弟子们被称作听闻教法者（śrāvaka，sāvaka，声闻）。佛陀具备自甚深的禅定所产生的寂静，给予接触者一种神秘的平静安乐。更因为佛陀具足洞察一切的甚深智慧以及包容所有的圆满慈悲，弟子们无条件地皈依佛陀，而发挥各自的天分，达成修行的目的，安住于师与弟子共同一味的证悟。把这种
上（83）师与弟子聚集起来的佛教教团（僧伽）比喻成大海，即以大海说明僧伽的特征，称作佛教僧伽的“八未曾有法”：（1）如大海渐深，僧伽也渐渐有学；（2）如大海不越于岸，弟子们也不破戒律；（3）如大海不受死尸，必推其上岸，僧伽也是犯戒者必举罪；（4）如百川入海尽失本名，入僧伽者皆舍阶级姓名，唯称沙门释子；（5）如大海同一咸味，僧伽同一解脱味；（6）如大海纳入百川而不增减，僧伽的修行僧无论入涅槃何其多，也不增减；（7) 如大海藏种种财宝，僧伽具足微妙的教法与戒律；（8）如大海中住有种种大鱼，僧伽中也住着伟大的弟子们。

四众

佛陀的弟子有在家及出家两类。在家的男性信众称为优婆塞（upāsaka），

---

① 关于和合僧，参考拙著『原始仏教の研究』，1964 年，页 295 以下。

女性信众称作优婆夷（upāsikā）。优婆塞是“侍奉的人”（按：近事男）之意，侍奉于出家者，布施其生活资具，受其指导，过在家生活而修行。在家信众因皈依三宝而称作优婆塞，虔诚的人更进而受五戒。

出家的男性修行者称作比丘（bhikkhu，bhikṣu），女性的修行者称作比丘尼（bhikkhunī，bhikṣuṇī）。比丘是“行乞的人”之意，是依信众的布施物而生活，并专心于修行的人。成为比丘时要受具足戒（upasampadā），
即所谓的二百五十戒，遵守出家者应有的严格的戒律生活。比丘、比丘 (84)上
尼、优婆塞、优婆夷，称为佛的“四众”（cattāri parisadāni），总称为佛弟子。

僧伽

佛教的教团称为僧伽（saṃgha）。广义上虽然四部众都可以称作僧伽，但是由原始佛教时代的惯用语来看，组织僧伽的只有出家众而已；亦即集合比丘组织成“比丘僧伽”（bhikkhu-saṃgha），比丘尼组织成“比丘尼僧伽”（bhikkhunī-saṃgha），两者合称“两僧伽”（按：二部僧）。比丘僧伽及比丘尼僧伽都各自独立，以自治而维持秩序。并不将四部众合在一起称作僧伽。Saṃgha 汉语虽译作“僧伽”，但也译作“僧”。在日本提到“僧”时，意思是指一位法师，但僧本来是教团的意思。在佛陀时代的印度，政治团体或工商业者的公会等也称作僧伽。这一称呼也适用于宗教团体，所以佛教的教团即被称为“僧伽”。当时除了僧伽之外，也有称为“众”（gaṇa），特别是在大乘佛教中经常用“菩萨众”（bodhisattva-gaṇa）一词。①

比丘、比丘尼有年龄的限制，20 岁以上才允许入僧团；许可入团的仪式为受具足戒。年少者入僧团，则成沙弥（sāmaṇera）或沙弥尼（sāmaṇerī）。沙弥、沙弥尼受“出家”（pabbajjā）的仪式，此时受十戒。在 14 岁得为沙弥、沙弥尼，但在特别的情形，7 岁即得为沙弥，称
为“驱乌沙弥”。沙弥尼到 18 岁时，可以受正学女（sikkhamāṇā，式叉 上(85)
摩那）仪式，成为在两年内守六法戒的修行者，之后受具足戒而成比丘

① 关于僧伽，参考拙著『原始仏教の研究』页 1 以下；关于“菩萨众”，参考拙著『初期大乗仏教の研究』页 777 以下。

尼。以上的比丘、比丘尼、正学女、沙弥、沙弥尼称作“出家五众”，加上优婆塞、优婆夷称为“七众”。信众除了守五戒之外，在每个月的布萨日（uposatha，八、十四、十五、二十三、二十九、三十日称为六斋日）有守八关斋戒的习惯，但是因为信众守五戒或八斋戒并非义务，所以不守也不会被课以处罚。出家五众的戒，在维持僧伽的秩序上是必要的，所以要强制遵守，破戒的话则有罚则。

戒（sīla，śīla）是自发地去遵守的，是决心要作佛教修行的人所受持的。受戒时有作为在家者去修行，或成为出家者去修行的选择，因而所受的戒也就不同。戒是佛教修行的原动力，特别是出家众为了组织僧伽，过集团的生活，也因为有必要维持团体秩序，所以有强制守僧伽规则的要求。这个规则称为僧伽的“律”（vinaya），即所谓的二百五十戒。最重的罪称为波罗夷罪（pārājika），有杀、盗、淫、大妄语4种，犯者将被驱逐出僧伽；次重的罪是“僧残罪”，有13条。律的根基上虽有戒的自发精神存在，但出家者在戒之上更进而守律。

僧伽有现前僧伽与四方僧伽之别。现前僧伽（sammukhībhūta-saṃgha）是“现在成立于此的僧伽”之意，若在某地聚集了4位及以上的
上（86）比丘，他们就形成现前僧伽，所以僧伽的单位是4人及以上。僧伽地域上的界限叫作“界”（sīmā）；进入界内的比丘，有一定要出席其僧伽会议的义务。僧伽会议的方法叫作羯磨（kamma），其议长称作羯磨师。原则上，僧伽的会议必须全员出席，特别是布萨（比丘的布萨是十五日与三十日）或安居的集会、僧伽执事比丘的选出等重要会议。普通的羯磨有四人僧伽及以上即可举行，但是自恣羯磨在界内必须有5位及以上的比丘才可举行（自恣是安居之后安居僧伽的解散仪式，这时候要互相指出安居3个月间对他人的打扰，而互相忏悔。在这会议中必须有接受忏悔的比丘，所以成为五人僧伽）。接着，具足戒羯磨则需10位比丘（和尚、羯磨阿阇梨、教授阿阇梨的三师，和七位证人所组成的十人僧伽），但是在边地难以聚集比丘的地方，则规定五人僧伽（三师和两位证人）也可以授具足戒。犯了僧残罪的比丘的出罪羯磨必须有二十人僧伽才能举行。但是每次僧伽会议都集合全体的比丘有碍修行，所以在具足戒羯磨或出罪羯磨的场合，渐渐

成为10人或20人的比丘在特定的小界中集合举行羯磨。这是戒坛的起源。

现前僧伽是自治单位，依戒律维持内部自治的秩序，自主举行布萨或安居，管理僧园、精舍等僧伽财产，公平地利用，更将布施给僧伽的食物或衣服等平等地分配给比丘们，而过修行的生活。

戒律是僧伽秩序的根源，现前僧伽不能任意变更；戒律是超越现前僧伽的存在。还有属于僧伽财产的僧园或精舍等，也只允许现前僧伽利 （87）上
用，不得处置变卖。由这两个理由可想到有超过现前僧伽的高一层僧伽，即四方僧伽（cātuddisa-saṃgha，招提僧）。四方僧伽是弟子教团本身，是在空间上、时间上不具界限，三世一贯的常住僧，也是在地域上可以扩大到任何地方，而在时间上能永远存续于未来的僧伽。此四方僧伽拥有精舍等常住物，代表戒律上的僧伽秩序。

其次是关于女性的教团，比丘尼僧伽的组织原则上与比丘僧伽相同，但是比丘尼在教法或戒律的修学上必须接受比丘的指导。不过，双方都过禁欲生活，在接触上有极为严格的规则，这被归纳成八敬法（八重法，Aṭṭha-garudhamme）[1]。

波罗提木叉

将进入僧伽的比丘、比丘尼所应遵守的规则集中起来，称作“波罗提木叉”（Pātimokkha，Prātimokṣasūtra，戒经，戒本），就是所谓的二百五十戒（比丘尼的条文更多），但是其中并未包含以僧伽为主体而实行的羯磨。比丘的波罗提木叉分作8节，比丘尼的波罗提木叉则由7节所成，其中最重的罪是“波罗夷法”（Pārājika），即淫、盗、断人命、大妄语4条（比丘尼是8条），破了这些戒的话会被驱逐出僧伽，不准再进入。 上（88）

其次是僧残法13条（比丘尼是17条至19条），包括有关性的罪或企图破僧的罪、诽谤他人破波罗夷的罪等。犯了此罪须在现前僧伽的面前忏悔，然后实行摩那埵法（mānatta，七日之间谨言慎行），之后依出罪羯磨，即可宽恕其罪。僧残是仅次于波罗夷的重罪；企图破波罗夷与

① 关于八敬法，参考拙著『原始仏教の研究』，页521。

僧残未遂的情形称为“偷兰遮罪”（thullaccaya）。

第三是不定法 2 条（比丘尼无），这是比丘和女性共处情形的罪，因为是根据证人的证言而定罪，所以称为“不定”。

第四是舍堕法 30 条（比丘尼亦同），是持有禁止拥有的东西之情况的罪。例如衣服只允许持有三衣，如得到多余的布，只允许在一定期间持有。另外关于坐具、雨浴衣、钵、药等也有限制持有的规定，并禁止金银宝物的持有或买卖。如果触犯了舍堕罪，必须放弃该物并且忏悔。

第五是波逸提法 90 条至 92 条（比丘尼 141 条至 210 条），总集了妄语、恶口等其他轻罪，破戒者课以忏悔。

第六是悔过法 4 条（比丘尼 8 条），是受食了不能受的食物的罪，是轻罪。

第七是众学法 75 条至 107 条（比丘尼亦同），是规定饮食、乞食或说法等行仪作法的戒，破此戒的话在心里忏悔即可。此罪称作“恶作”
上(89)（dukkaṭa，突吉罗），另外也有从此分出“恶说”罪的情形。

第八是灭诤法 7 条（比丘尼亦同）。在僧伽发生争执时，僧伽的知事比丘应该适当使用僧伽的规则（裁定诤事的 7 种羯磨）灭除纷诤，若违反则得恶作之罪。以上波罗夷、僧残、波逸提、悔过、突吉罗称作“五篇罪”，加上偷兰遮与恶说称为“七聚罪”。

以上波罗提木叉的条文，巴利律是 227 条（比丘尼 311 条），四分律则是 250 条（比丘尼 384 条）。在其他律中条数有若干差异，但在波罗夷、僧残、舍堕、波逸提等重要条文上，诸律一致，表示这些是由原始佛教时代起即已确定下来的。①

僧伽的修行生活

想进入僧伽修行的人，不论种族或阶级的差别都允许。志愿者首先要找入团后的指导者“和尚”（upajjhāya），和尚为他准备三衣（袈裟）与钵，筹组十人僧伽，在戒坛授以具足戒。但是要先检查其人是否为未得

① 关于波罗提木叉的条文数目，参考拙著『律蔵の研究』，1960 年，页 430 以下。

父母之许可者、有负债者、曾犯波罗夷者、犯罪而被官方追捕通缉中者，及其他共 20 多种不许受具足戒的条件。[①] 十人僧伽中，进行这个检查的比丘称为教授师，而举行这个会议的议长称为羯磨师，所以羯磨师是戒师。在受具足戒之后，教诫波罗夷的 4 条，及出家者基本生活法的“四依”；四依是自出家至死为止，都以乞食生活（尽形寿乞食），着粪扫衣，住树下，用陈弃药。但这是原则而已，额外获得的请食、新衣、精舍住 （90）上
居、树根等药，也是允许的。

受了具足戒的新比丘成为和尚的弟子，在其指导下共同生活，同时也学习戒律，实习坐禅，学习教法，进行修行。但是有关禅定或教法，若得到和尚的许可，也允许跟随专门的老师（ācariya，阿阇梨）学习。和尚看待弟子如子，弟子侍奉和尚如父，分享食物和衣服，生病时照顾对方，过着互相帮助的修行生活。僧伽的秩序是根据出家起的年数（法腊）；尊敬先出家者，守礼仪，建立秩序而过团体生活。僧伽的生活是禁欲生活，午后不进食，是摈绝一切娱乐的严谨生活。早上起来则坐禅，午前去村里乞食，正午为止食毕；出家是一日一食，不许午后进食。之后去信众的家中拜访，或由于日中时休息而在树下等处坐禅。日暮自禅坐起，集合于法堂，互相讨论白天坐禅得到的体验或感想，进行法谈；或是去请教师长。僧伽的生活就是“圣默然”与法谈。之后退回自己的房间继续坐禅，至后夜就寝。在每月 6 次的布萨日，会为来精舍参访的信众授五戒、说法。比丘的布萨则是每月 2 次，在布萨日的夜里，只有比丘要举行布萨的集会，诵波罗提木叉。

比丘的生活原则上是游行的生活，不定居一处，因此所持物也很简
朴；三衣与食钵、坐具、漉水囊，此“六物”是比丘的财产。但是雨季 上（91）
的 4 个月中，有 3 个月要为了雨安居而定居一处，这期间进行坐禅或佛法的学习。安居结束日则举行自恣仪式（解散式），再度出发游行；但是安居后因为要新制三衣，所以也有一段时间停留在原地。在印度是以大块的布来裹身，所以布本身就是衣服。在家人使用白布，佛教的比丘则是染成袈裟色（kāsāya，黯淡的黄色）来使用，所以称为袈裟衣，有下衣（五

① 参考拙著『原始仏教の研究』，页 454 以下。

条袈裟)、上衣(七条袈裟)、大衣(九条至二十五条袈裟)3种衣。衣服的原料是以木棉为主，但也可使用麻、绢、羊毛等。要做三衣需大量的布，但由布施取得并不容易。

对比丘们而言，游行的前方并非已有完备的精舍，因此露宿或宿于树下也是常有的事，除了雨季以外的8个月几乎不下雨，所以宿于树下也不是非常痛苦。弟子们中也有主动过苦行生活的比丘，后来这种苦行式的生活法被归纳起来，称为头陀行(dhūta，十二或十三头陀)；大迦
上(92) 叶即是以头陀行的实践者而著名。

参考书目

長井真琴『南方所伝仏典の研究』，1936年。

長井真琴，上田天瑞，小野清一郎『仏教の法律思想』，1932年。

境野黄洋『戒律研究』上，下(『国訳大蔵経』論部附録)，1928年。

西本龍山『四分律比丘戒本講讃』，1955年。

拙著『律蔵の研究』，1960年。

『原始仏教の研究』，1964年。

佐藤密雄『原始仏教教団の研究』，1963年。

早島鏡正『初期仏教と社会生活』，1964年。

Sukumar Dutt: *Early Buddhist Monachism*. London, 1924.

Nalinaksha Dutt: *Early Monastic Buddhism*. Calcutta, 1941.

Gokuldas De: *Democracy in Early Buddhist Saṃgha*. Calcutta, 1955.

S. Dutt: *Buddhist Monks and Monasteries of India*. London, 1962.

D. Schlingloff: *Die Religion des Buddhismus, 1 Der Heilsweg des
上(93) Mönchtums*. Berlin, 1962.

第六节　原始经典的成立

第一结集

佛陀入灭后，大迦叶考虑到，佛陀的教法如果一直被放置不理的话，会很快就湮灭无闻，因此想要举行教法的结集（saṃgīti）。他向聚集起来的佛弟子们提议而得到了赞同，便于王舍城集合五百位佛弟子，结集了佛陀的一代说法，称为“第一结集”[①]。“结集”也译作“合诵”，是将记得的教法共同诵出的意思。虽然有不少学者否定第一结集，但是诸部派的文献里都有记载，所以或许可以看作是以某种形式进行了遗法的结集。

此时的教法（Dhamma）是由佛陀的常侍弟子阿难（Ānanda）诵出，律（Vinaya）是由理解戒律很深的优波离（Upāli）诵出，而诵出了后来成为经藏、律藏原形的内容。论藏的成立是更晚的事。为了便于记忆这些法与律，将重要的教说整理成简单的短文契经（sūtra），或造诗句（gāthā，伽陀）而传承下来。但是似乎是在这些梗概大要中附加上说明解释而传承下来，在伽陀方面也附随了具有说明的因缘（nidāna）等 (94)上
而记忆下来。后来将这些短文或诗句缀合起来，加上联结的文章，整理出长篇的教法，而称为“法门”（dhammapariyāya 或 pariyāya）。后来编集了长文的“经”（sutta，suttanta）；经是“纵线”的意思，原意是指将丰富的意义整理为短的文章。但是佛教后来也作了许多长文的经典，制作出来此长文经典，是佛灭后至百年左右为止的情况。

还有关于律方面，戒律的条文，亦即波罗提木叉，是比较早整理出来的。而戒律的条文称为“经”（sutta），其解说称为“经分别”（suttavibhaṅga），也可视为是较早就确定下来的。因为对比丘们来说，为了过正确的戒律生活，正确地了解条文的意思是很重要的，与此并行地，也将僧伽营运的规则集中起来。僧伽的运作规则称作“羯磨”

① 关于第一结集，参考赤沼智善『仏教経典史論』，1939 年，页 2 以下。金倉円照『印度中世精神史』中，页 196。塚本啓祥『初期仏教教団史の研究』，1966 年，页 175 以下。J. Przyluski: *Le concile de Rājagṛha*. Paris, 1926–8.

（kamma），为律藏“犍度部”的中心。后世整理出所谓“百一羯磨”之多的大量羯磨，不过自最初为了教团的营运即已经有相当多的羯磨了。波罗提木叉与犍度部的原形确定下来，应是在佛灭后百年左右。

这些教法或戒律的忆持似乎是分工进行的，自古以来僧伽里就有经师（suttantika）、持律师（vinayadhara）、说法师（dhamma-kathika）、持法师（dhammadhara）等。但是自第一结集的法与律起，到现在所存
上(95) 的经藏与律藏，是经由怎样的路径发展的，则很难追溯定位。不管如何，到原始佛教的末期，教法经整理而成“经藏”（Sutta-piṭaka），律则成“律藏”（Vinaya-piṭaka）。然而因为佛灭后百年左右，原始教团分裂为大众部及上座部，所以教法的传持也转移到部派教团上。其后，上座部与大众部也各自发生内部分裂，最后分为十八部，而经藏与律藏也都在各部派传持之间，蒙受部派上的增广及改变；这些即以巴利语（Pālī-bhāsā）传于锡兰，或是传到中国而被汉译，成为我们现在得以利用的经藏、律藏。其间因为历经长久岁月，所以纵使在原始佛教的末期经律二藏已经纂集出来，现在要去探知那时的原形也是不可能的。但是在经藏、律藏的现在形态中，可以由许多地方明晰，存在种种古层与新层交错混入的情形。①

谈到经藏与律藏的现在形态，在阿育王时代由摩哂陀（Mahinda）传到锡兰的佛教，是以巴利语传持的，其经藏被整理为五部尼柯耶（nikāya，部、集成），为上座部（Theravāda）系的分别说部（Vibhajjavādin）所传持。巴利语是中印度西南的卑提写（Vedisa，Bhilsa）地区的古代方言，这里是摩哂陀母亲的出生地，此地的佛教由摩哂陀传到了锡兰。相对地，由北印度经中亚传到中国的经藏称为“阿含经”，在中国共译出了 4 种《阿含经》。但是一般说《长阿含经》是法藏部所传持的，《中阿含经》和《杂阿含经》是说一切有部所传持的，《增一阿含经》是大众部所传持的，不
(96)上 过汉译的《增一阿含经》似乎不是大众部所传持的。律藏方面，有巴利语的上座部律，汉译中有法藏部的《四分律》、说一切有部的《十诵律》、化

① 关于《阿含》及律的新古层，参考宇井伯寿「原始仏教資料論」(『印度哲学研究』第二)，和辻哲郎『原始仏教の実践哲学』序论，拙著『律蔵の研究』第一章。H. Oldenberg: *The Vinayapiṭaka*. Vol. I, Introduction. T. W. Rhys Davids: *Buddhist India*. p.176ff.

地部的《五分律》、大众部的《摩诃僧祇律》和根本说一切有部律等5种律藏。藏译也有根本说一切有部律，这些内容如下所示：

“律藏”（Vinaya-piṭaka）：

Ⅰ经分别（Suttavibhaṅga）

比丘戒经分别（Mahāvibhaṅga）

比丘尼戒经分别（Bhikkhunīvibhaṅga）

—波罗夷章（Pārājikā）

—波逸提章（Pācittiyā）

Ⅱ犍度部（Khandhaka）

大品（Mahāvagga）　分为10章

小品（Cullavagga）　分为12章

Ⅲ附随（Parivārapāṭha）

“经藏”（Sutta-piṭaka）：

五部（Pañcanikāya，上座部所传）	四阿含
长部（Dīgha-nikāya，34经）	《长阿含经》（30经，法藏部所传，公元413年译）　（97）上
中部（Majjhima-nikāya，152经）	《中阿含经》（221经，说一切有部所传，公元398年译）
相应部（Saṃyutta-nikāya，2872经）	《杂阿含经》（1362经，说一切有部所传，公元443年译）
增支部（Aṅguttara-nikāya，2198经）	《增一阿含经》（471经，所属部派不明，公元384年译）
小部（Khuddaka-nikāya，15经）	部分汉译，义足经、法句经、本事经、生经等。

律藏所示为巴利律的组织[①]，汉译诸律的组织与大纲也与此相同。巴利律已由H. Oldenberg出版（*The Vinayapiṭaka in Pali*. 5 Vols, London, 1879–83），此书有巴利圣典学会（Pali Text Society, P. T. S.）的翻印版，还有戒经（Pātimokkha）的出版。英译是由T. W. Rhys Davids与H. Oldenberg翻译了一部分，收于*SBE*.（*The Sacred Books of the East*. Vols. XIII, XVII, XX）里；全译本是由I. B. Horner女史译出（*The Book of the Discipline*. 1949–52），收于

① 关于律藏的组织，参考拙著『律蔵の研究』第四、六章。

SBB.（*The Sacred Books of the Buddhist*. Vols. X, XI, XIII, XIV, XX）。日译本收于《南传大藏经》第一至五卷。巴利律的注释则有 **Buddhaghosa : *Samantapāsādikā***.7 Vols（汉译《善见律毗婆沙》）。汉译律藏有《四分律》等5种，收录在《大正新修大藏经》的第二十二至二十四卷。广律之外也有戒经、律疏。在日译的《国译一切经》律部第二十六卷里，包含广律、戒经、律
上(98) 疏，其解题、注记等是有益的参考资料。藏译律典则收在《影印北京版西藏大藏经》第四十一至四十五卷，律疏则收在第一百二十至一百二十七卷。藏译本全部都是与根本说一切有部律有关的律典，梵文的律藏原典并不完整，有在中亚由伯希和探险队、德国探险队等所发现的残卷，大部分是说一切有部、根本说一切有部、大众部的戒经、经分别、犍度部、羯磨本等残卷。还有罗睺罗僧克里帖衍那（Rāhula Sāṃkṛtyāyana）在西藏发现而保存于巴特那的梵本里，也有大众部系的戒经、比丘尼律，并已经出版了。W. Pachow and R. Mishra: *The Prātimokṣasūtra of the Mahāsaṅghikās*. Allahabad, 1956; G. Roth: *Bhikṣuṇī-Vinaya including Bhikṣuṇīprakīrṇaka and a Summary of the Bhikṣuprakīrṇaka of the Āryamahāsāṃghika-Lokottaravādin*. Patna, 1970; B. Jinananda: *Abhisamacārikā*（*Bhikṣuprakīrṇaka*）. Patna, 1969. 最完整的梵文律藏是在克什米尔[①]的吉尔吉特（Gilgit）旧塔所发现的根本说一切有部律的写本，主要由 N. Dutt 出版。N. Dutt: *Gilgit Manuscripts*. Vol. III, Parts 1-4, *Mūlasarvāstivāda-Vinayavastu*, Srinagar. 1942-54. 戒经则由 A. Ch. Banerjee 出版（1954年）。由于律藏的资料很丰富，经由对这些律藏的比较研究，可能推测得知部派分裂以前的状态。[②]

经藏[③]的巴利语文完整地流传下来，但是汉译仅存说一切有部的《中阿含经》《杂阿含经》，法藏部的《长阿含经》，部派不明的《增一阿含经》[④]而已。巴利语的《阿含经》虽在锡兰、缅甸、泰国等也有出版，但 T. W. Rhys Davids 于1878年组织了巴利圣典学会，在诸学者的援助之下作有组织性的出版，不

① カシュミール，本书中译者根据语境将其分别译为罽宾、迦湿弥罗、克什米尔等。我国汉朝（公元前206—后220年）时称此地为罽宾，后改称迦湿弥罗。约为今克什米尔地区。——编者注
② 关于律的文献，参考拙著『律蔵の研究』页58以下。
③ 关于经藏的组织，参考前田恵学『原始仏教聖典の成立史研究』页619以下。
④ 关于《增一阿含经》的所属部派，参考拙著『初期大乘仏教の研究』页29以下。

过《本生经》（*Jātaka*）是由 V. Fausböll 所出版（*The Jātakam together with its commentary*. 7 Vols, 1877–97）。巴利《阿含经》的英译大部分已由 P. T. S. 出版，日译本收于《南传大藏经》第六至四十四卷，其他也有若干翻译。[①] 巴利的五尼柯耶有觉音的注释——*Sumaṅgalavilāsinī*（《吉祥悦意》）等，皆已由 P. T. S. 出版，这些是研究《阿含经》必读的参考书。汉译《阿含经》收录于《大正大藏经》第一、二卷，除四阿含之外，也包含了许多阿含系统的单经的翻译。《国译一切经》阿含部是其日译。在汉巴阿含的比较上，早期有姊崎正治的对照，赤沼智善的《汉巴四部四阿含互照录》（1929 年）较为完整而很受重视。藏译《阿含经》只不过是包含于长、中、杂阿含等的一些单经而已（影印北京版第三十八至四十卷），梵文的《阿含经》[②] 主要是在中亚所发现的写本残卷，有很多在杂志上发表过，由 Hoernle 整理后出版，另外德国探险队在中亚搜集到的，由 E. Waldschmidt 及其门下出版[③]；其中有《涅槃经》、《大本经》、《四众经》、《法集要颂经》（*Udanavarga*），及其他许多重要的经典。古《法句经》是由 J. Brough 所出版（*The Gāndhārī Dharmapada*. Oxford,1962）。 （99）上

九分教与十二分教

有学者主张，原始佛教的教法（Dhamma）在整理为四阿含、五尼柯耶之前，先被整理为九分教（Navaṅga-sāsana）或十二分教（Dvādaśāṅga-dharmapravacana）。九分教是巴利经典和《摩诃僧祇律》之说；十二分教（十二部经）传承于法藏部的《长阿含》与《四分律》、说一切有部的《中阿含》与《杂阿含》、化地部的《五分律》、根本说一切有部律等。 上（100）

① 关于巴利语佛教文献，参考 W. Geiger: *Pāli Literatur und Sprache*. Strassburg，1916，English translation by B. Ghosh，Calcutta，1956。

② 关于梵文的《阿含经》，参考山田竜城『梵語仏典の諸文献』，1958 年，页 32 以下。

③ A.F.R. Hoernle: *Manuscripts remains of Buddhist Literature found in Eastern Turkestan*. Oxford, 1916. 关于德国探险队所发现写本的出版，是 E. Waldschmidt: *Sanskrithandschrifen aus den Turfanfunden*. Teil, I. Wiesbaden, 1965, ss. XXVI–XXXII。

九分教（Navaṅga-sāsana）

1. 契经（sutta）
2. 祇夜（geyya）
3. 授记（veyyākaraṇa，记说）
4. 伽陀（gāthā）
5. 优陀那（udāna，自说）
6. 如是语（itivuttaka）
7. 本生（jātaka）
8. 方广（vedalla）
9. 未曾有法（abbhūtadharma）

十二分教（Dvādaśāṅga-dharmapravacana）

1. 修多罗（sūtra）
2. 祇夜（geya）
3. 授记（vyākaraṇa）
4. 伽陀（gāthā）
5. 优陀那（udāna）
6. 尼陀那（nidāna，因缘）
7. 本事（itivṛttaka）
8. 本生（jātaka）
9. 方广（vaipulya）
10. 未曾有法（abbhūtadharma）
11. 譬喻（avadāna）
12. 论议（upadeśa）

十二分教是九分教加上因缘（nidāna）、譬喻（avadāna）、论议（upadeśa）三支而成。九分教与十二分教何者较古，并无决定性的证据，但是一般以为九分教较古老[①]。而九分、十二分与四阿含、五尼柯耶何者
上(101) 较古老，虽然也有尚未解明的地方，但许多学者认为九分、十二分较古。确实九分、十二分似乎保存了古老的成分，但是《本生经》等似乎是新成立的，所以无法遽下断言说其是较古的。这隐含了应将五尼柯耶的第
上(102) 五小部与四阿含杂藏的“杂藏”合起来考察的问题。

参考书目

宇井伯寿「原始仏教資料論」(『印度哲学研究』第二)，1925 年。
赤沼智善『漢巴四部四阿含互照録』，1929 年。
『印度仏教固有名詞辞典』，1931 年。
渡辺海旭『欧米の仏教』(『壺月全集』上巻)，1933 年。
金倉円照『印度古代精神史』(五六，仏教の聖典)，1939 年。
赤沼智善『仏教経典史論』第一「小乗経典史論」，1939 年。

① 参考前田恵学前引书页 482 以下。

中村元「原始仏教聖典成立史研究の基準について」(『日本仏教学会年報』第二一号，1956 年。『中村元選集』14「原始仏教の思想」下，1971 年)。

山田竜城『梵语仏典の諸文献』，1959 年。

拙著『律蔵の研究』，1960 年。

前田恵学『原始仏教聖典の成立史研究』，1964 年。

渡辺照宏『お経の話』，1967 年。

三枝充悳「相応部の経の数について」(『宗教研究』一九二号)，1967 年。

拙著『初期大乗仏教の研究』，1968 年。

石上善應「初期仏教における読誦の意味と読誦経典について」(『三康文化研究所年報』第二号)，1968 年。

H. Oldenberg: *The Vinayapiṭaka in Pali*. Vol. I, Introduction, London, 1879.

T. W. Rhys Davids: *Buddhist India*. p.161ff. London, 1903.

W. Geiger: *Pāli Literatur und Sprache*. Strassburg, 1916 (B.Ghosh, English translation. Calcutta, 1956) .

E. Frauwallner: *The earliest Vinaya and the beginnings of Buddhist Literature*. Roma, 1956.

É. Lamotte: *Histoire du Bouddhisme Indien*. Louvain, 1958.

F. Bernhard: *Udānavarga*. Band I, Göttingen, 1965; Band II,Göttingen, 1968.

J.W.de Jong: Les sūtrapiṭaka des Sarvāstivādin et des Mūlasarvāstivādin. (*Mélanges d'indianisme à la mémoire de Louis Renou*, Paris, 1968) . （103）上

第七节　教团的发展与分裂

佛灭后的教团

佛陀入灭后的佛教教团，不过只是扩及中印度的地方教团。佛陀的诞生地蓝毗尼与入灭地拘尸那罗在中印度的北边，开悟地佛陀伽耶在中印度的南部，初转法轮地鹿野苑在中印度的西部；这 4 个地方为“四大圣地”(cetiya)，在佛灭后成为崇仰佛陀的信众巡礼朝圣之地而繁荣起来（*DN.*

Vol. II, p.140）。对于初期佛教徒来说，“中国”（Madhya-deśa）① 也被认定是以中印度为中心。

但是佛教教团在佛灭后逐渐往西方及西南方传道、发展，这是由于中印度的南方为频陀山脉（Vindhya）的高原所阻断，而东方则是酷热的未开发地区；特别是最初在西南方的传道日益推进，西方的佛教发展还略迟一些，似乎是因为西方是婆罗门教的稳固地盘。

佛陀在世的时代，已经有佛法自中印度传到西南的印度西海岸方面
上（104）的传说。十大弟子之一的大迦旃延（Mahākaccāna）是阿槃提（Avanti，阿槃提的首都是郁禅尼〔Ujjenī〕）人，善于将简单的教法加以详细解说（巧分别），他后来回到故国阿槃提教化大众的事情记载于《阿含经》中。特别是他有名叫亿耳（Soṇakuṭikaṇṇa）的弟子，在阿槃提跟随大迦旃延出家，后来到舍卫城参问佛陀。那时大迦旃延托亿耳请佛陀许可在南路阿槃提（Avantī Dakkhiṇāpatha）有关戒律的5项例外（五事），是有名的事件。“五事”之一，就是在边地因为难以聚集10位比丘，所以5位比丘的僧伽也可以授具足戒。亿耳出生于阿波兰多（Aparanta，边国），阿波兰多比郁禅尼更西，是印度西海岸的地方。

在上座部系的诸律中，亿耳是大迦旃延的弟子，但是在大众部系的《摩诃僧祇律》里，亿耳则是富楼那（Puṇṇa）的弟子。富楼那出生于输那钵罗得迦（Sunāparanta）的苏波罗哥（Suppāraka），苏波罗哥也作首婆罗（Sopāra），是印度西海岸的海港，附近曾发现阿育王的碑文，是较孟买（Bombay）稍北之处。富楼那也自得悟起即回到故乡从事教化，度了许多弟子；有部有名的经典，记载着他向佛陀表明弘法的决心（*MN*. No. 145）。或许是由于他们的努力，在此地为佛教扎下根基。佛教有不少商人信徒，经常见载于《阿含经》中。由各地因商务而来到中印度的人
（105）上皈依了佛教，回去后在故里推广佛教，富楼那或大迦旃延都是其中之一。还有，大迦旃延不只在阿槃提，也在摩偷罗（Mathurā，Madhurā，德里附近）地区弘法；有记载他曾于此地弘法的经典。

① 宫本正尊『根本中と空』，页370。

依《经集》的《彼岸道品》（*Pārāyana-vagga*）的《序偈》，住在德干高原的哥达维利（Godhāvarī）河上游的婆罗门跋婆犁（Bāvarī），听到佛陀的名声后，为了闻法而派遣16位弟子。16位弟子由哥达维利河上游的波提塔那（Patiṭṭhāna，Paithan）经由南路，也就是由郁禅尼经过卑提写、憍赏弥、沙祇等而到舍卫城。然后这16位婆罗门童子向佛发问，佛陀予以回答的内容即成为《彼岸道品》而流传下来。这部经有非常古老的巴利语文体形态，与《经集》的《八法品》（Aṭṭhaka-vagga）一起被视为是《阿含经》中最早成立的作品。但即使文体古老，这些文体与阿育王碑文的文体相较，似乎并无法断定其新古。仅依文体古老就断定《彼岸道品》是佛陀在世的作品，似乎牵强了些。而且传述这个闻法因缘的《序偈》，较《彼岸道品》的本文还要晚成立，因此以《序偈》的叙述来确定佛陀在世时他的名声已传到德干地区，似乎有困难。

但无论如何，由以上种种资料似可确定，佛灭后佛教教团首先向南路方向扩张势力。阿育王的儿子摩哂陀的出生地也是在郁禅尼，摩哂陀传到锡兰的是巴利语的佛教。与阿育王碑文作比较研究，此巴利语也最接近阿波兰多附近的迦提瓦（Kāthiāwar）半岛的吉尔那（Girnār）的碑文。所以可知在阿育王的时代，这地方的佛教已经很发达了。[①]（106）上

政治情势

在政治方面，佛陀晚年时摩竭陀国的国王是阿阇世王（Ajātasattu）。根据锡兰史传，佛陀的入灭是在阿阇世王即位8年时。阿阇世王虽然是弑父即位，但他是英明的君主，征服中印度各地，巩固摩竭陀的王权。王朝在他之后持续了数代，到那迦逐写迦王（Nāgadāsaka）时为人民所废，由大臣修修那伽（Susunāga）即位，开创了修修那伽王朝。此时代的阿槃提也被摩竭陀国所征服，但修修那伽王朝不久也灭亡了，难陀王朝（Nanda）继起。难陀王朝征服了印度较广的领土，而持有强大的军事武力，但只不过是22年的统治，这王朝便灭亡了。亚历山大大帝率领

① 关于佛灭后的佛教，参照前田惠学『原始仏教聖典の成立史研究』第一编。

大军入侵西北印度是在公元前 326 年，就是在这个王朝的时代；但是亚历山大只征服了西北印度便撤军回去，而于公元前 323 年客死于巴比伦，
上(107) 因此印度的中原得以幸免于被希腊人征服。

但在历经希腊人入侵的混乱后，青年旃陀罗笈多（Candragupta）举兵，借宰相憍提略（Kauṭilya）之助推翻难陀王朝，创立孔雀王朝（Maurya）。然后他自西北印度将希腊人的势力一扫而空，征服全印度，建立强大的王国。旃陀罗笈多统治王国 24 年，继其后的是他的儿子频头沙罗（Bindusāra），在位 28 年，其子为阿育王（Aśoka，Asoka），在公元前 268 年左右继位。

根据锡兰史传，佛陀入灭到阿育王即位为止共 218 年；若依北方的传承，这段时期约为百年。如果前述诸王实际存在的话，百年之说在年代上未免太短了。在《阿育王传》等北方传承的叙述中，从频毗娑罗王到阿育王时代的苏深摩（Susīma）为止，总共列举了统治摩竭陀的 12 位国王的名字（T 50.99c, 132b），但是并未列出各王的统治年代。无论如何，要决定阿育王是在佛灭百年后出世，或是在佛灭 218 年后即位，是很困难的。这个问题无法忽视政治史的资料，但是政治史资料多而繁杂，其间有种种不一致，任何资料都有无法成为绝对根据的困难。但是在这些资料中，锡兰史传所载的王统年代论是比较可信的；可是此一年代论，从佛教教团史的立场，完全接受也是有困难的。因此这里暂且不论王统的年代论，而以锡兰史传的教团史资料及北传的教团史资料为材料，来
上(108) 论述由佛灭到阿育王为止教团的发展。①

第二结集与根本分裂

如上所述，佛教教团在佛灭之后由中印度向南路方向弘传教法，但也渐渐向西方推进。成为西方佛教重要根据地的摩偷罗（Mathurā，Madhurā），是阎摩那河沿岸的都市，即是在德里稍微东南方的古城，比起中印度，远远地位于西方。摩偷罗虽是黑天神（Krishna，Kṛṣṇa）信仰

---

① 关于政治史，参照金倉円照『印度古代精神史』页 338 以下，中村元『インド古代史』(上) 页 243 以下、页 277 以下，塚本啓祥『初期仏教教団史の研究』页 62 以下，等。

的发祥地、印度教的重要圣地，但是有一段时期佛教在此非常繁盛，成为说一切有部的长期根据地。有经典说大迦旃延曾在摩偷罗传道，但并没有经典提到佛陀曾到访此地；而据传，佛陀以“摩偷罗有五祸”而避开此地。总之因为是远离中印度之地，所以佛教传到这里需要相当长的时间。

在佛灭百年举行第二结集的时代，摩偷罗似还未是重要的佛教据点。第二结集的成立，是因为毗舍离（Vesālī）的比丘们实行违反戒律的十种问题（dasa vatthūni，十事），而与反对的人们起了诤论。为了裁决这次纷诤，七百位比丘聚集在毗舍离；当时这十事以违反戒律而被否决了。这七百人会议虽是以十事的审议为主，但因为其后举行了圣典的结集，此说存在于锡兰王统史《岛史》（*Dīpavaṃsa*），故称这七百人会议 （109）上
为“第二结集”[①]。但是律藏的“七百犍度”只说十事的审议，并未言及第二结集。

所谓十事即是：(1) 盐净；(2) 二指净；(3) 聚落间净；(4) 住处净；(5) 随意净；(6) 久住净；(7) 生和合净；(8) 水净；(9) 不益缕尼师檀净；(10) 金银净；全部都是有关戒律的事项。[②] 这些在二百五十戒中全都被禁止，但由于难以执行之处不少，所以要求被认可为例外；这可以看作是要求戒律有弹性的运动。特别是第十项的“金银净”，本来戒律中禁止比丘受持金银，但是现在要求放宽此戒的限制，这是十事中最大的诤论点。以下依律部的《七百犍度》简单地说明这个问题。佛灭百年之际，游行到毗舍离的耶舍·迦兰陀子（Yasa-kākāṇḍakaputta）比丘，看到毗舍离的比丘们接受信众布施的金银而进行检举，但是耶舍反而遭到毗舍离比丘们的排斥，以致得向西方的比丘们求援。

耶舍求援的对象是阿槃提与南路（Avantī-Dakkhiṇāpatha）的比丘，及波利邑（Pāṭheyyakā）比丘们。阿槃提、南路方面，因大迦旃延与富楼那的传道已经有所进展，因此并不难想象在佛灭百年的时代出现

---

① 关于“第二结集”，参照赤沼智善『仏教経典史論』页 84 以下、拙著『律蔵の研究』页 671 以下、金倉円照『印度中世精神史』（中）页 216 以下、塚本啓祥『初期仏教教団史の研究』页 208 以下等。M.Hofinger: *Étude sur le concile de Vaiśālī*.Louvain，1946.

② 关于“十事”，参照金倉円照『十事非法に対する諸部派解釈の異同』（同『インド哲学仏教学研究』Ⅰ，1973 年）。

了有力的僧团。其次，波利邑比丘即是住在波利邑的比丘之意，这波利邑似乎是指憍萨罗国的西方，是在比舍卫城更遥远的西方，包括僧迦舍
上(110) (Saṃkassa) 及曲女城 (Kaṇṇakujja，迦那鸠阇) 等地，再稍向西行即摩偷罗。在波利邑地区也有相当有力的教团，而且当时西方有影响力的长老三浮陀·商那和修(Saṃbhūta Sāṇavāsī)住在阿呼河山(Ahogaṅga)，另一位教界的长老离婆多 (Revata) 住在须离邑 (Soreyya)。离婆多所住的须离邑似在僧迦舍附近，僧迦舍是恒河上游沿岸的城市，由此向西直线距离约两百公里即到摩偷罗。波利邑是以僧迦舍为中心的地域，与阿槃提、南路同为佛灭百年之际西方佛教教团的中心地，稍微扩大即为摩偷罗佛教。因此佛灭百年时，佛教教团已经越过中印度的范围，扩大到西方了。

十事之诤，因为耶舍求援于西方比丘，似乎成为东西比丘之诤，但是东方（指摩竭陀与毗舍离等）的比丘中也有反对十事的，所以可以看作是主张弹性地持戒、允许特例的宽容派比丘，与主张应彻底严守戒律的严格派比丘的对立。佛灭既已百年，随着教团的扩大，比丘人数也跟着增加，想法也出现差异，在教团里十分有可能产生对立。在这次会议中，虽然全面通过严格派的主张，但这似乎是因为长老比丘中严格派占多数的缘故。东西方各推出 4 位代表，由他们审议决定。由于长老比丘
上(111) 被选为代表，十事就都被判为“非事”，但是不认同这个决定的比丘很多，因此也就成为教团分裂的原因。

不接受这个决定的比丘们聚集起来，成立了大众部(Mahāsaṃghika)，所以佛教教团就这样分裂为上座部 (Theravāda，Sthaviravāda) 与大众部，称为“根本分裂”。“大众部”的名称有人数较多的意思，显示出宽容派的比丘人数较多。北方佛教所传资料中，叙述部派佛教分派的顺序及各部派教理的作品有《异部宗轮论》，但是在《异部宗轮论》中说，根本分裂的原因是“大天五事”；不过许多学者认为这是把枝末分裂的原因上推到根本分裂，是不正确的。十事的事件起于佛灭百年，以诸部派的律藏为始[①]，

① 此处参考了显如法师的译本。校者按：原文为「諸部派の律蔵をはじめ」，译作“以诸部派的律藏为始”，当译作“以诸部派的律藏为代表”更佳。下同。

在许多资料中都记载一致；而根本分裂起于佛灭百年一事，则是锡兰所传的《岛史》(*Dīpavaṃsa*)、《大史》(*Mahāvaṃsa*)，及北传的《异部宗轮论》所说的。关于部派分裂，虽然此外还有西藏的种种传承，但是南北两传一致的“佛灭百年，上座、大众二部分裂”说，是最妥当的见解。而且十事事件发生在佛灭百年之时，上座部、说一切有部、化地部、法藏部等诸部派的律藏也都同样说到了，所以理应认同这就是分裂的原因。只是如果将“大天五事”看作承“十事”而起，也不无可能。“大天五事”是名为大天（Mahādeva）的高僧提出的5个主张，即五事：(1) 余所诱；(2) 尚有 （112）上
无知；(3) 还有犹豫；(4) 他人使其悟入；(5) 道因于声而起。这是贬低阿罗汉悟道的说法。这传述于北传有部前述的《异部宗轮论》或《大毗婆沙论》等，南传上座部的《论事》也有收录，可以看作是部派佛教时代论诤主题的一种。

还有，虽然大众、上座分裂，但是因为佛教横亘于印度的广大地域，而且是交通不便的时代，所以并非在很短的年月之间就完成分裂。因此何时产生分裂，花了多少时间才完成，是无法说明的。总之在这百年间教团产生分裂，因而在各地的现前僧伽中，还持续着关于分裂的种种诤论。还有，根据《异部宗轮论》，大众部的教理，在其佛身论与菩萨观中显示了较进步的思想，不过这似乎表示大众部后期发展的思想，而不是自分裂的最初就有如此发展成熟的思想。

僧伽的相承与商那和修

在各部派律藏的《七百犍度》中一致提到，佛灭百年之际的教团长老，东方是一切去（Sabbakāmī），西方是前述的离婆多与三浮陀・商那和修。这几位在锡兰传承中也受到重视，其中商那和修与北方的传承有共通点。

北方的《天譬喻》(*Divyāvadāna*)、《阿育王传》、《阿育王经》、《根本有部律杂事》等提到了释尊入灭后教团的师资相承，依次是大迦叶 （113）上
（Mahākāśyapa）、阿难（Ānanda）、商那和修（Śāṇakavāsī）、优波毱多（Upagupta），而商那和修的同门有末田地（Madhyāntika）。末田地是阿难即将入灭前的弟子，因此可看作是大约和优波毱多同时代的人。在

这些弟子当中，与锡兰传承相连的是商那和修、优波毱多、末田地等。

首先，律藏的《七百犍度》中所说的三浮陀·商那和修（Saṃbhūta Sāṇavāsī）是阿难的弟子，《阿育王经》等所说的商那和修（Śāṇakavāsī）也是阿难的弟子，且都是佛灭后百年的人。《七百犍度》中说的商那和修住在阿呼河山（Ahogaṅga），而《阿育王经》等所说的商那和修则住在摩偷罗国的优留曼荼山（Urumuṇḍaparvata。*Divya*. p.349）。两者山名虽然不同，但是都记载了山位于船行可到的地方（但是阿呼河山〔Ahogaṅga〕之名中有 gaṅga，所以应是面向恒河的山）。在锡兰史传中，师承次第是优波离（Upāli）、陀娑（Dāsaka）、苏那拘（Sonaka）、私伽婆（Siggava）、目犍连子帝须（Moggaliputta Tissa）；商那和修虽然未被列入传承中，但是作为阿育王之师的帝须也曾住于阿呼河山（*Samanta*. p.53），阿育王曾派船前去迎请。帝须坐船由阿呼河山来到华氏城（Pāṭaliputra，巴
上（114）连弗邑）。北传中则以商那和修的弟子优波毱多为阿育王之师，优波毱多继其师之后住于优留曼荼山，《阿育王传》等说阿育王派遣船只去迎接他，即优波毱多也同样是乘船来到华氏城。这样看来虽然两山之名不同，但却有许多共通点。不过北传的“商那和修”的名字前并未附上“三浮陀”（saṃbhūta）之名，因此虽然无法立即视为同一人，但因为都是阿难的弟子，年代也同是佛灭百年，住处也类似，所以应当是同一人。

若依锡兰的《岛史》、《大史》、《善见律》（*Samantapāsādikā*）等记载，律的传承顺序是优波离、陀娑、苏那拘、私伽婆、目犍连子帝须。南传中以帝须为阿育王之师，所以到阿育王为止教团已历经 5 代；而在《阿育王传》等北传中，到优波毱多为止是 4 代。锡兰史传的律的传承中并未出现三浮陀·商那和修，这或许是师徒的传承不同所致。因是南传提出律的系谱，所以是优波离的系统。帝须的和尚是私伽婆，而私伽婆的和尚是苏那拘，依序上溯到优波离；相对地，商那和修如上所述是阿难的弟子，所以并不列入这个传承，这是因为系统不同的缘故。

在北方传承中，优波毱多的和尚是商那和修，而商那和修的和尚则是
（115）上 阿难，这是《阿育王经》等所述的。但是阿难的和尚是否是大迦叶则很可疑。在巴利律中说到，阿难的和尚是卑罗吒尸沙（Belaṭṭhasīsa。*Vinaya*

Vol. IV, p.86）。恐怕阿难的和尚并不是大迦叶，既然如此，为何立了大迦叶、阿难、商那和修、优波毱多的相承？这或许是因为在佛灭后的教团中，大迦叶主宰第一结集，是最有力的长老。在《阿含经》中也提到佛陀分半座给大迦叶坐，请他说法，佛陀还将粪扫衣与大迦叶的麻布僧伽梨互换，有如此尊重大迦叶的事迹。大迦叶在舍利弗、大目犍连亡后，在佛灭后的教团中被公认为是继佛陀之后最有威望的长老，因此在阿难的弟子系统中谈到相承时，因为立默默无闻的阿难的和尚无法提高阿难的权威，所以作出从大迦叶到阿难有"付嘱法藏"的传说。但实际上在《阿含经》及律藏中提到不少大迦叶和阿难不和的传说。第一结集后，迦叶指出阿难的数项过失，强迫他忏悔。这是律藏《五百犍度》中一个有名的传说。此外还有很多显示出二人不和的传说，特别是有许多关于阿难的徒众非难年老的大迦叶的传说。这或许是因为在佛灭后的教团里，起初似乎是大迦叶的势力强大，但逐渐地阿难的徒众的力量变强了。

阿难与西方的缘很深。在《阿含经》中提到不少阿难停留在憍赏弥（Kosambī）的瞿师罗园（Gositārāma），说法以教化大众的事迹（赤沼智善《印度佛教固有名词辞典》p.25–28）。憍赏弥在中印度的西方，由 （116）上
于阿难喜好在西方施行教化的缘故，其弟子中向西发展的人也有不少。第二结集时，代表的 8 位长老中，甚至有 6 位是阿难的弟子，这似乎是因为佛弟子中阿难比较长寿，所以他的弟子们在佛灭百年之际正好成了佛教界最年长的比丘。就年龄而论，此事是可能的（阿难在佛入灭时仍担任侍者，但是"侍者"的角色却不是由长老比丘所担任的，或许当时阿难是 50 岁左右。《长老偈注》及《大智度论》中说阿难侍佛 25 年，若是自一出家就成为佛陀的侍者，则佛灭时阿难是 45 岁，因此佛灭之后阿难似乎有可能再活 30 至 40 年）。阿难的弟子商那和修，若依《阿育王经》等所述，则是出生于王舍城，但却弘法于西方摩偷罗的人。前述的优留曼荼山就在摩偷罗。商那和修的弟子优波毱多则出生于摩偷罗（T 50.114b, 117b），即在商那和修时代，弘教的线路已经延伸到摩偷罗了。

锡兰史传在承认主持第二结集的代表比丘们多数是阿难弟子的同时，也提出自己相承的系谱是出自优波离的系统，似乎是因为摩哂陀的和尚

实际上是目犍连子帝须。锡兰佛教最重要的人物，是弘传佛法到锡兰的摩哂陀。摩哂陀的和尚是帝须，再顺序上溯到优波离。这种由和尚到弟
上(117) 子的相传，对主张自己受戒的正当性也是十分重要的，所以很难想象摩哂陀的和尚的系谱会被遗忘或被故意弄乱，这对佛教教团来说是“神圣的问题”。由优波离到帝须之间的苏那拘、私伽婆等未在教团史上出现，正显示出这个传承的真实性；因为这是和尚到弟子相承的系谱，并不意味着苏那拘或私伽婆等统理着那时代的教团。

如上所述，一如在锡兰史传中见到的，以戒律相承的世系来说，自佛灭到阿育王为止共有五代；但在北传的《阿育王传》等的传承中，因为阿难的弟子商那和修很长寿，所以到阿育王时代只是第四代优波毱多的时代。从阿难到商那和修，接着到优波毱多，是“和尚与弟子”的关系，但是大迦叶与阿难之间并无和尚与弟子的关系，所以北传才将其相承采用“付嘱法藏”的形式。无论如何，在北传是以优波毱多为阿育王之师，南传则以帝须为其师。帝须在阿呼河山受迎请，优波毱多则受迎于优留曼荼山，虽然两者有共通点，但因此就将两人视为同一人似乎有点牵强。两者之一是阿育王之师，或是两者皆是，目前尚难以下定论。总之，仅由佛教教团的相承所见，主张从佛灭到阿育王即位共 218 年的南传，其
上(118) 时间过长是无法否认的，反而不得不认为北传的 116 年左右是较妥当的。

末田地与传道师之派遣

其次关于末田地，也可以在南北两传里见到共通点。根据北传，末田地（Madhyāntika）是阿难最后的弟子，在佛涅槃后百年之时到罽宾（Kaśmīra），造坐禅处而住，教化当地的恶龙，弘扬佛法，教导人民栽培郁金香，使他们得以维持生活。而依据锡兰史传，阿育王时代，因帝须的提倡，决定由教团向各地派遣传道师。当时派遣大德到 9 个地方，末阐提（Majjhantika）被派遣到罽宾与犍陀罗。末阐提与 5 位比丘一起到罽宾，以神通力教化和降伏恶龙，说《蛇譬喻经》（*Āsīvisopama-sutta*）教化大众。南北两传的末田地和末阐提恐怕就是指同一个人；北传的末田地虽是阿难的弟子，但因为是最后的弟子，所以年代上可以视为是与

优波毱多同一时代的人；如果优波毱多是阿育王时代的人，由于阿育王皈依佛教，在全印度传道似乎变得比较容易，所以在佛教已经扩及到摩偷罗的当时，由于末田地而使佛教传入罽宾之事是完全可能的。

根据锡兰的传承，此时由摩竭陀的教团所派遣的大德，除了前述的末阐提之外，以如下所述的各大德为主，各与5位比丘同被派遣。有5位比丘则可以组织僧伽，授具足戒，因此能扩大僧伽的最小单位是5人。（119）上
所派遣大德、派遣地、所说教法如下所示：

1. 大天（Mahādeva）：摩醯娑曼陀罗国（Mahisamaṇḍala），《天使经》。

2. 勒弃多（Rakkhita）：婆那婆私国（Vanavāsī），《无始相应》。

3. 达摩勒弃多（Dhammarakkhita）：阿波兰多迦（Aparantaka），《火聚喻经》。

4. 摩诃达摩勒弃多（Mahādhammarakkhita）：摩诃勒咤国（Mahāraṭṭha），《大那罗陀迦叶本生经》。

5. 摩诃勒弃多（Mahārakkhita）：臾那世界（Yonaloka），《迦罗罗摩经》。

6. 末示摩（Majjhima）：雪山边（Himavantapadesa），《转法轮经》。

7. 苏那拘（Sonaka）、郁多罗（Uttara）：金地国（Suvaṇṇabhūmi），《梵网经》。

8. 摩哂陀（Mahinda）：锡兰岛（Laṅkādīpa），《小象迹喻经》等。

大天的派遣地摩醯娑曼陀罗国似乎是指耐秣陀河（Narmadā）的南方，也有说是指Maisolia（按：位于东南印讫瑟咤那河一带）。在《善见律》中，大天与末阐提同时为摩哂陀的具足戒师（ācariya）。而在说一切有部的传说中，大天有两位：一是提倡“五事”而造成根本分裂的大天；一是住于大众部内制多山（Caitika），提倡“五事”而造成制多山部分裂的大天。后者的大天或说为佛灭后两百年的人。制多山在讫瑟咤那河（Kistna，Kṛṣṇā）的中流，即位于案达罗地区。虽然根本分裂的大天显然是架空的人物，但也难以决定后者的大天是否与帝须派遣的大天为同一人。阿波兰多迦是昔日富楼那弘化的西海岸地区，摩诃勒咤即现在 上（120）

孟买附近的 Mahārāṣṭra，臾那世界则是北印度希腊人的世界，雪山边即雪山地区，金地国在靠近缅甸的东印度一带。

这里弘化于雪山的，除了末示摩以外，还有大德迦叶（Kāssapagotta）、阿罗伽提婆（Alakadeva）、钝毗帝须（Dundubhissara，妙声）、萨诃提婆（Sahadeva）；在山齐（Sāñchi）的第二塔所发现的几个古代骨壶中，有雪山地区的传道师大德迦叶（Kāsapagota）的遗骨和圣者末示摩（Majjhima）的遗骨，因此末示摩等弘化于雪山也是事实。其次，摩哂陀前往锡兰时，在山齐附近的卑提写山（Vedisagiri）精舍整束行囊，告别母亲，与几位比丘一起前往锡兰。或许他们是由郁禅尼出印度西海岸，沿海岸坐船南下，绕印度半岛南端到达锡兰。此类派遣传道师之事，有些已由碑文证实，大体上可以看作是事实。

总结上述，即阿难在憍赏弥弘化，佛灭百年时教团扩大到僧迦舍、曲女城，及阿槃提、南路一带。接着由商那和修、优波毱多弘化于摩偷罗，其次派遣传道师到罽宾、南印度、雪山地区等。商那和修、优波毱
上（121）多时代教团的版图，与次一时代传道师的派遣地紧接在一起，因此派遣传道师的时间在佛灭 100 年以后到 150 年以前，应该不是牵强的看法。如以阿育王即位于佛灭 218 年，则自商那和修到目犍连子帝须为止，中间出现了百年的断层，这期间佛教教团的活动完全停止了。

关于第三结集

如上所述，南北两传虽有差异，但却有一致之处，即两者同样说：到阿育王的时代为止，僧伽经过了四至五代；到阿育王时代为止，罽宾的佛教弘传已开始了。也可以说佛教在南方已扩展到了德干高原。而且，在锡兰史传中虽也说到在阿育王时代派遣传道师于各地，但这似乎不能看作是已经分裂的僧伽中一个部派的事业。锡兰《岛史》第五章说到第 2 个百年之间发生枝末分裂，产生了十八部，因为是在阿育王之前，所以变成大众部系的制多山部等也在阿育王即位以前就在案达罗地区确立了，且因为自说一切有部也分派出法藏部和饮光部，所以罽宾的说一切有部也在阿育王时代以前就已建立了稳固的地盘。这样一来，如果再派遣传道师前去弘化，

便产生了矛盾之处。接着，虽说化地部或犊子部、正量部、法藏部等也已经成立，但似乎不能说这些全都只位于中印度，亦即在阿育王以前佛教已经扩及全印度，部派的分裂也已经告一段落了。在那时派遣传道师，不是 （122）上
很难以理解吗？因此锡兰史传中说，枝末分裂是到二百年为止，而在此之后派遣传道师，是相矛盾的。但是，如果派遣传道师和部派分裂都是事实的话，应该是以主张派遣传道师在部派分裂之前的北传之说比较合理（在锡兰史传中，十八部分裂是在阿育王之前一事，参考本书页 87—88）。

依照锡兰史传，若部派分裂发生在阿育王之前，则难以理解在阿育王时代僧伽中有纷诤之事；纷诤当是僧伽分裂的前兆。根据锡兰史传，在阿育王时代华氏城的僧伽起了纷诤，为了平息纷诤，阿育王自阿呼河山迎请目犍连子帝须。这恐怕是当时中印度的僧伽起了纷诤。而且根据阿育王的碑文，在憍赏弥、山齐、鹿野苑的法敕中，严格禁止破僧，而且破僧的比丘要被开除僧籍还俗（颁刻法敕，显示出纷诤为时甚长）。这些法敕所刻的地点是第二结集时西方比丘、阿槃提·南路的比丘们的有力据点；这要解释为是显示了“十事”以后的根本分裂的情形，才说得通。

锡兰史传中说，目犍连子帝须受请至华氏城，他让异端者还俗，以分别说（vibhajjhavāda）净化僧伽，之后召集一千人举行第三结集，为了提出标准说法而编集了《论事》（*Kathāvatthu*）；这是阿育王即位 18 年的事。但是，如果一如锡兰史传的叙述，第三结集是在部派已经分裂 （123）上
完毕之后，那么以分别说来净化僧伽之事是可能的吗？而且连憍赏弥、山齐或鹿野苑地区的僧伽之诤也能够平息下来吗？虽说之后挑选了一千名比丘举行结集，但是连其他部派的比丘也选入是否可能？恐怕这些事都是不可能的，因此无法把第三结集的存在当作是印度佛教全体僧伽之行事。但是在上座部的内部进行过《论事》的编集既是事实，所以曾有过这种意义上的某一结集，但那并非是在阿育王时代，而似乎是较之更晚百年以上的时代。因为《论事》采取了部派分裂以后各部派的教理而加以批判，所以学者认为《论事》的完成是在部派成立以后，亦即公元前 2 世纪的后半叶，这是在阿育王后约百年。因此如果承认有第三结集的话，应该只是上座部在公元前 2 世纪后半叶的事业而已。

由以上各点的考察可知，如锡兰史传所言，阿育王以前部派的分裂业已完成，而以自佛灭至阿育王即位为 218 年，从佛教教团史的立场来说难以成立。到阿育王为止，僧伽的相承是四代至五代，其年代视为“百年余”是妥当的，而且由各种资料所见，主张阿育王在佛灭 218 年即位的只有锡兰传承而已，在印度本土找不到类似的佐证。在《大唐西域记》
上(124)（T 51.918b）中也说到锡兰王于佛陀伽耶建大觉寺，造锡兰僧之住所，而在龙树山（Nāgārjunakoṇḍa）也有锡兰寺存在过（本书页 185）。如此看来，印度本土与锡兰有过交涉，但 218 年一说却似乎未曾传来过。在印度本土，阿育王在佛灭百年或百余年出世之说远占优势，而在锡兰也不是只有 218 年之说而已。法显在公元 416 年由印度回国，他顺道经过锡兰，在无畏山寺留住两年，[①] 在那里，他所传的年数是佛陀“泥洹已来一千四百九十七岁”（T 51.865a），说佛灭甚至为公元前一千多年以前，所以与 218 年之说并不一致；因此在锡兰也有和 218 年说不同的说法。

在这以外的印度资料，几乎所有都是以阿育王为佛灭百年（百余年）后出世，如《大庄严论经》卷九（T 4.309c）、《僧伽罗刹所集经》卷下（T 4.145a）、《贤愚经》卷三（T 4.368c）、《杂譬喻经》卷上（T 4.503b）、《众经撰杂譬喻》卷下（T 4.541c）、《杂阿含经》卷二十三（T 2.162a）、《天譬喻》（*Divyāvadāna*，ed. by Vaidya, p.232）、《阿育王传》卷一（T 50.99c）、《阿育王经》卷一（T 50.132a）、《大智度论》卷二（T 25.70a）、《分别功德论》卷三（T 25.39a）等，全部是以阿育王为佛灭百年后出世。玄奘的《大唐西域记》卷八（T 51.911a）也一样，而义净的《南海寄归内法传》卷一（T 54.205c）则作“一百余年”。这些正表示在玄奘或义净的时代，在印度，百年说正盛行着。在《异部宗轮论》
上(125)里，藏译本作“百年后”，汉译本（T 49.15a）作“百有余年”；《十八部论》（T 49.18a）与《部执异论》（T 49.20a）皆作“百十六年”（但《部执异论》的元版和明版作一六〇年），而《大乘无想经》卷四（T 12.1097c）作“百二十年”，《摩诃摩耶经》卷下（T 12.1013c）作“二百岁以前”。

① 此处参考了显如法师版的译文，是平川彰先生的原意。庄先生译文认为“法显虽在公元 416 年由印度回国，但他顺道经过锡兰应是在此之前数年”。——编者注

在清辨（Bhavya）的《异部分派解说》（北京版五六四〇）中，有上座部所传之说，即认为佛灭 160 年法阿育王治世时发生根本分裂。

重视清辨 160 年说的学者，似是以此而依据元版、明版的“一六〇年”，甚至将《异部宗轮论》也改为“一六〇年”。但是《部执异论》中较元明版为古的宋版或高丽版是作“一一六年”，此外并无支持 160 年的资料，所以就《异部宗轮论》来说，应视为“百余年”或“一一六年”才正确。还有，160 年说不过是清辨所传诸说之一，资料的成立年代也较晚，而且要与同样是上座部所传的 218 年说如何调和？很难确定何者才是真实可靠的资料。

以上从佛教的教团发展史及佛教内的资料来看，视阿育王为佛灭百年（百余年）出世是妥当的。但是由摩竭陀的王统系谱的发展来看，116 年的话年数太少，采用 218 年说的理由也似乎出现了，或者将两者折中而采 160 年说也是有意义的，但是不可能同时采用各种说法，而在叙述佛教教团的发展时，并没有打算以 218 年说来说明。（126）上

归纳以上所述，自佛灭起佛教教团向西方及西南方发展，而在佛灭后长寿的阿难在教界似乎很有影响力。其后阿难的弟子商那和修在西方教团中变得举足轻重，但是教团尚未发展到摩偷罗。东方教团有一切去上座，西方则有离婆多长老，那时候发生了“十事”事件，长老们聚集在毗舍离审议问题。纷诤大体平息下来，但是还有许多不肯接受决议的比丘，这件事后来成为教团分裂为大众部与上座部的原因。亦即自佛灭百年左右的一段时期内，各地的僧伽似乎纷诤不绝，但是到商那和修的晚年，教团的前线已经扩大到摩偷罗了。而佛灭百年后阿育王即位，这时商那和修等已去世，教团是优波毱多、目犍连子帝须的时代。阿育王皈依了佛教，迎请他们到华氏城。根据北传记载，阿育王依优波毱多之劝而一同朝礼佛陀遗迹，并于各地建塔。阿育王巡礼佛迹一事，已从阿育王的碑文中获得证实。其次有关目犍连子帝须，南传说到他平息华氏城里僧伽之诤，由其提倡而派遣传道师到各地弘化。这时弘传于罽宾的是末田地，末示摩和大德迦叶被派往雪山，大天被派往南印度。由于阿育王的皈依和协助，佛教遍及全印度。但是阿育王在世时，虽然教团的

上(127) 分裂逐渐表面化，但尚未成定局。而在阿育王灭后，与孔雀王朝的衰微也有关联，教团的分裂成为事实，这就是上座与大众的根本分裂。所以根本分裂是在阿育王之前引起的，但是实质上的分裂似是在阿育王之后。然而僧伽扩及印度全域，教理的差异加上地域的特殊性，各个教团内产生歧异、枝末分裂也是不可避免的，所以此后不久就引起了枝末分裂。

参考书目

关于第一、第二结集，《律藏》的《五百犍度》《七百犍度》之说是第一手的资料。此外还有锡兰的《岛史》(*Dīpavaṃsa*)、《大史》(*Mahāvaṃsa*)，
上(128) 都是由 P.T.S. 出版。H.Oldenberg 的《岛史》之英译，W. Geiger 的《大史》之英译，同上。日译收在『南伝大蔵経』第六十卷。第三结集唯有锡兰的传承，上述的《岛史》《大史》中有叙述。还有《善见律毗婆沙》(大正藏第二十四卷所收)及其原典《善见论》(P.T.S. 出版)之中也有说到。

关于部派分裂，有上述的《岛史》、《大史》、*Sāsanavaṃsa* (ed. M. Bode. P.T.S., 1897)，及北传的《异部宗轮论》(汉译有《异部宗轮论》《十八部论》《部执异论》三译，收于大正藏第四十九卷。其日译收于『国訳大蔵経・論部』第十三卷，三译对照，木村泰賢、干潟竜祥日译。加上慈恩注释的《异部宗轮论述记发轫》很便利。以及藏译本，即影印北京版西藏大藏经 Vol.127, Nos.5639–5641〔寺本婉雅日译,『西蔵語文法』所收〕)。《法显传》、《大唐西域记》、*Kathāvatthu* (《论事》及觉音的注，Mrs. Rhys Davids: *Points of Controversy*. 1915)等也值得参考。碑文也是有力的资料(参考静谷正雄『インド仏教碑銘目録』Parts 1–3, 1962–5)。又《阿育王传》《阿育王经》(大正藏第五十卷所收)。《天譬喻》No. 26 Pāṃśupradānāvadāna, No. 27 Kuṇālāvadāna.

现代学者的著作，除前面注释中所举出的诸研究外，尚有木村泰賢、干潟竜祥『結集史分派史考』(『国訳大蔵経・論部』第十三卷)，1921 年；寺本、平松『西蔵訳異部宗輪論』，1935 年；佐藤密雄、佐藤良智译注『論事附覚音注』，1933 年；塚本啓祥『アショーカ王』，1973 年。

N. Dutt: *Early History of the Spread of Buddhism and Buddhist Schools*. London, 1925.

André Bareau: *Les Sectes Bouddhiques du Petit Véhicule*. Saigon, 1955.

(129)上 É. Lamotte: *Histoire du Bouddhisme Indien*. Louvain, 1958, p.13ff.

第八节　阿育王的佛教

法敕

阿育王的佛教一般是附在原始佛教来论述，因为阿育王较亲近原始佛教，而与部派佛教没有关联。阿育王（Asoka, Aśoka, 也译作无忧）的即位年代是公元前 270 年左右（公元前 268—前 232 年左右在位），这在阿育王的《十四章法敕》的第十三章有记载，由阿育王时代西方五王在位的年代推算出来。不只是在国内，阿育王还派遣传布正法的使臣到邻国；在这些邻国中，提到叙利亚、埃及、马其顿（Makedonia）等的五王的名字，由这些国王的在位年代即可推定阿育王的即位年代。根据五王的年代的演算法虽会有若干差异，但是其差距仅在 2 年到 10 年左右的范围，今后也不会有重大的改变。在没有历史记载的印度，阿育王的即位年代是很珍贵的资料，成为古代史年代推算的基准。还有阿育王的在位年数，根据锡兰的《大史》（XX.6）是 37 年，而根据《往事书》（*Purāṇa*）等是 36 年。有关阿育王的历史，虽然碑文是第一手资料，但也可利用锡兰所传的《岛史》《大史》《善见律毗婆沙》，及北传的《阿育王传》《阿育王经》（130）上
《天譬喻》等其他传说。

根据传说，阿育王在年轻时非常残暴，杀了许多人，但是后来皈依佛教而施行善政，所以被称为法阿育。然而由碑文来推定，阿育王在即位 7 年左右即皈依佛教成为优婆塞，但在最初的两年半时间对佛教并不热衷。在即位 8 年后，阿育王征伐迦陵伽国，看到许多无罪的人被杀，或成为俘虏而被遣送，失亲别子，夫妇分离等悲惨情景，深深体悟到战争的罪恶，因而了解到以暴力获得的胜利并不是真正的胜利，唯有“依于法之胜利”（dhamma-vijaya）才是真正的胜利。然后自此一年余，阿育王亲近僧伽，热心地修行，于即位 10 年后到达“三菩提”（Sambodhi）；“三菩提”是“觉悟”的意思，被解释为阿育王已经开悟的意思，也有解释说是阿育王去到佛陀开悟的佛陀迦耶的意思。阿育王此时起便开始进行“法的巡礼”，参拜佛陀遗迹；其即位 20 年后到访蓝毗尼园之事见于

碑文。阿育王热衷修行，为了法的建立和增长而努力，据说他使人民能看到天宫等的光景，至今为止无法与天界交涉的世间的人们也到达能与天界交涉的地步了。

阿育王即位12年后，颁布了他所体悟的法，并下令刻于石碑之上以永存后世，这项工作一直持续到他即位27年时。其中，有磨平岩壁而刻
上(131) 上法敕的“摩崖法敕”，还有在磨过的巨大的砂岩柱上铭刻法敕的“石柱法敕”。摩崖法敕有大小两种：大摩崖法敕（Rock edict）主要在当时的国境，在吉尔那（Girnār）等7个地方被发现，其上刻着14章的法敕，是内容最长的文章，也是代表性的法敕；小摩崖法敕（Minor rock edict）发现于中印度、南印度等7个地方，记述阿育王是如何修行佛教等事，是与佛教关系紧密的碑文。刻有阿育王所推荐的“七种法门”的，是在呗罗特（Bairāṭ）所发现的小摩崖法敕。其次，石柱法敕（Pillar edict）也有大小两种：大石柱法敕刻有6章或7章法敕，主要发现于中印度的6个地方，与摩崖法敕一样，以法的内容说明为主，是阿育王即位26年后所作的法敕；小石柱法敕发现于鹿野苑、山齐等的佛教遗迹，是诫止僧伽的分裂等，有关佛教教团的法敕。石柱法敕中，在石柱的柱头刻有动物，特别是鹿野苑的石柱，柱头雕有4只背对背的巨大的狮子像，其正下方刻有法轮，这一杰出的雕刻已成为独立后的印度的国徽上的图案。

自19世纪初起，这些碑文陆续被发现，到本世纪仍有发现的报告。最近的是1949年在阿富汗的兰婆迦（Rampāka）发现了亚拉姆语（Aramaic）的碑文；1958年在甘达诃（Kandahār）发现了希腊语和亚拉姆语二体并刻的阿育王碑文。1966年在印度德里市内也有报告说发
(132)上 现摩崖法敕。现在为止，已确认有30个以上的法敕存在。而自1837年James Prinsep首先解读碑文以来，碑文的研究有了长足的进展，但其内容尚有未能完全理解之处。

阿育王的法

阿育王认为，包括他自己在内的人们应该遵守的“法”，是立基于佛陀教导的人本质平等之上，包含对生物慈悯，说真实语，力行宽容与忍

耐，救助穷困者等道德的诚实和慈悲的理念。这些虽然单纯，但是阿育王相信这是所有人都应该遵守的不变的真理，要传之万代，于是命令将其刻成法敕。

通过法敕，阿育王反复地命令人们应该尊重一切生物的生命，禁止不必要的杀生，即使在不得已的情况下也禁止杀害怀孕或哺乳中的动物。他还为人和动物建造了两种医院，栽培药草，种植行道树，挖掘泉井，建休息处及饮水处等，谋求人与动物的安乐。这些都是基于对一切生物的慈爱（dayā）。

阿育王反复宣扬的是，对父母与师长的柔顺，对长辈的礼节，对朋友、熟人、婆罗门、沙门、穷人、仆从、奴隶等应行的正确待遇，于此显示出对人格尊严的正确认识；接着劝导对婆罗门、沙门、穷人等多行布施。阿育王自己也戒掉了狩猎等娱乐活动，举行法的巡行（dharma-yātra），（133）上
亦即拜访宗教家和耆宿，给予布施（财施），接见人民，进行法的教诫（法施），以法的巡行为无上的快乐，而说没有比法的布施、依于法的亲善、法的分享等更好的布施。阿育王也说到由法的布施，既能有现世的果报，在后世也生出无限的功德。在尊重布施的同时，也建议："一点点地用，一点点地储蓄。"这是在禁诫多欲。

阿育王特别勤勉于政务，下令即使他在进食，或在后宫、房间或花园中时，都应随时随地地上奏政务。阿育王说实行善政，是王对国民所应尽的义务；又说增进世间的一切利益是王的义务，没有比增进世间的利益更崇高的事业。还说到王作任何的努力，都是为了偿还自己对一切有情（生物）所负义务的债务，也是为了使人们于现世得安乐，于后世能升天。阿育王也说："一切有情皆为我子。"

照阿育王所说，法就是善（sādhu）。烦恼少（alpāsrava），善行多（bahukalyāṇa），慈爱(dayā)与布施(dāna)、真实（satya）、清净的行为（śauca），这些就是对"法"的定义。也说法的达成（dharma-pratipatti）即是爱情、布施、真实、清净、柔和（mārdava）、善(sādhu)。并且，他警告道：纵使作了布施，但若缺乏自我约束（saṃyama）、报恩（kṛtajñatā）、上（134）
坚实的诚信（dṛdhabhaktitā），亦是贱民；而狂恶、不仁、瞋怒、高慢、

嫉妒等是导致烦恼之法。他说："善固难行，然而任何人只要开始行善的话，即已行此难行之善了。"又说："我已经行了许多善了。"

阿育王所想的"法"虽如上所述，但要使这个法增长，方法有二，即"法的规制"（dharma-niyama）与"法的静观"（dharma-nidhyāti）。法的规制，是阿育王颁布的"规章"，特别是阿育王禁止杀害生物的规章，这个规章是要使人们实现不杀害生物的法。法的静观，是净心而去观想法；即由于去观想法，可以更深一层地理解不杀害生物的意义。因为这种理解能更进一步地导引人不杀害生物，所以法的静观比起法的规制更胜一筹。阿育王特别重视不杀害生物、生命、人格的尊重，对于已判决死刑的罪人，还给予 3 天的缓刑恩赦。到他即位 26 年为止，共释放囚犯 25 次。阿育王的法的本质是，所有的生命都是尊贵的，对生命本质的自觉，而由这种自觉，慈爱、布施、说真实语、清净（清净的行为）、对父母柔顺、正确地待人处世、对社会的报恩等，便自然地显现出来，这些使得法的内容更丰富了。

阿育王希望这个法能永行于世间。他在即位 13 年时任命法之大臣（dharma-mahāmātra），令其每五年巡回全国一次，举行"法的教诫"。
上（135）为了将此法传至万代，他还下令刻了摩崖法敕。但是在最大的法敕"摩崖法敕"（十四章法敕）里并未明言此法是基于佛教的。因此有人认为，阿育王的法并非佛教的法，不过在佛教以外寻求阿育王的法的根据是很困难的。例如"法典"（Dharmaśāstra，如《摩奴法典》）等的"法"，是刑法、民法等意义的法；而在正理学派中也说到法，耆那教中也说到法、非法，但这些法与阿育王的法是完全相异的概念。吠陀或奥义书的系统中也说到法，这比较接近阿育王的法，但并非全同。而奥义书的中心思想是"梵我一如"，法在奥义书中并不是特别受重视的概念。接着在《薄伽梵歌》里说到作为"自己的本务"（svadharma）的业瑜珈（karma-yoga），列举出各种道德的德目，从中可以看到与阿育王的法共通的德目。但是《薄伽梵歌》因为持容许战争的立场，所以和阿育王的法根本立场不同。相对于此，佛教是最重视法的宗教。在佛教里，法是佛、法、僧三宝之一，而且在小摩崖法敕及小石柱法敕上都表明阿育王是一位虔诚的佛教徒。如此看来，阿

育王的法显然是由佛教而来的。（136）上

佛教教团的援助

阿育王虽然皈依了佛教，但是也平等地对待其他宗教。摩崖法敕第十二章说道："王以布施（dāna）与种种供养（pūjā）而供养出家与在家的一切宗派（pārṣada）。"同样在第七章也说："愿一切宗派的人住于一切地方。"且在石柱法敕第七章说到分别任命了执行关于佛教"僧伽"（saṃgha）事务的法之大臣，执行关于婆罗门、邪命外道（Ājīvika）事务的法之大臣，执行关于耆那教（Nirgrantha）事务的法之大臣。如此，阿育王虽平等地对待全部宗教，但特别皈依了佛教，此事明载于碑文中；阿育王在即位 7 年左右皈依了佛教。在小摩崖法敕里，阿育王在成为佛教优婆塞的起初两年多时间里并不是很热衷佛教，但是接下来的一年多里他亲近僧伽而且勤于修行。所谓"亲近僧伽"（saṃghaḥ upetaḥ）似乎是归属于僧伽，与出家作相同修行的意思。摩崖法敕第八章说到，阿育王即位 10 年时行"三菩提"（Sambodhi）。而且在"Nigālīsāgar"石柱法敕里记载，王即位 14 年后修筑拘那含佛之塔，并亲自供养。还有，在蓝毗尼（Lumbinī）石柱法敕里记载，阿育王在即位 20 年后朝礼佛陀诞生之地，亲自供养；又说阿育王下令建石柱，减轻此地的税金。还有在山齐、鹿野苑、憍赏弥等的法敕里，说到告诫僧伽分裂之事，并说要使企图破僧的比丘、比丘尼着白衣，当令其还俗；这一破僧的告诫，也见于小摩崖法敕。还有在呗罗特（Bairāṭ）法敕里，阿育王表明要礼敬佛（137）上
教的僧伽，自己奉上恭敬（gaurava）与信心（prasāda）于三宝；虽然佛陀所说的一切法都是善说，但是特别列举了以下 7 种有助于正法久住的法门（dharmaparyāya）：

Vinayasamukase 毗奈耶之最上赞说（*Vinaya* Vol.I, p.7, etc.）

Aliyavasāṇi 圣传承谱（*AN*.IV,28,Vol.II,p.27）

Anāgata-bhayāni 未来之怖畏（*AN*.V,Vol.III,p.100ff.）

Muni-gāthā 牟尼偈（*Suttanipāta* vv.207-221）

Moneyasūte 沉默行经（*Suttanipāta* vv.679–723）

Upatisa-pasine 舍利弗之问（*Suttanipāta* vv.955–975）

Lāhulovāda 对罗睺罗之教诫（*MN*.No.61）

为了正法久住，希望四众能经常听闻这些经典，并思惟忆念。

还有关于佛塔，虽然碑文里只说到修筑了拘那含佛（Konākamana, Kanakamuni）的塔，但是根据《阿育王经》等，则说阿育王供养佛陀的舍利，起八万四千宝塔，饶益许多人。而因优波毱多的劝导，阿育王以蓝毗尼、鹿野苑、佛陀伽耶、拘尸那罗为始，朝礼了许多佛陀遗迹，并
上（138）在各个地方建塔；还说到起了舍利弗和大目犍连的塔。在法显和玄奘的时代还残存着许多传为阿育王所建的佛塔，他们也看到了许多佛塔。而到近代，许多佛塔被挖掘、研究，由这些考古学上的研究成果，认定佛塔的最古老的部分有不少是成立于阿育王时代。由这一情形来看，可以确定阿育王建立了许多佛塔。

由于如上对法的传布与皈依佛教，阿育王被赞誉为“法阿育”（Dhamma Aśoka）。阿育王的理念确实是崇高的，但是并不清楚到底哪些为人民所理解而普及于民间。阿育王认可佛教教团是法的实践者，因而援助了教团，但是，教团在经济上变得富足的同时，也招致了教团的堕落，而对教团的巨大布施，似乎也压迫着国家经济。根据《阿育王经》等，阿育王在晚年时为太子与大臣等所背叛，被禁止向教团布施，最后他只剩支配手中的半个阿摩勒果的自由。这个传说似乎暗示了阿育王晚年的不幸。而实际上，阿育王死后孔雀王朝也失去势力，不久就灭亡了。

但是不应该就这样以为阿育王的法的理念是没有价值的，应该就其自身来评价阿育王所说的法的价值才是。

参考书目

宇井伯寿「阿育王刻文」(『印度哲学研究』第四，『南伝大蔵経』第六十五卷所收)。

（139）上 金倉円照「阿育王と仏教」(『印度中世精神史』上，第六章)。

中村元『宗教と社会倫理』第五章。

塚本啓祥「Kandahār 出土のアショーカ法敕」(『金倉博士古稀記念・印度学仏教学論集』所収)。

塚本啓祥『アショーカ王』, 1973 年。

E. Hultzsch: *The Inscriptions of Asoka*. Oxford, 1925.

J. Bloch: *Les inscriptions d'Asoka*. Paris, 1950.

A. C. Sen: *Asoka's Edicts*. Calcutta, 1956.

W. B. Henning: The Aramic Inscription of Aśoka found in Lampāka. *BSOAS*., XIII, 1949.

É. Lamotte : *Histoire du Bouddhisme Indien*. Louvain, 1958, p.244ff.

G. Pugliese Carratelli and G. Garbini: *A bilingual Graeco–Aramaic edict by AŚoka, The first Greak Inscription discovered in Afghanistan.*(Series Orientale Roma XXIX) Roma, 1964. (140) 上

第二章

部派佛教

第一节　部派教团的分裂与发展

部派佛教的性质

部派佛教（Nikāya-Buddhism）[1] 是指原始教团分裂为上座、大众二部之后的传统上的教团佛教。当时在这之外还有其他佛教徒存在，例如在家信众便在教团（僧伽）之外，但是并不清楚他们进行了怎样的宗教活动。前面已经说过，佛诞生处、成道处、初转法轮处、佛般涅槃处，很早就成为“四大圣地”而受尊崇，作为仰慕佛陀的人们朝礼的圣地而兴盛。佛教从最初开始，信众的宗教活动就蓬勃盛行。而在佛灭之后，由于“八王分骨”，在中印度各地建了佛塔（stūpa），但是那时将佛陀的遗体行诸荼毗[2]，分舍利（śarīra，遗骨）而建塔的，全是在家信众；这些佛塔并不是建在比丘们住的精舍（vihāra）。佛经里说：“应于四大衢道（cātumahāpatha）造立如来之塔。”（*DN*. Vol. II, p.142）塔建在许多人聚集的广场上，信众自主地管理、信仰、护持着这些塔。根据《阿育王经》等记载，阿育王将八王分骨的塔打开，重分佛骨，分散舍利于全国，建了许多塔。阿育王建
上（143）许多佛塔，似乎表示当时在佛教徒之间佛塔的信仰是很盛行的。想必是应其要求，才有阿育王的建立佛塔。但是当时以佛塔为根据地而实行什么样的信仰或教义，因为没有文献流传下来，所以并不清楚。

考虑后世大乘佛教发展的源流时，为从原始佛教时代起佛塔教团所酝酿成的“佛陀信仰、佛德赞仰”的运动定位，是很重要的，因此不能无视信徒团体的信仰，不过佛教教团的正宗仍是继承原始教团的部派

---

① 称“部派”为“尼柯耶”（nikāya，sde-pa），记载于义净《南海寄归内法传》（T 54.205a）的音译，由 *Mahāvyutpatti*（《翻译名义大集》）及藏译《異部宗輪論》等也可得知；但是南传佛教里似乎不把尼柯耶当作部派之意使用。

② 荼毗，火葬意。——编者注

教团；亦即由佛陀的嫡传弟子大迦叶或阿难等所受持的佛教，师徒相承，而发展为部派教团（舍利弗与大目犍连在佛陀入灭以前已去世）。所以部派教团的佛教，是“弟子的佛教，学习立场的佛教”，并不是教导他人立场的佛教。因为是被动的佛教，所以大乘教徒称之为“声闻乘”（Śrāvakayāna）。声闻是听闻佛陀说法的人，即“弟子”的意思，所以早先包括在家者也称为“声闻”，但是在部派佛教的时代，“声闻”似乎只限定于出家的弟子而已。

其次，部派佛教的教理特征是出家主义。出家成为比丘，严守戒律而修行。严格地区别在家和出家，以出家为前提而组织了教理或修行型态。接着，这是隐遁的僧院佛教，他们深深地隐藏于僧院内，过禁欲的生活，专心于学问与修行，所以不是街头的佛教，是比起救济他人，先要以完成自己的修行为目标的佛教。由于这个缘故，大乘佛教徒称之为“小乘”（Hīnayāna）而加以轻视。小乘是局限的、卑下的教理的意思，他们之所以 （144）上
能不必为了生活费而烦恼，专心一意于修行，是因为僧院在经济上很富足。佛教的出家教团多接受国王、王妃或大商人等的皈依和经济上的支援，这些人布施广大的庄园给寺院。其中以迦腻色伽王（Kaniṣka）皈依说一切有部最为有名，但在此之前也有北印度的大牧伯（Mahākṣatrapa）库苏鲁迦（Kusuruka）或牧伯（Kṣatrapa）波提迦（Patika）等人布施土地给教团，可从记载此事的碑文上得知，还有在南印度案达罗王朝的王族及王妃们也支援佛教教团，也有很多记载他们布施土地给僧团的碑文。由公元前 2 世纪左右起到公元后 5 世纪左右为止，建造了许多记载布施土地或窟院给佛塔或四方僧伽的碑文，由这些碑文可以知道当时有 20 个以上的部派教团。

僧团不但有国王们的支持，商人阶级也支援佛教僧团。商人们组商队穿过广大的密林，横越沙漠，与远方的都市作交易；或是乘船出大海，与他国通商。一路上要遇到无数的困难，为了要渡过那些危险，需要冷静的判断、勇气与忍耐，于是作为理性宗教的佛教符合他们所好，而且商人们前往他国，非得与异民族或不同的阶级自由地交往不可，所以坚守种姓制度的婆罗门宗教并不适当；相对于此，农民则紧紧地与婆罗门宗教结合。商人阶级中，不只是部派教团，皈依大乘教团的人也很多， （145）上

他们当中的富商、指导者称作“长者”（Śreṣṭhin）。长者中以皈依佛陀的给孤独长者 (Sudatta, 须达) 或优罗迦长者等为有名，而自原始佛教的时代以来，佛教信众中有名的长者很多。在大乘经典中，长者也经常作为佛陀说法的对象，可以认为他们也支持部派教团。由于国王及长者们的援助，僧团既无生活之虞，而贯彻出世间主义，致力于研究与修行，于是完成了分析极精致的佛教教理；这是阿毗达磨（Abhidharma，法的研究）佛教。

第二结集与第三结集

佛灭百年左右，原始教团里起了“十事”之诤，七百位长老聚集于毗舍离，此事已于前述。巴利律藏的《七百犍度》里说到，七百位长老从戒律的立场检讨十事，而称此为“律结集”（Vinayasaṃgīti），但是并未言及在十事的检讨后重新结集经藏与律藏；在汉译诸律的《七百犍度》里也大致与此相同，标题中虽然列出了“结集律藏”“集法毗尼”等名目，但是在叙述内容里并未说到在十事以外进行了经律二藏的再结集。但锡兰的《岛史》《大史》中，说到在十事之诤后，七百位长老以离婆多为上首而进行了“法结集”（Dhamma-saṃgaha），费时八个月完成，并称此为“第二结集”（Dutiya-saṃgaha）。且《岛史》中说，被长老们所
上(146) 驱逐的恶比丘也聚得一万人的同党，进行“法结集”，故称此为“大结集”（Mahāsaṃgīti），但是他们是结集了错误的教法，也即他们破坏了根本结集（第一结集），作了别的结集。他们把结集在某个地方的经典移到别的地方，破坏五部里的义与法，既不理解异门说，也不理解了义未了义，弃舍了真实的经与律的一部分，而造了假的经与律。

由此看来，大结集的比丘们也进行了经律的再结集，而且内容与上座部的结集相当不同。举行这个大结集的比丘们（Mahāsaṃgītika，大结集派）被称为“大众部”（Mahāsaṃghika。《岛史》里称作“大结集派”，在《大史》中则称为“大众部”）。“大众”是人数很多的意思。根据锡兰史传，在根本分裂之后，上座和大众部各自举行了结集。

在北传的《异部宗轮论》里并未说到举行过结集，而说在佛灭百年、

阿育王治世时，“因四众共议大天五事不同，分为两部：（一）大众部；（二）上座部”。即说关于“大天五事”，因为四众的意见不同，所以分裂为两部。关于大天五事前面已提过（编按：见第一章第七节），“四众共议”的四众，是指龙象众（Gnas–brtan–klu）、边鄙众（Śar–phyogs–pa，东方众）、多闻众（Maṅ–du–thos–pa）、大德众（但是藏译的《异部宗轮论》里作“三众”，《部执异论》里则作“四众”）。（147）上

总之，有“七百结集”（十事的集会）一事，是大众部系的《摩诃僧祇律》与上座部系的诸律共同说到的，所以这似乎不会有误（不过《摩诃僧祇律》里未言“十事”）。但是此后进行经藏的再结集之事，只有锡兰传的《岛史》等见载而已。一般将这一连串的事件笼统地称作“第二结集”。这时候是否进行过经藏、律藏的再结集并不清楚，但是七百人聚集起来举行结集，这点为诸资料中所共通，因此可以认定“第二结集”是历史上的事实。

其次，“第三结集”则是锡兰传的《岛史》《大史》《善见律》等之说，只是锡兰上座部的传承而已。在锡兰史传中，佛灭百年的第二结集是在黑阿育王（Kālāsoka）时代，接着在佛灭 218 年即位的阿育王的时代，以目犍连子帝须为中心举行了“第三结集”（Tatiya–saṃgaha），然后整理成《论事》（*Kathāvatthu*）。为了将黑阿育王和阿育王分开，而说成第二、第三两个结集。但是在北传的《异部宗轮论》里，是以阿育王为佛灭百余年出世，所以没有承认第三结集的余地。而在锡兰史传中，说第三结集整理成《论事》的，唯有锡兰上座部传持的论书而已，其他部派里什么都没提到。因此纵使有第三结集，也似乎应该解释为仅是上座部这一部派之内的结集而已。

根据《岛史》等记载，由于阿育王支援佛教教团，教团在经济上变得富足，因此“奢望安逸生活而出家者”（theyyasaṃvāsaka，贼住比丘）（148）上变多了，而扰乱了僧伽的戒律和修行。为此僧伽起了纷争，也没举行每个月的布萨。为了纠正这种乱象，目犍连子帝须得到阿育王的支持，整顿了僧伽，并说回答佛教是“分别说”（vibhajjavāda）者即是佛教徒，回答不是的比丘则不是佛教徒，而驱逐出僧伽。帝须为了阐明自宗之说

而造《论事》。在此之后目犍连子帝须更选了一千位阿罗汉举行“法之结集”，以九个月纂修完成，这即是第三结集。

锡兰上座部将佛教理解为“分别说”。对一切事情皆不作单方地断定（一向记），就是分别说；如果单方地主张真理，必然会引起纷诤。现实并非片面的，肯定的和否定的必然混在一起。立足于这样的认识，而区别（分别）肯定的和否定的，并理解现实，这是“分别说”的立场。锡兰上座部将佛法理解为这样的分别说，因此锡兰上座部也称为“分别说部”（Vibhajjavādin）。以上的传承可以解释为，它显示了在上座部的内部，于某一时代进行了第三结集。因此，完全否定第三结集似乎并不妥当。但是《论事》的内容是以诸部派的教理为前提而组织的，所以预想了部派分裂的完成，因此依《论事》目前的型态，不能认为其是在阿育
上(149) 王的时代成立的，而是比阿育王晚百年以上；根据学者的研究，认为是在公元前 2 世纪的后半叶成立的。所以如果《论事》表示第三结集的内容，则第三结集应是在公元前 2 世纪完成的。

枝末分裂

相对于上座、大众的二部分裂名为“根本分裂”，上座、大众两部内各自反复分裂则名为“枝末分裂”。

在上座部与大众部中，首先发生内部分裂的是大众部。大众部系虽然人数很多，但是似乎有不少自由的思想家，内部的管制并不强固。根据《异部宗轮论》，第二个百年中，大众部分出了三部，即一说部、说出世部、鸡胤部。接着同样在第二个百年中，从大众部分出多闻部。接着同样分出说假部。接着在第二个百年终了时，大天在南印度的制多山（Caitya）提倡“五事”，赞成和反对之声都有，而分裂为三部，即制多山部、西山住部、北山住部。以上，根据《异部宗轮论》可知，大众部有四次分裂，分出八部，所以本末合起来共成九部；这是从佛灭百年到佛灭二百年之间的事。

接着关于上座部的枝末分裂，《异部宗轮论》说是在佛灭二百年以后，即上座部在分派后的百年间还相当团结，但自佛灭二百年终了，亦

即进入第三个百年时起，发生了分裂。首先是上座部因为小纷诤而分为说一切有部（说因部）与本上座部（雪山部）。其次从说一切有部分出 （150）上
犊子部，再由犊子部分出法上部、贤胄部、正量部、密林山住部共四部。接着第四次分裂是由说一切有部分出化地部。再由化地部分出法藏部，法藏部主张自己是继承大目犍连的系统。接着第六次分裂，由说一切有部分出饮光部（也称作善岁部）。

到以上的六次分裂为止，是在佛灭三百年中的事件。接着第七次分裂在进入第四个百年后开始，由说一切有部分出经量部（也称作说转部）；经量部重视经胜于论，主张以第一结集时诵出经藏的阿难为师。

以上，上座部经七次分裂分成十一部，而大众部是本末九部，所以上座、大众二部合为二十部，再除去根本的二部，也称为“十八部之分裂”。大众部即使经过四次分裂，根本的大众部仍照原样存留下来，但是上座部的情况则不甚清楚。起初分裂的说一切有部与雪山部（本上座部），其中之一应是根本上座部；由雪山部被称为本上座部这点，似乎它就是根本上座部。但是雪山部在地域上过于偏北，作为部派的势力似乎也小了点，而且上座部的其他枝末分裂似乎全部是从说一切有部分出的，所以在这点上《异部宗轮论》(*Samayabhedoparacana-cakra*) 的说法有疑问。《异部宗轮论》的著者是世友（Vasumitra），因为他是说一切有部的人，为了显示说一切有部为上座部的根本，也许做了什么也说不定。总之上座部的枝末分裂是在佛灭 201 年后到 300 年后左右。

如果以佛灭于阿育王即位前 116 年，则佛灭于公元前 386 年（宇井 （151）上
伯寿说、中村说为公元前 383 年左右），大众部的枝末分裂是在公元前 3 世纪中，上座部的枝末分裂是从公元前 2 世纪到公元前 1 世纪；经量部也可能在公元前 1 世纪存在过。但如果依据锡兰史传的 218 年说，比这大约早一百年，则佛陀的入灭变成在公元前 484 年（Jacobi = 金仓圆照说）左右。这样一来，大众部的枝末分裂在阿育王以前已经完成，上座部的分裂则变成发生在从阿育王时代起之后的百年间。根据《异部宗轮论》，部派分裂如下页所示。

大众部（Mahāsaṃghika）**本末九部（但是唯有陈译本作八部）：**

- 大众部
  - 第一次分裂 第二百年中
    - 一说部（Ekavyavahārika）
    - 说出世部（Lokottaravādin）
    - 鸡胤部（Kaukuṭika）
  - 第二次分裂 第二百年中
    - 多闻部（Bahuśrutīya）
  - 第三次分裂 第二百年中
    - 说假部（Prajñaptivādin）
  - 第四次分裂 第二百年终
    - 制多山部（Caitika）
    - 西山住部（Aparaśaila）
    - 北山住部（Uttaraśaila）

上（152） **上座部**(Sthavira) **本末十一部（秦译本“雪山”与“本上座”分别，为十二部）：**

- 上座部
  - 第一次分裂 第三百年初
    - 本上座部（雪山部〔Haimavata〕）
    - 说一切有部（Sarvāstivādin, 说因部〔Hetuvādin〕）
      - 第二次分裂 第三百年中
        - 犊子部（Vātsīputrīya）
          - 第三次分裂 第三百年中
            - 法上部（Dharmottarīya）
            - 贤胄部（Bhadrayānīya）
            - 正量部（Sammatīya）
            - 密林山住部（Ṣaṇṇagarika）
      - 第四次分裂 第三百年中
        - 化地部(Mahīśāsaka)
          - 第五次分裂 第三百年中
            - 法藏部（Dharmaguptaka）
      - 第六次分裂 第三百年中
        - 饮光部（Kāśyapīya，善岁部〔Suvarṣaka〕）
      - 第七次分裂 第四百年初
        - 经量部（Sautrāntika，说转部〔Saṅkrāntika〕）

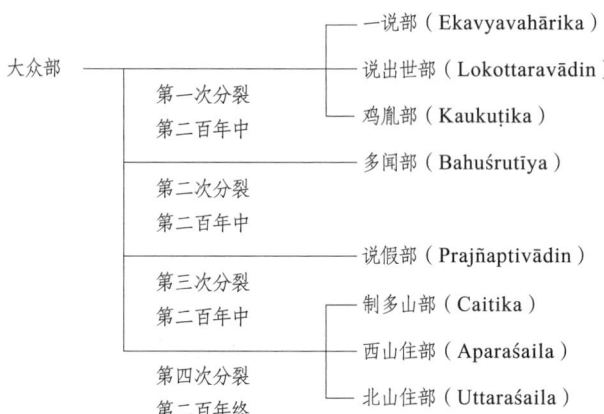

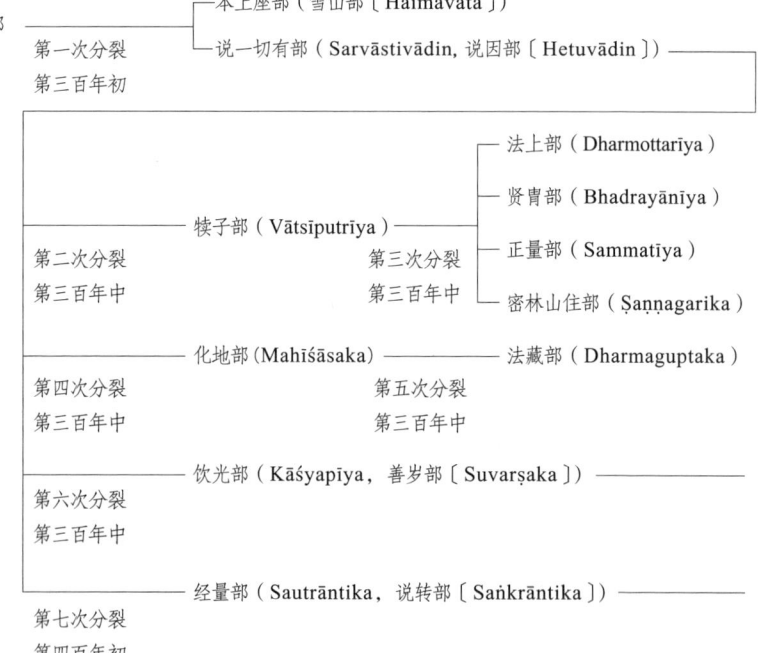

其次，锡兰《岛史》（*Dīpavaṃsa*）、《大史》（*Mahāvaṃsa*）所说的分裂顺序，与《异部宗轮论》的相当不同。在锡兰史传中，不管是大众部的分裂，还是上座部的分裂，都是在佛灭第二个百年中发生的。锡兰史传中因为视佛灭到阿育王即位止为 218 年，所以枝末分裂变成全部在阿育王即位以前完成，亦即阿育王治世时，已是部派佛教的割据时代（但是从阿 （153）上
育王的碑文中所见，难以看作阿育王时代是部派教团的割据时代）。

根据《岛史》《大史》，首先由大众部（Mahāsaṃghika）分出牛家部（Gokulika,《异部宗轮论》的鸡胤部〔Kaukuṭika〕）与一说部（Ekavyohārika）两部。接着由牛家部分出说假部（Paññatti）和多闻部（Bahussuttaka）（在《异部宗轮论》里，以上四部都是由大众部分出的）。接着分出制多山部（Cetiyavāda）。《岛史》以制多山部为自大众部所分出，《大史》则说传为由说假部与多闻部分出。以上大众部系的分裂便停止，总共是六部。

相对地，关于上座部（Theravāda）的分派如下所述：首先由上座部分出化地部（Mahiṃsāsaka）与犊子部（Vajjiputtaka）二部；接着由犊子部分出法上部（Dhammuttariya）、贤胄部（Bhadrayānika）、密林山部（Chandāgārika）、正量部（Saṃmitīya）四部；再由前面的化地部分出说一切有部（Sabbatthavāda）与法藏部（Dhammaguttika）。锡兰史传中，说一切有部是由化地部分出。但是在《异部宗轮论》里这点正好相反，认为是由说一切有部分出化地部；不只是化地部，连犊子部也是由说一切有部分出。如此逆转，变成说一切有部是最古的（但是由犊子部分出法上部等四部，这点南北两传一致）。

接着自说一切有部生出饮光部（Kassapiya），由饮光部生出说转部（Saṅkantika），再由说转部生出经量部（Suttavāda）。在《异部宗轮论》 （154）上
里，这些全被当作是由说一切有部直接分派出的。

以上，由上座部分出的有十一部，加上根本的上座部成为十二部。大众部系是本末六部，所以两者合为“十八部”。在部派的分裂里，“十八”的数字受到重视，恐怕在某个时代，十八部的部派教团曾存在过。以上，由根本的部派分出大众部以下的十七部，是在佛灭第二百年之间。但是在这以后所分出的部派，在《岛史》里记载是雪山部（Hemavatika）、王

山部（Rājagiriya）、义成部（Siddhatthaka）、东山住部（Pubbaseliya）、西山住部（Aparaseliya）、西王山部（Apararājagirika）六部。虽然没有说到这六部是由哪一部分出的，但根据《异部宗轮论》，第一的雪山部是上座部系，是最古的分派，但在锡兰史传中却作为新成立的部派；西山住部在《异部宗轮论》里与制多山部并列，属于大众部。觉音在《论事注》中把东山住部、西山住部、王山部、义成部四部合起来称作案达派（Andhaka），因此这些被视为是大众部系的部派。

在《大史》里，把《岛史》所举的六部派中最后的西王山部除去，而加入金刚部（Vājiriya），更举出由传来锡兰岛后的上座部分派出的法喜

上(155) 部（Dhammaruci）与海部（Sāgaliya）。以上分裂如下表：

大众部（Mahāsaṃghika）**六部：**

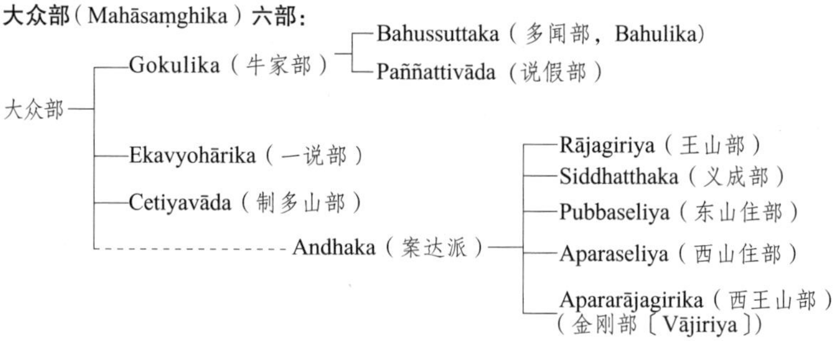

上座部（Theravāda）**本末十二部：**

上(156)

以上在南北两传中虽然关于分派的顺序或年代有一些不同，但也能见到值得注目的一致点。比较两者似乎能得知大体的分派顺序。此外，

在上座部的分派里说一切有部的位置，似乎应以锡兰史传为正确。根据以上的《异部宗轮论》与南传的《岛史》等，部派的名称并未全部罗列。安德烈·巴罗（A. Bareau）将在印度各地发现的许多记载奉献布施给部派教团的碑文与文献合起来，网罗出现于其中的部派名称，举出了如下34个部派名称（拼音依照巴罗）：

1. Mahāsaṅgika（大众部）
2. Lokottaravādin（说出世部）
3. Ekavyāvahārika（一说部）
4. Gokulika ou Kukkuṭika（牛家部、鸡胤部）
5. Bahuśrutīya（多闻部）
6. Prajñaptivādin（说假部）
7. Caitīya ou Caitika（制多山部）
8. Andhaka（案达派）
9. Pūrvaśaila ou Uttaraśaila（东山住部 = 北山住部）
10. Aparaśaila（西山住部）　（157）上
11. Rājagirīya（王山部）
12. Siddhārthika（义成部）
13. Sthavira（上座部）
14. Haimavata（雪山部）
15. Vātsīputrīya（犊子部）
16. Sammatīya（正量部）
17. Dharmottarīya（法上部）
18. Bhadrayānīya（贤胄部）
19. Ṣaṇṇagarika ou Ṣaṇḍagiriya（六城部 = 密林山部）
20. Sarvāstivādin Vaibhāṣika（说一切有部 = 毗婆沙师）
21. Mūlasarvāstivādin（根本说一切有部）
22. Sautrāntika ou Saṅkrāntivādin（经量部 = 说转部）
23. Dārṣṭāntika（譬喻师）

24. Vibhajyavādin（分别说部 = 锡兰上座部）

25. Mahīśāsaka（化地部）

26. Dharmaguptaka（法藏部）

27. Kāśyapīya ou Suvarṣaka（饮光部 = 善岁部）

上(158) 28. Tāmraśātīya（锡兰岛部）

29. Theravādin du Mahāvihāra（大精舍上座部）

30. Abhayagirivāsin ou Dhammarucika（无畏山寺派 = 法喜部）

31. Jetavanīya ou Sāgalika（祇陀林寺派 = 海部）

32. Hetuvādin（说因部）

33. Uttarāpathaka（北道派）

34. Vetullaka（方广部）

部派分裂的资料

记载部派分裂的，首先有锡兰传的《岛史》《大史》，觉音的《论事注》（*Kathāvatthu-aṭṭhakatā*）等，接着有说一切有部世友（Vasumitra）所著的《异部宗轮论》；这两者是最重要的资料。《异部宗轮论》方面，汉译有《十八部论》与《部执异论》的异译，更有藏译 *Gshuṅ-lugs-kyi bye-brag bkod-paḥi ḥkhor-lo*（*Samayabhedoparacana-cakra* 北京版 No.5639）。与此有关的还有《文殊师利问经》《舍利弗问经》等。在这之外汉译里有收于《出三藏记集》卷三的《新集律分为十八部记录》。传持律藏的部派里五部派是强势的，这是以此五部为中心而说明分派，给予中国佛教很大的影响。

其次，西藏所传承的有清辨（Bhavya）的 *Sde-pa tha-dad-par ḥbyed-*
上(159) *pa daṅ rnam-par bśad-pa*（*Nikāyabhedavibhaṅga-vyākhyāna*，北京版 No. 5640，《异部分派解说注》），与调伏天（Vinītadeva）的 *Gshuṅ tha-da-pa rim-par klag-paḥi ḥkor-lo-las sde-pa tha-dad-pa bstan-pa bsdus-pa*（*Samayabhedoparacanacakre nikāya-bhedopadeśana-saṃgraha*，北京版 No.5641，《异部宗义次第读诵轮》中之《异部解说集》）、*Dge-tshul-gyi daṅ-poḥi lo dri-ba*（*Śrāmaṇera-varṣāgra-pṛcchā*，北京版

No.5634，《沙弥初夏问》）等。

清辨的《异部分派解说注》里，载有上座部的传承、大众部的传承、正量部的传承等种种部派所传的分派说。其中除了有前述大众部的160年之说外，清辨的第三说“正量部的传承”，作佛灭137年发生根本二部的分裂，而说自此63年间相净，在二百年中先由大众部起了分裂。于部派分裂中，也有重视这个“137年”的学者。调伏天的《异部宗义次第读诵轮》中之《异部解说集》里所说的分派说，巴罗以为是根本说一切有部所传。此外在多罗那他（Tāranātha）的《印度佛教史》中，关于十八部的分裂，也记载了种种异说，但是清辨以后的诸说，资料的成立年代是在6世纪以后，即远在部派分裂进行的时代的数百年后，因此无法否定其资料上的价值较差。此外在《翻译名义大集》（*Mahāvyutpatti*）No.275《四分作十八部之名目》及义净《南海寄归内法传》卷一里也记载了分派说。

在清辨以后的资料里虽也有“根本二部”说，但在此之外还传有根本分裂是三部（上座、大众、分别说部）之说，或是四部（大众、说一切 （160）上
有部、犊子、雪山，或大众、说一切有部、上座、正量）之说。《翻译名义大集》也传根本四部说（说一切有部、正量、大众、上座），义净的《南海寄归内法传》里也举出根本四部（大众、上座、根本说一切有部、正量），但是由戒律的传承立场来的“五部”之说（法藏、说一切有部、饮光、化地、犊子〔或代之以大众〕），也见于种种经论中，《大唐西域记》卷三里也以此为“律仪之传训”而传承下来。

总结以上来看，根本分裂似乎以上座、大众的二部分裂说较确实，但是在其后的部派教团的消长上，大众部、上座部、说一切有部、正量部四部似乎较强势，尤其是随时代的推移，正量部的势力日益强大，这由法显及玄奘的旅行记可以窥知。

接着，婆罗门系统的哲学书在说明佛教时，说大乘佛教是中观派（Mādhyamika）、瑜伽行派（Yogācāra）二派，部派佛教是毗婆沙师（Vaibhāṣika，说一切有部）、经量部（Sautrāntika）二派。时代往下，商羯罗（Śaṅkara，8世纪左右）的《梵经注》（*Brahmasūtra-bhāṣya* II, 2, 18）里举出说一切有部（Sarvāstitvavādin）、唯识派（Vijñānāstitvavādin）、

中观派（Sarvaśūnyatvavādin）三派。但是根据学者的研究，在最初的说一切有部里也包括了经量部。此后在吠檀多学派中，把商羯罗说视为最高的思想，并尝试把其下的印度的一切哲学思想评定价值而加以排列。例如在《全学说纲要》(*Sarvamata-saṃgraha*)、被归为商羯罗所著的《全定说纲要》(*Sarvasiddhānta-saṃgraha*)、摩沓婆（Mādhava，14 世纪）
上(161) 的《全哲学纲要》(*Sarvadarśana-saṃgraha*)、Madhusūdana Sarasvatī（十五六世纪）的《发趣差别》(*Prasthānabheda*,《种种道》）等中，依序举出：最下的哲学学说是唯物论（顺世派），其次是佛教（Bauddha），接着是耆那教。其中，当作佛教而列出的是中观派（Mādhyamika）、瑜伽行派（Yogācāra）、经量部（Sautrāntika）、毗婆沙师（＝说一切有部，Vaibhāṣika），亦即是将说一切有部与经量部当作小乘佛教的代表。相对于说一切有部以外界为实在（bāhyārtha-pratyakṣatva，现量得），经量部则认为因为外界是刹那灭，所以只能以推论来认识（bāhyārthānumeyatva，比量得），唯识派则认为外界本无而唯有识是实在的（bāhyārthaśūnyatva），中观派则认为主观、客观的全部皆是空的（sarvaśūnyatva）；将这四派图解式地归纳，所以似乎也有选中这四派的理由。

部派教团的发展

在阿育王时代扩及于印度全境的佛教，之后得到顺利的发展。在分裂为上座、大众的初期部派教团中，大众部在中印度很兴盛。这似乎是因为大众部是以主张“十事”的比丘们为中心而形成的，这些比丘是毗舍离的比丘（Vajjiputtaka，跋耆族出身）。反对十事的比丘，即是西方的比丘及阿槃提·南路的比丘们。恐怕上座部的中心是在较中印度还偏西的
上(162) 地方。传法于锡兰的摩哂陀（Mahinda）是阿育王的儿子，母亲是郁禅尼（Ujjenī，位于南路上）的卑提写（Vedisa）的居民；摩哂陀似乎是在此地整顿行装，而由印度西海岸乘船渡海到锡兰。由于巴利语接近吉尔那的碑文之语言，故可成为上座部在西方拥有过势力的一个证据。

从说一切有部的传承来看也可以得到同样的结论。在《大毗婆沙论》卷九十九里说，在阿育王的时代，议论大天五事的问题时，上座部在人

数上输给大天的朋党，因此他们放弃了鸡园（阿育王所建的华氏城的僧园），而移居到罽宾（Kaśmīra）。根据《阿育王经》等，优波毱多是弘传于摩偷罗的人，而末田地则是弘传于罽宾的人；这些传承也与后来罽宾成为说一切有部教团的坚固地盘之事一致。说一切有部在物资丰富的罽宾拥有教团，是其得以发展精致的阿毗达磨教学的一个理由。

相对于上座部系在西方、北方发展，大众部似乎是由中印度向南方发展。大众部系的碑文自南印度大量出土，但是大体上，大众部比起上座部势力似乎要小得多。上座部系的部派里，上座部、说一切有部、正量部等知名的部派很多，而在大众部系里，大众部以外的知名部派很少。上座部系的论书现在也有很多在流传，但是大众部系的文献却非常少；除了大众部系的说出世部所传的佛传《大事》（*Mahāvastu*）以外，不过两三个，屈指可数。

部派教团的枝末分裂大致以公元前 2 世纪为主，但是分裂的理由等并 （163）上
不清楚，也不知道“十八部”各兴盛于何处。总之一般认为，在公元前 1 世纪左右大乘佛教已经兴起，但是部派教团并不就此被消灭。与大乘教团并立，部派教团也日趋盛大，在质与量上，部派教团都压倒大乘佛教。一般以为大乘佛教是由大众部发展出来的，但是大众部并未解体、消失于大乘之中，即使在大乘教团出现以后，大众部仍然长期以教团存在。在义净（公元 635—713 年）的时代，大众部也还是作为强而有力的四教团之一而兴盛着。

记载印度的部派佛教的动向的资料很少。从中国到印度旅行的求法僧的记录是很重要的。首先法显在公元 399 年（隆安三年）由中国出发到印度，根据他的传述，此时在印度有学小乘之寺、学大乘之寺、大小兼学之寺 3 种。例如他记载道，在北印度的罗夷国有三千僧兼学大小二乘，在跋那国约有三千僧皆学小乘。因为《法显传》是仅一卷的小著作，所以其记载并不详细，但是其中指出了行小乘佛教之国有九，行大乘佛教之国有三，大小兼学之国有三，此外举出了不言大小乘而行佛教之国有二十余个。这是 5 世纪初印度佛教的状态，但是因为完全没举出部派名称，所以详情不明。

接着，在公元 629 年由中国出发到印度旅行的玄奘（公元 602—664
上(164) 年），在《大唐西域记》里详细地报告了 7 世纪印度佛教的状态。《大唐西域记》里记载佛教学派名称之处达 99 个之多，其中学小乘的有 60 个，学大乘的有 24 个，大小兼学的有 15 个，从比例上来说，小乘佛教远远为多。小乘佛教 60 个中，说一切有部有 14 个，正量部有 19 个，上座部有 2 个，大众部有 3 个，说出世部有 1 个，大乘上座部 5 个，只记载是小乘佛教的有 16 个。

就以上来看，可以清楚知道在 7 世纪前半小乘教团的压倒性强势，而且在这当中，正量部与说一切有部是最强盛的。大众部系则只记载有大众部 3 处、说出世部 1 处而已。玄奘举出大乘上座部 5 处，但似乎是指锡兰的佛教；虽然是上座部，但也已经接受大乘的思想了。当时的锡兰佛教是信奉摩哂陀以来的传统上座部佛教的大寺派（Mahāvihāra-vāsin），与接受大乘系的方广派（Vetulyaka）的教义而标榜自由研究的无畏山寺派（Abhayagiri-vihāra-vāsin）两派相对立的时代。于公元 410 年左右旅行于锡兰的法显，记载了无畏山寺住僧五千，支提山寺住僧两千，大寺住僧三千，说明了无畏山寺的优势；法显在此得到了化地部的律藏及长阿含、杂阿含、杂藏等。在玄奘的时代，因为锡兰有战乱而无法前往，但是他叙述道："大寺斥大乘而习小乘，无畏山寺兼学二乘，弘演三藏。"所以无畏山寺一边基本上依据上座部的教学，一边也接受大乘，这种佛
上(165) 教称为"大乘上座部"。

在玄奘的时代，印度的佛教已经走向衰退期。他描述犍陀罗的佛教，而说许多佛塔"荒芜圮坏"了，又说"伽蓝千有余，亦皆摧残荒废，芜蔓萧条"，也说天祠不少，"异道甚多"；这显示出印度教的势力逐渐强大的情形。还有在部派佛教的初期，虽然说一切有部的势力强盛，但是正量部的势力渐渐取而代之。例如根据鹿野苑的碑文，鹿野苑的精舍在贵霜时代为说一切有部所有，但在 4 世纪左右改属正量部。正量部日渐强盛，或许是因为正量部承认 ātman（pudgala，补特伽罗，人我），与印度的传统学说有共通点。

其次，在公元 671 年到印度的义净（公元 635—713 年），主要停留

在那烂陀寺（Nālandā）进行研究，据他的《南海寄归内法传》卷一，大乘与小乘的区别并不明显；两者同守二百五十戒，皆修四谛，其中礼拜菩萨、读大乘经者名为大乘，不行此事者则是小乘。义净认为虽言大乘，不过只是中观与瑜伽两派而已，强调了“大小杂行”，并以小乘佛教为立场，描述了印度的佛教地图。当时主要是大众、上座、根本说一切有部、正量这根本四部，在摩竭陀，虽通习四部，但是以说一切有部为盛。西印度的罗荼、信度地区，以正量部为最多，其余三部也有少许。在南印度，上座部是压倒性的多数，但余部也有一些。东印度则四部杂行。锡兰（狮子洲）全是上座部，排斥大众部。南海诸洲的十余国皆行根本说 （166）上
一切有部，正量部有少许。唯有末罗游（马来半岛？）稍微有大乘。

由以上所见，也可知说一切有部、正量、上座三部较强。还有，义净是说“根本说一切有部”（Mūlasarvāstivādin），而不是说“说一切有部”；但是比他早50年的玄奘则只说“说一切有部”，而不说“根本有部”。根本说一切有部之名称主要见于清辨、多罗那他、《翻译名义大集》等西藏传承，并不清楚为何会出现说一切有部与根本说一切有部的差异，难道是中印度的说一切有部教团要对抗罽宾的说一切有部教团而自称根本说一切有部？说一切有部的付法相承，是以大迦叶、阿难、商那和修、优波毱多为顺序，而商那和修和优波毱多都住在摩偷罗；受阿育王迎请的就是这位优波毱多，中印度的说一切有部恐怕就是继承这个系统的。相对地，商那和修的同门末田地弘化于罽宾，因此末田地便从说一切有部的付法相承中被排挤出来。在《阿育王传》中，记载了以大迦叶、阿难、商那和修、优波毱多、提地迦的顺序进行付嘱；《根本说一切有部毗奈耶杂事》卷四十中也同样记载着，亦即《阿育王传》等呈现根本说一切有部的相承。相对地，在《阿育王经》卷七里，记载了以大迦叶、阿难、末田地、舍那婆私、优波毱多的顺序进行正法的付嘱。将末田地插入相承的系统中，可以看作是罽宾的说一切有部的主张。相对地，中印度的说一切有部无法满足于这个相承说，而在罽宾的说一切有部势力衰微的时代，变成自称根本说一切有部。无论如何，根本说一 （167）上
切有部可看作是位于中印度的。

锡兰上座部

锡兰自古称作铜叶洲（Tambapaṇṇī），也叫作楞伽岛（Laṅkādīpa）、师子洲（Siṃhara），在印度半岛的南端（现在锡兰的国名是斯里兰卡，来自 Śri-Laṅkā〔荣光之楞伽岛〕）。虽然是人口九百多万（按：公元2000年约两千万人），约为日本的九州与四国合起来大小的小岛（按：65610平方公里），但传于此的佛教，现在成为流传于锡兰、缅甸、泰国、柬埔寨等的“南传佛教”，因此拥有重要的意义。

锡兰的佛教是由摩哂陀（Mahinda）与4位比丘及随行者们来到此岛而开始的。当时的锡兰王是提婆难毗耶帝须（Devānampiya-Tissa），他为摩哂陀一行人在王都阿孥罗陀普罗（Anurādhapura）建立寺院；后来以“大寺”（Mahāvihāra）发展，成为所谓“大寺派”（Mahāvihāravāsin）的根据地。此外，摩哂陀在摩哂陀勒（Mihintale）建了支提山寺（Cetiyapabbatavihāra），而摩哂陀的妹妹僧伽蜜多比丘尼（Saṃghamittā）等带着菩提树来到岛上，建立比丘尼教团的基础。此后出家的锡兰人也增多，而在国王皈依之下，陆续建立了寺院和佛塔，
上（168）使锡兰的佛教得以顺利发展。

此后应注意的，是在公元前1世纪所建的无畏山寺（Abhayagiri-vihāra）的出现，因为这件事而使锡兰佛教分为两派，之后变成长期抗争。当时的锡兰王跋陀伽摩尼·阿婆耶（Vaṭṭagāmaṇi-Abhaya）在公元前44年左右即位，但由于塔米尔（Tamil）人的缘故一度被追回王位，不过15年后跋陀伽摩尼恢复王位，统治12年（公元前29—前17年）。国王在公元前29年建立了无畏山寺，献给摩诃帝须长老（Mahātissa），然而摩诃帝须长老却被大寺所排斥，因此他和许多弟子一起脱离大寺，住进无畏山寺，自此锡兰佛教分裂为两派。另在跋陀伽摩尼王的时代，书写了过去用口传的经典，有五百位比丘参加书写记录。因为或许是将每个人所记忆的经典互相对照确认而写为文字，所以可以认为是同时进行了经典的编纂。那时书写的是经、律、论三藏及其注释，可说因为此举，巴利圣典的内容更加确定下来。这件事是由大寺派的比丘在没有国王的支援

下所进行的。

在跋陀伽摩尼王的时代，印度犊子部（Vajjiputtaka）的法喜长老（Dhammaruci）与弟子一起来到锡兰，被迎请至无畏山寺，因此无畏山寺派也称作法喜部。此后无畏山寺的比丘们与印度的佛教保有密切的关系，接受新的学说，使教理发展。相对地，大寺派直到现代都坚持上座部佛教的分别说部（Vibhajjavāda）立场。（169）上

其次，在仆诃离迦帝须王（Vohārika-Tissa，公元 269—291 年）的时代，从印度来的大乘系方广派（Vettullavāda）之徒进入了无畏山寺，但没多久就被国王放逐了。可是因为其后无畏山寺也接纳方广派之徒，所以出现了离开无畏山寺而在南山（Dakkhiṇāgiri）建立别派的人，即名为祇陀林寺（Jetavanavihāra）的海喜派（Sāgariya）；这时是乔达婆耶王（Goṭhābhaya，公元 309—322 年在位）的时代，因此锡兰佛教分为三派了。乔达婆耶王逮捕了住在无畏山寺的 60 位方广比丘，把他们开除，放逐到对岸的印度。两代后的大军王（Mahāsena，公元 334—361 年在位）镇压大寺，所以此后大寺派衰微甚久，无畏山寺的黄金时代则长期持续。而在师利·弥加婆那王（Siri-Meghavaṇṇa，公元 362—409 年在位）的时代，由迦陵伽（Kaliṅga）传来佛牙，安置于无畏山寺。

进入 5 世纪，在大名王（Mahānāma，公元 409—431 年在位）的时代，大注释家觉音（Buddhaghosa）来到岛上，住于大寺，作巴利三藏的注释，并撰述大量的著作。根据《小王统史》（*Cūḷavaṃsa* XXXVII, 215-246），觉音是中印度菩提道场附近的婆罗门出身，但是根据缅甸的传承，则说他来自缅甸的大通（Thaton），而在佛灭 943 年大名王的统治下渡海到锡兰。但是根据最近的研究，推测觉音可能来自南印度。总之觉音是从别国来到锡兰，而住于大寺，依据大寺的传承写成名著《清净（170）上
道论》（*Visuddhimagga*），接着更活用这里传承下来的古注释，于经、律、论三藏一一撰成详细的注释，并将以 Sinhalese（锡兰语）书写的注释改为巴利语；觉音的解释即使到现在也仍然是上座部义学的标准。觉音在完成工作以后回到本国。

此后大寺与无畏山寺长期对立，但历代国王中支持无畏山寺的似乎

比较多。但是相对地，大寺能堪忍于苦难，维持清纯的上座部的义学与戒律。在 8 世纪的前半叶，锡兰盛行大乘佛教，特别是密教，金刚智、不空来过此岛。然而 11 世纪初摩哂陀王五世时，由于属于湿婆教徒的南印度求罗（Chola）人入侵，王都和精舍都化为废墟。但是毗阇耶跋护王一世（Vijayabāhu Ⅰ，公元 1059—1113 年在位）经过长达半个世纪的抗争，将占领锡兰的求罗人击退，恢复王位，然后由缅甸迎请长老，复兴了佛教。接着在 12 世纪，婆罗迦摩跋护王一世（Parakkamabāhu，公元 1153—1186 年在位）出世，令大寺、无畏山寺、祇陀林寺等的僧侣中的颓废者还俗，净化了教团。然后认定大寺的佛教为正，执行大整顿，成功地复兴了纯正的上座部佛教。由于这次整顿，无畏山寺的佛教完全被否定，而失去了它的势力。如此，横亘千余年的大寺与无畏山寺之争
上(171) 告终，而统合成大寺的正统上座部的佛教，无畏山寺则任其荒废至今。

但是此后也有求罗人、葡萄牙人、荷兰人、英国人相继来攻，以至于今日。在 18 世纪时，吉祥称王师子（Kittisiri-Rājasiṃha）国王由泰国迎请 10 位大德，以谋求佛教的复兴，此后也由泰国及缅甸进行强化的工作。现在的锡兰佛教，根据其移入之来源地，而称为锡严（Siyam）派、加蓝尼（Kalyāṇi）派、阿摩罗普罗（Amarapura）派、罗曼那（Rāmañña）派等。

参考书目

木村泰賢，干潟竜祥「結集分派史考」(『国訳大蔵経』論部第十三巻付録，1921 年)。

寺本婉雅『ターラナータ印度仏教史』页 363 以下，1928 年。

赤沼智善『印度仏教固有名詞辞典』，1931 年。

寺本婉雅，平松友嗣共編『異部宗輪論』，1935 年。

寺本婉雅，平松友嗣共編『西蔵所伝調伏天造異部説集』，1935 年。

宮本正尊『大乗と小乗』，页 334、492、500 以下，1944 年。

金倉円照『印度中世精神史』中，第十章，页 216 以下，1962 年。

塚本啓祥『初期仏教教団史の研究』，页 413 以下，1966 年。

静谷正雄『インド仏教碑銘目録』，Parts 1–3，1962—1965 年。

Rockhill: *The Life of the Buddha and the Early History of His Order*. London, 1907.

A. Schiefner: *Tāranātha's Geschichte des Buddhismus in Indien.* St. Petersburg, 1869. （172）上

N. Dutt: *Early History of the spread of Buddhism and Buddhist Schools.* London, 1925.

A. Bareau: *Les sectes bouddhiques du petit véhicule.* Saigon, 1955.

É.Lamotte: *Histoire du Bouddhisme Indien.* Louvain, 1958, p.571ff.

锡兰佛教：

竜山章真『南方仏教の様態』，1942 年。

早島鏡正『初期仏教と社会生活』，页 107 以下，1964 年。

前田恵学『原始仏教聖典の成立史研究』，页 789 以下，1964 年。

G. P. Malalasekera: *The Pali Literature of Ceylon.* Colombo, 1928.

Walpola Rahula: *History of Buddhism in Ceylon.* Colombo, 1956.

H. Bechert: *Buddhismus, Stāt und Gesellschaft in den Ländern des Theravāda-Buddhismus.* Frankfurt, 1965. （173）上

第二节　阿毗达磨文献

论藏的成立

部派佛教的文献称为阿毗达磨（Abhidharma，Abhidhamma，音译为阿毗达磨或阿毗昙，也略作毗昙）；阿毗达磨是“法的研究”的意思，译作“对法”。“法”虽然直接指佛陀所说的教理，但同时也意味着由佛的教导所表现的真理或实性，即研究教法，发现实性、真理，称为“阿毗达磨”。因此从佛陀在世时代起，弟子之间就已经进行阿毗达磨的研究，不过在归纳佛陀教说的经藏还没固定下来之时，弟子们的阿毗达磨的解释归入经藏之中而承传下来，因此在经藏确定以后，阿毗达磨文献就变成与经藏分开整理了，整理成的称作“阿毗达磨藏”（Abhidharma-piṭaka，Abhidhamma-piṭaka），也略称作“论藏”。所以论藏的原文是 Abhidharmapiṭaka；与经藏、律藏并列，加上论藏而成为“三藏”

（Tripiṭaka, Ti-piṭaka），佛教的圣典就限定于此“三藏”[①]。即使是巴利上座部，所谓“圣典”（Pāli, Pāḷi）也是指这三藏，注释书并不称为“Pāli”。
上(174) 说一切有部也主张阿毗达磨是佛说，以广义的三藏为“佛说”[②]，但是经律二藏的原形虽成立于原始佛教教团时代，不过论藏确定是从部派教团才开始的，因为这个缘故，论藏的内容随各部派而异。论藏的纂述可看作是从公元前 250 年左右（根本分裂以后）开始，到公元元年前后完成。

由经藏到论藏

从阿毗达磨文献的量增大开始，“论藏”才独立出来，所以在此之前有过渡期，因此“杂藏”便受到瞩目。《阿含经》是“四阿含、杂藏”，在长、中、相应、增一的四阿含之外，还有杂藏（Kṣudraka-piṭaka）[③]，收编了四阿含所遗漏的经典，因此其中虽然也有非常早成立的经典，但是同时也很容易将新的文献也收纳其中。化地部、法藏部、大众部等拥有杂藏，但现存的只有锡兰上座部的杂藏，不过在上座部里并不称为杂藏，而称为 Khuddaka-nikāya，译作“小部”。Khuddaka（Kṣudraka）虽有“小”的意思，但也有“杂”的意思，后者较适切。但是汉译有《杂阿含经》（*Kṣudrakāgama*, cf. *Abhidharmakośabhāṣya*, p.466），相当于巴利的“相应部”（Saṃyutta-nikāya），所以为了避免与此混淆，不译“杂部”而译成“小部”。虽然说是“小部”，Khuddaka-nikāya 分量不但不少，
上(175) 而且是在五部尼柯耶之中分量最多的。

巴利的“小部”由 15 种经典群组成，其中也包含了《法句》《经集》《长老偈》《长老尼偈》等非常古老的经典，但是同时也包含过渡到阿毗达磨的典籍《义释》（*Niddesa*）、《无碍解道》（*Paṭisambhidāmagga*）等。《义释》与《无碍解道》在论述的形式及内容上都是非常阿毗达磨式的，

---

① *Visuddhimagga* III 96, XIV 71(*HOS*. 41, pp.87, 381) 并举了 Pāli 与 Aṭṭhakathā（注释），而以“巴利”表示三藏。“巴利”有圣典的意思及巴利语（Pālibhāsā）的意思两种。

② 《阿毗达磨大毗婆沙论》卷一（T27.*la-c*）的《序》里，极力主张阿毗达磨是佛说。

③ 关于“杂藏”，参照：É.Lamotte:*Histoire du Bouddhisme Indien*.p.174-6. 前田恵学『原始仏教聖典の成立史研究』页 681 以下。

是《阿含经》与阿毗达磨的中间文献[①]。两书都被认定是在公元前250年左右成立的，在年代上也是先驱的初期阿毗达磨。《义释》分为《大义释》（*Mahāniddesa*）与《小义释》（*Cullaniddesa*），前者是《经集》的第四《义品》的注释，后者同样是《经集》的第五《彼岸道品》及第一《蛇品》的第三《犀角经》的注释（《义释》并不按照《经集》五品全部的顺序注释，由这点可知《经集》五品的编集是在《义释》的成立以后）。在《义释》里，教理的定义方法及所使用的术语等，有很多与阿毗达磨共通。《无碍解道》是将阿毗达磨所处理的诸问题以修行实践的立场来论述，首先在开头举出55种处理的问题，称之为“论母”（mātikā，摩夷）。称论题为论母是巴利阿毗达磨的特征，但是《无碍解道》提出的论母，并不像后世的巴利论藏所用的论母那样简洁，尚未精炼过。

以上二书仅存于巴利佛教，不为其他部派所知。在说一切有部里，也并未发现由经到论的过渡性文献。（176）上

上座部的论藏

上座部的“论藏”由7种论书（七论）所成，但是这些并不是同时成立的，而是由公元前250年左右起，到公元前50年左右为止次第成立的。这里面最古的是《人施设论》（*Puggalapaññatti*），接着是《法集论》（*Dhammasaṅgaṇi*）开头所举的122种“论的论母”（Abhidhamma-mātikā），与42种“经的论母”（Sutta-mātikā）等。前面所举的《人施设论》虽然有独自的论母，但是在其他的论里则以《法集论》所列的论母为中心，根据这些论母而进行法相分别。进而在《分别论》（*Vibhaṅga*）里，“经分别”（sutta-bhājaniya）成为核心，这部分也是很早就成立的。以上是初期的巴利论藏。在阿毗达磨成立之前，其核心的“论母”被最先探究。巴利七论中，《法集论》所提到的122种论的论母成了法相分别的中心，背诵论母的人称为“持论母师”（Mātikā-dhara）。

其次，中期的论书有前述的《法集论》与《分别论》的残余部分。在

① 水野弘元「巴利聖典成立史上に於ける無礙解道及び義釈の地位」（『仏教研究』第四卷第三、五、六号，1940—1941年）。

这些论书里，从种种方面来考察诸法，即“诸门分别”，后期的论书则有《界说论》(*Dhātukathā*)、《双对论》(*Yamaka*)、《发趣论》(*Paṭṭhāna*) 3 种，还有批判诸部派异说的《论事》(*Kathāvatthu*) 也被视为属于这个时期的。在《界说论》等 3 部论里，诸门分别变得更详细，分辨了诸法间动态的交涉关系。

巴利七论由成立的顺序来看则如上所述，但是在锡兰上座部里，则
上(177) 传为如下顺序，这个顺序传说是觉音所定的：

1.《法集论》(*Dhammasaṅgaṇi*)
2.《分别论》(*Vibhaṅga*)
3.《论事》(*Kathāvatthu*)
4.《人施设论》(*Puggalapaññatti*)
5.《界说论》(*Dhātukathā*)
6.《双对论》(*Yamaka*)
7.《发趣论》(*Paṭṭhāna*)

以上七论是巴利的“论藏”(Abhidhamma-piṭaka)，在此之外也有很多巴利论书，但是那些称作“藏外”，不加在论藏里。

在上座部里，经律论三藏确定（公元前 1 世纪）之后，又进行关于三藏的研究，创作了许多注释书（Aṭṭhakathā)，但是在这期间有从论藏到注释书的中间文献，即《弥兰陀王问经》(*Milindapañha*)、《导论》(*Netti-pakaraṇa*)、《藏释》(*Peṭakopadesa*) 三书（但是在缅甸这三书收在小部之中）[①]，此外还有名为“藏论”的书（*Peṭaka*)，但现已失传。这

① 《弥兰陀王问经》是由 V. Trenkner 所出版，而且也使用了暹逻（泰国的古称——编者注）版，有英译及日译本。参考水野弘元「ミリンダ問経類について」(『駒沢大学研究紀要』第十七号，1959 年)。中村元『インド思想とギリシャ思想との交流』，1959 年。《藏释》《导论》，皆由 P.T.S. 出版。《导论》的英译是 *Ñāṇamori: The Guide.* P.T.S. 1962，《藏释》的英译是 *Bhikkhu Ñāṇamoli: The Piṭaka-disclosure.* P.T.S. 1964。参考水野弘元「Peṭakopadesa について」(『印仏研』第七卷二号)。『荻原雲来文集』页 206 以下。佐藤良純「ネッティ・パカラナについて」(『大正大学報』第十四卷，页 34 以下)。

三书较七论晚成立，被视为公元后 1 世纪左右为止成立的。《弥兰陀王问经》，是希腊人统治北印度的弥兰陀王（Menandros，Milinda，公元前 150 年前后在位）与佛教僧人那先比丘（Nāgasena，龙军）就佛教教理而进行讨论，以此为起始而成立的作品。在巴利本之外，汉译里也以《那先 (178) 上
比丘经》而流传，这是巴利上座部以外的部派也知道的文献。《藏论》也似乎为其他部派所知，《大智度论》卷二里引用的“蜫勒”被认为与此有关。

说一切有部的论藏

说一切有部的论藏也是由 7 种论书组成，称为“六足・发智”。公元前 2 世纪（或公元前 1 世纪，佛灭三百年）左右，说一切有部出现了迦多衍尼子（Kātyāyanīputra），著述《阿毗达磨发智论》（异译为《阿毗昙八犍度论》），确立了说一切有部的教学，因此在说一切有部里这部论最受重视，以此论为“身论”，而立 6 种“足论”。但是《发智论》的成立并不是最早的，六足论也不是同时成立的，称为“足论”是后世的事。最古的是六足论中的《集异门足论》，而《法蕴足论》继其后；这两部论可视为与巴利论藏初期到中期的论书同时代。其次，《识身足论》、《界身足论》、《施设论》、《品类足论》（异译作《众事分阿毗昙论》）[1] 四部论说到较发达的教理，可视为与巴利后期的论藏同时代的作品（但是《品类足论》的第一章《五事品》自古以来就独立流传着，第四章《七事品》也是独立的，所以《品类足论》是将独立的论书集合起来而作成的）。还有在《品类足论》与《发智论》里，论述了比巴利论藏还发达的教理，如五位说、心所法的体系化、三世实有说、有为的四相（三相）、六因四缘说等，其主张具有说一切有部的特色。 (179) 上

以上的“六足・发智”中，除了《施设论》，其他的均有汉译。汉译的《施设论》七卷只是部分的翻译（只有因施设），包含世间、因、业三施设的藏译（北京版西藏大藏经，Nos. 5587–9）可视为全译本，但是藏译里并未译出其余的五足论与《发智论》。“六足・发智”是指以下 7 种论书：

---

[1] 日版原文中，《品类足论》之后尚有“《发智论》”一部。——编者注

1.《发智论》(*Jñānaprasthāna*)	Kātyāyanīputra(迦多衍尼子造)
2.《品类足论》(*Prakaraṇapāda*)	Vasumitra(世友造)
3.《识身足论》(*Vijñānakāya*)	Devaśarman(提婆设摩造)
4.《法蕴足论》(*Dharmaskandha*)	Śāriputra(舍利子造)
5.《施设论》(*Prajñaptiśāstra*)	Maudgalyāyana(大目犍连造)
6.《界身足论》(*Dhātukāya*)	Pūrṇa(富楼那造)
7.《集异门足论》(*Saṃgītiparyāya*)	Mahākauṣṭhila(大俱絺罗造)

以上“六足·发智”的作者名字是根据称友(Yaśomitra)的《俱舍释》(*Sphuṭārthā Abhidharmakośavyākhyā*, p.11),但汉译稍有差异。还有以《发智论》为身论,其他六论为足论,也出现在上述称友的《俱舍释》中(ibid. p.9)。

另在说一切有部里,除了以上的“六足·发智”之外也有许多论书。
上(180) 而说一切有部的“论藏”似乎并没有限定于以上的“六足·发智”之说,但是一如上述的《俱舍释》也把这些归纳起来记载一般,其在传统上就受到重视,因此似乎可以将这“六足·发智”看作有部的“论藏”(Abhidharma-piṭaka)。

如上所述,“六足·发智”存在于汉译中,藏译中仅存《施设论》,而梵本方面有发现残卷。由中亚细亚发现《集异门足论》(*Saṃgītiparyāya*)、《品类足论》(*Prakaraṇapāda*)等残卷,已由Waldschmidt等出版[1]。《法蕴足论》的残卷也已经发表了(《印佛研》一三之一)。

其他部派的论藏

巴利和说一切有部的论藏虽然是完整的,但在此之外,仅《舍利弗

[1] 由德国探险队发现的吐鲁番梵文写本的出版,总结在以下书中。E. Waldschmidt: *Sanskrithandschriften aus den Turfanfunden*. Wiesbaden, 1965. 最近已经公布了《集异门足论》与《五事论》的梵文残卷。V. S. Rosen: *Das Saṅgītisūtra und sein Kommentar Saṅgītiparyāya*. Berlin, 1968. J. Imanishi: *Das Pañcavastukam und die Pañcavastukavibhāṣā*. Göttingen, 1969.

阿毗昙论》受到重视。这是三十卷的大部头论书，被视为是法藏部的论藏[①]，虽然其中并无看到像说一切有部的论藏那样发达的教理，但是作为巴利上座部与说一切有部以外的论藏而为人所知，是很可贵的。此书大概是公元前 2 世纪或前 1 世纪成立的，在此之外其他部派的论书还有《三弥底部论》（*Sāṃmitīya-śāstra*？），内容说到“人我”，故应该是继承犊子部的正量部的论书。《三弥底部论》因为这点而受注目，但只有三卷，不是全译，成立的年代也难以确定。

其次，《成实论》十六卷，是诃梨跋摩（Harivarman）的著作，被视为公元 250—350 年左右的作品，因此加到论藏里并不适当，不过因为其被推定为经量部系的论书，故为了方便而列举于此。此书是由鸠 （181）上
摩罗什翻译，在中国广受研究，给予至南北朝为止的中国佛教很大的影响。

玄奘旅行印度时，带回许多大乘经论，此外还带回各部派的三藏：说一切有部三藏 67 部、上座部 14 部、大众部 15 部、正量部 15 部、化地部 22 部、饮光部 17 部、法藏部 42 部等。此事记载于《大唐西域记》卷十二。因此这些部派也都拥有论藏，但是玄奘并没有译出说一切有部以外的部派的论书，所以今天皆已失传。在义净的《南海寄归内法传》里也记载了上座部、大众部、说一切有部、正量部各持有三藏三十万颂之事。

注释书

为论藏所作的注释书，只残留锡兰上座部与说一切有部的而已。锡兰上座部里，自公元 1 至 2 世纪左右，似有许多论师辈出，盛行作论书。锡兰的大寺派和无畏山寺派各有论师出现，到公元 300 年左右为止著述了许多注释书；这些古注释书有《大义疏》（*Mahāṭṭhakathā*）、《案达疏》（*Andhakaṭṭhakathā*）、《摩诃波遮离》（*Mahāpaccarī*）、《库轮达

① André Bareau: *Les origines Çāriputrābhidharmaśāstra.* Muséon, t. LXIII, 1-2,Louvain, 1950. 水野弘元「舍利弗阿毗曇論について」（『金倉博士古稀記念·印度学仏教学論集』，1966 年）。

疏》(*Kurundaṭṭhakathā*)、《略义疏》(*Saṅkhepaṭṭhakathā*)、《北寺疏》(*Uttaravihāraṭṭhakathā*)等，是以锡兰语(sinhalese)写成的。然而在5世纪时出现了觉音(Buddhaghosa)、佛授(Buddhadatta)、护法(Dhammapāla)及其他大注释家，参考这些古注而著作了注释，此后这
上(182) 些古注便失传了。最后的《北寺疏》是无畏山寺派的著述，而现存的汉译《解脱道论》(*Vimuttimagga*)即属于无畏山寺派，其原本是由2世纪左右的优波底沙(Upatissa)所作(参考本节末参考书目中Bapat的著作)。

巴利上座部的注释家中最重要的是觉音(5世纪人)。觉音将上座部的义学以大寺派的立场进行整理，作了名著《清净道论》(*Visuddhimagga*)，更参考、取舍锡兰语的古注，以巴利语著作了三藏的注释(aṭṭhakathā)，分量庞大，所以这些注释虽然是觉音的著作，但在内容上则继承了上座部三百年来注释家的成果，其中有名的作品如下：

Samantapāsādikā	《律藏注》(汉译《善见律毗婆沙》)
Sumaṅgalavilāsinī	《长部注》
Papañcasūdanī	《中部注》
Sāratthappakāsinī	《相应部注》
Manorathapūraṇī	《增支部注》
Atthasālinī	《法集论注》

此外觉音还留下了《经集注》(*Paramatthajotikā*，包含《小诵经注》)、《法句经注》等，几乎注释了三藏全部，其中《殊胜义》和《清净道论》并列，在理解上座部的教理上是重要的文献，而《论事注》
上(183) (*Kathāvatthuppakaraṇaṭṭhakathā*)因为记载了《论事》里所论及的教理之所属部派，也很重要。这些注释书中保存了与大乘教理共通的思想，对研究这些思想来说是必要的。

此后也有锡兰的史书问世，虽然不是以注释的形式。《岛史》(*Dīpavaṃsa*)是由佛陀的诞生叙述起，到中印度的历史，佛教流传至锡兰岛，接着是锡兰的历史，而结束于锡兰大军王(Mahāsena，公元325—352

年在位）治世为止。觉音也知道此书，所以虽然该书作者不明，但其成立可以看作是在公元 5 世纪前半叶以前。因为《岛史》是在政治史上围绕着佛教史而进行说明，所以作为历史的研究资料，其价值也很高。因《岛史》的文体并不精确，故有人将它改写成《大史》（*Mahāvaṃsa*）——这是在锡兰界军王（Dhātusena，公元 460—478 年在位）时由摩诃那摩（Mahānāma）所作的。内容虽与《岛史》相同，但比《岛史》详细；之后补足《大史》的是《小王统史》（*Cūḷavaṃsa*），是部大部头的著作，叙述到 18 世纪为止的锡兰历史。而在缅甸著述的 Paññasāmin 的《教法史》（*Sāsanavaṃsa*）价值也很高，此书详述到第三结集为止的中印度佛教史，继而叙述关于派遣传道师至各地的情形，特别是以缅甸为 Aparantaraṭṭha 国（Aparanta），在其第六章有详说。虽然此书是公元 1861 年才成立的，成书很新，但善用了古资料。

锡兰的佛教在觉音以后陷于一蹶不振的状态，但自 11 世纪左右起大寺派的佛教再度趋于隆盛，论师辈出，特别是阿那律（Anuruddha）论 （184）上
师的《摄阿毗达磨义论》（*Abhidhammatthasaṅgaha*），以作为上座部佛教的纲要书而闻名。

说一切有部以西北印度的罽宾与犍陀罗地区为中心而兴盛，犍陀罗是进步的，而罽宾是保守的，在教理上有若干差异，因此犍陀罗盛行经量部，但罽宾却是说一切有部的坚固的中心地。在《发智论》、六足论等成立以后，在说一切有部内兴起了对这些论书的注释性研究，这些研究者被称为“注释家”（Vaibhāṣika，毗婆沙师）。经历两百年将这些注释家的阿毗达磨研究集大成而完成《大毗婆沙论》（大注释），这是以注释《发智论》的形式，使说一切有部的教义重新发展。而且站在这个新教理的立场，严厉批判譬喻者、分别论者、大众部等其他部派的学说，即使是说一切有部宗内的学说，违反正统说的全都遭到评斥。但是《大毗婆沙论》仅存汉译，为玄奘所译，是二百卷的大部论书（异译有《阿毗昙毗婆沙论》。这部论在北凉〔公元 397—439 年〕时由浮陀跋摩等译出，共百卷，但因战乱而烧毁，仅存前半部的六十卷）。根据卷末玄奘的《跋》，佛灭四百年，迦腻色伽王（Kaniṣka，约公元 132—152 年在

位）在罽宾召集五百罗汉结集三藏，那时的“论藏”即是这部《大毗婆沙论》（现代学者称为“第四结集”。在《大唐西域记》卷二里说，胁尊者〔Pārśva〕主持这次集会）。迦腻色伽王虽是公元 2 世纪的人，但是因
上（185） 为《婆沙论》里引用了迦腻色伽王的事迹，所以也有学者认为《婆沙论》的成立更晚。这部论因为是大部的论书，所以似乎是集数百年研究的大成之作，因此整理成论书或许在公元 3 世纪左右，但主要内容恐怕在龙树以前，即公元 2 世纪时已经成立了。这部论里引用、批判了说一切有部许多学者的主张，特别有名的是“婆沙的四评家”，即妙音（Ghoṣaka）、法救（Dharmatrāta）、世友（Vasumitra）、觉天（Buddhadeva）4 位（*Abhidharmakośabhāṣya* p.296; *Abhidharmadīpa* p.259）。他们虽阐述说一切有部的正统说，但在《婆沙论》中其主张也有被批判的情形。还有妙音著作了《阿毗昙甘露味论》的纲要书，但不清楚其是否与“婆沙四评家”的妙音为同一人。关于法救，有婆沙四评家的法救、《优陀那颂》（*Udāna-varga*）的编集者法救、《五事毗婆沙论》的作者法救、《杂阿毗昙心论》的作者法救等。《杂阿毗昙心论》的作者法救传为 4 世纪时的人，与四评家之一的法救不是同一人。世友也传为《品类足论》的作者、婆沙的四评家之一、《异部宗轮论》的作者、《尊婆须蜜菩萨所集论》的作者等，这几位是否为同一人还难有定论，但至少不止一位。其次，觉天是譬喻者系统的思想家，在摩偷罗出土的“狮子柱头铭文”里出现了觉天的名字（*Kharoṣṭhī Inscriptions*, p.48）；也有人认为婆沙的觉天和这个觉天是同一人。此外还有胁尊者（Pārśva），也是有影响力的毗婆沙师。

说一切有部的注释家的工作因为《婆沙论》编纂完成而告一段落，但
上（186） 是因为《婆沙论》既是大部头的著作，组织也不清楚，所以很难理解阿毗达磨的体系。因此由《婆沙论》编纂前后之际起，也开始有系统地组织说一切有部阿毗达磨的纲要书。尸陀盘尼的《鞞婆沙论》十四卷、法胜的《阿毗昙心论》四卷、优波扇多的《阿毗昙心论经》六卷、法救的《杂阿毗昙心论》十一卷、悟入的《入阿毗达磨论》二卷等，即是这类纲要书。之后世亲（Vasubandhu）的《阿毗达磨俱舍论》（*Abhidharmakośabhāṣya*，有玄奘译三十卷、真谛译二十二卷、藏译本。梵本的偈文由 V. V. Gokhale

在 1953 年出版：*Abhidharmakośakārikā*，偈文加上长行的疏是由 P. Pradhan 在 1967 年出版：*Abhidharmakośabhāṣyā*）便成立了（虽有人视世亲为公元 320—400 年左右的人，但最好能下伸到公元 450 年左右。只是 Frauwallner 认为无著的弟弟世亲〔古世亲〕生卒年为公元 320—380 年，而《俱舍论》的著者世亲为公元 400—480 年，将两位世亲看作不同的人。但是似乎并没有分别二者的必要，若看作同一个人，其生卒年代可视为公元 400—480 年左右。参考《三译对照俱舍论索引》Introduction, II, The Date of Vasubandhu—The Discussions on Two Vasubandhu, pp.II ～ X, Tokyo, 1973）。

世亲的《俱舍论》虽然善巧地整理了说一切有部之说，但却从经量部的立场批判地处理，因此众贤（Saṃghabhadra）从罽宾的说一切有部的立场著述了《阿毗达磨顺正理论》八十卷，破斥《俱舍论》，拯救阐释说一切有部之说；但其救释也受到《俱舍论》的影响，而提出新主张，所以称众贤之说为“新萨婆多”。众贤也著述了《阿毗达磨显宗论》四十卷。由于《俱舍论》是非凡的名著，在此书完成之后，《俱舍论》的研究（187）上
成了阿毗达磨研究的主流，并对《俱舍论》作了注释。德慧（Guṇamati，公元 480—540 年）、世友（Vasumitra）曾作注释，但今日已失传。安慧（Sthiramati，公元 510—570 年）有《俱舍论实义疏》（*Tattvārtha*，汉译是残卷，但藏译 No.5875 是全本）。此后出世的称友（Yaśomitra）有《俱舍释》（*Sphuṭārthā Abhidharmakośavyākhyā*，梵本及藏译本 No. 5593）。此外，藏译有寂天（Śamathadeva）的《俱舍论注》。还有最近出版的梵本《阿毗达磨灯论》（*Abhidharmadīpa*），汉、藏译皆缺，是承袭《俱舍论》的阿毗达磨论书。还有，称友的《俱舍释》在藏译里有满增（Pūrṇavardhana）及其他人的复注（ṭīkā）。

说一切有部的阿毗达磨有完备的汉译文献。“六足·发智”、《婆沙论》、《俱舍论》及其他许多论书皆已翻译，但藏译则以《俱舍论》为中心，《俱舍论》及其注释类的翻译很完备。梵本近年发现了《俱舍论》《俱舍释》《阿毗达磨灯论》等，充实了内容。德国探险队在中亚发现的写本之中，也有有关阿毗达磨的，其中一些已发表。

其他部派的论书

巴利上座部、说一切有部以外的论书数量很少。关于《舍利弗阿毗昙论》《三弥底部论》《成实论》已如前述。真谛译的《四谛论》四卷引用《阿毗达磨藏论》、《藏论》（*Peṭaka*？）、经部师等之说，是部派佛教的论书，
上（188）但所属部派不明。《辟支佛因缘论》二卷是有关《经集·犀角经》的注释，《分别功德论》五卷是汉译《增一阿含》的注释，这些也可以看作是属于部派的论书。《大毗婆沙论》、《论事》（*Kathāvatthu*）及觉音的《论事注》里，引用了丰富的部派教理，但是将部派的教理归纳记载的是世友的《异部宗轮论》（异译有《部执异论》《十八部论》，藏译 No. 5639）。在中国、日本，自古即将此书配合窥基的《异部宗轮论述记》（小山宪荣编《异部宗轮论述记发轫》三卷较好）进行部派教理的研究，吉藏的《三论玄义》也有助于部派教理的研究，还有世亲的《成业论》《五蕴论》《释轨论》等也足堪参考①。此外也应加以利用在大乘论书里零散的小乘说批判，但是即使综合这些，要全面地了解诸部派的教理也是困难的。

参考书目

木村泰賢『阿毘達磨論の研究』，1922 年。
佐藤密雄，佐藤良智『論事附覚音註』，1933 年。
赤沼智善『仏教経典史論』，1939 年。
宮本正尊『大乗と小乗』，1944 年。
渡辺楳雄『有部阿毘達磨論の研究』，1954 年。
舟橋一哉『業の研究』，1954 年。
山口益，舟橋一哉『倶舎論の原典解明』，1955 年。
山田竜城『大乗仏教成立論序説』，1959 年。
水野弘元『パーリ仏教を中心とした仏教の心識論』，1964 年。

① 山口益『世親の成業論』，1951 年。É. Lamotte: *Le traité de l'acte de Vasubandhu, Karmasiddhiprakaraṇa*（*Mélanges chinois et bouddhiques*, IV，1936）. Shanti Bhikṣu Shastri: *Pañcaskandhaprakaraṇa of Vasubandhu.* Kelaniya, 1969. 山口益「世親の釈軌論について」（『日本仏教学會年報』第二五号，1960 年）。山口益「大乗非仏说に対する世親の論破—釈軌論第四章に対する一解題—」（『東方学会創立第十五周年記念東方学論集』，1962 年）。以上两篇论文收在『山口益仏教学文集』下册，1973 年。

佐佐木現順『阿毘達磨思想研究』，1958 年。
佐佐木現順『仏教心理学の研究』，1960 年。
福原亮厳『有部阿毘達磨論書の発達』，1965 年。
桜部建『倶舎論の研究　界・根品』，1969 年。
福原亮厳『成実論の研究』，1969 年。
福原亮厳『四諦論の研究』，1971 年。
W. Geiger: *Pāli Literatur und Sprache*. Strassburg, 1916（Eng. trans. by B. Ghosh Calcutta, 1956）.
U. Wogihara: *Sphuṭārthā Abhidharmakośabhāṣyavyākhyā by Yaśomitra*, Tokyo, 1932-1936（荻原雲来，山口益訳述『和訳称友倶舎論疏』一～三，东京，1933—1939 年）.
P.V. Bapat: *Vimuttimagga and Visuddhimagga*. Poona, 1937.
P.V. Bapat: *Dhammasaṅgaṇi*. Poona, 1940.
P.V. Bapat: *Aṭṭhasālinī*. Poona, 1942.
R. Dharmaśāstrī: *Abhidhammatthasaṅgaha*. Varanasi, 1965.
E. Frauwallner: *On the Date of the Buddhist Master of the Law Vasubandhu*. Roma, 1951.
André Bareau: *Les sectes bouddhiques du petit véhicule*. Saigon, 1955.
P.V. Bapat: *2500 years of Buddhism*. Delhi, 1959.
P. Jaini: *Abhidharmadīpa with Vibhāshāprabhāvṛtti*. Patna, 1959.
P. Pradhan: *Abhidharmakośabhāṣya*. Patna, 1967.
E. Frauwallner: *Abhidharma-Studien. Wiener Zeitschrift für die Kunde Süd-und Ostasiens und Archiv für Indische Philosophie*, Band VII, 1963, pp.20-36. *Abhidharma-Studien* II, Bd. VIII, 1964, pp.59-99. *Abhidharma-Studien* III, Bd. XV, 1971, pp.69-121. （191）上

第三节　阿毗达磨的法的体系

阿毗达磨与论母

“法”（dharma，ダルマ）的用语，虽然在佛教以前即已在使用，但“阿

毗达磨”（Abhidharma，Abhidhamma，アビダルマ）的用语却是佛教独有的，而已经出现在《阿含经》里。在《阿含经》里，阿毗达磨是以“关于法”的意思来使用，之后变成了“对于法”“对法”（法的研究）的意思。“阿毗”（abhi），既有“朝向、面对”的意思，同时也有“胜于、超过”的意思，由此产生了将阿毗达磨解释为“殊胜法”之说。在说一切有部里，将阿毗达磨解说为“对法”之解释虽然很强势，但在巴利上座部里，则只将阿毗达磨解释为“殊胜法”。[①]

总之，对佛陀所说的“法”（这个情形是指“教法”）的研究，已经见于《阿含经》中，称此为“阿毗达磨论义”（Abhidhamma-kathā）。亦即进行种种搜集、分类佛陀所说，或是将其意思归纳为简单的术语，或是反过来分析它的意思，并广为解释的工作。将教法作分析性的解释，虽称作“分别”（vibhaṅga），但是佛陀的证悟本来就有这样的性质。
上（192）例如在“中道”里有归纳二边为一的“总合”，与自其中选取出“中”的“分析”。因此在《阿含经》里也存在着以法数或相应来归纳教法，或分别、广释的经典。

在《阿含经》固定成为“经藏”后，弟子们的阿毗达磨研究开始与经藏分开整理。弟子们的这些作品集合成为“阿毗达磨藏”（Abhidharma-piṭaka）。在阿毗达磨即“法的研究”中，重要的事情是分别，即“法的简择”（dharma-pravicaya），和选出应该研究的题目。这些研究题目称为“论母”[②]（mātṛkā，mātikā，本母，摩怛理迦），背诵这些论母而受持的人称作“持论母师”（Mātikādhara）。在说一切有部的论书里，不能明显看出论母，但在巴利论书里，则以论母为中心而成立论书。在七论之中最古的论书《人施设论》（*Puggalapaññatti*）里，开头以“论母的说示”（mātikā-uddesa）为题，列了蕴、处、界、谛、根、人 6 类“施设”（paññatti）的纲目，这纲目就相当于论母。特别是开头的“人施设”里，由一人到十人列出许多论母，而只有关于“人

① 参考桜部建『倶舎論の研究』页 23 以下。
② 关于论母，参考赤沼智善『仏教経典史論』页 113 以下。宫本正尊『大乗と小乗』页 728 以下，桜部建前引书页 23 以下。

施设”是由一人起进行顺次解说（分别）。在《舍利弗阿毗昙论》里，也自卷一起以入品（十二处）、界品（十八界）、阴品（五蕴）、四圣谛品、根品的顺序进行解说，记载了与巴利《人施设论》的六施设同样内容的论母。但是在《舍利弗阿毗昙论》里，并未称呼这些为“论母”，而且自卷五的“根品”（二十二根）到卷八的“人品”为止，其间插入许多其他论题；亦即在《舍利弗阿毗昙论》里，虽然也有相当于论母的主题，但是并未称之为论母。（193）上

在巴利论藏的《法集论》（*Dhammasaṅgaṇi*）里，首先列举了“论的论母”（Abhidhamma-mātikā）三法 22 种、二法百种，其次举出“经的论母”（Suttantika-mātikā）二法 42 种；接着进行关于这些论母的解说，而成《法集论》。并不了解这些论母在巴利上座部里是经由什么路径而归纳出来的，但是经的论母二法 42 种之中的 31 种，全同于长部第三十三《等诵经》（*Saṃgītisuttanta*）的二法 33 种法数之中的 31 种，顺序也约略相同，因此可以说《等诵经》的法数成了论母的起源。巴利的《等诵经》相当于汉译的《大集法门经》或长阿含的《众集经》，然后以此经为源头而有了说一切有部的《集异门足论》。

在巴利论藏里《分别论》（*Vibhaṅga*）及《发趣论》（*Paṭṭhāna*）中也说到论母。在巴利佛教里多用“论母”之语，但如上所述，《舍利弗阿毗昙论》虽举出论母，却未称之为论母。同样地，在说一切有部的“六足・发智”里似乎也并未使用“论母”之语。但是不消说，《集异门足论》或《法蕴足论》等是以论母为起源，在以对它作注释的型态下，论书才成立的，所以在《顺正理论》卷一（T 29.330b）里说明“摩怛理迦”，将以四念处、四正勤等三十七道品为始的法数例举出来，然后说：“《集异门足论》《法蕴足论》《施设论》等为始，与其同种类者皆谓摩怛理迦。”（即《集异门》《法蕴》《施设》，如是等类，一切总谓摩怛理迦。）将这些论看成了论母。更在《顺正理论》（T 29.595b）里说明十二分教的（194）上“论议”（upadeśa）时，认为论议乃是摩怛理迦，更将之视为与阿毗达磨同一。在《阿育王传》卷四（T 50.113c）里也举出了“摩得勒伽藏”以代替论藏，内容是以四念处、四正勤等三十七道品为始的法数，合于《顺

正理论》之说；在《阿育王经》卷六（T 50.152a）、《根本有部律杂事》卷四十（T 24.408b）等中也提出相同之说。因此在说一切有部、根本说一切有部里，也是知道论母的，三十七道品作为论母的代表而受到重视，但是在“六足·发智”的系统里采用了阿毗达磨之语，而未采用论母之语；《婆沙论》或《俱舍论》中并没有论及论母，想必是这个缘故。

论母并不只是法的论母，也有律的论母（Vinaya-mātṛkā）。巴利律中不用，而在说一切有部有《萨婆多部毗尼摩得勒伽》十卷（*Sarvāstivāda-Vinayamātṛkā*），总集了律的论母，这从书名上也可得知。在四分律系统的律注里更有《毗尼母经》（*Vinaya-mātṛkā-sūtra*）八卷，“毗尼母”也是律的论母之意。

论母就法与律两方面进行，但法的论母发展后消融于阿毗达磨藏中。而在巴利七论里还保存着论母之名，但在《舍利弗阿毗昙论》或说一切有部的“六足·发智”等里已除去论母之名，而以阿毗达磨一词取
上(195) 而代之了。总之，对论母进行语义的解释、注释、内容的广说，并基于法的理解树立、发展自己的学说，这种“法的研究”称为阿毗达磨。阿毗达磨的“阿毗”（abhi）有“在眼前”之意，对向于法、对观于法，即是阿毗达磨，因而译作“对法”。但是“阿毗”也有“胜”之意，因此阿毗达磨有“殊胜法”（胜法、无比法）的意思（*Aṭṭahasālinī* 1, 2 dharmātireka, dhammavisesaṭṭha，《大毗婆沙论》卷一《序》）。这里主张阿毗达磨是超越于法的。而在《摩诃僧祇律》卷三十里也说：“阿毗昙者，九部修多罗也。”将阿毗达磨理解为胜法之意，视佛陀的教法为阿毗达磨。

阿毗达磨的法的研究，其特征是所谓的“分别”（Vibhaṅga）。将问题由多方面作分析考察，并作总括地理解。在觉音的《殊胜义论》（*Aṭṭahasālinī*）一之三里，称此分别为“经分别”（suttanta-bhājaniya）、“论分别”（abhidhamma-bhājaniya）、“问答分别”（pañhā-pucchakanaya）。在说一切有部里，也由有见无见、有对无对、善不善无记、界系、有漏无漏、有寻有伺及其他种种角度来分析说明诸法，而称此为“诸门分别”。

达磨与阿毗达磨

达磨（dharma，ダルマ）[①] 是佛陀所说的教法，但是因为佛陀的教法是以现实的人之存在为问题，所以法（dharma）[②] 原本就是指现实的人之存在。但是现实的人之存在，虽是以不断变化的“现象”而存在着，但 （196）上
那同时也是使现象成立的“要素上的实在”。作为现象的现实，虽以肉体与精神、外界等出现，但仍可将这些再分析成更细的要素。例如肉体上具备了视觉、听觉、味觉，但是因为视觉与听觉作用不同，所以其存在性当然也不同，这知觉能力称为“根”（indriya），而肉体可分析理解成是由眼根、耳根、鼻根、舌根、身根五根所成立的；身根是触觉，指由筋肉所成的肉体全部。同样在精神方面，可分析为判断、记忆、感情等，再将这些更仔细地分析，可以区别出许多心理作用。即使关于烦恼，也可区别为贪、瞋、慢、疑、见等，此外也分出种种心理作用，而理解为心是由这些心理作用的协力才成立，这是因为爱与憎、贪与瞋、善与恶等是互相矛盾的作用，所以把这些看作是“心的一实体”的属性并不合理。因此承认信的作用与疑的作用、贪与瞋，及其他种种心理作用各有其独立的实体，要在这些协力之上理解心的活动、变化，而将构成这种“自我存在的现实＝现象”的要素上的存在者，称为“法”。在阿毗达磨的“达磨”里，有些情形中意指这样的实在（作为现象[③] 的实在），亦即这种情形的法的意义在部派佛教里才是重要的。 （197）上

胜义有与世俗有

关于法的实在性，《俱舍论》卷二十二（T 29.116b, *Abhidharmakośabhāṣya* p.334, *ll*.1–2）里，将存在分为“胜义的存在”（Paramārtha-

① 关于“法”，参照：和辻哲郎「仏教における法の概念と空の弁証法」(『和辻哲郎全集』第九卷，页 461 以下）、金倉円照「仏教における法の語の原意と変遷」「仏教における法の意味」（金倉円照『インド哲学仏教学研究 I 仏教学篇』，1973 年，页 83 以下）、拙论「原始仏教における法の意味」(『早稲田大学大学院文学研究科紀要』十四，1968 年）。

② 译者根据语境，将 dharma 分别译作“达磨”与“法”。下同。——编者注

③ “现象”一词疑误，据上下文意，在部派佛教中重要者当是“作为要素的实在”，而非“作为现象的实在”。——校者注

sat）与“世俗的存在”（Saṃvṛti-sat，假有、施设有），而以胜义的存在为法。[1] 例如瓶如果破了就没了，此存在称为世俗的存在；布等物也是一样。人的存在也因为是肉体上、精神上种种要素的复合体，所以是世俗的存在。相对地，瓶的颜色是青色时，瓶破了其“青”也不会消失。如果将瓶无限地敲碎，最后变成“极微”（paramāṇu），但是青也不会失去存在性。不依存于他，以其自体而存在的（自性〔svabhāva〕），是“胜义的存在”，而称此为“法”。同样地，所谓“贪”的心理作用，是不能再分析下去的要素存在者，而拥有使心产生贪的情绪的力量；像这样，无法再分析的要素是胜义的存在者，这就是法。称法为“持有自性者”（sa-svabhāva），又称为“作为实体而存有者”（dravyataḥ sat, *Abhidharmakośavyākhyā* p.524, *l.*29）。在《中论》里说“自性”（svabhāva）是“自己存在者”（svo bhāvaḥ）、“非所作者”（akṛtrima）、“非依存于他而存在者”（nirapekṣa）（*Prasannapadā* p.262, *ll.*11–12），又更定义为“持自相故为达磨”（svalakṣaṇadhāraṇād dharmaḥ，《俱舍论》卷一，T 29.1b, *Abhidharmakośabhāṣya* p.2, *l.* 9; atthano lakkhaṇaṃ dhārentīti dhammā. *Visuddhimagga* XV.3, *HOS*. Vol.41, p.408,
上(198) *l.*17）。所谓自相（svalakṣaṇa），例如青这种法的青色就是自相，相对地，自性（svabhāva）是指由极微所成的青的存在者。总之因为自性本身是法，所以不能说“持有自性者为法”，持有法（自性）即成为世俗有。并非持有自性，而是持有自相者为法，但是也有不区别自性与自相而使用的。

有为法与无为法

如上所述，法是作为要素的实在，但是现象却不断地变化，是无常的，因此即使法是实在的，也不能说“永远的实在”。在此，法被分为“有为法”（saṃskṛta-dharma）与“无为法”（asaṃskṛta-dharma）；常住的法是无为法（非作法），无常的法是有为法。有为法与无为法的区别已可见于《阿含经》，但将其作体系性的整理，则是在部派佛教的时代。无为法的代表是“涅槃”（nirvāṇa,nibbāna），涅槃是超越时间的实在，佛陀在证悟中与

① 关于胜义有和世俗有，参考拙论「説一切有部の認識論」（『北大文学部紀要』二，1953 年）。

涅槃合一。在说一切有部里，涅槃称为“择灭”（pratisaṃkhyā-nirodha），是以“择力”（智慧之力）所得的“灭”的意思，是说依证悟的智慧力断烦恼，烦恼永远不生。说一切有部在此之外还举出“非择灭”（apratisaṃkhyā-nirodha）与“虚空”（ākāśa），成3种无为法；非择灭是指不依择力，因为缺乏生起之缘而变成永远不生的法，称为“缘欠不生”。

总之，法的最上者是“涅槃”。在《俱舍论》卷一里说到“胜义法”（paramārthadharma）唯是涅槃，“法相法”（dharmalakṣaṇaḥ）也包 （199）上
含于法之中（*Abhidharmakośabhāṣya* p.2, *l*.5）。持有自相的是法，涅槃也在其中，然而有为法也是持有自性的法，但有为法是无常的。关于此无常，上座部或说一切有部解释为，有为法虽持有自相，但仅一刹那（kṣaṇa）存在于现在。《俱舍论》卷十三（T 29.67c）里说到“有为法刹那灭故”（saṃskṛtaṃ kṣaṇikaṃ, *Abhidharmakośabhāṣya* p.193, *l*.1），《清净道论》则说：“以持有自相，亦以持有自己顺次的刹那（khaṇānurūpadhāraṇena）为法。”（*Visuddhimagga* XI. 104, *HOS*. 41, p.308, *l*.29）有为法虽是实在的，但却是刹那灭，所以法是无法掌握的。追究这一点，就会碰上“法空”的问题，但是在部派佛教里，仅止于强调“法有”，并未达到“法空”的思想，这成为大乘佛教的课题。

“一切是无常的”（sabbe saṃkhārā aniccā, *Dhammapada* 277）。将这句经文按照字面来解释的话，则主张有为法都是刹那灭的；说一切有部就是持这个立场。虽然心理作用显然是刹那灭，但是也有解释说，外界的山或大地、构成身体等的法并非刹那灭。犊子部或正量部虽然承认刹那灭的法，但是主张外界的法也有“暂住”的。根据《异部宗轮论》，则说说一切有部以外，化地部、饮光部等也主张刹那灭。 （200）上

胜义阿毗达磨与世俗阿毗达磨

如上所述，法以涅槃为最高而衍生出种种的法，研究这些法即是“阿毗达磨”，因此阿毗达磨即是理解法的智慧（prajñā）。特别是了知涅槃的智慧，即是与涅槃合一的智慧，此即证悟的智慧。所以《俱舍论》卷一（T 29.1b）里说：“净慧与随行名为阿毗达磨（净慧随行名对

法）。”即证悟的清净智慧和智慧同时作用的身心诸法合起来，称作阿毗达磨，然后称之为“胜义之阿毗达磨”（Pāramārthiko ’bhidharmaḥ, *Abhidharmakośabhāṣya* p.2, *l*.5）。但此外，令人得到证悟的智慧，亦即令人得到胜义阿毗达磨的“阿毗达磨论书”，以及研究它的智慧（有漏慧），也都可以称为阿毗达磨，并将此称为“世俗的阿毗达磨”（Sāṃketiko ’bhidharmaḥ）。如上述，因为阿毗达磨是证悟涅槃的智慧，所以有人主张阿毗达磨是“佛说”，因此阿毗达磨论书以次要的意义而被承认是阿毗达磨。将阿毗达磨理解为胜法、无比法之意，是以胜义阿毗达磨的立场来说明的。

无为法与佛身

构成世界要素的法，是如何分类的？如前已述，首先分成有为法与无为法。在说一切有部里，自《法蕴足论》卷十一（T 26.505a）以来，于无为法成立了择灭、非择灭、虚空三法（三无为），但在巴利上座部里只以涅槃为无为（*Dhammasaṅgaṇi* p.244），这继承了《阿含经》之说，
上（201） 犊子部也相同。根据《异部宗轮论》，大众部、一说部、说出世部、鸡胤部四部立“九无为”，亦即择灭、非择灭、虚空、空无边处、识无边处、无所有处、非想非非想处、缘起支性、圣道支性 9 种。[①] 化地部也立九无为，但其中含有不动、善法真如、不善法真如、无记法真如、道支真如、缘起真如等，与大众部系稍有不同。以缘起为无为，是因为认为缘起的“道理”是不变的。相对地，说一切有部因为在缘起的有为法之外不立缘起的法则，所以以缘起为有为；而以道支、圣道（八圣道）为无为，是于佛陀的人格上的实践，认定其具有永远的真理性的意思。相对地，说一切有部则以涅槃为无为，而觉悟涅槃的佛陀的智慧是有为（无常）。这关系到视佛身为常住或无常的问题。说一切有部或巴利上座部以为佛陀是在 80 岁时于拘尸那罗入了涅槃界，所以以佛身、佛的智慧为无常，亦即只承认“生身”的佛陀，而这是有为的。相对地，在《异部宗轮论》

① 关于诸部派的无为法，参照水野弘元「無為法について」（『印仏研』十之一，1962 年）。

里，大众部等主张“如来皆是出世的，如来的色身无有边际，诸佛尽智与无生智常随转乃至般涅槃”（诸佛世尊皆是出世，……如来色身实无边际，……诸佛世尊尽智、无生智恒常随转，乃至般涅槃）等，视佛陀为 80 岁生身以上的存在。虽然还没达到大乘佛教的报身佛思想，但已承认了人格上的佛陀的永远性，因此视“圣道”为无为。

以四圣谛的立场来看，上座部或说一切有部只视灭谛（= 涅槃）为无为，大众部或化地部等则在灭谛之外也视道谛（八圣道）为无为。还有以缘起为无为的立场，是以为苦谛、集谛等妄念世界也包含不变的真理，（202）上
可以说其包含了发展到“迷悟一如”的思想，这与认为心虽然为烦恼所染污，然而其本性是“自性清净心”的立场相通。根据《异部宗轮论》，大众部主张“心性本净”，而在传为法藏部论书的《舍利弗阿毗昙论》卷二十七中也说：心性清净，但为客尘烦恼所染。“心性本净”的思想认为心的本性是常住（无为）。这可说是视有为法的本性为无为的思想。缘起无为与此立场相同。在《舍利弗阿毗昙论》卷一（T 28.526c）里，于非圣说到七无为，于“法入”说到九无为，亦即智缘尽（择灭）、非智缘尽、决定、法住、缘、空处智、识处智、不用处智、非想非非想处智（其中除去智缘尽、决定，即是非圣的七无为）。“缘”也在这九无为之中，可解释作这是主张缘起之无为。

根据《婆沙论》，传为分别论者也主张缘起无为。此外，在《婆沙论》或《论事》里，介绍了诸部派的无为说；关于无为，部派佛教的解释并不是都一样的。

有漏法与无漏法

有漏法（sāsrava-dharma）是指被漏（āsrava），亦即烦恼（kleśa，kilesa）所染污的法，无漏法（anāsrava-dharma）则是不被烦恼所染污的法。佛陀及阿罗汉的证悟智慧，因为断尽了烦恼，所以是无漏的。无（203）上
为法因为不与烦恼结合，所以也是无漏的。在《俱舍论》卷一里定义说：“除了道谛，其余的有为是有漏的。”亦即烦恼世界的因（集谛）与果（苦谛）是有漏的。

烦恼染污其他法，称为随增，共有两类。染污相合同时的法，称为“相应随增”（相应缚），例如贪与智慧同时作用，智慧即为贪所染污，这种关系是相应随增。其次，烦恼因认识的对象而发起，则称为所缘随增，例如见到美色而欲望增大的情形，即“对象的色”为欲望所染污，这就是“所缘随增”。因传说一位婆罗门女对佛陀的肉体（色身）起了爱欲，所以说一切有部主张佛陀的色身也成为烦恼的对象，亦即主张拥有所缘随增。说一切有部以随增法皆是有漏法，所以也包括佛身在内，以为色身皆是有漏的。对此，大众部则主张“一切如来无有漏法”，见到佛陀庄严的色身，爱欲之火将平息，而不会成为烦恼的对象。这一色法皆有漏，或是色法之中也有无漏的问题，是部派佛教的论题之一。

法的种类

上面说一切有部的解释，称为“前十五界唯有漏”。十五界是除去十八界中的意界、法界、意识界，由色、声、香、味、触五界，与由眼
上(204) 到身的五界，及由眼识到身识的五界合起来的前十五界；前十五界即使是在佛陀的情形也是有漏的。在《阿含经》里，关于存在进行了五蕴（skandha，5 个集团）、十二处（āyatana，12 种领域）、十八界（dhātu，18 种要素）3 种分析：

五蕴（pañca-skandhāḥ）：色蕴、受蕴、想蕴、行蕴、识蕴。

十二处（dvādaśa-āyatanāni）：眼处、耳处、鼻处、舌处、身处、意处、色处、声处、香处、味处、触处、法处。

十八界（aṣṭādaśa-dhātavaḥ）：眼界、耳界、鼻界、舌界、身界、意界、色界、声界、香界、味界、触界、法界、眼识界、耳识界、鼻识界、舌识界、身识界、意识界。

物质观

在佛教里，称物质为“色”（rūpa），这有广狭二义。五蕴说里的色蕴，

是广义的色，是物质的意思，包括了十二处说的眼处、耳处等至身处的五处，以及色处、声处等至触处的五处。眼等五处也称作五根（indriya，5 种认识器官），色等五处也称为五境（viṣaya，5 个认识领域）。狭义的色，是五境之一的色处，这是作为眼的对象的色（颜色与形状，颜色名为显色，形状名为形色）的世界，因此色蕴在十二处说里相当于十处，但是说一切有部还承认"无表色"（avijñapti-rūpa），也将之视为物质，所以加起来物质有 11 种。而在十八界说里，眼界等五界与色界等五界合为十界。因为无表色包含在法处、法界里，所以色蕴相当于是十处与法 (205)上
处的一分，十界与法界的一分。

以十二处来说，非物质是意处与法处的一分，以十八界来说则是意界、法界一分、眼识界等至意识界的六识界，合为七心界与法界一分（除去无表色后所余者），亦即眼、耳、鼻、舌、身、色、声、香、味、触、无表色十一法为物质。说一切有部举出法的种类而立"七十五法"，其中无为法 3 种，色法 11 种。

但物质的十一法，个别还有细分。眼等五根与无表色虽没有细分，但五境的色等可作更细密的分析，例如眼的对象的色，区别为青、黄、赤、白 4 种显色，与长、短、方、圆等 8 种形色，更别立烟、云等 21 种。其次细分声为 8 种，香为 4 种（或 3 种），味为 6 种。触处则含有地、水、火、风四大元素（mahābhūta，四大种），并同重、轻、冷等，共区分为 11 种。四大种之所以被纳入触处，是因为唯有由触觉（身根）才能认识四大种。例如以眼见的水或火，不过是青或赤的颜色而已。火的本性是热度，水的本性是湿性，但是这些并不能以眼来认识，只能靠身根（触觉）来认识；亦即地是坚性，水是湿性，火是暖性，风是动性，这些是以身根来辨识的。这四大元素以外的物质，称作所造色（bhautika），五根、五境、无表色之中，除了四大种，其他都是所造色。所造色由四大种支持 (206)上
而存在，因此四大种称为"能造之四大"。十界（十处）的色全部由极微（paramāṇu，原子）组成，但是并非由四大种的极微便生起所造色。能造、所造，各自由不同的极微来形成。而所造的色、香、味、触常同时生起，并各自附随着能造的四大。说明液体状的物质则水大占优势，固体的物

质则地大占优势，温度高的物质则火大占优势。因此物质之生起，以地水火风四大之极微，与色香味触所造的四种，这 8 类的极微“俱生”，为存在的最低条件，称为“八事俱生，随一不减”。而如果有声音的话，则成为九事（dravya）；有根的话，极微的种类也随着增加。

但是眼根等五根，是形成认识作用的微妙器官，所以与其他肉体不同，是由精妙的肉体所构成的，而称之为“净色”（rūpa-prasāda）。还有，只有无表色虽是色，却不是由极微组成的，因此包括在法处之中。无表，是没有显现出形状，亦即“看不见的物质”便是无表色，关于这点后文再述。

法的相摄

以上虽是阿毗达磨物质观的概述，然而十二处、十八界的大部分都包含在物质里，除去色的话，只剩下十二处的法处、意处，十八界的七心界与法界而已。再作更细的分析，以五蕴说来说，相当于受、想、行、识四蕴。五蕴的第二受蕴、第三想蕴，是心理作用的一种；受是感受，
上(207) 想是表象作用。说一切有部视心理作用为各个独立的实体（dharma，ダルマ），称作心所法（于心所有的法，也译作心数〔caitasika-dharma，cetasika-dhamma〕）。心所法的用法，也可见于巴利上座部的论藏。[①]而受、想以外的心所法，在五蕴说里则包含于第四的行蕴中。此外行蕴也包括“心不相应行法”（citta-viprayuktā saṃskārā dharmāḥ，关于“不相应行”于后再述）。受、想、行三蕴在十二处说中包含于法处，在十八界说中则包含于法界。

五蕴的第五识蕴是认识之主观，相当于心王、心所里的心王，在十二处说里相当于意处，在十八界说里相当于意界与眼识界、耳识界等至意识界的六识界（七心界）。三无为未包含于五蕴中，五蕴只是有为法。无为法在十二处说里包含于法处，在十八界说里则包含于法界。

如以上所述，相摄似乎很复杂，物质包含于色蕴、十处与法处的一分、十界与法界的一分，心王则相当于识蕴、十二处的意处、十八界的

① 关于心所，参照勝又俊教『仏教における心識説の研究』，1961 年，页 319 以下；水野弘元『パーリ仏教を中心とした仏教の心識論』第三章心所法总论，1964 年。

七心界。因此包含于法处、法界的法，在《阿含经》是尚未分化的，但在阿毗达磨则开始被详细考究。其中成为问题的是心所法、心不相应行法与无表色。

烦恼

在《阿含经》里已经论述到种种心所法中的烦恼，例如说到三毒（贪、瞋、痴）、四暴流（欲暴流、有暴流、见暴流、无明暴流）、五盖（欲贪盖、瞋恚盖、惛沉睡眠盖、掉举恶作盖、疑盖）、五下分结（有身见、疑、戒禁取、欲贪、瞋恚）、五上分结（色贪、无色贪、慢、掉举、无明）、七结（爱、瞋、见、疑、慢、有贪、无明）、无惭、无愧等（长部三三《等 （208）上
诵经》等）。在阿毗达磨里，主要的烦恼也尽于此。

在说一切有部《界身足论》卷上（T 26.614b）里，归纳了十大烦恼地法、十小烦恼地法、五烦恼、五见等，这些逐渐被整理在《俱舍论》卷四（T 29.19c）里，归纳为六大烦恼地法（无明、放逸、懈怠、不信、惛沉、掉举）、十小烦恼地法（忿、覆、悭、嫉、恼、害、恨、谄、诳、憍）、二大不善地法（无惭、无愧）的十八法。但是此外不定法里还说到了恶作、睡眠、寻、伺、贪、瞋、慢、疑八法，其中除去寻、伺以外的六法皆是烦恼，而且贪、瞋、慢、疑是非常重要的烦恼，所以《俱舍论》中烦恼的安立方式并不周全。

此外，《俱舍论》的《随眠品》（T 29.98b 以下）里，将烦恼称为随眠（anuśaya），立了六随眠（贪、瞋、慢、无明、见、疑），其中“见”开为五见（有身见、边执见、邪见、见取见、戒禁取见），合而为“十随眠”，将此开于三界五地而分为“九十八随眠”。而在说烦恼断尽的情形时，依照这九十八随眠论述。此外，《随眠品》里更说到“十缠”（无惭、无愧、嫉、悭、恶作、睡眠、掉举、惛沉、忿、覆），与前面的九十八随眠合起来称作“百八烦恼”。

如上所述，《俱舍论》的烦恼论虽然欠统一，但在所谓“五位七十五法”的法的分类里，归纳成六大烦恼、十小烦恼、二大不善，及八不定中的六法。 （209）上

相对地，在巴利佛教里，七论中的《法集论》(*Dhammasaṅgaṇi* p.76)中记载了各式各样的心所法，亦即将心分为善心、不善心、无记心，列举了30种使不善心成立的心所法。其中虽举出邪见、邪思惟、无惭、无愧、贪、痴、散乱等，但尚未归纳完善，也就是说，在巴利的七论里还没有单就烦恼作归纳说明。在巴利里较新成立的《摄阿毗达磨义论》(*Abhidhammatthasaṃgaha*)中，就“不善心所”举出了痴(无明)、无惭、无愧、掉举、贪、见、慢、瞋、嫉、悭、恶作、惛沉、睡眠、疑14种，是指这些心理作用在与其他心理作用或心王同时作用时，心就会变成烦恼心、不善心的意思。

心理的分析——心所法

在《阿含经》里记载了许多烦恼的种类，这是因为断除烦恼是佛教的主要目的之故。但是关于其他心理作用，《阿含经》只谈到主要的而已，亦即不过散说了受(vedanā)、想(samjñā)、思(cetanā)、作意(manaskāra)、触(sparśa)、念(smṛti)、寻(vitarka)、伺(vicāra)、欲(chanda)等为代表的若干心所法。到了阿毗达磨时代，接受《阿含》的心所法，更补其所缺，发展了详细的心所论。这是由于要断烦恼，有
上(210) 必要看清烦恼与其他心理作用是如何协动的。

在说一切有部里，自《界身足论》以来，将心所法作种种的归纳，最完整的是《俱舍论》卷四(T 29.19a)里分类成六类四十六心所，即大地法(mahābhūmika)十法、大善地法(kuśalamahābhūmika)十法、大烦恼地法(kleśamahābhūmika)六法、大不善地法(akuśalamahābhūmika)二法、小烦恼地法(parīttakleśabhūmika)十法、不定法(aniyata)八法(*Abhidharmakośabhāṣya* p.55, *l*.13)。

说一切有部理解心为“心地”(citta-bhūmi)；这个用语已经出现在《界身足论》卷上(T 26.614b)，“地”(bhūmi)是基础，是其他事物活动的地盘，同时拥有产生其他事物的能力。与此意义相同，心可说是种种心理作用活动的心地，但是善心并不能以不善为地而活动，所以认为心的性质不同的地有5种(心所虽是6种，但不定法里心地并不被考虑

在内）。例如“烦恼地”，即是烦恼由此而生的地盘，因为贪或瞋怒等烦恼并不是一直出现在心里，是得到机会才出现的，所以这些以潜在的应有状态而存在的场所是必要的，这就是烦恼地（kleśabhūmi）。关于善心等也是同样的情形，惭或愧、努力（精进）等心理作用生起的地盘是善地（kuśalabhūmi）。说一切有部由这样的想法来区别心所法，认为有大地法、大善地法、大烦恼地法、大不善地法、小烦恼地法 5 种心地，而并非由这 5 种心地中的任何一种所生的心所即为不定法。（211）上

第一的大地法，是善心、不善心、无记心，以及作用于欲、色、无色三界的所有心理作用的心所，即受（vedanā）、想（samjñā）、思（cetanā）、触（sparśa）、欲（chanda）、慧（prajñā）、念（smṛti）、作意（manaskāra）、胜解（adhimukti）、定（samādhi）十法是大地法。

第二的大善地法，是在善心里常出现的心所法；亦即这些心所法现起时，称其心为善心，即信（śraddhā）、不放逸（apramāda）、轻安（praśrabdhi）、舍（upekṣā）、惭（hrī）、愧（apatrāpya）、不贪（alobha）、不瞋（adveṣa）、不害（avihiṃsā）、精进（vīrya）十法是大善地法。

第三的大烦恼地法是形成烦恼心的心所。痴（moha，无明）、放逸（pramāda）、懈怠（kauśīdya）、不信（āśraddhya）、惛沉（styāna）、掉举（auddhatya）六法是大烦恼地法。

第四的大不善地法，是无惭（āhrīkya）、无愧（anapatrāpya）二法。

第五的小烦恼地法，是忿（krodha）、恨（upanāha）、嫉（īrṣyā）、诳（māyā）、恼（pradāsa）、覆（mrakṣa）、悭（mātsarya）、谄（śāṭhya）、憍（mada）、害（vihiṃsā）十法。

第六的不定心所，是寻（vitarka）、伺（vicāra）、恶作（kaukṛtya）、睡眠（middha）、贪（rāga）、瞋（pratigha）、慢（māna）、疑（vicikitsā）八法。但是《俱舍论》里，作“寻、伺、恶作、睡眠等”，并非全列出八法，然而因为在上述 5 种心所法里未见到贪等，所以普光在其《俱舍论记》卷四（T 41.78b）里加上贪、瞋、慢、疑，以为八法。根据称友《俱舍释》（p.132，*ll.* 21–22），世友也和普光一样，于不定心所列举了八法。所以（212）上
在印度佛教中安立了不定法为八法，但此外称友还将随烦恼四法也附加

到不定法中。

无论如何，若以不定法为八法，心所法总共为四十六法。

心心所法的俱生

一如上述，说一切有部将心所法看作独立的实体。贪（爱）与瞋（恨）的作用确实是完全相反的，无法否定两者具有相异的功能，因此说一切有部把 46 种心所视为独立，固然有其理由，但是心包含种种心理作用，却也是一个统一体，这也是无法否认的。将心所看成各自独立时，就无法说明这个心的一体性、统一性。为了挽救这个论点，说一切有部说“心心所俱生”，也就是心王（识、判断）与心所同时生起，互相协助而作用。例如在欲界，善心是心王与十大地法、十大善地法、寻、伺二十二法（与心王共二十三法）俱生。在不善心的情形中，心王与十大地法、六大烦恼地法、二大不善地法、寻、伺共二十法俱生；在有覆无记心时，心王与十大地法、六大烦恼地法、寻、伺十八法俱生；在无覆无记心时，因为缺六大烦恼地法，所以与十二法俱生。但是在以上的心所之外，依据有贪的情形、有瞋的情形、有恶作的情形等，俱生心所的数目就不同。还有色界、无色界因为是禅定心，所以在无寻无伺定（第二禅）以上，就没有寻伺了，还有在禅定心中也没有瞋。也有没有其他心所的情形，
上（213）俱生的心所数目也就随着变少了。

说一切有部以心心所的俱生，说明心的作用的统一性活动，此心心所的协力互动称为“相应”。俱生的心心所，其所依、所缘、行相、时、事五义平等一致（《俱舍论》卷四，T 29.22a）。在巴利上座部里也有关于心心所的相应说明，但是内容稍有差异（*Visuddhimagga* XVII, 94）。相应是“相应因”的意思，例如欲界的善心至少是二十二心所与心王俱生。这二十二心所之中不能缺任何一法，如果缺任何一法的话，其他二十一心所也都会欠缺，若非全部齐全则无法生起，即一心所成为其余二十一心所存在的条件。在这样意义下的心心所关系，称为“相应因”（saṃprayukta-hetu）。色法的情形也是能造的四大与所造的色俱生，但物质的俱生却不叫相应因，这情形叫“俱有因”（sahabhū-hetu）。地水

火风这能造的四大，常同时而生，不缺一法，没有只以三法而生的。由此看来，四大要素相互成为其他要素的生起之因，此相互因果关系称为俱有因、互为果。相应因只存在于心理现象，其性质可说是俱有因的特殊型态。

巴利佛教的心所

在巴利佛教里，依性质将心分类为“八十九心”，亦即将世间心分为欲界心五十四心、色界心十五心、无色界心十二心，合为八十一心；而出世间心八心，合计八十九心。也有将出世间心区分为初禅乃至第五禅而为四十心，再加上世间心八十一心，分类成一百二十一心之说，但还 (214)上
是以八十九心的分类为主。这分类的萌芽已经可见于《无碍解道》，继而成立于《法集论》，确定于注释时代。把心分类为善心、不善心、无记心等，自《阿含经》时代已可见到，将此再配合欲、色、无色三界及出世间，而分类为十心、十二心等，也可见于其他部派，但是分类到八十九心那样细的，是其他部派所无，而是巴利上座部的特色之说。

其次，心所（cetasika）之语，也是自古以来就在巴利佛教里使用的。例如在《法集论》（*Dhammasaṅgaṇi*, p.9 ff.）中，就八十九心的每一心揭示出与其相应的心心所，也就是说，若就欲界的第一善心而言，则举出了以触为首，与五十六法的心所相应的情形，但是其中有很多重复，将其整理后则成二十九法。其次，在《论事》里也举出了与心相应的心所，全部大约是十八法。因此在巴利的论藏时代，心所法的数目还没有确定下来。将之确定下来是在与觉音同时代的佛授（Buddhadatta）的《入阿毗达磨论》里，于其中枚举出五十二心所，但是此后内容上有若干的同异，在《摄阿毗达磨义论》里，则作如下五十二法：

一、同他心所十三法（共一切心所七法、杂心所六法）。

二、不善心所十四法（共一切不善心所四法、余十法）。 (215)上

三、善净心所二十五法（共善净心所十九法、离心所三法、无量心所二法、慧根一法）。

其中“共一切心所”是存在于一切心的心所，与说一切有部的“大地法”同性质。还有上座部说五十二心所，比说一切有部的四十六心所还多，这是把说一切有部不认为是心所的也加到心所中来的缘故，例如命根、身轻安、身轻快性、身柔软性、身适业性、身练达性、身端直性等。还有以正语、正业、正命为心所，也是说一切有部所没有的；此外也有与说一切有部的心所相异的。

其他部派的心所说

此外在《舍利弗阿毗昙论》里也散说了心所法。将这些集中整理，则成三十三法，这是与巴利及说一切有部都不同的系统。

在《成实论》里也散说了心所法，将这些集结起来，或说成三十六法，或说成四十九法。但是《成实论》虽然说到心所法，却并不承认其别体，经量部否定心所独立是很有名的。根据《顺正理论》卷十（T 29.384b），经量部只承认受、想、思 3 种心所，与此同系统的譬喻者（Dārṣṭāntika）也否认心所的独立。根据《论事》，大众部系的王山部、义成部也否定心所。在这些部派里，把心当作一个全体来看的观点较强势。亦即似乎可以理解为，在有受时，心的全体就变成受；在有想时，心的全体就变成
上（216）想。也就是将种种不同的心理现象解释为一个心的种种显现（心差别）。

主体的统一与持续

说一切有部因为是机械地解释无我说，所以将心所法当作是个别体①，但是难以说明心是有机地统一而进行活动的理由，因此说心心所的相应，来解释这个问题。还有因为说一切有部解释心心所是刹那灭的，所以对主体的持续性的说明并不充分。说一切有部考虑到心地，似乎有补充这些不完备的意思。在大乘佛教的唯识说里，设定作为心理现象产生场所的“阿赖耶识”这个无意识的领域，但是说一切有部并不承认这一说法。因此作为心理现象产生的场所，便考虑到 5 种“心地”。烦恼也称作随眠（anuśaya），

---

① 即各别体（此处日文原文为「心所法をそれぞれ別体であるとなした」）。——编者注

说一切有部解释随眠为“随增者”，经量部则解释作“眠者”，即以为贪或瞋纵使现在没有立刻显现到表面心来，也以睡眠的状态隐藏在表面心的背后，也可以说是以那样的场所而设定“心地”，但是单以此无法完全地说明刹那灭心心所的连续性。说一切有部说“命根”，似乎是要以此来表明人的生命中心的持续性，而且说一切有部说“心相续”，是说心相续而生，前后有关系，但是在表达心作用的持续性上，说一切有部的心所论并不充分。因此以刹那灭的立场，“记忆”如何能成立等问题将受到质问。（217）上

其他部派里虽不承认“心地”，但是说到了其替代者。例如在巴利上座部里，说到潜在心的“有分”（bhavaṅga，有分识〔bhavaṅga-viññāṇa〕，有分心〔bhavaṅga-citta〕）。七论之一的《发趣论》（*Pāṭṭhāna* Vol. I, p.163 etc.）说到有分，《弥兰陀王问经》里也有。有分心是指潜在心状态的心，在表面心未进行心作用时，心就成为有分的状态，也就是无意识的状态。可是有刺激从外界来，或心中起变动，心变成想要活动的状态时，心就由有分心转化为表面心，这称为“引转”。然后透过领受、推度、确定等 12 种过程，认识便成立。上座部还举出 52 种心所，这是与说一切有部不相上下的详细心理分析，而且将认识的过程分析为自有分到领受、推度等 12 种，这点是其他部派所未见之说。一般来说，佛教在心的观察、心理分析上，展开了其他学派所未见的精密学说，然而巴利上座部的学说即使在佛教里也是特别详细的。另外上座部说的有分识之事，大乘的唯识派也有所知。

其次经量部以心的“种子”（bīja）来说明心的持续。过去的心的体验以潜在态保存于心中，称为种子；而依这种子的相续（santati）、转变（pariṇāma）、差别（viśeṣa），而说明心理现象的持续与变化面。另外经量部为了说明主体的持续性，主张“胜义补特伽罗”，还承认由前世持续到后世的“一味蕴”的存在，因此经量部被冠上说转部的别名。一味蕴是“细意识”，是持续的，没有间断。细意识是指，认识作用是微细的意识，亦即接近无意识状态的意识；认为其处于表面心的背后而持续着，而以为这个细意识在死时也不会消灭，而是移到下一个生命。（218）上

关于补特伽罗（pudgala，人我），犊子部或正量部立“非即非离蕴

之我”的补特伽罗，也是很有名的。立“即蕴之我”，即与五蕴无我说矛盾，而“离蕴之我”是无法认识的，这便成为形而上学的实体，如此的我（ātman）并不为佛教所承认。但是犊子部在与这些不同的意义下，承认了作为有持续性的主体的非即非离蕴之我，而且以为这个我无法以语言来表现，而主张放到“不可说藏”。犊子部立三世、无为与不可说“五法藏”，是很有名的。这非即非离蕴之我，在《俱舍论·破我品》里受到严厉的破斥。还有根据《摄大乘论》卷上，大众部说“根本识”，化地部承认了“穷生死蕴”，也都是在表示持续性主体。根据《婆沙论》卷一五二，譬喻者与分别论者承认有“细心”，但也是指潜在性的持续心。以这些思想为根基，便发展成大乘的阿赖耶识思想。

另有关联的是，虽然在大众部的主张或《舍利弗阿毗昙论》里，说到“自性清净心”，但是视心的本性为“心性清净”，也是以心的持续性性格
上(219) 为前提，而视其为清净的。

心不相应行

心不相应行（citta-viprayuktāḥ saṃskārāḥ），也只称“不相应行”，是指与心不相应的行。心所法是与心王相应的法，是以“心心所的俱生”来表示。这心所法在五蕴里是摄在“行蕴”中，在处、界则包含在法处、法界，但是在行蕴之中，与心不相应的行也包含在内，说一切有部将此立为“心不相应行法”。这些既不是物质（色）的，也不是精神（心所）的存在者，虽然也包含生理上的，但并不仅止于此。

说一切有部举出14种心不相应行，亦即：得、非得、众同分、无想果、无想定、灭尽定、命根、生、住、异、灭、名身、句身、文身。其中命根（jīvitendriya）是将寿命视为实体。无想定是想已消灭的禅定，在此禅定里，到心的想的阶段为止，全部止息下来。灭尽定则是较此更深的禅定，到心的受的阶段为止都止灭。因为都是无意识，所以视为心不相应。以上三者是将生命的状态视为实体。无想果是入无想定的人于死后所生的世界，因为也是“无想”，所以是与心不相应的。众同分是使生物产生差别的原理，内存于每个生物里。即如牛有“牛同分”，马有“马

同分”，依其力而是牛、是马的意思。其次，得(prāpti)、非得(aprāpti)是有关烦恼的断尽。凡夫即使在现实中不起烦恼，也具有烦恼，亦即并 (220)上
未切断烦恼，连系它的即是“得”。在这点上，表现为在自己的相续（刹那灭而连续下去的自己）里得烦恼。解释为，在自己的相续里烦恼本身虽没有马上施行，但是却相续地具有烦恼的“得”。阿罗汉因为断了烦恼，所以纵使起世俗心，也不会相续地具有烦恼的得。以这一点来说明：即使同样起了日常心，在凡夫与阿罗汉仍有所不同。还有，如果断烦恼的话，烦恼就得到“非得”。

得、非得是由如上的观点所想出来的。说一切有部视人体为刹那灭的相续态，所以这样的说法变得有必要。还有得、非得也是刹那灭而相似相续的。

其次，名身是语词，句身是短句或句，文身是单语音，这些是观念上的实在。

在不相应法上，有问题的是生、住、异、灭四相。在说一切有部，是指令刹那灭①成立之力。世间是诸行无常的，但其中有使诸行之所以无常的力量。将这力量由诸法(存在者)中另取出来，视之为实体，而为四相。亦即使刹那灭的诸法(构成存在要素上的实在)于一刹那生、住、异、灭，非有这样的法不可，因而立了四相，以作为具有实际力量的法，因此可 (221)上
以说这就是将无常力实体化。关于这点容后再述，总之在此意义下，主张非色非心的心不相应行法的存在。

关于心不相应行，在《舍利弗阿毗昙论》卷三（T 28.547b）里也有说明，因此在这个系统里也承认心不相应行。还有在《成实论》卷七（T 32.289a）里也有《不相应行品》一章，记载了与说一切有部约略相同种类的不相应法。但是《成实论》并不承认这些是实法（dravya），而认为是假法，所以与说一切有部的意义不同。另外根据《论事注》，东山住部或正量部也承认不相应行。又根据《异部宗轮论》，化地部以为“随眠之自性即心不相应”（“随眠自性，心不相应”），将潜在的烦恼看作心与不

① 关于刹那灭，参考拙著「有刹那と刹那滅」(『金倉博士古稀記念·印度学仏教学論集』，1966 年)。

相应。还有大众部也说“随眠非心，非心所”，说到随眠（烦恼的眠位）与心互不相应。

在部派佛教里，许多部派承认了心不相应行，但是巴利上座部并不承认，亦即在巴利的五十二心所法中，包含了命根、身轻安、身柔软性、身适业性等生命上的法，生命上、身体上的法也视为“心相应”，因此在巴利佛教里并不使用所谓的“心不相应”（citta-viprayukta）的用语。之所以变成这样，是由于生理上的法与心理上的法的关系很微妙，未树立明确的区别的缘故。例如心脏的鼓动等是生理上的事，但却受心理作
上(222) 用的强烈影响。因为看法不同，将命根等视为“心相应”也是可能的；巴利佛教是立于这样的立场。

五位七十五法

以上略述了在阿毗达磨佛教成为问题的“存在之法”，而说一切有部将这些法归纳成“五位”。五位是色、心、心所、不相应行、无为。这分类最先出现于《品类足论》卷一（T 26.692b），举出物质（色）为存在之法的第一项，第二则举出与它相对的心，第三举出与心相应的心所法，第四举出与心不相应的心不相应行，这四种是有为法；第五举出与这些相对的无为法。这在存在的分类上，是前所未有的出色组织。《俱舍论》也承袭了这一分类法，而确立各大类的内容，组织了如下五位七十五法：

色法　十一：

眼根、耳根、鼻根、舌根、身根、色境、声境、香境、味境、触境、无表色

心王　一

心所法　四十六：

大地法　十（受、想、思、触、欲、慧、念、作意、胜解、三摩地）

大善地法　十（信、勤、舍、惭、愧、无贪、无瞋、不害、轻安、不放逸）

上(223) 大烦恼地法　六（无明、放逸、懈怠、不信、惛沉、掉举）

大不善地法　二（无惭、无愧）

小烦恼地法　十（忿、覆、悭、嫉、恼、害、恨、谄、诳、憍）

不定法　八（恶作、睡眠、寻、伺、贪、瞋、慢、疑）

心不相应行法　十四：

得、非得、众同分、无想果、无想定、灭尽定、命根、生、住、异、灭、名身、句身、文身

无为法　三：

虚空无为、择灭无为、非择灭无为

在说一切有部以外，并未使用这“五位”的分类，但是在中国兴起的成实宗里，传说立了“五位八十四法”（色法十四、心王一、心所法四十九、不相应法十七、无为法三，《维摩经义疏庵罗记》），但这是模仿说一切有部之说而在中国组织成的教理，《成实论》本身并无此说，在巴利上座部里也未见穷举一切法的尝试。在《摄阿毗达磨义论》里，区别心为八十九心、一百二十一心，于心所则提出五十二心所，于色法枚举了 11 种或 28 种，但是并未见到归纳这些而穷尽“一切法”的尝试。因此穷举一切法的，可视为是说一切有部特有之说。在原始佛教里，以五蕴、十二处、十八界的分类来表示存在之法，但是无为法并未包含在五蕴说里，而且受、想二蕴是应该包含在行蕴中的，因此五蕴并不适合作为存在之法的分类。在《阿含经》里，表达一切时，以六处（六内处、（224）上
六外处）来表示的情况很多，这同样说成十二处。

在十二处或十八界里虽然包括了有为、无为的全部，但是在这些里，心所法、不相应行或无为法等全包含在一个法处、法界之中，而色法反而细分为十处、十界，其分析是不均衡的，因此在十二处、十八界说里也各自有其难点。在这个意义上，说一切有部的五位七十五法说，就法的研究来看，可说是出色的结论。

参考书目

高木俊一『俱舍教義』，1919 年。

木村泰賢『小乘仏教思想論』，1937 年。

赤沼智善『仏教教理之研究』，1939 年。
舟橋水哉『俱舎の教義及び其歴史』，1940 年。
佐佐木現順『阿毘達磨思想研究』，1958 年。
佐佐木現順『仏教心理学の研究』，1960 年。
勝又俊教『仏教における心識説の研究』，1961 年。
水野弘元『パーリ仏教を中心とした仏教の心識論』，1964 年。
和辻哲郎「仏教哲学の最初の展開」(『和辻哲郎全集』第五巻)。
和辻哲郎「人格と人類性」(『和辻哲郎全集』第九巻)。
和辻哲郎『仏教倫理思想史』(『和辻哲郎全集』第十九巻)，1962—1963 年。
C. A. Rhys Davids: *Buddhist Psychology*. London, 1914.
Magdalena und Wilhelm Geiger: *Pāli Dhamma*. München, 1920.
O. Rosenberg: *Die Probleme der Buddhistischen Philosophie*. Heidelberg, 1924.
Th. Stcherbatsky: *The Central Conception of Buddhism and the Meaning of the Word Dharma*. London, 1923. (日译本：金岡秀友『シチェ
上(226) ルバトスコイ、小乗仏教概論』，1963 年。)

第四节　世界的成立与业感缘起

三界

佛教的世界论，是以所谓的须弥山说传布到中国及日本，予明治时代（公元 1868—1912 年）以前的人们巨大的影响。这个须弥山说虽然不是佛教的独创之说，而且今天看来已是荒唐无稽的地理学、天文学，但是为了解读其包括的佛教教理，所以无法因为认为这学说是错误的，就简单舍弃掉，所以依《俱舍论》的《世间品》（卷八以下）来简单地介绍此说。

在古代印度，认为在大地之下有地狱（Naraka，Niraya）。这一说法似乎源自吠陀时代的死神阎魔（Yama）的住处——阎魔原先住在天界，但中途移到了地下。佛教采用了地狱说，加以理论化，而成为八寒八热的

“十六大地狱”之说。还有关于地上的地理，以为中央有须弥山（Sumeru，Meru，Neru），四方有四国，亦即南赡部洲（Jambudvīpa）、东胜身洲（Pūrvavideha）、西牛货洲（Avaragodānīya）、北俱卢洲（Uttarakuru）四洲。以为我们人类所住的是南赡部洲。四洲之外是海，为了使海水不漏，（227）上
其外侧以山脉（小铁围山）围起来，但是山之外还有海水，水外更还有山，总共有九山八海。最外侧有大铁围山，这是大地的外侧。这个地理上的世界称为“器世间”。

印度人以为地上的上方有天人居住着的天界，有欲界（Kāma-dhātu）的天界与色界（Rūpa-dhātu）的天界。欲界的天有 6 种，须弥山顶上是台地，其四方有四天王众天，须弥山的中央有三十三天（忉利天）。浮在其上空的，由下而上有夜摩天、睹史多天、乐变化天、他化自在天。以上称为“六欲天”。

色界天分为四禅，第四禅天位于色界的最高处。初禅天有梵众天、梵辅天、大梵天三天，第二禅天有少光天、无量光天、极光净天三天，第三禅天有少净天、无量净天、遍净天三天，第四禅天有无云天、福生天、广果天、无烦天、无热天、善现天、善见天、色究竟天八天。以上成为色界的十七天，但是罽宾的说一切有部视梵辅天为大梵天的臣下，将两者合一，因此成为十六天说。十七天说是西方师之说，经量部则提倡十八天说，法藏部系的《长阿含・世记经》（T 1.136a）里，以色界有 22 种天而列出其名，《舍利弗阿毗昙论》（T 28.601c）也是二十二天说。这几点似因部派而有学说的不同，但是色界天的最高是色究竟天，这点是一致的，因此色究竟天也称为“有顶”。（228）上

无色界（Ārūpya-dhātu）是没有身体或场所的世界，是唯有精神的世界；其中有空无边处、识无边处、无所有处、非想非非想处 4 处。

以上的欲界、色界、无色界称作“三界”，被视为有情轮回的场所。欲界是有男女性别的世界，因此具有性欲及其他欲望，所以是因争夺财物而有贪或瞋，引起纠纷的世界。吠陀以来的诸神，因为有男女之别，有嫉妒，从事战斗，所以以这些神为三十三天等，包含于六欲天之中。但是只有梵天是属于初禅天，是因为修四无量心称为“四梵住”，而以这

个禅定能生于梵天世界。亦即因为梵天结合于禅定，故属于初禅。四禅天是基于禅定来安立的世界，修习禅定达到初禅乃至四禅的修行者，没有得到证悟而去世的话，并不能入涅槃，而将继续轮回转世，但是因为不会堕恶趣，所以认为应生于相当于其禅定的天界。在禅定体验里，因为经验到“身体之乐”，所以这世界也当作色界，以持有身体的世界来表现。但是在深的禅定体验里，既不会感受到性欲和食欲，外界的认识消失，也就不会有与他人的对立。因此规定，在色界天里没有男女之别，不需要食物，不起瞋心。以这样的生物想象色界的有情，而天界的寿命
上(229) 或身体的大小，是愈往上愈长寿或高大。

在大地之下有地狱，但是以为这大地本身浮在虚空中，而认为支撑着大地的是风轮（Vāyumaṇḍala）。风轮是巨大的气旋，风轮之上有水轮，其上还有金轮。金轮就是大地的根基，背负着大地，而合这四大洲、日月、须弥山、六欲天、梵天，成为一个世界。这样的世界有无量数，集此世界一千个称为小千世界，而集千个小千世界则为中千世界，集千个中千世界则成三千大千世界，而以这三千大千世界为一佛所能教化的范围。因此在这范围里，不会有两位佛陀同时出现。虽然是一佛一世界，但是佛陀的寿命有限，所说而残遗下来的正法的流传期间也是有限的，因此认为在释迦佛之前有多位过去佛出现在这世界，在未来弥勒佛也将出现。

还有三千大千世界并非只是一个，也有可能有多个三千大千世界，因此认为在那里有别的佛正出现于世。说一切有部否定佛陀的同时出世，但是在大众部系里则承认十方世界多佛出世。这在《论事》里也提到过，而在说出世部的佛传《大事》（*Mahāvastu*）里也说到同时有多佛出世之事。

以上的宇宙论是在《长阿含经》的《世记经》或与它同种类的《大楼炭经》《起世因本经》，乃至《立世阿毗昙论》等发展而成之说，在说一切有部里则整理记载于《婆沙论》或《俱舍论》等，但是在部派之间学
上(230) 说上有若干的差异。还有在耆那教，也以与佛教相当不同的形式说明宇宙论。而在婆罗门系统里，于《往世书》（*Purāṇa*）中可见到这种说明。

世界的破坏与生成

一个三千大千世界是同时生，同时灭的。世界也是无常的，所以也有坏灭的时候。先是生于地狱的众生皆尽时，地狱就没用了。有情生了善心，经过长时间，地狱的众生转生而生于上界，但是之后并没有继续生于地狱的众生，所以地狱就变空了，因此地狱便趋坏灭。而畜生、人等也依序转生到上面的天界，世界就变空了。然后起风、火、水三灾，世界为风所吹，为水所漂，为火所烧而坏灭，然后坏灭至梵天为止。总之，如果有应当住在那里的有情，他们的业力会维持器世间，但是如果没有有情，失去其业力，物质的结合也就消失了，一切都还原到极微的状态，乃至于浮游于虚空。从世界的坏灭开始到结束为止，称为坏劫，需要二十劫的时间。其次是空劫，这是物质以极微的状态浮游于空中的状态，这期间也是二十劫。接着，生于二禅天以上的有情失去了善业，而起了生于初禅（梵天）以下的业，因这业力，首先是风生起，而风轮成立，顺次地这器世间便成立了；这称为成劫，也同样要二十劫。接着，世界持续存在的期间则是住劫，也是二十劫。接着再度变成坏劫，视宇宙如 (231)上
此永远地反复“成住坏空”。

轮回

在以上的世界里，有情反复生死，称作轮回（saṃsāra）。生物的型态是地狱（naraka，niraya）、饿鬼（preta）、畜生（tiryañc）、人（manuṣya）、天（deva）的五趣（gati）。当然地狱是最苦的生命，而天是最快乐的。一般是以上五趣说，但又别立阿修罗（asura），成为“六趣”。《婆沙论》卷一七二（T 27.868b）里，说一切有部是采取五趣说，但指出有的部派是立阿修罗而采取六趣说，而评斥此说违反契经。根据《论事》八之一，巴利上座部也是采取五趣说。根据觉音的《论事注》，说大众部系的案达派、北道派是六趣说。在《大智度论》卷十（T 25.135c）里，说犊子部是六趣说，而《大智度论》本身可说是依据于六趣说。因此虽然在中国、日本，认为六道（六趣）说才是正系，但在部派佛教则以五趣说具有优势。

关于有情的出生，有卵生、胎生、湿生、化生“四生”之别。鸟类等是卵生，动物是胎生，虫类等是湿生，天界是化生；详细说的话还有几种情形。出生的刹那叫生有，自此到死为止的中间称为本有。死的一刹那称作死有，由死有到生有的中间名为“中有”（antarābhava），也译成中阴。这是由微细的五蕴所组成，是灵魂般的生命，然后寻求自己的出
上（232）生处而漂荡着，也称为寻香（Gandharva）。说一切有部承认“中有”的存在，但是不承认中有的部派也很多。巴利上座部并不承认中有，《论事》八之二否定中有。根据觉音《论事注》，承认中有的是东山住部与正量部。根据《异部宗轮论》，大众、一说、说出世、鸡胤四部不承认中有。化地部也否定中有。另根据《婆沙论》卷六十九（T 27.356c），分别论者也不承认中有，《舍利弗阿毗昙论》卷十二（T 28.608a）也否定中有，《成实论》卷三（T 32.256b–c）里举出承认与否定中有之说。因此中有在部派佛教里是重要的问题之一。

中有托胎的刹那称为“结生识”。以十二缘起来说，这相当于第三的识支。自此在母胎中，以羯罗蓝（kalala）、頞部昙（arbuda）、闭尸（peśin）、键南（ghana）、钵罗奢佉（praśākhā）的顺序成长，以至出生，称为“胎内五位”。由出生起，经过婴孩、童子、少年、盛年、老年的“胎外五位”，而至死有，又由中有到生有，无限地反复生死。在轮回的生死上，“开始”并不存在。

业感缘起

这轮回的生死以十二缘起解释，称为业感缘起。首先称“无明”与“行”为“过去世的二因”；“无明”是过去所行烦恼（宿惑）位，“行”则解释为基于其烦恼的善恶业（宿业），由此业决定今世的出生，其结生之识是
上（233）第三“识”支。当然在托胎的第一刹那，也并不是只有识，而是已经具备了微细的五蕴。但是因为在此五蕴之中识蕴具有优势，因此以此阶位为识支。在各个“位”里，取出五蕴中之具优势者以解释十二缘起，所以称这解释为“分位缘起”（āvasthika）。

其次，在母胎中形成精神与肉体阶位的是“名色”。接着在母胎中具

备感官的阶位则是“六处”。然后由出生到两三岁为“触”位，这是纵使根、境、识和合（触），也无法辨别苦乐的婴孩时代。其次，感受苦乐也不起淫欲的童子位是“受”。其次生爱欲的时代则是“爱”位。较之更想要求得名誉或财产等而驰求之位是“取”。因此而积累当引未来果之业，是“有”的阶位。现世的爱与取，相当于过去世的无明，有则解释为同于过去世的行。自识到有为止的八支是现在世，由识到受为止的五支是“现在五果”，爱、取、有的三支是引未来果的“现在三因”。

由现在三因而决定未来的“生”。在未来世的生是第十一的生支，因此以现在世来说即相当于“结生识”，亦即第三识支。作为生的结果，有在未来世的生存，亦即老死之事，这是第十二支的“老死”。以现在世来说，相当于从名色到受。

如上将十二支配于三世，则是过去的二因、现在世的五果、现在世的三因、未来世的二果，如此因果成为两重，解释为“三世两重因果”。而无 (234)上
明及爱、取是“惑”，亦即烦恼，由惑而起业，即是行与有，此二者是“业”。由其结果的识，而有受或生、老死则是“事”，亦即由业而生起事，依存这个事，惑又再生；十二缘起表现出以惑、业、事的顺序反复不断生死的情形。“事”因为就是苦的生存，所以也称作“惑业苦”。如此从业感果的立场来解释十二缘起，所以这种解释称为“业感缘起”。以上十二缘起的解释，近代的学者也称为胎生学上的解释。这解释虽然可说不合十二缘起的原意，但是以缘起解释轮回的状态，在此后成为有力的十二缘起的解释。这在说一切有部解释详尽得不遗余力（《俱舍论》卷九，T 29.48a 以下），在巴利上座部里也提到了。觉音的《清净道论》里也同样说到各种缘起，而三世两重因果的解释也包含在其中（*Visuddhimagga* XVII, 284, *HOS*. 41, p.495）。

四种缘起

说一切有部虽重视业感缘起，但是并未忘记十二缘起的其他解释，亦即说到刹那缘起（kṣaṇika）、远续缘起（prākarṣika）、连缚缘起（sāṃbandhika）、分位缘起（āvasthika）4 种缘起，指明缘起有种种意义（《俱舍论》卷九，T 29.48c; *Abhidharmakośabhāṣya* p.132, *l*.24ff.）。

上(235) 其中刹那缘起是指在一刹那的五蕴中具备了十二缘起，所以是显示缘起的逻辑上的依存关系、同时的缘起。远续缘起是显示在时间远隔的法之间有缘起的关系。连缚缘起显示了十二缘起的各支，以连续刹那生起的关系而成立的情形。分位缘起即是业感缘起。

六因、四缘、五果

由于为缘起（Pratītyasamutpāda）作分析式的解释，在说一切有部产生了六因、四缘、五果的解释，其中四缘说传为佛说，在《阿含经》里已提到，但是在现存的《阿含经》里却找不到。然而在《舍利弗阿毗昙论》卷二十五（T 28.679b）说到了“十缘”，四缘也包括在内。还有在巴利上座部里，自《发趣论》(*Paṭṭhāna* Vol. I, p.1ff.）以来即说“二十四缘”，四缘也包含在其中。因此说一切有部的四缘说，可视为是在部派佛教“缘”(pratyaya）的研究中出现的。四缘的名称在《识身足论》卷三（T 26.547b）中已经出现，之后在《婆沙论》《俱舍论》等也有说明。相对地，六因说最先出现于《发智论》卷一（T 26.920c），因此这可说是在说一切有部内的独创之说。现在将以《俱舍论》卷六（T 29.30a 以下）来简单说明六因、四缘、五果的意义。

说一切有部以存在之法为五位七十五法，其中因果是就有为法来说的。缘起是有为，这是说一切有部的立场。说一切有部就有为法七十二
上(236) 法检讨其性格，而主张其中有六因的性格。例如水坝的水，有因为落下而产生电力的能力，但是已落下的水则失去了这能力，亦即存在者因其位置，所带的力便不同。与此相同，法依其位置而持有的力也不同。将法所持有的作为因的力（此力不同于法的自性）分为 6 类，即在说一切有部里，“因”并不是法与法的关系，而是法持有的力。

六因是能作因(kāraṇahetu)、俱有因(sahabhūhetu)、同类因(sabhāga-hetu)、相应因（saṃprayuktakahetu)、遍行因（sarvatragahetu)、异熟因（vipākahetu)。能作因是“除自余能作”，即除了自己以外的一切法都拥有能作因的能力。这是为了使自己（法）生起，其他一切法成为其佐助的意思，即使在不能积极地佐助其生起的情况，也解释成不妨碍生起就

算是帮助，而称此为“无力能作因”。无为法也因为不成为有为法生起的阻碍，所以解释为无为法也持有能作因的性格。相对地，能积极地赋予力量的法，则是“有力能作因”。

俱有因是在因果同时的情况下，互相为因为果的情形。地水火风四大种，这四种必定同时而生，缺一则余三无法生起，互相成为其他生起的助缘，此关系称为“俱有因、互为果”。此外也有“俱有因、同一果”的
关系，这是成为俱有因的法，合其力而使他法生起的情形。 (237)上

同类因是善因善果、恶因恶果的情形。同性质的法成为同性质的法的生起之因，称为“同类因、等流果”。

相应因是指心心所法的相应关系。物质不说相应因。相应是以所依、所缘、行相、时、事的“五义平等”为条件。因为相应因是心心所同时的相互关系，所以是俱有因的特殊情况。

遍行因是同类因中的特殊关系，是指特定的强力烦恼遍于自地五部，而染污了心心所。此烦恼有11种，称为遍行惑。遍行因是异时因果的关系，是同类因的一部分。

异熟因是指善因乐果、恶因苦果的关系。行善则有喜悦，作恶则产生不快、不安之感情，由这点也可知道有善因乐果、恶因苦果。同类因的情形是因与果同性质，异熟因的情形则是因与果的性质相异；异熟是果相异于因而成熟的意思。因是善恶，但果的乐、苦则是无记，乐或苦既不能说是善也不能说是恶，因此称为“异熟因、异熟果”。同类因与异熟因是道德上的因果律，将道德上的要求以因果的法则来表示。但是说一切有部视此为法则，所以是以为善法必定有生果善法的力量（同类因），也有生乐法的力量（异熟因）。

相对于以上六因，“五果”则是异熟果（vipāka-phala）、增上果（adhipati-phala）、等流果（niṣyanda-phala）、士用果（puruṣakāra-
phala）、离系果（visaṃyoga-phala）。异熟果对应于异熟因。增上果是很 (238)上
好的果之意，是能作因的果。同类因与遍行因得等流果，这是因果同性质的情形。俱有因与相应因的果称为士用果，士用（puruṣakāra）是人的功用的意思，但在此则是指因之法（体）本身就是果之体的意思，亦即

互为果。但是如果按照字义来理解士用果，则依某种功能所得的果可说都是士用果。在这意义下，增上果和等流果都可说是士用果的一种。

六因可收纳到以上的四果里。离系果是指证悟，证悟即择灭，就是涅槃，这是依修行之力（道力）所证悟的。择灭是无为法，所以此依有为而生是不合理的。但是因为是依修行而实现涅槃，所以择灭是“果”，但是并不持有因，虽然也可以立修行为能作因，不过说一切有部并不承认以有为法为因而有无为法之果，所以离系果缺因。

还提到与以上不同的五因。在说一切有部里，说四大种对所造的色，拥有生因、依因、立因、持因、养因五因的性质，认为这五因在六因说里包含于能作因中。说一切有部也在先前“五果”上，加安立果、加行果、和合果、修习果而有九果之说。

其次，四缘是因缘（hetupratyaya）、等无间缘（samanantarapraty-
上(239) aya）、所缘缘（ālambanapratyaya）、增上缘（adhipatipratyaya）。其中“因缘五因性”即六因之中除去能作因，合所余五因为因缘。等无间缘不是物质，只是心心所法，在心心所连续生起的时候，前心心所灭，成为下一心心所生起的条件，因为空出场所来，所以下一心心所便得以生起，以此意义而说前刹那的心心所是等无间缘。所缘缘是认识的对象的意思，如眼识及其相应的心所是以一切色为所缘缘，耳识与其相应的心所是以一切声音为所缘缘。增上缘等同于六因说的能作因。将六因、四缘、五果的关系表示如下：

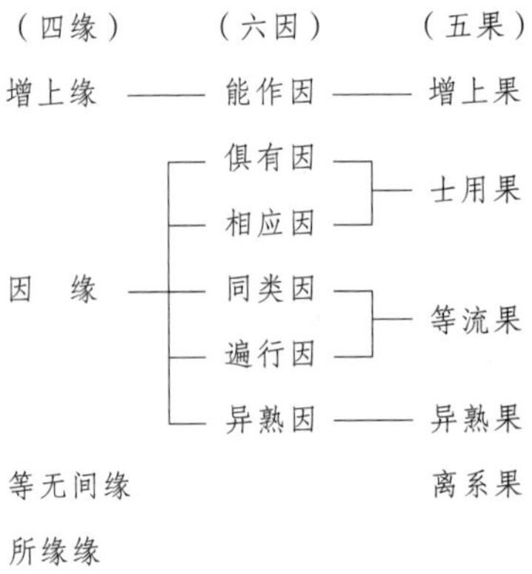

上(240)

因为在四缘之中以因缘与增上缘能摄六因，所以四缘比起六因要广。还有在《舍利弗阿毗昙论》卷二十五（T 28.679b）里说到因缘、无间缘、境界缘、依缘、业缘、报缘、起缘、异缘、相续缘、增上缘十缘，更在巴利论藏的《发趣论》（*Paṭṭhāna* p.1ff.）里说到因缘、所缘缘、增上缘、无间缘、等无间缘、俱生缘、相互缘、依止缘、亲依止缘、前生缘、后生缘、修习缘、业缘、异熟缘、食缘、根缘、静虑缘、道缘、相应缘、不相应缘、有缘、无有缘、去缘、不去缘二十四缘。

在以上的六因、四缘、十缘、二十四缘等中，可见到共通的地方。总之在部派佛教里，将十二缘起解释为表达轮回样态的法，而以三世两重因果解释十二缘起，更就“缘起”，如以上种种缘加以分析，去理解其应然[①]状态，反而变成迷失了原始经典所表达的缘起全体性的意义了。

参考书目

在《俱舍论》卷八～十二《世间品》里叙述世界论、轮回、十二缘起的问题。还有在《俱舍论》卷六～七《根品》的末尾，则说到六因、四缘、五果。本节仅止于指出其要点。关于近代学者的参考文献，则与上一节相同。特别关于“十二缘起”，参考和辻哲郎『原始仏教の実践哲学』第二章缘起说，赤沼智善「十二縁起の伝統的解釈に就いて」(『原始仏教之研究』页 475 以下)，木村泰賢「原始仏教に於ける縁起说の展開」(『原始仏教思想論』页 467 以下)。（241）上

第五节　业与无表色

法与业

在阿毗达磨佛教里集大成的教理中，“业”的教理为其中之一。关于

① 此处日文原文为「在り方」，这个表达有理想的状态、应当的状态之意，也可以理解为现实的存在状态。此处似并未强调应然与实然的对立，参考英译（the various conditions）和另一汉译本，译为“存在样态”似更佳。——校者注

这世界的成立，在不承认创造神的佛教里，业的思想作为其替代者，是很重要的；但是业的思想并不是佛教里固有的。佛陀是因为证悟了法而成佛，这世界是法的世界，我们也是法自身。法除自己以外并没有别的自己，以这个意义而言，自己是无我的。证悟法的话，从别人切离了的固定的自我观念就消失掉。法的世界是缘起的世界，是任何地方都相连接着的世界，自己是在相依相成的关系里成立的流动的存在（假我）。

这世界是法的世界，所以纵使神存在，那也是基于法才得以存在，作为法而存在的，因此并没有超越法的创造神存在的余地。虽然世界是法的世界，但是在现实中，凡夫有对自我的执着，有自己的所有（我所）的观念。因此从别人切离了的自己的观念便成立了，凡夫基于这观念而行动。立于固定性的自己的观念，而爱着自我，所以便产生自己和对方的对立，发生
上（242）争执，生起对自己的自满，或对别人的嫉妒，对自己的所有物的贪著等。在这些烦恼底部的，是不知法、缘起的无知（痴，moha）、无明。

自己本来是无我的，但是现实中有自我的执着，凡夫以此为中心而行动。自我虽是虚妄的，但是自我执着的“心理”在实际上是存在的，基于此而产生了杀害他人、盗窃财物的事。如果杀了人，便产生害怕遭到报复的心理，也产生罪责的心理，这种恐惧或罪责的“心理”也是实在的。对自我执着的“心理”，或对自己所有物贪著的“心理”、害怕或罪责的“心理”，将各自招来与之相应的果报。本来虽是无我的，然而也有以自我为中心的业报关系成立，有了法的世界转换到业的世界的契机。但是从第一义的立场来看，自我是虚妄的存在者，因此以此为基点而成立的业的因果也是虚构的，亦即证悟的话，业的因果的世界将消失。所以阿毗达磨佛教的譬喻者主张“无间业可转”，就是说，即使是杀父、杀母等堕无间地狱般重大的恶业也可以转换；立足于业的本性是空的认识上。但是凡夫即使要否定自我的执着也否定不了，与此相同，业的因果也是无法否定的；胆敢否
上（243）定的话，将陷于虚无论。佛教采用了以上意义以理解业的法则。

行为的三种类

业是羯磨（karman）的译语，羯磨本来是“行为”的意思。在《大毗

婆沙论》卷一一三（T 27.587b）里，区别羯磨为 3 种意思。第一是“作用”的意思，是羯磨最广的意思。第二是“持法式”的意思，在行为之中特别重视“仪式”的行为，所以特地提出来。这在汉译里音译作“羯磨”，日文读音是カツマ（katsuma）、コンマ（konma）等，而梵文原语是 karman。法式虽是仪式，但也包括会议（议事）决定；议事是以一定手续来进行的，手续错误，或是中间有疏漏的话，议事的决定就变成无效的。所以在羯磨里，很重视不要弄错仪式的顺序。

第三是“分别果”的情形的业。善恶的行为有各自的果报，这是称其果报为业的情形，亦即善恶的行为，后来留下看不见的力量，此力被称为业。行为一般是做了就消失，纵使是如何重大的约定，所言之语也在一瞬间就消失；即使是杀了人，杀的行为也立即消失，当然后来可能留下种种证据，但是证据与行为本身是不同的，证据也终将变成空。行为虽是消失的东西，但后来留下看不见的力量，例如一旦讲出口的约定，终究会被要求实行；如果杀了人，不管五年后、十年后也都要追究其责任。行为必然会灭，但在行为后留下看不见的力量，在这点上，经济上的行为或法律上的行为虽然也都是一样，但这里特别称呼善恶行为所留 （244）上
下的力量为“业”。

以上区别羯磨为 3 种，但在这里特别以第三种后来留下看不见的力量的业为主题。

业说的起源

依善恶业而决定未来的命运，这种想法已可见于奥义书。在《布利哈德奥义书》（*Bṛhadāraṇyaka Upaniṣad* III, 2, 13）里，有“人以善业而成为善人，以恶业而成为恶人”的想法；更在《旃多格耶奥义书》（*Chāndogya Up*. V, 10, 7）里叙述：“以好的行为（caraṇa）宿于好的母胎，以恶的行为投于恶的母胎。”这也是承认业的果报的说法。但是在奥义书时代，业说还没有完成，而为佛教所继承。

在《阿含经》里有很多关于业的开示，记载佛陀积极地承认了业说，说：“佛陀是业论者（kammavādin），是业果论者（kiriyavādin）、精进论

者（viriyavādin）。”（*AN*. I, p.187）承认业则关联到努力精进，而努力精进则关联到承认意志的自由，承认意志自由才可能使人开始接受其行为的结果。认为以神的旨意决定其人的命运的主张，或偶然论、宿命论等，都不承认人的意志自由，因此无法使行为的责任归于其人。但是业
上(245) 说虽然在极端机械式地解释时，似乎接近宿命论，然而在与缘起说一同来理解业说的状况下，则成立承认意志的自由或努力的结果的业说。将自我视为固定的，则自我就变成不变的，就不可能承受业的果报了。但是不承认自我的前后连贯时，同样地，业果的关系也似乎不成立。在此立足于断绝与连续的中道，这种缘起说，便被援用到业的解释里。

在佛陀当时的六师外道中，否定业的因果的人很多，其中耆那教的大雄（即尼乾子）虽然承认业，但是他立身、口、意的三罚（daṇḍa），重视结果；相对地，佛教立身、语、意的三业，其中特别重视意业，重视在业中的动机。《阿含经》里关于业的教法很多，特别是在《法句经》里有“无由恶业可得免处”等，有很多说业报不灭的教法。而在《经集》（*Suttanipāta*）里，关于业的教法虽不多，但叙述道：“见缘起之贤者，正知业与异熟。”（No.653）说到“异熟”（vipāka）。vipāka 虽然也可以单作“熟”的意思，但是因为词首的 vi 有“相异”的意思，所以译作“异熟”，也就被当作“相异而成熟”的意思，亦即业（因）虽是善或恶，但是以为其果报是苦或乐的情形中，因为苦乐既非善也非恶（无记），所以业的果报就被解释为“与因相异而成熟”。亦即因是善恶，果是无记的情形中的业果关系，在阿毗达磨时代将其法则化，而成“异熟因、异熟果”
上(246) 的关系。“异熟”的用语广泛使用于《阿含经》中。

总之，与善业招感善果，恶业招感恶果（在阿毗达磨里法则化为“同类因、等流果”的关系）相并列，自古就以为善业招福，恶业招祸。这祸福在心理上来说即为苦乐，而福德、福业也广说于《阿含经》中，也有使用黑业、白业的例子。

业的本质

巴利上座部的业说，总结于觉音的《殊胜义论》（*Aṭṭhasālinī* III, 92–

136），而说一切有部的业说则详论于《俱舍论》的《业品》。

在佛教里，将行为分作依于身体的行为（身业）、依于言语的行为（语业）、依于心的行为（意业）三业。其中，意业只由心理上的要素组成，但是身业和语业则由动机或决心等心理上的要素，及出声、动身体等肉体上的要素两方面而成立。因为有身心二要素，所以业的本质是什么，便成为问题。上座部以三业的本质为“思”（cetanā），思解释成“造出心的力量”（造作之义），是指意志。视意志为行为的本质，是着重行为的精神面。经量部也以思为业的本质，根据思分析行为，而将行为分成审虑思、决定思、动发胜思。动发胜思是想要活动的意志，显现于身体即成动身思（身业），显现于言语则为发语思（语业）。

上座部里称身体的动作为“身表”（kāyaviññatti），以此为身业门，
于此门以表达自己的“思”作为身业。同样地，音声的屈曲变化是语表，（247）上
在语业门所成就的思（用言语表达恶口或绮语的内心之思）当作是语业。以行为的本质为思，是因为认为由口所发的音声或身体的动作里并无善恶的性质，所以要以心中的意思决定行为的善恶。

相对地，说一切有部并不视身业、语业的本质为思。身业在没有身体上的动作时就不成立，语业在没有以言语来表现时也不成立，因此身业的本质为身业完成的最后刹那身体的形状（形色），语业的本性是在妄语或恶口完成的最后音声。在《阿含经》里将业分为二，而为思业与思已业，以身、语二业为思已业，但是说一切有部将这解释为，身、语二业并非表达思业。

表业与无表业

前面已指出，行为有眼睛看得见的部分和看不见的部分，说一切有部称此为表业与无表业。意业因为不现于外部，所以没有表、无表的区别，但身业与语业则区分为表业与无表业。以身业的体为形色，以语业的体为音声，是就其表业而说的。但是因为表业是刹那灭而立即消失，所以令果报产生的业的力量，认为是以看不见的型态而持续存在下去；这就是无表业（avijñapti-karman）。但是因为表业是形色或音声的物质

上的存在，所以由此而生的无表业也当作是物质上的存在，而称之为“无
上(248) 表色”（avijñaptirūpa）。无表业，是已消灭的表业改变形态而持续其力
量，机会一来此力量就以“果”出现。所以无表业是因与果的媒介者，只是在以此为无表色而视为物质上的存在这一点，具有说一切有部的特色。但是这是眼所看不见的存在，所以不是由极微组成的。在十二处说里，不放在色处，而放在法处。

经量部认为三业的本质都是思，所以并不承认表业、无表业之别。但是思的心所刹那灭而消灭，所以结合业与果的媒介者同样是有必要的，经量部以此为思的种子。依种子的相续、转变、差别，种子以刹那相续而连续，在其间渐渐成熟而生起果报。如此联系业与果的，在大众部称作“增长”（upacaya），在正量部则称“不失坏”（avipranāśa）。无表也译作无作或无教，在《成实论》或《舍利弗阿毗昙论》里也提到了，但名称不同。在部派佛教里，一般可以看作是承认联结业与果的眼所看不见的存在。

作为戒体的无表色

说一切有部之所以强力主张无表色的存在，是以为戒体是无表色的缘故，这与先前的“联结业与果间的看不见的力量”的无表业的意思有少许不同。这似乎是由于说一切有部教理的发达，而使意思产生了变化。

戒体是指受戒时身上所具备的“防非止恶之力”。例如受五戒，誓守
不杀生戒，根据这发誓愿的事实而在日后的生活守戒律，可以免除杀生
上(249) 的恶行。同样地，发誓禁酒的人，因为誓愿的关系，想喝的酒也能不喝。
这抑制力（防非止恶之力）在受戒时非生起不可，而不得不以为日后忘记时、睡着时，或想做坏事时，也都一直具备在身，相似相续着。而且这戒体若没有受戒时做礼拜等身体的动作，或发誓受戒时作的誓语，则不成立。如此身体的动作，即是由物质所生，是眼睛所看不见的力量，所以称作“无表色”（avijñaptirūpa）。

区别佛教徒的根据就是在戒体。以具备五戒的戒体这点，可以区别非佛教徒，更因为具备了比丘的戒体，所以得以主张与在家信众不同。并

不因为穿袈裟，过禁欲的生活，就是比丘，而是纵使破戒，若具有比丘的戒体，也还是比丘。因为重视戒体，所以关于戒体的意思，在部派佛教之间产生了解释的差异。说一切有部称之为无表色，而看作是物质上的法（もの），但是经量部则视之为“种子”，而上座部将戒的本质看作是“思”的心所；这解释记载于觉音的《清净道论》。

在《俱舍论》里并未使用戒体之语，而称为“律仪之无表”。这是因为受戒时说“至命终为止（尽形寿）”而受，所以戒体视为持续到死为止。戒体有信众（优婆塞、优婆夷）五戒的戒体，沙弥、沙弥尼十戒的戒体，正学女六法戒的戒体，比丘、比丘尼具足戒的戒体，乃至在家信众的布萨（八斋戒）戒体。所以虽然共为 8 种，但实体只是 4 种，亦即五戒、（250）上
十戒（含六法戒）、具足戒、八斋戒。其中受八斋戒只限于一昼夜，所以天亮就同时失去戒体，还有不管在任何戒体的场合，只要放弃守戒的意愿，宣布舍戒的话，舍戒就成立，而失去戒体。

三种律仪

无表色有律仪（saṃvara）的无表，之外有不律仪与非二（既不是律仪也不是不律仪），共 3 种无表。不律仪是恶戒，是一生誓以屠宰为职业等的情形。非二是在善戒、恶戒的中间，也称为处中的无表，并不是立下善誓或恶誓的情形，而是起一时的善或恶心，或采取其行动的情形；此种情形也得到善或恶的无表。

另律仪是善的情形，有别解脱律仪、定生律仪、道生律仪 3 种。别解脱律仪也称为波罗提木叉律仪，是指前面提到的因受戒所得到的防非止恶的力量的情形。第二，在入于禅定的情形里，也因禅定力而具备防非止恶的力量于身，称之为静虑律仪、定俱戒等，若是出定就失去此律仪。第三，在得道证悟时，因证悟之力得到防非止恶的力量，称作无漏律仪、道俱戒，在道退转时便失去此律仪。定俱戒与道俱戒称为随心转之戒。

业的种类与善恶的标准

因造业的地方不同，而分为身、语、意三业，但是此外也有种种分（251）上

类。第一是善恶的区别，亦即由此分成善业、恶业、无记业。根据《俱舍论》，善业是安稳之业，即引生可爱乐的异熟业，与证得涅槃的业。何者是善，是以能否得到所期待的结果来判断。可爱乐的异熟果是乐，所以是得乐之业为善。别解脱律仪等因为有助于涅槃的实现，所以说是善的。引乐之业在轮回中是善的，所以称为有漏善。具体地说，是以“十善业道”来呈现，亦即不杀生、不偷盗、不邪淫、不妄语、不恶口、不两舌、不绮语、无贪、无瞋、正见。相反于此的杀、盗、邪淫、妄语、恶口、两舌、绮语、贪、瞋、邪见，则是十恶业道。十善、十恶从《阿含经》时代起就已经作为善恶的标准而呈现了。还有，恶业引苦的异熟果，无记业是不引苦乐果的业。另外，涅槃是无漏善，所以不是业，而是超越于业的。相对地，道即证悟的智慧，是无漏善，同时是无漏业，这是不引异熟果的胜义善。但是在巴利佛教里，是作有学的无漏业引生有学果或无学果的异熟果，而无学的无漏业则是不引果的唯作。还有，善也有胜义善、自性善、相应善、等起善等区别，这与心所的十大善地法等有关。

业有福业、非福业、不动业的区别，特别称上二界的善为不动业，更有顺乐受业、顺苦受业、顺不苦不乐受业、黑业、黑白业、白业、非黑非白业之别。非黑非白是指无漏业，而关于受果报的时间，有现在受
上(252) 果的顺现法受业、次生受果的顺次生受业、后生受果的顺后次受业等。以上是定业，此外还有受果报之时间不定的不定受业。

三世实有与过未无体

说一切有部将无表色用于戒体的意义，〔无表色〕因而失去了联结业因与业果的意义。这和说一切有部视有为法于三世是实有的也有关系。以现在世的诸法为实有时，诸法就变成是由未来世所生的，而使其生起的力量是四相之中的生相。诸法上一一都附随生住异灭四相，以此力量，法由未来世生起，一刹那住于现在世，谢落于过去世，现在则成立在此刹那灭诸法的继起上。谢落于过去世的法，确实存在于过去世。业力也实在于过去世，时间一到就感果。有为法的作用虽然只是在现在世，但是法体在三世是实有的，称此为“三世实有、法体恒有”说。相对地，

以为业力变成种子的形态，保存于现在世，过去则无，基于这种想法而出现的“现在有体、过未无体”说是大众部或经量部所倡导之说。

参考书目

关于戒体论，参考拙著『原始仏教の研究』第二章第三节「戒体と戒の得捨」。

关于业的研究，参考木村泰賢『小乗仏教思想論』，1968 年再版；赤沼智善「業の研究」(收于『仏教教理之研究』),1939 年；水野弘元「業説について」(『印仏研』二之二)，1954 年；舟橋一哉『业の研究』，1954 年；拙著「小乗仏教の倫理思想」(收于『世界倫理思想史叢書·印度篇』)，1959 年。 (253)上

第六节　烦恼的断尽与修行的进展

烦恼的意义

烦恼是梵语 kleśa（巴利语 kilesa）的译语，在属于说一切有部的《入阿毗达磨论》卷上（T 28.984a）说道：“烦乱逼恼身心相续，故名烦恼，此即随眠。”解释成会恼乱身心而妨碍寂静者之意。在巴利的《清净道论》（*HOS*. Vol. 41, p.586）里，则说明为“是自令染污己者（saṅkiliṭṭha），又染污相应法（saṅkilesika），故称为烦恼”。这是因为把烦恼（即 kilesa）之语看作是和“染、污”（saṅkilissati）之语由相同语源衍生出来的语词。像梵语的 kleśa 是由 kliś（恼）衍生的语词，《入阿毗达磨论》就是据此解释。但是梵语中也有“染污意”（kliṣṭamanas）之语，被解释为是由“染”的意思而来。总之，“烦恼”之语在《阿含经》里是不太使用的语词，而到了阿毗达磨时代起，才开始广为使用。巴利的《分别论》（17, 9, 185）里举出贪、瞋、痴、慢、见、犹豫、惛沉、掉举的“八烦恼事”（aṭṭha kilesa-vatthūni），而在《法聚论》（NO.1229）里则举出了于此加上无惭、无愧而成的“十烦恼事”（dasa kilesa-vatthūni）。 (254)上
在上座部里，直到后世都以这十烦恼事来归纳烦恼。但是在《摄阿毗达

磨义论》(p.32)里，跟烦恼有关的举出了四漏(āsava)、四暴流(ogha)、四轭(yoga)、四系(kāyagantha)、四取(upādāna)、六盖(nīvaraṇa)、七随眠(anusaya)、十结(saṃyojana)、十烦恼，这些是将《阿含经》以来烦恼的归类方法网罗起来而呈现的。在这里面，最古以来就使用的是“漏”(āsava)。在《经集》或《法句经》等之中屡屡说到，所谓“尽诸漏”(āsavā khīṇā)，是当作表示证悟之人的资格的语词(漏，在佛教里采“漏泄”的意思，解释作心中的染污外漏；但是在耆那教里则取“漏入”的意思，以为染污是由外部流入体内，附着于“我”〔ātman〕。总之，“漏”在佛教、耆那教里共同使用，可见其起源是很古老的)。漏是以4种漏来呈现：欲漏(kāma-āsava)、有漏(bhava-ā.)、见漏(diṭṭhi-ā.)、无明漏(avijjā-ā.)。其次的暴流及轭也与漏一样，用语很古老，而四暴流、四轭与四漏内容相同。

接着虽举出了六盖，但在《阿含经》里通常是举五盖。其次的七随眠也可见于《阿含经》的各处。其次的结，分为五上分结与五下分结，是《阿含经》一般的用法。五上分结是束缚有情于色界、无色界之生存的烦恼，五下分结则是束缚有情于欲界之生存的烦恼，所以认为断除这些烦恼的话就得以脱离轮回的生死。其次的十结则是将两者合起来，但是在《摄阿毗达磨义论》里，与“经中的十结”并列，也举出加上嫉或悭的十结，
上(255) 作为“论中的十结”，这可见于《法集论》(*Dhammasaṅgaṇi* No. 1113)等。后者的十结与十烦恼，在巴利系里，是从阿毗达磨时代起所组织的。烦恼中有许多名称，这是与将烦恼视为染污心的东西，还是视为覆盖心的东西之相异有关，因为在承认自性清净心的立场，是以为烦恼只不过是覆盖了心，心的本性并不为烦恼所污。

烦恼虽然有以上种种归类法，但是因为互相重复，所以种类上以十结、十烦恼即可完全涵盖。而更重要的，是十烦恼中的贪、瞋、痴、慢、见、疑、惛沉、掉举等，其中贪分为欲贪、有贪，有贪再分为色贪、无色贪，而见也分为五见。

在说一切有部系统里，先前的《入阿毗达磨论》中说到“烦恼即是随眠”，但是在《入阿毗达磨论》里，也和巴利一样举出七随眠。这是欲贪、

瞋、有贪、慢、无明、见、疑，是《阿含经》以来的说法。其中欲贪与有贪同是贪，所以将二者合为一个，成六随眠。在阿毗达磨里，提到随眠的情况，是专指这六随眠，在《俱舍论》里当作“根本烦恼”的也是指此。在六随眠中，将“见”开为身见、边见、邪见、见取见、戒禁取见五见，则成十随眠。在《俱舍论》的《随眠品》里，以这十随眠而考察了烦恼的状态，将这些开于三界五地、见惑修惑，而以九十八随眠来论述。

在说一切有部里把随眠与烦恼视为同一，但是在大众部或经量部里则将两者区别开来。经量部理解为“烦恼之眠位名随眠，于觉位名缠 （256）上
（paryavasthāna）”（*Abhidharmakośa*，p.278，*l*.19）。这与随眠（anuśaya）是由“睡”（śī）的语根所成的有关。凡夫虽未断贪或瞋等烦恼，但是这些烦恼也并非经常现起。烦恼经常睡着，得到机会就现起，依这意义将烦恼解释成平常以种子的状态保存在无意识的领域，也变成与记忆等相同，由烦恼的应然状态（按：存在状态），要求要有作为其保存场所的阿赖耶识。但是说一切有部采取了一切法刹那灭的立场，说明烦恼是保存在未来世的时间上的场所，以得之线而联结到自己（相续）。在以此得之线而联结着的观点上，说明凡夫在眼前不生起烦恼之时，也没有办法断烦恼。

九十八随眠

烦恼，有苦谛智生则断、以集谛智所断、以灭谛智所断、以道谛智所断的分别，称之为“四部”。以上是“见惑”，亦即是以见道（darśana-mārga）所断的烦恼，也称作迷理之惑，因为是若是能了知四谛的道理就能断除的烦恼。但是还有纵使四谛之智生起也还无法断除而残存下来的烦恼，这是“修惑”，亦即修道（bhāvanā-mārga）所断的烦恼。成为习惯的烦恼，只知道道理还是无法断除，必须以不断的修行，改变掉心的习惯性，才能够断除，此即贪、瞋、痴、慢四烦恼。五见与疑因为是理 （257）上
论性的烦恼，所以以四谛之智（含缘起之智）没有残余地断除。贪、瞋、痴、慢也有以四谛之智而断除的，亦即是此四烦恼有见惑与修惑两种，而五见与疑唯是见惑。见惑的“四部”加上修惑，称为“五部”。

关于烦恼的所属，有欲界、色界、无色界的三界之别。例如欲界是多

苦的世界，所以即使欲界的贪（欲贪）容易断除，但是色界、无色界是微妙安乐的世界，对于这些世界的贪（色贪、无色贪）却难以断除。因此在断了欲界的烦恼之后，还非得断除色界、无色界（此二者合断）的烦恼不可。合以上三界五部的烦恼而为 98 种。

首先欲界的烦恼有 36 种。苦谛下的烦恼有十随眠全部（见苦所断的烦恼），集谛、灭谛下各 7。对于集谛、灭谛，不起身见、边见、戒禁取见，所以成为贪、瞋、痴、慢、疑、邪见、见取见 7 种。道谛下的烦恼有 8，对道谛起戒禁取见，加上以上 7 种而为 8 种。以上欲界的见惑（见道所断的烦恼）为 32 种，加上修惑的 4 种合为 36 种。

其次，色、无色界里没有瞋烦恼。两界中因为没有食欲、性欲，所以可以起瞋的对象并不存在，因此在四部里各减去瞋，所以色界惑是苦谛下烦恼有 9，集谛下 6，灭谛下 6，道谛下 7，以上见惑共 28 种，修惑
上(258) 3 种，合为 31 种。无色界惑也同样是 31 种，这些和欲界惑 36 种合起来，三界五部的烦恼就成为 98 种。

九十八随眠中，见苦所断之烦恼中的五见与疑，与其相应的无明与不共无明，以及见集所断的二见（邪见与见取见）与疑，相应无明、不共无明，以上七见、二疑、二无明共 11 种，因为其力量遍及自己的界、地五部，所以把这些叫作十一遍行惑。前面六因中的“遍行因”，即是指这些烦恼的功用。更在这十一遍行惑中除去苦谛下的身见、边见与集谛下的边见后的 9 种烦恼，因为也缘（束缚）于上界，所以称为“九上缘之惑”。

上述的十一遍行惑中，有相应无明与不共无明 2 种无明，相应无明是与其他烦恼相应而作用的无明。但是无明并不只尽于此，以其是迷惑的根本这点，在所有心的作用之根底非得有无明不可。亦即不只是烦恼心、不善心，在无记心或善心的根底，非得以为无明也在作用着不可。不共无明是这个意义的无明，是作为起动力而独立作用的无明，是在所有心作用的根底，作为迷惑之原理的无明，十二缘起的无明可以认为是如此意义的无明。深化这个不共无明的想法，便发现了染污意或唯识说的末那识。《大乘起信论》的根本无明的想法，也是这个不共无明之思想

的发展。在此意味下，说一切有部区分无明为相应无明与不共无明，有重大的意义。 (259)上

百八烦恼

说一切有部对以上的九十八随眠，更加上十缠（无惭、无愧、嫉、悭、恶作、睡眠、掉举、惛沉、忿、覆），称为“百八烦恼”。这十缠（paryavasthāna）也称作随烦恼（upakleśa）。

随眠虽以上述六随眠、十随眠为基本，但由于区分方法不同，也可分为九结（saṃyojana）、五上分结、五下分结、三缚（bandhana）等。总之，认为以随眠与随烦恼可穷尽一切惑的，是在《俱舍论·随眠品》里的说一切有部之说。但是在《俱舍论·根品》里“五位七十五法”的分类，其内容先前已述，与《随眠品》之说不同。亦即在七十五法中的四十六心所里，大烦恼地法为六，举出痴（无明）、放逸、懈怠、不信、惛沉、掉举；大不善地法为二，即举无惭、无愧；小烦恼地法为十，举出了忿、覆、悭、嫉、恼、害、恨、谄、诳、憍。即《随眠品》里所重视的贪、瞋、慢、疑等，并未出现在上表中。《根品》的心所法里，此外还举出“恶作、睡眠、寻、伺等”以为“不定心所”，而在这个“等”之中加上贪、瞋、慢、疑，以不定心所为8种，确定了四十六心所。在烦恼论上，重要的贪等，在五位七十五法里并没有给予明确的位置，这似乎是问题的安立方式不同的缘故，但是想必同时也表示，《界品》或《根品》与《随眠品》本是系统不同的学说，而世亲将其加以归纳。 (260)上

修行的进展

在弟子修行的进展上，《阿含经》里说到了四向四果的阶位，即预流（sotāpatti，srotāpatti）、一来（sakadāgāmin，sakṛdāgāmin）、不还（anāgāmin）、阿罗汉（arahant，arhat），而其中因为各有“向”与“果”，所以成为四向四果、四双八辈。预流是“入于佛教之流”的意思，指对佛教来说得到不坏的净信者。这可说是本来的意思，但是在《阿含经》里定型的说明（《十诵律》卷十八，T 23.129a，*SN*. V, pp.356–357）中，

则说是断三结（见结、戒禁取结、疑结）者，是不堕恶趣者、必向于证悟者，也说“极七返生”：至少在七遍生死于此世之间，即至证悟。一来是尽三结，三毒（贪、瞋、痴）薄者；因为只转生于此世一遍，所以称为一来。不还是不还于此世者，亦即死后生于天界，而在反复生死之间入于涅槃，是断了五下分结的人；将自己结合于欲界的烦恼，是五下分结。阿罗汉是尽烦恼，得无漏的心解脱、慧解脱的人。[①]

修行的阶位，以上的四向四果虽然重要，但在《阿含经》里还说到更详细的声闻弟子的阶位，《中阿含・福田经》（T 1.616a）里说到了“十八有学，九无学”，这些比前面的四向四果更详备。阿毗达磨的修行者的阶
上(261) 段，是基于这些《阿含经》之说。

巴利上座部的修行道阶位

在巴利上座部里，实践道的阶段，以戒清净、心清净、见清净、度疑清净、道非道智见清净、行道智见清净、智见清净的七清净来表示。这七清净在《阿含经》里已经说到，《成实论》或《瑜伽论》等也引用了。在觉音的《清净道论》里说到七清净，戒清净是清净地实行戒律，心清净是具备清净的禅定，即是“八等至”；但是此二者是为了实现慧的“根”（*Visuddhimagga*, p.375）。接着见清净及以下的五清净是“慧之体”。在《清净道论》里，分析知解（jānana）有三，为想（saññā）、识（viññāṇa）、慧（paññāṇa）。想是指感觉上的认识，识是基于此认识的分析性理解，慧是更深的全体上的理解洞察（ibid. p.369）。但是慧的状态分为见（diṭṭhi）、智（ñāṇa）、见（dassana）等，特别是智见（ñāṇa-dassana）合而成慧。见清净及以下的五清净，由《清净道论》的第十八章说到第二十二章为止，特别是在第二十二章“智见清净”里说到证悟的阶段。也就是说见清净及以下之中，前四清净是尚未到达证悟的世俗慧，唯有最后的智见清净才是证悟之慧，亦即是无漏慧。

修行上首先有戒的实践（增上戒学），其次有禅定的实习（增上心

---

① 关于四果的证悟，参考拙著『初期大乗仏教の研究』，页 408 以下。

学），亦即有戒清净、心清净，这些完成后，便进入见清净及以下的慧的实习（增上慧学），即观察五蕴的无常苦无我、十二处、十八界、二十二根、四谛、十二缘起等，深化智慧；这个阶段就是见清净及以下的 5 种。（262）上

见清净（diṭṭhi-visuddhi）是如实地知名与色诸法，因此进行四界、十八界、十二处、五蕴等观法。度疑清净（kaṅkhāvitaraṇa -v.）是观名色的生灭变化，度越无因、邪因、常见、断见等关于三世的疑惑，因此而得法住智、如实智、正见。道非道智见清净（maggāmaggañāṇadassana-v.）是正确地了知往解脱的正道与错误的解脱论或修道说的区别。行道智见清净（paṭipadāñāṇadassana-v.）是知道往解脱的正道，因修习而得生灭、坏、怖畏、过患、厌离等随观智，及脱欲智、省察随观智、行舍智、谛随顺智的九智，依此而观察知见正确之行道。

以上 4 种清净还是凡夫的阶段，即使智见已成清净，真实的智见也还未生起。但是第四阶段实修九智中，最后的谛随顺智（saccānulomikaṃ ñāṇaṃ），是随顺于四谛之智慧的智之意，自此而种姓智（gotrabhūñāṇa）生，更自此而导出智见清净（ñāṇadassana-v.）。智见清净是圣者之智，分为预流道、一来道、不还道、阿罗汉道的四道智。种姓智位在行道智见清净与智见清净中间，并不属于任何一边。这是脱离凡夫的种姓（凡夫性），而得到圣者（这里是指声闻乘）的种姓（圣者性）之智。以说一切有部的教理来说，四善根的第三法忍相当于此。因此在说一切有部的阶位里，因为区别凡夫为三贤、四善根（暖、顶、忍、世第一法）的阶位，所以见清净以下的四清净就相当于三贤与暖、顶、忍，但是两者的说明（263）上
并没有一致的地方。[①]

由谛随顺智入种姓智，由种姓智入智见清净。此智见清净是圣道，在说一切有部的教理则相当于见道、修道、无学道。在《清净道论》里说，入于圣道有信、定、慧三个入口。以信而入预流道者称为“随信行”（saddhānusārin），以慧入预流道者是“随法行”（dhammānusārin）。

---

① 关于七清净，参考水野弘元『パーリ仏教を中心とした仏教の心識論』，页 929 以下。

随信行的人自预流果到阿罗汉果为止称为“信解脱”(saddhāvimutta)[①]，随法行的人入预流果称为“见到”(diṭṭhippatta)，直到阿罗汉向为止都得此名，而成阿罗汉果时则是“慧解脱”(paññāvimutta)。其次以定根入预流道的人称作“身证”(kāyasakkhin)，在得无色定而解脱时称为“俱解脱”(ubhatobhāgavimutta)(*Visuddhimagga* p.565)。

在以上巴利佛教之说里，入圣道方面，有信、慧、定三门，在入预流道里有各自的随信行、随法行、身证三名称。其次在预流果以下，则为信解脱、见到、身证；其次在阿罗汉位则为信解脱(此不变)、慧解脱、俱解脱三名。以上的随信行、随法行、身证、信解脱、见到、慧解脱、俱解脱称为“七圣”，这个分法与只说随信行与随法行二门的说一切有部的教理不同。

上(264)

	信门	慧门	定门	四向四果
(见　道)	随信行	随法行	身证	预流向
(修　道)	信解脱	见到	身证	预流果 一来向 一来果 不还向 不还果 阿罗汉向
(无学道)	信解脱	慧解脱	俱解脱	阿罗汉果

关于自预流向到阿罗汉果为止断什么烦恼，在《清净道论》里是根据《阿含经》之说。然而更加以详细说明，作为此时应断除的烦恼，举出了十结、十烦恼、十邪性、八世间法、五悭、三颠倒、四系、四不应行、四漏、四暴流、四轭、五盖、执取、四取、七随眠、三垢、十不善业道、

① 信解脱是巴利佛教独特之法，参考拙论「信解脱より心解脱への展開」(『日本仏教学会年報』第三一号，1965年)。

十二不善心。这些有重复的地方，已如前所述，而说明这些是根据由预流道到阿罗汉道的四道的四道智的哪一个，在哪个阶段断除，但是基本上是与《阿含经》之说相同。

还有，种姓智并不是只有在由行道智见清净入智见清净时才生起。由预流道进入一来道，乃至不还道、阿罗汉道的各个阶段时也会生起，即 (265)上
以为预流与一来种姓不同。同样地，认为一来与不还、不还与阿罗汉种姓也不同。

以上是巴利上座部的修行阶位。

三贤与四善根

说一切有部的修道论在《发智论》或《大毗婆沙论》等中有详细说明，而归纳于《俱舍论・贤圣品》。在凡夫的阶段，有三贤、四善根的“七贤”阶段，接着入于圣者之位，区分为见道、修道、无学道 3 种。见道（satyadarśana-mārga，见谛道）与修道（bhāvanāmārga）是有学（śaikṣa），是虽是圣者，但仍有应学之法的阶段；无学（aśaikṣa）则是已无应学之法的阶段，即是阿罗汉果。

根据说一切有部的修道论，在入于三贤位之前，有“身器清净”的阶段，这可视为相当于巴利的戒清净、心清净二者。但是心清净也连系到三贤位。身器清净是由身心远离、喜足少欲、四圣种所成。持守戒律，端正行为，于寂静处生活，而使心寂静，即身心远离；其次，安住于少欲知足，即喜足少欲；四圣种是关于衣服、食物、住处，满足于所得，而实行乐断修，乐断修是指拥有断烦恼、修圣道的意愿。由如上的身器清净而能得到身体的健康、内心的平安与安静的修行场所，具备了要修行的意愿，进而从事禅定的实习，即是三贤之位。三贤是五停心、别相念住、总相念住。五停心是将心停息的修行，是瑜伽行的实践，分为止 (266)上
与观时，相当于止（śamatha）。有不净观、慈悲观、因缘观、界差别观、数息观 5 种，但不净观与数息观特别受到重视。止确立时，就入于观（vipaśyanā）；观是别相念住与总相念住。念住是四念处观，观身的自相是不净，受的自相是苦，心的自相是无常，法的自相是无我，亦即

各别地念身、受、心、法的自相，即是别相念住，依此而退治常、乐、我、净的四颠倒。其次，总相念住是住于法观念处，合观身、受、心、法，修这些共相的无常、苦、空、无我。

以上三贤为外凡之位，也称为顺解脱分，成就时，接着进到四善根位。它是内凡位，又称顺决择分。而合三贤、四善根，即是为了见道的加行道（准备的修行），为凡夫位。四善根是暖（uṣmagata）、顶（mūrdhan）、忍（kṣānti）、世第一法（laukikāgratā）四位，专修四谛观。观苦谛时无常、苦、空、无我四行相，观集谛时因、集、生、缘四行相，观灭谛时灭、静、妙、离四行相，观道谛时道、如、行、出四行相，合以十六行相而观四谛，称为四谛十六行相观。

如上，说一切有部的修行由戒律的实践、少欲知足、不净观、数息观、四念处观、四谛观所成，特别是四谛观成为中心。即使进展到圣者之位的见道、修道，也继续实习四谛观，因深化对四谛之知，而以其智
上(267) 慧力断烦恼。四善根的暖、顶、忍、世第一法全都是四谛的修行，所以依理解的深浅之差而予以区别。暖是“温暖”的意思，是圣道之火生起的前相。顶是最高的意思，修行进展到了最高的境地，而虽然达到如此的理解，但是继续修行的话，就会知道有较此更高的境地；就像达到山顶的话，就会知道还有更高的山一样，因为超越过这些而达到忍。忍是忍可于四谛之理，这是于世俗智的一种了悟，忍是没有退堕的。在忍之中，种姓（gotra）就决定了。四善根有 3 类，声闻种姓（Śrāvaka-gotra，Śiṣya-gotra，*Abhidharmakośa*，p.348）、独觉种姓与佛种姓 3 种人，入于四善根的修行，但在暖、顶二法，声闻种姓转成其他二种姓是可能的。然而在已得声闻之忍者，并不能转变为其他种姓。另外，佛与独觉因为是在一坐成佛，所以不会转变为其他种姓。在这意义下，种姓的决定是在忍的阶段（《俱舍论》卷二十三，T 29.120c）。

忍的修行期间虽长，但超越了它就有世第一法。世第一法是世间最好的法之意，亦即屡屡观四谛于十六行相，就会生起世俗智中最上的悟。因为是最上的，所以不会有两个相同的，因此此智只是一刹那。紧接此
上(268) 世第一法的一刹那智之后，圣智现前，入于见道。

见道、修道与无学道

见道，是证悟之智，也是无漏智。相对地，三贤、四善根的加行道是世俗智，也是有漏智。有漏智修行成就而无漏智生，虽然不合于因果的理法，但为说一切有部所承认。以无漏智所得的是择灭，这是无为，称之为离系果，它没有生因。相对于这样的想法，有以为人本来就具备能悟的特质的看法，这是大众部或分别论者等所说的“自性清净心”。可以说这样的看法发展成为大乘佛教的如来藏思想，这是以为人最初就具备了无漏、无为法的看法。

见道详说则是见谛道，是指以圣智而悟四谛的真理。这个悟有忍（kṣānti）和智（jñāna），忍是忍可决定的意思，以忍而断烦恼，以智而得择灭。悟欲界的苦谛（生存是苦的真理），是苦法智忍与苦法智。悟上二界的苦谛，则是苦类智忍与苦类智。自得此苦法智忍之时起，即是圣者。其次关于集谛，有集法智忍、集法智、集类智忍、集类智。关于灭谛涅槃，有灭法智忍、灭法智、灭类智忍、灭类智。关于道谛，则有道法智忍、道法智、道类智忍、道类智。关于以上四谛，有八忍八智十六心。但是上二界的道谛因为是以道类智忍所见，所以不能说完全没经验过其次的道类智。从见谛理这点来说，因为道类智变成了反复的，所以
其只有十五心为见道。以悟的智慧而正见四谛之理，便明白四谛是真理 （269）上
之事。因为是见谛，所以称为见道，也称作入正性离生；依此见道而断迷理之惑 88 种。

入于见道，有随信行（śraddhānusārin）与随法行（dharmānusārin）之别。钝根是以信入于见道，所以称随信行；利根是观法而入于见道，所以名随法行。将此见道配四向四果，则是预流向；其次，自第十六心道类智起则是修道（bhāvanā-mārga）。修道是反复修习，而成为习惯性的修行。第十六心是第十五心道类智忍的经验的反复，所以自此便是修道。第十六心是预流果，因为这十六心是接续而起的，所以若入于见道必到达预流果为止。入于修道的话，随信行称为信解（śradhādhimukta），随法行则称见至（dṛṣṭiprāpta）。修道里包含有预流果、一来向、一来果、

不还向、不还果、阿罗汉向 6 种人，另外不还果圣者而得灭尽定的人称为身证（kāyasākṣin）。若达阿罗汉果，因为断除全部烦恼所以称为无学（aśaikṣa）。由信解而入于阿罗汉的是时解脱，由见至而入阿罗汉的是不时解脱，还有只以慧而解脱的慧解脱（prajñāvimukta），与更得定的俱解脱（ubhayatobhāgavimukta）。以上的随信行、随法行、信解、见至（见到）、身证、慧解脱、俱解脱，称为“七圣”；虽与巴利同是七圣，但内容不同。另外，一来向之中别立家家，不还果之中分中般涅槃等 5 种或 7
上(270) 种不还，阿罗汉则立退法、不退法等 6 种、9 种等区别，合这些为十八有学、九无学，合称二十七贤圣。

声闻的阶位：

七贤

外凡	三贤	五停心		
		别相念住		
		总相念住		
内凡	四善根	暖		
		顶		
		忍		
		世第一法		

七圣

有学道	见道	随信行	随法行	预流向
	修道	信解	见至	预流果
				一来向 家家
				一来果
				不还向
			身证	不还果（5 种不还、7 种不还）
上(271)				阿罗汉向
无学道		时解脱	不时解脱	阿罗汉果（6 种罗汉、九无学）
		慧解脱	俱解脱	

十智

得悟虽是依于无漏智，但是智尚有种种。说一切有部称智的作用之最广者为慧（prajñā）。慧是理解的作用，这理解称为“简择”（pravicaya, investigation）。分析此慧，而分为忍（kṣānti）、智（jñāna）、见（dṛṣṭi）3 种。忍是忍可的作用，是辟开疑惑的作用；智是决断的作用，是使理解决定的作用；见是推度的作用，即推理寻求的作用。但是前面的八忍八智的忍有见的性质，亦即有寻求的作用。忍因为应断的疑还未完全断除，所以认为其中还有寻求的性质。但是佛教里，见一般是指世俗的邪见等五见，与包含于八圣道的正见。

慧依据所得的方法而分为闻慧、思慧、修慧三慧。闻慧是听闻而得的慧；听闻佛法而得的慧，或因由读书等所得的慧，皆摄入其中；这是生来就具备的慧。思慧是依思索而得的慧，特别是思索正确的道理而得的慧。修慧是在禅定里实习闻慧或思慧的内容，而成为自己的血肉的慧，亦即是慧成了自己本身的状态。一般地，在阿毗达磨里所论的慧，是已成修慧的慧（《俱舍论》卷二十二，T 29.116c）。（272）上

慧大体可分为有漏慧与无漏慧，但是因为在慧之中智是中心，所以此二者也是智的分类。有漏智与无漏智详细分成十智，即世俗智、法智、类智、苦智、集智、灭智、道智、他心智、尽智、无生智，其中法智到道智为止的六智，与尽智、无生智，是无漏智。无漏是没有漏，是已由烦恼的束缚解脱的智，也是悟真理，亦即悟涅槃的智。其中，尽智与无生智完全没有见的性质；尽智是知道烦恼都断除而应做的事皆已完成之智，无生智则是知道已不再生之智，同时都以完成为性质，所以是智之性，没有所求。其他的法智等六智，因为有断疑推度之性，所以有智与见两种性质。

他心智有有漏智与无漏智两种，这是因为认为外道也有得 5 种神通力的仙人之故。成为佛教圣者的话，自然具备他心智，这是无漏的。以上 9 种智以外的闻、思、修三慧，皆入于世俗智。

禅定

如前所述，修慧成立在禅定的基础上，因此，定先于智的获得。定是三摩地（samādhi，译作三昧、等持），是指心里没有动摇。因此心即使在动，若无动摇，则定就成立了。相对地，瑜伽（yoga）是由联结之语衍生的语词，是将心集中于对象而结合，因此瑜伽是静止的心集中。原
上(273) 始佛教一向使用“定”，而宣说为了实现定的禅（dhyāna，静虑）。不过瑜伽之语虽然用例很少，但在《阿含经》或阿毗达磨论书里也已在使用了。在阿毗达磨里，定被定义为“心一境性”，为将心集中于一个对象的性质，所以在内容上与瑜伽并没有区别。

禅有初禅、二禅、三禅、四禅之别，这在《阿含经》已经说到了。禅是止与观均衡，是定之中最殊胜的。禅随着初禅到二禅、三禅渐渐深入，心集中也跟着强化。而初禅是“有寻（savitarka）有伺（savicāra）”（对外界的思惟），二禅以上是“无寻无伺”，是断绝对外界的认识之境地。但是由初禅到三禅为止，因为还感受到“乐”，所以禅是身体安乐的境地。但是一到四禅，此乐也消失，而成舍念清净。还有由初禅到四禅为止的禅的本性，是心一境性的定。在此定与慧同在一起之处，慧的作用更加强化。

欲界虽也有定，但是不完全的，所以欲界不是定地，而称为散地。由此欲界进入初禅的中间有未至定，这未至定与初禅是有寻有伺。其次，二禅以上虽是无寻无伺，但二禅与初禅的中间有“无寻唯伺”定，称之为中间定。寻与伺都是思惟、伺察的作用，但寻较伺为粗，所以先灭。

还有，在第四禅之中有无想定。无想定是想全部灭的定，这是外道所好入的定，他们误认为这是涅槃。入于这无想定的众生一死，就生于四禅天中的无想天。与无想定相似的有“灭尽定”，这是到受为止的心心
上(274) 所皆灭的定，只有佛教的圣者能入。入此定而死的人，将生于非想非非想处。

四禅是不离身体的定，在这之上有完全离于身体的感觉，唯有意识的定之境地，此即“四无色定”。色在这里是指肉体，四无色定是空无边

处、识无边处、无所有处、非想非非想处。四禅因为是共色（肉体）的定，所以在这个定而死的众生，生于色界天。入初禅而死的众生生于初禅天，入二禅的众生生于二禅天，等等，但是入四无色定之众生死时，是生于无色界。但是因为无色界是没有物质的世界，所以不能说是空间上的场所，然而因为是轮回中的世界，所以那里也有生死，因此时间是存在的。

三界与涅槃

基于禅定，对应于此的场所，立为欲界、色界、无色界的三界。这是众生轮回的场所，也是有为的世界。但是涅槃则立于此有为的世界之外，这是阿毗达磨佛教对涅槃的看法。因此涅槃是既没有时间也没有空间的世界，是常住的，变成完全无内容的虚无世界。亦即阿罗汉完全断烦恼，灭业，舍弃精神与肉体，而入于涅槃时，因为证悟的智慧也是有为的存在，所以非舍弃不可，因此入于涅槃时，什么东西都没有残留下来。大
乘佛教批评这种涅槃观，称之为灰身灭智的涅槃。大乘佛教的兴起，不 (275)上
满足于此涅槃观也是理由之一，然后大乘佛教提出了将无为、涅槃视为
在有为之中的立场。 (276)上

第三章

初期大乘佛教

第一节　阿育王以后的教团发展

阿育王没后的印度

阿育王（约公元前 268—前 232 年在位）去世后，孔雀王朝的威势急速衰退，而在公元前 180 年左右为将军弗沙密多罗（Puṣyamitra）所灭。弗沙密多罗建立了熏迦（Śuṅga）王朝，但是势力衰弱，仅止于统治恒河流域而已。这时候希腊人的诸王相继入侵西北印度，成立了几个王朝。而在南印度的德干地区，自从阿育王去世以后，案达罗王朝逐渐得势，该王朝由公元前 200 年左右到公元 3 世纪左右为止统治了德干地区，就是娑多婆诃王朝（Śātavāhana）。因娑多婆诃王朝繁荣了四百年以上，南印度政治安定，文化兴隆。其次在东海岸的迦陵伽地区，当孔雀王朝的势力衰微时，支提王朝（Ceti）独立了，以第三世佉罗毗罗王（Khāravela）较有名，现已发现称颂此王功绩的碑文，他可能为公元前 1 世纪左右的
上（279） 人，但是其后此王朝的动向不明。

熏迦王朝

由弗沙密多罗所建的熏迦王朝大约持续了 112 年。第一代的国王弗沙密多罗信奉婆罗门教，而迫害佛教，但是这一王统中也有皈依佛教的国王；属于这一王统的有财王（Dhanabhūti-Vāchiputa）在巴胡特（Bharhut）的佛塔捐献了塔门（toraṇa）和石造建筑（silākaṃmaṃta），此事出现在碑文里；同样地，其子跋陀婆罗王子（Vādhapāla）也在巴胡特的佛塔捐献了栏楯（vedikā）。有位国王的王妃那伽罗（Nāgarakhitā）也捐献了栏楯。还有根据摩偷罗（Mathurā）出土的碑文，跋陀婆罗王也在摩偷罗的佛塔捐献了栏楯。

巴胡特与山齐

巴胡特（Bharhut）位于中印度的西南，沿接着古代由西海岸通往摩竭陀国的公道，因此在异教徒入侵印度时，这里的佛塔就完全被破坏了。这是在 1873 年由康宁汉（Sir Alexander Cunningham）所发现的，他将破损较少的栏楯与东门运到加尔各答博物馆，加以复元并展示，让人追思往昔的壮观。东门的石柱上刻有有财王的碑文，这个塔被视为是在公元前 2 世纪中叶，熏迦王朝时代所建造的。

在熏迦王朝，华氏城与卑提写（Vidiśā）是政治的两大中心，卑提写是阿育王之子摩哂陀的故乡，自古即是一个佛教的中心。卑提写附近建造了许多佛塔，形成所谓的“比耳沙诸塔”（Bhīlsa Topes），到现在为止 （280）上
发现了 60 座以上的古塔。古塔大都已崩坏，只有山齐（Sāñcī）的佛塔还完整地存留着。山齐的窣堵婆（stūpa）大小共有二十几座，有名的大塔保存得最完整，高 16.46 米，底部直径有 37 米，是巨大的佛塔。研究的结果显示，这是以阿育王时代的小砖塔为核心，在熏迦王朝时代以石覆盖增广，而形成大致如现在的形状。此后围绕塔身建造栏楯，在四方各造塔门。四门之中以南门最古，碑文刻说此乃案达罗王朝初期所建造的。因此可知，这些佛塔是由孔雀王朝到熏迦王朝，乃至直到案达罗王朝时代逐渐增广扩充的。4 个塔门全部都覆以精巧的浮雕，以呈现古代美术精华的杰出美术品而出名。

如上述，弗沙密多罗迫害佛教，但是熏迦王朝并非全体如此，在熏迦王朝之下佛教可以说顺利地发展。在巴胡特佛塔的栏楯内外施以大量的浮雕，这些由铭文可知是佛传图或本生图。其中佛传图约有 15 景，本生约 32 种。在这些佛传图里并未描绘出佛陀的身影，而是雕刻菩提树与树前佛坐的金刚宝座，以表示佛陀存在于此，仅描绘出在其前方礼拜的人或动物等。没有描绘出佛陀的身影，是因为认为与法一体化〔“入涅槃”〕的佛陀之人格，是无法以人的姿态来显现之故。还有在这时代，已 （281）上
经不只是信奉释迦佛，也信奉过去七佛（释迦佛是第七佛），这七佛出现在巴胡特的雕刻里；过去七佛以各自的菩提树来表示。

从巴胡特的雕刻采集到209种铭文，在这些铭文中有捐赠者的名字刻在栏楯等上，呈现出礼拜佛塔的信众阶层。在这些人中也可见到比丘或比丘尼的名字，更有拥有“持藏者”（peṭakin）称号的人，也有“通达五尼柯耶者”（pacanekāyika）之语，可知在这个时代经藏、律藏二藏（或加上论藏的三藏）已经成立了。其次，这里所说的“五尼柯耶”，可认为与巴利佛教分经藏为五尼柯耶是相同的，因此当时“五尼柯耶”的分类也已经成立了。其次，也可见到称为“经师”（suttantika）的人。接着在这些捐献者中见到6名有“讽诵者”（bhāṇaka）称号的人。讽诵者是经文的讽诵者，就五尼柯耶所说的例子，出现在巴利佛教里，即用作“长部讽诵者”（Dīgha-bhāṇaka）、“中部讽诵者”（Majjhima-bhāṇaka）等（这些用例也可见于《清净道论》及其他）。还有“诵法师”（dharma-bhāṇaka），被视为与大乘佛教关系很深，但是在巴胡特的碑文里仅是称为“讽诵者”，而不清楚这是怎样的讽诵者。巴胡特出现6位讽诵者，其中拥有“圣者”称号的有1位，“大德”（bhadanta）有3位，这些人是出家者，其他2
上（282）位并未拥有出家者的称号。先前的“持藏者”是“圣种”（aya jāta），很明显是位出家者，但是“通达五尼柯耶者”则只是“Budharakhita”（护佛者）。经师是“aya cula”（小圣），是出家者。

山齐位于较巴胡特更西南处，近于中印度与西印度的边境。山齐的铭文比巴胡特还多，大约收集了904种。在这些铭文中，在山齐的第二塔所发现的骨壶（5个）的盖子及底面上刻有铭文，从这些铭文中可见到“雪山地方之师的圣者迦叶氏（Kāsapagota）的遗骨”，及“圣者末示摩（Majhima）的遗骨”；在阿育王的时代，他们弘化于雪山地区之事记载于《善见律毗婆沙》及其他典籍。也有目犍连子（Mogaliputa）的遗骨，说不定与阿育王之师目犍连子帝须有关。还有在山齐的第三塔所发现的遗骨壶（4个）中有舍利弗（Sāriputa）与大目犍连（Mahā-mogalāna）的遗骨，或许与佛陀的弟子舍利弗、大目犍连有关系，但是这些舍利容器被认定是公元前2世纪左右的。

山齐的4个塔门及栏楯被视为是公元前1世纪左右起所造的，塔门充满精巧的浮雕，刻有守护佛法的善神等，其间雕刻了许多佛传图与本生。

佛传图据说有 28 景，本生有 6 种，更在塔门及栏楯上刻有捐献者的名字，数量非常多。多是比丘、比丘尼、在家信众；比丘尼远比比丘多。但是 （283）上
这些出家者并非是山齐佛塔的常住众，由铭文记载他们的居住地——“婆离（Vāḷīvahana）的居民耶祇（Yakhī）比丘尼所捐”等可清楚知道。比丘或比丘尼中有很多卑提写的出家者（也有没记载居住地的情形）。在家信众中也有罕见地附以“优婆塞”“优婆夷”的称号的情形，但大多只是记载名字而已。在这些名单中拥有“家长”（gahapati。有 5 例）或“长者”（seṭṭhi。有 17 例）称号的人也很多，特别是长者很多一事，表示有很多商人阶级的信徒。也可见到两三例以“村”为单位捐献的情形。还有引人注目的是有以“佛教徒众”（Bodha-goṭhī，Bauddha-goṣṭhī）的名义捐献的。希腊人的捐献也有 1 例，“通达五尼柯耶”的比丘也有 1 例，“通达经典（sūtātikinī）的摩达罗（Maḍalachikaṭa）居民阿毗希那（Avisinā）女的捐献”，是一个在家女性拥有“通达经典”称号的例子（相同铭文有 2 例），同样地，男性的持经师有 1 例，讽诵者有 2 例（1 例为比丘，1 例为在家者）。在许多在家者的捐献铭文中，有优婆塞、优婆夷称呼的却很少，也许意味着什么。还有在巴胡特及山齐，部派佛教的教团名称却连一个也没出现过。当时部派教团已经存在，所以这些佛塔上没有出现部派教团的名称是值得注意的。

在山齐附近，包含在“比耳沙诸塔”里的有“案提塔”（Andher-stūpa）
及“婆遮普塔”（Bhojpur-stūpa）。案提塔是位于比耳沙西南的小村，这 （284）上
里有 3 个小塔，发现了碑文。也发现了舍利壶，在这些碑铭中可见到目犍连子（Mogaliputa）、诃利帝子（Hāritīputa）等之名。

还有在中印度，除了巴胡特与山齐之外，在佛陀成道之地的佛陀伽耶（Bodh-gayā），自古就建了支提（caitya），而在熏迦王朝时代将菩提道场围起来，建造了富丽的栏楯，现存其遗迹。菩提道场即指以菩提树下成正觉之座的金刚宝座为中心的圣域。其次在笈多王朝时代，建造了所谓的佛陀伽耶大塔（现在的大塔是将其复元的后代再建之物）。现存最古的建筑物是栏楯的部分，也曾说是阿育王时代之物，但是后来的研究则认为是比巴胡特还要新。此栏楯上也有种种雕刻，可以比对出的佛传

图有5图，本生有2图。

在此之外，中印度华氏城也有古栏楯残片出土，可以推测出在阿育王所经营的阿育园（Asokārāma）曾有堂皇的寺院。此外，在中印度似乎也存在过许多佛塔或寺院，但是值得看的皆已不存。不过在初转法轮之地鹿野苑（Sārnāth）发现了阿育王的石柱，及公元前2世纪左右以婆罗米文字所刻的碑文等。碑文刻在栏楯的伞石上，说是僧婆(Samvahikā)比丘尼的捐献，所以这里似乎也有佛塔存在过。还有在比哈尔的劳离耶
上(285)（Lauriya Nandangarh）也发现了熏迦时代的佛教遗迹；这似是巨大的佛塔，但没有值得看的碑文。

甘婆王朝

前述的熏迦王朝，在第九代的天有王（Devabhūti）统治10年时，为大臣婆须提婆（Vasudeva）所灭，这是在公元前70年左右发生的事。婆须提婆的王朝称作甘婆王朝（Kāṇva），持续统治4代45年。这个王朝仅统治恒河流域，国势衰弱，而在第4代时为南方的案达罗王朝所灭，自此之后摩竭陀地区长期为案达罗王朝所统治。

西北印度与希腊人诸王

自孔雀王朝势力衰微的公元前180年左右起，异民族开始入侵西北印度，之后此地长期处于异民族的统治之下。第一个入侵的异民族是希腊人；在印度，梵语称希腊人为“夜婆那”(yavana)，巴利语称为“臾那”(yona)，被视为是由“爱奥尼亚”（Ionia）转化来的。

印度古代由于亚历山大大帝侵略印度（公元前327年），虽一时为希腊人所统治，但后为孔雀王朝的创立者旃陀罗笈多所击退。亚历山大死后，印度的西方地区则处于叙利亚的塞琉卡斯王朝（Seleucidae）的统
上(286) 治之下。塞琉卡斯一世（Seleucus I）派遣梅伽替尼（Megasthenes）为大使，驻在中印度的华氏城；梅伽替尼写下印度见闻记是有名的事，他大约在公元前303年左右到前292年左右停留在旃陀罗笈多的宫廷。塞琉卡斯王朝的统治地中，大夏（Bactria）地区和安息（Parthia）地区在

公元前 3 世纪中叶相继独立，这大约是在阿育王的时代。大夏在今天的巴尔克地区（Balkh。按：古译作缚喝），是妫水（Oxus。按：阿姆河）与印度河之间的北阿富汗（Afghanistan）地区。这时代的叙利亚王安都卡斯三世（Antiochus III）、大夏的第四代王提弥特罗（Demetrios）等入侵印度，占据了北印度，而进攻中印度，这是公元前 3 世纪到前 2 世纪前半左右的事。自此到公元前 1 世纪塞迦族（Saka，塞种）的茂斯王（Maues）入侵印度为止，希腊人持续统治了西北印度。在这期间可知道不少希腊人国王的名字，但较重要的是弥兰陀王（Menandros，印度名 Milinda，公元前 160—前 140 年在位）。他入侵印度，定都于西北印度的奢伽罗（Śākala），统治了阿富汗到中印度地区。

弥兰陀王皈依佛教，与佛教僧人龙军（Nāgasena）进行讨论，集其内容而成《弥兰陀王问经》（*Milindapañha*，《那先比丘经》）传世。巴利文的《弥兰陀王问经》还包含后代添加的部分，但汉译的《那先比丘经》与巴利本一致的地方较古，据此可知公元前 2 至前 1 世纪左右佛教的某一面。但是《弥兰陀王问经》里并没有出现大乘佛教的思想，而呈现出 (287)上
由《阿含经》到阿毗达磨佛教的过渡期教理。

另在 1937 年，印度河的上游苏婆河（Swat）溪谷的信拘（Shinkot）发现了装舍利的容器，记载说弥兰陀王（Minadra）治世时安奉此舍利。这也显示在弥兰陀王时代，北印度佛教盛行。

在阿育王时代，由教团派遣摩阐提（Majjhantika）往西北印度弘传佛教，开拓教团，然后在罽宾、犍陀罗地区，说一切有部的教团逐渐扩展势力，但是其详细经过不明。然而在西北印度挖掘出许多古佛塔的遗迹，可知这地区在公元前 2 世纪左右盛行过佛教，其中在呾叉史罗（Taxila）所挖掘出的法王塔（Dharmarājikā-stūpa）很古，而最古的部分可以上溯到阿育王时代。巨大的佛塔位于中心，并附设住处的广大的佛塔遗址，似乎长期是北印度佛教的一个中心地。1914 年在佛塔附属的一间房屋里发现了银薄板的卷片，其上有铭文；根据铭文，大夏的名为乌罗塞迦（Urasaka）的人安奉佛舍利于自己的菩萨堂。但是这个铭文的年代较晚，被认定为公元 1 世纪中叶之物。在呾叉史罗，从息尔迦普

上(288)（Sirkap）也挖掘出广大的佛教遗迹，其古层可上溯到公元前2世纪。

也发现了记载在公元前1世纪左右的希腊人中有信奉佛教者的碑文，亦即在印度河上游的苏婆河溪谷发现了公元前1世纪左右的佉留文（Kharoṣṭhī，佉卢虱底）碑文。碑文刻在舍利容器上，记载名为提奥得罗斯（Theodoros）的希腊人地方首长（Meridarkh），安奉了世尊释迦牟尼的舍利。同样在呾叉史罗的故塔挖掘到的铜版铭文里，也记载了地方首长和他的妻子一起建立佛塔。地方首长是希腊人王国的行政组织之一，但并不是管辖范围很大的地方知事；总之，在官吏之中也有皈依佛教，建造佛塔的人。

希腊人很早就皈依佛教。在阿育王的时代，佛教教团派遣传道师到各地，其中也包含了希腊人的比丘，传道于阿波兰多的达摩勒弃多（Dhammarakkhita）就是希腊人。还有在山齐的碑文中，也显示有希腊人的捐献铭文。进入印度的希腊人比较早皈依佛教，似乎是因为比起当时希腊人所拥有的宗教，佛教更佳的缘故。

且佛教是理性的、伦理的宗教，拥有外国人也容易接受的属性；礼拜佛塔，对佛陀的信仰，也似乎深获希腊人的心。相对地，在印度自古
上(289) 即有势力的是婆罗门教，印度教继其后，在这些民族宗教的根底有种姓制度及鄙视外国人为野蛮人（mleccha）的思想。这些明确记载于《摩奴法典》等。因为是自古以来就确立的社会观，所以外国人难以接受婆罗门教。相对地，佛教在教理上是理性的，还提倡四姓平等，对外国人没有偏见；这是佛教比较容易扩展于异民族世界的理由。不只是希腊人，此后入侵印度的塞迦人、安息人、贵霜族人等，都接受、信奉了佛教。

塞迦族的入侵

塞迦族（Saka）梵语称作Śaka，一般认为是出现在中国《汉书》里的“塞种”。这个种族古代是住在中亚的伊犁（Ili）河流域，为月氏族所逐，而自公元前180年左右向西方移动，灭希腊人的大夏王国，占有其地。大夏是处于妫水与印度河之间的北阿富汗地区。但是匈奴又再驱逐大月氏于西方，所以大月氏更向西方移动，驱逐塞迦族，征服了大夏地区。

因此塞迦族向南移动，最后入侵到印度，这是在公元前 100 年前后的事。首代塞迦族王是茂斯王（Maues），他征服了北印度后，还想要征服摩偷罗，却在远征途中去世。茂斯王号称“诸王之王”，但是之后塞迦族分裂，上 (290)
牧伯（Kṣatrapa，太守）、大牧伯（Mahākṣatrapa）等割据各地，半独立统治各自的土地。特别以北印度的库苏鲁迦（Kusuluka）牧伯及他的儿子波提迦（Patika）、治理摩偷罗的罗宙拉（Rajula）大牧伯等为有名，他们都皈依了佛教。根据在呾叉史罗的故塔所发现的铜版铭文，说到波提迦在还未有佛塔的地区造了佛塔，安奉释迦牟尼佛的舍利，建造僧伽蓝；碑文年代约在公元前 1 世纪。另在摩偷罗（Mathurā）发现了有名的“狮子柱头铭文”，按此铭文，大牧伯罗宙拉的妃子阿耶喜（Ayasia Kamuïa）与家族及王宫婇女等一起造佛塔，安奉释迦牟尼佛的舍利，还建造僧伽蓝，布施给说一切有部的四方僧伽。在碑文里还记载，罗宙拉的儿子须达沙（Śuḍasa）牧伯为了要捐献土地给石窟寺院，而布施给说一切有部的比丘觉天（Buddhadeva）与菩提罗（Budhila）。这个狮子柱头铭文的年代是在公元 10 年前后。部派教团的名称出现在碑文中，以此为最早。

安息

安息（Parthia）本来是在里海东南的一个地区，在公元前 3 世纪，安尔萨息（Arsakes）王背叛叙利亚王而独立，建立安息王国。中国自古以来称 Parthia 为安息，这是由 Arsakes 音译而得的。这个王朝征服希腊 上 (291)
人而扩张版图，获得势力，终至入侵印度，是在阿吉斯（Azes）王之时，继其后的是贡多发尔（Gondopharnes），他在公元前后统治了西北印度。总之在公元 1 世纪后半，安息人取代了塞迦人，控制了西北印度，但是其后不久就换成贵霜（Kuṣāṇa，月氏）统治西北印度。

安息人也皈依佛教。由于到中国传法的僧人很多是安息人，故可知道这个情形。例如安世高是安息的王子，但出家学阿毗达磨，诵持禅教，于后汉桓帝（于公元 146—167 年在位）的时代到中国，译出许多与《阿含经》或阿毗达磨有关的经论。此后在后汉灵帝（于公元 168—189 年在位）的时代，安玄从安息来，而在魏正元年间（公元 254—256 年）到中国来的昙谛也是安息人。

贵霜王朝

贵霜（Kuṣāṇa）在中国是以大月氏为人所知。月氏本来住在中亚的敦煌与祁连之间，后为匈奴所败而向西移动，这是公元前 2 世纪的事。之后在妫水（Oxus）之北索得住地，但后又迁移而灭大夏，在公元前 129 年左右移居大夏故地。这时代大月氏有 5 位部族长（五翕侯），其中贵霜最强，统一其他 4 个部族，急速扩大势力。在丘就却（Kujūla
上(292) Kadphises）时也征服安息，更入侵印度，这是公元 1 世纪的后半之事。继其后的是阎膏珍（Wema Kadphises），此后出现了有名的迦腻色伽（Kaniṣka）王，但是迦腻色伽王似与丘就却王不同王系。迦腻色伽王在公元 2 世纪前半掌握贵霜王国的王权，出现了横跨中亚到阿富汗，乃至西北印度、北印度的大帝国。

这是阿育王以后出现的最大王国，而且因为是横跨许多异民族国土的大帝国，所以在其版图内杂居着印度人、希腊人、塞迦人、安息人及其他许多异民族，并位于中国与罗马、印度的交通要冲上。在贵霜帝国出现以前，在北印度以希腊人为始，就已经有许多异民族居住了，加上这些异民族的文化也融合了东西方文化，在北印度新的文化逐渐地成熟。在佛教中，新兴的大乘佛教也可说是在贵霜王朝之下大为发展。佛教也受到希腊文化或希腊罗马（Greco-Roman）文化的强烈影响，在建筑及雕刻等上出现了新的样式，即所谓的犍陀罗艺术。在佛教建筑的哥林多式（Corinthian）柱头，或在建筑的各处所施加的装饰纹样等，可以明显地见到希腊文化的影响。这影响经由西域或中国，也传到了日本法隆寺的建筑等，而为世人所知。

另在这时代出现佛像的雕刻，也是值得注目的事。由佛像可见希腊风格的容貌及服装，特别是从衣服的褶边上等就清楚可知受到希腊雕刻的强
上(293) 烈影响。希腊罗马美术对佛教建筑及人物像等的影响，在安息时代也可见到，但是在那个时代还没有出现佛像。犍陀罗出现佛像雕刻是在公元 1 世纪的后半左右（不过佛像的雕刻在犍陀罗与中印度的摩偷罗大约是同时进

行制作的），这是贵霜王朝的前期时代，自此到第 2 世纪开始盛行雕刻。佛陀像首先出现于佛传图中。在中印度的巴胡特或山齐等也可见到，以佛传图或本生等浮雕来庄严佛塔等佛教建筑物。但是在那里，佛陀是没有形体的，并未描绘出佛像来，然而在犍陀罗，则开始以人的形象描绘出佛陀来，但并未将主角释迦佛特别放大来突出表现，不过可以说逐渐开始只将佛陀放大来表现，终于由佛传图蜕变而进展到单独的佛陀像制作。

单独的佛陀像因为成为礼拜对象，所以与佛传图中所表现的佛陀意义不同，但如果礼拜佛塔的信仰与佛传图中的佛陀像结合，则也会制造作为礼拜像的佛陀像。总之，佛像的出现似可视为与佛传文学或佛塔信仰有关。不过在佛传图中描绘出佛陀像，还不清楚是源自于希腊等的雕刻家的主意，还是由佛教教理必然出现。如果是由佛教教理出现，可以 (294) 上
认为是来自于佛塔信仰，亦即祈求佛陀救济的在家信众的信仰。根据部派佛教的教理，佛陀在去世的时候舍肉身而入无余依涅槃界，因此理解为，此佛陀是不可见的，不能以形像来掌握的。在此立场，要以人像来表现佛陀是不可能的事。

丘就却与阎膏珍拥有怎样的信仰并不清楚，但是在这个时代佛教在北印度也很盛行。在北印度，以呾叉史罗的法王塔、拘那罗（Kunāra）塔，及迦罗婆（Kalawān）遗迹为代表，残存着大小佛教遗迹，而发现了许多贵霜时代的遗物。特别是迦罗婆遗迹，号称是北印度最大的伽蓝遗址，并在这里的一个制多堂发现了有“阿吉斯王一三四年”年号的碑文，此时相当于公元 77 年，记载安奉舍利于制多堂，捐献给说一切有部；在北印度出现部派教团之名的，以此碑文为最早。此外 2 世纪以后的碑文，即迦腻色伽王在白沙瓦（Peshawar）附近建立有名的迦腻色伽大塔，此大塔遗址由沙耆吉提离（Shāh-jī-kī Ḍherī）所发掘，在此发现了安奉于迦腻色伽寺（Kaniṣka-vihāra）的舍利瓶，而由其碑文可以明白迦腻色伽寺属于说一切有部。还有在白沙瓦的拘兰（Kurram）发现的小铜塔上有小铭文，记载了安奉佛舍利，捐塔给说一切有部之事；这铭文是公元 148 年左右之物。 (295) 上

此外在北印度可知部派名称的碑文，有建造供水处奉献给说一切有

部，掘井奉献给说一切有部，布施铜柄的勺子给饮光部（kāśyapīya），布施陶瓮给多闻部（Bahuśrutīya）与饮光部等；这些被认定为大约是2世纪之物。

在北印度一般是说一切有部的势力较强，但此外也发现许多记载建立佛塔的碑文。例如由前述两位希腊地方首长安奉佛舍利的碑文为始，记载塞迦族的牧伯波提迦（Patika）在呾叉史罗的揭摩（Kshema）安奉佛舍利，建立佛塔的碑文，被视为是公元前1世纪的遗物，但是这佛塔并未捐献给任何一个部派。在北印度也发现了许多这样的佛塔碑文，其数量比起捐赠给部派教团的铭文还要多[①]。

不只在北印度，在阿富汗也发现很多佛教遗迹。在阿富汗的兰婆迦（Lampāka）与甘达诃（Kandahār，坎大哈）发现了阿育王的碑文，可知从阿育王的时代起这里就在进行佛教的弘传，其后弘传的详细情形虽然不明，但可想见在公元前后佛教逐渐盛行。到最近为止发掘出许多佛教遗迹，例如有卑伽兰（Begrām）的都城遗址、毗摩兰（Bīmarān）的诸塔遗址、诃达（Haḍḍa）的遗迹、修陀罗迦（Shotorak）的遗迹，还有在西方有巴米扬（Bāmiyān。按：梵衍那国都）的石窟等。在巴米扬有包含二大石佛的许多石窟，一部分也有壁画残存。卑伽兰被比定为古代
上(296) 的迦毕试（Kāpiśī），从这里发掘出佛传图及其他遗物。在毗摩兰的故塔发现了舍利的容器，上面的铭文记载说，名为尸婆罗耆陀（Śivaraksita）的人安奉佛舍利，建立了塔，这是塞迦时代之物。在诃达的遗迹也发现了许多遗物，在出土水瓶的铭文里说到安奉佛舍利及建塔之事，这是贵霜时期之物。在喀布尔（Kabul，高附）西方的婆达迦（Wardak）发现了青铜的舍利容器，上面记载在婆伽摩离伽（Vagramarega）寺内的塔中安奉佛舍利，捐献给大众部之事。碑文上有五十一年的年号，祈愿弗维色迦（Huviṣka）王的幸福，考定为贵霜期，公元179年左右之物。

在北印度及阿富汗还发现许多碑文，但有记载部派教团名称的只不过是如上数件而已。

---

① 关于这点，参考拙著『初期大乗仏教の研究』，页661以下。

迦腻色伽王支持说一切有部教团之事，由前述迦腻色伽大塔所发现的碑文可以明白，但这也记载于种种传说中。例如根据《马鸣菩萨传》，迦腻色伽王讨伐中印度时，要求佛钵与马鸣（Aśvaghoṣa）为战利品。应迦腻色伽王之求，马鸣遂前往西北印度弘传佛教。还有，迦腻色伽王皈依说一切有部的胁尊者，因他之劝而聚集五百位阿罗汉于罽宾进行“结集”，其成果就是《大毗婆沙论》两百卷，一般称此为“第四结集”。（297）上

迦腻色伽王死后，瓦西色迦（Vāṣiska）、弗维色迦、婆苏提婆（Vāsudeva）等相继继承王位，但王朝逐渐失去势力，在公元3世纪末成为北印度一个地区的小王，但是佛教在这期间也顺利地繁荣起来。特别是在摩偷罗（Mathurā），有前述的牧伯须达沙（Śuḍasa）所建的笈诃寺（Guha-vihāra），之后由贵霜王朝的弗维色迦王于迦腻色伽纪元四十七年，在摩偷罗郊外的旃摩富（Jamālpur）建造了弗维色迦寺（Huviṣka-vihāra）。弗维色迦寺装饰以优美的雕刻，但为异教徒所破坏，今已化为废墟，只发现许多栏楯、石柱、佛像等的残片。在摩偷罗尚有许多寺院，而根据出土的碑文，可知有大众部的寺院（碑铭6种）、说一切有部的寺院（碑铭2种）、正量部的寺院（碑铭1种）、法藏部的寺院（碑铭1种）等，但在此之外也发现许多与部派名称无关的碑文，可知当时摩偷罗是佛教教团的一大中心地；此事也可由法显及玄奘的旅行记得到确认。

摩偷罗与犍陀罗以并列为佛像的发源地而知名。摩偷罗的佛像制造，一般认为大约是与犍陀罗同时代，但摩偷罗的佛像并未模仿犍陀罗，佛像的样式也和犍陀罗佛不同，应是独自产生的[1]。一般认为是因为摩偷罗自古以来造形艺术就很先进，所以受到犍陀罗佛像出现的刺激，而开始做出摩偷罗独自的佛像。不过在摩偷罗，佛传图的遗物不多，而对佛供养图较有兴趣，一般以为供养的对象本来以菩提树或佛塔呈现，但后来（298）上被佛像所取代，自此开始制作佛像、菩萨像等。但是在摩偷罗，根据捐献铭文等，可见到即使进行佛像的捐献，也只说“像”（pratimā），而不说“佛像”；或在完全同型的佛像，一方面称为“菩萨坐像”，另一方面

① 关于犍陀罗及摩偷罗佛像的出现，根据高田修『仏像の起源』页209以下。

称为“佛坐像”。亦即雕刻了佛像，有称之为“佛像”，或只称为“像”，或称为“菩萨像”，对待方式不同。但是其教理上的背景不明。

案达罗王朝

案达罗王朝（Andhra）可分为两个时期，前期是娑多婆诃王族（Śātavāhana）君临德干半岛的时代，后期是娑多婆诃王统衰微而诸王割据的时代。娑多婆诃王族自孔雀王朝国势衰弱的公元前200年左右开始得势，之后持续到公元3世纪左右。娑多婆诃王的出生地在德干高原的西部，以昔日“南路”（Dakkhiṇāpatha）的起点安立国（Paithan，Pratiṣṭhāna）为中心，包含北方的那私迦（Nāsik）、阿俱罗（Akolā）地区，似为其发祥地，而案达罗王朝在公元后2世纪达到全盛期，统治了流经与中印度交界的宾陀（Vindhya）山脉之南的耐秣陀河以南的广大地区，其统治一度扩及到耐秣陀河以北。此王朝的首都是东海岸讫里瑟拏河沿
上（299） 岸的驮那羯磔迦（Dhānyakaṭaka）。

传说娑多婆诃王统有30个国王，持续了460年，但是因为有几位分封的国王也算在其中，所以实际大概有17至19位国王与300年统治时期。娑多婆诃王族在公元3世纪失势，德干进入诸族割据的时代，在这期间占据于东部瞿陀婆犁河下游的甘蔗（Ikṣvāku，懿师摩）王族与佛教关系很深，然后笈多王朝在公元4世纪统一了印度。

窟院

德干佛教的特征是窟院（leṇa）很多，特别是在德干西海岸的西方加慈（Ghats）山系中开凿了许多窟院。在印度像这样的窟院大约有1200座，其中75%属于佛教。最早的窟院自公元前2世纪或前1世纪开始开凿，此后的数百年间是窟院的全盛期。德干地区岩山很多，而且岩山上树木不生，因为巨木很少，以致不能建造木造建筑，开凿窟院因此盛行起来。窟院是开凿岩山为大洞窟，在洞窟内建造与在平地一样的佛塔或伽蓝。因为全体是由岩石所成，所以是恒久性的建筑，现在也有不少窟院残存着。有名的窟院有阿旃陀（Ajantā）、婆阇（Bhājā）、那私迦（Nāsik）、

迦离（Kārlī）、伊楼罗（Ellora）等；在这些窟院中，有祭祀佛陀而成为礼拜殿的洞窟，及成为僧伽住处的洞窟两种。 （300）上

无法希求窟院内佛塔也是巨大无比的，所以其形状较小，塔本身也是石造的，称为“制多堂”（cetiyaghara，塔院）；相对地，作为僧伽住处的称作“僧院”（vihāra）。僧院由入口一进去，中央就是方形的广场，在其他三面开凿1人至2人住的僧房（layana）各数间。在伊楼罗的最大僧院石窟是三层楼建筑，每一层楼的三面都各造十余间僧房，是共有百余间僧房的巨大窟院。正中的方形广场似乎是用于布萨等集会。在制多堂的入口或柱子等上有很多精巧的雕刻，非常美丽。僧院一般是很朴素的，但在伊楼罗及阿旃陀有雕刻，特别是阿旃陀以壁画而知名。

那私迦（Nāsik）位于由山齐南下孟买的中途，窟院位于其郊外山地的半山腰，共有23窟，最古的是自公元前2世纪所开凿的。第14窟（僧院）记载，在黑王（Kaṇha）治世时住于那私迦的大官建造了这个石窟（leṇa），这黑王被认为是案达罗王朝的讫里瑟拏（Kṛṣṇa，黑）王，推定是悉摩迦王（Simuka）的弟弟、娑多婆诃王朝第二代国王；若真如此，则此窟即是在公元前2世纪的前半所开凿的。第13窟是制多窟（cetiyaghara），在此所刻的碑文字体也被考定为公元前2世纪之物，记载说是那私迦的昙毗迦（Dhaṃbhika）村所捐献的。但是一般来说案达罗王朝是皈依婆罗门教的；这与婆罗门教里有马祀等，即有宣示王权权威的仪式等也不无关系。那私迦地区后来在公元1世纪末到2世纪左右为塞迦族的叉诃 （301）上
罗多王族（Kṣaharāta）所占领。在第8窟有两个记载叉诃罗多王族的牧伯优娑婆达多（Uṣavadāta）布施窟院、田地及金钱给那私迦的碑文，优娑婆达多布施的碑文也可见于迦离的窟院。塞迦族对那私迦的布施，也出现在第8窟、第17窟的碑文里。

但是塞迦族的统治权此后为娑多婆诃王族所夺回，此事同样记载于那私迦第3窟的碑文中，说瞿昙弥子王（Gotamīputra Śrī Śātakaruṇi，娑多迦卢尼）完全打败叉诃罗多王族，灭塞迦族、希腊人、波罗婆族（Pallavas，Phalava，即安息人）等，在公元2世纪初于广大的地区确立统治权。在第3窟，有两种记载瞿昙弥子王捐献窟院与土地给那私迦

的碑文，还有同为娑多婆诃王族的普卢摩夷王（Śrī Pulmāyi）布施窟院的碑文，及前述瞿昙弥子王的母后布施窟院给贤胄部（Bhadāvaniya）比丘僧伽的碑文。普卢摩夷王是瞿昙弥子王的王位直接继承人，在第 3 窟里有记载普卢摩夷王为贤胄部的比丘们捐献土地的碑文。在那私迦，窟院有 23 座，其中第 3 窟在 2 世纪之初普卢摩夷王的时代为贤胄部所有，此外第 6 窟、第 10 窟、第 15 窟等则布施给“四方僧伽”，而其他窟院的
上(302) 接受者则不明，第 17 窟则附加上后世的大乘雕刻。

有关贤胄部，在孟买附近的甘醯离（Kaṇherī）窟院也可见到。在这里有大小 109 个窟院，在其中心的大制多窟里，说到此制多堂是布施给贤胄部诸师的，这发生在娑多婆诃王朝末期的英主耶若师利王(Yajñaśrī)治世之时，即公元 2 世纪末。甘醯离的窟院是由 2 世纪末开凿到 8 世纪。甘醯离的第 70 窟也布施给贤胄部，而第 12、48、77、81 窟等则布施给四方僧伽。

在由孟买南下浦那（Poona）途中之山的半山腰上的迦离（kālrī）窟院，也和那私迦窟院一样古老。为其中心的制多窟，窟口宽有 13.87 米，深有 37.87 米，是印度最大的塔院，也是杰出的建筑，被视为是公元前或公元后 1 世纪左右所造，由碑文可知是基尔特的统领（seṭhi）捐献的。但是在制多窟内的 11 个柱子上各刻有捐献者的名字，其中记载了法上部（Dhammuttariya）的讽诵者（bhāṇaka）沙提蜜陀（Sātimita）捐献藏有舍利的柱子，希腊人捐赠的柱子有 9 个，因此这似乎是由许多捐献所建成的。还有在制多窟里有碑文说，前述的塞迦族叉诃罗多王族的牧伯乌沙跋达多（Usabhadāta）为了让住于此地的窟院的“出家者的四方僧伽”（pavajitānam cātudisasa sagha）维持生计，而捐赠了迦罗耆迦
上(303)（Karajika）村，因此这制多窟并非属于特定部派的。

此地后来归于娑多婆诃王朝所有，因此同样的制多窟里有碑文说到，为了住在此地的窟院的“大众部的出家比丘”（pavajitāna bhikhuna nikāyasa Mahāsaghiyāna），重新捐赠迦罗耆迦村，因此这个窟院后来成为大众部所有。在制多窟之北的僧院窟，有记载着将拥有 9 个房间的僧堂（maṭapo）捐献给大众部的碑文，这是在普卢摩夷王二十四年的事情。

还有，在迦离附近有婆阇窟（Bhājā），同样在中心有制多窟，左右有僧院窟，其中以第17窟的僧院最古老。全体规模较迦离还小，中心的制多堂也不大，但其开凿却较迦离还早，是在公元前1世纪或之前。这里有8种碑文，其中4种记载了捐献者的名字。在僧院的边缘有数座小塔，其余4种碑文即是刻在这些小塔上。小塔用于收纳长老的遗骨，刻写着这些长老的名字；婆阇窟院的居住者似乎并不是特定的部派教团。

侏那（Junnār）是在浦那北方77公里的城镇，附近有5个窟院群。窟院的数目大小总共达150余座，是从公元前1世纪起大约三百年之间开凿的。碑文则采集到30个之多，在碑文中叙述了制多窟（cetiyaghara）、窟院（leṇa）、水槽、芒果树、土地等的捐献之事，布施者大部分是地方居民。其中尸婆尼离山（Sivanerī）第51窟制多窟是长者首领商人所捐献的，（304）上
其他的捐赠者有希腊人3位、塞迦人1位，此外同样是塞迦族的大牧伯那诃波那王（Nahapāna，乌沙跋达多的舅舅）的大臣捐献了僧堂，因此可知在2世纪初塞迦族的叉诃罗多王族领有相当广大的土地。还有在侏那的碑文里，记载了捐献窟院与水槽给法上部（Dhammuttariya）比丘尼僧院之事；比丘尼僧院的例子只有这个，但是比丘尼们似乎住在城中。

在阿旃陀（Ajantā）有28座石窟，其中第9、10塔院，与接近它们的第12、13的僧院窟较古老，是在公元前后之际开凿的。其第10窟的塔院与第12窟的僧院各有捐献者的碑文，前者是普卢摩夷王的亲族所捐，后者则是商人捐献的。继此之后开凿了第11、14、15这3个僧院，其余则是笈多王朝以后的。后期的石窟以丰富的浮雕与华丽的壁画而有名，特别是第1、第2窟的壁画很出色。在阿旃陀附近的伊楼罗（Ellora）也有34个窟院，其中第1至第12窟属于佛教，第13至第29窟属印度教，最后的5窟属于耆那教。印度教的石窟里有著名的铠罗沙那陀（Kailāsanāta）寺，装饰有丰富的雕刻。佛教的12窟中第10窟是塔院，其他是僧院，都是笈多王朝时期开凿的，有丰富的雕刻，佛像也变成大乘式的佛像，与阿旃陀的后期石窟相同。（305）上

在德干高原的东部地区，于阿摩罗伐提（Amarāvatī）、龙树山（Nāgārjunakoṇḍa）等有大塔遗迹残存。阿摩罗伐提位于讫里瑟拏河南

岸，由河口上溯约100公里处，邻接古城驮那羯磔迦（Dhānyakaṭaka，Dharanikoṭ)之东。在公元1797年发现这个大塔时，还保存了大体的形状，但是自那时起，定新都于此城的地方小王因为寻找新居及新都市的建设用石材，而破坏了这座大塔，攫取了有大量精妙浮雕的大理石栏楯或石板等，塔址乃化为池；但是救出了一部分大理石浮雕，分藏于伦敦大英博物馆、马德拉斯和加尔各答的博物馆等，得以追思其往昔的美观。这个大塔塔基的直径有50米，在四方各个正面有长方形的突出部分，有环绕步道，其外侧围着栏楯，是名副其实的雄伟建筑——大塔（Mahācetiya，大制多）。这大塔是在公元前所创建的，但是在公元后2世纪中叶修治为如上述的华丽的佛塔。碑文也有11种较古，但大多是公元2、3世纪之物，所发现的碑文全部有160种。

碑文中说到，娑多婆诃王族的普卢摩夷王（Pulumāyi）治世时，普离（Puri）长者之子们与兄弟姊妹们一起于世尊的大塔建造捐献给制多山部的法轮，因此可知2世纪左右这个大塔属于制多山部（Cetiya，
上(306) Cetika，Cetiyavadaka），此外也有出现制多山部之名的碑文。

捐献者方面，有很多在家众家长（gahapati）。出家众方面也有比丘、比丘尼，但另外可见到出家者（pavajita）、沙门（samaṇa）、沙门尼（samaṇikā）等，也可见到“比丘尼与女儿们一起”“出家女与出家女的女儿一起”等文句。若是出家以前所生的女儿的话还好，不然似会变成既是出家者又生女儿；这些是在北部的碑文里所未见的。

在讫里瑟拏河下游还有很多佛塔的遗迹，特别是在跋提婆卢（Bhaṭṭiprolu）或犍陀舍罗（Ghaṇṭaśāla）等，有底部直径各达45米及37米的大塔，特别是前者很古老，被视为是阿育王时代创建的。在跋提婆卢发掘出收纳有舍利的小箱子，在上面所刻的碑文字体被视为是公元前3世纪的字体。共得11种碑文，许多都记载了捐献者的名字。在犍陀舍罗也发现了5种碑文，这些被视为是公元后3世纪左右之物，载有捐献者的姓名，其中可见到极似“西山住部”（Aparaseliya）之名。

在娑多婆诃王族的首都驮那羯磔迦（Dhānyakaṭaka，Dharanikoṭ）发现刻有碑文的石柱，记载了有位大臣于大寺（Mahāvihāra）的东门上，

将有法轮的柱子捐献给东山住部（Pubbaseliya）的出家比丘僧伽，因此可知这大寺在某一时代属于东山住部。

还有在讫里瑟拏河中游南岸的台地，有曾为甘蔗王族（Ikṣvāku）首都的龙树山（Nāgārjunakoṇḍa，也称为Nāgārjunikoṇḍa）——似乎是 （307）上
与大乘佛教有名的论师龙树（Nāgārjuna，约公元150—250年在世）有关系的名称，但是在这里出土的碑文并未言及龙树之事。据载，甘蔗王族从公元2世纪末到3世纪兴盛于讫里瑟拏河流域。在龙树山存有崩坏的大塔及僧院、祠堂、小塔等的废址，也发现了56个碑文。长篇的碑文很多，首先有记载甘蔗王族的王妃摩诃陀罗婆离·遮提尸离（Mahātalavari Cātisiri）于大塔（Mahācetiya）捐献柱子的碑文，这是在尸离·毗罗王（Siri Virapurisadata）六年的时候，还有在此碑文里也可见到大王跋希提子·尸离·遮陀目罗（Vātsiṭhiputa Siri Cātamūla）的名字。上述王妃的捐献铭文共有10个，其中之一记载这个大塔是Aparamahāvinaseliya（西山住部?）所有。还发现其他诸妃子的6个捐献铭文，更在附属的制多堂（cetiyaghara）中记载了上述遮提尸离王妃捐献此制多堂给西山住部，在其他碑文里也有对这个部派进行捐献的铭文。

另在龙树山里有吉祥山。传说吉祥山（Śrīparvata）是龙树住过的地方，但是根据碑文，这个山中有“小法山”（Cula-dhammagiri），在此
有小法山僧院。在小法山僧院的制多堂发现碑文，记载这个制多堂献给 （308）上
锡兰（Tambapaṃnaka）长老们之事。往昔龙树山是讫里瑟拏河中游的港口，因此与锡兰互有交通，也有锡兰僧往来，所以碑文上记载这里有“锡兰寺”（Sīhaḷavihāra），也记载捐献给东山住部（Pūrvaśaila）一个水槽之事。

还有从距离龙树山的大塔约400米远处发现了记载捐献僧院给多闻部（Bahuśrutīya）的碑文，又在别的地方发现了记载为了四方僧伽而建立属于化地部（Mahīśāsaka）的柱子与僧院的碑文，更有记载安奉佛足石于分别说者（Vibhajyavāda）的大寺派（Mahāvihāravāsin，是锡兰的教团）僧院的碑文。如此，在龙树山出现了许多部派教团的名字，似乎显示出随着时代转移，寺院出现了专属于某一部派教团的倾向。

在龙树山也有其他各种捐献铭文，捐献者虽不限于甘蔗王族的人，但主要的施主是王族的王妃们；这座大塔是以她们的力量而建造的。龙树山遗迹是在公元 1926 年发现的，之后在此发现了许多碑文及雕刻的残片，但是近年为了于龙树山的下游地区拦住讫里瑟拏河以取得电力，而造了龙树人造湖，因而龙树山的佛教遗迹就沉没到此湖水中了。还有报
上(309) 导说，从龙树山附近的难荼罗（Naṇḍūra）发现了装有龙树的弟子提婆（Āryadeva）的遗骨的舍利壶，但是对这个碑文的解读尚有疑问。

佛塔、僧院的遗迹与大乘教团

以上就佛教遗迹概观了孔雀王朝崩坏后佛教教团的发展，但首要问题是，在这些遗迹里并未出现大乘佛教（Mahāyāna）的碑文，而可以发现相当多记载捐献给部派教团的碑文。因为并未出现这样的大乘碑文，所以有学者认为当时大乘教团并不存在，也有学者认为，大乘教徒是异端者，在占优势的部派教团控制的环境里，可说是地下潜伏式地从事于新思想的鼓吹。

但是并不能因为“大乘”未出现在碑文中，就以为大乘佛教当时不存在。在贵霜王朝的统治下，北印度已有大乘经典，这一点可以由传到中国的经典的翻译状况知道；当时有怎样的大乘经典存在，将在下一节阐述。“大乘”之语，因为在至公元二三世纪为止的漫长年月中，仍未出现在碑文中，所以非得考虑这点而思考这个问题不可。

首先来看法显（公元 399 年由长安出发）的《佛国记》，说当时的印度有小乘寺、大乘寺、大小兼学寺 3 种寺院。还有玄奘（公元 629 年出发）
上(310) 的《大唐西域记》，更加详细地记述了印度佛教的实情[①]。比较法显和玄奘的记载，可明白当时印度大乘寺、大小兼学寺已经存在。从比例来说，小乘寺占六成，大乘寺占二成四，大小兼学寺占一成五，所以大乘并不能说占优势，但总之大小兼学合起来的话，有四成的寺院包含大乘。法显（公元 400 年左右）、玄奘（公元 650 年左右）的记载大体一致，所以

① 在拙著前引书页 699 以下，说明在印度大小乘的分布。

自此逆推，在较早的一百年或两百年之前的印度，完全没有大乘寺似乎是令人难以想象的。因此仅以“大乘”之语未出现在碑文里，就断定在公元二三世纪没有大乘的寺院，可说是不妥当的。

因此关于大乘教团的状态，不得不由别的角度来考察。首先应注意的是，在古老的碑文里也找不到部派教团的存在。在巴胡特或山齐的碑文等中，及公元前一二世纪的碑文里，并未出现部派教团的名字；还有在那私迦、迦离、婆阇及其他自公元前起开凿的窟院里，部派教团的名字也没有出现在古碑文里。出现部派教团名字的最古碑文是在摩偷罗所发现的“狮子柱头铭文”，里面说到将塔与僧伽蓝布施给说一切有部的四方僧伽，也引用“大众部”的名称。这碑文的成立被认定是在罗宙拉大牧伯的时代，是公元 10 年前后之际。摩偷罗是继中印度之后弘传佛教的地区，自古说
一切有部即在此盛行，特别是摩偷罗乃优波毱多的出生地，而他是阿育 （311）上
王之师；因此在摩偷罗出现说一切有部的碑文是有道理的，但是年代并不能说很古。以部派分裂史来说，在认为佛灭是在公元前 484 年之说里，阿育王的时代应该已经完成枝末分裂了，因此说一切有部非得从公元前 3 世纪以来就存在不可。如果是根据宇井伯寿博士的佛灭年代论，则较此约晚一百年，但即使如此，说一切有部的成立也在公元前 2 世纪。无论如何，部派教团之名在公元后才出现于碑文，稍嫌太晚了些。

其次是北印度的碑文；在自信拘（Shinkot）发现的弥兰陀王时代的碑文里，只说到安奉舍利，在法王塔的碑文，及公元前 1 世纪地方首长的佛塔建立铭也一样。在北印度佛塔的捐献铭文里出现部派教团之名的，最古是在公元 77 年，这是迦罗婆出土的铜版铭文，记载奉献屋塔给说一切有部之事。其他出现部派名的碑文为公元 2 世纪的。在有名的迦腻色伽大塔发现的舍利容器的铭文，及拘兰（Kurram）出土的铜制塔形舍利容器铭文等，是对说一切有部的奉献铭文，是公元 2 世纪的，还有在婆达迦（Wardak）出土的舍利容器铭文里记载将寺院奉献给大众部之事，也是公元 2 世纪的。此外在摩偷罗，或在那私迦、迦离、阿摩罗伐提、龙树山及其他地方，出土了许多对部派教团的奉献铭文，已

如前所见①，但那些都属于公元2、3世纪。不过不管在那私迦，或在迦离、
上（312） 跋提婆卢（Bhaṭṭiprolu），自公元前2世纪左右开始佛塔已存在了，而
且并不奉献给部派教团，只表示建立佛塔一事的碑文非常多，在数量上
是部派所属的佛塔的数倍。

若如以上所见，可以说本来佛塔并不属于部派教团。自公元1世纪左
右起，也出现了属于部派的佛塔，但其数量远远少于不属于部派的佛塔。
因此若大乘教徒存在，以这类不属于部派的佛塔为根据地而进行传道活
上（313） 动，也是可以想见的。关于这一点的教理上的理由，将于后节加以阐明。

参考书目

关于政治史，根据金倉円照『印度中世精神史』中（1962年），中村元『インド古代史』下（1966年），高田修『仏像の起源』第四章「西北地方の史的背景」（1967年）等。

高田修『印度南海の仏教美術』，1943年。

拙著『初期大乗仏教の研究』，1968年。

金倉円照，塚本啓祥訳注『G· ウッドコック 古代インドとギリシャ文化』，1972年。

André Bareau: *Les sectes bouddhiques du petit véhicule*. Saigon, 1955.

Sukumar Dutt: *Buddhist Monks and Monasteries of India*. London,
上（314） 1962.

第二节 贵霜时代的大乘经典

如上节所见，检讨碑铭并无发现大乘教团，但是由碑铭来看，很明显地，不属于部派教团的佛塔数量很多。什么样的宗教者住在这类佛塔

① 在本书中并未网罗全部出现于碑文的部派名称。关于出现在碑铭的部派名称，参考塚本啓祥『初期仏教教団史の研究』，页450以下，1966年。É. Lamotte: *Histoire du Bouddhisme Indien*. Louvain，1958，p.578 ff. 关于碑文的资料，是根据静谷正雄『インド仏教碑銘目録』，三分册，1962—1966年。

里，将于下节讨论。首先要阐明在公元元年前后之际，北印度大乘经典的情形，据此可以窥知当时北印度大乘佛教的概况。但是因为大乘经典自身主张是佛所说的，所以由经典本身并不能解明大乘经典的出现，因此这个问题除了由中国所翻译的经典来逆推，得知当时在印度经典的状态以外，并没有其他方法。

支娄迦谶的译出经典

佛教传来中国的传说，有名的是后汉明帝（公元 57—75 年在位）在梦中见到金人，于是遣使至大月氏国，结果在永平十年（公元 67 年）迦叶摩腾与竺法兰来到洛阳译出了《四十二章经》。但是因为《四十二章经》是由后世译出的经典的摘录，所以这传说并未被认可，然而从各点考虑，（315）上
佛教传到中国，应该在公元前后之际，但是经典确实开始被翻译到中国，较此约晚一百年，即后汉桓帝（公元 146—167 年在位）、灵帝（公元 168—189 年在位）的时代。亦即安息（Parthia）之僧安世高在桓帝的时代来到中国，译出《安般守意经》等小乘经典三十四部四十卷。较此稍晚的桓帝、灵帝时代，月氏（kuṣāṇa）的沙门支娄迦谶来到中国，译出《道行般若经》等十四部二十七卷。关于其内容虽有两三个问题，但是十四部中有十二部无疑是他所译出的，这也已为现代学术界所认可[①]。支娄迦谶主要是在光和（公元 178—183 年）、中平（公元 184—189 年）时代译经，但来到中国的时间较此还更早，因此他所译出的经典的原本可以视为在公元 150 年以前原已存在于贵霜王国了；问题是，由公元 150 年可以再溯古到什么程度。

在支娄迦谶的译出经典中，包括《道行般若经》十卷、《般舟三昧经》一卷、《首楞严三昧经》二卷、《伅真陀罗经》二卷、《阿阇世王经》二卷、《阿閦佛国经》一卷。这些经典中《道行般若经》是《小品般若经》的系统，内容与罗什译的《小品般若经》大体相同，亦即《小品》在支娄迦谶译里已经达到完成的阶段了，而且是三十章十卷的大部经典。到被整

① 参考拙著『初期大乘仏教の研究』，页 72 以下。

理成三十章十卷为止，《道行般若经》的成立可以想见经历了很长的历史。

上(316)《道行般若经》三十章中，最后的三章（《常啼菩萨品》等）是后世所附加的，这里面说到了制作佛像的事，因此这个部分应该是在公元 1 世纪后半开始制作佛像以后所附加的。前半的二十七品虽较古，但这二十七品也不是同时成立的，其中可以区别出新古层，即到第二十五《累教品》（《嘱累品》）为止就大致结束了，之后《见阿閦佛》等二章可视为后来的附加。但是前二十五章中也可以区别出新古层，被视为最古的是第一《道行品》。如果仅是在《道行般若经》里区别新古，则《般若经》原形的出现，也可能上溯到公元 1 世纪的前半或公元前 1 世纪。

且在《道行般若经》的第十六《怛竭优婆夷品》里说了弥勒菩萨的佛法，还说到阿閦佛刹（阿閦佛的净土），进而在第二十四《强弱品》里也说到阿閦佛于先世修菩萨行之事。这些内容是与《阿閦佛国经》的内容相呼应的，因此可知支娄迦谶所译的《阿閦佛国经》的中心部分，是较《道行般若经》的第十六、二十四品等早成立的；因此《阿閦佛国经》的原形似乎也可以视为是在公元 1 世纪前半以前成立的。

接着，支娄迦谶所译的《首楞严三昧经》已佚失不存。根据罗什译《首楞严三昧经》，只可推知此经典其内容是表达在菩萨修行的根本的勇猛禅定力，以此禅定力（三昧力）推动六波罗密的修行。就这点此经和说六
上(317)波罗密的《般若经》关系很深，更依于这修行力使菩萨行的修行得以进展，所以此经也与说菩萨行修行阶位的《十地经》关系很深。罗什译的《首楞严三昧经》里也出现了“十地”的名称。还有首楞严三昧的三昧力之根源，是决心要实践修行的人的主体性意志，或是其自觉；将此人格性地呈现出来的是文殊菩萨。在此经中以此意义而说文殊菩萨往昔的修行，在这意义下，《首楞严三昧经》是呈现与小乘不同的大乘菩萨修行自觉的经典，是大乘佛教基础性的经典之一。由于这也有支娄迦谶的翻译，所以毫无疑问地在公元 1 世纪已存在于北印度。

在《华严经》相关的经典里，有支娄迦谶译出的《兜沙经》一卷，而在《首楞严三昧经》里引用了《十地经》，所以与《华严》有关的经典的原形，也可看作在公元 1 世纪以前就已经有了。

其次，支娄迦谶译有《般舟三昧经》一卷，这是宣说观佛三昧的经典，与阿弥陀佛信仰关系很深。但是支娄迦谶并未译出《阿弥陀经》，不过《般舟三昧经》的存在，显示当时阿弥陀佛的信仰已经存在了，因此似乎可以说，宣说阿弥陀佛的经典的原形，也可上溯到公元 1 世纪以前，但是现存的《阿弥陀经》或《无量寿经》的成立似乎较此为新。还有在《般舟三昧经》的经中说到观想佛陀时使用佛像之事，所以支娄迦谶译《般舟三昧经》的成立则是在公元 1 世纪的后半以后。但是“观佛”时，佛像并不是不可或缺的，也可以说是观想佛陀的修行法兴起，而开始进行将其观想的佛陀转移成形像。总之，宣说阿弥陀佛的观想的《般 (318) 上
舟三昧经》，其原形似乎可以上溯到佛像出现以前。

支娄迦谶的译出经典中，有《伅真陀罗经》，这是以三十二事来详说六波罗蜜的经典。亦即在此经中说到了以六波罗蜜的修行而得无生法忍，至不退转，登十地的阶位而临于证悟。在此经中也说到了“方便”，总之是与《般若经》《十地经》及《首楞严三昧经》等关系很深的经典。接着支娄迦谶的译出经典有《阿阇世王经》，这是佛陀对因杀父之罪而战栗不安的阿阇世王说一切皆是由心而起，但是心是不可得，是空，而心的本性是清净的，为烦恼所不能染；因此这部经是宣说“心性本净”的经典。心性本净说发展成如来藏思想，是大乘佛教重要的思想系统之一。还有在《阿阇世王经》里，关联到心性本净而说到文殊菩萨往昔以来的修行，说文殊菩萨在久远的过去已经完成了成佛之行，所有的佛、菩萨皆因文殊的教导而成佛，指出释尊也曾在菩萨时于文殊之下修行，说“文殊为佛道中之父母”。文殊是将证悟的智慧人格化，以为此智慧是由“心性本净”而显现的。《放钵经》以说到文殊是佛的本师而有名，但这部经是《阿阇世王经》的一部分的异译。文殊菩萨与弥勒菩萨并列，是在大乘佛教里最早的菩萨。由得知文殊菩萨的起源来说，《阿阇世王经》也是重要的。 (319) 上

其次，支娄迦谶的译出经典中有《遗日摩尼宝经》；这部经将菩萨的实践归纳为“四法”，举出许多四法，随后举出菩萨所应具备的“三十二事”，以呈现菩萨的实践，这些可以说是初期的菩萨戒律。这部经是包含于《大宝积经》（*Mahāratnakūṭa*）的诸经之中最古的经典之一，可知《宝

积经》单纯〔「素朴」〕的部分，在公元1世纪也已经存在了。

由以上从支娄迦谶的译出经典所见，可知在公元1世纪末，北印度已有《般若经》系统、阿閦佛的思想、《华严》系统的思想、阿弥陀佛、观佛思想、心性本净说、文殊的教理、般舟三昧、首楞严三昧、《宝积经》系统的思想等。而在支娄迦谶所译里并没有发现与《法华经》有关的经典，除此之外的重要的大乘佛教思想，可说已经出现在公元1世纪末的北印度。

灵帝时，还有与支娄迦谶同时代的严佛调与安玄译了《法镜经》；这是《郁伽长者经》的异译，是构成《大宝积经》的一部分的经典。另在同时代，有支曜、康孟详、维祇难等的译经，其后支谦由黄武之初（公元222年）到建兴（公元252—253年）译出了《维摩经》等“三十六部四十八卷”。支谦译的经典或许不可能全部都是在由支娄迦谶到支谦之间于印度创作出来的，其中的若干经典似乎可以视为在支娄迦谶以前就已
上（320） 经存在于印度，如此看来，可说在公元1世纪末印度的大乘思想是多彩多姿的，而且《般若经》的原形或阿閦佛的教理等也可能上溯到公元以前。

最古的大乘经典

现存的大乘经典虽以支娄迦谶译为最古，但也还有比由他所译出的经更古的经典，就是前述《遗日摩尼宝经》里所引用的经典。在《遗日摩尼宝经》里举出了《六波罗蜜经》（*Ṣaṭpāramitā*）、《菩萨藏经》（*Bodhisattvapiṭaka*），作为菩萨所应学的经典，以此来看，可知在《遗日摩尼宝经》成立以前就已经有《六波罗蜜经》与《菩萨藏经》存在了。而且在上述严佛调、安玄译的《法镜经》里，说到应于昼夜六时读诵《三品经》（*Triskandhaka*），因此这《三品经》不得不视为是在《法镜经》成立以前就已经存在的[①]。

《遗日摩尼宝经》或《法镜经》如果是在公元1世纪末成立的，在这些经典中所引用的《六波罗蜜经》《菩萨藏经》《三品经》等则更古，应该是在公元前成立的。

---

① 关于最古的大乘经，参考前引书页98以下。

还有在前述支谦所译经典中有《大阿弥陀经》，此经引用了《道智大经》与《六波罗蜜经》。这《六波罗蜜经》与《遗日摩尼宝经》中所引用的似乎是同一部，但是《道智大经》所指则不明。总之根据这些可知，由支娄迦 (321) 上
谶或支谦译出的经典并不是最早的大乘经典，在这之前已经述作出别种大乘经典了。因此大乘经典的初次出现，基本确定可上溯到公元前 1 世纪。

般若经的南方起源说

在先前的《道行般若经》里说到了《般若经》起源于南印度之事，叙述道："如来灭后，般若波罗蜜流布于南印度，由南方流布于西方，由西方流布于北方。"这记载同样出现在《小品般若经》《大品般若经》等，被解释为是表示《般若经》起于南方。

仅以这个记载虽无法决定《般若经》是起于南方，但是可以了解到南印度与大乘佛教的关系很深。年代下移，传龙树住在南印度；龙树接受引正王（Śatavāhana，娑多婆诃）的皈依，住在吉祥山（Śrīparvata），或是住在黑蜂山（Bhrāmaragiri）；在龙树山里有吉祥山一事，也出现于碑文中。还有在巴利上座部的《论事》里所说的若干论争，虽然觉音说是名为"大空宗"（Mahāsuññatavādin）的方广部（Vetuyaka）的，但是也可认为或许是指般若教徒。《论事》详于南方佛教，然而并未详细介绍北方的佛教，例如说一切有部的教理等。由这点来看，可说这大空宗或也存在于南印度。根据锡兰的传承，在公元 3 世纪左右，方广比丘被乔达婆耶（Goṭhābaya）王由锡兰驱逐到印度大陆上。 (322) 上

另根据《华严经》的《入法界品》，说到文殊菩萨辞行于舍卫城佛陀的座下，向南方旅行，然后文殊止住于觉城（Dhanyākara）之东庄严幢娑罗林中的大塔庙处（Caitya）；文殊在这里得到许多信徒，其中有善财童子。这里所说的觉城也许是驮那羯磔迦（Dhānyakaṭaka）。另根据《入法界品》，善财童子为了闻法而参访的观音菩萨也住于南印度的光明山（Potalaka，补怛洛迦）；《入法界品》与南印度关系很深是无法否定的，同时也可注意文殊在南印度活动过的事。

如上所述，在大乘经典的兴起上，与南印度关联很深。一如已经在

碑文的检讨中阐明的，大众部系的部派教团曾在南印度盛行过。碑文里出现部派名称，虽是在公元 2 世纪以后，但是可以看作在此之前教团就已经存在，因此有人认为大乘佛教是由大众部发展而来。虽然确实让人以为两者曾有关系，但是因为大众部系诸部派，例如大众部、东山住部、西山住部、制多山部等部派的教理不明，所以要具体地证实大乘与大众部的近缘关系是不可能的。

后五百岁的意义

在大乘经典里屡屡出现“后五百岁正法灭时”之语；这“后五百岁”是相对于前五百岁之意。《律藏》的《比丘尼犍度》说，释迦的正法应持
上(323) 续一千年，但因为允许女性出家，正法减为五百年，似认为因此前五百年正法兴盛，而在后五百年正法就灭了。因此大乘经典认为在此正法灭尽之时，正是非保护佛法不可，而宣说于后五百岁正法之护持。但是这一词在大乘经典中，则理解成大乘经典的出现是在佛灭五百年后。

但是若说佛灭五百年以后，则是相当晚的时期。在视佛灭为公元前 484 年之说，后五百岁则为公元 1 世纪，但是在视佛灭为公元前 386 年之说，后五百岁则进入公元 2 世纪，这样就与前述视大乘经典的出现为“公元前 1 世纪”之说相矛盾。“后五百岁”之词虽然在大乘经典中经常出现，但是要注意其是出现在新〔译〕的经典里，例如在《般若经》中即是如此，在〔罗什译〕《小品般若经》中出现，却并未出现在〔支娄迦谶译〕《道行般若经》里。《大品般若经》〔系统中〕，虽在玄奘译的《大般若经》里出现了，但是并未出现在《放光般若经》及〔罗什译〕《大品般若经》中。因此“后五百岁”之语在大乘经典里并不是从最初就有的，可说是在途中书写进去的，因此这一语无法成为显示大乘经典出现的基准[①]。

以上由中国译经史来考察，可以得知在公元 1 世纪的贵霜王朝下，存在多彩多姿的大乘经典。有经典的话，则当然有其述作者或信奉者，而且不单只是信奉者，应有六波罗蜜的修行者，或首楞严三昧的实践者，

① 关于后五百岁，参考前引书页 65 以下。

因此也有相应的修行道场。教法由师传给弟子，因为传承，所以必然形 （324）上
成教团；可以想象在公元 1 世纪有这种状态的大乘佛教。

参考书目

本节主要是依据拙著『初期大乗仏教の研究』第一章「大乗経典の成立年代」。

其他参考书有：

椎尾弁匡『仏教経典概説』，1933 年。

赤沼智善『仏教経典史論』，1939 年。

宮本正尊『大乗と小乗』第五「大乗教と小乗教」第六章，1944 年。

梶芳光運『原始般若経の研究』，1944 年。

宇井伯寿『仏教経典史』，1957 年。

R. Hikata: *Suvikrāntavikrāmiparipṛcchā Prajñāpāramitāsūtra*，*An Introduction Essay on Prajñāpāramitā–Literature*, 1958. （325）上

第三节　大乘佛教的源流

大乘与小乘

“大乘”是 Mahāyāna（摩诃衍）的译语，是大的乘物（车）的意思；“小乘”则是 Hīnayāna 的译语，是小的乘物的意思，但 Hīna 的原意是“已被舍弃的”，也有“卑下”“劣等”的意思，因此小乘是轻视的称呼，是大乘教徒轻视部派佛教的称呼，亦即并没有自称小乘的教团。

大乘教徒称为“小乘”的对象，是部派佛教的全体，或者只是其中一部分，并不是很清楚。根据《大智度论》等，所破斥的似乎都是毗婆沙师，也就是说一切有部，亦即似乎确实是视说一切有部为小乘的代表；此事由大乘经典也可以广为确认，但是大众部或上座部是否也包括在“小乘”中则并不明确。然而在法显的《佛国记》里，将印度佛教分成大乘、小乘、

大小兼学三者，将此与玄奘的《大唐西域记》比较，法显似乎将部派佛教全体都理解为小乘佛教。

上(326) 在玄奘的《西域记》里，其理解也与法显相同；玄奘称说一切有部为“小乘教说一切有部”，称正量部为“小乘正量部法”，称大众部系的说出世部为“小乘说出世部”等，冠以“小乘”来称呼。其他也有许多未冠以部派名，而称“小乘法教”“习学小乘”等的情形。但是在举出大众部的 3 处，及举出上座部的 2 处，只是译成大众部法、上座部法等，而未冠以小乘之语①，但这似乎并没有特别的意思。其次在记载锡兰上座部及其系统的上座部 5 处，使用“大乘上座部”②之语，这是值得注意的。当时锡兰无畏山寺派盛行，传入不少大乘的教法，现在锡兰的佛教是大寺派，无畏山寺派被摈除掉了，但是在大寺派系的注释文献（Aṭṭhakathā）里，仔细看则有不少与大乘教理共通的地方。因此玄奘称呼锡兰系上座部的佛教为“大乘上座部”，似乎是有理由的。

所以玄奘似乎并非将部派佛教全部都视为小乘，但是将大众部系的说出世部冠以“小乘”，显示大众部系也包含于小乘的范畴。然而在说出世部的佛传《大事》里，大乘方面的思想很多。

其次在义净的《南海寄归内法传》里，大乘与小乘并没有什么太大的区别。首先在日常衣食住的生活形式上，大乘小乘出家者都受持律藏的戒律而过三衣一钵的生活，所以没有大小之别。大小乘共同修行四谛，
上(327) 但是其中特别说到“礼拜菩萨，读大乘经者”是大乘，而未行此者是小乘。即使是说大乘，也只不过是说中观（Mādhyamika）与瑜伽（Yogācāra，瑜伽行派）二派而已③。义净（公元 635—713 年）一直住在中印度的那烂陀寺，所以公元 7 世纪那烂陀寺的佛教，大小乘的区别似乎已不明显了。

在玄奘及义净的时代，大乘佛教已进入中期，所以把他们所说的原封不动地套用于大乘兴起的初期时代，是很危险的，但是可以说大体上是称呼以说一切有部为中心的部派佛教为“小乘”。比起大乘与小乘的用

---

① 关于法显、玄奘等人对“小乘”的用语例子，参考拙著『初期大乗仏教の研究』，页 700 以下。

② 同上，参考拙著页 713。

③ 同上，参考拙著页 718 以下。

语，“菩萨乘（Bodhisattvayāna）与声闻乘（Śrāvakayāna）”的用语是较古的。菩萨乘成为大乘，而声闻乘则变为被称作小乘，可以视为此声闻乘也是指部派佛教。

大小乘的意义

大乘、小乘的“乘”（yāna），是指教理，由于实践佛法而能自迷惑的此岸渡到觉悟的彼岸，所以将教义比喻为乘物。大乘佛教与部派佛教教理上有不少相异处，但大小对立的称呼，其根本理由是自利与利他的不同。大乘佛教说“因为度他而自己也得度”，是自利利他圆满的教法；大乘所说的六波罗蜜的修行，指出没有利他，自利就无法成立，这是由相依而成立的缘起世界的道理。相对地，在说一切有部或上座部的教理中，是以断烦恼而得自己的解脱为修行的目的，而且得到解脱的话，则“应作已作”，只能考虑入涅槃的事；救度他人并未成为修行完成的必要条（328）上
件。在自己得到解脱后，也没有进行救度他人，这是因为声闻乘是“弟子佛教”，从头到尾都是从他人而学的缘故，并没有从学习的立场转换到教导的立场；声闻是“学习的人”的意思。这同时关联到，在部派佛教的缘起的解释里，将相依的法理解为固定的、孤立的（有自性）。

实际上声闻乘也进行由师传到弟子的教法之传授，也从事教导或说法，但是在教理上，利他并不成为必然性的条件；这点是称为小乘的根本理由。相对于小乘是弟子佛教，大乘则是以自己成为教师为理想的佛教，是以声闻之师佛陀为理想的“成佛”之教法。自己边学习，也边教导他人，如此立场的佛教便成立了，这就是大乘。在成佛之教的根本处，以相信自己具备得以成为佛陀的素质为前提，自觉具备“得以成佛的素质”的人称为“菩萨”（bodhisattva）。在佛传文学里称呼释迦佛的前身为菩萨，这是以其为模范。依这个意义，大乘是菩萨之教（菩萨乘），而且在相信不只是自己，而是所有人都有成佛的素质之时，便生起了也要使他人醒悟此自觉的愿力。在这里“利他”以必然的契机进入大乘的教理，而由此发展出“一切众生悉有佛性”的教理。相对于小乘佛教成为隐遁性的僧院佛教，大乘佛教是与世间紧密结合的在家佛教。（329）上

由以上的差异，大乘与小乘发展出教理上的种种不同。相对于小乘理解涅槃为灰身灭智，视为最后目标，大乘则主张“永远不入涅槃的不住涅槃”。文殊、普贤或观音等已经具备了佛陀以上的能力，然而却不成佛，以持续于众生的救度。或者如阿弥陀佛及久远的释迦佛，永远不灭度而救度众生；显示入涅槃之事只不过是为了救济众生的方便而已，实际上并未入涅槃。

为了使此教理合理化，在大乘里空的思想深化了，而在中道或缘起的思想上也出现与部派佛教不同的解释。佛陀观也说到法身、报身、应身的区别，开始提出与小乘不同的佛身论。关于修行的阶段，也考虑到为了成佛的修行，所以开始提出与组织声闻乘弟子修行的四向四果的阶位完全不同的十地、四十二位等阶位。同时依佛陀救度的教理，出现了将恶人或无力之人也加以救度的他力易行教理。这个救度佛的观念，是小乘佛教中所未见的大乘特色。

关于大乘、小乘的区别，详细说的话还可以指出许多，但是其根本可说是在自利利他圆满与自利一边倒的差异上。

大乘佛教的三源流

大乘佛教是由何处兴起的，现在并不清楚，但是从大体上来看，认
上(330) 为其有三大源流。第一是由部派佛教发展而来。至今为止，一般认为大众部发展成大乘佛教，但是大乘佛教出现以后，大众部仍持续存在，所以难以看作是由大众部发展而消解成大乘。但是大众部的教理与大乘佛教有共通的地方，所以可以想见大众部于大乘的兴起给予了影响。但是不可忽略的是，说一切有部、化地部及法藏部等上座部系的教理，也同时被采用到大乘佛教中，特别是大乘经典中采用最多的是说一切有部的教理，还有经量部的教理也给予大乘佛教很大的影响。所以部派佛教与大乘佛教在教理上的关系并不单纯。

第二是佛传文学，即“赞佛乘”之流。佛传文学说不定是由部派佛教之中兴起的，但是可以想见其逐渐发展出超越部派佛教的思想，可以说这佛传文学的思想鼓动了大乘的兴起。

第三是佛塔信仰。在佛灭后分佛骨而于中印度建了八座佛塔，逐渐聚集起信众的信仰，佛塔信仰于是盛行起来，之后阿育王也在各地建塔，其后佛塔信仰一直盛行；有足以认为大乘佛教是由佛塔信仰发展出来的理由。大乘佛教生起之前的事，大乘经典本身什么都没提到，因此大乘的起源问题虽然不出推测的范围，但是将从以上的三个观点来简单地审视。

部派佛教与大乘

如上所述，部派佛教被称为“小乘”，成为大乘所否定的对象，但是 （331）上
却在各方面给予大乘佛教影响。首先，说一切有部的教理给予大乘佛教很大的影响，这点从唯识与说一切有部的教理有很多共通点就可明白。较此更早，在《大智度论》里也引用许多说一切有部的教理，还有在《大品般若经》里也采用了说一切有部的教理，此外在“十二部经”里，说一切有部及化地部和法藏部的教理被采用到大乘经典中，而犊子部的“五法藏说”也被引用到《般若经》等当中，这些都表示大乘经典的作者学习过部派的教理[①]。

但是教理有所类似，并不直接意味着是此部派出身者述作了大乘经典。特别是思想的立场与大乘相差最远的说一切有部的教理，被大量采用到大乘经典中一事，便可证明。不过不可忽视的是，在思想上，大众部的教理和大乘佛教相近。在《异部宗轮论》[②]里所说的大众部教理是最完整的，这是说一切有部的论师世友（Vasumitra）之作，既少偏见，也善于归纳其他部派之说。其中在大众部系的大众、一说、说出世、鸡胤四部的本宗同义中，有佛陀论、菩萨论，说到“诸佛世尊皆是出世，一切如来无有漏法”，这与说一切有部的佛陀观不同，而极为接近大乘佛教的看法。又说“佛以一音说一切法”，虽然这个主张在《大毗婆沙论》中是作分别论者之说，但是由于为《维摩诘经》所引用而有名。还有说“如

① 参考拙著『初期大乘仏教の研究』页 746、767 以下。

② 关于《异部宗轮论》，参考木村泰賢、干潟竜祥『結集史分派史考』(『国訳大蔵経』论部第十三卷）。还有在寺本婉雅『西蔵語文法』中有西藏译本的日译。

来色身无有边际，如来威力亦无边际，诸佛寿量亦无边际。佛教化有情，
上(332) 令生净信，无厌足心”等，也是近于大乘的报身佛思想之说，可说是与
大乘关系很深。

还有大众部系的菩萨论里说：“一切菩萨不起欲想、恚想、害想。”又说：“菩萨欲饶益有情故，愿生恶趣。”这是所谓的“愿生说”，与说一切有部的“业生说”不同，而近于大乘佛教。

还有在大众部里有“心性本净，客尘烦恼”之说，而心性本净说也是大乘佛教重要的教理。但是心性本净说并非只有大众部提倡，在《舍利弗阿毗昙论》也有，分别论者也主张，在巴利的《阿含经》里也可以见到；因此不能说这是大众部独有之说。但是在佛陀观上，可以说大众部说确实近于大乘，亦即在思想上可认定两者有亲近性。然而在教团史上，不清楚大众部的教团与大乘教徒之间究竟有何种关系，因为说一切有部的教理也为大乘多加采用，所以比起思想上，宁可说在教团史上，大众部教团与大乘教徒之间有过怎样的关联，才是问题所在，但是这点难以确认。

佛传文学

在大众部系的说出世部（Lokottaravādin）所传持的佛传《大事》（*Mahāvastu*）[①] 里有“十地”之说，一般承认这与《十地经》等所说的菩萨的十地阶位说有关系，此事也被当作是大众部与大乘有所关联的一个证据，但是把《大事》与其他佛传类一起看作是超部派的作品似乎是比较妥
上(333) 当的。在法藏部所传持的《佛本行集经》末尾（T 3.932a），言及此经大众
部名之为“大事”，说一切有部名为“大庄严”，饮光部名为“佛生因缘”，法藏部名为“释迦牟尼佛本行”，化地部名为“毗尼藏根本”；这可说是表示诸部派有过共通的佛传。

但是以现存本而言，大众部的《大事》、法藏部的《佛本行集经》与

① *Mahāvastu* 由 É. Senart 于 1882—1897 年出版，继而 J. J. Jones 于 1949—1956 年也发表了英译。1963 年以来，由 R. Basak 出版了三卷原典，R. Basak: *Mahāvastu Avadāna*,（Calcutta Sanskrit College Research Series）1963-1968。关于此书的出版、翻译、研究等，参考山田竜城『梵語仏典の諸文献』，1959 年，页 66。

视为自说一切有部所出的《方广大庄严经》(*Lalitavistara*)①等，不能说是全相同，特别是《大事》相差更远。但总之在初期，佛传文学者是超越部派而结集的，使人想到“文学”的形态似乎持有超越部派的内涵。例如著作《佛所行赞》(*Buddhacarita*)的马鸣(Aśvaghoṣa)②与说一切有部关系很深，但是也指出他与多闻部、鸡胤部、经量部、瑜伽行派的关系，因此把马鸣归属到特定的部派是困难的，而以为他与摩咥里制吒(Mātṛceṭa)等都是赞佛乘之一流派，这样想可以说比较妥当。摩咥里制吒推定为生存于公元2世纪到3世纪左右，是继马鸣之后的佛教诗人。他的著作《一百五十赞》(*Śatapañcāśatka-stotra*)、《四百赞》(*Varṇārhavarṇa-stotra*)是很出色的诗，在印度广为爱好与吟诵③。他在这些诗中赞叹佛陀，其佛陀近于肉身佛陀这点合于说一切有部说，但同时说到佛陀之德无量，智慧通晓一切，其心无边际等，则近于大乘的佛身论；更能见到赞叹大乘之言辞，而说六波罗蜜或空观等，也与大乘的 (334)上
教理一致，因此最近摩咥里制吒被视为属于大乘佛教的中观派。

在一向赞叹佛陀，强调皈依佛陀的诚信上，变成使用超越教理的文学来表现。在这里，发展佛传文学的诗人们可说与宣说部派佛教教理的论师们拥有相异的立场。“赞佛乘”之语也可见于《法华经》(T 9.9c。但是梵本里并无与此相当之词)，但是宁可说是指在《大毗婆沙论》卷七十九，批评分别论者所说的“一音说法”偈，斥为“赞佛颂言多过实”(T 27.410a–b)，作了赞佛颂的诗人们的系统。

虽然可以把佛传文学与赞佛乘看成是同一系统，但是在这里要简单地考察关于马鸣以前的初期佛传文学与大乘的关联。佛传文学本来是从

① 关于 *Lalitavistara* 的出版等，参考山田竜城前引书页67。其后的出版参考 P. L. Vaidya：*Lalitavistara*，(Buddhist Sanskrit Texts No.1) Darbhanga，1958。

② 关于马鸣，参考金倉円照『馬鳴の研究』，1966年。山田竜城前引书，页69。辻直四郎『サンスクリット文学史』，1973年，页11—17。马鸣除了《佛所行赞》之外，其 *Saundarananda*、*Śāriputraprakaraṇa* 等的梵本也已出版。而 Luders 所发现的 *Kalpanāmaṇḍitikā*，则在与童受(Kumāralāta)的《喻鬘论》的关系上受到注目。

③ 关于摩咥里制吒，参考辻直四郎博士有关 D. R. S. Bailey 的《一百五十赞》出版的书评(『東洋学報』三三之三、四号，1951年10月)，及奈良康明的论文(『印仏研』二之一，页135)，金倉円照博士前引书页92以下，辻直四郎博士前引书页17—20等。

律藏发展出来的；第一，《大事》在一开头说到这“大事”是收录在说出世部的律藏里，而且《大事》（*Mahā-vastu*）的名称相当于巴利律的《大品》（*Mahā-vagga*）第一章《大犍度》（*Mahā-khandhaka*）之名。事（vastu）、品（vagga）、犍度（khandhaka）都是章或节的意思，所以“大事”是“大章”的意思。在巴利的《大犍度》里，开头叙述了佛传，而可见到它与《大事》的文章一致的部分，早已由 E.Windisch 所证明。这
上（335）个佛传的部分经由增广，脱离律藏，而成为佛传《大事》。在化地部所称的“毗尼藏根本”也一样，正表示这些佛传本来是来自于律藏。

在律藏里，制戒因缘谈的尼陀那（nidāna，因缘），或告诫破戒的教训譬喻（avadāna，阿波陀那）发达起来，但是包含在律藏的“佛传”经由增广而脱离律藏独立出来，是与因缘或譬喻有不同的意图。佛传所提出的，是追求佛陀成佛的因缘，而要阐明使成佛成为可能的修行（本行）。在这里考察了佛陀是经历怎样的过程而达到成佛、其间进行了怎样的修行等问题，而发展成赞叹佛陀的文学。在这点上，佛传文学与《本生经》（*Jātaka*）属于同一系统，因此佛传文学与律藏并不是必然地联结的。或许是偶尔在律藏里的佛传被考察成佛因缘的人们提出来，加以利用而成为佛传文学的核心。

现存的佛传类，如《大事》是属于大众部系的说出世部，《普曜经》（*Lalitavistara*,《方广大庄严经》）是说一切有部系统的（但是现存的《普曜经》《方广大庄严经》，完全是大乘的经典。也有“如来藏、清净法界”等语，后世的改动很多），《佛本行集经》属于法藏部，分属各部派。不过这些在内容方面，超越部派的共通性很强。此外还有《过去现在因果经》、《太子瑞应本起经》、《修行本起经》、《中本起经》、《异出菩萨本起经》、《佛本行经》、《佛所行赞》（*Buddhacarita*）等。这些佛传所属部派
上（336）虽然不明，但是《太子瑞应本起经》或许是化地部系统的。总之在这些佛传类里，正如从其名称可以明白的，成佛的“本起”，或为了成佛的“本行、所行”，成了主要问题，即问佛陀在成佛之前为止做了什么，因此成佛以后的传记变得简略，并且是不完全的。

在这些佛传里共通的，第一是由燃灯佛（Dīpaṃkara，定光如来）给

予释迦菩萨当来作佛的授记。此时的菩萨是婆罗门青年，其名字依异本而不同，有善慧（Sumati）、妙慧（Sumeda）、云（Megha）等，总之他接受了成佛的授记（vyākaraṇa），成为他佛道修行的出发点。因此追问成佛“本起”的时候，其考察一定非得追溯到这里不可。在这个故事里，说到菩萨从一女处买了五茎花以供养燃灯佛，和为了覆盖泥土而将自己的头发解开布于其上，以度燃灯佛，此时发起当来作佛的誓愿，等等；恐怕这个“燃灯授记”是在佛传文学者之间开始传布的。

这个授记的思想，不用说在大乘佛教中是很重要的。释迦菩萨从燃灯佛处得到授记之事，在大乘经典中也经常说到，但是在从燃灯佛得到授记之前释迦菩萨是如何的，在此后也很自然成为问题。然后由此回溯，开始说到三阿僧祇劫之往昔的修行。

在佛典里，说得到授记之后，菩萨进行六波罗蜜的修行。佛陀为了成佛，确实有过与声闻或独觉不同的修行，以成佛的本起为问题的人当（337）上
然会想到这一点。与声闻或独觉相异，佛陀为了成佛的修行，而立了六波罗蜜，所以这六波罗蜜也是由佛传作者们开始说出来的。巴利的本生因缘谈里虽作十波罗蜜，但似乎是后世的增广。还有《大毗婆沙论》卷一七八（T 27.892b–c）里，说一切有部宗内有四波罗蜜说与六波罗蜜说，说一切有部则以四波罗蜜说为正统说，但是在佛传类里，清一色地说六波罗蜜；不用多说，大乘经典中采用六波罗蜜说。总之为了成佛，佛陀应有与弟子的修行不同的独自的修行形式，那就是六波罗蜜，而这似乎是由佛传作者们想出来的。

其次，菩萨到成佛为止要通过怎样的修行阶段，关于这点在佛传里可见到“位登十地，在一生补处，近一切种智”（T 3.623a 及其他）的定型句。菩萨经过“十地”的修行阶段，完成其修行，而今在“一生补处”之位，这是为佛传作者所熟知的。详细说十地的只有《大事》，在其他佛传类只说“登十地”，亦即在其他佛传类里，虽没有细说十地，但是佛传作者们似乎熟知其内容。不用说，这十地的思想为大乘经典所继承下来。

还有“一生补处”（在下一生补佛位的阶位）的想法，也说到将来佛的弥勒。这就释迦菩萨来说较早，或是就弥勒而言较早，无法马上决定。（338）上

关于佛传文学，详细来说虽还有可以讨论的地方，但以上诸点是佛传文学里特殊的性质，而且是为大乘经典所大量继承的思想。说到释迦菩萨降兜率天，取白象之形而托胎于摩耶夫人的母胎等，所谓“八相成道”（降兜率、入胎、降诞、出家、降魔、成道、转法轮、入灭）之说等，想必也是在佛传作者之间成立的。

佛传与大乘经典虽有如上密切的关联，但是不能漏看两者有本质上的不同，即在佛传文学里当作对象的菩萨，是已经得到授记而决定成佛的菩萨。佛传文学承认现实的佛陀，并考察了作为其原由的菩萨的应然状态。在《大事》等中，因为承认“同时多佛出世”，因此菩萨也有很多，但是这些菩萨全部都是决定当来成佛的菩萨。相对地，大乘佛教里所说的菩萨，单单只是发起了菩提心的菩萨，不消说是未决定成佛，而且是既未得到授记，也会退堕的凡夫的菩萨。当然在大乘经典里也说到了普贤、文殊、观音、弥勒等大菩萨，但同时在另一方面也说到了一介无名的修行者菩萨。无名修行者自己起了菩萨的自觉，是无法由佛传文学的
上(339) 赞叹菩萨行导出来的，而有其他原理。在这个意义上，佛传文学与大乘经典虽有浓厚的关联，但可说同时有本质上的断绝。

本生与阿波陀那

关联到佛传文学，试着就《本生经》（*Jātaka*）与阿波陀那（avadāna，apadāna，教训譬喻）作一说明。《大事》详称为《大事譬喻》（*Mahāvastu-avadāna*），在本生与譬喻、佛传文学等之间难以给予明确的区别；这是因为阿波陀那述作于前后非常久的岁月，时代转变，阿波陀那的意思也跟着变化。本生与譬喻加入于十二分教，其最初的成立很早。在《阿含经》里，也已经有像《大本经》（*Mahāpadānasuttanta*）的譬喻存在。十二分教之一支的 apadāna（即 avadāna）常被译作“譬喻”，可以当作是“教训譬喻”。[①] 在《阿含经》固定下来后，阿波陀那开始独立述作，属于巴利“小部”的《譬喻经》（*Apadāna*）就是这个阶段成立的。之后创作了种种阿波陀那，

① 关于阿波陀那，参考拙著『律藏の研究』，页 329 以下。

但并不清楚到底经由怎样的过程，阿波陀那文学才变得盛大起来。

总之现在残存了大量的阿波陀那文学作品，有很多可视为公元前后的作品。除了《大事》之外，还出版了《撰集百缘经》（*Avadānaśataka*）、《诸天譬喻》（*Divyāvadāna*）、《须摩提女经》（*Sumāgadhāvadāna*）及其他梵本。但是尚未公布的阿波陀那的数量非常多[①]，其制作年代也经历过 （340）上
很长的时期，这些已脱离阿波陀那的原意，而作为“故事传说文学”〔「説話文学」〕的一环发展。

其次，因为本生也包含于九分、十二分教，可知其成立之古。在巴胡特的栏楯上雕刻着本生的图，有本生铭文的有 20 种[②]，所以在公元前 2 世纪已有相当多的本生成立了。之后也述作出许多本生，本生是佛陀的前生故事，但因为其题材多取自印度本有的寓言等，所以内容上有很多地方与阿波陀那一致；以“本生”为名的作品中，巴利的《本生经》已很完备，这里面收有 547 个本生。汉译方面有《生经》五卷，此外内容上一致的有《大庄严论经》或《撰集百缘经》《诸天譬喻》《五百弟子自说本起经》《菩萨本行经》《僧伽罗刹所集经》等多种，还有《六度集经》或《菩萨本缘经》等，是将本生作大乘式的改定。《大智度论》里所引用的本生也有很强的大乘色彩，因此根据这些本生，似乎能看作由本生发展了大乘思想。但在《六度集经》里，包含了比《般若经》还新成立的经典，因此不得不慎重考虑大乘式的本生与初期大乘经典的先后。

佛传文学、本生与阿波陀那等之间虽难以作明确的区别，但似乎可以推定这些故事文学的作者们在大乘思想的兴起上担任了某种角色。问题在于他们以什么样的方式得到生活之资、住什么地方、与何种人接触 （341）上
过。这个问题如果能清楚的话，对解明大乘的起源有很大的帮助，遗憾

① 荻原博士合譬喻、本生共举出 79 种梵本，但其中大部分是阿波陀那（『荻原雲来文集』页 451 页以下。）关于 *Sumāgadhāvadāna*，在岩本裕『仏教説話研究序説』（1967 年）及『スマーガダー＝アヴァダーナ』（1968 年）有研究及原文。关于阿波陀那的出版，参考上述参考书籍及山田竜城『梵語仏典の諸文献』页 61 以下。此后出版的有 P. L. Vaidya：*Avadānaśataka*, *Divyāvadāna*, *Jātakamālā of Āryaśūra*，*Avadānakalpalatā of Kṣemendra*. 2 Vol. The Milthila Institute，1958，1959，等。

② 干潟竜祥『本生経類の思想史的研究』，页 22。

的是从本生或佛传文学等中，似乎无法得到解明的线索。

还有在“譬喻”里，尚有“近譬喻”（upamā，比喻）的譬喻；《百喻经》或《贤愚经》等即相当于此。使用“比喻”，在佛教中自原始佛教以来就很盛行，譬喻者（Dārṣṭāntika）的譬喻也属于这个系统，在《大毗婆沙论》中多有引用与介绍譬喻者的教理。但是也有人主张譬喻者后来变成经量部，所以譬喻者的实际情形并不清楚[①]。在这系统中出了有名的童受（Kumāralāta，鸠摩罗逻多），著作《喻鬘论》等，也有说他是与龙树同时代的人，但是因为并未被引用于《大毗婆沙论》，所以似乎是从《婆沙论》的成立到《成实论》为止的人。在《成实论》里引用了他的诗[②]，在中亚所发现的梵文残简有 *Kalpanāmaṇḍitikā*，为童受之作。然而这与汉译《大庄严论经》内容一致，因为在汉译里被当作马鸣之作，所以引起学者的论议[③]。

佛塔信仰与大乘

考虑大乘的兴起之时，不能无视佛塔信仰，因为以《法华经》及《阿
上（342） 弥陀经》为始，在许多大乘经典中都重视佛塔的信仰[④]。大乘佛教里重要的“救济佛”信仰，可说是来自于佛塔信仰。部派佛教里所认为的佛陀是作为“法的导师”的佛陀。在部派佛教里佛陀所说的“法”是重要的，由于实践这个法而到达解脱，除此之外没有说得度之道。因此在部派佛教里，不管怎样超人地来看待佛陀，也不是救济众生的佛陀；那是对完成了难行之事的佛陀的赞叹。部派佛教是出家中心的佛教，是重视戒律的佛教，所以成为以法为中心的佛教。

相对地大乘佛教本来是在家中心的佛教。在古大乘经典里说到了在家

① 宫本正尊「譬喻者·大德法救·童受·喻鬘論の研究」(『日本仏教学協会年報』第一年，页117—192)，1928年。

② 宫本正尊『大乗と小乗』，页164。

③ 山田竜城前引书页72。

④ 关于大乘佛教与佛塔的关系，参考拙著『初期大乗仏教の研究』页549以下，中村元「極楽浄土の観念のインド学的解明とチベット的変容」(『印度学仏教学研究』十一之二，1963年，页131以下)，藤田宏達『原始浄土思想の研究』，1970年，页250。

菩萨中心的教理，当然大乘也在后来变成出家中心的佛教，但是是由在家佛教逐渐转变成出家佛教。在家者无法严守戒律，禅定的实践也无法充分做到，无法如佛陀所教般去实践法。但是仅凭如此仍然期待救济的话，除了依靠佛陀的大慈悲，别无他法，也就是相对于出家佛教是“法中心”的佛教，在家佛教不得不成为“佛中心”的佛教。回应在家者宗教上的要求，出现了宣说佛陀救济的教法，即开始说到阿閦佛或阿弥陀佛的信仰，以及如说“三界无安，犹如火宅，众苦充满，……今此三界，皆是我有，其中众生，悉是吾子”（T 9.14c）的《法华经》的释迦佛等的救济佛。

但虽说是在家佛教，如果什么根据地都没有，教法的发达是不可能的，且若没有师徒交流的场所，是不能指望要流传其教法于后世的。如 (343)上
果在家教团从属于部派教团，当然他们应接受部派教团的指导，但是边接受部派教团的指导，在家者边独自使佛陀中心的教理发展，是极为困难的。换句话说，在家者独自使佛陀中心的教理发展，则他们便没有必要从属于出家教团，接受其教法或指导。因此若有使佛陀中心的教理发展的在家教团，似乎可以认为他们独立于出家教团，而与出家教团无关地研究教法，进行修行，使教理发展，而且传给下一代。如此产生教法的宗教上的场所，可以考虑佛塔。

首先，佛塔本质上是在家信众之物。根据阿含《大般涅槃经》，即将灭度的佛陀让阿难阻止出家弟子们处理佛陀遗骸（舍利）的荼毗，遗言道：“汝等宜为最上善（sadattha）而努力精进。”关于佛陀的遗骸则说道：“信心虔诚的婆罗门或居士的贤者们将进行如来的舍利供养（sarīra-pūjā）。”[①] 佛陀灭后，收取其遗骸而进行荼毗的是拘尸那罗的末罗族人，将其分骨并于中印度建立八座舍利塔的也是在家信众。佛舍利和佛塔一开始都是由在家信众护持、礼拜。同样在《大般涅槃经》里，说到佛陀的诞生地蓝毗尼、成道地佛陀伽耶、初转法轮之地鹿野苑、入灭之地拘尸那罗，在佛入灭后作为佛陀的圣地而受崇仰，在这些圣地建立支提（cetiya，塔庙），出现了朝礼这些圣地的人。 (344)上

① 参考拙著前引书页 618。

如此，佛塔信仰是由在家信众开始的，之后也可以说成为传统，而由在家信众所护持（即使在现在，缅甸的佛塔〔pagodas〕也是由信众组织委员会执行营运管理，比丘们并不参加佛塔经营）。阿育王也建立许多佛塔，在现存的佛塔遗迹中，其最古的部分有不少能上溯到阿育王时代。中印度的巴胡特（Bharhut）及山齐（Sāñcī），乃至呾叉始罗的法王（Dharmarājikā）佛塔等，起源都很早，其最古层可上溯到公元前二三世纪。

接着到了公元前后之际，有非常多的佛塔建立，到近世所发掘的古碑文几乎都是有关于佛塔的。佛塔本来是由在家信众所建立、护持的，但是并非只有信众礼拜、信奉而已，出家众的比丘、比丘尼等也礼拜、信奉着。在巴胡特及山齐的佛塔上，在石柱、栏楯或伞石等上刻着供养者的名字，在这些名字里当然有很多在俗的信男、信女的名字，但是也可见到相当多的比丘及比丘尼的名字。不持有财物的比丘及比丘尼要捐献栏楯或伞石并不容易，所以这表示了出家者对佛塔供养是热心的。从公元前后的时代起，就已经在部派教团的寺院中建佛塔，比丘的精舍与佛塔并存，而进
上（345）行佛塔供养，但是这应该是在僧团外部盛行佛塔供养后，僧伽佛教才把它导入的。此事根据种种证据可以很清楚地知道，例如在锡兰上座部里，虽自古佛塔即建于寺院之中，但此派所传持的《巴利律》中却没有任何关于佛塔的说明；这显示本来巴利上座部中不曾从事佛塔供养。在《巴利律》固定下来后，于巴利上座部导入佛塔崇拜。其次，说一切有部的《十诵律》及大众部的《摩诃僧祇律》也有言及佛像，比现行的固定的《巴利律》还新。因为将佛塔供养导入僧团后，律藏才固定下来，所以关于佛塔的处理在律藏里有叙述。但是在这两个部派的律藏里，都说到非区别塔地与僧地不可，也区别塔物与僧物，禁止其互用，将塔物供于僧用的比丘则犯波罗夷罪。佛塔虽然包含在广义的僧园之中，但是佛塔是独立于僧伽之外的。

其次，法藏部的《四分律》及化地部的《五分律》里采取了“僧中有佛”的立场，而在僧地之中建佛塔，但即使如此也区别了佛物与僧物。规定布施于佛塔之物，僧伽不得耗用，如此在教团法的律藏里，佛塔保持独立于僧伽的型态。在《异部宗轮论》里，法藏部说：“供养佛塔得广大果。”但大众部系的制多山部、西山住部、北山住部、化地部等则说：“于佛塔

行供养，所得果少。”

南印度的阿摩罗伐提（Amarāvatī，诸神住处）也发现了 4 种以上此制多山部（Caitika）的碑文，不能说与公元 3—4 世纪兴盛过的阿摩罗伐 （346）上
提的大塔（Mahācetiya）没关系，但是制多山部说供养佛塔果报不多。《婆沙论》里也说到，比起施佛之果，施僧之果较大；而《俱舍论》也说即使布施于支提（caitya），所得果也不多。在部派佛教里虽然也进行供养佛塔，但是由于僧伽与佛塔并未融合，可以看到不欢迎信众供养佛塔的言论。这是表示在僧团佛教确立以后佛塔信仰进入到僧伽中，也表示部派教团不希望佛塔信仰变得盛大。因此除了有包含在部派教团中的佛塔之外，可以看作存在着不属于部派而由信众团体独立经营的佛塔。此事由近代以来挖掘的大量碑文中，未记载部派名的佛塔碑文比起记载部派名称的佛塔碑文为多，也可以推知[①]。

还有在供养佛塔上，使用了花、香、幢、幡、音乐、舞蹈等。在佛陀的荼毗的情形中，拘尸那罗的末罗族人也以舞蹈、音乐、花、香等来尊重、崇敬、供养之后才火葬；此事详于《大般涅槃经》（*DN*. Vol. II, p.159）。使用音乐或舞蹈于法事，在出家佛教里是被禁止的。比丘的二百五十戒或沙弥的十戒中，明确地禁止娱乐物的享受，因此难以想象在部派教团中，音乐、舞蹈、戏剧，或美术、建筑等艺术很发达；这些都是肯定现世的，与祈求从现世解脱的部派出家佛教的思想相矛盾。关联于佛塔供养而发展的音乐或舞蹈、美术等，吸收到大乘佛教中而发达 （347）上
起来。音乐与舞蹈并用的伎乐等，与大乘佛教一起传到中国及日本，由这点也可知佛塔供养并非是由部派教团产生的。

佛塔信仰并非仅止于信仰，而含有发展为教团的佛塔教团的契机[②]。一般认为，佛灭后即开始的佛塔信仰为信众所护持，逐渐变得盛大，于各地建立佛塔，因信众及朝礼者而繁荣兴盛。但是要建佛塔，非得由什么人来捐献土地不可。这土地被当作对圣者的捐献，而脱离了个人所有。在这土地上，不只是佛塔的塔身，也建了朝圣者们的宿舍、水井、用于

① 关于佛塔与部派佛教的关系，参考前引书页 603 以下。

② 关于佛塔教团，参考前引书页 788 以下。

澡浴的池等，也就是说这些财物附属于佛塔。而且佛塔有绕佛道或栏楯，信众顺着绕佛道礼拜佛塔，在这塔门或栏楯等之上雕刻着种种佛陀过去世的舍身善行或佛传图等。但是佛塔方面，似应住有对朝拜者解说这些佛传图或本生等的人，还有掌管朝礼者们宿舍分配管理的人。

佛塔有财物附属着，而且必然地要有经营佛塔的管理人。而且信众或朝礼者们对佛塔布施金银、华香、食物等，当然是可以想见的。这些布施物虽是布施于佛陀，但是实际上似乎是由护持佛塔的人们所受纳、
上(348) 耗用了。在附属于部派的佛塔的情况，也禁止其布施物被耗用在僧团上。佛物属于佛宝，僧物属于僧宝，两者不同。如此佛塔有财产，有护持、管理者，他们非得是与一般信众不同，但又不属于僧伽的"非僧非俗"的专家不可。特别是为朝拜者进行本生或佛传图的说明，连带地赞叹佛陀前生的菩萨行，强调佛陀的伟大性、慈悲之深等，不绝地反复说明，自然就在这里成立了有关佛陀救济的教理。而为了吸引信众到佛塔来，强调佛陀慈悲的伟大性也是必要的。

而且礼拜佛塔有导向观佛三昧之处。在佛塔之前不下数百次反复进行五体投地的礼拜，即使现在也还可以见到，如在佛陀伽耶的西藏人朝礼者；而专心念佛，反复如此苦行的礼拜，使心入于三昧，佛陀出现在其三昧之中，是十分可能的事，这是所谓的观佛三昧，就是大乘经典所说的般舟三昧（Pratyutpanna-samādhi，佛现前三昧）。般舟三昧的起源，推定为大概是由在佛塔礼拜佛陀的宗教经验而来的。这"观得佛陀"的宗教体验，可说是成为引发自己是菩萨的自觉上的有力契机。

总之，佛塔拥有财产，据此可能有宗教者的集团生活与活动，所以可说是以这佛塔为中心，宣说佛陀救济的教理发展起来，佛塔教团便成
上(349) 立了。由许多大乘经典与佛塔信仰密切结合在一起来考虑，可说这佛塔教团在大乘佛教的兴起上扮演重大的角色。在大乘经典里，记载有菩萨的集团是作"菩萨众"（Bodhisattvagaṇa）[①]，存在于部派教团"声闻僧伽"（Śrāvakasaṃgha）之外。将菩萨众的起源假设于佛塔教团，未必是牵强

① 关于菩萨众，参考前引书页 797 以下。

的，但是《般若经》的支持者的起源，应在与佛塔不同的方向上探求。 （350）上

参考书目

本节是基于拙著『初期大乘仏教の研究』（1968 年）而写的。
其他参考书籍有：
前田慧雲『大乗仏教史論』，1903 年。
常盤大定『仏伝集成』，1924 年。
友松円諦『仏教経済思想研究』，1932 年。
友松円諦『仏教に於ける分配の理論と実際』上，中，1965，1970 年。
木村泰賢『大乗仏教思想論』，1936 年。
宮本正尊『大乗と小乗』，1944 年。
干潟竜祥『本生経類の思想史的研究』，1954 年。
山田竜城『大乗仏教成立論序説』，1959 年。
岩本裕『仏教説話研究序説』，1967 年。
N. Dutt: *Aspects of Mahāyāna Buddhism and its relation to Hīnayāna.* London, 1930.
Har Dayal: *The Bodhisattva Doctrine in Buddhist Sanskrit Literature.* London, 1932. （352）上

第四节　初期大乘经典的思想

在第二节里将贵霜时代的大乘经典以中国的译经史为线索而推定，于此想将它们加以归纳而作阐述。

最古的大乘经典

现在所能得知的大乘经典中最古的是《六波罗蜜经》（*Ṣaṭ-pāramitā*）、《菩萨藏经》、《三品经》、《道智大经》等，[①] 因为为古大乘经典所引用，

① 参考拙著『初期大乘仏教の研究』，页 98 以下。

所以可知其古老。《六波罗蜜经》为支娄迦谶译的《遗日摩尼宝经》及支谦译的《大阿弥陀经》《月灯三昧经》等所引用，被当作是菩萨应读诵的经典之一，其次《菩萨藏经》（*Bodhisattva-piṭaka*）为《遗日摩尼宝经》、竺法护译的《离垢施女经》及《月灯三昧经》等所引用，《三品经》（*Triskandhaka-dharmaparyāya*）为安玄、严佛调译的《法镜经》，竺法护译的《离垢施女经》，支谦译的《私呵昧经》及 *Śikṣāsamuccaya*（《大乘集菩萨学论》）等所引用，《道智大经》则为支谦译的《大阿弥陀经》所引用，支娄迦谶或安玄、严佛调的翻译都是在后汉灵帝时代（公元 168—
上（353） 189 年），所以可知《遗日摩尼宝经》或《法镜经》的成立之早，因此引用在这些经中的《六波罗蜜经》《菩萨藏经》或《三品经》等的成立，很明显地比这些经还早。

但是由于《六波罗蜜经》等现已不存，所以其成立年代无法决定。现在假设把《遗日摩尼宝经》等视为公元 1 世纪左右成立，则其中所引用的《六波罗蜜经》等的成立，可以上溯到公元前 1 世纪。《六波罗蜜经》在《大智度论》（卷三三、四六，T 25.308a、394b）中被举出来作为代表大乘经典的诸经典之一，所以似乎是重要的经典。这或许是宣说六波罗蜜的实践的经典，在此之后《般若波罗蜜经》就出现了。在平等宣说六波罗蜜时，其中特别自觉到般若波罗蜜是重要的，因而有《般若波罗蜜经》的出现。

其次关于《菩萨藏经》，以上诸经所引用的《菩萨藏经》也是不明。但是罗什译的《大宝积经 · 富楼那会》三卷，本来称作“菩萨藏经”，但是在《富楼那会》中引用了《菩萨藏经》及《应六波罗蜜经》，而具有“菩萨藏经”之名的，还有僧伽婆罗译的《菩萨藏经》一卷和玄奘译的《大菩萨藏经》二十卷等。玄奘译的《菩萨藏经》里，中间的十三卷相当于六波罗蜜的说明。这些经典每一部的译出年代都很晚，所以无法比较出最古的《菩萨藏经》的内容，但是可以想见似乎与原始《菩萨藏经》有某种关联。

其次关于《三品经》，在《法镜经》等有若干说明，可以推知其内容。
上（354） 这是部修悔过的经典，亦即根据《郁伽长者经》，宣说礼拜佛塔、于佛前忏悔过去之恶、随喜回向、劝请佛于道场的经典，也是表明昼夜六时礼拜佛陀的仪法的经典。[1]传竺法护也译出《三品悔过经》一卷，而现存的《舍利弗悔过经》及《大乘三聚忏悔经》等，似是传承了这部古《三品经》的传统的经典。总之关于这些经典，今后有必要进一步研究。

《般若经》类的经典

《般若经》最完整的是玄奘所译的《大般若波罗蜜多经》六百卷，此经分为十六会（十六部分），但是《般若经》并不是一开始就这么庞大的；先有几部小经存在，后来才集成为《大般若经》六百卷。最古的是支娄迦谶译的《道行般若经》十卷，由译出的年代来考虑，在公元1世纪就已经存在了。《道行般若经》与罗什所译的《小品般若经》及梵本《八千颂般若经》（*Aṣṭasāhasrikāprajñāpāramitā*）同系统，相当于玄奘译《大般若经》的第四会（及第五会）。接着竺法护所译的《光赞般若经》，相当于无叉罗译的《放光般若经》、罗什译的《大品般若经》、梵本《二万五千颂般若经》（*Pañcaviṃśatisāhasrikā-p.*），以及《大般若经》的第二会。此外《般若经》中有名的是初会《十万颂般若经》（*Śatasāhasrikāprajñāpāramitā*）、《善勇猛问般若》（*Suvikrāntavikrāmiparipṛcchā*）、《金刚般若经》（*Vajracchedikā*）、《理趣般若经》（*Adyardhaśatikā*,《理趣分》）等，另归纳《般若经》思想于小经的《般若心经》（*Prajñāpāramitāhṛdayasūtra*）（355）上
也很有名，这些都已发现梵本[2]。藏译的《般若经》也很完备，但与汉译在组织上有不同的地方。

般若波罗蜜（Prajñāpāramitā）是“智慧的完成”的意思。pāramitā是“完全”的意思,《智度论》解释成“到彼岸”之意，理解成度到彼岸，即度到觉悟之岸的意思，而且也翻译作“智度”,《大智度论》的“智度”就是Prajñāpāramitā的翻译。波罗蜜的智慧是“空的智慧”，是不拘泥

---

① 参考静谷正雄「金光明経『業障滅品』の成立に就て」(『竜谷学報』三二八号,1940年7月)，釈舍幸紀「チベット訳『菩薩蔵経』の訳註」（『竜谷大学論集』第三九七号，页122以下）。

② 关于《般若经》梵本的出版，参考山田竜城『梵語仏典の諸文献』页83以下。此后的出版有Mithila Institute出版的《八千颂般若》(Buddhist Sanskrit Texts No.4)，以及 *Suvikrāntavikrāmiparipṛcchā, Vajracchedikā, Adhyardhaśatikā, Svalpākṣarā, Kauśika-p.*，*Prajñāpāramitāhṛdaya, Saptaśatikā* (Buddhist Sanskrit Texts No.17)。还有E. Conze: *Aṣṭasāhasrikā*, Chapters 55-70; Rome, 1962。

的立场，因此即使说“完成”，也不是以完成为目的的完成，而是朝向理想永远前进的实践上的智慧。可在三昧（samādhi）获得实践般若波罗蜜的强烈的修行之力；大乘佛教里说到种种三昧，关系到《般若经》且最重要的是首楞严三昧（śūraṅgama-samādhi，勇健三昧，破除烦恼的勇猛坚固的三昧）。《大品般若经》的《大乘品》（T 8.251a）举出了“百八三昧”，而首楞严三昧举在最前，这是培养推进大乘佛教修行的实践力的三昧。宣说这三昧的经典即是《首楞严三昧经》，支娄迦谶所译的《首楞严三昧经》虽已失传，但现存罗什译本。根据此经，则说于菩萨十地（法云地）始得此三昧，显示出与《十地经》有关系。在此经中还说到了般若波罗蜜，以及发菩提心或不退转位，所以这部经虽与《华严经》也有关系，但是与《般若经》关系很深，是成立很早的经典。

接着，与《般若经》有关系的是《阿閦佛国经》。阿閦佛（Akṣobhya，
上（356） 不动如来）因为立下“求一切智，至得正觉止，于一切有情不起瞋恚之心”等誓愿，心不为瞋怒所动，而称为不动如来（Akṣobhya）。在《道行般若经》里有言及阿閦佛，其内容与支娄迦谶译的《阿閦佛国经》大体一致；所以《阿閦佛国经》的原形，可看作比《道行般若经》还古。《般若经》的信奉者们，发愿要往生阿閦佛所住的妙喜国（Abhirati）。在《般若经》里没有说到阿弥陀佛的信仰，阿弥陀佛的信仰与《般若经》是在不同方面兴起的。

还有，在《维摩经》（*Vimalakīrtinirdeśa-sūtra*）的《见阿閦佛品》里也说到了阿閦佛；维摩本来是阿閦佛的妙喜国的人。《维摩经》作为说空的经典而有名，还说“入不二法门”，而以“维摩一默”来呈现。支娄迦谶虽然没有翻译《维摩经》，但是支谦将其译出，此经的成立似乎较《般若经》及《阿閦佛国经》稍迟一些。本经梵本不存，其片段为《集学论》（*Śikṣāsamuccaya*）、《明句论》（*Prasannapadā*）、《修习次第》（*Bhāvanākrama*）等所引用[①]。

---

① 参考望月良晃「大乗集菩薩学論に引用された維摩経梵文断片について」（『維摩経義疏論集』，1962年，页112以下），汤山明「Kamalaśīla の *Bhāvanākrama* に引用せられた維摩経」（『東方学』第三八辑，1969年8月）。译者按：本经梵本已于1997年发现于布达拉宫，而于2004年由大正大学校订出版。

华严经

《华严经》，详称《大方广佛华严经》，方广（vaipulya）与方等相同，是大乘经典的别名。在九分教、十二部经里有方等（vedalla，vaipulya），一般认为这是说深义的经；后来兴起的大乘经典，主张于九分教、十二部经之中是属于此“方等”。因此《华严经》的中心在“佛 (357)上 华严”，原文是 Buddhāvataṃsaka。avataṃsaka 是花环、华鬘意，解释为将佛陀于成道时具备所有的功德，以华鬘装饰得很美来比喻，而表现作“佛华严”；“严”有“装饰”的意思。《华严经》的经名还有 Gaṇḍavyūha（健拏骠诃），但这并不是“佛华严”的原语。vyūha 有“庄严”的意思，gaṇḍa 的意义虽然不清楚，但是有“茎”的意思，也有“杂华”的意思。据此，Gaṇḍavyūha 则为“杂华庄严”，但却不必然如此；一般将此看作是《入法界品》的原名。《华严经》由佛驮跋陀罗（觉贤）于公元 421 年汉译，成三十四品、六十卷，这是翻译支法领在于阗（Khotan）得到的梵本，因此这部梵本在公元 400 年以前，或许在公元 350 年左右就已经成立了。《华严经》此后又由实叉难陀于公元 699 年翻译，成三十九品、八十卷。此后也进行藏译，成四十五品。由于汉译《华严经》是在西域的于阗所得，所以也有学者以为《华严经》是在西域增广、修改、润饰的。但是西藏译本似乎并非是由西域，而是由印度带到西藏来的。因此于西域成立说，有必要再加以斟酌。

《华严经》并不是一开始就以这样大部的经典之面貌被整理出来。在《大智度论》里引用了《十地经》（*Daśabhūmika*）与《不可思议解脱经》（《入法界品》），所以这两部经自古以来就独立流传着。在此之前有支娄 (358)上 迦谶译的《兜沙经》，这是《华严经》的《名号品》《光明觉品》等的原形。还有支谦所译的《菩萨本业经》，关系到以《华严经·净行品》为中心的数品。《十地经》自古以来就已经存在的情形是，在《首楞严三昧经》等有关于“十地”的说明，而《十地经》本身则由竺法护翻译成《渐备一切智德经》。因此应是这些单经先存在，再将这些整理起来才成为大本的《华严经》。《十地经》及《菩萨本业经》《兜沙经》等的成立可视为是相当早。

《华严经》是将佛陀证悟的内容原原本本地呈现的经典，称为海印三昧一时炳现法门。所以舍利弗、大目犍连等声闻完全不能理解其内容，如聋如哑。佛的证悟世界是以毗卢遮那佛（Vairocana，译作光明遍照。密教的大日如来是Mahāvairocana）的世界来呈现，此佛是完成无量功德，供养一切佛陀，教化无边的众生，成就正觉，自全身毛孔出化身之云而化度众生的雄大的佛。此佛的智慧大海，光明遍照，而无限制。

因为佛陀的正觉的世界是完全的，所以无法直接以语言来表达，称为“果分不可说”。因此，为了显示佛的果海，便宣说因行的菩萨时代的修行，这是因为因的修行所得即成佛之果，此即“因分可说”的法门。因此《华严经》便是在说菩萨志于证悟而进行修行，顺序地提升证悟阶次
上(359) 的经过，即是在说十住、十行、十回向、十地各个菩萨修行阶段，与在其中所得的智慧。特别是十地，乃菩萨独自修行的阶段，详说于《十地经》中。在这里面说到，开六波罗蜜最后的般若(慧)波罗蜜，而为方便、愿、力、智，于此加上六波罗蜜，成十波罗蜜，依序地修十地而成正觉。还有在注释《十地经》的龙树《十住毗婆沙论》里特别说到，开“易行道”以信阿弥陀佛能至成佛之路。

这十地的第六现前地，因为是修般若波罗蜜，观察十二缘起，真实的智慧现前，所以称为现前地，其中有“三界虚妄，但是一心作。十二因缘分，是皆依心”的名句。这是说，我们的经验全都是在认识上成立的，而指明认识、经验皆归于一心。这“一心”可说是与诸经典中所说的“自性清净心”“心性本净”是一样的，也解释作“就是如来藏，无他”。因此《华严经》里也说道，“心、佛、众生，是三无差别”。在《般若经》里也提到“心性本净”，也可见于《维摩经》《大集经》《阿阇世王经》《文殊师利净律经》及其他许多经典，是大乘佛教的重要思想系谱之一。如果是在凡夫就已有自性清净心，便有成佛的可能性，这可说是由发菩提心而引发，在《华严经》里也说“初发心时，便成正觉”，
上(360) 主张“信满成佛”。

接着，《菩萨本业经》是在《华严》的《净行品》附上前后文而独立

存在的经典，在此经中，具体地说到大乘在家菩萨与出家菩萨日常的修行生活。另此经中以“自皈依佛，当愿众生，体解大道，起无上意”为始的“三皈依文”而有名。其次，《入法界品》在开始时呈现佛陀证悟境界的“不可思议解脱境界”，终而指陈为了入其证悟境界的普贤行愿，这是以参访五十三善知识的善财童子求法故事来表现的。善财听闻文殊之教导，发菩提心，而为了实践普贤行，开始求法之旅，在最后受普贤菩萨之教而大悟，证入法界。

《华严经》中，《十地经》（*Daśabhūmika*，*Daśabhūmīśvara*）梵本已出版，也有日译本；《入法界品》（*Gaṇḍavyūha*）的梵本也已出版了。《入法界品》的最后是以《普贤行愿赞》作结，但是这部梵本是以《普贤行愿王偈》（*Bhadracarī-praṇidhāna-rāja*）别行。还有在《集学论》里引用了《华严经》的《贤首菩萨品》与《金刚幢菩萨十回向品》的一部分，所以可得其梵文，特别是后者也以《金刚幢经》（*Vajradhvajasūtra*）之名被引用，显示这一品曾经是独立的经典[①]。

法华经

《法华经》详称《妙法莲华经》（*Saddharmapuṇḍarīka-sūtra*）。此
经由竺法护于公元 286 年译出，为《正法华经》十卷，也传支谦译有《佛 （361）上
以三车唤经》（《譬喻品》）一卷之说，但不确定。《萨昙分陀利经》一卷（失译），与竺法护大约同时译出，这是《宝塔品》与《提婆达多品》的异译。竺法护译的《正法华经》由二十七品所成，是完整的。但是因为早期也有各品单独流行的时代，所以《法华经》最古部分（《方便品》）的成立，似乎是在公元 2 世纪以前。但是在《方便品》的偈文中有关于佛像的记载，所以要上溯到公元 1 世纪后半以前似乎是困难的。还有，汉译视罗什译的《妙法莲华经》为标准，但是《妙法莲华经》里缺《普门品》的偈、《药草喻品》的一半、《提婆达多品》及其他。《提婆达多品》传说是法献在高昌得到梵本，而持归京师，与法意一起译出的，是

① 关于《华严经》的梵本与翻译，参考山田竜城前引书页 90 以下。在 Mithila Institute 的 Buddhist Sanskrit Texts 里也出版了梵本《十地经》及《入法界品》。

在公元490年左右。不过法云的《法华经义记》或圣德太子的《法华义疏》里并没有《提婆达多品》的注释，因此是在这之后《提婆达多品》才被加入《妙法莲华经》中。智顗的《法华文句》（T 34.114c）里有《提婆达多品》的注释，但是《法华文句》里说明《妙法莲华经》里缺了这一品。其后在公元601年由阇那崛多等补译了《妙法莲华经》所欠的部分，《添品妙法莲华经》便成立了。在现在的罗什译《妙法莲华经》里，既有《提婆达多品》，还包含了添品补译的部分（不是全部），并不是罗什所译的原貌。

由于《法华经》在亚洲广大的地区受到信奉，在藏译中有全译本，
上（362） 也自亚洲各地发现了梵本，特别重要的是在尼泊尔、北印度的吉尔吉特（Gilgit）、中亚的迦尸伽（Kashgar）和喀达离（Khadalik）等所发现的梵本。尼泊尔本则由肯恩（H. Kern）与南条文雄出版，之后有几本出版，也进行了日译。[①]《法华经》或《般若经》之所以有许多写本留存下来，是因为在这些经典里强调经典的读诵、受持、解说、书写、供养有很多功德，而劝人书写经典。

《法华经》的Saddharma，罗什译作“妙法”，但直译是“正法”的意思，将此比喻作出于泥中而不染于泥污的“白莲华”（puṇḍarīka），是正法莲华的意思，即经题的意思是“如白莲的正法”。要阐明不被污垢所染的正法（心的本性）的意义，是《法华经》的目的。在《法华经》的《序品》及《譬喻品第三》以下，屡屡提到“说此妙法莲华经”，因此其中所指的《妙法莲华经》是指《方便品第二》，这是最古的《法华经》。《方便品》所说的思想是“一佛乘”，是即使声闻或独觉（缘觉）都要令其开佛知见的教法，但是声闻或独觉也能生起自己能成佛的确信，是因为发现了自己有佛性的缘故。在《法华经》里虽然还没有“佛性”的表现，但是与此相同而表现的，是“诸法本性（prakṛti）常清净（prabhāsvara）”（《方便品》，梵本一〇二偈）。“诸法本性清净”，在《般若经》及其他经里，与“心性
上（363） 本净”意思相同。此心性本净说发展至悉有佛性或如来藏说。

① 关于《法华经》梵本的出版，参考山田竜城前引书页92以下。由前述的Mithila Institute也出版了：Buddhist Sanskrit Texts No.6。

因此《法华经》所说的“正法”，在教说上是开三显一的一佛乘教法，在理上是“诸法实相”的诸法本性清净，在主体上是行菩萨行的菩萨“自己有佛性”的自觉。这清净的法（自性清净心），在凡夫而言，虽为烦恼所覆，却是本性清净的，所以比喻作白莲华。为了证明声闻也具备此正法，在《譬喻品》以下，给予舍利弗以下的声闻们未来成佛的“受记”。《方便品》的想法是，阐明声闻、独觉、菩萨的三乘修行者，一边进行各自的修行，而一起向成佛之道前进，将此表现为“唯有一乘法，无二亦无三”。在《维摩经》里，声闻乘被贬为败种，被视为没有成佛之期。但是在无法救度声闻或独觉的大乘里，则变成了有〔物〕脱漏于佛陀的大悲，并不能说是完整的大乘，而产生了非得是声闻乘或独觉乘也能得救的大乘不可的反省，开始说《法华经》一佛乘的教法；亦即在说了大小对立的大乘之后，便出现了综合两者的《法华经》广大包容的立场。这是以佛塔信仰为基础而进行的诱导，由《见宝塔品》的记载可以了解。

在《法华经》里有所谓以《方便品》为中心的迹门，及以《寿量品》为中心的本门。《寿量品》是开迹显本之教，由阐明释迦佛是久远实成的佛陀，证实了《方便品》里所示的佛性常住。以 80 岁入灭的伽耶成道之释迦佛，指明这不过是为了诱引众生于佛道的方便，开显了常住久远的本佛。 （364）上

《法华经》有二十八品，有说其中到《如来神力品》为止的前二十品是较早成立的，但是这二十品中还可区分新古，其成立是复杂的。除了二十八品中最后六品以外，都是以诗来反复散文开示[①]的“重颂”形式，其偈文是以所谓佛教梵语的 Prākṛt（俗语）来书写的，成立较早。后六品之中包含《观音菩萨普门品》，这是宣说观音（Avarokiteśvara）以一切方法救度众生的经典，而称为“普门示现”。

在《法华》系统的经典里，首先有《无量义经》；这是所谓《法华经》的开经，以其中有“四十余年，未显真实”之语而有名。还有被认为是《法

---

① 此处原文为：以诗来反复地进行「散文の教説」。——编者注

华经》的结经的，有《观普贤菩萨行法经》，其被认为和《法华经》最后的《普贤菩萨劝发品》有关系，因在经中说到了忏悔法而十分重要。还有接受《法华经》三乘开权显实思想的有《大法鼓经》，在此经中，说一切众生皆有佛性，说一乘，说如来藏，明说在《法华经》中还未显说的佛性、如来藏。

净土经典

净土里有所谓“净土三部经”，这是《无量寿经》二卷、《观无量寿经》一卷与《阿弥陀经》一卷。其中关于《观无量寿经》，主张中亚撰述说或中国撰述说，而怀疑不是在印度成立的学者很多（但是应注意其思想是印度式的）。《无量寿经》以支谦译出的《大阿弥陀经》二卷（公元
上(365) 223—253年）为最古，此后这部经也常被译出，有所谓“五存七欠”之多。现存藏译，梵文原典《乐有庄严》（*Sukhāvatīvyūha*）也出版了[1]。在《无量寿经》里，阿弥陀佛（法藏菩萨）的本愿虽然是四十八，但是在《大阿弥陀经》或《无量清净平等觉经》等中，本愿则是二十四，而藏译、梵本、《无量寿庄严经》等，本愿的数目及内容上也有变动。由比较这些得知，本愿由古经典起顺次地发展出来，因此《阿弥陀经》的起源，由支谦译的《大阿弥陀经》的成立似乎无法再上溯。但是支娄迦谶所译的经典中有《般舟三昧经》，在此经中说到观想阿弥陀佛的“观佛三昧”，因此可知在《般舟三昧经》成立以前，阿弥陀佛的信仰就已经成立了。还有在支谦所译的经典中，《慧印三昧经》《私呵昧经》《菩萨生地经》《无量门微密持经》《老女人经》等，说到阿弥陀佛信仰的经典很多。所以阿弥陀佛的信仰与《无量寿经》的成立，似乎有个别考虑的必要，这可以由阿弥陀佛的前生菩萨之不同而得知。

阿弥陀佛的本生谭中，法藏菩萨是最重要的，但是阿弥陀佛与法藏菩萨从最初开始并没有结合在一起。阿弥陀佛修行时代的菩萨名，除了法藏菩萨之外，传有无念德首、慧上、净福报众音、净命及其他许多菩

---

① 关于梵本的出版，参考山田竜城前引书页96以下。A. Ashikaga：*Sukhāvatīvyūha*，Kyoto，1965. Mithila Institute：Buddhist Sanskrit Texts No.17，Darbhaṅga，1961。

萨名，亦即在阿弥陀佛成佛以前，是无念德太子，或是慧上王等。

根据藤田宏达博士的调查，有 15 种菩萨[①]（根据藤田博士所说，这些菩萨的本生谭并没有相互的关系），而且在支谦及竺法护所译诸经典中 (366)上
出现这些菩萨名，与法藏并列，可见其他菩萨的本生谭的成立也是很古的。因此本来阿弥陀佛与法藏菩萨并未结合在一起，亦即阿弥陀佛的成立应该视作比法藏菩萨的本生谭还要早。仅仅是以原本是阿弥陀佛之名的“无量的寿命”“无量的光明”，佛教上的思想并不特别显著。以法藏菩萨的本愿而赋予此佛基础，阿弥陀佛信仰便染上大乘佛教慈悲精神的色彩。因此法藏菩萨（Dharmākara）的“藏”（ākara）是与如来藏思想共通的用语，在大乘佛教的系统中便将阿弥陀佛信仰加以定位上，这是值得注目的[②]。

相对地，《般舟三昧经》则是将阿弥陀佛采用于佛教修行的“观佛三昧”之中，因此《般舟三昧经》的阿弥陀佛，似应视为与法藏菩萨的愿行并无直接关联。在这里，无量寿命（或无量光明）的佛陀作为观佛三昧的对象，而拥有佛教上的意义。将此观佛三昧的阿弥陀佛与《无量寿经》的慈悲的阿弥陀佛，由观佛三昧的立场结合起来的，可说是《观无量寿经》。虽然这部经以视为是中国撰述或中亚撰述[③]之说为有力，但是阿阇世王与母后的故事也可见于古老的《未生冤经》，而《观无量寿经》所说的“清净业处”的观法本身也可视为继承了原始佛教的传统[④]。还有小本的《阿弥陀经》只说到西方极乐的庄严与六方诸佛赞叹阿弥陀佛，所以在型态上，比起观佛三昧及法藏菩萨的本愿思想还更古，而在说“成佛 (367)上
已来十劫”这点上则与《无量寿经》有关。但是也可认为是大本的《无

---

① 参考藤田宏達『原始浄土思想の研究』，1970 年，页 339 以下。矢吹慶輝『阿弥陀仏の研究』，1911 年，页 82 以下。

② 参考拙论「如来蔵としての法蔵菩薩」（『恵谷先生古稀記念·浄土教の思想と文化』，1972 年，页 1287 以下）及「阿弥陀仏と法蔵菩薩」（『中村元博士還暦記念論集』，1973 年）。

③ 参考月輪賢隆『仏典の批判的研究』，1971 年，页 144 以下，中村元『浄土三部経解説』（岩波文庫『浄土三部経』下，1964 年，页 207），藤田宏達前引书页 121 以下，及其他。

④ 参考拙论「大乗経典の発達と阿闍世王説話」（『印仏研』二〇之一，1971 年，页 7 以下），早島鏡正「浄土教の清浄業処観について」（『干潟博士古稀記念論文集』，1964 年，页 231 以下）。

量寿经》采用了小本的《阿弥陀经》的“十劫”说，所以这点并不能成为两经谁前谁后的决定性因素。总之小本的原本之成立，似乎可说较大本的《无量寿经》更早。

以上概观了宣说阿弥陀佛教法的主要经典，但此外也还有很多说到阿弥陀佛的大乘经典。而在支娄迦谶译《般舟三昧经》说到阿弥陀佛这点，可以视为阿弥陀佛的信仰在公元1世纪已经成立于北印度，但是否能使最古的《无量寿经》，即《大阿弥陀经》的成立上溯到这时候，并无法决定。不过在《大阿弥陀经》或《无量清净平等觉经》里，关于阿弥陀佛（Amitābha，无量光佛）的光明说明得很详细（T 12.281c–282b，302b–303b），而且《大阿弥陀经》里说阿弥陀佛（Amitāyus，无量寿佛）的寿命是有限的，终将入涅槃，而观音菩萨（盖楼亘菩萨）继其后，并不是那么强调寿命无量（T 12.309a。但是在《无量清净平等觉经》〔T 12.290b〕里，则作阿弥陀佛不入涅槃）。在《无量寿经》等四十八愿的经典里并不太强调光明，反而重视寿命无量。将《大阿弥陀经》的愿是二十四愿这点也合起来考虑，从各个点看起来似乎是尚未整理的，显示这是成立不久的样态。

根据《无量寿经》（*Sukhāvatīvyūha*），阿弥陀佛在因位的法藏菩萨
上（368）时，发起四十八个本愿（pūrva-praṇidhāna，过去的愿，为菩萨时所发的愿），经五劫的思惟，长劫修行的结果，满足这些愿，自成阿弥陀佛，建立西方极乐世界，迎接、救度愿往生的众生。在往生净土上，并不要求严厉的修行，只是要求信（śraddhā）如来的本愿，唱佛之名号（nāmadheya）而已。因此即使是无力守戒律、修禅定的怯劣菩萨，依赖阿弥陀佛的本愿，也能迅速进入不退转位，这是阿弥陀佛的信仰被称作“易行道”的理由。

易行道之所以成为可能，是由于“信解脱”（saddhā-vimutta）[①]的缘故。信（śraddhā）相对于疑，信深化的话，就会即使想怀疑也无法怀疑，亦即在我们心中最初得到解脱（自由自在）的是所谓“信”的心理作用。

① 关于信解脱，参考拙论「信解脱より心解脱への展開」（『日本仏教学會年報』第三一号，页51以下。）

信解脱不以激烈的修行或艰深的理解为必要，因此即使是愚笨的人，只要有纯朴的心（柔软心），以信之道就可以到达解脱。当然信解脱不是这样就完整了，还要继续前进，应前进到慧解脱、俱解脱、心解脱；在《阿含经》里，信解脱是以这样的意思来使用的。信解脱之语，在巴利佛教里为觉音《清净道论》等所使用而长期被实践；但在说一切有部系统并不使用信解脱之语，而替代以信胜解之语等。在大乘佛教里，也似乎未使用信解脱之语。在大乘里不说解脱，表现为以信而至不退（avivartika，avaivartika）。在《十住毗婆沙论》里将此论述为“或有勤行精进，或有
以信方便易行疾至阿惟越致（不退）者”（T 26.41b）。“信”是重要的，（369）上
在大乘经典里也常常提醒此点。例如《华严经》里说道：“信为道元功德母，增长一切诸善法。”（T 9.433a）《大智度论》中则叙述道：“佛法大海，信为能入，智为能度。”（T 25.63a）

阿弥陀佛的信仰虽然也能在佛教流脉之中加以理解，但是有主张认为阿弥陀佛的信是受到《薄伽梵歌》（*Bhagavad-gītā*）等所说的“诚信”（bhakti，绝对皈依）的影响而成立的。确实在内容上似可见到对阿弥陀佛的“信”（śraddhā）和 bhakti 的共通性，但应注意的是，在《无量寿经》里并没有存在“诚信”的用语例子。

阿弥陀佛的经典与《般若经》等，似乎是在互异系统的流脉中兴起的。但是阿弥陀佛的信仰广为大乘教徒所接受，在许多大乘经典里，都有关于阿弥陀佛与极乐净土的记载，而劝说往生净土。根据藤田宏达博士所说，有关阿弥陀佛的经论有 270 余部，相当于大乘经典的三分之一强，据此可知阿弥陀佛的信仰广为流传于大乘佛教。还有在《悲华经》（*Karuṇāpuṇḍarīka-sūtra*）中，多引用阿弥陀佛的本愿，此经是与《无量寿经》关系很深的经典，其梵本已经出版[1]。

净土思想于此之外还有阿閦佛的净土、妙喜国的思想，这已经指出与
《般若经》有关，但是阿閦佛的信仰并没有如阿弥陀佛的信仰那样盛大。（370）上

其次有弥勒的净土、兜率天的信仰。在《阿含经》里也已经说到作

---

① Isshi Yamada: *Karuṇāpuṇḍarīkasūtra,* 2 vols. London, 1968.

为将来佛的弥勒菩萨（Maitreya），而作为继释迦佛之后的佛陀，弥勒菩萨开始被视为是“一生补处”（Ekajātipratibaddha，一生所系）的菩萨，现在成佛的修行已经圆满，住于兜率天，时间一到就下生到此土，在龙华树下成佛，于三次的说法中救度众生，如此的信仰便成立，称为“龙华三会”。更由此一转，在《观弥勒菩萨上升兜率天经》叙述兜率净土的庄严，而说应往生此天。这往生兜率的思想，给予中国、日本很大的影响。梵文有《弥勒受记》（*Maitreyavyākaraṇa*）[①]。

文殊菩萨的经典

文殊菩萨（Mañjuśrī Kumārabhūta，文殊师利法王子）与弥勒菩萨并列，在大乘佛教中自最早以来就受到尊敬，是重要的菩萨。文殊与弥勒同时出现在支娄迦谶所译的《道行般若经》中，所以可知在公元 1 世纪文殊菩萨已经为人所知了。一般认为文殊是呈现觉悟的智慧，所以以为他与般若波罗蜜关系很深，但是在《大品般若经》或《金刚般若经》里，文殊并未出现（后来出现在《文殊般若经》中）。在较古的时代文殊与《般若经》的关系并不是那么密切，文殊似乎是与《般若经》往不同方向发展的菩萨。文殊也没有出现在《阿閦佛国经》《般舟三昧经》《大阿弥陀经》
上（371） 等中，在《般舟三昧经》里，贤护（Bhadrapāla，颰陀波罗）等在家八大菩萨成为中心。

与文殊有密切关系的经典，第一是《首楞严三昧经》。根据此经，文殊自过去久远以来即于无数的佛陀之下修行，而已经完成了成佛之行，过去是号为龙种上佛的佛陀。在《法华经》的《序品》及支娄迦谶所译的《阿阇世王经》里，说到文殊是久远的过去以来的大菩萨，所以文殊的成立是很古的。《阿阇世王经》的部分译文即是失译的《放钵经》，在这些经里说到，文殊是自过去久远以来就修行的菩萨，释尊在过去世为小儿时，因文殊的教导而得遇佛，终于得成正觉；也就是释尊得以成佛，

① *Maitreyavyākaraṇa*, ed. by S. Lévi, 1932; ed. by P.C. Majumdar, *Gilgit Manuscripts* vol. IV, pp. 187–214, Calcutta, 1959. 石上善応「弥勒受記和訳」(『鈴木学術財団研究年報』4, 1967 年)。

是文殊之恩。不只是释尊，所有的佛陀都是如此，而说“文殊是佛道中之父母（文殊者佛道中父母也）”（T 15.451a）。

就文殊自过去久远以来就是大菩萨，及文殊是将“智慧”人格化的菩萨这两点来考虑，可说这是将人的本性由智慧面来把握，而将开发它的“行”人格化，因此文殊菩萨与心性本净、自性清净心的思想关系很深。《阿阇世王经》详说了自性清净心的教理。文殊号称“童真”（Kumārabhūta，处于青年状态者，法王子），似乎显示文殊是即使具备能指导佛的程度之能力，然而并不成佛，永远朝修行前进的未完成的菩萨。这被理解为自性清净心虽为烦恼所覆，仍呈现开发自我的状态。（372）上

在《阿阇世王经》里，说文殊菩萨与25位菩萨们住于山修行，在《华严经》的《入法界品》里，也说到文殊辞于舍卫城佛陀座下，南方游行，而止住于福城（Dhanyākara）的庄严幢娑罗林中的大塔庙处，度得许多信众；此记载令人想到有信奉文殊的出家菩萨教团。还有在《大智度论》里，说到弥勒与文殊率领阿难于大铁围山结集大乘经典，这里也显示了在菩萨里文殊与弥勒受到重视。在竺法护所译的《文殊师利佛土严净经》里，说到文殊的十大愿，文殊以这十大愿而严净佛土。在这里文殊虽将愿表显于外，但是在其里则隐含着普贤（Samantabhadra）之行。在《入法界品》中，因文殊之劝而开始求法之旅的善财童子，是因普贤之行而证入法界，文殊之智为普贤之行所证明，而放出光辉。

《阿阇世王经》在竺法护所译里，名为《文殊师利普超三昧经》，文殊浮出了表面。此外，以支娄迦谶译的《文殊师利问菩萨署经》、竺法护译的《文殊悔过经》《文殊师利净律经》《文殊师利佛土严净经》《文殊师利现宝藏经》，及罗什译的《文殊师利问菩提经》、聂道真译的《文殊师利般涅槃经》等为始，以文殊为主题的经典非常多，而且即使不以文殊为经典的主题，文殊成为中心的经典也很多。例如在《维摩经》里，文殊率领其他菩萨及声闻探病于维摩的病床；在《维摩经》里清楚地表明文殊是比弥勒更出色的菩萨，是菩萨的上首，亦即在印度的大乘佛教里，（373）上
《般若经》及阿弥陀佛的信仰似乎也很重要，但是另一方面存在以文殊为中心的佛教。看清这一点，在了解印度大乘佛教的起源上是重要的。

其他大乘经典

在龙树以前成立的大乘经典非常多。除以上之外，存有几部属于宝积部及大集部而较早成立的经典。《大宝积经》(*Ratnakūṭa*，《宝顶经》)，汉译是四十九会一百二十卷，藏译也大体有同样的组织。但是藏译似乎并不是印度直传的，而是参考汉译，加以补充成立的。属于《大宝积经》的经典自古即各自独立流行，但是在某一时期汇整为《大宝积经》。无法确定其是在印度或是在中亚汇编的，总之《大宝积经》的梵本似乎存在过，有记录说是玄奘带回来的。但是他译了《大般若经》后就气力衰微，这部大经仅译出《大菩萨藏经》二十卷就去世了。其梵本由菩提流志于公元706—713年之间译出，即是现在的《大宝积经》。但是菩提流志采用与梵本相同的前代译本，不足处则补译，整理为四十九会一百二十卷（《开元释教录》卷九，T 55.570b）。但这四十九会的内容杂多，是以怎样的标准整理的并不清楚。例如第四十六会的《文殊说般若会》，与《大般若经》的文殊般若相同，第四十七《宝髻菩萨会》的同本异译则包含在《大集经》
上(374) 里。而梵本《宝顶经》(*Ratnakūṭa*)的存在，由《明句论》及《集学论》(*Śikṣāsamuccaya*)等引用此经可得知，但是并不清楚此经是否与汉译的《宝积经》是同样规模的。还有《大宝积经》有关的梵本，以《迦叶菩萨品》(*Kāśyapa-parivarta*)为始，发现许多梵本并已出版[①]。

其次，《大方等大集经》(*Mahāsannipāta-sūtra*)，汉译有十七品六十卷，是昙无谶等所译。除了他以外，隋代的僧就还把那连提黎耶舍等的译本编集起来，而成为现在的样子（《开元释教录》卷十一，T 55.588b）。自古《大集经》就是三十卷上下的大小，在藏译里也有冠以“大集”(Ḥdus-pa-chen-po)的经典，但与汉译《大集经》一致的很少。《大集经》中说法数、法相的经典很多，也说心性本净说，还包含许多陀罗尼(dhāraṇī)及密咒、有关星宿之说、密教思想等，这点是应该注意的。与《大集经》有关的梵本只有若干残卷现存，在吉尔吉特出土的写本中，包含宝幢分的梵本《大集经宝幢陀罗尼经》(*Mahāsannipāta-ratnaketu-*

---

① 关于宝积部梵语本的出版，参照山田竜城前引书页96以下。

dhāraṇī-sūtra），已由 N. Dutt 出版[1]。

初期大乘的经典，除了以上所指出的之外，还现存许多经典。梵本残存宣说缘起的《稻竿经》（*Śālistambasūtra*），及《月灯三昧经》（*Samādhirāja-sūtra*）、《药师经》（*Bhaiṣajyaguru-sūtra*）、《金光明经》（*Suvarṇaprabhāsottama-sūtra*）等[2]。（375）上

梵文原典

因为佛教在印度已灭，大乘经典的梵文原典并未完全残存下来。在各地逐渐发现的则已出版，发现最多的是尼泊尔，尼泊尔的大乘经典以“九法宝”（《大庄严》〔*Lalitavistara*〕、《八千颂般若》〔*Aṣṭasāhasrikāprajñāpāramitā*〕、《十地》〔*Daśabhūmika*〕、《入法界品》〔*Gaṇḍavyūha*〕、《入楞伽》〔*Laṅkāvatāra*〕、《金光明》〔*Suvarṇaprabhāsa*〕、《月灯三昧》〔*Samādhirāja*〕、《妙法华》〔*Saddharmapuṇḍarīka*〕、《秘密集会》〔*Tathāgataguhyaka*〕）为有名，此外有关密教的梵本还很多。尼泊尔的写本很多为英国、法国、加尔各答及日本所获。其次在 19 世纪末左右进行了中亚的探险，在沙漠中发现许多梵文写本。由斯坦因（Aurel Stein）、伯希和（Paul Pelliot）、鲁考克（Albert von Le Coq）、日本的大谷探险队等，将许多梵文写本带回欧洲及日本，特别是由德国探险队带到柏林的非常多。这些写本到了 20 世纪被研究而逐次出版；关于其出版状况，详见山田竜城博士的《梵语佛典之诸文献》。

在此之后，1931 年，在克什米尔的吉尔吉特故塔发现大量佛教经典的写本，其中《根本说一切有部律》的原典几乎完整无缺地存留着，也包括相当多的大乘经典；这些由 N. Dutt 以 *Gilgit Manuscripts* 出版。还有吉

---

① 关于《大集经》的梵语残卷，参照山田竜城前引书页 100。还有关于宝幢分的梵本，N. Dutt: Mahāsannipāta-ratnaketu-dhāraṇī-sūtra，*Gilgit Manuscripts* Vol. IV，pp.1–141，Calcutta，1959。

② Buddhist Sanskrit Texts, No. 17, §8 Śālistambasūtra, §9 Madhyamakaśālistambasūtra, §13 Bhaiṣajyaguruvaiḍūryaprabharājasūtra. 还有《月灯三昧经》的梵本收于同丛书的第二册。《药师经》则出版于 N.Dutt 的 *Gilgit Manuscripts* Vol. I, No. 1, pp. 1–32, Srinagar, 1939。关于这些梵本，参考山田竜城前引书页 101 以下。

尔吉特的佛教写本，由 Raghu Vira 及其后继者 Lokesh Candra 当作《百藏》(*Śata-piṭaka*) 的一部分而出版。在 20 世纪 30 年代，罗睺罗僧克里
上(376) 帖衍那 (Rāhula Sāṃkṛtyāyana) 到西藏探险，在西藏的寺院里发现许多梵文写本。其照相版珍藏于 Patna 的 Jayaswal Research Institute，而以 Tibetan Sanskrit Works Series 逐次出版。这些写本的内容有很多尚未被充分研究，而在大乘经典里，似乎包含很多与密教有关的经典，此外还包含阿毗达磨论书、大乘论书，或佛教逻辑因明学的论书等。有关大乘的梵文典籍，由 Mithila Institute 所出版的 Buddhist Sanskrit Texts (佛教梵语文献) 规模最大。这里面全部采用以上的尼泊尔、中国西藏、吉尔吉特等所发现的梵本，有梵文原典的大乘经典几乎全都收入其中。还有意大利的
上(377) 图齐所出版的 Serie Orientale Roma 里，也包含了贵重的梵文佛典。

参考书目

椎尾弁匡『仏教経典概説』，1933 年。

赤沼智善『仏教経典史論』，1939 年。

望月信亨『仏教経典成立史論』，1946 年。

宇井伯寿『仏教経典史』，1957 年。

渡辺海旭『欧米の仏教』(『壺月全集』上巻，1933 年)。

矢吹慶輝『阿弥陀仏の研究』，1936 年。

坂本幸男『華厳教学の研究』，1956 年。

上(379) 藤田宏達『原始浄土思想の研究』，1970 年。

第五节　初期大乘佛教的思想与实践

菩萨的自觉与自性清净心

菩萨详称“菩提萨埵·摩诃萨埵”(Bodhisattva Mahāsattva)。菩提萨埵是追求觉悟 (bodhi) 的人 (sattva) 之意，摩诃萨埵是伟大的人 (大士、摩诃萨) 之意，是立下要成佛的大誓愿而精进修行的人，因此菩萨

非得有“自己具备能成佛的素质（佛性）”的信念不可。这点与赞佛乘及小乘都不同，是大乘独自的立场。

首先是与小乘不同的地方，小乘亦即部派佛教，是以成阿罗汉（arhat）为目标而组织了教理。小乘佛教不认为弟子能得到与佛陀相同的证悟，当然在小乘里也没有“自己具备能成佛的素质”的认识，认为能成佛的只有像释尊那样伟大的人。这个自我认识的差异，是大乘佛教与部派佛教根本上的不同。

其次，赞佛乘的立场是在佛传文学里探求成佛的因由，而赞仰菩萨伟大的修行。因此赞佛乘也是说“菩萨之教”，所以在这点近于大乘佛 （380）上
教。但是赞佛乘说的菩萨是已经决定成佛的菩萨，是受了成佛的记别（vyākaraṇa）的菩萨。相对地，大乘所说的菩萨是自己本身，是与成佛的记别等无缘的凡夫菩萨。赞佛乘所说的菩萨专指释迦菩萨，他由燃灯佛处得到当来做佛的受记，因这个受记生起了作为菩萨的自信。但是一般凡夫的大乘修行者并无这样的受记，所以作为菩萨的自觉非得从别的地方得到不可，也就是“自己有佛性”的信念。这点虽然同样是说菩萨，却也是赞佛乘与大乘佛教本质上的不同。赞佛乘的菩萨是被选上的人，但大乘的菩萨则是一般人，亦即将菩萨扩及到一般人的，是大乘的立场。这菩萨的用例在最古的《道行般若经》里当然有使用，因此从产生这菩萨的用例，到《道行般若经》的成立为止，可以说有相当长的期间，亦即《般若经》可说是继承赞佛乘的菩萨六波罗蜜的立场，而以般若波罗蜜的立场将菩萨思想一般化。

因此大乘起初称为“菩萨乘”（Bodhisattva-yāna，T 8.247b），后来发展为声闻乘（Śrāvaka-yāna）、独觉乘（Pratyekabuddha-yāna，缘觉乘）、菩萨乘（或是佛乘〔Buddha-yāna〕）三乘型态。

但是在初期的大乘经典里，尚未说到“佛性”（Buddha-dhātu）。“一切众生悉有佛性”的主张，是到大乘的《涅槃经》才开始出现的。在 （381）上
初期的大乘经典里，这个问题以“心性本净”的思想来呈现[①]。《道行般

① 关于心性本净说，参考拙著『初期大乗仏教の研究』页 196 以下。

若经》里说："心的本性是清净的。"（prakṛtiś cittasya prabhāsvarā, *Aṣṭasāhasrikā-prajñāpāramitā*, p.5）心性本净说以《阿阇世王经》为始，在许多大乘经典都说到了。心的本性若是纯净，这本性显现时就成佛，所以基于这个心性本净的自觉，而能起成佛之愿。发起这成佛之愿，即是"发菩提心"，而发起这菩提心（bodhicitta）的人则称为菩萨。在大乘经典里与心性本净说并列，说到"诸法的本性是清净的"（Sarvadharmāḥ prakṛtipariśuddhāḥ，Conze: *Aṣṭādaśasāhasrikāprajñāpāramitā*，p.42）。以《般若经》为始，在《大集经》及《法华经》(《方便品》梵本第一〇二偈）等，也说到了"一切法本性净"。一切法与心，并非是别异的。

在大乘经典里，除了如上无名的菩萨之外，也说到了文殊菩萨、弥勒菩萨、普贤菩萨，及观音菩萨等"大菩萨"。这些大菩萨与先前无名的菩萨，其起源与意义都不同。其中弥勒菩萨是以未来佛的弥勒而发展的，是一生补处的菩萨（来生成佛的菩萨），一生补处的观念与释迦菩萨及弥勒菩萨关系很深。释迦菩萨是以赞佛乘发展起来的菩萨，相对地，文殊菩萨(Mañjuśrī)与先前的心性本净说关系很深，是大乘佛教独有的菩萨。普贤菩萨（Samantabhadra）也可视为是大乘独有的菩萨，但是观音菩萨（Avarokiteśvara，观自在菩萨）似乎是由其他导入到佛教的菩萨。总
上(382) 之，承认同时有多佛出世的话，也就有许多一生补处的菩萨，因此在大乘里承认了许多的大力菩萨。另也可以想见，在愿度众生之余，而完成成佛之行，也还故意不成佛的菩萨；文殊及观音等，就是这种菩萨，其力可说已超过佛陀。如此随着大乘的教理发达，便开始说到种种的菩萨，但是有大乘特色的菩萨，则是凡夫的菩萨。

波罗蜜之修行与弘誓之大铠

由菩萨的自觉，而起自利利他的修行，阿罗汉则一向只为自我的完成而修行。但是佛陀是救度众生的人，是有大慈大悲（mahākaruṇā, mahāmaitrī）者。愿成佛的菩萨修行，必然是以利他为先的修行，亦即是由于致力于利他，自己的修行（自利）才完成的方式，即是六波罗蜜的修行。六波罗蜜在佛传文学里已经以释迦菩萨修行的形式说到

了，但是更广为大乘经典所继承①。《六度集经》是聚集这为六波罗蜜故事的经典，波罗蜜的修行与本生故事也有关系，但是并不是一开始就确定 6 种波罗蜜。在罽宾的说一切有部说到布施（dāna）、戒（śīla）、精进（vīrya）、般若（prajñā）四波罗蜜，而以为忍辱（kśānti）包含于戒，禅定（dhyāna）包含在般若（慧）中（《大毗婆沙论》卷一七八，T 27.892a–b）。但是佛传文学则采用六波罗蜜，即使是说一切有部系，在 （383）上
《普曜经》等经中也示以六波罗蜜，或加上方便而成七波罗蜜（T 3.483a, 484a, 540a。Refmann: *Lalitavistara*. p.8）。但是巴利上座部在布施、持戒、智慧、精进、忍辱五波罗蜜，加上出离（nekkamma）、真实（sacca）、决定（adhiṭṭhāna）、慈（mettā）、舍（upekhā）5 种，而说十波罗蜜（Fausböll: *Jātaka*. Vol. I, pp.45–47）；这十波罗蜜与《十地经》的十波罗蜜内容不同。大乘佛教继承了赞佛乘六波罗蜜（布施、戒、忍辱、精进、禅、智慧）的系统，但是《十地经》里为了与十地配合，所以于六波罗蜜加上方便（upāyakauśalya）、愿（praṇidhāna）、力（bala）、智（jñāna）4 种，而说十波罗蜜（T 10.517c。J. Rahder: *Daśabhūmika*. p.57）。

波罗蜜（波罗蜜多）是 pāramitā 的音译。pāramitā 是由 parama（最上）而来的语词，在巴利的本生经里，parama 的衍生语 pāramī，与 pāramitā 以相同的意思在使用。Pāramitā，现代学者译作"完成"，而 prajñāpāramitā 则译作"智慧的完成"（Perfection of Wisdom）等。但是罗什将 pāramitā 解释为"度于彼岸"（pāram-ita），而译作"到彼岸""度"；《大智度论》的"智度"就是 prajñāpāramitā 的译语。

确实 pāramitā 是"完成"的意思，但是完成意味着静止、死亡，因为完成的话，就没有再补足的。在《般若经》里说，虽实践般若波罗蜜，却不执着于般若波罗蜜，不执着于菩萨的人，才是真正的般若波罗蜜的实践者。虽行布施，却不自夸其布施的善行，不执着于此善，施者空、 （384）上
受者空、施物也空的"三轮清净布施"，才是布施波罗蜜。行此布施，而

① 参考拙论「六波羅蜜の展開」(『印仏研』第二一之二，1973 年，页 23 以下）。

不为其布施所束缚，因此没有要完成自己的布施之“束缚”的布施，住于空（śūnya）的布施，才是布施波罗蜜，所以波罗蜜似乎可说是没有完成的完成；这是空的立场，是了知永恒的立场。般若波罗蜜的般若（prajñā）译作“慧”，是空的智慧，没有束缚的智慧，是直观全体的智慧。相对地，辨别现象的差别相的智慧是“方便”（upāyakauśalya）。在《维摩经》里说“智度菩萨母，方便以为父”，在菩萨的修行里重视具足般若与方便。

波罗蜜的修行是不求自利，一向尽力利他的立场，也不图成佛，是无尽的修行，所以要开始这个修行，需要有誓死不变的决心。将菩萨的这个决心，以披铠甲上战场的战士来比喻，表现成“披弘誓之大铠”（mahāsaṃnāhasaṃnaddha）。菩萨引导无量无数的众生于涅槃，但是以为受引导而至涅槃的人并不存在，能引导的人也不存在，称呼这样的努力精进为弘誓之大铠（大誓庄严、摩诃僧那僧涅）。大乘菩萨的修行，以如上的立场来实践。

陀罗尼与三昧

上(385) 在大乘经典里，说到菩萨得陀罗尼及诸三昧。陀罗尼（dhāraṇī）译作“总持”，在大乘佛教受到重视①，但并不使用于《阿含经》或部派佛教。陀罗尼在后世，甚至大乘佛教也开始将之用成咒语之意，但本来并非如此。根据《大智度论》，说陀罗尼是“集种种善法，能持不令散失”，亦即陀罗尼是守善遮恶之力，特别是记忆教法而不忘失，而称此为“闻持陀罗尼”。此外说陀罗尼有分别知陀罗尼、入音声陀罗尼等，即陀罗尼具有理解教法或使辩才无碍的能力。在专凭记忆传持教法的时代里，陀罗尼的力量受到重视。后来“咒陀罗尼”开始受到重视，陀罗尼变成专指咒语之意，但本来是与教法的记忆有关。接着，陀罗尼与三昧产生关系，说它是在三昧中实践的。

三昧是samādhi（三摩地）的音译，译作“等持”。这是指使心保持

① 关于陀罗尼，参考拙著前引书页218以下。

平静，也称作“心一境性”，是将心集中于一个对象的精神力。在《阿含经》的时代已经说到空（suññatā）三昧、无相（animitta）三昧、无愿（appaṇihita）三昧的“三三昧”。在《般若经》等里也重视三三昧，但大乘佛教里则开始说到独自的三昧。在三昧，亦即精神统一中，有止（śamatha，心的集中）与观（vipaśyanā，观察）。心变得寂静，而安住于止的时候，才能实现正确的观察。大乘因为进行与小乘不同的修行，所以回应于此而开始说新的三昧。在《大品般若经》的《大乘品》中说 (386)上
到百八三昧，其最初的是首楞严三昧。关于这三昧已有所言及，这是实现、推进般若波罗蜜，引起强烈修行力的三昧（但是接下来的“般舟三昧”并未包含在《般若经》的百八三昧里）。

其次，观佛三昧则以《般舟三昧经》说的“般舟三昧”（pratyutpanna-samādhi，佛立三昧）为有名；这是念佛而入三昧时，在三昧中佛陀现前在行者之前的三昧，想必是关联于礼拜佛塔而产生的。礼拜佛陀，附随了“悔过”。在《三品经》里说到于佛前修忏悔、随喜、劝请，《三品经》是大乘最古的经典之一，当时佛像还未存在，因此这些行法无疑是在佛塔面前进行的。此外，《华严经》里说到“海印三昧”，《法华经》里则说到入于“无量义处三昧”。以入于深的三昧而洞察现象的本质，但其洞察的方法则出现在三昧的名称里。

菩萨的修行

大乘的菩萨，有在家的菩萨与出家的菩萨。在《道行般若经》里，所谓菩萨是在家的菩萨，还没有明确地说到出家的菩萨。到了《大品般若经》，则说到在家与出家的两种菩萨，但是还未说到出家菩萨有独自的戒律，只是说到出家菩萨成了“童真”（kumārabhūta）而守贞洁。以六波 (387)上
罗蜜的修行来说，在第一的布施波罗蜜中，虽也包含了“法施”，但是主要是财施。第二的戒波罗蜜说到“十善”，这是实行不杀生、不盗、不邪淫的身三，不妄语、不恶口、不两舌、不绮语的口四，无贪、无瞋、正见的意三，十种善的行为。不只是《般若经》，在其他经典里说明戒波罗蜜时，常常说到十善。十善的第三是不邪淫，这是在家者的戒，出家的

话，如上述成为“童真”而实行禁欲，远离色欲。还有在初期的大乘经典里，也还说到“五戒”与“八斋戒”，但这些都是在家菩萨戒。[1]

接着在《十地经》里说了“十地”，其第二“离垢地”阐述了戒，离垢地的戒也是十善戒。初期大乘佛教的戒是以十善为代表，这显示了初期大乘佛教是在家者的宗教运动。但是大乘佛教在后代也采取了部派佛教的戒律，出家菩萨成为比丘，开始受具足戒，守波罗提木叉。

大乘佛教的修行，以《般若经》等所说六波罗蜜的修行为代表，此外有《华严经·净行品》或《郁伽长者经》等所见的礼拜佛塔，乃至《般舟三昧经》等所说的观佛三昧等。同时在净土经典里说到了基于“信”的佛教，这也是大乘佛教的特色之一。《法华经》里也说到了以信为中心的
上(388) 佛教，《法华经》的《方便品》劝导礼拜佛塔，同时整部《法华经》也劝导“书写经典”。但是《法华经》的古层里也说到受持、读诵、解说的三法行，后来将这些加上书写与供养成为五法行；就梵文来看还说到许多。总之关于法门（dharmaparyāya），说到受持、读诵、解说，关于经卷（pustaka），则说到在受持等加上书写与供养。供养（pūjā）是以经卷为法宝而安置，献以花或香、伞盖、幢幡等，而以音乐等供养。这种供养的方法本来是在供养佛塔时所举行的，而将其采用于供养经卷。在《般若经》等中已反复说到这样的经卷供养。

供养佛塔与供养经卷可以看作本来是由在家菩萨之间所产生的。花或香及伞盖、幢幡等本来似是在家者之物，出家比丘的戒律里禁止观赏音乐、跳舞、戏剧，更别说能自己去做了。因此这样的供养的方法，不得不视为是由在家信众之间产生的，可以承认有与信仰一起的娱乐之余地。

菩萨的阶位

说到以上的菩萨修行，考虑证悟的阶段如何时，在古大乘经里是原封不动地使用了声闻的阶位。例如《道行般若经》里，说到听闻《般若
上(389) 经》之教，而得预流、一来、不还、阿罗汉等的证悟，但是到了《大品

① 关于十善，参照拙著前引书页 426 以下，拙论「初期大乗仏教の戒学としての十善道」（芳村修基编『仏教教団の研究』页 167 以下）。

般若经》或《十地经》等，则开始说大乘独自的证悟阶位。还有在《道行般若经》里也有关于大乘独自证悟的说明，亦即说到发菩提心、不退位、无生法忍（anutpattika-dharma-kṣānti）、童真、灌顶（abhiṣeka，阿惟颜）、一生补处等部派佛教所未见的“证悟的阶位”，但是在《小品般若经》里并未将这些体系化。灌顶或一生补处是佛传类所想出的阶位，而为大乘所采用。这些是有关接近成佛的大菩萨的阶位。

其次，不退位与无生法忍广为大乘经典所用，是重要的修行阶位。无生法忍是决断法之不生的证悟，而由证悟空所得的“忍”；也说到由于得此无生法忍，而得以入不退位。这些是大乘里有特色的证悟阶位，但究竟是到了大乘佛教才开始考虑到，或是在赞佛乘就已经想出来的思想，还有必要研究。其次，“童真”也称作童真地（kumāra-bhūmi），经常出现在《大品般若经》里，也包含在下述“十住”的阶位里，但在《大品般若经》里，童真地是指进入禁欲生活的菩萨[1]；所以称为童真（青年），是菩萨修行进展，得无生法忍或不退，修行的阶段处于青年的状态，不久将以法王子继承佛陀之位者的意思。文殊师利也称作文殊师利法王子（Mañjuśrī-kumārabhūta），可视为是处于童真地的阶位（但是这童真似乎有尚未结婚的禁欲者之意）。（390）上

以上是在初期大乘经典里零星可见的阶位，而有组织的阶位，则说到四地、五地、十住、十地等阶位。佛传里的菩萨阶位，是在《大事》及《佛本行集经》等所说的自性行、愿性行、顺性行、不转性行四行[2]。还有在佛传里说到了十地，亦即在佛传里说“承事诸佛，积德无限，累劫勤苦，通十地行，在一生补处”等（T 3.463a）。但是在现存的佛传里穷举这十地的只有《大事》[3]。大乘经典里菩萨阶位最简单的，是出现在《小品般若经》等的“四种菩萨”阶位[4]，是初发心菩萨、新学菩萨（行六波罗蜜菩萨）、不退转菩萨、一生补处菩萨；虽然简单，却是不包含声

---

① 关于“童真”，参照拙著『初期大乘仏教の研究』页 334 以下。

② 参照拙著前引书页 185。

③ 关于《大事》的十地，参考拙著前引书页 187 以下。还有《大事》的第二地，原典作 baddhamānā（结慢），今依 Edgerton 的辞典。

④ 关于“四种菩萨”，参考拙著前引书页 286 以下。

闻阶位的大乘独自的阶位。这四种菩萨的阶位自《小品般若经》开始，而为《大品般若经》所继承，更出现在许多经典里。

其次，加上声闻等阶位，有凡夫地、声闻地、辟支佛地、如来地四地，或在如来地之前加上菩萨地的五地说[1]。这也在《小品般若经》里以简单的形式出现，而为《大品般若经》所继承。再将这个系统的阶位详细化的，可见于《大品般若经》的“共十地”说。这是于凡夫地再开乾慧地与性地，声闻地里开八人地、见地、薄地、离欲地、已作地五地，于此之上再加辟支佛地、菩萨地、佛地而成。这个十地说，前七或八地
上(391) 是与声闻乘或辟支佛乘共通的，所以称为“共十地”。其中第一的乾慧地（śuklavidarśanā-bhūmi，净观地），是智慧不得禅定之水而无法得悟的状态。第二的性地（gotra-bh.），是向于声闻的修行，或向于独觉之修行，或向于菩萨道的方向，决定行者之种性（gotra）的阶段。第三的八人地（aṣṭamaka-bh.），在声闻道是“见道”，即预流向的阶段；由此入于圣者之位。菩萨的见道，是观诸法实相而悟无生法忍。第四的见地（darśana-bh.）是预流果，在菩萨道是得无生法忍之后的不退转地。第五的薄地（tanu-bh.），是三毒变薄的一来果阶段，在菩萨则是过不退转地而还未成佛的阶段。第六的离欲地(vītarāga-bh.）是不还果，在菩萨则称为得五神通的阶段。第七的已作地（kṛtāvī-bh.）是应做的事已做完的意思，是阿罗汉。声闻的修行到此完成，因为没有再求更高的心的缘故。在菩萨则是成就佛地，也就是决定成佛的阶段。第八的辟支佛地（pratyekabuddha-bh.）是独觉证悟的阶段，志于独觉的人修行就到此为止。第九的菩萨地(bodhisattva-bh.）是进行菩萨修行的阶段，主要是六波罗蜜的修行。将这修行详为展开时，就集成后述的“不共十地”，但是在此还尚未考虑到。第十的佛地（buddha-bh.），是成佛的阶段。[2]

因为以上十地说里同时包含了三乘修行的阶位，所以称为“共十地”。

---

① 参考拙著前引书『初期大乘仏教の研究』页 336 以下。

② 关于“共十地”的意思，参照拙著前引书『初期大乘仏教の研究』页 354 以下。

相对地，只将菩萨的修行按阶位顺序表示的，是“不共十地”说；不共十地说是在佛传文学所思考到的，就释迦菩萨的修行而考察应该成佛的菩萨是经由怎样的证悟阶段而前进的。佛传文学都知道十地，但将其穷 （392）上
举的只有《大事》。这个思想在大乘经典里，主要是由华严系统的人们所考察而发展的。经由《菩萨本业经》的“十住说”（daśavihārā？），而以《十地经》的“十地说”（daśabhūmayaḥ）来完成。但是以大乘独自的立场来考虑，也可以看作是在先前《小品般若经》所示的“四种菩萨”（初发心、新学、不退转、一生补处）阶段变得详细的结果。《十地经》的十地，是欢喜地（pramuditā-bh.）、离垢地（vimalā-bh.）、明地（prabhākarī-bh.）、焰地（arciṣmatī-bh.）、难胜地（sudurjayā-bh.）、现前地（abhimukhī-bh.）、远行地（dūraṃgamā-bh.）、不动地（acalā-bh.）、善慧地（sādhumatī-bh.）、法云地（dharmameghā-bh.）。

其中第一的欢喜地，是得到大乘修行的真正的智慧而欢喜的阶段。离垢地是守戒而远离心垢的阶段，此戒即十善戒。自此前进，得陀罗尼，智慧显明，是第三的明地。依智慧之火而烧却烦恼，是焰地，但是微细的烦恼难伏，故称第五为难胜地。继而修行进展，缘起的智慧现前，是第六的现前地。再由此前进，断三界烦恼，远离三界，是第七的远行地。于此修空观，因为太深达于空，所以脱出空的否定变得很困难，得到诸佛摩顶的劝诫后，才勉强得脱；在这阶段超越了声闻、缘觉。自第八地起称作无功用行，是不用努力，修行也自然进展的缘故。在第八地无分别智自由地作用，而不为烦恼所乱，所以称作不动地。第九是说法教化 （393）上
自由自在，善于说法，所以称为善慧地。第十是完成法身，身如虚空无边际，智慧如大云，故称法云地。

这里所说的地（bhūmi）是阶段的意思。修行的进步虽是连续性的，但是有时候会停滞，且突然打破停滞，飞跃前进；成为这飞跃的场所的就是“地”。同时地一如大地，拥有使其他成长的力量。以地之力而修行得以进展，准备往更高之地飞跃。以下略示十地的对照表：

《十地经》十地	《本业经》十住	《大事》	《般若经》十地
1. 欢喜 Pramuditā	发意	Durārohā 难登	乾慧地
2. 离垢 Vimalā	治地	Baddhamālā 结鬘	性地
3. 明 Prabhākarī	应行	Puṣpamaṇḍitā 华庄严	八人地
4. 焰 Arciṣmatī	生贵	Rucirā 明辉	见地
5. 难胜 Sudurjayā	修成	Cittavistarā 广心	薄地
6. 现前 Abhimukhī	行登	Rūpavatī 妙相具足	离欲地
7. 远行 Dūraṃgamā	不退	Durjayā 难胜	已作地
8. 不动 Acalā	童真	Janmanideśa 生诞因缘	辟支佛地
上(394) 9. 善慧 Sādhumatī	了生	Yauvarājya 王子位	菩萨地
10. 法云 Dharmameghā	补处	Abhiṣekatā 灌顶	佛地

菩萨的教团

大乘的菩萨有在家及出家之别，已如前述。出家则为童真，远离淫欲而修行，但除此之外，出家菩萨独自的戒律似乎并不存在。在古大乘经典中并未说到出家菩萨独自的戒。初期的大乘菩萨戒，主要是十善戒，也和五戒或八斋戒合行，这些全都是在家戒。还有在大乘经典里，有许多善男子、善女人之语，但这也是对在家者的称呼；然后经常说到女性的菩萨由修行而转根成为男子，这可以看作是显示在大乘佛教里女性的信众是强势的。

还有大乘的说法者似被称为“法师”（dharmabhāṇaka），即使是在家菩萨也得以成为法师，女性的法师也存在过。

出家菩萨修行的场所，有塔寺（stūpa）与阿兰若处（āraṇyāyatana）；这在《郁伽长者经》里有具体地说到。塔寺方面，佛塔受到祭拜，而进行以礼拜佛塔为中心的修行；这点详说于《华严经》的《净行品》[1]。其次，阿兰若处位于远离村落骚嚷的森林中，于此专门进行禅定的修行；相对地，塔寺是处于村里。在家菩萨往诣塔寺，礼拜佛塔，作布施，接受出

① 关于《郁伽长者经》及《净行品》，参考前引书『初期大乘仏教の研究』页 483。

家菩萨的指导。在出家菩萨之间有和尚与弟子的关系，弟子跟随和尚，受其指导而修行；这点与部派佛教的情形相同。但是根据《郁伽长者经》（395）上
及《十住毗婆沙论》等，出家菩萨的日常生活是相当苦行的。

在大乘佛教里，在家菩萨是有势力的。在《维摩经》里有维摩居士说法，而在《郁伽长者经》里，举出了郁伽长者、法施长者、名称长者等十位大长者。还有在《般舟三昧经》里，列举了飏陀和（Bhadrapāla，贤护）、宝得离车子、善商主长者、伽诃岌多居士等五百位长者；这些长者虽然似乎并非是历史上实在的人物，但是长者在经典中担任了重要的角色，这似乎是由于在家菩萨里达到深悟的人们实际上存在过之故。

还有，菩萨似乎只以菩萨组成教团。大乘的菩萨似乎并不与小乘的比丘或优婆塞们共同组织教团，这可以从大乘的教理上理解。大乘经典经常说，菩萨不得起声闻乘之心。在《十住毗婆沙论》里叙述："若堕声闻地，及辟支佛地，是名菩萨死，亦名一切失。"（T 26.93a）激烈地排斥声闻乘。因为大乘是批判部派佛教为"小乘"而兴起的宗教，所以从教理上也很难想象两者过共同的修行生活。大乘是在家菩萨成为主体，所以没有为了生活不得不从属于部派教团的理由。在大乘经典里，经典的开头列出了聚集在佛说法座下的听众，但也先列出比丘众，其次举出比丘尼们，（396）上
第三也有举出优婆塞或优婆夷之名，总之在最后才列出菩萨听众的名字。即使是出家菩萨，也未与比丘一起列名。菩萨的集团与比丘的集团是被当作各别的集团来对待的，这个方式在大乘经典里没有例外；从这点也可想见菩萨组织了与比丘僧伽不同的教团以作为生活的集团。在大乘经典里可见到菩萨众（Bodhisattva-gaṇa）与比丘僧伽（Bhikṣu-saṃgha）并举的例子，这可说是表示当时菩萨的集团称为菩萨众（也有称为菩萨僧伽的情形）[①]。众（gaṇa）与僧伽（saṃgha）是相同的意思，都是意味"团体"的语词。

纵使大乘佛教有菩萨众，也只不过是推定而得的。在大乘经典或大乘的论书里，关于菩萨教团的组织并无具体的说明。在《十住毗婆沙论》

① 关于菩萨教团，参考前引书『初期大乗仏教の研究』页 777。

里，只不过有有关的若干说明。总之在初期的大乘佛教里，教团规则并不完全，因此可以想见后来部派佛教的僧伽规则也开始被导入到大乘佛
上(397) 教里。

参考书目

梶芳光運『原始般若経の研究』，1944 年。
西義雄『初期大乘仏教の研究』，1945 年。
上(398) 山田竜城『大乘仏教成立論序説』，1959 年。

第四章

后期大乘佛教

第一节　教团的兴衰

本书下册（编按：即本版四、五两章）中，含有龙树（公元150—250年左右）及以后的大乘佛教与密教。但是在政治上，印度佛教的区分以笈多（Gupta）王朝的建国（公元320年）为界限较妥当；因为到此为止处于上坡的印度佛教，以笈多王朝的成立为契机而步入衰退之途，此后印度佛教不再能恢复昔日的荣光，由后期大乘佛教到密教，在13世纪时因伊斯兰教徒的攻入而灭亡。

当然并非在笈多王朝以后，佛教的发展就停止下来。无著、世亲的唯识佛教之发展，正好是在笈多王朝的时代；唯识佛教在思想上也很出色，而且给予中国、日本佛教非常大的影响。还有与唯识佛教并行，如来藏思想的体系化也是在这个时代进行的，在此后有根据陈那与法称的佛教逻辑学的显著发展。他们的佛教逻辑学并不只是逻辑学的研究，而是伴同认识论的研究，给印度一般思想界很大的影响；之后更述作了庞大的密教经典。密教虽然有很强的佛教印度教化的特性，但是其中尚可见到
下(5) 许多独创性思想的营造。密教也给予藏传佛教和汉传佛教、日本佛教很大的影响，特别是其“祈祷佛教”的特性，在日本佛教中，与日本古来的民众宗教心折中调和，而在佛教本土化中扮演重要的角色。

因此在笈多王朝以后，佛教思想上也出现了独创性的思想体系。但是作为教团的佛教则逐渐步上衰退之途，其重大的理由，即是自此时代开始，印度教急速地扩张势力，民众的宗教心向其移转。

笈多王朝之佛教

龙树活跃于南印度。他接受引正王（娑多婆诃）王族的皈依，住于讫里瑟拏河中游附近的吉祥山（或黑蜂山，参考本书页193）。但是引正王王

族在公元3世纪失势，之后德干地区进入诸王割据的时代；如前述，占据印度半岛东部瞿陀婆犁河下游的甘蔗（Ikṣvāku，懿师摩）王族支持佛教，而4世纪于中印度兴起的笈多王朝统一了印度。

印度在孔雀王朝崩溃以后，在约5个世纪的时间里并未成立强大的统一国家，但自进入公元4世纪起，笈多王朝以孔雀帝国的故地摩竭陀为中心兴起，然后统一了印度的大部分。笈多王朝的创始者是旃陀罗笈多一世（Candragupta I，月护，公元320—335年左右在位），他首先统一恒河平原，然后进军南印度。继他之后的是萨母陀罗笈多 (6)下
（Samudragupta，海护，公元335—375年左右在位），接着是旃陀罗笈多二世（Candragupta Ⅱ，公元375—414年左右在位）、鸠摩罗笈多一世（Kumāragupta Ⅰ，童护，公元414—455年左右在位），有为的君主相继出现，推进统一事业；特别是旃陀罗笈多二世之时，是此王国的最盛时期。东晋法显旅行于印度，正是此王的时代(公元399年由长安出发，416年回国)；他的印度之旅之所以能自由安全地进行，是因为国家和平，国内治安维持良好的缘故。无著（Asaṅga，公元395—470年左右）及其亲弟弟，且是弟子的世亲（Vasubandhu，公元400—480年左右）出生于北印度犍陀罗的富娄沙富罗(Purusapura)市，虽然无著在化地部出家，世亲在说一切有部出家，但是后来转向大乘佛教，两人都迁移到中印度，活跃于后来是笈多王朝首都的阿踰陀（Ayodhyā，阿踰阇）。

笈多王朝确立了中央集权的政治体制，强调国王的神圣性，增强了将身份上的区别固定化的倾向，然后采用婆罗门教为国教，作为赋予此社会秩序以基础的理论，而复兴了婆罗门教学。此时印度教也采取婆罗门教的哲学、神话及习俗等，与婆罗门教融合，由此得到社会上层阶级的支持，以至于急速地扩大势力，并好像要证明其融合一般在各地建造了雄伟的印度教寺院。印度教与婆罗门教的哲学、神话结合似乎是重要的，因此印度教不只是民众的俗信，而得建立其教理基础，也开始得到上层阶级的支持。婆罗门教成为笈多王朝国教的同时，印度教也开始得到 (7)下
宗教界的统理权。与此同时，虽然佛教、耆那教在学问上的研究也很兴盛，但社会势力却衰弱化了。后来，吠檀多学派的商羯罗（Śaṅkara，公

元700—750年左右）及弥曼差学派的鸠摩利罗（Kumārila，公元650—700年左右）出现，排击佛教，不过他们既是婆罗门教的宗教哲学者，同时也是虔诚的印度教徒，因此他们的攻击佛教也与印度教的宣扬相联结；自此以后，印度教成为印度宗教的主流。

笈多王朝确立帝王的权威，整顿法典，统一货币的单位等，确立了政治上的秩序，同时笈多王朝的诸王也爱好文艺，宠护文人，因此在宫廷的保护下，文学与艺术发达，梵文学也很发达；有名的迦梨陀沙（Kālidāsa）即活跃在笈多王朝的极盛期，而婆罗门教的用语梵文则成为印度全体的公用语。因此佛教教团中，也开始以梵语从事著作了。

笈多王朝以婆罗门教为国教，但并未迫害佛教，而宁可说是护持。有名的那烂陀（Nālandā）大伽蓝是由此王族所建的，但是法显并未言及那烂陀寺，所以此寺之创建是在他在印度以后。根据玄奘（公元629—645年在
下(8) 印）的《大唐西域记》卷九（T 51.923b），那烂陀寺是由帝日王（Śakrāditya，铄迦罗阿逸多）所创建的，然后其子觉护王（Buddhagupta，佛陀毱多，公元476—496年左右在位）建立南伽蓝，如来护王（Tathāgatagupta）建立东伽蓝，幼日王（Bālāditya，婆罗阿逸多，即Narasiṃhagupta，人师子王、那罗新哈笈多，公元467—473年左右在位）建立东北伽蓝，伽蓝就完成了。玄奘所举之诸王之顺序似乎未必正确，但总之都是笈多王朝的王。因为帝释（Śakra）是因陀罗的别名，自取大因陀罗日（Mahendrāditya）之名的第四代鸠摩罗笈多一世（公元414—455年左右在位）被视为是帝日王。不过觉护王之名出现在鹿野苑出土的碑铭中（静谷正雄《笈多碑铭目录》一二二），于公元476年左右在位，所以认为他不是鸠摩罗笈多一世之子，而是其孙子，第七代的幼日王则是他的哥哥。

依此策划建立的那烂陀寺成为印度第一大伽蓝，之后持续八百多年，成为佛教研究的一大中心地。以护法、德慧、戒贤为始，来自印度全国的俊秀云集，聚集之僧徒传有数千。而以玄奘、义净为始，中国僧及由南海等来的留学僧也不少。根据《南海寄归内法传》卷四，义净在印度时（公元671—695年在印），那烂陀寺有僧徒三千，寺有八院，房有三百（T 54.227a）。到了13世纪，此寺为伊斯兰教徒所坏，但近代开始挖掘其遗迹，

已大约了解其全貌。那烂陀寺是在广及南北500米、东西250米的广大地区中，有数座大塔遗址与十座以上的僧院遗址，外有精舍遗址等并列，（9）下
无愧于大伽蓝之名。出土的遗物中，古笈多期的雕刻虽然不多，但是有很优秀的作品，许多是后代波罗王朝时期的，与密教有关的很多。

还有笈多王朝第五代的塞犍陀笈多（Skandagupta，即Vikramāditya，超日王，公元455—467年左右在位）与第七代幼日王（Narasiṃhagupta，即Bālāditya，公元467—473年左右在位）护持了瑜伽行派的世亲，因此认为世亲的年代是公元400—480年左右。

在笈多王朝的时代，以佛陀成道之地佛陀伽耶（现在的Bodhgayā）及初转法轮处的鹿野苑、般涅槃处的拘尸那罗为始，至南印度的阿旃陀、伊楼罗等窟院，也很盛行佛教。在佛陀伽耶，以菩提树下的金刚宝座（Vajrāsana）为中心有"菩提道场"（Bodhimaṇḍa），有名的大塔也在此时代建立；还有在菩提道场之外有大觉寺。根据玄奘所言，这是锡兰王所建，有锡兰僧住于其中。静谷《笈多碑铭目录》四九说，锡兰的大名王（Mahānāma）二世于公元588—589年在菩提道场建立了堂舍（maṇḍapa）。

接着在鹿野苑发现了熏迦时代、贵霜时代的遗物，但是最多的是笈多时代的佛像、碑铭。佛像之中最多的是释迦像，也发现了转法轮像的杰作，此外观音像比较多。虽然残损严重，但是现在仍可见到6世纪所建的咀昧喀塔。在静谷《笈多碑铭目录》一二八中，说到苏罗差摩那大优婆夷（paramopāsikā）捐献灯明给世尊的"根本香堂"（mūlagandhakuṭī）。（10）下
关于庄严的鹿野苑伽蓝，玄奘也有记载；鹿野苑的伽蓝在玄奘当时属于正量部，根据出土的碑铭，刻有"法身舍利偈"的碑文非常多（静谷《笈多碑铭目录》一三九）。不只是鹿野苑，在其他地方也可以见到，尊重法身舍利偈是从这个时代到波罗王朝时期的特色；这似乎与"本初佛"有关。还有寺塔的布施者中有很多人自称为"释种比丘"（śākya-bhikṣu），此外有"大优婆塞"（paramopāsaka）、"大优婆夷"称号的人也很多。

从佛陀的入灭地拘尸那罗（现在的Kasiā）也发现了数件碑铭，这里曾有大涅槃寺（mahāparinirvāṇa-mahāvihāra），安置了佛陀的涅槃像

（静谷《笈多碑铭目录》七七～八〇）。玄奘也见过此精舍与涅槃像，及旁边阿育王所建的佛塔。

摩醯逻矩罗王的破佛与伐腊毗的佛教

笈多王朝在公元5世纪末衰微，6世纪初以后国家分裂，出现许多地方政权，但是笈多王族仍以摩竭陀国地方的小国家持续了将近两个世纪。趁着笈多王朝衰微，白匈奴族（Hūṇa）从5世纪中叶起入侵西北印度，并吞犍陀罗、迦湿弥罗，还入侵到印度中原。白匈奴族是嚈哒人（Ephthalite），自5世纪末到6世纪初的兜罗摩那王（Toramāṇa）、摩醯
下（11）逻矩罗王父子时代是最强盛的。摩醯逻矩罗王（Mihiragula，公元502—542年左右在位）以信奉湿婆神，大力破坏佛教而有名，特别是迦湿弥罗与犍陀罗的佛教之破坏非常严重；5世纪以前的迦湿弥罗、犍陀罗是印度佛教教理上革新的泉源之一，由此而产生新的佛教，以图佛教的再生；由此地而传法到中国的僧人很多，从无著、世亲开始出现许多知名高僧。在4世纪后半，鸠摩罗什也从龟兹到此留学，但是由于摩醯逻矩罗王的破佛，北印度的佛教受到致命性的打击，失去了佛教革新的泉源，此事对日后的佛教是非常不幸的。有说此摩醯逻矩罗王的破佛，反映于《莲华面经》；宋云也游访此地（公元518—523年），见到了摩醯逻矩罗王，其实情收录于《洛阳伽蓝记》卷五（T 51.1020c）。之后刚好过了百年，来访此地的玄奘也说道："僧伽蓝千余所，摧残荒废，芜漫萧条。诸窣堵波颇多颓圮。"（T 51.879c）显示之后犍陀罗的佛教并未恢复。

虽然占据于马尔瓦（Malwa）的耶输达摩王（Yaśodharman）在6世纪初击退此匈奴族，但是之后也未能实现印度的统一，群雄割据的时代持续着。在6世纪，西印度迦提瓦（Kāthiāwār）半岛上迈特罗迦（Maitraka）王朝兴起，以伐腊毗（Valabhī，现在的Waḷā）为中心而繁盛。迈特罗迦王一开始是臣属于笈多王朝的地方太守，趁笈多王族衰微，便独
下（12）立而开始称大王（mahārāja），甚至自称王中之王（mahārājādhirāja）。此王朝是由5世纪后半出现的跋吒迦王（Bhaṭārka）所创始的，而于6世纪盛大起来。从伐腊毗发现了许多关于此王朝的碑文，根据碑文，说

此王族虽信奉毗湿奴神、湿婆神，但同时也护持佛教。

例如根据第四代常军王一世（Dhruvasena Ⅰ）于公元 535—536 年所颁布的铭文（静谷《笈多碑铭目录》一七二），他妹妹的女儿杜达（Duḍḍā）是大优婆夷（paramopāsikā），于伐腊毗建立精舍，常军王一世行布施于住在此精舍的比丘僧伽。在第六代密军王于公元 559—560 年颁布的铭文（静谷《笈多碑铭目录》一七四）中，同样记载着行布施于住在杜达所建精舍中的比丘僧伽，此外也有记载着此王行布施于属于十八部的比丘僧伽的铭文（静谷《笈多碑铭目录》一七五、一七六）。在碑文一七六中，密军王自称“大优婆塞”（paramopāsaka）。这显示出王是佛教的信者。此外也有很多碑文记载迈特罗迦王族行布施于佛寺。

另值得注目的是，安慧（Sthiramati）所建的精舍位于伐腊毗。根据静谷《笈多碑铭目录》一七七，记载持军王二世（Dharasena Ⅱ）向阿阇梨大德安慧所建的师利跋波婆帝耶寺（śrī-Bappapādīya-vihāra）布施了两个村庄，以供养诸佛世尊的花香灯明，以及比丘僧伽的衣食住药。此命令发布于“二六九年”，相当于公元 588—589 年。（13）下

静谷《笈多碑铭目录》一九一、一九二中也出现安慧之名，不过一七七号铭文显示公元 588—589 年以前安慧建立了此精舍，但是并未证明当时安慧还活着。Sthiramati 是“安慧”，在《成唯识论述记》卷一（T 43.231c）中也认为安慧是与护法（公元 530—561 年）同时代的先德，是德慧的弟子；安慧来自伐腊毗。还有在《大唐西域记》卷十一中也说，德慧、坚慧游止于伐腊毗的阿折罗阿罗汉所建的寺中，造了论书；不知此坚慧与安慧是否为同一个人。根据这些资料，似乎可以将碑文中的安慧与德慧的弟子安慧视为同一人。

另根据玄奘所说，那时代的伐腊毗盛行正量部，伽蓝有百余所，僧徒六千余人。此伐腊毗与东方的那烂陀并列，成为 5、6 世纪时佛教教学的中心地之一而长期繁荣。

戒日王

在玄奘的留印时代（公元 629—645 年），以中印度的曲女城（Kanyā-

kubja）为都的戒日王（Harṣavardhana，曷利沙伐弹那〔按：义云喜增，号 Śilāditya，尸罗阿迭多，义云戒日〕，公元 606—646 年左右在位）皈依了佛教，当时旅行于印度的玄奘也蒙受其惠。他的父亲是以阎牟那河上游的达内沙卢为都的光增王（Prabhākara-vardhana，波罗羯罗伐弹那，公元 605 年殁），但是戒日王的哥哥逻阇伐弹那（Rājyavardhana）为西孟加拉的设赏迦（Śaśaṅka）王所杀，戒日王很年轻就即位，将设赏
下(14) 迦王驱逐，移都曲女城，终于统一中印度全部。

戒日王在南方为遮娄其王朝的补罗稽舍二世（Pulakeśin Ⅱ，公元 609—642 年左右在位）所阻，而以耐秣陀河为境，自此以北之地除了旁遮普与罗阇斯坦那（Rājaṣṭhāna），统一了广大的地区。他休养兵力，振兴文艺、学术，所以在戒日王时代可以见到匹敌笈多最盛时期的华丽文化的隆盛。

戒日王自己也具有文才，以剧作家闻名，但效法父祖信奉了印度教，不过晚年皈依佛教，写了赞叹佛陀的诗两篇①。戒日王灿烂的生涯虽然为婆那（Bhāna）的《戒日王行传》（*Harṣa-carita*）所讴歌，但是戒日王殁后，其国威急速衰退，国家归于瓦解。

阿旃陀与遮娄其王朝

在德干地区，在迦罗那荼（Karṇāṭa，迈索尔〔mysore〕地区）遮娄其（Chālukya）王朝于 6 世纪兴起，急速地扩大势力。此王朝自补罗稽舍一世（Pulakeśin Ⅰ，公元 543—544 年左右起在位）开始，到第四代补罗稽舍二世的时代达到最盛。其版图北以耐秣陀河与中印度戒日王的国土为境，南达半岛南部的迦吠离河（Kāverī），首都位于婆塔毗（Vātāpi，迈索尔的比遮普地区的巴达密〔Bādāmi〕），征服了从德干全土到案达罗的地区。但是补罗稽舍二世在晚年陷入被南方的跋罗婆（Pallava）王国的那罗辛诃婆鬘王一世（Narasiṃhavarman Ⅰ，人师子铠王，公元 642—668 年左右在位）攻略王都的悲惨命运，不过其子勤行
下(15) 日王一世（Vikramāditya Ⅰ，公元 655—680 年左右在位）恢复国威；

① 辻直四郎『サンスクリット文学史』，1973 年，页 75 以下。

但是王国分裂了，补罗稽舍二世之弟库普遮・毗湿奴伐弹那一世（Kubja Viṣṇuvardhana Ⅰ）领有东半部，建都于瞿陀婆犁河与讫里瑟拏河河口中间的瓶耆（Veṅgī），兴创东遮娄其王朝；玄奘到访此地时似乎是此王的时代。玄奘称此国为安达罗国，称大都城为瓶耆罗。

一般认为玄奘所说的瓶耆罗是 Veṅgīpura，这里有伽蓝二十余所，住有僧徒三千人；不过天祠三十余所，异道（印度教）非常盛行。根据玄奘所说，在此都城附近有阿折罗阿罗汉所建的大伽蓝，安置庄严的佛像，附近也有阿育王建立的佛塔。由此往西方二十余里有孤山，陈那于此著述了《因明论》（T 51.930a–b）。依玄奘所说，此国的邻国是驮那羯磔迦（Dhānyakaṭaka），有东山（Pūrvaśaila，弗波势罗）、西山（Apalaśaila，阿伐罗势罗）二伽蓝，附近有清辨所住的山。此东遮娄其王朝之后虽也存续下来，但在德干的西部，8 世纪半左右，罗首陀罗库吒族势力增大，终于灭了遮娄其王朝，兴创罗首陀罗库吒王朝；此王朝持续到 10 世纪为止。

在遮娄其、罗首陀罗库吒两个王朝的时代，阿旃陀、伊楼罗等石窟寺院的重要部分已完成了。阿旃陀（Ajantā）窟院有 28 窟，最古老的部分是在公元前后之际开始开凿的。笈多时期以后所开凿的是第 16 至 20 （16）下
窟，及第 6 至 8 窟；这是第二期，相当于笈多王朝的兴盛期。接着第 21 至 28 窟及第 1 至 5 窟是第三期，相当于笈多的末期到遮娄其王朝时代。以壁画与浮雕而闻名的是第 1、2 窟，这些属于第三期。属于第二期的第 16、17 窟有记载婆迦荼加（Vākāṭaka）王族的黄军王（Hariṣeṇa，诃梨先那，公元 450—500 年左右）之名的碑文；此王族的大臣开凿此窟院，而布施于僧伽（静谷《笈多碑铭目录》三〇、三一说，婆迦荼加王族是笈多时代德干有势力的王族，臣属于笈多王朝的同时，其独立也受到承认）。此二窟也有壁画，伊楼罗（Ellora）也有 34 个窟院，从头开始的第 1 至 12 窟属于佛教。其中第 10 窟是塔院，其余是僧院，这些是与阿旃陀的第三期石窟同一时期开凿的。剩下的是印度教与耆那教的窟院，印度教的诸石窟位于伊楼罗的中心部位，铠罗沙寺在其中心，其建筑与雕刻极为精巧。还有迈索尔地区讫里瑟拏河上游的屯伽跋陀罗河

沿岸有恭建那（Koṅkana，玄奘所说的恭建那补罗），此地后来以作为密教的圣地而闻名。

建志与护法

在印度半岛南部有跋罗婆王朝，在笈多王朝时代虽臣属于笈多王朝，
下(17) 但是在笈多王朝衰退的同时便独立了，而与北部的遮娄其王朝对立，在前述的那罗辛诃婆鬘王一世(公元642—668年左右在位)之际变得最强大。此国的首都是建志（Kāñcī），玄奘称为建志补罗（Kāñcīpura），并称此国为达罗毗荼国。玄奘到访此国恐怕是在那罗辛诃婆鬘王的时代，他描述此国的佛教，说伽蓝有百余所，僧徒有万余人，皆学上座部之法，佛教很兴盛。并说建志补罗是达磨波罗（Dharmapāla），即护法的本生城。护法是此国大臣的长子，年少时为避公主下嫁而出家，后来入那烂陀寺得盛名。国王也保护佛法，当时在跋罗婆佛教大盛。

玄奘还说于达罗毗荼国之南有秣罗矩吒国，在印度半岛南端。印度半岛南端的潘底亚族（Pāṇḍya）自古以来即拥有势力，但夹在此潘底亚与跋罗婆中间的求罗族（Coḷa），从9世纪左右起势力转强，终于征服潘底亚与跋罗婆，还并吞德干地区，而成为一大强国。不过玄奘所说的秣罗矩吒国是指何处并不清楚，总之玄奘造访时此国的佛教衰微，伽蓝的故址虽然很多，但现存的很少，僧徒也少，而外道非常多，大部分是耆那教徒。玄奘说，继此南之海滨有秣剌耶山与布呾洛迦山(Potalaka)二山。秣剌耶山有白檀香树、栴檀你婆树；布呾洛迦山山顶有池，池侧有石天
下(18) 宫，是观自在菩萨往来游止之所。这似乎是表示，在印度也有观音菩萨住在补陀洛山（Potalaka）的传说。

波罗王朝的佛教

中印度在戒日王死后，帝国急速瓦解，自此大约百年之间，中印度处于群雄割据的时代。然而8世纪初（公元730—740年左右），瞿波罗一世（Gopāla Ⅰ）为孟加拉王所推举，因此波罗（Pāla）王朝就兴起了。瞿波罗一世在此后南则征服了比哈尔，西则超过摩竭陀地区而扩大版图，

建立了王国的基础；他统治45年。接着依序是达磨波罗王(Dharmapāla，公元800年左右)、第三代的提婆波罗王(Devapāla，9世纪)，统治广及从孟加拉、比哈尔到恒河中游地区，以华氏城为首都，展现此王国的全盛时代。提婆波罗王的将军劳先那(Lausena，或作Lavasena)征服了阿萨姆(Assam)到迦陵伽地区(东海岸)。在阿萨姆，于玄奘渡印时代有迦摩缕波(Kāmarūpa)国，玄奘停留在那烂陀时受此国国王拘摩罗王(Bhāskaravarman，婆塞羯罗伐摩〔按：唐言“日胄”〕；或作Kumāra〔唐言“童子”〕)之邀请而访问此国。但是因为阿萨姆在印度东北边境，在玄奘的时代佛教还没有传到那里。自此以后过了150年，在波罗王朝时代，此地成为佛教的有力的支持地。

但在玄奘的时代，佛教已经传到了位于阿萨姆之西的东孟加拉。玄奘游访此地的奔那伐弹那国(Puṇḍravardhana)，为其佛教作了记载；其被 (19)下
推测为现在的孟加拉人民共和国的婆尔迦(Bogra)、狄那遮普(Dinajpur)、罗阇沙醯(Rājshāhi)等地。此都城中有伽蓝20余所，僧徒三千余人，兼学大小二乘。城西20余里处有跋始婆僧伽蓝，僧徒七百余人，皆学大乘，东印度之硕学名僧多集于此(T 51.927a)。还有在上述东孟加拉的罗阇沙醯的帕哈尔普(Pahārpur)，20世纪起发现了德罗拘陀的印章铭文，可知此处曾有苏摩普罗大寺(Somapura-mahāvihāra，月宫寺。静谷《波罗碑铭目录》八五)，“苏摩普罗大寺的居住者”也出现在佛陀伽耶出土的佛像台座铭文中(静谷《波罗碑铭目录》八)。“碑铭八”被认定为10世纪左右的文字，而在“碑铭八五”中则出现了达磨波罗王之名。

玄奘也拜访了恒河河口一带的三摩呾吒国，说在此都城中有伽蓝三十余，僧徒二千余人，皆学上座部。自此稍微南下的港都耽摩栗底国(Tāmralipti)、羯罗拏苏伐剌那国、乌荼国、羯餕伽国(Kaliṅga)等，在玄奘当时也盛行佛教。特别是乌荼国，现在的奥里萨(Orissa)，在此国有伽蓝百余所，僧徒万余人，并习大乘教法，佛教颇盛，而传述此国之西南境的大山之中，有补涉波祇釐僧伽蓝(Puṣpagiri-saṃghārāma)，那里的石塔极多灵异。 (20)下

在奥里萨，从靠近各达卡(Cuttak)的优陀耶山(Udayagiri)、宝

山（Ratnagiri）发现了碑文（静谷《波罗碑铭目录》一三八～一四五）、佛像。特别是最近挖掘宝山的遗迹，逐渐明白其广大的规模，也有学者推测此宝山为玄奘所见的补涉波祇釐之遗迹①。

波罗王朝东边统治从孟加拉到迦陵伽为止，西到占据曲女城之处，再西进则受阻。波罗王朝的第二代达磨波罗王约统治了32年，一般认为那是在公元800年前后。第三代的提婆波罗王则于9世纪统治了48年，之后波罗王朝势力衰退，更在11世纪时被从奥里萨兴起的先那（Sena）王朝夺取了孟加拉的大部分。不过总之波罗王朝以孟加拉、比哈尔为中心，前后持续四百年，其历代诸王热心护持佛教，自身也是虔诚的佛教徒。因此在印度周边佛教逐渐消失时，孟加拉、比哈尔地区佛教还持续到最后，不过那是因为王族的支援，佛教本身的活力则衰弱了。亦即在此地也随着印度教的力量逐渐增强，精神上为其力量所迫，使佛教不可避免地印度教化，而转变为“密教”。

佛教的密教化是何时引起的并不清楚。玄奘于公元640年前后的五年间停留在那烂陀寺，但对于那烂陀寺的密教并无特别的叙述，或许是因
下(21) 为当时那烂陀寺的密教尚未具优势。但是《大日经》传到中国是公元725年，有说译者善无畏来自那烂陀寺。《金刚顶经》较此稍晚，经由不空（公元705—774年）传译到中国；除了《金刚顶经》以外，也有百部以上的密教经典由其传译到中国。从这几点来考虑，可认为密教在印度于公元7世纪前后急速地发展。

在波罗王朝时代，从西方的鹿野苑、舍卫城、拘尸那罗、佛陀伽耶、那烂陀等处发现许多碑铭，显示此时代的中印度佛教的隆盛。在碑文中可以看到瞿波罗、达磨波罗、提婆波罗、罗阇波罗（Rājyapāla）、毗伽罗诃波罗（Vigrahapāla）、摩醯波罗（Mahīpāla）、罗摩波罗（Rāmapāla）等10位以上波罗王朝诸王之名，还有在伽耶（Gayā）地区发现了附有先那王朝的勒出摩那先那王（Lakṣumaṇasena）八三年日期的碑文（静谷《波罗碑铭目录》一八），此王朝似乎也支持佛教。

① 佐和隆研「オリッサ州の仏教遺蹟」（『仏像の流伝』，1971年，页62）。S. Dutt, *Buddhist Monks and Monasteries of India*, London, 1962, p.327, footnote 4.

传译《大日经》到中国的善无畏（公元637—735年）在那烂陀寺从龙智受密教，之后寂护（公元725—790年左右）及其弟子莲华戒（公元740—795年左右）也是住在那烂陀寺的密教的学僧，他虽也是显教的学僧，但是同时兼学密教。那烂陀寺于波罗王朝时代似乎也有增建，根据多罗那他，首代的瞿波罗一世在那烂陀寺附近6英里（按：约合9.66公里）远处建造了欧丹达普罗大寺（Odantapura mahāvihāra，即飞行寺），但关于此 （22）下
寺的规模等不明[1]。不过作为密教道场而扮演中心角色的，则是超岩寺（śrī-Vikramaśīlā，或Vikramaśīla，或作超戒寺）。超岩寺是第二代达磨波罗王所建，大约是在公元800年左右。此寺建于摩竭陀北边、恒河南岸的小高丘上，但此寺的遗址到现在为止尚未被确认。达磨波罗王虽建了50余寺，但超岩寺是最大的。其中心置大佛殿，周围建了53座真言寺与54座一般寺院，共有108寺，其周围以墙壁围起来，108位学僧住在其中，此外阿阇梨、侍奉者有104人。在贝耶波罗（Beyapala）王的时代，超岩寺中有称为“六贤门”的有名学僧。守东门的是宝寂（Ratnakaraśanti），守南门的是智生慧（Prajñakaramati），守西门的是自在语称（Vagiśvarakirti），守北门的是那洛巴，守第一中门的是宝金刚（Ratnavajra），守第二中门的是智吉祥友；他们都是当时精通经论的一流学僧。还有六贤门之下，在超岩寺中阿底峡（Atīśa，或Dīpaṃkaraśrījñāna，公元982—1054年）担任过座主，此事也十分有名。他受请入西藏，之后吉祥智（Śrijñāna）、施护（Dānarakṣita）、阿跋耶迦罗（Abhayākara）等担任座主，但来自迦湿弥罗的释迦师利（Śākyaśri）担任座主之时，超岩寺就灭亡了[2]。

在波罗王朝时代，那烂陀、欧丹达普罗大寺、金刚宝座（Vajrāsana， （23）下
即佛陀伽耶）以及超岩寺是四大寺，是佛教研究与修行的中心，各有座主统率[3]。此外为人所知的有前述的苏摩普罗大寺，乃至阇伽达罗大寺（Jagaddala-mahāvihāra）。苏摩普罗大寺位于东孟加拉，由1927年的

---

① S. Dutt，*Buddhist Monks and Monasteries of India*，London，1962，p.354.

② A. Schiefner，*Tāranātha's Geschichte des Buddhismus in indien*，St. Petersburg，1869，S.261. 寺本婉雅『ターラナータ印度仏教史』，1928年，页351。

③ P. V. Bapat，*2500 Years of Buddhism*，1959，p.230.

挖掘而了解了其规模，但根据所发现的碑文，此称为“苏摩普罗的达磨波罗王之大寺”（Somapure Dharmapāla-mahāvihārasya）。但是一般认为这并非是波罗王朝第二代的达磨波罗所建，而是下一任君主提婆波罗（Devapāla，公元9世纪前半）所建；其理由是东孟加拉进入波罗王朝的势力范围是在提婆波罗王的时代。此寺之大小是一英里（按：合1609.344米）见方，中间是拥有177间僧房的大僧院，以墙壁围起来。从现在的遗址来看，此寺类似于缅甸、柬埔寨、爪哇等的寺院[①]。

还有，印度佛教最后的学僧解脱护（Mokṣākaragupta，公元1050—1202年间）曾住过阇伽达罗大寺[②]。此寺位于东孟加拉的婆连达梨（Varendrī），是波罗王朝第十四代罗摩波罗王（Rāmapāla，公元1100年左右）所建立的。但是尚未发现此寺的遗迹，也未发现其碑文，所以详情不明。

印度佛教的灭亡

下(24) 总之，这些兴隆于波罗王朝时代的寺院似乎到伊斯兰教徒攻入中印度时代为止还存在着。而超岩寺在公元1203年为伊斯兰教徒的掠夺所破坏时，残存的欧丹达普罗大寺、那烂陀、金刚宝座等或许也蒙受同样的破坏。一般是以超岩寺的破坏为印度佛教的结束，此时众多僧侣被杀，残存下来的人则避难于尼泊尔、中国西藏等。据多罗那他，超岩寺最后的座主释迦师利逃到东孟加拉的阇伽达罗大寺，经过3年前往西藏。宝护去尼泊尔，也有去印度西南方的，有逃到南印度的，也有逃到缅甸、柬埔寨（迦湿弥罗北部）等的，但是并非因此摩竭陀就完全没有僧众了。之后罗睺罗戒贤（Rāhulaśīlabhadra）住在那烂陀寺，听法者有70位。[③]根据多罗那他，先那王朝于波罗提陀先那王（Pratītasena）时灭亡，之后过了百年，孟加拉国的遮伽拉王（Cagalarāja）出现，征服

---

① S. Dutt，*Buddhist Monks and Monasteries of India*，London，1962，p.371ff.

② S. Dutt，ibid.p.376 ff. Yuichi Kajiyama，*An Introduction to Buddhist Philosophy*，Kyoto，1966，p.6ff.

③ A. Schiefner，*Tāranātha's Geschichte des Buddhismus in indien*，St. Petersburg，1869，S.256. 寺本婉雅前引书『ターラナータ印度仏教史』页342—344。

了土耳其人。此王本是婆罗门教的信徒，为王妃所感化而改宗佛教，复兴佛教。他首先供养了佛陀伽耶的金刚宝座，恢复诸佛殿旧观，迎接班智达（Paṇḍita）的舍利弗陀罗（Śāriputra）来此处，还供养了那烂陀的许多佛殿[①]。

以上多罗那他的记载显示出，并非在超岩寺破坏以后，佛教徒就完全从摩竭陀消灭；此事从西藏僧法主（Dharmasvāmin，Chos-rje- (25)下
dpal）的旅行记也可以得知[②]。西藏的法主在西藏及尼泊尔研究佛教以后，于公元 1234 年他 37 岁时决心去印度旅行。法主由尼泊尔出发，在翌年一月到达摩竭陀，并在王舍城就学于称友，在那烂陀就学于罗睺罗吉祥贤；这似乎与多罗那他所说的罗睺罗吉祥贤是同一个人。根据法主所说，罗睺罗吉祥贤那时是 90 岁左右，是文法学的巨匠，约有 70 人的僧众在他门下学习[③]；当时佛教与印度教之间相当折中融合。根据法主的话，佛陀伽耶的大觉寺门外侧画有大自在天的像，这是为了对付伊斯兰教徒以护寺的缘故；还有对那烂陀寺的罗睺罗吉祥贤等的主要供养者是印度教徒胜天（Jayadeva）[④]。法主二年间停留在那烂陀寺问学，于公元 1236 年春踏上归国之途。此时超岩寺已破坏无遗，佛陀伽耶已无学者。一般认为法主于公元 1236 年末或翌年春回到尼泊尔，之后他还回到西藏，在故里作为在尼泊尔及摩竭陀学习过的学者而特别受到尊敬，于公元 1264 年去世。

法主的传记存于西藏，据此可以得知摩竭陀在为伊斯兰教徒征服之后，佛教并非完全灭亡。亦即伊斯兰教徒征服印度后，破坏佛教寺院，
杀害许多佛教徒，但是并没有将佛教根绝；此事也可以由印度教、耆那 (26)下
教所言得知。不过印度教、耆那教之后也残存下来，而且印度教徒在数量上凌驾于伊斯兰教徒。既然如此，佛教寺院被彻底破坏，相对地，印度教并未受到如此程度迫害的理由是什么？可以说其重大的理由是，由

① A. Schiefner, *Tāranātha's Geschichte des Buddhismus in indien*, St. Petersburg, 1869, S.255, 256. 寺本婉雅前引书『ターラナータ印度仏教史』页 345。

② G. Roerich, *Biography of Dharmasvāmin*, Patna, 1959.

③ G. Roerich, ibid. p.vi.

④ G. Roerich, ibid. PP.xxvi, xxvii.

于佛教为出世间的宗教，拥有与社会一线划开的教团组织所致。佛教拥有如那烂陀、超岩寺那样巨大的僧院，这些僧院以石或砖来建造，用坚固的墙壁围起来，呈现宛如城郭般的外观。僧徒皆穿黄衣，与一般人的服装不同，他们整齐乞食的样子有如军队的外观，煽起伊斯兰教徒的敌意，而成为其遭到严重破坏的理由。相对地，印度教是民众的宗教，宗教融入一般人的社会生活中，祭祀神像的寺院也是极小规模，并未拥有所谓“教团组织”，所以毁灭印度教就必然地会破坏社会，因此即使以伊斯兰之剑也无法毁灭印度教，反而是由于灭了佛教，而间接使印度教得利。

如此由于伊斯兰教徒征服东印度，以大寺院为中心的佛教教团在印度就灭亡了，但是之后佛教徒也还存在于摩竭陀地区，而且到相当晚的后世为止依旧存在。根据图齐教授所说，由婆薮（N.N. Vasu）、沙斯怛
下(27) 梨（Mm. Haraprasāda Śāstrī）及其他人指出，到 18 世纪左右为止在奥里萨、孟加拉仍有佛教的僧院（school）。[1]

此外图齐也根据种种资料，论述了公元 15、16 世纪在孟加拉、南印度有佛教僧侣存在过，特别是根据多罗那他之师印度僧觉护（Buddhagupta）的游记（以藏语保存着），论述了在 16 世纪的印度佛教仍然残存之事。多罗那他在写《印度佛教史》时，虽然自己也收集资料，但是其师觉护所传给他的见闻也是很重要的。觉护生于南印度的因陀罗陵伽（Indraliṅga），长而出家，皈依佛教，参访印度各地，波罗奈、德里、恒河门（Gaṅgādvāra〔按：今 Hardwar〕）等，遇到以讫里色拏那他（Kṛṣṇanātha，黑尊）为始的许多佛教之师而就学，更游学海外，也到过爪哇（Javadvīpa），于此遇到声闻僧。再经由锡兰、恭建那而归国，经佛陀伽耶、钵罗耶伽（Prayāga）、阿萨姆等而进入西藏。觉护在各地遇到有名的瑜伽行者（Yogin），他的游记同时也成为他的传记，而由其见闻录可知当时，亦即 16 世纪，在印度各地仍存在着佛教。

另沙斯怛梨叙述了有关孟加拉、奥里萨等所举行的“法的礼拜”（Dha-

---

① G. Tucci，The sea and land travels of a Buddhist Sādhu in the sixteenth century（*Indian Historical Quarterly*，VII，1931，pp.683-702）（*OPERA MINORA* Part II. Roma，1971，pp.305-319）.

rma-worship)，而“法”是指“空性”或“般若波罗蜜”。般若是出生一切诸佛的佛母，将此当作“法王”(dharmarāja)或“法格”(dharma- (28)下
thāhur)崇拜的人们，还存在于孟加拉、奥里萨，而于公元1910年左右发现了他们所制作的此宗教的写本。由这些研究，可知在这里受到崇拜的“法”是般若波罗蜜。他们表面上并未宣称是佛教徒，但是其宗教的内涵显然是佛教[①]。

在伊斯兰教徒攻入印度后，印度佛教仍存在了相当长的时间。即使现在的东孟加拉(Bangladesh，孟加拉国)也有数十万的佛教徒存在着，活跃地从事佛教活动；这并非近年来由锡兰、缅甸传来的佛教徒，而是从以前传下来的佛教徒。因此印度佛教并非灭绝了，但是其数量从印度全体的人口来看显得微不足道。佛教在印度灭亡的理由，是由于佛教丧失主体性，并藉由密教而印度教化，但是在印度独立后于孟买地区兴起的新佛教徒，对抗种姓制度的不合理而改宗佛教，似乎可以理解为是自觉到佛教本来立场的行动。 (29)下

参考书目

山本達郎編『インド史』，1960年。

高田修『印度南海の仏教美術』，1943年。

静谷正雄『グプタ時代仏教碑銘目録、インド仏教碑銘目録続編Ⅰ』，1968年。

静谷正雄『パーラ時代仏教碑銘目録、インド仏教碑銘目録続編Ⅱ』，1970年。

山田竜城「蓮華面経について」(『山口博士還暦記念印度学仏教学論叢』，1955年，页110以下)。

山田明爾「ミヒラクラの破仏とその周辺」(『仏教史学』第一一巻第一号・二号)。 (30)下

山崎利男「マイトラカ朝の土地施与文書」(『東洋文化研究所紀要』第四三冊，1967年)。

辻直四郎『サンスクリット文学史』，1973年。

① 参考木村竜寛「近世印度仏教に於ける密語文学と空富爛那」(『日本仏教学會年報』第三号，1931年，页322以下)。

仲沢浩祐「ヴァラビーの仏教について」(『法華文化研究』創刊号, 1975 年, 页 111 以下)。

V. A. Smith: *The Early History of India from 600 B.C. to the Muhammadan Conquest including the invasion of Alexander the Great,* fourth edition, revised by S.M. Edwardes, Oxford, 1957.

R. C. Majumdar, H.C. Raychaudhuri and K. Datta: *An advanced History of India*, London, 1965.

P. V. Bapat: *2500 Years of Buddhism*, 1959.

S. Dutt: *Buddhist Monks and Monasteries of India, their History and their Contribution to Indian Culture,* London, 1962.

G. N. Roerich: *The Blue Annals,* Calcutta, Part one, 1949; Part two, 1953.

R. C.Majumdar & A. D. Pusalkal: *The History and Culture of the Indian People*, vol. III, *The Classical Age*, Bombay, 1954; vol. IV, *The Age*
下(31) *of Imperial Kanauj*, Bombay, 1955.

第二节 龙树与中观派

龙树的传记

关于龙树（Nāgārjuna）的出生年代，很多西洋学者主张其是“公元 1 世纪或 2 世纪之人”①。不过在日本，由于宇井博士的推定，而盛行“公元 150—250 年左右的人”的主张②；大体上这是妥当的看法。在罗什所

---

① 参考拙著『初期大乘仏教の研究』，页 757，注 7。以及参考下一注拉莫特『大智度論フランス語訳』第三卷，Introduction p.1，footnote。

② 宇井伯寿「三論解題」(『国訳大蔵経』论部第五卷，1922 年)。拉莫特推定龙树的年代为公元 243—300 年。É. Lamotte，*L'Enseignement de Vimalakīrti*，Louvain，1962. Introduction pp.70-77；do，*Le traité de la grande vertu de sagesse de Nāgārjuna*，Tome III，Louvain，1970，Introduction p.li-lv. 罗宾森则以为龙树是活跃于公元 3 世纪的人。R.H. Robinson，*Early Mādhyamika in India and China*，Milwaukee & London，1967，p.25. 但芬加陀罗曼难（K. Venkata Ramanan）则以为龙树是公元 50—120 年左右的人。K. Venkata Ramanan，*Nāgārjuna's Philosophy as presented in the Mahāprajñāpāramitāśāstra*，Varanasi，1971，p.30.

译的《龙树菩萨传》里，记载自龙树灭后至那时为止已经过了百年以上，而罗什（Kumārajīva，鸠摩罗什，公元 344—413 年；但是有 409 年殁之说，70 岁卒、60 岁死等异说①）到长安来是公元 401 年，所以自此而逆推，龙树在公元 300 年以前去世。其次，罗什翻译了《中论》，其中附有青目的注释，罗什在年少时由莎车王子须利耶苏摩（Sūryasoma）处得到《中论》，所以附有青目注的《中论》的成立可以看作是在公元 350 年以前。罗什在那时除了《中论》以外，也由须利耶苏摩处得到《百论》《十二门论》，青目因为是在须利耶苏摩以前的人，所以可以视青目为公元 300 年前后的人。还有罗什所译的《百论》虽是提婆（Āryadeva，圣提婆）之作，但其中附有婆薮开士（Vasu）的注释，因为须利耶苏摩拥有附有婆薮之释的《百论》，所以婆薮也是须利耶苏摩以前的人，而因为提婆是龙 (32)下
树的弟子，所以可以认为是龙树、提婆、婆薮、须利耶苏摩、罗什的传承。在这个法系中，如果婆薮被看作是公元300年左右的人，自此而逆推，则视龙树于公元 250 年左右去世，是合理的看法。

接着在青目的《中论注》中，第二十七品的注释（T 30.36a）引用了提婆的《四百观论》（*Catuḥśataka*），因此可视提婆为青目之前的人。所以在这个情形下，也可以考虑为龙树、提婆、青目、须利耶苏摩的法系，而若以青目为公元 300 年前后的人，则认为龙树是公元 250 年左右去世似乎是妥当的。因此宇井博士认为龙树是公元 150—250 年左右在世，提婆较此晚 20 年，而以其生卒年代为公元 170—270 年左右。根据《提婆菩萨传》，由于提婆严厉破斥外道，招致怨恨被杀害，因此他或许很短命也说不定，但是上述的生卒年代是一般学者所采用的。

根据《龙树菩萨传》，龙树是来自南印度的婆罗门。龙树自幼年时代起就很聪明，年少时即已通达当时的一切学问，名声广传于四方。青年时代龙树修隐身术，潜入王宫纵欲于享乐，反而悟到欲为祸因，而于佛教出家。龙树即入山诣一佛塔而出家受戒，并于三个月间精通小乘的三藏，更为求经典入雪山，于山中之塔一老比丘授其以大乘经典；学此而 (33)下

① 关于鸠摩罗什的年代，参考塚本善隆「仏教史上における肇論の意義」(『肇論研究』，1955 年，页 130 以下)。

知实义，但是尚未得通利，所以周游天下以求余经。然后由于大龙菩萨的引导，自海中的宫殿得受方等深奥经典。研究之后达诸深义，得无生之二忍。

以上虽是传说，并非严密的史实，但是似乎反映了某种程度的事实；或许龙树在出家以后游历诸所，求大乘经典，进行研究修行。在玄奘的《大唐西域记》卷十里也说到龙树住过南印度之事，并提到南印度的憍萨罗国（Kosala）的引正王（Śātavāhana）皈依龙树，为他在黑蜂山（Bhramaragiri）建了窟院精舍（藏传多罗那他《印度佛教史》中说龙树住吉祥山〔Śrīparvata〕）。龙树有《劝诫王颂》（*Suhṛllekha*）、《宝行王正论》（*Ratnāvalī*），说国王所应留心的事及为政之道，因此龙树与南印度关联很深，国王皈依之事应是事实。

龙树的著作

《龙树菩萨传》中举出龙树的著作：对大乘经典的优波提舍（upadeśa，解释）十万偈、《庄严佛道论》五千偈、《大慈方便论》五千偈、《中论》五百偈、《无畏论》十万偈（《中论》出自其中）。其中对大乘经典的优波提舍似乎是指《大智度论》（*Mahāprajñāpāramitopadeśa*）百卷，《大智度论》是《大品般若经》的注释。根据僧叡对此作的《序》，说本书的梵
下（34） 本有"十万颂"，略去三分之二而译为百卷。《大智度论》称为"优波提舍"之事，最近也被确认。

其次，《中论》五百偈是指《中论》的偈文。偈文虽是龙树之作，但注释则是后人之作。在现在的梵本里，偈文称作"根本中颂"（*Mūla-madhyamaka-kārikāḥ*），大约是500偈，但汉译有445偈，梵本有448偈。附有青目注的汉译《中论》是最古的注释，藏译中有《无畏注》（*Akutobhayā*）[①]，传为龙树之原作，但未确定。汉译方面还有清辨的《般

① 北京版西藏大藏经 No.5229. Mūlamadhyamaka-vṛtti-akutobhayā. ドイツ译 Max Walleser, Die Mittlere Lehre des Nāgārjuna, Nach der tibetischen Version übertragen, Heidelberg, 1911. 日译为：池田澄达『根本中論疏無畏論訳注』，東洋文庫論叢一六，1932 年。寺本婉雅『竜樹造中論無畏疏』，1937 年。

若灯论释》、安慧的《大乘中观释论》十八卷，清辨的《般若灯论释》现存有藏译（*Prajñāpradīpa-mūlamadhyamaka-vṛtti*）①。藏译此外还有佛护（Buddhapālita）的注释及月称（Candrakīrti）的注释，月称的注释梵文现存有《净明句论》(*Prasannapadā*)②，据此也可知龙树《中论偈》的梵文，成为《中论》研究的基础文献。在佛护及月称的系统与清辨的系统里，因为对《根本中颂》的解释不同，龙树的思想系统，亦即中观派（Mādhyamika）便分裂为两派③。安慧的《大乘中观释论》，在大正大

① 北京版西藏大藏经 No.5253。安井広済『中観思想の研究』，1961 年，为藏译《般若灯论释》第二十五章的部分翻译。Y. Kajiyama, Bhāvaviveka's Prajñāpradīpaḥ（1.Kapitel）(*WZKSO*. VII，1963；VIII，1964）. 一郷正道「中観派と勝論 · 正理学派との対論」，第十八章的部分翻译(『東方学』第三十四辑,1966 年)。梶山雄一「知恵のともしび(中論清弁釈) 第十八章」(長尾雅人編『世界の名著』2,『大乗仏典』，1967 年)。江島恵教「Bhāvaviveka 研究—空性論証の論理を中心として—一 · 二」(『東方文化研究所紀要』第五一、五四册，1970、1971 年)。『デルゲ版チベット大蔵経論疏部 · 中観部二』，世界圣典刊行协会刊，在目次页 8 列举了研究文献。

② 梵本的出版是，De la Vallée Poussin，*Mūlamahyamakakārikās*（*Mādhyamikasūtras*）*de Nāgārjuna avec la Prasannapadā commentaire de Candrakīrti*，St.-Pét. 1913，Reprint 1969；P. L. Vaidya，*Madhyamakaśāstra of Nāgārjuna with the commentary Prasannapadā of Candrakīrti*，Buddhist Sanskrit Texts No.10，Darbhanga，1960；J. W. de Jong，*Nāgārjuna Mūlamadhyamaka-kārikāḥ*，Madras，1977. 藏译有：北京版 No.5224，德格版 No.3824。

翻译有：Th. Stcherbatsky, *The Conception of Buddhist Nirvāṇa*, Leningrad, 1927, Chaps. 1, 25；Stanislaw Schayer，Feuer und Brennstoff，（Rocznik Orientalistyczny 7，1929-30，Chap. 10）；S. Schayer，*Ausgewählte Kapital aus der Prasannapadā*，Krakowie，1931，Chaps. 5, 12-16；É. Lamotte，*Mélanges chinois et bouddhiques IV*，Bruxelles，1936，Chap.17；J.W. de Jong，*Cinq chapitres de la Prasannapadā*，Paris，1949，Chaps.18-22；Jacques May，*Candrakīrti Prasannapadā Madhyamakavṛtti*，Paris，1959，Chaps.6-9，11，23，24，26，27；Kenneth K. Inada，*Nāgārjuna : A Translation of his Mūlamadhyamakakārikā with an Introductory Essay*，Tokyo，1970. 日译方面有：羽渓了諦「中論頌和訳」(『国訳一切経 · 中観部』一，1930 年)。宇井伯寿「中論頌和訳」(『東洋の論理』，1950 年)。荻原雲来「プラサンナパダー和訳」(第十二～十七章)(『荻原雲来文集』，1938 年)。山口益『月稱造中論釈 I』(第一～二章，1947 年)；『月稱造中論釈 II』(第三～十一章，1949 年)。金倉円照「月稱による竜樹の時間論」観時品和訳(『福井博士頌寿記念東洋思想論集』，1960 年，页 151 以下)。長尾雅人『明らかなことば(中論月称釈)』第十五章(『世界の名著』2，『大乗仏典』，1967 年)。本多恵「プラサンナパダー第一八～二〇、二四、二五章和訳」(『同朋大学論叢』第三七～三八号，1977 年 12 月、1978 年 6 月)。S. Yamaguchi，*Index to the Prasannapadā Madhyamakavṛtti*，Part 1 Sanskrit-Tibetan，Part 2 Tibetan-Sanskrit，Kyoto，1974.『デルゲ版チベット大蔵経論疏部 · 中観部一』，世界圣典刊行协会刊，参考目次页 2。

③ 宮本正尊『根本中と空』，1941 年，页 116。山口益『般若思想史』，1951 年，页 144 以下。野沢静証「中観両学派の対立とその真理観」(宮本正尊編『仏教の根本真理』，1956 年，页 455 以下)。

藏经中只收前半九卷，而卍大藏经里则收录全部十八卷。作为唯识系统对《中论》的注释，此书是很重要的，但是还没有进行充分的研究。还有《龙树菩萨传》里所说的《无畏论》十万偈、《庄严佛道论》五千偈、《大下(35) 慈方便论》五千偈等，是指什么并不清楚。

关于龙树的著作异说很多。多罗那他（Tāranātha）举出5部作为龙树的著作，即：

1.《根本中颂》（*Mūlamādhyamika*）
2.《六十颂如理论》（*Yuktiṣaṣṭikā*）
3.《空七十论》（*Śūnyatāsaptati*）
4.《回诤论》（*Vigraha-vyāvartanī*）
5.《广破论》（*Vaidalya*）[1]

布顿（Bu-ston）再加入《言说成就》（*Vyavahārasiddhi*，或许这与《龙树菩萨传》所说的"《大慈方便论》"有关），而说六论[2]，但是他还举出《宝行王正论》（*Ratnāvalī*）、《大乘宝要义论》（*Sūtra-samuccaya*）、《龙树菩萨劝诫王颂》（*Suhṛllekha*）等[3]。然而理查德·罗宾森（Richard H. Robinson）在布顿六论之外举出《宝行王正论》（*Ratnāvalī*）、《四赞歌》（*Catuḥstava*）、《因缘心论颂》（*Pratītyasamutpādahṛdaya*）、《大乘二十颂论》（*Mahāyāna-viṃśaka*）、《大乘破有论》（*Bhava-saṃkrānti-śāstra*）、《龙树菩萨劝诫王颂》（*Suhṛllekha*）[4]。

月称在《中论颂赞》（*Madhyamakaśāstrastuti*）中举出了《大乘宝要义论》（*Sūtrasamuccaya*）、《宝行王正论》、《四赞歌》、《中论颂》

---

① A. Schiefner, *Tāranātha's Geschichte des Buddhismus in Indien*, St. Petersburg, 1869, S.302.

② E. Obermiller, *History of Buddhism by Bu-ston*, Heidelberg, 1931, Part 1, pp.50-51.

③ E. Obermiller, *History of Buddhism in India and Tibet by Bu-ston*, Heidelberg, 1932, pp.125-126.

④ R. H. Robinson, *Early Mādhyamika in India and China*, Madison, Milwaukee & London, 1967, p.26.

（*Madhyamakaśāstra*）、《六十颂如理论》（*Yuktiṣaṣṭikā*）、《广破论》（*Vaidalyasūtra*）、《空七十论》、《回诤论》（*Vigrahavyāvartanī*）8 种龙树 （36）下
著作[①]，罗宾森考虑以上诸说，视《中论颂》《空七十论》《六十颂如理论》《回诤论》《广破论》《宝行王正论》《四赞歌》《因缘心论颂》《大乘破有论》等为龙树的著作[②]。宇井博士认定为龙树著作的更多，举出以下 12 种[③]：

1.《中论颂》（*Mūlamadhyamaka-kārikāḥ* 梵·藏·汉）
2.《十二门论》（汉）
3.《空七十论》（*Śūnyatāsaptati* 藏）
4.《回诤论》（*Vigrahavyāvartanī* 梵·藏·汉）
5.《六十颂如理论》（*Yuktiṣaṣṭikā* 藏·汉）
6.《广破论》（*Vaidalya-prakaraṇa* 藏）
7.《大智度论》（汉）
8.《十住毗婆沙论》（汉）
9.《大乘二十颂论》（*Mahāyāna-viṃśikā* 梵·藏·汉）
10.《菩提资粮论颂》（汉）
11.《宝行王正论》（*Ratnāvalī* 梵·藏·汉）
12.《龙树菩萨劝诫王颂》（*Suhṛllekha* 藏·汉）

在这些当中，《中论颂》虽是龙树的主要著作，但此外《空七十论》《回诤论》《六十颂如理论》《广破论》《宝行王正论》《龙树菩萨劝诫王颂》

① Madhyamakaśāstrastuti retourvé par G. Tucci et publié par J. de Jong dans Oriens Extremus，IX，1962，pp.47–56；É. Lamotte，*Le traité de la grande vertu de sagesse*，Tome III，Louvain，1970，Introduction p.xliii.

② R. H. Robinson，ibid. p.27. 長尾雅人博士举出西藏所传的六理聚论及《大智度论》《十二门论》《十住毗婆沙论》等，作为龙树的著作（『世界の名著』2，『大乘仏典』，1967 年，页 45）。

③ 宇井伯寿『印度哲学史』，1932 年，页 287。

下(37) 等也为诸学者认定是龙树的著作。但是《空七十论》与《广破论》[①]只有藏译，不曾汉译，而《回诤论》[②]与《宝行王正论》[③]也有梵本，这两个著作在月称的《净明句论》里也被当作是龙树的著作而引用，所以应该是龙树所作没错。《大乘二十颂论》虽然也有梵藏汉本，但是也有怀疑此为龙树之作的学者[④]。《空七十论》与《六十颂如理论》是简洁地归纳中观思想要谛之作，《空七十论》唯有藏译，藏译中有月称之注[⑤]。《六十颂如理论》在汉译里只有偈颂，但在藏译中有月称的注释[⑥]。

① 山口益「竜樹論師の七十空性偈」(『大谷大学仏教研究』第 五、六巻，1924—1925 年)，「竜樹造七十空性偈に対する文献学的研究」(『山口益仏教学文集』上，1972 年，页 5 以下)，「正理学派に対する竜樹の論書」(『中観仏教論攷』，1944 年)。

② K. P. Jayaswal & Rāhula Sāṃkṛtyāyana, Vigrahavyāvartanī by Āchārya Nāgārjuna with the author's own commentary, *The Journal of the Bihar and Orissa Research Society*, vol.23 pt.3, 1937；E.H. Johnston & Arnold Kunst, The Vigrahavyāvartanī of Nāgārjuna with the Author's commentary. *Mélanges Chinois et bouddhiques*, vol.9, 1948-1951, Bruxelles, 1951, pp.99-152. 翻 译：S. Yamaguchi, Traité de Nāgārjuna, pour écarter les vaines discussions (Vigrahavyāvartanī), traduit et annoté, *JA*. CCXV, 1929.(收录于『山口益仏教学文集』上，1972 年)。G. Tucci, Pre-Diṅnāga, Buddhist texts, texts on logic from Chinese sources, *GOS*. Vol. XLIX, Baroda, 1929. 山口益「廻諍論の註釈的研究」(『密教文化』七～十、十二号，1949—1950 年。还收录在『山口益仏教学文集』下，1973 年)。梶山雄一「論争の超越」(『世界の名著』2，『大乗仏典』，1967 年)。梶山雄一「廻諍論」(『大乗仏典』14「竜樹論集」，1974 年)。

③ 梵本及英译：G. Tucci, The Ratnāvalī of Nāgārjuna, *JARS*, 1934, pp.307-325, 1936, pp.237-252, 423-435。日译：瓜生津隆真「ラトナーヴァリー」(『世界古典文学全集』6「仏典 I」，1966 年)。同『宝行王正論』(『大乗仏典』14「竜樹論集」，1974 年)。和田秀夫「宝鬘論の內容概観」(『大谷学報』二三之五)。同「仏教の政道論、特に Ratnāvalī に於ける王道」(『日本仏教学會年報』第一八号，1952 年)。

④ 梵本及英译：G. Tucci, Mahāyāna Viṃśikā of Nāgārjuna, Minor Buddhist Texts Pt. 1, p. 193ff. Serie Orientale Roma IX, Rome, 1956；S. Yamaguchi, Nāgārjuna's Mahāyānaviṃśikā (An English Translation with notes), *The Eastern Buddhist*, vol. 4, Nos. 1, 2, 1925；vol.5, nos.2, 3, 1930. 日译：瓜生津隆真「大乗二十頌論」(『大乗仏典』14「竜樹論集」，1974 年)。图齐在上述的梵文出版解题中，指出梵、汉、藏的典籍的差异，但以为并无否定龙树作的决定性根据，不过同时也没有积极肯定的证据。罗宾森也持同样的看法。Richard H. Robinson, ibid. p.27; Vidhusekhara Bhattacharya, Mahāyānaviṃśika of Nāgārjuna, Reconstructed Sanskrit Text, Tibetan and Chinese Versions, *Visva-Bharati Quarterly*, vol. 8, pts. I, II, 1931.

⑤ 参照本页注①。

⑥ 译自藏译的日译：瓜生津隆真「六十頌如理論」(『大乗仏典』14「竜樹論集」，1974 年)。山口益「竜樹造六十頌如理論の註釈的研究」(『中観仏教論攷』所收，1944 年)。瓜生津隆真「ナーガールジュナ研究(1)—空性と縁起について—」(『名城大学人文紀要』第十四集，1973 年 10 月)。同「ナーガールジュナ研究(2)」(『京都女子大学人文論叢』第二十三集，1974 年，页 130—160)。

《回诤论》是对阿毗达磨、正理学派等的论难，龙树加以破斥，而阐明空的思想的作品①。此书由偈文七十颂与注释所成，两者都被认定为龙树的真作。本书及《广破论》（*Vaidalya*，经〔sūtra〕及论〔prakaraṇa〕都被视为龙树之作）②利用逻辑学破斥逻辑学的思辩，所以成为印度初期逻辑学研究的贵重资料。还有在印度初期逻辑学的研究中，《方便心论》一卷也是重要的；此书也归为龙树之作，但根据宇井博士的研究此并非龙树之作，而认为是龙树以前的小乘教徒之作③。《大乘二十颂论》是将"一心、唯心"的思想简洁地归纳之作，有"世间如画师"等与《华严经》有关的言说，应该是祖述《华严经》思想之作。虽是小部作品，在梵、藏、汉的内容上有若干不一致，但是并没有特别否定龙树作的理由。而接受《华严经》思想这点，在《十住毗婆沙论》可见到其关联。（38）下

问题是唯有汉译现存的《十二门论》《大智度论》《十住毗婆沙论》《菩提资粮论》等，其中《十二门论》是作十二偈而成十二门，并于此附上注释的小论书。偈文与《中论颂》一致之处很多，思想上也是继承《中论》，但是此论既无藏译，也没有为其他论书所引用，在颂的说明方法上也有问题，所以怀疑是否为龙树之作④。

其次，最近也怀疑《大智度论》（*Mahāprajñāpāramitopadeśa*）是否为龙树所作。《大智度论》是《大品般若经》的注释，所以是解说《般若经》旨趣的论书，亦即是"别申般若"之论；相对地，《中论》是赋予大乘佛教基础的论书，而称为"通申大乘"之论。《大智度论》是《大品般若经》的注释，但并非仅止于此，而是相互关连进行佛教所有部门的解说，如佛教百科全书般错综复杂，作为传达初期大乘佛教教理之作而拥有重要的价值。《大智度论》疑非龙树所作，是基于以下的理由：第一，龙树

---

① 参考宇井伯寿「正理学派の成立並に正理経の編纂年代」（『印度哲学研究』第一，1924 年，页 9 以下），以及页 264 注②。

② 译自藏译的日译是，瓜生津隆真「ヴァイダルヤ論」（『大乘仏典』14「竜樹論集」，1974 年）。山口益「正理学派に対する竜樹の論書、ヴァイダルヤ（Vaidalya）について」（『中観仏教論攷』所收，1944 年，页 111 以下）。

③ 宇井伯寿「方便心論の註釈的研究」（『印度哲学研究』第二，1925 年，页 473 以下）。

④ 安井広済「十二門論は果して竜樹の著作か」（『印仏研』六之一，1958 年）。安井広済前引书，页 374 以下。

传为住于南印度，但是《大智度论》的内容却与西北印度关系很深，对南印度反而表示轻蔑；《大智度论》中详说说一切有部的教理，而予以批判，但是说一切有部是兴盛于西北印度的部派；还有在《大智度论》中丰富地说到本生故事，但那些故事全部都是与西北印度的地名结合。其
下(39) 次，在《大智度论》中引用龙树弟子提婆（Āryadeva）的《四百观论》，也引用传为继提婆之后的罗睺罗跋陀罗（Rāhulabhadra）的著作，所以以为《大智度论》的作者是在其后出现的人；还有在《大智度论》中可见到与《十住毗婆沙论》相矛盾的教理，而且《大智度论》只有汉译本，既无梵本、藏译，也未为其他典籍所引用；月称也并未认定此为龙树之著作。从这些理由，认为《大智度论》是由起先在说一切有部出家，后来转向大乘的中观派的人于公元 4 世纪初在西北印度所作的，这是拉莫特教授之说①。对此，干潟竜祥博士以为在《大智度论》中有译者罗什的添加，且上述的矛盾即是罗什添加的部分，而将这些部分除去之后的原典则是龙树之作②。但是纵使否定《大智度论》为龙树之作，但无疑《大智度论》是印度撰述的作品，而其原名为 Mahāprajñāpāramitopadeśa 也已由拉莫特教授所论证；它作为传达初期大乘佛教教理的论书而拥有重要的价值。

其次，《十住毗婆沙论》十七卷现只存汉译，梵、藏俱缺。此论是《十地经》到第二地为止的注释，到第二地就截止，就这点来看是未完成；但在内容上全体分作三十五品，阐明在家菩萨、出家菩萨修行的心得，

① É. Lamotte，*Le traité de la grande vertu de sagesse de Nāgārjuna*，Tome III，Louvain，1970，Introduction pp.v – 1. 参考拙论「ラモット教授大智度論のフランス語訳について」(『印仏研』一九之二，1971 年 3 月，页 432 以下）。Cf. Robinson，ibid. PP.34–39.《大智度论》经由拉莫特法译至卷三十一末为止（译者按：此时第五册尚未出版，所以只列至第四册为止）。É. Lamotte, *Le traité de la grande vertu de sagesse de Nāgārjuna*，Tome I，（Chaps. 1–15），Louvain，1944；Tome II，（Chaps. 16–30），Louvain，1949；Tome III，（Chaps. 31–42），Louvain，1970；Tome IV，（Chaps. 43–48），Louvain，1976.

② 干潟竜祥「大智度論の著者について」(『印仏研』七之一，1958 年，页 1 以下）。R. Hikata，On The Author of "Ta-chih-to-lun"，Suvikrāntavikrāmi-paripṛcchā Prajñāpāramitāsūtra，Introductory Essay，p. lii ff. Fukuoka，1958.《大智度论》的研究书：K. Ventaka Ramanan，*Nāgārjuna's philosophy as presented in the Māhaprajñāpāramitāśāstra*，Vermont & Tokyo，1966；M. Saigusa，*Studien zum Mahāprajñāpāramitā（upadeśa）śāstra*，Tokyo，1969.

特别是其戒律生活，就这点来说则可以看作是完整的论书[①]。《十住毗婆沙论》引用《郁伽长者经》的内容很多，以此为主要依据更引用了《宝顶经》《般舟三昧经》《如来智印经》等说阿弥陀佛的经典，特别是《阿惟越致相品》与《易行品》中引用《如来智印经》的“不退菩萨的五法”，（40）下
据此而指明有两种菩萨——进于不退位的渐渐精进菩萨，与非丈夫志干的儜弱怯劣的败坏菩萨，为了儜弱怯劣菩萨，开设阿弥陀佛的他力方便法门；这点给予中国、日本的净土教很大的影响。此书所说的教理、引用经典[②]，显示出与《大智度论》有相当的差异，但这不是中国撰述，而是由印度的原典所译出的，从内容上来看似乎没错。还有在内容上也说到与《中论》共通的思想[③]，因此虽然梵文原典与藏译不存，但是未发现否定龙树著作的传承说之根据，所以可以认为是龙树所作。

其次，《菩提资粮论》六卷也只存汉译。此书之偈为龙树之作，注释为自在比丘之作。在本论中，说到为了得到成佛的证悟，作为其资粮的六波罗蜜、四波罗蜜、四无量心等，还说明了三十二相业、百福庄严行等。在戒波罗蜜的说明上也有与《十住毗婆沙论》一致的地方，更与《华严经》的思想也有关系。虽然作为菩提心、菩提资粮之研究的论书是很重要的，但这是否是龙树的真作，还有详细研究的必要。

在藏译、汉译里，以上之外归于龙树之作的也很多。罗宾森以为是龙树之作的《因缘心论颂·因缘心论释》（*Pratītyasamutpāda-hṛdaya-kārikā*, *-vyākhyāna*）、《大乘破有论》（*Bhavasaṃkrānti*），也在藏、汉两方面都有翻译。还有《四赞歌》（*Catuḥstava*）无汉译而有藏译，梵文也发现了一部分[④]，这在西藏也认为是龙树所作。此外归于龙树的著作也很（41）下

---

① 拙论「大乘仏教の教団史的性格」（宫本正尊編『大乘仏教の成立史的研究』，1954年，页451以下）。

② 引用经典表，参考 M. Saigusa，ibid.，pp.45–49。三枝充悳「十住毘婆沙論への引用と物語—大智度論との比較—」（『仏教学』第二号，1976年，页1–25）。

③ 宫本正尊「漸々精進菩薩の五不可得と中論との対照」（『大乗と小乗』，1944年，页662以下）。

④ G. Tucci，Two Hymns of the Catuḥstava of Nāgārjuna，*JRAS*，1932，cf. G. Tucci，Minor Buddhist Texts Part 1，p.233，IV，Catuḥstavasamāsārtha of Amṛtākara，Roma，1956.

多，但真伪的判定很困难。不过主要著作是《根本中颂》(《中论》)，所以以下打算以此为中心简单说明其思想。

缘起与空

龙树在《中论》的开头说，皈依于宣说“吉祥的缘起”的佛陀。亦即在《中论》归敬序中叙述道：“不生不灭，不断不常，不一不异，不来不去，而善能使诸戏论寂灭的吉祥的缘起，于宣说此缘起而在种种说法者之中最胜的正觉者，我致以最敬礼。”以为释尊的根本思想是“缘起”，而以解明缘起作为撰述《中论》的主要目的；这显示龙树正确地继承了原始佛教。但是此缘起以不生不灭等“八不中道”来理解，显示出他的立场较原始佛教以“十二缘起”为立场更前进一步。在原始佛教里也说了中道，例如在《初转法轮经》里说“苦乐中道”，在《相应部》里说关于自我的连续与非连续的“不常不断”之中道、“非有非无”之中道，因此《中论》的“八不中道”是继承这个传统的，但是就其基础有“空”的思想来说，则是继承了《般若经》的思想。

《中论》以二谛为立足点，这是接受了《大品般若经》卷二十五的“菩萨摩诃萨住二谛中为众生说法，世谛、第一义谛”[①]。《大品般若经》卷
下(42) 二十二里说，世谛之“如”与第一义谛之“如”相同，亦即以世谛与第一义谛所要呈现的真理虽然是相同的，但方法却不同。就根本而论，没有所谓众生的实体，正如所谓“二谛中众生虽不可得，菩萨摩诃萨行般若波罗蜜，以方便力故，为众生说法”，二谛中有方便（upāyakauśalya，善巧方便）的智慧，立足于此方便，而众生（世俗谛）受到认可，但此方便是由般若波罗蜜的实践而生的；这就是第一义谛。在《中论》第二十四品里，将此思想阐述为“诸佛依二谛，为众生说法。一以世俗谛，二第一义谛”，而接受此《般若经》之说。

世间的存在皆是无常而变化，因此任何东西都无法以“此物”来掌握。

① 关于大乘经典的二谛，参考：西義雄「初期大乘仏教の本義と其の二諦説」(『初期大乘仏教の研究』，1949年，页173以下)，及「真俗二諦説の構造」(『仏教の根本真理』，1956年，页197以下)；安井広済「真俗二諦説の意義」(『中観思想の研究』所收)。

因为在掌握的刹那，状态就改变了；将无法掌握存在这点称作一切皆空。以此空（śūnya）的立场来理解存在——亦即是法（dharma），是第一义谛（paramārtha-satya）的立场。因此存在在其本性上，并不是可以用有、无的形式来掌握的；这是所有时间上的存在者真实的状态。如此诸法虽是空，但是现象千差万别地显现，据此而形成时间上的世界。所谓空，虽也是真实的，然而同时彼此相对的世界成立，也是事实；这是在缘起的相对关系上成立的“法”的状态。认可相对地成立的个体的立场，是世俗谛（lokasaṃvṛti-satya）；这是于相对性中正确理解各个存在的 （43）下
立场。其是由于正确了知缘起（pratītyasamutpāda），而正确了知“依缘起而成立的法”（pratītyasamutpanna-dharma，缘已生法）的立场；在这里可以正确了知基于彼此、善恶、苦乐等的世俗世界。

成为此二谛之背景的，是“八不”的缘起。亦即从第一义谛来说，一切虽是“无我”，但是在缘起的相关关系（相互观待，parasparāpekṣā）里，个体（诸法）相对地成立。缘起从八不的非有非无面来看，则成第一义谛；从有与无的角度来看，则成世俗谛的世界；龙树如此以二谛与八不解释了缘起，这是将缘起理解作“相互依存”（相互观待）的意思。相互观待虽是个体成立的条件，但是如果没有相互观待的个体，观待就不成立，但是观待的个体如果较先存在的话，就无法说相互观待是个体成立的条件。亦即若无观待的个体，则观待不成立，但是若已有个体，观待则成非必要的。所谓的“相互观待”，含有无法以语言表达的内容，因此相互观待的缘起超越了论理。无法以语言表现的真实相，就是存在的实相——亦即“诸法的实相”（dharmatā, tattvasya lakṣaṇam）。因此在《中论》里，说明为“诸法的实相，既无法以心来思惟，也无法以言语来表现。这是寂灭着，如涅槃一般”（诸法实相者，心行言语断。无生亦无灭，寂灭如涅槃）。这是彼此的对立、善恶、苦乐等相对的价值都已灭去的世界，是空的世界。 （44）下

以上龙树的缘起解释，由基于空的相互观待，而正确说明了缘起的“缘”（pratyaya）。但是缘起之中也存有“起”（utpāda）的一面，在龙树的理解中，“起”“生”的意思较稀薄。

中道与三谛

诸法实相（存在的真实的样态），因为是超越思惟，无法以言语表现，所以称为戏论寂灭（prapañca-upaśama）。戏论也称作分别（vikalpa），是指不完全的判断。一般来说存在是时间性的，是流动的，但我们的认识（识〔vijñāna〕）并无法就流动的原样直接加以认识，而将流动的存在改为静止的状态来认识，此即“概念化”。在这里，于判断、认识与现实的真实相之间，必然产生乖离，而且在这认识的背后，欲望、瞋怒、执着等烦恼在作用着。基于执着的有限认识，称作“分别”，分别并没有理解现象的真实相。在认识、判断中，常含有论理上的矛盾，例如回顾变成老人的自己，而说“自己变了”的情况；如果变了的话则应该不得称为“自己”，只要自己是同一的，自己就不能变才对。亦即我们一方面认定自己同一，另一方面则认定自己在变化着。认识上产生矛盾，是因为有就流动世界如实地知见的般若之理解，以及将同样是流动的存在概念
下(45) 化而理解的识之认识二者；而在识的根本有“无明”。

中观派在任何地方都指出潜藏于认识的矛盾，然后据此令人舍弃分别，此称为“破邪显正”。破邪就是显正，并非在破邪之后说显正。虽说是正确的判断，但若是积极地去解释，在其中也可以被指出矛盾。根据中观派，时间上的存在者、依缘起而成立的存在者，一方面拥有有限的一面，另一方面同时具有永远的特性、全体的特性。拥有此二性质的现象，就有限来理解的话即为世俗谛的立场，就无限、全体来理解的话即为第一义谛的立场。此世俗谛与第一义谛的调和，即是中道（madhyamā pratipad），但是中道消解于世俗谛与第一义谛中，而不是有作为第三谛（真理）的中道。于世俗谛认识现象（诸法）的是智（jñāna），但是因为这是谛，所以识非舍去执着、无明而同化于“般若”不可。其次，于第一义谛中认识诸法的是般若（prajñā，慧）。般若是了知永远、全体的全体性直观，也可以说是洞察力。智是了知有限者的认识主体，般若是了知无限者的智慧，依般若所知的法之本性是“空”。在这里，失去了法的个别面、差别面。智认识有限者，而且为了不执着于其对象，非得有般

若的认识、空的洞察在里面，而帮助识的认识不可。空的认识是“无执着、无分别”，识若失去般若的支撑，其认识则成为执着，产生对自我的执着（我执）、对外界的执着（我所执），于此所认识的虽是个体，但不成为法。下(46)
谛观于缘起的道理所成立的个体之处，可见到法；法是在永远之相中所见的有限者。

因此“空”并不是虚无的意思，空是就现象变化不停，因此无法掌握这点而言，与所谓的无常是一样的。不是因为一切是空，所以既无因果，也无善恶，反而因为存在的本性是空，所以缘起的道理才成立。空的活动有法则性，空与所谓的缘起是相同的。在《中论》（第二十四品第七偈）中将这点分作空性（śūnyatā）、空的意义（śūnyatārtha）、空的作用（śūnyatā-prayojana）三者来说明①；龙树也把于空所成立的个体称作“假”（prajñapti，相对上成立的，因施设〔upādāya prajñaptiḥ〕）。法（存在）因为是于无常转变的空所成立的，所以纵使以特定的名字来称呼，其名字也是“假名”。在《中论》（第二十四品第十八偈）里，说缘起、空、假等的关系为，“我们把以缘起所成立的（众因缘生法）说为空性，此空性本身就是相对上的假，也是中道”（众因缘生法，我说即是空，亦为是假名，亦是中道义），而显示空、假、中的三谛（但是在《中论》中并无三谛之语，视此为三谛的是天台大师智顗的立场）。

相当于先前二谛，空性是第一义谛，假名是世俗谛。世俗谛是以言说所表现的真理之意，然而中道是此空性与假名的别名，空性在主体上本身就是中道。所以吉藏以为，第一义谛之中有中道，世俗谛之中亦有中 (47)下
道，还有在第一义谛与世俗谛之中也有中道，而说真谛中道、世谛中道、二谛合明中道，亦即主体地实践缘起即是中道。这同时是无执着的实践，一失去缘起的道理，空就会被误解为虚无，而第一义谛则失去谛（satya，真理）的意义。

虽然《大乘二十颂论》里有“三界唯心”的思想，但《中论》里唯心论并未明显出现。不过《中论》的偈文里使用了“分别”（vikalpa）之语，

---

① 关于空性、空用、空义，参考『仏教学序説』页 139 以下。

这在唯识说成为表示认识的迷妄性的重要概念。

在《中论》里，缘起是以不生不灭等“八不”，空、假、中三谛，还有第一义谛与世俗谛来表示的。接受此龙树的二谛说而解明中道的，是上述吉藏（公元549—623年）的《中论疏》。相对地，月称（Candrakīrti，公元600—650年左右）的《中论注》（《净明句论》，*Prasannapadā*）里，则详示包含于缘起之中的“相互依存”（parasparāpekṣā，也叫作观待、因待），从相互因待来说明空性。而智顗（公元538—597年）则导入佛性思想，立中道为第三谛，而说空、假、中三谛，在这点显示出与前二者不同的新立场。称此为“圆融三谛”，而以“圆融”之语来表达缘起，但立三谛这点
下(48) 则与吉藏立场相异。不过在《中论》的解释上，吉藏的理解近于龙树。

佛陀观

在龙树的时代，因为《法华经》《华严经》及《阿弥陀经》等宣说雄大佛陀的大乘经典已存在了，所以可以认为在他的佛陀观里反映出这样的佛陀。佛陀观自原始佛教时代起已经存在，《阿含经》中说，释尊拥有倍于常人的身高（在中国作一丈六尺），身体是金色，具备三十二相，精神上具有十八不共法。而在《长阿含》的《大般涅槃经》里说，因为佛陀修了四神足，所以想要的话甚至也可以活过一劫，然后也说佛陀的本质是不能以形体来掌握的“法身”。但是释尊在80岁入涅槃了，因此在原始佛教时代，纵使具足三十二相，也是“生身”的佛陀，认为是由父母所生，拥有肉体的佛陀。在此“生身”之外虽然说到“法身”（dhamma-kāya），但是指无漏的戒、定、慧、解脱、解脱知见的五分法身。这是释尊在证悟中得到的人格上的力量，这个力量也是一种法，而且因为戒、定、慧等都含有许多法，所以称作“法的聚集”（法身）。但是因为佛陀也终将入于涅槃，所以关于这法身是有为法还是无为法，在后来的佛教中解释产生分歧。

其次在佛传文学、部派佛教时代中不止三十二相，也说到了八十种好（八十随形好）。转轮圣王也具足三十二相，但是八十种好只有佛陀与大力菩萨有。

其次佛陀观方面，过去佛的思想是重要的。释尊悟法，与法合为一体而成佛，但是这缘起法，传为不论如来出世不出世都是常住的（*SN*. XII, （49）下
20. T 2.84b，及其他）。因此认为悟到这个法而成了佛的人，在释尊以前也一定有过，而说过去佛；这个思想已经出现在《阿含经》中。《长阿含经》的《大本经》等提到了过去七佛，《中阿含经》的《说本经》等则说到了将来佛的弥勒（Maitreya）。虽是纵的关系，但到了佛传文学的时代，就说同时的他方世界的诸佛，出现了现在多佛的思想。根据《异部宗轮论》，在大众部的《本宗同义》里，说到愿生恶趣的菩萨，即愿生身的菩萨。还有关于佛陀，大众部说“诸佛世尊皆是出世，一切如来无有漏法，诸如来语皆转法轮，佛以一音说一切法，世尊所说无不如义，如来色身实无边际，如来威力亦无边际，诸佛寿量亦无边际”等。说了生身以上的佛陀。但是大众部是基于什么根据而主张此佛陀观，其理论上的根据不明。

相对地，龙树的佛陀观则赋予大乘经典中出现的佛陀理论基础。不过《中论》因为说空，所以在其《观如来品》里说，如来超越了有无，是寂灭相，并没有说积极的佛身论。说佛身论的主要是《大智度论》，即使《大智度论》非龙树所作，也表现出此系统的思想。在《大智度论》卷九说佛身有两种，举出法性身与父母生身。佛的法性身遍满十方虚空，无量无边，但是此佛身是有形的，色相端正，以相好庄严，有无量光明、无 （50）下
量音声。听法之众也充满虚空，但是此听法众也是法性身，所以说这不是生死众生所见的。亦即证悟者的心纯粹清净，充满智慧之光，此心见佛，此心本身就是佛。因为心没有形状，于此所映出的佛身是无限大的。相对地，“父母生身”的佛陀是指由摩耶夫人所生的释尊。“法性身”的佛陀遍满十方，所以似指诸法实相本身，但是却是人格的，以所有的功德来庄严，光明无量，而为众说法，所以是以智慧为中心的佛陀；这是以悟道的心的层次来想的佛陀。《华严经》的毗卢遮那佛，及《法华经·寿量品》久远实成的佛陀就相当于此。在后世分佛身为三身之说中，相当于“报身”。

还有在《大智度论》卷十里，分佛身为神通变化身与父母生身，所以法性身也称作神通变化身。这是神通游戏，或许是自在地化作变化身而

教化众生的意思。还有在菩萨之中，也有生身菩萨与法身菩萨两种。文殊、普贤及观音等大菩萨，因为能自由地在自己所想的地方现身，所以并未拥有凡夫般粗重的肉身。在《大智度论》卷五里，说菩萨得无生忍时，超越了轮回的世界，自此以后的菩萨成为法身，但是为了教化众生，
下(51) 而以法身于十方现身，因此这也是神通变化身，亦即法身菩萨不异佛陀。《大智度论》卷三十九里以菩萨有两种，举出随业而生的菩萨与得法性身的菩萨。法性身的菩萨并非依前世之业而生，是为了救济众生，以变化身生于三界，具佛功德，救济众生。

如上所述，根据《大智度论》，佛陀、大菩萨的本质是法性身，但是在《中论》的《观如来品》中则说如来是寂灭相，其身无法分别有无。即诸法实相微妙寂灭，诸法实相的毕竟清净是如来，但是此如来唯有以离分别、离戏论的智慧才得以了知。

如上所述，龙树的佛陀观是二身说。

对后世的影响

龙树被尊为八宗之祖，在后世的佛教里以龙树为宗祖的宗派很多，仅以此即显示龙树学问之广。龙树被称为中观派（Mādhyamika）之祖，这是基于《根本中颂》的学派，同时是祖述《般若经》的空的思想的学派。在中国还加上提婆的《百论》，而成为以《中论》《百论》《十二门论》为依的“三论宗”，或更加上《大智度论》成“四论宗”，还发展到天台宗的思想。在印度，中观派也与瑜伽行派并列，在后世长期繁盛，但是中
下(52) 观派并未继承华严系统的思想。《十住毗婆沙论》《大乘二十颂论》《菩提资粮论》等说到华严思想，这些与空的思想一起影响到无著及世亲的思想，而且与密教也在思想上相关联。《十住毗婆沙论》的《易行品》是很有名的，其中表达了阿弥陀佛的信仰，成为净土教的源流。

龙树的思想虽多方面地发展，但直接的发展仍是中观派。

提婆

根据罗什所译的《提婆菩萨传》，提婆（Āryadeva）传为南印度的婆

罗门出身，但根据月称对《四百论》的注释，则说提婆生于锡兰，是王子，但舍王位而出家，来到南印度成为龙树的弟子。在《大唐西域记》卷十，说提婆住于珠利耶国（驮那羯磔迦与建志补罗之间的国家）城西的伽蓝，与阿罗汉论议。提婆也称作圣提婆，因为是龙树的弟子，所以其在世的年代推定为公元 170—270 年左右。

提婆的著作有《四百论》（*Catuḥśataka*，《四百观》）、《百论》、《百字论》等。① 汉译方面此外还有《外道小乘四宗论》一卷与《外道小乘涅槃论》一卷，但都未被认为是提婆的著作。藏译在《四百论》以外，有《智心髓集》《中观迷乱摧破》《迷乱摧坏正理因成就》《心障清净论》等，但这些也没有被视为是提婆的著书②，因此提婆的著作是《四百论》《百论》《百字论》三书。其中主著有《四百论》，《四百论》似乎也称作“百论”。（53）下
提婆一如素称的“破外小”，破斥了外道与小乘，有激烈地破邪的特色。根据《提婆菩萨传》，他因为破邪太激烈，导致外道弟子的怨恨而被杀害。

《四百论》详称《菩萨瑜伽行四百论》（*Bodhisattva-yogācāra-Catuḥśataka*），也简称《四百论》（*Catuḥśataka*）或《四百观论》。③ 是由四百偈所成，梵本虽不完整，但藏译是完整的，现存有月称的注（ṭīkā）。虽由十六章所成，但以各二百偈分为两部分，后半的二百偈八章称为“论诤的百义”，前半的二百偈八章则称作“说法的百义”。前半的二百偈，在内容上是后半的论诤百义的方便说，担任入门的角色，因此后半是独立存在的，也有说第八章担任后半的序文的角色④。汉译有玄奘所译的《广百论本》一卷，与附有护法注释的《大乘广百论释论》十卷，此书是后半八章的注

① 宇井伯寿「提婆の四百論と広百論と百論」(『印度哲学研究』第一，页 267 以下)。山口益「聖提婆に帰せられたる中観論書」(『中観仏教論攷』页 259 以下)。同「四百論破常品の要項—有·存在の限界—」(『大谷大学研究年報』第一四号，1962 年，后收于『山口益仏教学文集』下，1973 年)。

② 参考前注山口益博士论文，及山田竜城「心障清浄論」(『文化』三～八，1936 年 8 月) 等。

③ 梵本：Vidhushekhara Bhattacharya，*The Catuḥśataka of Āryadeva*，Calcutta，1931. 山口益「月称造「四百観論釈疏」(Catuhçatakaṭīkā) の序について」,「聖提婆造「四百観論」に於ける説法百義の要項」(同收于『中観仏教論攷』),「四百論破常品の要項—有·存在の限界—」(参考本页注 ①)。世界圣典刊行协会刊行『デルゲ版チベット大蔵経論疏部·中観部二』，目次页 2—3。

④ 参考前注山口益博士的研究。

释。《四百论》冠上“菩萨瑜伽行”，而有唯识派的护法的注释，在这点上可以体察出《四百论》里有自中观过渡到唯识的桥梁的意义，或许是因为在“破邪”上可以得出破斥妄分别的意义之故。所破的问题，是常住、自我、时间、见、根与境、边执、有为相等。《四百论》已发现梵文残卷，自第八章到第十六章为止已出版了藏译对照。

其次，《百论》二卷唯有汉译现存，附有婆薮的注释[①]。根据僧肇的《序》,《百论》本来有二十品，各品有五偈，合为百偈，但是省略后十品，
下(54) 只译出前十品五十偈，所以本来应该有二十品。内容是舍罪福、破神、破一、破异、破情、破尘、破因中有果、破因中无果、破常、破空等，破斥了数论、胜论、正理派。虽说是以破邪显正为立场，但也有作《四百论》入门书的意思。

罗睺罗跋陀罗

继提婆之法的人是罗睺罗跋陀罗（Rāhulabhadra）。在西藏的传承里，有罗睺罗跋陀罗是龙树之师之说，同时，多罗那他说提婆传法给罗睺罗跋陀罗，《付法藏因缘传》里也说罗睺罗跋陀罗继提婆之法。一般是视罗睺罗跋陀罗为提婆之弟子，因此他的在世年代是公元200—300年左右。

罗睺罗跋陀罗并无得以称为著作的作品，但是有赞叹般若的《赞般若波罗蜜偈》（*Prajñāpāramitāstuti*）[②]与赞叹《法华经》的《妙法莲华赞颂》（*Saddharmapuṇḍarīkastava*）[③]，前者为《大智度论》所引用。在此之外也有他的赞颂，这从无著《顺中论》、坚意《入大乘论》、真谛译的《摄

---

① 参考宫本正尊『昭和校訂百論々疏会本』(『仏教大系』，1937年），及本书页275注①的宇井博士的研究。

② 有21偈，附加在梵本《八千颂般若经》的开头。在Darbhaṅga出版的《八千颂般若》梵本中，P. L. Vaidya以此为龙树之作，但是宇井博士论证了此为罗睺罗跋陀罗之作。宇井博士「羅睺羅、即、羅睺羅跋陀羅」(『印度哲学研究』第一，1924年，页341以下）。还有这也被引用于《大智度论》卷十八（T 25.190bff）。藏译（东北目录一一二七）有龙树作的《般若波罗蜜赞》，但两者的异同不明。

③ 在荻原、土田两氏出版的《法华经》梵本里，作为附录而出版。U. Wogihara & C. Tsuchida, *Saddharmapuṇḍarīkasūtra*, Tokyo, 1935. 其《序》页37有“罗睺罗跋陀罗的《妙法莲华赞颂》”。

大乘论释》等之中引用了他的偈文可知，据此也可知他是无著以前的人。还有吉藏的《中论疏》里叙述罗睺罗跋陀罗释八不时，作常乐我净四德而说明，因此他也有《中论》的注释。

但是罗睺罗跋陀罗的传记、著作的详细情形不明，还有在中观派里，
如前所述，有对《中论颂》作注释的青目，以及注释提婆《百论》的婆 （55）下
薮开士，但是他们的正确年代不明。此后出现了莎车（Yarkand）王子、
须利耶苏摩。 （56）下

参考书目

再列举一二注释中所述之外的书籍：

羽渓了諦「三論解題」(『国訳一切経』中観部一)，1930 年。

稲津紀三『竜樹空観の研究』，1934 年。

山口益『仏教に於ける無と有との対論』，1941 年。

常本憲雄『空観哲学』，1942 年。

宮本正尊『根本中と空』，1943 年。

宮本正尊『大乗と小乗』，1944 年。

山口益『中観仏教論攷』，1944 年。

長尾雅人「中観哲学の根本的立場」(『哲学研究』第三六六～三七一号，1947—1948 年)。

山口益『般若思想史』，1951 年。

野沢静証「清弁の二諦説」(『日本仏教学會年報』第一八号，1952 年)。

山口益「大乗の仏道体系」(『仏教学序説』第四章, 页 106—160, 1961 年)。

梶山雄一，上山春平『仏教の思想』3『空の論理（中観)』，1969 年。

平井俊栄『中国般若思想史研究』，1976 年。

長尾雅人『中観と唯識』，1978 年。

瓜生津隆真「六十頌如理論·空七十論·宝行王正論 · 勧誡王頌 · 大乗二十頌論 · 因縁心頌、和訳」，梶山雄一「廻諍論·ヴァイダルヤ論、和訳」(『大乗仏典』14「竜樹論集」，1974 年)。

三枝充悳，久我順「中論、梵漢蔵対照語彙」(宮本正尊編『大乗仏教の成立史的研究』附録第二，1954 年)。

Th. Stcherbatsky: *The Conception of Buddhist Nirvāṇa,* Leningrad, （62）下

1920.（日译：金岡秀友『大乗仏教概論』，1957 年）。

T. R. V. Murti: *The Central Philosophy of Buddhism*, London, 1955.

K. Venkata Ramanan: *Nāgārjuna's Philosophy as presented in the Mahā-prajñāpāramitāśāstra*, Vermont & Tokyo, 1966.

R.H. Robinson: *Early Mādhyamika in India and China*, Madison, Milwaukee & London, 1967.

M. Saigusa: *Studien zum Mahāprajñāpāramitā(upadeśa) śāstra*, Tokyo, 1969.

Kenneth K. Inada: *Nāgārjuna: A Translation of his Mūlamadhyamakakārikā with an Introductory Essay*, Tokyo, 1970.

Susumu Yamaguchi: *Index to the Prasannapadā Madhyamaka-vṛtti*,
下(63) Part 1 Sanskrit-Tibetan, Part 2 Tibetan-Sanskrit, Kyoto, 1974.

第三节　第二期的大乘经典

中期大乘经典

在龙树之后，也述作了许多大乘经典，这由中国的译经史可以窥知。还有在龙树的著作中，如来藏思想、唯识思想并非显明可见，这也似乎是表示宣说这些思想的经典是在龙树以后完成的，而且在《大智度论》里也并未明显出现如来藏思想、唯识思想。作为如来藏思想的经典，《如来藏经》《不增不减经》及《胜鬘经》等是重要的，明言悉有佛性的大乘《涅槃经》也属于这个系统。相对地，唯识系统的经典，《解深密经》则是重要的，《大乘阿毗达磨经》也扮演了重要的角色。而《楞伽经》接受如来藏与唯识两思想，企图综合两者。这些是中期大乘经典重要的典籍。

五大部

在这时代，大乘经典的丛书成立了，亦即《大般若经》《大华严经》

《大宝积经》《大集经》《大般涅槃经》等。在《大智度论》的时代，如此庞大的丛书尚未成立。《大智度论》本身是《大品般若经》的注释，在其中引用了《小品（道行）般若》，因此整理《般若经》全体的十六会 (64)下
二十万颂的《大般若波罗蜜多经》的成立是在此之后；这是由玄奘于公元660—663年所译出的《大般若经》六百卷。其次，《华严经》有关的经典，在《大智度论》中也将《十地经》、《入法界品》(《不可思议解脱经》）等当作独立的经典而加以引用，因此编集《大华严经》(三十四品或三十九品）应该也是在此之后。但是《华严经》在中国译出较《大智度论》的译出没晚多久，由佛陀跋陀罗于公元418—421年之间译出为六十卷三十四品的《大华严经》，因此《大华严经》的成立相当早。其后由实叉难陀于公元695—699年译了八十卷三十九品的《大华严经》，藏译则分作四十五品。

其次，《大宝积经》汉译现存四十九会一百二十卷。这并非一个人译出，是集竺法护及以下许多人的翻译，不足的部分由唐代的菩提流志加以补译完成的。菩提流志新译的是二十六会三十九卷（现传本是二十七会），于公元706—713年译出，全体为“四十九会一百二十卷”。传说玄奘也带回《大宝积经》的梵本，但是译完《大般若经》而气力衰微的玄奘，没有译大部经的力气，仅自《大宝积经》中译出《大菩萨藏经》二十卷而已。因此中国的僧众感叹《大宝积经》与中国无缘，其后菩提流志再带梵本来到中国（T 55.570b），不过《大宝积经》是何时何地编集成的并不清楚。(65)下
藏译的《大宝积经》(*Mahāratnakūṭa-dharmaparyāya*）传有十万颂，与汉译同是四十九会，顺序也与汉译大体相同（十八会与十九会互换）；藏译是由印度、于阗、中国收集资料而完备[①]。

接着，《大集经》汉译是十七品六十卷，已如前述[②]，是僧就于公元586年编集旧译经典而成；这是僧就听到阇那崛多的话，说西域的遮拘迦国有大部的《大集经》，因此纂辑而成的（T 55.285b-c）。所以中亚即使有大部的《大集经》，但并不清楚如何反映于汉译的《大集经》。另外，

---

① 桜部文鏡「西蔵訳大宝積経の研究」(『大谷学報』第十一卷第三号）。

② 参考本书页226—227。

藏译里也有《大集经》，不过没有像汉译的《大集经》那样包含许多章。其次，大乘的《涅槃经》四十卷，是由昙无谶于公元 414—421 年译出的。较此稍早的公元 417 年，由法显译出《大般泥洹经》六卷，相当于昙无谶译的前半十卷。藏译也有《大般涅槃经》（*Mahāparinirvāṇa-sūtra*，东北目录一二〇），对应于法显译本，是由梵文译出的，但此外藏译之中存有重译汉译四十卷本的《涅槃经》（东北目录一一九）。无论如何，法显本的成立很早，而将其增广成为四十卷本。不过在法显本里也有预想到四十卷本的记载，对两者的关系有必要做精密的研究。

以上，在《开元释教录》里称《大般若经》《大华严经》《大宝积经》《大集经》《大涅槃经》为“五大部”（T 55.591b）或“五部大乘经”，这恐怕是
下(66) 中国所主张的。总之，这些作为丛书而被整理，似乎是在龙树以后的事情。

《涅槃经》

昙无谶译的《大般涅槃经》，开头是初分五品十卷，但后来他得知西域有其后分，便前往于阗，取得之后回到姑臧翻译。法显所译的六卷本《大般泥洹经》虽分为十八品，但内容与昙无谶本的初五品十卷一致。法显是在中印度的华氏城得到梵本的，所以这个部分在印度有梵本；这部分也传到西藏而藏译，因此昙无谶在于阗所得的后分或许是在西域增广的。并未发现完整的大乘《涅槃经》的梵本，不过在《宝性论》的梵本里引用了《涅槃经》4 次，更在中亚发现残卷一叶、在高野山发现一叶[①]，这些同是包含于第四品《如来性品》的部分。总之，大乘《涅槃经》在公元 400 年以前已经存在，而前半的十卷则较此更古。然而，慧严与慧观、谢灵运同在建康将昙无谶译的四十卷十三品对照法显本，修正品数为二十五品，改治了经文，修改为三十六卷，称此为“南本”，先前的四十卷本则称作“北本”。

---

① 宇井伯寿『宝性論研究』，页 332 以下。还有自高野山发现的写本，由高楠博士解读，而载于大正藏（T 12.604）。中亚的梵本是：A. F. R. Hoernle，*Manuscript remains of Buddhist literature found in Eastern Turkestan*，Oxford，1916，pp. 93－97。这里面也有如来藏（tathāgatagarbha）的用语，但在汉译中相当于“如来秘密藏”（T 12.422b）。

还有，在《涅槃经》里有若那跋陀罗译的《大般涅槃经后分》二卷。此经说荼毗、舍利分布等，是补四十卷本所缺，但是因为内容上与《长阿含》的《游行经》有很多相合的地方，而被认为并非从梵本译出的。在此之外，还有竺法护译的《方等般泥洹经》二卷，虽也是大乘的《涅 (67)下
槃经》，但是与四十卷本属不同系统。还有智猛所译的《泥洹经》二十卷（公元424—437年左右译）虽然已经失传，但是在考虑大乘《涅槃经》的成立上来说是重要的。

大般涅槃虽是“完全的涅槃”的意思，但也同时意味着释尊的入灭；因为佛陀因死而舍肉体，入于无余依涅槃界。《阿含经》中也有《大般涅槃经》（汉译《长阿含》里是《游行经》），但这是叙述释尊晚年两年间行化的经典。不过这并非单是传记，而是回答得到不死的佛陀为何死去，解释为“化缘完了，任意舍命”。与此同系统的有《遗教经》（《佛垂般涅槃略说教诫经》），说到“如来法身常在而不灭也”。《遗教经》为罗什所译，文章典雅，在中国、日本自古即广为读诵，产生很大的影响；此经与马鸣的《佛所行赞·大般涅槃品》内容上有很多一致的地方。

大乘的《涅槃经》受到《法华经》思想强烈的影响。《法华经》里说佛寿长远，但并未明言人有佛性。不过佛性思想潜在地包含于《法华经》中，继承于《涅槃经》而显说“悉有佛性”。《涅槃经》卷九举出《法华经》之名，而传述其受记思想，引用了《寿量品》的良医之譬喻。因此天台智者大师以为《法华经》是大收获，而《涅槃经》是拾落穗，称为“捃拾教”。亦即以为《法华经》未说的地方，在《涅槃经》里加以补说。 (68)下

佛性（buddha-dhātu，buddha-gotra）遍布在一切众生的思想，虽是相通于释尊所倡导“四姓平等”的主张，但要成立为教理则需要长久的岁月。《涅槃经》里，即使完全断绝善根（能行善的素质）的一阐提（icchantika）人也能成佛的主张，正显示这个情形。一阐提虽也译作断善根，但 icchantika 的语义是指贪欲的人，贪图利养，执着于世间的人的意思[①]；在此之上附加了“断善根”的意思，以为如此的无信者也得以

① 参考望月良晃「一闡提とは何か」（『印仏研』一七之二，1969年，页112）。

成佛，而祖述了《法华经》的无一不成佛的思想。还有在《涅槃经》里，说明佛性有常住、安乐、我、清净四德，而与世间是无常、苦、无我、不净相异，这也可以看作是进一步阐明《法华经》法身常住、无有变异的思想。

《涅槃经》卷四引用了《首楞严经》，卷八引用了《般若经》，卷二十一引用了《佛杂华经》(《华严经》)，卷七则有佛灭七百岁之语，关于如来藏也屡有言及。与先前《法华经》的引用合起来，这些都显示《涅槃经》的成立较新，同时可以理解到，《涅槃经》使这些经典的思想得到发展。《涅槃经》里提出此经典成立当时教界的种种问题而予以论述，特别是也提出戒律的问题，严厉地批判戒律的紊乱。《涅槃经》所说的禁止食肉和十六恶律仪是有名的，因此《涅槃经》号称“扶律谈常”的经典。还有
下(69) 在卷十四里有雪山童子为了听闻半偈而要舍命的事，同一卷里有乳、酪、生酥、熟酥、醍醐的五味说，比喻大涅槃、佛性为醍醐；此经在各方面给予中国、日本佛教很大的影响。

如来藏思想的源流

虽然在《涅槃经》里也言及如来藏，但是说如来藏的经典主要是《胜鬘经》(《胜鬘师子吼一乘大方便方广经》)，还有在之前有《如来藏经》《央掘魔罗经》《不增不减经》等。《胜鬘经》因为是由求那跋陀罗于公元 436 年汉译，所以是公元 400 年以前成立的。此后在唐代也由菩提流志译出，也有藏译[①]，最近《胜鬘经》的英译也已刊行[②]。虽未发现梵本，但是《大乘集菩萨学论》及梵文《宝性论》里有很多引自《胜鬘经》，将这些集中起来也有相当多的分量[③]。

如来藏（tathāgata-garbha）的研究，自梵文《宝性论》(*Ratnagotravibhāga Mahāyānottaratantraśāstra*）发现以来，得到长足的进展，关于它

① 月輪賢隆『蔵漢和三訳合璧勝鬘経・宝月童子所問経』，1940 年。

② Alex and Hideko Wayman, *The Lion's Roar of Queen Śrīmālā*, New York & London, 1974.

③ 宇井伯寿「シナ訳勝鬘経と其梵文断片」「本論引用の諸経論」(『宝性論研究』1959 年，页 303 以下，页 435 以下）。

的起源也已进行了详细的研究[①]。如来藏是指为众生的贪瞋痴等烦恼所隐藏、覆盖的法身、佛性（在缠位的法身），所以是属于自性清净心系统的思想。自性清净心的思想已经可见于《阿含经》，还有《舍利弗阿毗昙论》、大众部、分别论者等都支持这个思想。这个思想也广为大乘经典所采用，可见于以《般若经》为始的许多经典。心性本净、诸法本净的思想，可以说是所有大乘经典的根本思想[②]。（70）下

不过光是心性本净说并不能成为如来藏思想，而是如《胜鬘经》法身章所说："如来法身不离烦恼藏，名如来藏。"在与客尘烦恼的关系中存在的法身才是如来藏。在这一点，巴利的《人施设论》《舍利弗阿毗昙论》所说的"性人"（gotrabhū），还有大乘佛教十地的第二种性地（gotrabhūmi）中所见的"性"（gotra）的思想是有贡献的[③]。决定向声闻道或向菩萨道前进的是"性"，在此性决定后而有修行。性的决定是在未悟之前，在有烦恼之间得以成佛的性就决定了；于此便可以了知，"性"是在与烦恼的关联中所能想到的自性清净心。还有，许多大乘经典里有佛种(buddha-gotra、-vaṃśa）之语，又有"生于如来家"（tathāgata-kula）的思想[④]，此"佛种"的想法是将种性的思想推进一步。特别是《维摩经》的《佛道品》（T 14.529c，549a-b，575b-c）里有如来种（de bźin gśegs pa rnams kyi rigs，tathāgata-gotra）之语，但《维摩经》里关于此"如来种"，说有身是如来种，无明有爱是如来种，贪瞋痴是如来种等，而说就是在烦恼之中才有如来种。而且将此比喻为，高原的陆地不生莲华，唯有在卑湿的淤泥中才生莲华；这里明显地将莲华比喻为从烦恼之中出现的佛性、法身。这由卑湿淤泥之中生出莲华的经文，也原封不动地存于最古翻译的《遗日摩尼宝经》，此经之后接着说："从爱欲中生菩

① 高崎直道『如来蔵思想の形成』，1974 年。

② 勝又俊教「心性本浄説の発達」(『仏教における心識説の研究』，1961 年，页 463 以下）。拙著『初期大乘仏教の研究』，页 196 以下。

③ 高崎直道「Gotrabhū と Gotrabhūmi」,(『金倉博士古稀記念·印度学仏教学論集』,1966 年，页 313 以下）。

④ 高崎直道「華厳教学と如来蔵思想」(『華厳思想』1960 年，页 297 以下）。中村瑞隆「西蔵訳如来蔵経典群に表れた仏性の語について」(『日本仏教学會年報』第二五号，1960 年）。香川孝雄「仏種について」(『印仏研』一七之一，1968 年）。

萨法。”（T 12.191b）将佛的本性、菩萨的本性（菩萨法）比喻作莲华的
下(71) 思想，已存在于大乘的古老经典中。《遗日摩尼宝经》是梵文《宝顶经》（*Ratnakūṭa*）的最古译本，此经典后来成为《大宝积经》的母胎[①]。

而且在《维摩经》里，此说之后有“智度菩萨母，方便以为父”的有名经文；这表示菩萨由般若波罗蜜与方便出生。然而“如来藏”的语词是与出生有关系的语词，如来藏的藏（garbha）是胎的意思，在出生这点上，也非考虑“佛子”（buddhaputra）、“生如来家”的思想不可。佛子是从佛所生之子的意思，在《十地经》《法华经·方便品》等反复地说到了。这与《法华经·譬喻品》所说“三界无安，犹如火宅……今此三界，皆是我有。其中众生，悉是吾子”（T 9.14c）——佛陀的大慈悲精神有关。《涅槃经》也说佛陀哀悯众生如一子，《涅槃经》卷十六说到了“极爱一子地”。虽然亲鸾将此一子地说作是佛性，但是一子地中也包含佛子的想法。

在“佛子”的想法上，有从佛所生之子的看法，这个意思的佛子已可见于《阿含经》的思想。说舍利弗是法将，从如来之口所生，也说阿罗汉们是佛陀之子[②]。这个思想在《般若经》里，也以须菩提是佛的随生者（anujāta）的型态继承下来[③]。在众生是从佛所生者的意义下，如来因而
下(72) 是胎。如来藏有如来是胎的意思，众生被藏于如来中，但是在如来藏中，还有众生藏如来的意思。在如来藏思想上，这点是重要的。也可注意前述的《维摩经》，其无明、有爱及烦恼是如来种（玄奘译作如来种性）的说法，而且将此以般若波罗蜜为母，方便为父的出生譬喻，来说明菩萨的成立。

出生的思想，是基于母性、女性的原理。佛教教理中首先导入女性原理的，是视般若波罗蜜为佛母的看法[④]。这似乎是与般若波罗蜜（Prajñāpāramitā）的语词是阴性字形，或与佛陀因证悟的智慧而实现有

① 不过梵本 *Kāśyapaparivarta* 里这个部分破损脱落了。参考 Steäl Holstein，*Kāśyapaparivarta*，p.111。

② 西義雄「如来蔵思想の淵源に就いて」(『印仏研』一九之一，1970 年，页 8 以下)。

③ 高崎直道「般若経と如来蔵思想」(『印仏研』一七之二，1969 年，页 50 以下)。

④ E. Conze，*Thirty Years of Buddhist Studies*，Oxford，1967，p. 80.

关，但同时也与初期大乘教团里女性的势力占优势有关。例如在大乘经典里，将善女人与善男子视为平等，或说变成男子、龙女成佛等，想必是重视女性信众所产生的教理[①]。

视般若波罗蜜为“佛母”的思想，在古译的《般若经》里似乎找不到。而新成立的《般若经》里，则有冠有“佛母”的经典。总之，《维摩经》里有此思想，还有《大智度论》卷三十四（T 25.314a）里有以般若波罗蜜为诸佛之母、般舟三昧为诸佛之父的思想。这虽是生出诸佛的是般若波罗蜜、般舟三昧的思想，但若如此，般若波罗蜜是以怎样的状态存在于修行者之中，在这点上，其与烦恼的关系就成为问题；在这里“胎”（garbha）的思想便出现了。总之《胜鬘经》《涅槃经》与《大智度论》在年代上相隔不远，而《如来藏经》较这些成立较早。在这些经典里，（73）下
如来藏的思想已经成立了。那时于般若波罗蜜导入母性原理，似乎是成为其成立的一个契机。

《维摩经》里虽以方便为父，但是在《大智度论》里则以般舟三昧为父，这与《宝性论》、梁译《摄大乘论释》卷八（T 31.306b）中以禅定为胎有关联。梁译《摄论释》里说明佛子时，说明为以愿乐无上乘为种子，以般若为母，以定为胎，以大悲为乳母，以诸佛为父。《宝性论》第三十四偈里说，于最上乘的信解为种子，般若为母，禅定为胎，大悲为乳母，而有牟尼之子。虽《大智度论》里以禅定（般舟三昧）为父，但在这里却以禅定为胎；这似乎是禅定有净化烦恼的力量的缘故。总之，可以说自性清净心、佛性思想与性地、佛种性、佛子、一子地等的思想，在与烦恼的关联上导入出生的思想，而朝如来藏思想发展。

如来藏虽被视为与如来种性（tathāgatagotra）同一，但同时也称作如来界（tathāgata-dhātu）。如来界与佛性的原语“buddha-dhātu”有共通点，“界”（ dhātu）也译作“性”，是指不变的性质。金的矿石中金虽不可见，但将矿石置于锻冶炉中燃烧的话，金就熔解出来；即使隐藏着也维持相同性质的，就是“性 = 界”。现象世界不断变化着，但其构

① 参考拙著『初期大乗仏教の研究』，页 243—282。

下(74) 成的要素并未增减，这些即称为“十八界”。与此相同，人虽然有变成善人、变成恶人等种种变化，但是可以见到其本性不变。如来性就是这样，此如来性破除烦恼而显现，理解出来的即是《华严经·如来性起品》“如来出现”的思想。此《华严经》“如来性起”的思想，也成为如来藏思想形成上重要的成分。

以上种种思想综合起来，于《如来藏经》中形成了如来藏的思想，然后进而在《不增不减经》《胜鬘经》中发展为精致的体系。

如来藏相关的经典

如来藏思想的经典，以《如来藏经》(*Tathāgatagarbhasūtra*)的成立较早。《如来藏经》在西晋惠帝、怀帝时代(公元290—312年)，由法炬译出《大方等如来藏经》一卷；白法祖(帛法祖)也有译出，但无确证。此后东晋的佛陀跋陀罗于公元409—429年译出《大方等如来藏经》一卷，唐代不空译出《大方广如来藏经》一卷。虽然现存的仅有后二译，但如果法炬之译与这些内容相同的话，则如来藏思想的成立似乎变成在公元300年以前；不过因为法炬译本已佚，所以其内容难以确认。《如来藏经》梵本虽未发现，但是其一部分为《宝性论》梵本所引用[①]。

《如来藏经》里说，若以佛眼视一切众生，则其贪瞋痴诸烦恼中有如来智、如来眼、如来身，结跏趺坐，俨然不动(T 16.457b–c)，而说如来
下(75) 藏在诸趣的烦恼中也常无染污，一切众生的如来藏常住不变。如此宣说如来藏、佛性是常住不变的，是因为从佛的法身的立场来看现实；佛的法身离于无常，因此在凡夫也是实际存在的。但是在凡夫中，法身并非实际存在，而是与烦恼融合，而且以作为如来藏而“出生”的方式存在。因此如来藏是超越有与无的状态，于空的基础上存在，但是《如来藏经》里并非将其以空思想来解说，而是以比喻来表示如来藏的实在。亦即以萎华中之佛、多蜂围绕中的蜜等九喻，来表达凡夫之中有如来藏。这是将此九喻以偈颂与长行来说明的一部短经，这九喻也为《宝性论》所引用。

① E. H. Johnston, *The Ratnagotravibhāga Mahāyānottaratantraśāstra*, Patna, 1950, p.26. 宇井伯寿『宝性論研究』，页301以下。

其次，《胜鬘经》虽也是一卷，但比《如来藏经》分量还多，内容也很丰富。《胜鬘经》虽传说是北凉昙无谶所译（公元413—433年），但十分可疑。现存的《胜鬘师子吼一乘大方便方广经》（*Śrīmālādevīsiṃhanāda-sūtra*）一卷，是刘宋的求那跋陀罗于公元436年左右所译出的，此后唐代菩提流志翻译了《胜鬘夫人会》。也有藏译；梵本虽不存，但为《宝性论》及其他经典所引用[①]。“师子吼”虽是指佛陀说法，但在这里则是指承佛威神而说法的胜鬘夫人的说法；就名为胜鬘夫人的在家女性的说法这点来说，是特别的经典。“一乘”（ekayāna），是意味着《法华经》里摄声闻、缘觉、菩萨三乘而入一佛乘的意思，但是《胜鬘经》里还更加上人乘、天乘，说因为摄五乘之善而是一乘，也包摄了世间的道德、（76）下
世间的宗教，而且超越它的才是“一乘”。所以一乘虽然是教（一乘教），但同时也是指因其教所现的真理（一乘之理）。以此经来说，如来藏之教是一乘教，因此所示的如来藏、佛性本身则是“一乘”；当时也许已经有“五性各别”之教。《涅槃经》里主张一阐提成佛，也许是因为另一方面佛教界里有无性有情（agotra，同断善根、一阐提）的主张。亦即执五性各别的主张者，是基于其根底有5种种性（gotra）的理解。对此，一乘之教是基于所有的众生皆具备成佛种性的认识而主张的；在《胜鬘经》里，将其以如来藏的语词来表现。

求那跋陀罗所译的《胜鬘经》，现在的版本分作十五章，但是古代也有分作十四章之说；这是在中国翻译以后所分的，藏译、《胜鬘夫人会》里并无分章。《胜鬘经》在中国自古即受研究，注释也很多，其中以吉藏的《胜鬘宝窟》六卷与日本圣德太子的《胜鬘经义疏》一卷为有名。

《胜鬘经》里首先在胜鬘赞叹佛的真实功德之后，说此经独有的戒，即“十大受”，其次说“三大愿”。在此之后说一乘的实践，即“摄受正法”与“一乘”。一乘的实践，具体来说是六波罗蜜的实践、大乘的实践。其次阐述如来藏的本质，而说了如来藏章、法身章、空义隐覆真实章、一谛章、自性清净章及其他章。（77）下

① 参考本书页282注①及③。

如来藏是凡夫所具备的“永远之物”，是为烦恼所覆的法身，因此称此为“在缠位的法身”。因为有此如来藏，所以凡夫并非因死就断灭，而持续于来世的生死，所以说：“依如来藏故有生死，依如来藏故有涅槃。”如来藏是生死与涅槃的“依持”，此如来藏是自性清净心，是法界，是法身，但是在烦恼所污的凡夫心中，是以怎样的形体存在，则超过凡夫的理解。若已经为烦恼所覆，则不能称自性清净心，而法身理应不能为烦恼所污。但是现实中，在凡夫中佛性为烦恼所覆而存在着。

这不应染污的法身为烦恼所污的关系，只有佛陀与大力菩萨才能了知，凡夫只要信它就可以。如来藏处于烦恼中，也能从烦恼脱离，是因为如来藏在另一方面是空的状态（空如来藏）的存在之故，但是说如来藏自身，是无限地拥有丰富属性（不空如来藏）的不可思议的存在。《胜鬘经》因从正面提出法身与烦恼的“染与不染”问题之故，成了极为难解的经典。

宣说如来藏的经典，此外还有《不增不减经》（*Anūnatvāpūrṇatvanirdeśa-parivarta*）一卷。此经唯存汉译，是北魏的菩提流支于公元520—
下（78）524年所译的。此经因为在《宝性论》中有引用，可知其梵文名称[①]。但是梵文名称不是“修多罗”（sūtra），而是“章”（parivarta），所以并不是独立的经，而似乎是大经典的一部分。此经说，纵使众生开悟入涅槃，并不因此众生界就减少，涅槃界就增加。众生界是如来藏，同时也是法身。法身具无量之德，不生不灭。这法身为烦恼所缠，而往来于生死的是众生。所以并非离众生别有法身，也不是离法身而有众生界。但是众生与如来的〔存在〕状态是别，与离于有无的理解有关。众生界的不增不减难解，唯有如来能知。

如来藏思想与自性清净心关系很深。在组织如来藏思想的《宝性论》中，除了上述的诸经典之外，也引用了《华严经》《陀罗尼自在王菩萨经》《宝女经》《海慧菩萨经》《宝髻经》《无尽意菩萨经》及其他经典；这些主要是说自性清净心的经典。

---

① 宇井伯寿『宝性論研究』，页315。高崎直道『如来蔵思想の形成』，页69以下。

《解深密经》的系统

清楚地表达瑜伽行派思想的最初的经典是《解深密经》（*Saṃdhinirmocanasūtra*）。此经由北魏的菩提流支于公元514年译出《深密解脱经》五卷，唐代玄奘于公元647年译出《解深密经》五卷，是完本。也现存同种书的藏译，也有由藏译而法译，及由藏译的一部分而日译[1]，不过并未发现梵文原本。从翻译的年代来看，《解深密经》的成立似较《涅槃经》 (79) 下
《胜鬘经》等晚，但是有的部分自相当早就已存在。宋代的求那跋陀罗于公元443—453年译出了相当于上述诸本的最后二品（玄奘译八品中的第七、第八）的《相续解脱地波罗蜜了义经》一卷及《相续解脱如来所作随顺处了义经》一卷，还有陈代的真谛于公元557—569年间译出了《解节经》一卷，相当于玄奘译的第二《胜义谛相品》。以此来看，《解深密经》似是部分先完成，然后将那些部分加以纂辑起来的。

还有与《解深密经》同时代，存有《大乘阿毗达磨经》。此经汉译、藏译都不存，但在安慧的《唯识三十颂释》里“阿毗达磨经（*Abhidharma-sūtra*）中说”[2]引用了此经的偈文。较此更早的无著《摄大乘论》（T 31.152a）中，提到了《摄大乘论》是作为对《大乘阿毗达磨经·摄大乘品》的注释而成立的作品，还有无著的《大乘阿毗达磨集论》（T 31.774a）也说是基于此经而作。总之在无著的时代，此经被当作是唯识思想的典据而认可其圣教量的价值。

《解深密经》的特色在于主张“五性各别”。相对于《法华经》或如来藏系统的经典说“一乘”，《解深密经》（T 16.695a）是以一乘说为密意说（不完全之说），而说有声闻种性、独觉种性、菩萨种性、不定种性、无

---

① É. Lamotte, *Saṃdhinirmocana Sūtra*, *L'explication des mystères. Texte tibétain.* ed. et trad., Paris, 1935. 野沢静証『大乗仏教瑜伽行の研究』, 1957年。该书是藏译《解深密经》的《慈氏章第八》（玄奘译《分别瑜伽品第六》）的本文与智藏（Jñānagarbha）对此的注释的翻译，也附有藏译的原文。《解深密经》方面，有圆测的《疏》（《续藏》一·三四·一～四），已译为藏文（东北目录四〇一六）。参考稲葉正就「円測解深密経疏散逸部分の研究」, 1949年。

② Sylvain Lévi, *Vijñaptimātratāsiddhi*, Paris, 1925, p.37. 此偈也引用于《宝性论》。是得以成为唯识与如来藏两方典据的经文。E. H. Johnston, *The Ratnagotravibhāga Mahāyānottaratantraśāstra*, p.72.

种性之别。反对一乘，而说五性各别，这点显示了此经较如来藏系统的
(80)下 经典晚成立。若着眼于凡夫的现实，则人们有善人、恶人的区别，承认能力的不同，所以变成主张五性各别。还有从原始佛教到部派佛教的系统，是弟子立场的佛教，在大师释尊与弟子之间画了一道不可逾越的线，但是只要立于弟子的意识，即无法超越于师。释尊佛陀的佛教与弟子的声闻佛教于是在此产生本质上的差异，因此在部派佛教之间，开始说无上菩提（佛菩提）、独觉菩提、声闻菩提的“三种菩提”；《根本有部律》、《天譬喻》（*Divyāvadāna*），及阿毗达磨论书等都可见到这种思想。继承这3种菩提，在初期大乘佛教中说的是声闻乘、独觉乘、菩萨乘的“三乘”说；《解深密经》大量地采用了此系统的佛教。而在这三乘的区别上，加上于《涅槃经》中成为问题的一阐提（无佛性、无性有情），与尚未确定是三乘中何者的人们（不定种性），组织了五性各别之说。

《解深密经》是由“迷惑的现实”进行考察，自有其特色，与《华严经》及如来藏思想立足于证悟的佛陀的立场来逆观凡夫的立场的看法不同。着眼于现实，凡夫之心为烦恼所污，无法看出自性清净心。因此在唯识佛教中，规定现实的凡夫之心为“妄识”。而人生死根源的心，名为阿赖耶识（ālaya-vijñāna）。阿赖耶识译为藏识，是保存过去的经验、业的场所；这是指心的
下(81) 无意识领域、潜在心。潜在心并不只是保存过去的记忆、经验、遗传、性格等，而且以种子的形态保存了永远的过去以来的业。因此阿赖耶识并非只是人的主体性、人格，也是个体反复生死存续时的轮回主体。但是因为那是种子的集合体，所以不间断地徐徐变化着，因此并非是像《奥义书》里所想的“我”（ātman）那样固定的实体。阿赖耶识是认识的主体，同时也是使生命存续的主体，所以也称之为执持识（ādāna-vijñāna，阿陀那识）。

阿赖耶识、阿陀那识与“我”（ātman）不同，但是容易被误解为“我”，所以在《解深密经》里说，阿陀那识因为是甚深微细的缘故，我（われ〔佛陀〕）于凡夫不开演（示说）。因为虽然阿赖耶识的一切种子如瀑流一般，内容经常变化着，但是凡夫误解此为“自我”（ātman）。瀑流即瀑布，落下的水不绝地变化着，但是凡夫以为它是同一的瀑布。宣说如此容易被误解为“我”（ātman）的阿赖耶识，就称为“解深密”。“深密”是

saṃdhi 的翻译，是绳结的意思，由此而衍生，也有秘密之教的意思，在这里是指不开演于凡夫的阿赖耶识教理。解深密的“解”，是 nirmocana 的译语，这是将绳结解开的意思，是指将隐藏着的阿赖耶识教理呈显出来。因为宣说无我，是原始佛教以来佛教的立场，所以不抵触此无我说，而且说轮回的主体，这点有《解深密经》的特色。（82）下

佛教说无我，但是并非连认识主观或常识意义的人格中心也否定掉。以世俗谛的立场来承认在日常生活里相对于“你”的“我”（われ）之存在，但是诸行无常也同时是真理，自我是流动的也是事实。若是流动的，执着于自我是不可能的。因此凡夫所执着的自我，是由妄想所构想成的。因其执着，自己的生存就变成了“苦的生存”。所以在无我的主张里，有舍弃对自我的执着的意思，更包含了在严密意义上固定的自我并不存在的意思，但是并不是不管是何意义下都没有自我。因此阿赖耶识的教理，并没有与原始佛教以来的无我说传统相矛盾。

阿赖耶识的教理，并非突然出现在《解深密经》中，而是有其前史。为了解决轮回主体的问题、生命持续的根据、记忆保存的问题，尤其是过去的业保存于何处、造业者与受报者如何联系等问题，部派佛教之间提出了种种主张。例如，说一切有部所说的命根、大众部所立的根本识、化地部的穷生死蕴、犊子部或正量部所说的补特伽罗、上座部的有分识（bhavaṅga）、经量部的一味蕴，乃至大众部及分别论者等所说的细心、经量部所说的种子等，在阿毗达磨佛教里说了种种主张。阿赖耶识的思想是继承了这些思想而成立的。

还有在《解深密经》里说到了唯识思想，这与将生存的根据求之于心理的主体阿赖耶识有关。从我们所经验的一切都有据于阿赖耶识来看，（83）下
必然归结到唯心论，然后以缘起说解释表相心与潜在心阿赖耶识的关系，因此称此为“缘起门的唯识”。还有《解深密经》的《一切法相品》《无自性相品》中，说到遍计所执相、依他起相、圆成实相的三相，还说到相无自性、生无自性、胜义无自性的三种无自性说，阐述了“三性说的唯识”。还有在《分别瑜伽品》中说万法唯识，这是由瑜伽行者的体验而可知认识的内容便是主观的呈现，称此为“影像门的唯识”。

在《解深密经》(T 16.697a)中，关联于三无自性说，而说了三时教。亦即为向于声闻乘的人说四谛教为第一时说有之教，其次为向于大乘之人说一切法无自性、不生不灭为第二时说空之教，第三时教在《解深密经》中为向一切乘的人正说一切法无自性的中道之教。也称作有、空、中的三时判教，批判前时代的教理，而表达自己的立场，这点显示此经的成立较新。

其次，《大乘阿毗达磨经》，其经名中也显示继承了“阿毗达磨”的传统。唯识思想是以《般若经》空的思想，将阿毗达磨的分析性教理赋予基础而成立的教理体系，称为“通三乘”；这是于声闻、独觉、菩萨都能对应的教法之意。《大乘阿毗达磨经》虽已不存，但其三偈二文为《摄大乘论》等所引用。详细来说也可以说有八段文字[①]，根据这些说“此界
下(84) (dhātu)自无始之时为一切法之所依”(按：真谛译“此界无始时，一切法依止”，玄奘译“无始时来界，一切法等依”)，将阿赖耶识以“界”之语词来表现。还有“无始时来界”的偈颂，也为梵文《唯识三十颂》(p.37)、梵文《宝性论》(p.72)所引用。此偈因解释的方法不但成了唯识说的典据，还成了如来藏说的典据；这正显示出与称呼如来藏为如来界(tathāgata-dhātu)的共通性。还说到诸法是以阿赖耶识为所依而存在，又说诸法被藏于阿赖耶识中，同时阿赖耶识也为诸法所藏，而说诸法(认识的世界)与阿赖耶识互相为因为果。还有在《摄大乘论》中引用了《大乘阿毗达磨经》的染污分、清净分、染污清净分三性说，可知《大乘阿毗达磨经》里说到了三性说[②]。

但是《解深密经》《大乘阿毗达磨经》中，教理是罗列式的，还不够体系化，是其后出现的弥勒、无著、世亲等，使唯识说得到发展、组织起来的。

《楞伽经》(*Laṅkāvatāra-sūtra*,《入楞伽经》)的“楞伽”指的是锡兰岛，但是此经中有摩罗耶山楞伽城，似乎不是指锡兰岛。还有在此经中，提到佛陀为了夜叉王罗婆那而说，可见到与《罗摩衍那》有关联的名称(不过最早的译本中并未出现罗婆那)。此经在中国汉译有三译，第一次是刘

① 参考結城令聞『心意識論より見たる唯識思想史』，1935 年，页 240 以下。
② 参考宇井伯寿『印度哲学史』，1932 年，页 333。結城令聞前引书，页 240 以下。

宋的求那跋陀罗于公元443年译出《楞伽阿跋多罗宝经》四卷，其次是北魏的菩提流支于公元513年译出《入楞伽经》十卷，又唐代的实叉难陀于公元704年译出《大乘入楞伽经》七卷。藏译也有二本（东北目录一〇七、一〇八），但都是由汉文来的重译，是法成所译；梵本由南条文 （85）下
雄于公元1923年出版[①]。汉译三本之中，实叉难陀译的七卷本与梵本较为近似。日译是由南条文雄与泉芳璟进行的，还有安井广济所译的也已发表[②]，而由铃木大拙刊行研究、英译及索引[③]。

求那跋陀罗译的“四卷本”保存了古形，但此经给予中国的初期禅宗巨大的影响。此经中说到如来藏、自性清净心，还说唯识说之阿赖耶识，引用了《胜鬘经》《大云经》《央掘魔罗经》等；从这几点可知此经的成立较《胜鬘经》晚。从《楞伽经》翻译到中国的年代来推算，此经可以视为在公元400年已经成立了。

此经说禅有愚夫所行禅、观察相义禅、攀缘如实禅、如来清净禅4种（T 16.492a），在中国禅的历史上给予很大的影响。愚夫所行禅是指外道禅与小乘禅，观察相义禅是大乘禅，攀缘如实禅是观念真如的禅，如来清净禅是指如来境地的禅。

《楞伽经》与《大乘起信论》共通的思想很多，可以见到业相、转相、现识、分别事识等共通的用语，可以视为在《起信论》的成立上给予了影响。

《楞伽经》说了五法、三性、八识、二无我，说到各种唯识系统的思想与如来藏系统的思想，还尝试综合两者。《解深密经》里没有说到第七识，但《楞伽经》则有八识。而关于阿赖耶识，也说阿赖耶识以身体、受 （86）下
用、依处而显现，说到极为进步的阿赖耶识说[④]。此经也说五性，更说到将这些归一于“一佛乘”，也有禁止食肉之说。此外，佛陀的异名列举了

---

① B. Nanjio, *The Laṅkāvatārasūtra*, Kyoto, 1923.（1955年再版）

② 南条文雄，泉芳璟『邦訳梵文入楞伽経』，1927年。安井広済『梵文和訳入楞伽経』，1976年。

③ D. T. Suzuki, *Studies in the Laṅkāvatāra Sūtra*, London, 1930；*The Laṅkāvatāra Sūtra*, Translated for the first time from the original Sanskrit, London, 1932, Reprinted 1956；*An index to the Laṅkāvatāra Sūtra（Nanjio Edition）Sanskrit-Chinese-Tibetan, Chinese- Sanskrit, and Tibetan - Sanskrit*, Kyoto, 1934, Reprinted Tokyo, 1965.

④ 高崎直道「入楞伽経の唯識説」（『仏教学』创刊号，1976年，页1以下）。

梵天（Brahman）、毗纽（Viṣṇu）、自在天（Iśvara）、迦毗罗（Kapila）等，也采用了外教的教理。在后世这个倾向变得显著，密教就出现了；《楞伽经》被视为是由强烈偏向于如来藏思想、空思想的唯识思想家所作的[①]。

还有《楞伽经》的系统中有《密严经》。《密严经》是唐代地婆诃罗于公元676—688年译出，不空也于公元765年译出，现还存有藏译（东北目录一一〇）。此经也说到如来藏思想、唯识思想，而成为中国法相宗、华严宗所依的经典之一。

《金光明经》

《金光明经》，昙无谶于公元414—433年所译出的四卷十九品是最初的。昙无谶译了大乘《涅槃经》，进而译出《菩萨地持经》《优婆塞戒经》等菩萨戒经，是给予中国佛教很大影响的人物。其次，真谛于公元552年追加三品，译成七卷二十二品。此后北周武帝时代（公元560—578年）及隋代（公元581—618年），由耶舍崛多及阇那崛多译出部分。基于前二译与这些部分翻译，公元597年由宝贵将这些合糅起来，编集为《合部金光明经》八卷二十四品，此后由义净于公元703年译出《金光明最胜王经》十卷三十一品，如此《金光明经》内容逐渐增广。梵文《金光明最胜经》（*Suvarṇaprabhāsottama-sūtra*）由南条文雄与泉芳璟于
下（87） 公元1931年出版[②]，共有二十一品，内容上近于昙无谶的四卷本（十九品），之后由J. Nobel出版了较完整的版本[③]。藏译有3种（东北目录五五五～五五七），一译本（五五五）是法成将义净译的十卷本重译，另一译本（五五七）在品名及内容上与梵本较接近。

---

① 安井広済「入楞伽経にあらわれた識の学説について」（『大谷学報』第五二卷第二号，页1以下）。

② 南条文雄，泉芳璟『梵文金光明最勝王経』，1931年。泉芳璟『梵漢対照新訳金光明経』，1933年。

③ Johannes Nobel, *Suvarṇaprabhāsottamasūtra*, *Das Goldglanz-sūtra*, *Ein Sanskrit-Text des Mahāyāna-Buddhismus*, *Nach den Handschriften und mit Hilfe der tibetischen und chinesischen Übertragungen*, Leipzig, 1937; *Suvarṇaprabhāsottama-sūtra*, *Die tibetischen Übersetzungen*, *mit einem Wörterbuch*, Leiden, 1944; *Suvarṇaprabhāsottamasūtra*, *Zweiter Band*, *Wöterbuch Tibetisch-Deutsch-Sanskrit*, Leiden, 1950; S. Bagchi, *Suvarṇaprabhāsasūtra*, Buddhist Sanskrit Text No.8, Darbhaṅga, 1967.

此经在教理上并不是特别重要的经典，但是因理论性地论述到唯识、如来藏的教理，并说到三身说的佛身论，而受到注目，还被当作护国安民的经典而受尊重，从中亚到中国、日本为止，于东亚广受信奉；中亚残存的写本也很多。此经的《寿量品》受到《法华经·寿量品》的影响，而在《忏悔品》《赞叹品》里强调了金光明忏法的功德。还有在《四天王品》中说，护国四天王代表诸天，陈述了护持此经的誓愿，而保护尊重此经的国主与国土。与此相关，在《金光明经》中说四方四佛，有很多密教的教理，这也与后世密教的发达有关。还有在《流水长者品》中说到救助绝于水路而濒死之鱼的“放生”功德，《舍身品》则叙述萨埵太子施一身于产子之饿虎的菩萨行。这几点给日本佛教很大的影响。

以上叙述了龙树以后出现的经典中的若干重要经典，不过不知《如来藏经》的成立是否较龙树早。还有《金光明经》中有密教思想的萌芽，但是真正密教经典的成立较此为晚，这点容后再述。 (88) 下

参考书目

宇井伯寿『印度哲学史』第六章「第二期の大乗経典」，1932 年。

大野法道『大乗戒経の研究』，1954 年。

高崎直道『如来蔵思想の形成』，1974 年。

高崎直道『如来蔵系經典』(『大乗仏典』12, 1975 年), 收有『如来蔵経』『不增不減経』『勝鬘経』及其他，是由藏译翻译为日文。 (91) 下

第四节　瑜伽行派的成立

弥勒

继承《解深密经》《大乘阿毗达磨经》的思想而组织的思想系统称为瑜伽行派（Yogācāra）或唯识派（Vijñānavādin），他们在瑜伽（yoga）的实践里深化了“唯识”（vijñaptimātra）的体验，更将此与阿赖耶识

的教理综合而体系化。此瑜伽行派之祖是弥勒（Maitreyanātha）；无著（Asaṅga）继其后，他的亲弟弟而且也是弟子的世亲（Vasubandhu，也译作天亲）继他之后，大成唯识说。

唯识派的开祖弥勒论师，自古以来即被视为与住于兜率天且是未来佛的弥勒菩萨是同一个人，因此有以为弥勒不外是无著于禅定之中所见到的弥勒菩萨之说，但是要将归于弥勒的著作全部视为无著之作似乎有困难。可知无著以前有瑜伽行派的著作，从这点着眼，依据传说将这些作品的作者称为弥勒，这是将先行于无著的瑜伽行派论师称以弥勒之名的意义所在。或许这“弥勒”并不止一人，所以并不是要把将来佛的弥勒菩萨当
下(92) 作实际存在的弥勒论师的意思。根据世亲的传记（真谛译《婆薮盘豆法师传》〔T 50.188ff〕，玄奘《大唐西域记》卷五〔T 51.896b〕），无著是犍陀罗地区的富娄沙富罗，先于说一切有部出家，修行小乘的空观，但是后来不能满足于此，上兜率天受弥勒菩萨之教导，才得以了悟大乘的空观。之后屡屡上兜率天受大乘经之教，而为众人宣说，但是不为众人所信，所以请弥勒菩萨下降人间。弥勒菩萨夜间降临此国土，为大众说《十七地经》（《瑜伽论》本地分）。夜间弥勒说的，白天无著加以解释，所以众人终于能信弥勒菩萨之教。另根据《大唐西域记》，无著是在化地部出家，后来回心于大乘，然后住在中印度的阿踰陀（Ayodhyā，昔日的沙祇），夜间升天宫从弥勒菩萨受《瑜伽论》《大乘庄严经论》《中边分别论》等教法，昼间则为大众宣讲其妙理。无著上升兜率天受弥勒菩萨之教，也传于西藏的传承中[①]。但是弥勒有5种著作“五法”，在藏传中有流传，在中国其他地区也流传有弥勒的著作，所以就得承认此作者弥勒论师之存在[②]。

弥勒的著作，在中国汉译说是弥勒的“五论之颂”[③]；如下所示：《瑜
下(93) 伽师地论》、《分别瑜伽论》、《大乘庄严经论颂》、《辨中边论颂》（《中边

① Bu-ston, *The History of Buddhism in India and Tibet*, Part II, translated from Tibetan by E. Obermiller, Heidelberg, 1932, p. 139; A. Schiefner, *Tāranātha's Geschichte des Buddhismus in Indien*, St. Petersburg, 1869, S. 111, 112.

② 宇井伯寿「史的人物としての弥勒及び無著の著述」(『印度哲学研究』第一，1924年，页353以下)。关于弥勒的著作，参考本书页297注② 金倉博士的论文。

③ 遁伦《瑜伽论记》卷一（T 42.311b）。

分别论颂》)、《金刚般若经论颂》。

但是其中《分别瑜伽论》汉译本、藏译本都没有，只传来名称而已。相对地，在西藏的传承中，可举出如下“弥勒五法”(Maitreya-pañcadharma)的著作[1]:《大乘庄严经论颂》(*Mahāyāna-sūtrālaṃkāra*)、《中边分别论颂》(*Madhyānta-vibhāga*)、《法法性分别论》(*Dharmadharmatā-vibhaṅga*)、《现观庄严论颂》(*Abhisamayālaṃkāra*)、《最上要义论颂》(*Uttaratantra*,《宝性论颂》)。

其中第一、第二与汉译一致。第三的《法法性分别论》唯存藏译(东北目录四〇二二、四〇二三)，还有世亲的注(同上，四〇二八)[2]，有报告说此书现存梵文残卷[3]。其次的《现观庄严论》藏译、梵本皆存，梵本与师子贤(Haribhadra)的《八千颂般若》的注释《光明注》一起出版[4]。此书缺汉译，但有法尊基于藏文而译为汉文的《现观庄严论略释》四卷[5]。《现观庄严论》是由 275 偈(本文 272 偈)所成，将《般若经》(《八千颂》或《二万五千颂》)的要点分为八章，从实践的立场来归纳的。由于是依据《般若经》的关系，并未见唯识说。 (94)下

① 参考页 296 注① 。在 Bu-ston，ibid. Part I，p.53 举出弥勒的著作为：*Sūtrālaṃkāra*，*Madhyāntavibhaṅga*，*Dharmadharmatāvibhāṅga*，*Uttaratantra*，*Abhisamayālaṃkāra*。

② 有山口益博士的日译，「弥勒造法法性分別論管見」(『常盤博士還曆記念仏教学論叢』，1933 年，页 535—561)。由野沢静証同时刊行藏译本与世亲注(『山口益博士還曆記念印度学仏教学論叢』，1955 年)。金倉円照「弥勒の法法性弁別論について」(『叙説』第二辑，1948 年。收于金倉円照『インド哲学仏教学研究』1，仏教学篇，1973 年，页 123 以下所收)。武内紹晃「法と法性—法法性分別論の立場—」(『印仏研』六之一，1958 年，页 205 以下)。

③ 山口益「法法性分別論の梵文断片」(『大谷学報』第十七卷四号，1936 年)。附加于前注野沢氏版之末尾。收录于『山口益仏教学文集』上，1972 年，页 201 以下。

④ U. Wogihara，*Abhisamayālaṃkārālokā Prajñāpāramitāvyākhyā* (*A Commentary on Aṣṭasāhasrikā-Prajñāpāramitā*)*: the work of Haribhadra*，Tokyo，1932-1935；G. Tucci 出版的 *GOS*. Vol. 62，Baroda，1932；E. Obermiller 出版的梵本及藏译 Bibliotheca Buddhica No. 23，*Abhisamayālaṃkāra-Prajñāpāramitā-upadeśaśāstra*，1929；ibid. *Analysis of the Abhisamayālaṃkāra*，Fasc. I，II，Calcutta，Oriental Series No. 27，1933，1936； 英译：E. Conze，*Abhisamayālaṃkāra*，Roma，1954。研究：E. Obermiller，*The Doctrine of Prajñāpāramitā as exposed in the Abhisamayālaṃkāra of Maitreya*，Leningrad，1932. 荻原雲来的研究与日译，收于『荻原雲来文集』，1938 年，页 311—379、694—737。宇井伯寿「現観荘厳論と法法性分別論との著者」(『大乗仏典の研究』，1963 年，页 554 以下)。真野竜海『現観荘厳論の研究』，1972 年。

⑤ 法尊《现观庄严论略释》四卷，中华民国二十七年(1938 年)，汉藏教理院刊。

若要认定弥勒之著作，则上4种著作皆归于弥勒。第五的《宝性论颂》，相当于汉译的《究竟一乘宝性论》，由本偈、释偈与注释三部分所成。本偈与注释也有不同作者之说，将此视为弥勒之作是有困难的[①]。

其次，《瑜伽师地论》（*Yogācārabhūmi*）汉译为一百卷，是弥勒之作，玄奘所译。但藏译本分作五部分，顺序也与汉译不同，著者是无著。

汉译	藏译（东北目录）
一　本地分（卷一～五〇）	四〇三五～四〇三六（声闻地）、四〇三七（菩萨地）
二　摄决择分（卷五一～八〇）	四〇三八
三　摄释分（卷八一～八二）	四〇三四
四　摄异门分（卷八三～八四）	四〇四一
五　摄事分（卷八五～一〇〇）	四〇三九～四〇四〇

上述中，本地分是说明十七地，但在藏译里，由于十七地之中的第十四声闻地（Śrāvakabhūmi）、第十五菩萨地（Bodhisattvabhūmi）独立出来的缘故，所以分为三部分。菩萨地自古以来就独立，这也由汉译中此部分已经由昙无谶于公元414—433年译出的《菩萨地持经》十卷而可知。还有求那跋摩于公元424—431年所译的《菩萨善戒经》（九卷及
下（95）一卷），也是同系统的异本。

菩萨地、声闻地在印度后世也似乎单独在流通，梵本是独立在流传。菩萨地的梵本由荻原云来与N. Dutt出版[②]，声闻地的梵文也已出版了[③]。

---

① 宇井伯寿『宝性論研究』，页81。高崎直道「究竟一乘宝性論の構造と原型」（『宗教研究』第一五五号，1958年）。中村瑞隆『梵漢対照究竟一乘宝性論研究』「序文」，1961年，1971年再刊。月輪賢隆「究竟一乘宝性論に就て」（『仏典の批判的研究』，1971年，页368）。

② U. Wogihara，*Bodhisattvabhūmi*，Tokyo，1930-1936；N. Dutt，*Bodhisattvabhūmi*, *Being the XVth Section of Asaṅga's Yogācārabhūmi*，Patna，1966.（荻原本写本上残缺颇多，而由藏译本补足，但是N.Dutt本是罗睺罗在西藏发现的梵本之出版，有266叶，只缺一叶就是完本。）cf. J. Rahder，*Daśabhūmikasūtra et Boddhisattvabhūmi*，Appendice Boddhi-sattvabhūmi（相当于《瑜伽师地论》卷四七～四九，T 30.552c-565c），Louvain，1926.

③ K. Shukla，*Śrāvakabhūmi of Ācārya Asaṅga*，K. P. Jayaswal Research Institute，Patna，1973. 一部分已由Wayman出版：Alex Wayman，*Analysis of the Śrāvakabhūmi Manuscript*，Berkley and Los Angeles，1961.

还有五识身相应地等五地的梵文，已由Bhattacharya出版①。另外，在真谛于公元546—557年之间所译出的经论中，有《十七地论》五卷与《决定藏论》三卷。前者已经佚失，但与《瑜伽论》本地分有关系，不过分量大约只是其十分之一。《决定藏论》是现存第二的《摄决择分》的最初部分的异译。

如上所述，《瑜伽师地论》的成立是复杂的，分量也很大，在教理上也可见到发展，所以难以视为是成立于一时。作者的决定也很困难；《瑜伽论》虽然藏译、梵本中以无著为作者，不过汉译中则以弥勒为作者②。但是其中可见到比弥勒的主著《中边分别论颂》《大乘庄严经论颂》或《法法性分别论》等还早的思想③，所以也有理由认为原形是在弥勒以前成立的。但是以《菩萨地》为弥勒所作的话，从《菩萨地持经》的译出年代（公元414—433年）来看，弥勒的活跃年代要下推到公元400年以下似乎是困难的。总之从思想内容来看，《瑜伽论》与《中边分别论颂》《大乘庄严经论颂》似乎是不同人的著作。

还有，《大乘庄严经论》《中边分别论》《现观庄严论》等，弥勒所著的只是偈颂而已。《中边分别论》中，对弥勒的偈加上了世亲"释"的，在汉译里有真谛译的《中边分别论》二卷与玄奘译的《辨中边论》三卷，（96）下
藏译（东北目录四〇二七）也附有世亲释。梵本与世亲之释（bhāṣya）同时由罗睺罗发现于西藏，由长尾雅人博士出版④，更早的安慧的注

---

① Vidhushekhara Bhattacharya, *The Yogācārabhūmi of Ācārya Asaṅga*, Part I, Calcutta, 1957. 本书也是由罗睺罗于西藏发现的写本之出版。Part I 之中，包含有五地：（1）Pañca-vijñānakāyasamprayuktā bhūmiḥ prathamā（《五识身相应地第一》），（2）Manobhūmir dvitīyā（《意地第二》），（3）Savitarkā savicārā bhūmis tṛtīyā（《有寻有伺地第三》），（4）Avitarkā vicāramātrā bhūmiś caturthī（《无寻唯伺地第四》），（5）Avitarkāvicārā bhūmiś ca pañcamī（《无寻无伺地第五》）。《摄决择分》中的有余依、无余依二地，由Schmithausen从藏译本译成德文，《瑜伽论记》相同的地方也翻译为德文，而发表了研究。L. Schmithausen, *Der Nirvāṇa-abschnitt in der Viniścayasaṃgrahāṇī der Yogācārabhūmiḥ*, Wien, 1969.

② 宇井伯寿『瑜伽論研究』，1958年。

③ 横山紘一「五思想より見たる弥勒の著作」(『宗教研究』第二〇八号，1971年10月)。

④ G. M. Nagao, *Madhyāntavibhāgabhāṣya*, Tokyo, 1964. 参考下一注R. C. Pandeya所出版的。日译是：長尾雅人『中辺分別論』(收于『大乗仏典』15,1976年)。Nathmal Tatia & A. Thakur, *Madhyānta-Vibhāga-bhāṣya*, Patna, 1967.

（*ṭīkā*）则由山口益博士出版[①]。《大乘庄严经论》汉译有波罗颇蜜多罗所译的十三卷本（公元630年），作无著造，但是宇井博士判定“颂”是弥勒造，“释”是世亲造[②]。梵本是由列维（Lévi）于尼泊尔发现，出版原典及法译[③]，有日译及索引[④]。藏译“颂”（东北目录四〇二〇）是弥勒造，有附上安慧的注、无性的广疏（东北目录四〇三四、四〇二九）。

《金刚般若经论》汉译有数种，但大体可分为二类：《金刚般若经论》二卷，无著造，达摩笈多译（T 25.757ff）；《金刚般若波罗蜜经论》三卷，天亲造，菩提流支译（T 25.781ff），《能断金刚般若波罗蜜多经论释》三卷，无著颂，世亲释，义净译（T 25.875ff）。

虽是三种译本，但后二者内容相同。二卷本的达摩笈多译是以“七种义句”为中心而进行解说，未含偈颂。这在藏译（东北目录三八一六）是世亲所作，但是宇井博士以为这是无著所作[⑤]。相对地，三卷本的菩提流支译本与义净译本，是以偈与释所成，也有藏译（北京版目录

---

① 山口益研究Lévi所发现的梵本，附上藏译（东北目录四〇三二）、汉译、日译，以三册出版。M. S. Yamaguchi，*Sthiramati Madhyāntavibhāgaṭīkā exposition systématique du yogācāravijñaptivāda*，Nagoya，1934，Reprinted Tokyo，1965. 山口益訳注『安慧阿遮梨耶造中辺分別論釈疏』第二巻，1935年。山口益編『漢蔵対照弁中辺論、附中辺分別論釈疏梵本索引』，1937年。将弥勒的偈、世亲的疏、安慧的注以会本出版的是：R. C. Pandeya，*Madhyāntavibhāgaśāstra*，*Containing the Kārikā of Maitreya*，*Bhāṣya of Vasubandhu and Ṭīkā by Sthiramati*，Delhi，1971. 英译：Th. Stcherbatsky，*Madhyāntavibhaṅga*，*Discourse on Discrimination between Middle and Extreams*，Bibliotheca Buddhica No.30，Leningrad，1938；D. L. Friedman，*Sthiramati*，*Madhyāntavibhāgaṭīkā*，*Analysis of the Middle Path and Extreams*，Utrecht，1937；P. W. O'Brien，A chapter on reality from the Madhyāntavibhāgaśāstra，*Monumenta Nipponica* IX，1953，p.277ff.

② 参考宇井伯寿『印度哲学史』，页337；『大乘荘厳経論研究』，1961年；「荘厳経論並びに中辺論の著者問題」（『大乗仏典の研究』，1963年，页492以下）。結城令聞『世親唯識の研究』上，1956年，页48以下。

③ S. Lévi，*Asaṅga*，*Mahāyānasūtrālaṃkāra*，Paris，1907；ibid.，Tome II，traduction，introduction，index，Paris，1911. 关于梵文版本之订正，参考武内紹晃「大谷探検隊招来の『大乗荘厳経論』について」（『竜谷大学論叢』第二五二号，1956年）。

④ 日译为本页注②之宇井伯寿『大乗荘厳経論研究』。索引是：G. M. Nagao，*Index to the Mahāyānasūtrālaṃkāra*（*Sylvain Lévi Edition*），Part I，*Sanskrit–Tibetan–Chinese*，Tokyo，1958；Part II，*Tibetan– Sanskrit & Chinese–Sanskrit*，Tokyo，1961.

⑤ 宇井伯寿『印度哲学史』，页388；『大乗仏典の研究』第二部「金剛般若経釈論研究」，1963年，页109—480。

五八六四），但是藏译并未注明作者。梵文只发现偈文①，但偈是作无著之作。宇井博士判定这三卷本的“偈”（kārikāsaptati）是弥勒之作，“释” （97）下
是世亲之作②。

弥勒的年代，由宇井博士算定为公元270—350年左右。如果视《菩萨地持经》的作者为弥勒，则此算法似乎是妥当的，但是弥勒的年代关连到接下来的无著与世亲的年代，所以在本书里视弥勒的年代为公元350—430年左右（本书页307）。这是因为在学界中视世亲的年代为公元400—480年左右的主张是有力的，所以在本书中也顺从此说；其次因为无著是世亲的哥哥，所以与世亲年代不能离太远，因此无著的年代就被看作是公元395—470年左右，因而弥勒的年代也如上所述。在这个情形下，从《菩萨地持经》（公元414—433年左右译）的译出年代来看，将此《菩萨地持经》视为弥勒之作虽然不是不可能，却相当勉强。但是因为《瑜伽论》的成立是很复杂的，所以要直接将《瑜伽论》全体视为弥勒之作似乎是困难的。

《瑜伽论》百卷之中，本地分五十卷与决择分（五一～八〇卷）之间，可以见到教理上发展，所以这似乎很难视为同一人的著作。不过本地分虽是五十卷的大部头著作，但认为是互相有关联而整理起来的著作。因为在《菩萨地持经》中已经有《瑜伽论》的其他部分的引用，所以可以说《菩萨地持经》成立时，除了《瑜伽论》的决择分以外，其他的部分也已经成立了③（不过因为《菩萨善戒经》只引用声闻地，所以只证明声

---

① G. Tucci, *The Triśatikāyāḥ Prajñāpāramitāyāḥ Kārikāsaptatiḥ by Asaṅga*, Minor Buddhist Texts Part I, Roma, 1956, pp.1-171.

② 参考本书页300注⑤。不过結城令聞博士以为三卷本的“颂”是无著之作（『世親唯識の研究』上，1956年，页26）。

③ 勝呂信静「瑜伽論の成立に関する私見」（『大崎学報』一二九号，1975年，页1—50）。还有向井亮氏发表了《瑜伽论》是无著著作之说，见「アサンガにおける大乗思想の形成と空観」（『宗教研究』第二二七号，1976年4月，页23—44，特别是其注34）。虽然也有必要倾听其主张，但是将本地分与决择分视为同一人之作时，似乎有必要表述其根据。“庾伽遮罗浮迷（Yogācārabhūmi），译言修行道地”之语，也可见于《达摩多罗禅经》的《序》（T 15.301b），宫本正尊『中道思想及びその発達』页553，“修行道地”之语也可见于其他禅经。“十七地”中可预想到有先行思想的存在，所以难以视《瑜伽论》为一个人的著作。不过以为无著在那些之上追加或编纂的看法，是可以接受的主张，那时无著将全体都加以整理亦未可知。参考袴谷憲昭「初期唯識文献研究に関する方法論的覚え書」（『三蔵』一四七，1977年11月，『三蔵集』第四辑，页223—224）。

闻地的先行存在而已）。当然正因如此，很难决定菩萨地是最后成立的，
下(98) 但是总之，在《菩萨地持经》的成立当时，《瑜伽论》的其他部分中已有相当多的部分存在了。

不过如上所述，本地分与决择分难以视为同一人的著作。本地分之中也可以看到古的思想，成立也是复杂的，所以在推定弥勒的年代上，要将《菩萨地持经》除外来考虑。总之，弥勒似乎是瑜伽行的实修者，不过是特定的个人，或者是学派传统的人格化，今后似乎尚有研究的必要。

无著

阿僧伽（Asaṅga）译作无著。他来自北印度犍陀罗地方富娄沙富罗，先于小乘佛教出家，但后来转向大乘佛教，受弥勒之教，发展了其学说。无著的主要著作是《摄大乘论》（*Mahāyānasaṃgraha*），这是依《大乘阿毗达磨经》的《摄大乘品》而作的（T 31.132c,152c）。《摄大乘论》是唯识教理的大成之作，自古即受到重视，翻译也很多。无著的著作如下：

《摄大乘论》，佛陀扇多译二卷、真谛译三卷、玄奘译三卷、藏译（东北目录四〇四八）；

世亲《摄大乘论释》，真谛译十五卷、笈多共行矩等译十卷、玄奘译十卷、藏译（东北目录四〇五〇）；

无性《摄大乘论释》，玄奘译十卷、藏译（东北目录四〇五一）；

《显扬圣教论》二十卷，玄奘译；

《大乘阿毗达磨集论》七卷，玄奘译、藏译（东北目录四〇四九）、梵本；

安慧糅《大乘阿毗达磨杂集论》十六卷，玄奘译、藏译（东北目录四〇五四，最胜子注四〇五三）；

《金刚般若经论》二卷，达摩笈多译、藏译（东北目录三八一六）；

《六门教授习定论》一卷，义净译；

《顺中论》二卷，瞿昙般若流支译。

由《摄大乘论》的翻译之多来看，也可知道其重要性。这有佐佐木

月樵的四译对照本（附藏译）[1]，也有拉莫特的法译[2]，还有宇井博士详细的研究[3]；《大乘阿毗达磨集论》发现了梵本（*Abhidharma-samuccaya*），也已出版[4]。《显扬圣教论》与《大乘阿毗达磨集论》是组织《瑜伽论》要义的作品，两者在内容上有密切的关系。《六门教授习定论》是由颂与释所成，颂是无著之作，释是世亲之作[5]。《顺中论》是无著概述龙树的《中论》的思想之作，于此可见到空思想与唯识的关联。

无著在《摄大乘论》中，基于《解深密经》《大乘阿毗达磨经》，而将唯识说组织化。在此书里，阐明阿赖耶识（阿黎耶识，ālaya-vijñāna）有能藏、所藏、执藏的性格，据此理论地证明阿赖耶识是生死的主体，更（100）下
解明认识上有遍计所执性、依他起性、圆成实性的三自性，依此而证明一切唯识。再阐明为了证入此唯识之理所须修行的六波罗蜜之修行，及证悟阶段的十地，实践上的戒定慧三学，悟的世界的无住处涅槃，于无住处涅槃的“转依”相，佛陀悟后状态的自性身、受用身、变化身3种佛身等，开展了较前一时代更进一步的教理。特别是将认识的虚妄性、染污分对等于遍计所执性（分别性），清净分对等于圆成实性（真实性），染污清净分对等于依他起性（依他性）的三性说，因真谛与玄奘译文的不同，在后世引起很大的问题。还有他的佛陀观，是自性身中含有理身与自受用智，受用身则相当于他受用智的“开应合真”的三身说，但这是将《解深密经》卷五所说的法身、解脱身、化身的三身说加以发展而成的。

---

① 佐佐木月樵『漢訳四本対照摂大乗論』，1931年。此书含有山口益博士的「チベット訳摂大乗論」。

② É. Lamotte, *La somme du grand Véhicule d'Asaṅga*（*Mahāyānasaṃgraha*），Tome I, II, Louvain, 1938.

③ 宇井伯寿『摂大乗論研究』二卷，1935年。

④ Nathmal Tatia, *Abhidharmasamuccaya-bhāṣyam*, Patna, 1976；V.V. Gokhale, A rare manuscripts of Asaṅga's Abhidharmasamuccaya, *Harvard Journal of Asiatic Studies*, vol. 11, nos. 1-2（June 1948）pp. 207-213；do. Fragments from the Abhidharmasamuccaya of Asaṅga, *Journal of the Bombay Branch*, Royal Asiatic Society N.S. vol. 23, 1947；Pralhad Pradhan, Abhidharmasamuccaya of Asaṅga, *Visva-Bharati Studies* 12, Santiniketan, 1950.

⑤ 宇井伯寿「六門教授習定論—国訳並びに註記—」（『大乘仏典の研究』，1963年，页567以下）。

世亲的年代

世亲（Vasubandhu，也译作婆薮盘豆、天亲）是无著的亲弟弟。首先在考虑他的年代上，与弥勒、无著有关系。宇井博士立了如下的年代[①]：弥勒，公元270—350年左右；无著，公元310—390年左右；世亲，公元320—400年左右。

这个年代论从视《菩萨地持经》（公元414—433年译出）为弥勒所作的立场来说，是合理的年代论。但是最近陈那的在世年代的研究有进
下（101） 展[②]，已经知道他是公元500年前后在世（公元480—540年左右），因为可以想见世亲的在世年代也与他相近，所以世亲的年代定为公元400—480年是有说服力的。

真谛译的《婆薮盘豆法师传》（T 50.190b）中，说世亲受正勤日王（Vikramāditya）与其子新日王（Bālāditya）供养，虽然有将此二王推定为笈多王朝首代的旃陀罗笈多一世（公元320—335年在位）与第二代萨母陀罗笈多（公元335—375年在位）之说，但是干潟竜祥博士与佛劳华纳（E. Frauwallner）将此二王推定为第五代的塞犍陀笈多（公元455—467年在位）及第六代的那罗新哈笈多（公元467—473年在位），据此将受此诸王供养的世亲的年代视为公元400—480年左右。干潟博士从这个立场立了如下的年代[③]：弥勒，公元350—430年；无著，公元395—470年；世亲，公元400—480年。

若以《菩萨地持经》为弥勒所作，非得看作是公元400年以前成立的不可，所以把弥勒在世年代定为公元350—430年，虽然这一主张不是不可能，但却有点勉强。

① 宇井伯寿『印度哲学史』，页336；「玄奘以前の印度諸論師の年代」（『印度哲学研究』第五，1929年，页111以下）。中村元『インド思想史』第二版，页172以下。

② 服部正明「ディグナーガ及びその周辺の年代—附『三時の考察』和訳—」（『塚本博士頌寿記念仏教史学論集』，1961年，页79以下。）

③ 干潟竜祥「世親年代再考」（『宮本正尊教授還暦記念印度学仏教学論集』，1954年，页321）。

佛劳华纳为了回避这个困难，立了“二位世亲”之说[1]。亦即无著的亲弟弟世亲，是生于公元 320 年左右，死于 380 年左右。他是瑜伽行派的人，因无著而转向大乘，作《中边分别论》之释，又作《十地经论》(102)下
《法华经论》《金刚般若经论释》及《发菩提心论》等著作，而推定可能较无著早去世。相对地，第二位世亲生于公元 400 年左右，于说一切有部出家，习经量部的教理，著《七十真实论》（*Paramārtha-saptatikā*，已佚失），破斥数论（Sājkhya）学派的频阇诃婆娑，著《俱舍论》，公元 480 年左右殁于阿踰陀。

佛劳华纳之说虽巧妙地解决了上述的困难，但是他为了壮大己说，利用了玉石混杂的资料[2]。亦即罗什所译的提婆《百论》，虽附有婆薮开士的注释，但他将此婆薮开士当作世亲，而把第一位世亲定位为罗什（公元 401 年来华）以前，因此把传说罗什译之“天亲菩萨造，《发菩提心经论》二卷”，认定是罗什所译。但是一般认为婆薮开士与世亲是两人，也不承认上述经典是罗什所译。还有，佛劳华纳将菩提流支所译《金刚仙论》卷十的卷末（T 25.874c）所说的师弟相承说认定为事实，而加以援用，但是也有很多学者对此怀有疑问。而且《唯识二十论》《唯识三十颂》是藉由《成业论》《五蕴论》而与《俱舍论》连接起来，所以佛劳华纳也视此二著作是《俱舍论》的作者世亲所作的。不过要证明《唯识二十论》《唯识三十颂》与《中边分别论疏》《摄大乘论释》的作者是不同的人似乎是困难的，因此在日本，很少学者支持佛劳华纳的二位世亲说。而因为佛劳华纳所立的第二位世亲的年代与干潟说一致，所以很多学者支持此说。(103)下

---

① E. Frauwallner，*On the date of the Buddhist Master of the Law Vasubandhu*，Roma，1951. 桜部建「フラウワルナー氏の世親年代論について」(『印仏研』一之一，1952 年，页 202 以下）。E. Frauwallner，Dignāga，sein Werk und seine Entwicklung，*WZKSO*，III，1959；do. Landmarks in the History of Indian Logic，*WZKSO*，V，1961. 梶山雄一「清弁・安慧・護法」(『密教文化』第六四、六五号，页 159）。E. Frauwallner 在此后的著作中，定出如下的年代：弥勒 300 年左右，无著 315—390 年左右，古世亲 320—380 年左右，陈那 480—540 年左右，安慧与护法同为 6 世纪中叶，法称 7 世纪（公元 600—660 年）。以为古世亲是瑜伽行派的论师，《唯识三十颂》《唯识二十论》等的作者。新世亲是公元 400—480 年左右在世，《俱舍论》《五蕴论》的作者。E. Frauwallner，*Die Philosophie des Buddhismus*，Berlin，1969.

② 参考拙论『倶舎論索引・第一部』Introduction，1973 年。

确实是世亲的著作的作品，由菩提流支(公元508年来华)、佛陀扇多(公元508年译经)、勒那摩提（公元508年来华）、真谛三藏（公元546年来华）等所译出的是最初的。所以从传到中国的著作来看，世亲的年代为公元400—480年左右。而且真谛（公元499—569年）生于佛劳华纳所说的新世亲殁后20年，译出了古世亲的《中边分别论释》《摄大乘论释》，还译了新世亲的《俱舍释论》。因为真谛的弟子们并没有传下关于新古世亲的说法，所以似乎显示了真谛不知道有两位世亲说。

对弥勒、无著的著作撰述“释”的世亲是无著的弟弟，而且是著述《唯识三十颂》《俱舍论》的人。《俱舍论》是以“理长为宗”的批判性立场而著述的，立于经量部的立场。其中已经说到种子说，从此经由《五蕴论》《成业论》而到唯识说，其思想上的关联受到认可①，所以将《俱舍论》与《唯识三十颂》看作是同一人的著作并不是无理的。若以著述《唯识三十颂》的世亲为无著的弟弟，则以为同一个世亲于《摄大乘论》作注释，或于弥勒的《中边分别论》《法法性分别论》等作“释”，也不是不合理的。但是现在传为“世亲作”的所有著作，是否是一位世亲所作的，还有必要研究。

在印度似乎有将许多著作归于有名的一个人的倾向，而世亲
下(104)（Vasubandhu）与世友（Vasumitra）等之名都是基于婆薮天信仰，所以似乎是常使用的名字。“世友”也有好几位，在中国自古也认为“世亲”有多位。例如《付法藏因缘传》卷六（T 50.321b）所说的“付法藏”第21祖婆修盘陀应译为世亲，但一般以为此人与《俱舍论》的作者世亲是不同的人；《佛祖历代通载》卷五（T 49.508c）等中区别了两者。还有在法救的《杂阿毗昙心论》卷一（T 28.869c），说世亲以六千偈释阿毗达磨，造《无依虚空论》，但这个世亲也被认为与《俱舍论》作者不是同一人。另在普光的《俱舍论记》卷九（T 41.167c）里也举出“古世亲”之说，而说他与《俱舍论》作者是不同的人，称友的《俱舍释》(*Abhidharmakośavyākhyā* p.35,*ll.* 20,23;p. 289,*l.* 6）里也区别了古世亲（Vṛddhācārya-Vasubandhu）与世亲；因此自古以来就认为世亲并非一位。

---

① L. Schmithausen, Sautrāntika-Voraussetzungen in Viṃśatikā und Triṃśikā, *WZKSO*, XI, pp.109-137, 1967. 书中也指出了这点。

不过著述《无依虚空论》的世亲及古世亲或许是阿毗达磨佛教系统的人，但是以此似乎无法成为大乘佛教的世亲是多人的证据。然而归于世亲的大乘论书种类也很多，除了唯识的论书之外，有《法华经》的注释、《十地经》的注释、《无量寿经》的注释等，思想上也很分歧，所以似乎没有理由把这些都看作是一个人的著作，例如真谛译的《佛性论》是世亲所作之说也受到怀疑[1]。

但是若以为世亲是公元400—480年左右的人，而且是无著的亲弟弟的话，弥勒的年代就要下延，而会产生一些矛盾的地方；佛劳华纳立了两位世亲说的理由之一，想必在此。干潟博士与佛劳华纳同样认为此世（105）下
亲年代（公元400—480年）是妥当的，然而也还立了有5年前后差距的三说，令人玩味。而在其中讨论了关于《菩萨地持经》的译出年代影响弥勒的年代，及坚意《入大乘论》（T 32.49b）里的“弥勒《庄严经》中说”之语等。不过从各个角度来看[2]，干潟博士的年代论（弥勒，公元350—430年；无著，公元395—470年；世亲，公元400—480年），从中国的译经史上来看也并非无理。不管如何，因为以为与世亲相隔不大的陈那的年代[3]是公元480—540年左右，所以据宇井说而以世亲的年代为公元320—400年，两者未免离太远。陈那之后有无性（公元？—550年），其次有护法（公元530—561年）。护法的年代据玄奘的传承是确实的，所以自此上溯来看，上述的主张也应是合理的年代论。

还有，瑜伽行派里与陈那同时代而不同系统的有德慧。德慧被视为是与陈那大约同时代，他的弟子中有安慧，安慧的年代被视为是公元510—570年左右[4]，此说较为可信。这个年代从伐腊毗的碑文（本书页

---

① 服部正明「仏性論の一考察」（『仏教史学』四之三、四合并号，1955年）。

② 参考拙论『俱舍論索引・第一部』Introduction，页IX。

③ 世亲的弟子似乎是德慧，而其弟子是陈那。德慧直接受世亲教导。参考山口益「世親の釈軌論について」（『日本仏教学會年報』第二五号，1959年，页37）。陈那近于世亲，但似非直接的弟子。M. Hattori，Dignāga，On Perception，being the Pratyakṣa-pariccheda of Dignāga's Pramāṇasamuccaya，*HOS*. 47，Cambridge，Massachusetts，1968，pp.4-5. 金倉円照『インドの自然哲学』，1971年，页40。

④ E. Frauwallner，Landmarks in the History of Indian Logic，*WZKSO*，V，1961. 梶山雄一「清弁・安慧・護法」（『密教文化』第六四、六五号，页159）。

（106）下 247）来看也似乎是妥当的。

世亲的著作

假使有多位世亲，哪部著作要归属于哪位世亲并不清楚，所以这里总括地陈述他的著作。

经典的注释：《十地经论》十二卷，菩提流支等译、藏译（东北目录三九九三）。《妙法莲华经忧波提舍》（《法华经论》）二卷，菩提流支译；一卷，勒那摩提译。《无量寿经优波提舍愿生偈》（《净土论》）一卷，菩提流支译。《宝髻经四法忧波提舍》一卷，毗目智仙译。《涅槃经本有今无偈论》一卷，真谛译。《文殊师利菩萨问菩提经论》二卷，菩提流支译、藏译（东北目录三九九一）。

此外还有《遗教经论》一卷（但现在视为伪作）、《胜思惟梵天所问经论》四卷、《转法轮经忧波提舍》一卷、《三具足经忧波提舍》一卷等，也被当作是他的著作。世亲的著作中称为“忧波提舍”（upadeśa，论议）的很多，忧波提舍作为十二部经的一支，自古即已存在了，而在大乘中用此名于经典之注释，似乎表示称呼大乘佛教的阿毗达磨为忧波提舍[①]。

以上的大乘经注释中，在中国以《十地经论》为所依而产生了地论宗。其次的《法华经论》在中国被当作解释《法华经》的指南，成为重要的依据。还有《净土论》也称作《往生论》，昙鸾（公元476—542年）为此作
下（107）注释——《净土论注》（《往生论注》），成了中国净土教的教理发展的基础。

不过世亲的重要著作是有关唯识的论书。首先，从《俱舍论》到唯识思想的过渡性论书如下：《大乘成业论》一卷，玄奘译（《业成就论》一卷，毗目智仙译）、藏译（东北目录四〇六二，*Karmasiddhiprakaraṇa*）；《大乘五蕴论》一卷，玄奘译（安慧的注释：《大乘广五蕴论》一卷，地婆诃罗译）、藏译（东北目录四〇五九）；《释轨论》[②]，藏译（东北目录四

① 宫本正尊『大乘と小乘』，页721。山口益「無量寿経ウパデーシャなる題号について」（『印仏研』一〇之二，1962年，页16以下）。

② 山口益「世親の釈軌論について」（『日本仏教学會年報』第二五号，1959年），「大乗非仏説論に対する世親の論破—釈軌論第四章に対する一解題—」（『東方学創立十五周年記念東方学論集』，页382）。以上二文收录于『山口益仏教学文集』下，1973年。

○六○、四○六一）。

《成业论》玄奘译虽冠以“大乘”之语，但是内容上则以经量部为立场。它以许多《阿含经》为典据，破斥诸部派的业论，不过也有引用《解深密经》，也有阿赖耶识之语。同样是立足于经量部说，却比《俱舍论》更偏向大乘。藏译中有善慧戒的“释”，而有拉莫特的法译[1]及山口益博士的日译[2]。《五蕴论》是分类说明包含于五蕴的诸法的论书，其中，心法分为五遍行、五别境、十一善、六烦恼、随烦恼、不决定，但此分类比起《俱舍论》，较近于唯识说的“六位心所”说。还有不相应法立了14种，这与《俱舍论》的“十四不相应”一致，而不合于唯识所立的不相应“二十四法”。心分为阿赖耶识与转识。与《俱舍论》一样，就不包含于五蕴中的无为法举出三无为之外，也举出了“真如”（唯识加真如而立 （108）下
六无为）。如此，《五蕴论》表达了《俱舍论》与唯识说的中间的立场[3]。《五蕴论》的藏译中，有安慧、德光等的注释3种（东北目录四○六六～四○六八）[4]。《成业论》（T 31.765b）里引用了《释轨论》（*Vyākhyāyukti*），《释轨论》梵汉俱缺，唯存藏译。本书大量引用《阿含经》作为大乘教的圣教量，素称阐述经典解释的方轨（yukti）之论，已由山口益博士研究、介绍其内容[5]。

世亲的唯识有关的著作，关于对弥勒的《大乘庄严经论颂》《中边分别论颂》《金刚般若经论颂》《法法性分别论》等的注释已如前述，还有于无著的《摄大乘论》《显扬圣教论颂》《六门教授习定论》等也写了

---

① 《成业论》的法译：É. Lamotte，Le traité de l’acte de Vasubandhu, Karmasiddhi-prakaraṇa，*Mélanges chinois et bouddhiques*. IV，1936，pp.151-263。

② 山口益『世親の成業論』，1951年。载有藏译《成业论》及善慧戒的注释（东北目录四○七一）的翻译，以及“研究”与《成业论》藏译原文。

③ 参考本书页307注②拙论。俱舍的七十五法与《五蕴论》《百法论》的百法的关系，参考結城令聞『世親唯識の研究』上，1956年，页50以下。

④ 关于《五蕴论》的汉藏比较，参考：V. V. Gokhale，Pañcaskandha by Vasubandhu and its commentary by Sthiramati，*Annals of the Bhandarkar Oriental Research Institute*，vol. XVIII，Part III，1937。也已作了由藏语的梵语还原。Shanti Bhikṣu Shastri，*Pañcaskandhaprakaraṇa of Vasubandhu. A Restitution into Sanskrit from the Tibetan version together with an Introduction*，*English Translation*，*Notes*，Kelaniya，1969.

⑤ 参考本书页308注②。

“释”。他的著作《止观门论颂》一卷虽是简单的论书，却是重要的。不过世亲有关唯识的最重要著作是以下两部：

《唯识三十颂》（*Triṃśikā-Vijñaptimātratāsiddhi*）一卷，玄奘译（护法等释，《成唯识论》十卷，玄奘译）；《转识论》一卷，真谛译，藏译（东北目录四〇五五；安慧释，同四〇六四；调伏天之复注，同四〇七〇）。梵文原典亦附安慧注《唯识三十颂释》。

《唯识二十论》（*Viṃśatikā-Vijñaptimātratāsiddhi*）一卷，玄奘译；《唯识论》一卷，瞿昙般若流支译；《大乘唯识论》一卷，真谛译，藏译（东北目录四〇六五、四〇五七），梵本。

两者都是由列维发现梵本而出版[①]，不过《三十颂》世亲并没有作注
下（109）释。梵本附安慧的释，汉译的《成唯识论》则是合糅护法等十大论师的注释。世亲在《唯识三十颂》里，以识转变（Vijñānapariṇāma）为中心，而以阿赖耶识（ālayavijñāna）、末那识（mano nāma vijñāna）、前六识合为八识，将我们的经验世界看作是识的变现，作为阿赖耶识缘起，而巧妙地组织起来。还说明三性、三无性的唯识说，唯识的实践修行与转依（āśrayaparāvṛtti），将这些巧妙地归纳在《三十颂》里。还有关于三性说，世亲有《三自性教说》（*Trisvabhāvanirdeśa*）（藏译，东北目录四〇五八、三八四三）。本书只有梵本与藏译[②]。《三十颂》是将唯识说的体系整理起来，相对地，《二十论》是回答其他学派对唯识说的论难的作

① S. Lévi, *Vijñaptimātratāsiddhi*, *Viṃśatikā et Triṃśikā*, Paris, 1925. 日译：荻原雲来「安慧造三十唯識の釈論和訳」「二十頌唯識論和訳」(『荻原雲来文集』，页 628 以下)。宇井伯寿『安慧護法唯識三十頌釈論』，1952 年，同『四訳対照二十論研究』，1953 年。山口益，野沢静証『世親唯識の原典解明』，1953 年。本书中，关于《唯识三十颂》、《唯识二十论》、陈那《观所缘论》，附有调伏天之疏而有日译。上述诸学者的日译中，附有梵文的订正表。寺本婉雅『西藏文世親造唯識論』，1923 年。本书将《二十论》《三十颂》的偈文日译，而附以藏文。梶山雄一『唯識二十論』、荒牧典俊『唯識三十頌』(『大乘仏典』15，1976 年)。关于《唯识二十论》的汉译本，有佐佐木月樵『唯識二十論の対訳研究』，1923 年。

② L. de la V. Poussin, Le Petit traite de Vasubandhu-Nāgārjuna sur les trois natures (*Mélanges Chinois et bouddhiques*, 1933); Sujitkumar Mukhopadhyaya, *The Trisvabhāvanirdeśa of Vasubandhu Sanskrit Text and Tibetan Versions*, Visvabharati, 1939. 含有梵文、藏译、英译。山口益「世親造三性論偈の梵蔵本及びその註釈的研究」(『宗教研究』新第八卷第三、四号，1931 年 5、7 月)，收于『山口益仏教学文集』上，1972 年。長尾雅人『三性論』(『大乘仏典』15，1976 年)。

品。《二十颂》因为有世亲的注释，所以称为《二十论》。义净译的《护法造成唯识宝生论》五卷，是本书的注释①。此外还有真谛译《三无性论》二卷及《显识论》一卷，也被推定为世亲的著作；此二书与真谛译的《转识论》合起来共为《无相论》②。

《佛性论》四卷，真谛译。本书也传为世亲所作，但是内容上因为太类似于《究竟一乘宝性论》，所以也有怀疑为世亲所作之说③。

《大乘百法明门论》(《大乘百法明门论本事分中略录名数》)一卷，玄奘译。本书是归纳“唯识百法”的；将唯识的法相归纳为百法，在护法等人的《成唯识论》中并未明言，与上述的《五蕴论》等之说也有差距，所以是否为世亲所作似有疑问。或许是某人从《大乘阿毗达磨集论》的 (110)下
本事分采集法数而组织起来的，不过一般视为是世亲的著作④。本书也有藏译（东北目录四〇六三），是由汉译来的重译，著者为“世亲或护法”。

如上所述，世亲的著作很多，而且遍及各方面。以上是以汉译为主叙述了世亲的著作，但是藏译里还有《六门陀罗尼解说》等若干著作。布顿举出“八论”作为世亲的著作，更举出“二十论”⑤。八论是《唯识三十颂》、《唯识二十论》、《五蕴论》、《释轨论》、《成业论》、《庄严经论释》、《缘起经释》（东北目录三九九五）、《中边分别论释》，《缘起经释》唯有藏译现存，而已发现梵文残简 *Pratīyasamutpādavyākhyā*⑥。

布顿所举的“二十论”，是指上述的八论，加上《瑜伽论》有关的五论、两种纲要书、对弥勒论书的五论。布顿还在别的地方举出世亲著作有《十

① 宇井伯寿「成唯識宝生論研究」(『大乘仏典の研究』，页 607 以下)。

② 宇井伯寿「真諦三蔵伝の研究」(『印度哲学研究』第六，1930 年，页 105—109)。結城令聞「無相論の構造と性質」(『世親唯識の研究』上，页 63 以下)。

③ 参考本书页 307 注①以及武邑尚邦『仏性論研究』，1977 年 2 月。

④ 宇井伯寿博士依无著的『大乘阿毘達磨集論』的本事分，而看作是世亲作的（『印度哲学史』，页 364)。結城令聞博士则依上述的本事分及《瑜伽论》的本地分与其他等，而视为是世亲作的（『世親唯識の研究』上，页 176 以下)。铃木宗忠博士则以为此非世亲之著作（「俱舎論の心所説に関する研究」，『宗教研究』新第八卷第三号，1931 年 5 月)。

⑤ E. Obermiller，*History of Buddhism by Bu-ston*，Part I，pp.56，57，Heidelberg，1931.

⑥ G. Tucci，A fragment from the Pratīyasamutpādavyākhyā of Vasubandhu，*JRAS*.1930，pp.611-623; E. Frauwallner，*Die Philosophie des Buddhismus*，Berlin，1969，S.43-49. 山田竜城『梵語仏典の諸文献』，1959 年，页 136。

地经论》、《无尽意经注》（东北目录三九九四）、《俱舍论》、《顶髻胜母陀罗尼》（*Uṣṇīṣavijayadharāṇī*）、《般若经》的注释、《瑜伽论注释》、《伽耶山顶经注》（东北目录三九九一，《文殊师利问菩提行经论》）、《六门陀罗尼注》（东北目录三九八九）、《四法解说》（东北目录三九九〇）、《法法性分别注》等[①]，与汉译相当一致，但也有汉译所缺的。还有值得注意
下（111） 的是，藏译中没有《法华经论》《净土论》《佛性论》等。

附记：无著、世亲的年代，有与《菩萨地持经》一起来考虑《楞伽经》（初译四卷本，公元443年译）的成立年代，而加以斟酌的必要。纵使可以将《楞伽经》的唯识说看作是世亲以前，但能否说是无著以前则似乎成问题；这非
下（119） 得委于今后的研究不可。

第五节　唯识的教理

唯识的意义

唯识（vijñaptimātratā，唯识性），是指我们的认识是心的显现之意，但是并非凡夫的认识就是唯识。毋宁说，我们的认识是以为外界是实在的认识，舍此实在观，而灭除我执与烦恼，“唯识”的世界才实现。所以唯识有两个意思：第一是指我们的认识本来应是唯识的意思，第二是指由努力实践唯识观所实现的唯识的世界。第二个意义的唯识才是真的唯识，将此完全实现的话就是觉者。

唯识的“唯”（mātra），是指否定凡夫认为实在的“认识的对象”，而“只有识”。所认定为外界的对象的一切，实际不过是识（心），如此了悟即是唯识，所以唯识有唯有识才是实在的意思。但是若无认识的对

① E. Obermiller，ibid. Part II，pp.142–147，Heidelberg，1932.

象，则认识的主观也不应该存有。凡夫是因为有认识的对象，所以有对应它的认识主观，不过此认识的对象是虚妄的（遍计所执性）。“唯”是 （120）下
消解[①]此遍计所执性，但是了知对象的虚妄性时，对应于它的主观（对自我的执着）就消失了。因为对象的虚妄性消解，同时也是主观（我执）的虚妄性消解，因此唯识第一有“境（对象）的无与识的有”的意义，第二是境若无则对应于此的识也无的“境识俱泯”的意义。亦即实现唯识的佛陀的认识界，是境识俱泯的世界，所以佛陀的认识界与凡夫的认识界本质上不同。亦即由凡夫到佛陀，识的本质上的转换是必要的；称此为转依（āśrayaparāvṛtti，所依之转）。转依实现于灭我执（对自我、内在的执着）、法执（对事物、外界的执着）而断烦恼处。

因此所谓“识有”的识之状态，可区别为二。一是凡夫识的状态，二是佛陀识的状态。两者同样是“有”，但是“有”的性格不同。凡夫的识是有，也是应该否定的，包含无的有。相对地，佛陀的识是不含否定的有。这是自觉、实现了永远的真实（真如〔tathatā〕）的有。但是凡夫的识（妄识）与佛陀的识（无垢识），以转依为媒介，都同样是“识”。于此蕴含着由迷到悟的连续与断绝的问题。

凡夫的识，分裂为主观与客观（见分〔svābhāsa？〕与相分〔viṣayābhāsa？〕）、能取（grāhaka）与所取（grāhya），识（见分）边看自己的识（相分），但同时也误以为那是外界（将见分、相分配比于主观与客 （121）下
观，严格来说并不正确，但是为了方便理解所以如此表达）。误以为自己的认识内容本身就是外界的实在，如此“识的状态”称为“依他起性”（paratantrasvabhāva，依他性）。依他起是“依于他而起”的意思，与缘起是相同意义。例如梦的内容虽是虚妄的，但是有做梦的事实，这点称为依他起性。识是缘起上的存在，它迷惑着，有其只是迷惑的理由；说明这个的是阿赖耶识（ālaya-vijñāna）缘起的理论。凡夫认识的“认识内容”是虚妄的，称此虚妄性为“遍计所执性”（parikalpita-svabhāva，

① 原文为：“「唯」とはこの遍計所執性を遣ることである。”这里，“遣る”的含义很丰富，但从后文来看，应当理解为斥远、消除之意。例如原文下页说的“仏陀の識においては、遍計所執性はまったく消え去り”。——校者注

分别性）。遍计所执性虽应是“无”，但是在了知它是“无”的时候，遍计所执性就消解了。为了要使其成为可能，识的本性非是“空”不可。

因为识的本性是空，所以迷惑凡夫的识得以转化为佛陀的识。在佛陀的识里，遍计所执性完全消除，识是依他起而实现真如；称此为“圆成实性”（pariniṣpanna-svabhāva，真实性）。因为空性本身就是真如，所以也称为空性真如。识是空性性格者，同时也是作为真如的实在（有）。从识的依他起性这个解释而产生“二分依他性”的理解，亦即以为使遍计所执性可能的依他起，与使圆成实性可能的依他起，两者都包含于依他起性中。计量地考虑由迷到悟的转换，则产生如此二分依他性的看法。亦即因为考虑到迷惑者的心中，也已经某种程度实现了悟，所以就认可
下(122) 迷、悟的共存。这是将依他起性的识视为“真妄和合识”的立场，但是换个看法，因为遍计所执性中无圆成实性，圆成实性中无遍计所执性，所以也可以看作是，只要迷惑的话就唯有“不净品之依他”（妄识），而成为觉者的话就只有“净品之依他”（真识）。从认识论的立场来看，迷与悟是不同的，依他起性只有进展、蜕变，就识进展的依他性阶段来看，可以说都是一样的。亦即并非将依他起性看作是遍计所执性与圆成实性的混合，而是依他起性本身进展下去的意思。

如此一来，则有识之转依如何成立的问题。遍计所执性中若无圆成实性，迷惑的我们就无法产生醒悟于唯识之理而努力于唯识的实现之意愿，但是实际上凡夫的识具备了醒悟于唯识之理的可能性。而且从外部有了佛陀之教、善友的劝导时，此人就会产生愿意实践唯识的意愿与修行，这就是为了实现唯识的闻、思、修三慧。窥基将此唯识观的进展，亦即从境空识有渐进而证入境识俱泯的正观唯识阶段，以“五重唯识”来表示[1]。

一、遣虚存实识：遣遍计所执的虚妄，而存依他、圆成之实的唯识观。

二、舍滥留纯识：作为依他起性的识，虽分为客观的状态（内境）与主观
下(123) 的状态（心），但内境因为滥于外界，所以舍弃它，唯留心体之纯的唯识观。

---

① 《大乘法苑义林章》卷一《唯识义林第三》（T 45.258b-259a）。

三、摄末归本识：摄心体之中作为末的见分、相分之作用，令归于心之自体分的唯识观。

四、隐劣显胜识：心之自体分中，心所的作用劣弱故隐之，唯显心王之胜的唯识观。

五、遣相证性识：以上第一是遣遍计所执的唯识观，第二到第四是就依他起性之识由浅入深的唯识观。第五是遣作为识之相（功用）的依他起性，而悟唯识性（圆成实性）的唯识观。

《成唯识论》里将唯识修行的阶段分为资粮位、加行位、通达位、修习位、究竟位五位来说明，此五位表达唯识修行的阶段。相对地，先前的“五重唯识观”则表达唯识观法的类型。因此在这五位的任何阶段中，都实践这五重的唯识观法而深化唯识观。

阿赖耶识说的源流

考虑到唯识思想是经由怎样的路途而形成的时候，可以考虑到三个前史。第一是阿赖耶识说成立的问题；瑜伽行派中阿赖耶识教理的成立有其前史，在部派佛教里已经说了种种类似的教理。第二是唯心论的系谱；唯识说虽是观念论的一种，但是唯心的想法较唯识说还早。第三是 （124）下
空的思想；唯识说大量采用部派佛教的阿毗达磨思想，但是并不是阿毗达磨佛教直接的后继者，而是立于空的立场批判地摄取了阿毗达磨佛教。因此大乘空的思想与阿毗达磨有的思想，在唯识佛教中综合起来而得到调和。如此唯识佛教因为接受阿毗达磨有的思想，在中国佛教中被当作是“通三乘、权大乘”而贬低。

以上三潮流之中，将先从阿赖耶识说的源流来简单地说明。

原始佛教里说诸行无常，主张诸法无我，但是只说无我，并不清楚佛教如何考虑人格的主体。没有主体，则记忆的持续、业的果报、责任的归属等问题，无法充分加以说明。虽有“自业自得”（自作自受）之语，但是对于善恶的行为应自己负责任，是人所拥有的强烈道德要求，于此也要求自我的同一性、人格的持续。因此即使承认诸行无常与无我的教

理，解决人格的持续、业的果报问题也是部派佛教的重大课题之一，于其中主张了种种新看法。

例如说一切有部虽主张诸法刹那灭，尚且承认诸法的“相续相似”，于此考虑到“意识之流”，还有说一切有部在生理上主张“命根”的存在，以为据此生命才持续。不过，此说中尚未出现人格、主体的观念。相对地，犊子部、正量部主张“非即非离蕴之我”，是很有名的。犊子部称此为补
下(125) 特伽罗（pudgala，人我），主张补特伽罗与五蕴（自己的身心）虽不能说完全相同，但是也不是离五蕴而存在的；虽然无法把捉，也无法以语言适当地来表现，不过人格的主体存在着。与此相似的是化地部中所说的穷生死蕴；以为这些主体并非在个体之死就消灭，而是超越死持续到下一生，亦即是轮回的主体。

还有在部派佛教时代中出现了相对于醒着时的心，睡着时也有微细的心之作用在持续着的想法。大众部、分别论者等说到“细心”，主张微细心的持续；大众部所说的根本识也与此有关。似乎是从这样的想法，而产生相对于表相心的潜在心之看法；巴利上座部所说的“有分识”（bhavaṅga）也是潜在心的一种，记忆、性格或遗传的问题等，都关联于此而考虑。大众部里称烦恼为随眠（睡着的），以为烦恼平常是贮藏于心的潜在心中，得到机会就出现在心的表面而活动。而睡着的状态称为“随眠”，活动的状态称作“缠”，当然可以想到记忆的情形也是贮藏于潜在心。

还有关于业的问题，有从做善恶的行为开始到受报为止，业力是如何保存的问题，亦即使业与业之果关联起来的中间媒介物的问题。正量
下(126) 部称此为“不失坏”（avipranāśa），大众部称此为“增长”（upacaya），说一切有部考虑到的无表业（avijñaptikarman）、无表色（avijñaptirūpa）本来也是那种意思的[①]，而经量部称此业之力为“种子”（bīja）。亦即将业力比喻为植物种子所拥有的潜在力量，并非只是善恶的业有种子出生而已，是以为所有的行为都变为种子的形而存续下去。但是经量部里考虑这种子被保存于何处，并没有设想作为其场所的潜在心，而主张“色

① 参考拙著『原始仏教の研究』，页 180 以下。

心互熏”。

如上述部派佛教所产生的种种思想，为大乘佛教所继承，开始设想在人格主体的深处有潜在心、无意识的领域，然后贮藏种子在其中的思想便成熟起来。阿赖耶识的阿赖耶（ālaya）是“藏”的意思，即是以种子为所藏的识之意。但是种子的集合体本身就是阿赖耶识，并不是在种子的集合体以外有另外的识作为其容器，所以将阿赖耶识也称作“种子识”（不过相对于种子赖耶，而说现行赖耶，后来出现了此现行的阿赖耶识于其相分持有种子的想法）。这阿赖耶识的概念已经出现于《解深密经》（T 16.692b–c）；在《解深密经》里，此识也称为阿陀那识（ādāna-vijñāna）。阿陀那是“执持”的意思，是执持着生命的识之意。亦即以为表相心睡着时阿赖耶识也是觉醒的，维持呼吸、心脏的活动、血液的循环等，而称此为阿陀那识。（127）下

此“阿赖耶”之语词，已经可见于原始佛教的经典。《律藏》中使用爱于阿赖耶（ālayarāma）、乐于阿赖耶（ālayarata）、喜好阿赖耶（ālayamudita）等。阿赖耶有住所与爱着的意思，但在这个情形，是将爱、乐、喜等所向的对象称为阿赖耶，也可以看作是指人的主体。根据《摄大乘论》卷上（T 31.134a，及其他），提到《增一阿含》说爱、乐、欣、喜的“四阿赖耶”（不过现存的汉译《增一阿含》卷十〔T 2.593a〕并无该经文）。《阿含经》中所说的“阿赖耶”之语，为大乘经典所继承，成为阿赖耶识思想的重要契机，但那是经由怎样的途径而成熟于《解深密经》的阿赖耶识，则不明。

唯心论

阿赖耶识是作为人格的主体、经验的主体而立的，但同时也是“认识的主体”，这是在心中追求认识的根据。于此有阿赖耶识与唯心论结合的理由，而且佛教一开始就有唯心论的性质。原始佛教中有六处（六入）、十二处之说，这是就认识而思考存在之说。十二处是将认识的与所认识的，就认识器官区别于 6 个领域之说。

六内处 眼 耳 鼻 舌 身 意

下(128) 六外处 色 声 香 味 触 法

在这个体系中，以眼所见的对象是色，以耳所听的对象是声，乃至以意所知的对象是法（观念）。对象是就认识器官而被认识的，所以非得以两个以上的认识器官否则无法认识，并不能直接确认其存在（并非直接知觉的对象），所以其存在性则成为主观所构想的，于此有产生认识错误的余地。所以以两种以上感觉器官所认识的，无法绝对地主张外界的实在。亦即即使在看到人的情形，眼所见的也是（人的）形与色，而不是人的本身。例如是睡着的人，还是死的人，仅以眼所见无法知道；是纯金还是镀金的区别，仅以眼也是无法知道。以两种以上的感官所认识的，是由推论而主观构想的，但是凡夫则看作是它原本就在外界。

因此将认识分为6个领域的看法，是极为合理的。这个六处、十二处的体系是原始佛教中新组织的主张，在此以前的奥义书等之中并未说到。不过原始佛教中观念论还没成立，而理解为所认识的色、声等六外处存在于外界，但是由此主张容易产生感觉上的认识论。

自原始佛教起已经可以见到，将心称为心（citta）、意（manas）、识（vijñāna）。《阿含经》说："此亦称为心，亦称为意，亦称为识者，日夜生灭。"（*SN*. Vol. II,p.95,T 2.81c）心是一法（もの），但是含有以一个语词

下(129) 所无法表现穷尽的丰富内涵。首先，心是判断的主体、认识主观，就这点称为"识"。识译作"了别"，是指判断。但是判断不断地消失，接二连三产生新的判断，甚至产生与前面相反的判断。因此识并不是过去或未来的，而是"现在的"。相对地，"意"是指心的意志的作用面。意志是决心，是意图于未来的，因此"意"拥有未来的性格。由这个意来引导现在的自己，而创作出未来的自己。相对地，"心"的情形则是包含记忆、感情或性格等广义的心，过去的性格较强。记忆、性格、遗传，都是得自于过去的心理上以及生理上的力量，而形成现在的心，影响现在的判断、未来的意志。

但是在《阿含经》中，并非明显可以自觉到心、意、识有如上意义的差异。不过《法句经》第一偈"诸法意所导，意主由意成"等"意"的用例，

表示意是意志，是行为的主体，而造作未来，于此也可见到唯心论的性质。相对地，心则称为“心是应调御者”（《法句经》第三十五偈）。为烦恼所污的是心，拥有欲望、瞋怒状态的是心，因此，心包含杂多的心理作用，便开始加以种种分析。所分析的心理作用被视为心的属性，而称为心所法（caitasika-dharma）。说一切有部立 46 种心所，唯识说里则说 51 种心所，而说心与心所互相协调活动。

关于心意识，在部派佛教里进行了种种解释。《大毗婆沙论》卷七十二（T 27.371a–b）所举的多种主张中，举出了将意视为过去、心视 （130）下
为未来之说。但是在唯识说中，则解释为“集起名心，思量名意，了别名识”（《成唯识论》卷五，T 31.24c）。集起是过去经验的聚积之意，从这一面而称为“心”，这是由于将心（citta）解释为由聚积（$\sqrt{\text{ci}}$）所衍生的语词之故，因此将种子识、第八阿赖耶识相当于“心”。意（manas）是由思考（$\sqrt{\text{man}}$）的语根衍生出来的语词，所以解释为“思量”。自原始佛教以来，意用作意根、意处等，但在唯识说里则相当于第七的末那识（mano nāma vijñāna）。这是在心理作用深处的自我意识，自我意识因为有利己主义的性格，所以也称为染污意。而第三的当作了别的识，是指觉醒时的认识，即六识（眼识、耳识、鼻识、舌识、身识、意识）。

如上所述，佛教看重心的活动，从原始佛教以来可以见到唯心论的性质，但是将此明确提出来的是大乘佛教，特别是《华严经》。《华严经》的《十地品》（T 9.558c，《十地经》）中说：“三界虚妄，唯是心作。十二缘分，是皆依心。”阐明自己所经验的世界，全部都是心显现出来的。还有在《华严经》（T 9.465c）中说：“心如工画师，画种种五阴。一切世界中，无法而不造。如心佛亦尔，如佛众生然。心、佛及众生，是三无差别。”这表示自己的世界是自己的心作出来的。而“心、佛、众生，是 （131）下
三无差别”，是指不论是迷惑的众生，还是已证悟的佛陀，基本上心的构造不变。在这里显示由迷到悟，于心的持续与转换的契机。认为实现佛陀的力，就在众生的心中。因此《华严经》中也有“初发心时便成正觉”之语（T 9.449c）。把心比喻为画师，也可见于《遗日摩尼宝经》（T 12.192a），而《维摩经》里也说：“心净则佛土净。”（T 14.538c）

大乘佛教的唯心论是依禅定经验所得的。实修禅定，深入禅定时，外界的认识就消失，唯有心中的经验长时间持续，其间会有种种幻影显现于心。这禅定的体验与梦中的经验甚至无法区别，据此而发现在禅定中“认识的对象是心所显现的”。依据类似的经验，而自觉到觉醒时日常经验的认识也是心所显现的。在《般舟三昧经》（T 13.906a），把依观佛三昧而体验到观佛说为：“我所念即见。心作佛，心自见。心是佛，心是怛萨阿竭（如来）。”这表示唯心论是基于三昧（禅定体验）的。在禅定冥想中“见佛的体验”，并没有走入有灵力见到佛的神秘主义，而是立足于理解所见的佛是“唯心所现”的合理主义立场。唯识学派被称为瑜伽行派（Yogācāra），表示这个学派的人们是基于瑜伽的实修而建立其教理的。
下（132）《解深密经·分别瑜伽品》（T 16.698b）有“我说识所缘，唯识所现故”[①]之语，《分别瑜伽品》是叙述瑜伽行者的体验世界，这里说的“识之所缘”，亦即认识的对象，是“识之所现”，亦即唯识所现出者。从《分别瑜伽品》里说唯识之理这点，也可以了知唯识之理是由瑜伽行的实修所得的。《分别瑜伽品》中，以瑜伽行认识的对象称为“影像”，这是指外界的事物在我们心中映出的那个“像”。把在《华严经》和其他经中的唯心经验理论地组织化的，是“影像门的唯识”。

空的思想与三性说

唯识思想的根基有空的思想。唯识说中，空的思想清楚地出现于三性说中。三性是：遍计所执性（parikalpita-svabhāva，分别性）、依他起性（paratantra-svabhāva，依他性）、圆成实性（pariniṣpanna-svabhāva，真实性）。[②]但是《解深密经》《中边分别论》等中最早出现的“三性”则称作“三相”（遍计所执相、依他起相、圆成实相）[③]。

在《般若经》等中说“诸法皆空”，阐明了所有存在的本性都是空的，而中观派将此思想理论地发展。特别是在龙树的《中论》里，以八

① 参考野沢静証『大乘仏教瑜伽行の研究』，页 192。《解深密经》此文被引用于《摄大乘论》（T 31.182c）中作为“唯识无境”的教证。

② 《唯识三十颂》第二十至二十一偈。

③ 《解深密经》卷二，T 16.693a。G. Nagao, *Madhyāntavibhāga-bhāṣya*, Tokyo, 1964, p.38.

不、缘起而论证了诸法是空。但是凡夫不达诸法实相的空，因而产生戏 （133）下
论（prapañca），造作苦的生存。

但是中观派仅止于说“诸法之空”，亦即“存在之空”，而还没有清楚地说“认识之空”，不过《中论》里也有可以看作三性说的前一阶段的思想。《中论》第十三品里，说到存在是“虚诳法”（moṣadharma），这是指存在“有诈伪的性质”之意，依此凡夫起了“戏论”。还有在《中论》第四品中，说“任何分别也不应分别”（是故有智者，不应分别色），使用了“分别”（vikalpa）一语。存在有“诈伪”的性质，依此凡夫起了分别戏论，这是相连到唯识说“遍计所执性”的思想。而且“虚诳法”的“法”是指有为的存在，但是在《中论》第二十四品已清楚说到法是依缘起而成立的，这在三性说中表现为“依他起性”。还有在《中论》第十八品中，说业、烦恼是由分别所生起的，是没有实体的，所以达于空则戏论寂灭，此即法性（dharmatā，诸法实相）。唯识里说的“无分别智”的无分别（nirvikalpa）一语，也出现于《中论》第十八品。这里所说的法性可以说就是“真如”。所以修空观，悟诸法空，便开启了法性、真如的世界；在此可见到与三性说的“圆成实性”相连的思想。

如此，迷于空则成分别（遍计所执性）的世界，了悟空则开法性（圆成实性）的世界，将两者连贯起来的是缘起（依他起性），这可以在《中
论》里得知。但是三者散说于各处，尚未组织化起来。最早出现三性说 （134）下
的是唯识系的经论，即《解深密经》《中边分别论》等（《瑜伽师地论》本地分中也出现三性、阿赖耶识的名目。T 30.345a–c）。而《般若经》中有此思想，也是世亲在《中边分别论》的“疏”（*Madhyāntavibhāga-bhāṣya*,p.3）里所说的①。

在唯识说中，三性的第一遍计所执性也译作“分别性”，表示凡夫的

① 但是在汉译《般若经》诸本中，虽未发现三性说，不过《一万八千颂般若经》以及《二万五千颂般若经》的梵本与藏译的《弥勒请问章》里有三性说是明显的。但是因为汉译《般若经》中并未发现对应语，所以视为后世的添入。Shotaro Iida，Āgama（Scripture）and Yukti（Reason）in Bhāvaviveka（收于『金倉博士古稀記念・印度学仏教学論集』，1967 年，横排页 79—96）。E. Conze and Iida Shotaro，Maitreya's Question in the Prajñāpāramitā（*Mélanges d'indianisme à la Mémoire de Luois Renou*，Paris，1968）. 参考袴谷宪昭『弥勒請問章和訳』（『駒沢大学仏教学部論集』第六号，1975 年，横排页 1—21）。

认识内容是虚妄的。凡夫所认识的，是“我与法”（自我与物〔もの〕），也可以换成“自我与世界”。不过凡夫将这些认识成“固定的”，而实际上自己是肉体、精神上都不断变化发展的流动性存在者，所以是无法作为“此物”来把握的。凡夫将此静止地、固定地来掌握，以不动的形态所认识的“自我与世界”是遍计所执性。凡夫认识为“有”的，实际上是指在与此相同状态里并不存在的意思。亦即是说，“自我”虽并非没有，但是凡夫所把握的自我，并不存在于所把握到的形态里。以唯识的术语来说，以虚妄分别所妄分别的，皆是遍计所执性，这是“非有”的，而称此为“所识之非有”。我与世界，因为是以心认识的，所以是所认识的内容（所识），而是无的。

并不是没有自我，而是凡夫“所认识的自我”，不是所认识到的那样的形态之意，但是关于未被认识的自我，说什么也是没意义的。同样地，
下(135) 并非没有外界之物，而是自己的心所认识的外界，并不是所认识的那样的存在的意思。凡夫自以为自己所认识的，是如所认识那般实际存在于外界，但是唯识说不取如此的认识的“模写说”。认识可说是呼应外界来的刺激，心内的认识能力便作用、构想的，然而凡夫的情形，在认识能力作用之际，因为业、烦恼介入的关系，于此以“有”而映出心中的世界，则成为“非如彼有”的形态。但是对我们来说，唯有所认识的世界是“自己的”，纵使外界与它不同，但关于未被认识的，则什么也不能说，这里有“唯识”（唯有识）的意思。

以上是作为所识之非有的遍计所执性，但是从事[①]如此虚妄分别的“分别本身”（识）是存在的。例如在梦的认识中，所认识的内容虽没有实在性，但是做梦、梦的认识一事是存在的，称此为“能识之有”。此即依他起性，因此依他起性是指“识的活动”，但是此时将能识原封不动地当作“自我”并不正确，因为“所认识的自我”入于“所识”之侧的缘故。那即使是依自我反省所得的自我认识，“正认识着的”是与依于自我反省所得的自我相同的，此认识也是入于所识之侧的，所以能识应就能识原

① “从事”，日文原文为“いとなむ（営む）”，译为“造作”更强调其主动性。——校者注

有的状态来考察。能识是“了知的作用”，亦即是“识”。凡夫之中此识的作用为迷妄所染，因此称为妄分别，此乃由认识内容的虚妄性、矛盾、(136)下
冲突所归结的。

依他起性的依他起是“依于他而起”之意，“他”是指“缘”，所以依他起与缘起是相同的。识并不是自己存在的，而是众多的缘聚集而成的，所以缘分散的话，识也就没有了。识是不断变化下去的，将此变化表现为“刹那灭”，这是指识一直变化下去的意思。使此刹那灭的识生起的“缘”，以因缘、等无间缘、所缘缘、增上缘“四缘”来表示。第一的因缘，在这个情形是质料因、形相因的意思，指贮藏于阿赖耶识的“种子”。也称为“习气”，是指心的表面的认识经验以种子之形植入于潜在心阿赖耶识，再改变形态，以表面心亦即“识”而显现。此时阿赖耶识也是识，所以同样是由种子所作。阿赖耶识的情形，是保存于阿赖耶识的种子改变形态成为阿赖耶识。作为识的阿赖耶识称为“现行赖耶”，种子称为“种子赖耶”。种子赖耶是从前世移动过来的，现行赖耶则是在此世受生之初刹那，依于前世之业力所造的；称为“果转变”。表相心是由形成眼识、耳识、鼻识、舌识、身识的感觉世界之“前五识”，与在其背后的“第六意识”，还有更后的“末那识”七识所成；末那识是微细的自我意识。相对地，与喜怒哀乐共同作用的粗显自我意识，是第六识所起的自我意识。

再说这八识，总之以种子改变形态成为八识，而称种子是“识之因缘”。阿赖耶识中所保存的种子是无量的，保存了从无限的过去以来的种 (137)下
子。概略来分，即为名言种子与业种子。名言种子的名言是语言的意思，是指以言词能表示的“法”（もの）的种子。我们的认识界，不论主观还是客观界都充满了能以名字称呼的事物。生出那些事物的种子是名言种子，而且它们具备了善、恶、无记三性的任何一种性质。

提到形成认识界的种子，虽仅是名言种子就够了，但是人有各式各样的命运，仅以名言种子并无法说明。出生之时人依于种种过去业而生出来，生下来时已经有差别。引起这个业的差异的称为“业种子”，依表面心的善、恶之业，所植入于阿赖耶识的种子，称为业种子。业种子与

名言种子并非不同，只是将包含于名言种子的“业力”提出来，而称为业种子。如此二类种子，因为是识生起的原因，以“作为因的缘”之意而称为“因缘”。

第二的等无间缘（次第缘），是指前一刹那的识灭，成为次一刹那识生的“助缘”。前者一去，就开启了为后者出现的场所。例如意识刹那灭，前识灭，而成为次一识生起之缘；这是等无间缘。

下（138） 第三的所缘缘，是指认识的对象。所缘是对象的意思；有对象，成为识生起之缘，即没有无对象的识之意。所缘缘有亲所缘缘与疏所缘缘，亲所缘缘是识内部的所缘缘。识分裂为见分与相分的情形，相分成为相对于见分的所缘；这是亲所缘缘。相对地，外界的事物成为为了使自己的认识生起的疏所缘缘。例如外界的光，是为了眼识的疏所缘缘，色是眼识的见分的亲所缘缘。

第四的增上缘，是指帮助事物成立的一切力量。这有积极地助其成立的“有力”增上缘，与不妨碍其成立而消极地帮助的“无力”增上缘，所以因缘、等无间缘、所缘缘也包含于此广义的增上缘中。这定义作，为了自己，除了自己以外一切法都是增上缘。立增上缘，是因为仅有以上三缘，尚有遗漏的缘故。例如心王与心所（心理作用）同时作用，心王与心所是由各自的种子所生，所以心王不是心所的因缘，另因为是同一刹那在作用，所以也不成等无间缘。更因为心王无法认识同时作用的心所法，所以也不成所缘缘。以如此的意义，与心王同时作用的心所法，即是为了心王的增上缘。

依以上四缘，刹那灭的诸识连续而生，流动的认识世界便成立，以这点而称识为依他起性。

第三的圆成实性，也译作“真实性”，这是指从依他起性之识除去妄
下（139） 分别的状态。虚妄分别由于是依于包含于识的业与烦恼的，它被包含于作为因缘依的种子之中。因此关联于业、烦恼的问题，虽然有检讨种子的种类与性质的问题之必要，但是这个问题容后再述。修行唯识观，若从识除去虚妄分别，真实性就显现。此即转依，即我执与法执从识消失了。于此回应于从作为疏所缘缘的外界来的刺激，如实的认识世界便成

立。这由我空与法空（「我の空と等の空」）而实现，因此称此为“二空所显的真如”。真如是指如实认识的实在性，那是以“空性”为本性。

此圆成实性与依他起性，有“不一不异”的关系。两者的关系以譬喻来表示，则是有为的存在与“其本性的无常性”的关系。亦即真实性是依他起性的法性。因为有为法的本性是无常性，所以有为法与无常性无法区别开来，但是有为法与无常性不能说是相同的。与此相同，依他起的识之本性是空性真如，因此无法除去识，而只表示圆成实性。此依他起的识的空性，以般若，即无分别智可知。无分别智，是没有“能知与所知的分裂”之认识。真如是无法作为对象而了知的，因为能知的本身也是真如的缘故，这与无法以“全体”为认识的对象是相同的。因为认识者（主观）从认识内容脱离时，就不能成为“全体”的认识。因此真如的认识，是以自己完全成为真如而达成。真如完全显现于智慧，而智慧成为真如的智的活动体，这才是真如的认识；这就是无分别智，于 （140）下
此圆成实性就现起了。因此无分别智与真如虽不是隔别的，不过真如是无分别智的法性。

这无分别智也称作“根本智”，在其后的是“后得智”。根本智虽是了知全体的智慧，但同时也伴有了知各个现象、差别相的智慧。无分别智因为除去了执着的缘故（有执着就成为虚妄分别，亦即主客分裂的认识），所以能如实地认识世间，因此后得智也称作清净世间智。从事无分别智与清净世间智活动的认识之本性，即圆成实性。

依据以上的三性说，可以明白凡夫的认识是以妄分别为本性，而佛陀的认识界是圆成实性。

三无性

三性（三自性），于其反面持有三无性的性格。亦即遍计所执性，其我法之相（lakṣaṇa）无，所以称为“相无性”。其次的依他起性虽有生起，但并非是实体的生起。它是缘生，是“假”，所以以无自然生，而称依他起性为“生无性”。圆成实性本来离于妄分别，所以称为“胜义无自性”。这是诸法之胜义，是真如。由于悟此，而得住唯识性（vijñaptimātratā）。 下（141）

识的转变

弥勒的《中边分别论》中，说识以如下四法显现，即：(1) 对象；(2) 感官；(3) 自我；(4) 六识。亦即说了识的“显现”（pratibhāsa），但是还没说到“识的转变”（vijñāna-pariṇāma）。有系统地陈述识转变，是从世亲《唯识三十颂》开始的。转变包含了作为潜在心的阿赖耶识改变形态，显现于作为表面心的现行，如此变化的意思。但是显现并没有那样的意思，只是认识世界的显现方式受到质问而已。依他起之识何故变成虚妄分别的问题，是由此“识的转变”而阐明。

根据安慧之说，转变定义为“因之刹那已灭的同时，果异于因之刹那而生”(《唯识三十颂》, p.16)。这是虽然因果同时，但是果异于因的意思。识转变有种种情形，例如“种子生现行，现行熏种子，三法展转，因果同时”(《成唯识论》卷二，T 31.10a）中，可套用以上的解释来考虑。在这里，种子是指贮藏于阿赖耶识里的种子。现行是指表面心的活动，种子转变成为表面心，表面心刹那灭而植入种子于阿赖耶识中。于此转变中，三法展转的三法，是最初的种子、其次的现行、最后的种子这三法。这三者是不同的存在的意思，亦即由种子生现行，而且其种子与现行不同；接着由这现行生种子，而且这现行与种子也相异。当然最初的种子
下（142）与最后的种子是不同的，但是这样的事如何成为可能的问题，就包含在“转变”里。

所谓因果同时，因为因授予果力量，所以若不同时授受就不成立。自前法灭开始，而后法生，力量的授受是不可能的。“因果同时”，表示了因与果的连续，但是“因异于果而生”，则显示因与果的断绝。因为因是种子，果是现行，或因是现行，果是种子，所以因果是不同的；转变包含连续与断绝两个要因。

“种子生现行”是指，阿赖耶识的种子成熟，而其潜在的种子转变成为表面心的现行。其表面心在凡夫是成为“我与法”（自我与物）的状态而显现，但实际上是依他起识的本身。为了现行生，种子成熟即是条件，但同时来自作为疏所缘缘的外界的推动，则成为唤起阿赖耶识种子上的

重要契机。例如有外来的善友的呼叫声（空气的波动）时，回应于此，在阿赖耶识生起的声音种子就转变为现行。因此虽然种子转变成为现行，但是并非仅以种子的自发性，现行就生起。

其次，种子是各别的，大体区别为业种子与名言种子。而且对应于过去的业，业种子也无限多地存在着。还有记忆等改变形态的名言种子，也对应其名言而有无限多。因此一刹那转变的种子也很多，但是以这些及其他所形成的现行世界（心的世界）是一个全体。例如氧与氢化合成水的情形，水是由氧与氢所成的，但是不论氧或氢都是不同东西，由于（143）下
两者化合，就产生了新的东西。与此相同，诸种子聚集，现行就成立，但是诸种子与现行并不相同。在许多种子聚集而造作成一个全体的现行的情况时，其全体是超过种子的总和的；这里有“缘起”的意义。

如上所述，种子生现行上有连续与断绝的关系，于此可见到创造性的变化。因为是如此创造地转变的现行，所以再分裂而转化为多数的种子时，所得的种子与先前的种子既不同质，也不同量。且现行是一个整体，而种子是多数的，所以现行与后来的种子也不能说是相同的；这里便主张了前种子、现行、后种子这三法是各别的存在。而且最先的种子与现行、现行与后来的种子之间，有创造性的变化，这点称为“缘起”。唯识说虽立于唯心论的立场，但是由于有这缘起的思考，没有陷入“反复”的矛盾；是唯心论的同时，能宣说创造性的进化。

以上是唯识说的“识转变”的意思，因为是基于缘起的转变，所以称为“阿赖耶识缘起”。因此同样使用“转变”一语，但是唯识说的转变与数论学派的转变意义并不相同。附带地，在护法的《成唯识论》卷七（T 31.38c）中说道：“转变者，谓诸内识转似我法外境相现。”

如上所述，种子与现行是同刹那转变的关系，同生同灭。但是如此所得的种子，将力量于次一刹那连续下去；这称为“种子生种子”。种子与（144）下
现行不同，因为是指保存力量的状态，所以种子也是刹那灭的，但是无法刹那灭变成空无，而是以同种类的种子转生。在这反复“种子生种子”之间，种子就成熟了。一般来说“识”是刹那灭的，既然阿赖耶识也是识，则同样是刹那灭，因此包含于其中的种子也是刹那灭的。于是以为在与

次刹那的关系上，“种子生种子”的关系便成立。

在常识上以为，我们的表面心从过去到现在，乃至到未来都连接在一起，但唯识说并非如此。表面心的现行是刹那灭的，没有前后的联系（前后的关系是等无间缘）。那是由潜在心来显现，而再回到潜在心的，但是潜在心本身以刹那生灭持续下去。依据此想法，可以理解表面心无限变化的道理。只有表面心的前后关系中，似乎无法说明恶心变善心、喜变为悲等；考虑与心深处的关系，方始能说明。

如上所述，种子是刹那灭的，生起现行，还更依现行所生。现行拥有善、恶、无记之中的一个性质，由于发挥各自的力量，而将业种子植入阿赖耶识中。但是若成为种子的状态，就把现行时固有的力量收敛起来，而以无记的状态存在。在《成唯识论》里，将这种子的性格以“种子的六义”来表示；即刹那灭、果俱有、恒随转、性决定、待众缘、引自果（《成唯
下(145) 识论》卷二，T 31.9b）。此种子六义，宣说于世亲或无性的《摄大乘论释》（卷二），但未见于梵文《唯识三十颂》的安慧释。

阿赖耶识的转变

在唯识说中，转变分为因转变与果转变（因能变与果能变），果转变更有异熟转变（阿赖耶识）、思量转变（第七末那识）与了别境转变（前六识）。因转变，是指种子持有转变为现行的力量，但是这种子是依现行的熏习而贮藏于阿赖耶识的。即善的现行将善的种子，恶的现行将恶的种子，无记的现行将无记的种子贮藏于阿赖耶识，此因果同性质的种子称为等流习气。等流习气也称为名言种子，因为现行的心理经验采取了名言状态（名言虽是概念，但是一如不知语言的婴幼儿，没有语言的情绪上的表现也包含在内。称此为表义名言与显境名言）。此外善与恶的行为，于阿赖耶识熏习业种子。依此业种子，而起业果报，称此阿赖耶识中的名言种子与业种子的转变力为因转变。

相对地，果转变有两种。一是作为前世业的果报而阿赖耶识生于众同分之中，这是选择特定个人的生存，阿赖耶识托于母胎，成为特定个人的生存的出发点。这是在指作为总果报的果体之阿赖耶识成立的事，

是说依前世业的果报而得生于人时，在托母胎的初刹那形成人的阿赖耶 （146）下
识。果转变的第二是，由此个人生存的阿赖耶识自种子而现起现行的八识，这是异熟转变、思量转变、了别境转变 3 种转变。《成唯识论》中，虽然因转变（称为因能变）之说与安慧释大体相同，但是果转变（果能变）却解释成从依因转变而成立的现行八识的自体分，而现起见分与相分，即所谓“变，谓识体转似二分。相（相分）见（见分）俱依自证（自证分）起故”（《成唯识论》卷一，T 31.1a–b）。但是仅是由识的自体分生见分、相分，则只有变现的意思，则似乎不配“转变”之名。

但是在《成唯识论》中，以四分说明识的活动，即以由阿赖耶识的种子转变来的识（果转变）为“识体”，以八识之体而各不同；此为识之自体分，由此自体分而分裂出见分（svābhāsa，主观、能取）与相分（viṣayābhāsa，客观、所取）。在《成唯识论》中，此见、相二分之生起视之为果能变。相对于见相二分，自体分是从作用上称为“自证分”（svasaṃvedana），亦即此为确认见分的认识作用的作用。若无此确认的作用，作用的结果则不存，亦即有“已做了行为”的自觉、反省，而以记忆的形态熏习于阿赖耶识。此自觉即自证分。因此相分以相分本身不能主张存在性，即由于依见分所见而确保相分的存在性。还有见分的见
的作用，是依自证分而确认，保证其作用的存在。但是如此思考时，则 （147）下
需要有确认自证分的作用的第四“证自证分”，于此则建立了见分、相分、自证分、证自证分的“四分说”。不过护法说，“证自证分”的作用，反过来以自证分而得到确认。《成唯识论》中谈到识的作用有此“四分说”，但是在安慧释中并未见此说。根据《成唯识论》，安慧只立自证分的一分说，难陀则立见相二分的二分说，陈那是见、相、自证的三分说，护法则是四分说。总之，因为出现三分说、四分说等的缘故，果转变的意义就改变了。

异熟转变

阿赖耶识（种子赖耶）接受善、恶、无记的所有种子，因此作为总果报的果体的阿赖耶识称作“异熟”。异熟是指由过去善恶业的结果所成的

事物，但自身则是既非善亦非恶的意思。以阿赖耶识（现行赖耶）也是识这点，认为它从事了认识作用。但是因为其识活动微弱之故，依第六识无法了知阿赖耶识的活动，称此为“不可知执受”。进行此识活动，即是现行赖耶，相对的是种子的集合体，即是种子赖耶；这是阿赖耶识的两面。种子保存于现行的阿赖耶识的相分。

现行赖耶进行识活动，阿赖耶识方面，也需要认识的对象（所缘），
下（148）还有应有识活动的性质与状态（行相）。阿赖耶识的认识对象为“种、根、器”，亦即种子、五根（感官）与作为感官所依的身体，以及器世间（世界）。是说以阿赖耶识维持这些，作为自己的认识对象（相分）而执受着，亦即阿赖耶识的种子为阿赖耶识所执受而存在。这解释作，我们的身体活着，即使在第六意识睡着时，也进行着呼吸、血液的循环等，是因为阿赖耶识将感官、身体作为自己的对象而执受着；就这点称阿赖耶识为阿陀那识（执持识）。器世间虽是外界，但这是指在心内前五识（感觉上的认识）以其为素材而使外界的认识成立的“事物”。因为阿赖耶识将器世间作为自己的认识对象而展开，所以前六识以之为所依而构成外界，宛如超越（作为外界）存在似的来认识世界。还有在安慧释中，也将“名”（受、想、行、识四蕴）加入阿赖耶识执受的对象中。

其次阿赖耶识的“行相”，是指阿赖耶识与受、想、思、触、作意此五心所共同作用。这里因为并无善、不善的心所，所以并无阿赖耶识变成善心或恶心而活动之事（但是若成佛陀，则阿赖耶识转换性质成为善性）。还有一起作用的受，并无苦受、乐受，唯有舍受。亦即阿赖耶识是进行着最起码的心理作用，而称此受、想等为“五遍行心所”。这些因为
下（149）与八识全部一起作用，所以称为“遍行”。还有阿赖耶识的性既非善性亦非不善性，而是无记，特别称为无覆无记；这是完全的中性的意思。因为若非如此，则无法容纳善恶的种子。

还有阿赖耶识虽是刹那灭的，但其中遗传、性格或记忆（名言种子）等，作为种子而保存着，形成了个人的人格。反复刹那灭，而慢慢变化下去；将这点说明作“如瀑流”。瀑流是瀑布，虽是拥有前后同一名的瀑布，但是构成它的水则不断地变化着，而且瀑布本身也慢慢改变样子；

将这点来比喻阿赖耶识的时间上的状态。阿赖耶识作为人格的主体，似如自我，但是并非固定的实体。称阿赖耶识的转变为“异熟转变”，是因为作为轮回主体的阿赖耶识（现行赖耶），是作为前世业之结果而成立的，是异熟果的缘故，但是同时于其中保持着善、恶的名言种子。但是因为其也将固有的力量收纳起来，所以称阿赖耶识为无记。显示此活动的，是异熟转变。

还有阿赖耶识消失于阿罗汉位。若成阿罗汉，因为我执、法执已无，所以作为其根据的阿赖耶识也消失，转识得智，成大圆镜智。但是在此以前，则以为是超过轮回而存续，即使在第六意识睡着时，或是气绝、入灭尽定而没有意识时，阿赖耶识也是觉醒着的，一直进行识活动，而
维持着生命。阿赖耶识虽于阿罗汉位舍，但是作为阿陀那识（生命的主 （150）下
体），则改变名称而在此之后也存续着。以为阿赖耶识的名称虽然舍去，但是只要活着，不管佛陀还是阿罗汉都有生命的主体。

思量转变

思量转变是指末那识。末那识以思量为本性，末那识是由语根“思考”（$\sqrt{\text{man}}$）衍生来的语词，相似于末那识的是第六意识。意识是以意（manas）为所依而起的识。一如眼识以眼根为所依而起一般，意识以意根为所依而起。相对地，末那识即是意本身。因此为了区别两者，前者称为意识（mano-vijñāna），后者则称为末那识（mano nāma vijñānaṃ，名为意的识）以作区别。末那识是处于第六意识的背后，以思量而不断地构成“自我意识”的识，也称为染污意（kliṣṭāmanas）；这是染着于对自我的执着之识。

末那识是以阿赖耶识为所依而起，阿赖耶识中的自种子转变而成立的识。末那识见阿赖耶识而误认作是自己的自我，起自我意识。末那识虽是处于第六意识背后的自我意识，但是并不如第六意识所起的自我意识那样清楚。但是在第六意识睡着时，此识也觉醒着，气绝时也未中断，所以说
明此自我意识为“任运而起”。想要起也不须努力就自然能起的自我意识，（151）下
此识虽然不强，但因为是任运而转的缘故，难以断除。不过开悟而无我执

的话，末那识就消失，转化为平等性智。另在灭尽定中，此识也不存。

末那识与先前的受等五遍行心所共同作用，但是之上还有我痴、我见、我慢、我爱四烦恼附随而起。不过末那识因为是微细的识活动，所以即使有我慢、我爱，也还没到不善的程度，因此称末那识是有覆无记。有覆是为烦恼所覆的意思，在这个情形，是为我痴等四烦恼所覆的意思。所以末那识所起的自我意识虽是染污，但却是无记。相对地，第六意识所起的自我意识，因为受善、恶的心所而染，所以有善、恶、无记3种情形。这些虽是末那识的行相，但是如前面说到的，末那识的所缘（对象）是阿赖耶识。阿赖耶识虽是刹那灭的，并非固定的实体，但误将此视为自己的自我；亦即阿赖耶识是末那识的疏所缘缘，末那识的相分是其亲所缘缘。

了别境转变

了别是判断，指识的作用。阿赖耶识与末那识都是识，所以也从事了别，但是判断对象（境）的前六识的作用因为特别突显，所以称前六识的作用为了别境转变。前六识是指眼识、耳识、鼻识、舌识、身识的前五识与第六意识，前五识是感觉上的认识，其所缘依次是色、声、香、
下（152） 味、触五处（五境）。第六意识方面，有与感觉认识同时作用，认识其结果者（五俱意识），以及唯有意识单独活动的情形（独头意识）。前五识因为是感觉，所以于此并无善恶之别，但是因为这些与五俱意识同时活动，所以为其所染，五识也变成有善、恶、无记三性。意识实体地构想外界的物体而产生“法执”，但是其直接对象是前五识的相分，即色、声、香、味、触五境。以这些为素材，还运用概念，来构想山川草木等事物。

还有，意识以阿赖耶识、末那识为对象，而起自心之相，起实我之见，或也视身体为自我，或视心为自我。因这两种我执微细而任运转之故，难以断除。而此两者的自我意识，因为与其他的意识作用同时存在，称为“俱生我执”，但是自我之外还有依思索或教理而起的部分。学习其他学派的教理，或者基于逻辑的思索，以为“有自我”，而起实我之见。

因为此我执是有意识地引起的，所以称为“分别起”。此我执在忘记时并不存在，所以说是“有间断”的。由知缘起的道理而断除此我执，但是俱生我执因为已成为意识的习惯性，所以断除是困难的。反复修习无我观，而于证悟的智慧现前之后即可断除。

如上述的我与法，是意识的所缘（对象）。

其次说到关于六识的行相，如上所述的六识，以善、恶、无记三性活动。接着与六识一起活动的心所法有 51 种，将其分为 6 种而称为“六 （153）下
位心所”。第一是受等五遍行心所；其中受有苦受、乐受、不苦不乐受 3 种，这是因为六识的作用较粗糙的缘故，阿赖耶识、末那识唯有不苦不乐受（舍受）。第二是别境的心所，有 5 种，即欲、胜解、念、定、慧。其次善心所有 11，这些善心所与心王共同作用时，心即成为善性。善心所是信、惭、愧、无贪、无瞋、无痴、勤、轻安、不放逸、行舍、不害 11 种。第四烦恼心所有 6 种，即贪、瞋、痴、慢、见、疑。第五是随烦恼 20 种，即忿、恨、覆、恼、嫉、悭、诳、谄、憍、害、无惭、无愧、惛沉、掉举、不信、懈怠、放逸、失念、散乱、不正知。第六不定心所 4 种是恶作（追悔）、睡眠、寻、伺。以上的六位心所在《成唯识论》中虽有明言，但是在《唯识三十颂》里，则将不定心所与随烦恼合说，并无“六位”之语。总之，烦恼、随烦恼等与心王一起活动时，心就变成不善性。

以上是六识的行相。前五识因为是从阿赖耶识随缘生起，所以不一定常有，而是有间断的。意识除了于无想果、无想定、灭尽定、无心睡眠、闷绝时断绝，这些以外之时都常有。

如上所述，我们的认识的世界，成立于阿赖耶识、末那识、前六识的多重构造中。而八识的认识对象（所缘）与主观，都是阿赖耶识的种子所转变的；从这点而说我们的认识世界是“唯识”（vijñaptimātra）的。
在《成唯识论》中，作“一切有情各有八识、六位心所、所变相见、分 （154）下
位差别及彼空理所显真如”（T 31.39c），说这是存在的全部。最初的“一切有情”，意思是指唯识是个人的，所以承认在自己以外的外界里他人的存在。其次，八识是识的自性，六位心所是与识相应者，相见二分是识

之所变，分位差别称为不相应行法，这些是在心、心所、色的状态上假立的，其次的空理所显真如是由我空、法空之空理所显现者，此为心、心所、色、不相应行之实性，是指一切法以空为本性。因为在此之外并无存在，所以唯识的论证便成立。

唯识百法

归纳上述的八识、六位心所等的，是唯识百法，以此而穷尽一切存在（法）。在《俱舍论》中说七十五法，但唯识说因为立基于空思想，所以能说较多的法。例如时间、方位等，因为不可立作实法，所以并不包含于俱舍七十五法之中。但是因为可以立作假法，所以包含于唯识的百法中。列出其一览表如下：

一、心法八：

下(155) 眼识、耳识、鼻识、舌识、身识、意识、末那识、阿赖耶识

二、心所有法五十一

1. 遍行五：作意、触、受、想、思

2. 别境五：欲、胜解、念、定、慧

3. 善十一：信、精进、惭、愧、无贪、无瞋、无痴、轻安、不放逸、行舍、不害

4. 烦恼六：贪、瞋、慢、无明、疑、不正见

5. 随烦恼二十：忿、恨、恼、覆、诳、谄、憍、害、嫉、悭、无惭、无愧、不信、懈怠、放逸、惛沉、掉举、失念、不正知、散乱

6. 不定四：睡眠、恶作、寻、伺

三、色法十一

眼、耳、鼻、舌、身、色、声、香、味、触、法处所摄色

四、心不相应行法二十四

得、命根、众同分、异生性、无想定、灭尽定、无想果、名身、句身、文身、生、老、住、无常、流转、定异、相应、势速、次第、

方、时、数、和合性、不和合性

五、无为法六

虚空无为、择灭无为、非择灭无为、不动灭无为、想受灭无为、真如无为

以上的“唯识百法”，虽未明说于《唯识三十颂》《成唯识论》，但若集《成唯识论》中所说的法，则能成百法。将此整理的，即传为世亲所作的《大乘百法明门论》，被认为是从《瑜伽论》的本地分、《大乘阿毗 （156）下
达磨集论》的本事分等中采集诸法，整理而来。

唯识的修行与转依

根据唯识说，人所有苦恼的根源在“虚妄分别”（abhūtaparikalpa），亦即凡夫的识因为识种子的转变之故，每一刹那必然地分裂为主观（能取）与客观（所取）。而且那不只是主客的分裂而已，也是能取、所取之执着的关系，于内执着于自我，于外执着于法（事物）。此执着虽在意识中最强烈，但是在其背后的末那识中，也有自我的执着。因为认识分裂为主客的缘故，认识的世界全部变成相对性的，变成有限的。于此现起优劣、胜败、苦乐、善恶等相对的世界，而由于在其根本有执着的缘故，即成苦的生存。因此断除执着的话，分别的世界就停止，而能进入我空与法空所实现的真如世界、断除相对的世界。

在唯识说中以为，分别如同所谓的虚妄分别，是没有实体的。若悟到主客对立是没有实体的，则实现我空、法空。亦即由于了知所分别是遍计所执性，则入于所分别空，由此而实现能分别识空。这是由于在能见者与所见者的对立中，若所见者是空，则能见的主体也非崩坏不可。于此没有所谓能取、所取的执着状态的认识的世界便成立了；这是无分别 （157）下
智的唯识的世界。

《唯识三十颂》里，将唯识观的进展分为五位而说（第二六～三〇偈），即资粮位、加行位、通达位、修习位、究竟位五位。第一的资粮位是集福德、智慧二资粮的修行准备阶段的意思，亦即由于善友之劝发，或由

自己之意愿而学唯识之教理，能信解此乃真理。但是在体验上是还没有成就唯识的阶段，因此我执、法执的烦恼一点都没有灭除。第二的加行位，虽然加行也是准备的意思，但已是直接进展到唯识修行的阶段。但是因为是在现前立少物而说“此是唯识”的阶段，所以还不能说已经进入真的唯识，亦即是以“唯识”作为认识对象的阶段。

但是在加行位，就唯识修四寻思观、四如实智观等观法，而于唯识修行已进展处，通达于唯识，此即第三通达位。亦即已完全没有将认识的对象执着为我、执着为法的状态，此即“若时于所缘，智都无所得，尔时住唯识”。于所缘不得，是指已无所执着，当然这里能执着的主体也没有了。因为这是没有主客分别之智，所以称为无分别智（nirvikalpa-jñāna）。这是离于相对之智，是住于空之智。空既无形，亦无大小，所以不得成为认识的对象（空不可以和空的语词、观念混同）。了知空是自己
下（158） 完全变成空；这是无分别智。

住于此唯识的智慧也称为“见道”（darśana-mārga）。见道有真见道与相见道，真见道是依根本无分别智而悟，也称作证唯识性；相见道是依后得智而得，也称作证唯识相。真见道是证悟二空所显真如，于此通达位生如来家，归于圣者之部类，而入于十地最初的欢喜地（初地）。之后更加以修行，到第十地之位为止，是第四修习位。亦即于此阶段，反复修习无分别智，断烦恼障与所知障，无得、无心而实现转依。

转依（āśraya-parāvṛtti）是所依之转的意思。“所依”是指“识”，亦即依他起性。由于依他起的识被烦恼所染，遍计所执性的世界出现，但若无此依他起中的烦恼，识即成为无垢识（阿摩罗识），圆成实性就显现；亦即转依是指识本质的转换。识转舍遍计所执性，转得圆成实性，亦即前之通达位的阶段，无分别智虽然现前，但那只是一时的。烦恼会再生起，也有迷失无分别智之事。在这种状态下屡屡修习无分别智，于其修习完成时，转依就成立。亦即由于转舍烦恼障而得大涅槃，由于转舍所知障而得大菩提（佛陀的证悟）；称此大涅槃与大菩提为“二转依之妙果”。

下（159） 还有，若详说则大菩提转八识为四智，大涅槃则是指于此所证得之 4 种涅槃。

大涅槃（所显得）

1. 本来自性清净涅槃（anādikālikaprakṛtiśuddha-nirvāṇa）

2. 有余依涅槃（sopadhiśeṣa-nirvāṇa）

3. 无余依涅槃（nirupadhiśeṣa-nirvāṇa）

4. 无住处涅槃（apratiṣṭhita-nirvāṇa）

大菩提（所生得）

阿赖耶识——大圆镜智（ādarśa-jñāna）

末那识——平等性智（samatā-jñāna）

意识——妙观察智（pratyavekṣaṇā-jñāna）

前五识——成所作智（kṛtyānuṣṭhāna-jñāna）

修习位后的第五究竟位是佛果。这是依前述的转依而得的境地，亦即无漏界、不思议、善、常、安乐、解脱身、大牟尼之法。

四种涅槃与四智

本来自性清净涅槃等 4 种涅槃，是从唯识佛教开始说的，并未出现于《中论》《大智度论》等之中。无住处涅槃出现于《大乘庄严经论》，而 （160）下
为《摄大乘论》等所继承。菩萨得无分别智，不见有生死与涅槃之差别，所以即使灭烦恼也不住涅槃，即使起分别也不住生死。这是无住处涅槃，以转依为相。菩萨以具大智与大悲，依大智不住于生死而远离迷执，依大悲不住于涅槃而利益有情。不住生死也不住涅槃，而且体性常寂静，所以称为无住处涅槃。

其次，有余依涅槃与无余依涅槃，是从原始佛教以来就已经说到的。佛陀在菩提树下断烦恼而证真如，是有余依涅槃，但是此时还有身体，所以无法远离寒暑、饥渴等苦；“有余依”是指拥有身体的意思。相对地，佛陀舍寿命，舍肉身，入于大般涅槃（完全的涅槃），则去除了如此的不完全性；这是无余依涅槃。

相对于以上 3 种涅槃，第一的本来自性清净涅槃，是指人的本性是自

性清净心、真如，其本性是不生不灭的，是寂静的，所以将此众生的本性称为本来自性清净涅槃。此涅槃是一切众生所有的。

并举以上 4 种涅槃的，是真谛所译的《摄大乘论》的世亲释（T 31.247b），以及玄奘译的《成唯识论》（T 31.55b）等。总之在瑜伽行派的系统中，如此的涅槃观就成立了。

其次，大菩提的四智出现于弥勒的《大乘庄严经论颂・菩提品》，而
下（161） 可见于无著的《摄大乘论》及其世亲释《摄大乘论释》、《成唯识论》（T 31.56a）等。这同样是在瑜伽行派系统所成立的思想，以为佛陀具此四智。其中，第一的大圆镜智是如镜般无心而映照出对象之智。因为想要知道对象，所以就产生分别，而如实的无分别智是如镜之智。在觉者的话，如此之智处于认识的根本，即是说，如阿赖耶识藏有漏的种子，现五根、器界，成为种子与现行之依止一般，此大圆镜智，藏无漏的种子，现佛果之妙境，善为种子与现行之依止，即是变现佛的胜妙自受用身、自受用土之智。宛如是在大圆镜之上映现种种色相一样。

此大圆镜智是不动的，成为其他三智的依止；其次的平等性智是见自他平等之智。末那识因为执着于自我，与我慢、我爱同生，所以无法生起平等的大悲。然而依转依而断我执，由于证一切法平等的理性，缘自他有情而思量为平等。于此而生大慈悲心，应十地菩萨之愿而变现他受用身、他受用土，令受用其法乐。即报身佛的佛身与其所居的净土，是基于此佛之平等性智而展开的。此依无住处涅槃而建立，一味相续，穷极未来际；第三的妙观察智是基于此平等性智而起的。

此妙观察智是转第六意识而得的，观察是指善于观察诸法之自相与
下（162） 共相而自在无碍的意思。这是由证法空而起的，并于大众之中巧转法轮，断有情之疑惑，是所谓的说法断疑之智。

以上 3 种智慧，有了知真如的无分别智与理解现象的后得智两面；前者是实智，后者是权智。现象界不绝地变化而无穷尽，所以在现象的层次无法得到究竟的真实。将流动变化的现象界当作“假”（prajñapti）而认识的是“权智”。

第四的成所作智是转前五识而得的。前五识是感觉，此智慧是因为佛

陀欲利益地前菩萨、二乘及凡夫等，而遍十方示现种种变化之三业，感本愿力所应作之事，所以如此称呼。此智唯是权智，是佛陀的变化身（应化身）的教化众生的功能。

以上四智详称大圆镜智相应心品等，是与相应的心心所法在一起的。因为是心王心所同时作用，智是五别境的心所之一，所以当然有与其相共的心心所法，因此将这些合起来称为“四智相应心品”。

佛陀观

在《大智度论》中关于佛身说到生身与法身已如前述，但此后在瑜伽行派中佛身论更有进展。亦即从二身说发展到三身说，更详说则成四身说。三身是法身（dharma-kāya）、报身（saṃbhoga-kāya）、应（163）下
身（nirmāṇa-kāya，化身），但是在《摄大乘论》《成唯识论》等中则用了自性身（svābhāvika-kāya）、受用身（saṃbhoga-kāya）、变化身（nirmāṇa-kāya）之语。

《成唯识论》中将佛之四智与涅槃称为“法身”，这是法身广义的用法。佛三身之一的法身是狭义的意思，这情形的法身是把与真如之理合一之智合在一起，而称理智不二为法身、自性身。弥勒的佛身论中，自性身解释作将理与智合起来而意味“理智不二”。因为佛身是人格的，所以除去智则难以想象。但是这情形的智是佛陀品味自己的解脱乐之智，是所谓“自受用”（svasaṃbhoga）之智；相对地有“他受用”之智，这是佛陀为初地以上的菩萨说法的情形，是菩萨受用佛陀证悟之智的意思。还有在报身的场合，则是佛陀过去的修行所报得，而到达佛陀之位之意，此佛是依所有的功德所庄严的佛陀。例如《华严经》的毗卢遮那佛、《无量寿经》的阿弥陀佛等，即是如此的报身佛；这是因位之修行所报得之身，而也可说构成此报身佛的本质的“理”便是法身，于此佛身论中也依看法而产生种种变化。弥勒方面，解释理智不二为法身，为地上的菩萨说法的佛陀即成为报身（受用身），因为这是以他受用身为报身。但是考虑到有为了无法接近此受用身的二乘、凡夫而现身说法的佛陀，而称此为变化身。的确报身因为是佛陀证悟之智本身，所以是十地的菩萨得

下(164) 以接触到的，但是并非二乘、凡夫所能理解，所以报身对凡夫、二乘来说是无缘的佛陀。可以想见为了利益众生，有应于他们的智慧，而现身的应身、化身之佛陀。即是所谓“丈六”（一丈六尺）的佛陀；这是基于佛陀的善巧方便。

以理智不二为法身，教化众生的佛智分为二段而成报身、应身，称为“合真开应”的三身说。弥勒、无著虽为此合真开应的三身说，但是世亲边接受弥勒、无著之说，在另一方面也展开新的佛身论。即开法身的理智不二为二，以其理唯是法身，智为报身，而合先前的教化众生的两种智为应身之说；称为“开真合应”的三身说。

对此，《成唯识论》（T 31.57c）所说的三身说，详则为四身说。第一的自性身是指如来的真净法界，是受用身与变化身的平等所依。自性身无相无形，寂然而绝于戏论。此为一切法平等之真如，说明此自性身亦名法身，因为是大功德法之所依，如此显然自性身是以佛陀所悟之理为佛身而立的，所以称为“无相”（没有形状）。当然此“理”凡夫本也具有，但是其为烦恼所覆，而不现其本性，所以称为如来藏。此理显现于佛陀，所以称为法身、自性身。此佛是无相的，因而此佛所居之土也是无相的，
下(165) 称为法性土。

第二的受用身分为两种，即自受用身与他受用身，自受用身是指如来于三阿僧祇劫修行结果所得的真实功德。此佛陀是完全圆满，清净常住，而遍满宇宙的色身佛陀，尽未来际常受用广大法乐。简而言之，这是达成正觉的佛陀受用解脱乐的姿态。于此心中映出全世界，因为如此清净的觉悟之心本身就是佛陀，所以此佛陀即成为遍满于宇宙的色身佛陀；大圆镜智现出此自受用身之净土（自受用土）。第二的受用身是他受用身，这是如来依平等性智而示现的微妙净功德身。平等性智是视自己与他人平等的大慈悲心，此佛陀居于纯净土（他受用土），为十地的菩萨众而现大神通，转正法轮。

前者是大圆镜智之所变，后者则是由平等性智所示现的，前者明显地是报身，后者也可以视为报身，但由于看法不同也可以看成应身。总之，两者是佛智全现的情形。

第三的变化身，是如来依成所作智而变现的佛身。称为“随类化身”，是为了教化地前的菩萨、二乘、凡夫等，相应于对方的能力，随于机类之差别，而变化为种种形相的“化身”。这完全是基于方便智的。但是这也是他受用身的一种。此佛陀因为完全是应机类而示现，所以其所居之土是净土或秽土（变化土）。示现八相成道的释迦即是属此。（166）下

归纳以上的佛身、佛土如下：

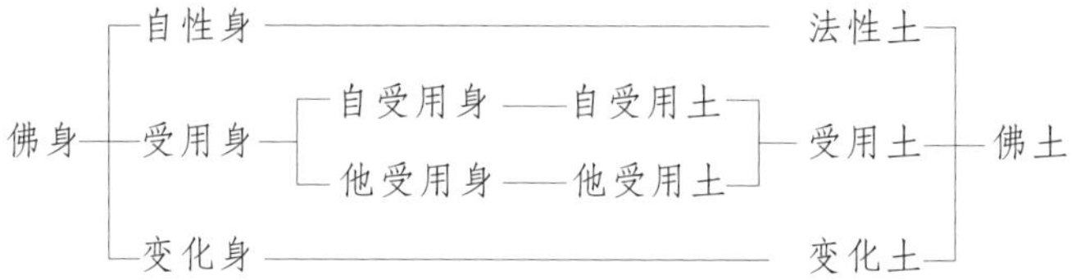

以上《成唯识论》之说虽是三身说，但实际上则成四身说。还有虽说佛陀现佛身、佛土利益众生，从唯识的立场，众生也不能将佛陀所变直接受用。有情是将此佛陀所变的佛身、佛土或佛陀的说法作为“疏所缘”，据此现出自识所变的身、土而受用。由此佛陀所显现的功用，称为最清净法界之等流身。佛的说法也包含于此等流身（niṣyanda-kāya）。

以上略述了唯识的教理，可以说大乘佛教到唯识佛教，其教理就完成了。（167）下

参考书目

与唯识有关的参考书非常多。除了上一节所举的诸文献外，略举若干著作，论文则加以省略。

宇井伯寿『印度哲学研究』第五，第六，1930 年。

斎藤唯信『仏教に於ける二大唯心論』，1930 年。

結城令聞『心意識より見たる唯識思想史』，1935 年。

宇井伯寿『摂大乗論研究』二卷，1935 年。

稲津紀三『世親唯識説の根本的研究』，1937 年。

宮本正尊「心·識·分別の研究」（『中道思想及びその発達』第十編，1944 年）。

上田義文『仏教思想史研究』，1951 年。
深浦正文『唯識学研究』，上卷教史論，下卷教義論，1954 年。
富貴原章信『護法宗唯識攷』，1955 年。
結城令聞『世親唯識の研究』上，1956 年。
鈴木宗忠『唯識哲学研究』，1957 年。
勝又俊教『仏教における心識説の研究』，1961 年。
結城令聞『唯識学典籍志』，1962 年。
下（168）　水野弘元『パーリ仏教を中心とした仏教の心識論』，1964 年。
上田義文『唯識思想入門』，1964 年。
田中順照『空観と唯識観』，1968 年。
服部正明，上山春平『仏教の思想』4『認識と超越』，1970 年。
片野道雄『唯識思想の研究—無性造「摂大乗論注」所知相章の解読—』，1975 年。
舟橋尚哉『初期唯識思想の研究—その成立過程をめぐって—』，1976 年。
横山紘一『唯識思想入門』，1976 年。
袴谷憲昭「Mahāyānasaṃgraha における心意識説」（『東洋文化研究所紀要』第七六冊，1978 年）。
下（169）　長尾雅人『中観と唯識』，1978 年。

第六节　如来藏思想

如来藏思想的历史

如来藏思想的研究变得盛行起来，是从《宝性论》的梵文原典出版后开始的。罗睺罗僧克里帖衍那（Rāhula Sāṃkṛtyāyana）自从公元 1934 年起，在前后共 4 次的西藏古寺探访中发现许多梵文佛典，而其中有《宝性论》梵本；已由琼斯顿（E.H. Johnston）于公元 1950 年出版了[①]。此后

① 但是 E. H. Johnston 中途病没，校正、索引是由 T. Chowdhury 所作的。E. H. Johnston, *The Ratnagotravibhāga Mahāyānottaratantraśāstra*, Patna, 1950.

基于此书，翻译、研究变得盛行起来[①]。

在此之前，欧伯米勒（E. Obermiller）刊行了藏译《宝性论》的英译，使学界的关心提高[②]，但是在此以前日本也有如来藏思想的研究者[③]。如来藏的梵语原文虽是 tathāgata-garbha，但是根据《宝性论》的梵文，可知如来界（tathāgata-dhātu）、如来性（tathāgata-gotra）等也是如来藏的同义语[④]。界有因的意思，是因为要使迷的世界成为佛的世界，而作用的因力具足于如来藏。还有"佛性"的原文也是佛界（buddha-dhātu）[⑤]，佛种（buddha-vaṃśa）的思想也属于如来藏思想[⑥]的系统等，都已经清楚明白了。（170）下

最先出现如来藏之名的是《如来藏经》，此经已由法炬于晋惠帝、怀帝时代（公元 290—312 年）译出。同时代帛法祖也有《如来藏经》的译出，但两者都是缺本，所以其内容并不清楚。现存本是佛陀跋陀罗（公元 420 年左右）所译的《大方等如来藏经》一卷，之后唐代有不空之译。如果法炬译本与佛陀跋陀罗译本约略相同，如来藏思想的源流则能上溯到公元 3 世纪，但是虽然在《央掘魔罗经》中也以有如来藏思想而有名，不过那是到求那跋陀罗译（公元 435—452 年左右）的四卷本（T 2.525bff）才开始的。在此之前的法炬译、竺法护译的一卷本《鸯崛髻经》中，并未出现如来藏之语或其思想，因此法炬译的《如来藏经》方面并非没有

---

① 宇井伯寿『宝性論研究』，1959 年。中村瑞隆『梵漢対照究竟一乘宝性論研究』，1961 年，改订二版。J. Takasaki, *A Study on the Ratnagotravibhāga* (*Uttaratantra*), *Being a Treatise on the Tathāgatagarbha Theory of Mahāyāna Buddhism* (Serie Orientale Roma XXXIII), Roma，1966. 中村瑞隆『蔵和対訳究竟一乘宝性論研究』，1967 年。小川一乘『インド大乘教における如来蔵・仏性の研究—ダルマリンチェン造宝性論釈疏の解読—』，1969 年。D.S. Ruegg，*La théorie du tathāgatagarbha et du gotra*，Paris，1969; do.，*Le traité du Tathāgatagarbha de Bu-ston rin chen grub*，Paris，1973.

② E. Obermiller，The Sublime Science of the Great Vehicle to Salvation being a Manual of Buddhist Monism，*Acta Orientalia*，vol. IX，1931. 还有此书的上海版（1940 年）中，关于斯坦因所获的西域梵本中的 *Uttaratantra* 残简，载有贝黎（H.W. Bailey）与琼斯顿（E.H. Johnston）的解读与订正。

③ 例如：勝又俊教「如来蔵思想の発達に就いての一考察」（『宇井伯寿博士還暦記念論文集·印度哲学と仏教の諸問題』，页 143 以下，1951 年）。

④ 高崎直道「華厳教学と如来蔵思想—インドにおける「性起」思想の展開—」（中村元編『華厳思想』，页 277 以下，1960 年）。

⑤ 中村瑞隆「西蔵訳如来蔵経典群に表れた仏性の語について」（『日本仏教学會年報』第二五号，1960 年）。

⑥ 香川孝雄「仏種について」（『印仏研』一七之一，页 25 以下，1968 年）。

问题。还有求那跋陀罗翻译了许多与如来藏思想有关的经典，有《胜鬘经》《大法鼓经》《楞伽经》等，特别是在《胜鬘经》里，比起《如来藏经》，将如来藏的教理发展更多，如来藏之空、不空、为了一切染净法而成为依持，如来藏自性清净也受客尘烦恼所染等，以此为始而巧妙地归纳了如来藏思想的特色，但是尚未说到如来藏与阿赖耶识的关系、交流。说到这个的是《楞伽经》，而已由求那跋陀罗译出了，所以如来藏思想的源流似乎还能上溯到相当早。

还有自性清净心、客尘烦恼的教理已经出现于《阿含经》，藉由部派佛教的论书，大乘佛教的经典中也以《般若经》为始而广说①。先前提及
下（171） 的与如来藏同系统的“如来性”（tathāgata-dhātu，如来界）思想，在《维摩经》中也已经出现，以支谦译（公元 222—253 年左右）的《维摩诘经》（T 14.529b-c）为始，在罗什译、玄奘译中，也有将“如来性”唯有于烦恼中求，以在卑湿的污泥中开花的莲华作比喻。这个比喻在支谶译（公元 146—189 年左右）的《遗日摩尼宝经》（T 12.191b）中也有，喻在烦恼中而不污的“菩萨法”。此菩萨法是菩萨本性的意思，不同于佛性；这也可以看作是与《法华经》的菩萨法等同一系统的思想。

在如来藏思想系统里说到了“一乘”（eka-yāna）的思想，这是宣说“三乘”众生中同有成佛之性（一乘）的思想，此一乘思想归结于如来藏思想。为了主张三乘之人皆得以成佛，非得基于悉有佛性说不可，而此悉有佛性说与如来藏思想并非不同②。《法华经》《华严经》的一乘思想，也可以当作是与此系同一思想之流，考虑一乘、菩萨法、如来性、自性清净心等思想之流脉时，则可知如来藏思想的前史既古且广；这由《宝性论》为了证明自说而引用非常多经典也可知道。亦即《宝性论》中所引用的经典，是以《陀罗尼自在王菩萨经》《宝女经》《海慧菩萨经》等为始的《大集经》系统的诸经典，及《佛华严入如来智德不思议境界经》《如来藏经》《胜鬘经》《不增不减经》《华严经》《大乘涅槃经》《大般若

① 参考拙著『初期大乗仏教の研究』，页 196 以下。
② 参考拙论「法華経における一乗の意味」（金倉円照編『法華経の成立と展開』，页 565 以下，1970 年）。

经》《金刚般若经》《宝积经》《法华经》《阿毗达磨经》《维摩经》《思益
梵天所问经》等，广及非常多的经典[①]。 (172)下

初期的如来藏经典，有《如来藏经》《不增不减经》《胜鬘经》《大乘涅槃经》《无上依经》《大法鼓经》《央掘魔罗经》等，但其中《如来藏经》因作为宣说如来藏的最初经典而重要，《胜鬘经》则以继承其思想，发展深化，及组织教理而重要。还有从《胜鬘经》的译者求那跋陀罗于元嘉十二年（公元 435 年）到达广州这点来看，《胜鬘经》是在公元 400 年以前成立无疑(《胜鬘经》此后由菩提流志于公元 713 年左右重译，收于《大宝积经》第二十三会。传说昙无谶也有译出本经，但似乎是错的。此外也有藏译〔东北目录九二〕，梵本虽不存，但集《宝性论》中所引用的就有相当多的分量了）。

如来藏的教理

《胜鬘经》中开头的如来真实义功德章、十大受章、三大愿章、摄受正法章、一乘章等，叙述了菩萨的修行，透过此修行，呈现如来藏、法身的开显。而其次的无边圣谛章第六到自性清净章第十三，则作如来藏本身的说明。其次的真子章第十四则阐明凡夫具有如来藏一事难知难见，所以此事“唯信佛语”，信佛语者有大利益（以上的分章依据大正大藏经本。圣德太子《胜鬘经义疏》的分章与此不同）。这里显示如来藏是“信的宗教”；之后由作为流通分的胜鬘章总结最后。

一切众生有如来藏，不管众生怎样多次反复轮回，为烦恼所污，如来
藏也不染污，也无失去，这是《如来藏经》之说。《如来藏经》中说：“一 (173)下
切众生贪欲、恚、痴、诸烦恼中，有如来智、如来眼、如来身，结跏趺坐，俨然不动。”（T 16.457b–c）以 9 个譬喻来表现此如来藏。此九喻为《佛性论》《宝性论》等所继承。

还有到《胜鬘经》时，则强调如来藏是自性清净，而且同时为烦恼所污，不过这关系凡夫难以了知。一开始说到了，在此，如来藏不仅是

① 宇井伯寿『宝性論研究』，页 272 以下。

佛陀的依持，也是愚迷、凡夫的依持。亦即说："有如来藏故说生死……（但是）非如来藏有生有死。如来藏者离有为相，如来藏常住不变。是故如来藏是依，是持，是建立。"（T 12.222b）即说如来藏是染与净之依持。唯识佛教的阿赖耶识唯是生死的依持（即阿赖耶识并非悟之依持），虽容易了解，但是要理解如此染与净、无常与常住两方的依持的如来藏并不容易。此如来藏为染净的依持，即成为如来藏缘起的原形。

在《胜鬘经》中，与如来藏的自性清净、客尘烦恼的思想并列，以五藏来表示如来藏的本性。五藏是如来藏、法界藏、法身藏、出世间上上藏、自性清净藏，此说为《佛性论》《宝性论》及真谛译《摄大乘论释》等所引用，进行解说。而解释为，五藏依序是如来藏的自性、因、至得、
下(174) 真实、秘密的意思。其次，根据《胜鬘经》，如来藏有空、不空二义。从如来藏是迷悟之依持这点来说，非有不为染所缚的"空"之性质不可。不只如此，也必须具有与佛等同的无量无边功德，而其本性不变的"不空"之性质；这是空如来藏与不空如来藏的意思。空如来藏是基于看透烦恼归根究底为虚妄的空之智慧。不空如来藏是指即使在凡夫，真实佛法也是不空的，但是这"不空"也基于空智才是可能的。

在如此的状态中，虽然如来藏是常住不变不可思议的佛法，但是这是超过六识及心法智（在吉藏的《胜鬘宝窟》里将心法智解释为心王心所）的，以六识不能了知如来藏。但是凡夫也有如来藏，故能厌苦，乐求涅槃。如此如来藏超过六识，是常住不变的，拥有常乐我净的性质，但是不可误解为"我"，而说："如来藏者，非我，非众生，非命，非人。"（T 12.222b）但是阐明"我"与如来藏之差异并不容易，所以在大乘的《涅槃经》中说，以如来藏为"我"（T 12.407b）。

如来藏在存在论上似乎是难以与大我（ātman）区别，但是在认识论、实践上，不为其所缚则是佛教空的立场。若轻易地立如来藏为有，似乎就会变成误解如来藏而作主张。因为如来藏在六识是不可知的，所以在六识
下(175) 之中主张其存在性并不是正确的。于此在《胜鬘经》里则重视住于空，信佛语。因此如来藏与大我的差异点，似乎应该理解为，相对于大我是以存在论而说，如来藏则是从实践的立场来主张。不过从如来藏与"我"的关

系，到轮回主体的阿赖耶识与如来藏的关系，在接下来的时代里开始被当作问题了。上述的《如来藏经》《胜鬘经》中，还未考虑到如来藏与阿赖耶识的结合。还有在大乘的《涅槃经》《大法鼓经》《央掘魔罗经》《不增不减经》等中，虽然说到如来藏，但是未见完整之说，作为如来藏经典而并未扮演重要的角色。说到阿赖耶识与如来藏的融合，而展开如来藏即阿赖耶识的思想的是《楞伽经》，其后有《密严经》（但是《密严经》因为是地婆诃罗译的，由译出的年代来看也可窥知其成立之新）。

如来藏思想的发展

虽有视《楞伽经》的成立是在世亲后之说，但是已由求那跋陀罗译出四卷《楞伽经》（公元 435—468 年），所以如果视世亲的年代为公元 450 年前后的话，则可以看作是在世亲以前成立的。《楞伽经》在此后有十卷《楞伽经》（菩提流支译）、七卷《楞伽经》（实叉难陀译），梵文《楞伽经》则接近七卷《楞伽经》。《楞伽经》与《解深密经》《大乘阿毗达磨经》之先后虽成为问题，但是在这些经中说到了阿赖耶识。弥勒、无著虽然说了阿
赖耶识说，但是同时他们与如来藏思想似乎也不是没关系的。在《中边分 （176）下
别论》《大乘庄严经论》中也承认了如来藏思想。在这些论书中，由于说唯识说的是主要的，所以即使提及阿赖耶识与如来藏，也并未说阿赖耶识就是如来藏，因此将《如来藏经》《胜鬘经》等只宣说如来藏思想的经典，当作如来藏思想发展的第一期；而说阿赖耶识与如来藏的关系，却也还没有阐明两者关系的论书，当作如来藏思想发展的第二期；之后出现《楞伽经》《大乘起信论》等，阐述阿赖耶识与如来藏的融合，似乎可以将以两者的融合而说迷与悟的世界之经论，看作是如来藏思想发展的第三期[1]。

还有《入大乘论》《宝性论》或《法界无差别论》等论书只说如来藏说，并未说到与阿赖耶识的融合。但是也从时代来看，似乎是得归到第二期的论书的作品。因此可以认为，相对于《中边分别论》《大乘庄严

① 勝又俊教前引书页 147 。

经论》主要是以唯识说的立场来处理如来藏思想，《楞伽经》《大乘起信论》则是以如来藏说为主而采取了阿赖耶识思想。虽然如此，在《楞伽经》中包含种种思想，也可见到不把阿赖耶识与如来藏视为同一之说。

《宝性论》四卷详为《究竟一乘宝性论》，为梁代勒那摩提所译（公元 508—515 年左右）。虽缺著者名，但根据传承则作坚慧（Sāramati）所作（T 44.63c），宇井博士认为他的在世年代是公元 350—450 年左右[1]。但是此论是由本颂、释偈与散文释（译者按：长行释）三部分所成；
下（177） 在藏译中作，颂是弥勒所作，散文是无著所作。虽然难以原封不动地接受西藏传承，但是由内容来看，也有难以视本颂与释偈、散文为同一人之作的地方，而也有视本颂与散文为不同人所作之说[2]。总之，《宝性论》因为是接受《如来藏经》《胜鬘经》之说而成立的，所以其成立要上溯到比公元 350 年左右还早似乎有困难。另汉译中有《大乘法界无差别论》一卷，是由唐代的提云般若于公元 691 年所译出的。此论也作坚慧所作。《宝性论》及《法界无差别论》之间，在内容上有密切的一致，而是同一作者之著作，这已由宇井博士加以论证了[3]。还有北凉的道泰所译的《入大乘论》二卷（公元 425 年）中，也提到如来藏思想有关的内容。此论作坚意所作，坚意是较坚慧早的前辈，宇井博士推定其年代为公元 300—400 年，或 250—350 年左右[4]。

总之《入大乘论》《宝性论》《法界无差别论》等未说如来藏与阿赖耶识之关系，而接受《如来藏经》《胜鬘经》，传述如来藏思想。特别值得注目的是，《宝性论》继承《胜鬘经》的思想而组织、大成如来藏思想。相对地，同时代有《佛性论》四卷。《佛性论》由真谛（公元 499—569 年）所译，当作是世亲的著作。但是因为其内容、组织上与《宝性论》一致的地方很多，

① 宇井伯寿前引书页 90 。

② 月輪賢隆「究竟一乗宝性論について」（『日本仏教学會年報』第七年，1936 年。收于『仏典の批判的研究』，1971 年，页 364 以下）。还有高崎直道氏进行由本偈中取出更基本的偈文的工作，见「究竟一乗宝性論の構造と原型」（『宗教研究』第一五五号，页 481 以下，1958 年）。参考中村瑞隆『梵漢対照究竟一乗宝性論研究』序说。

③ 参考宇井伯寿前引书页 389 以下。还有在《大正大藏经》中，收载了另外一部《大乘法界无差别论》。这与提云般若所译虽是别本，但译者不明。同上，页 390 。

④ 宇井伯寿前引书页 428 。

所以其成立的先后就成为问题。在置世亲的年代于4世纪之说中，由于世亲的年代与《宝性论》的成立几乎难以分别前后，所以有以为紧在《宝性论》之后由世亲作《佛性论》之说，或也有以为《佛性论》是《宝性论》的异译，而以为其中若干不同点是由翻译者真谛加入之说①。但是如果置世 （178）下
亲的年代于5世纪，则世亲较《宝性论》晚出世。《佛性论》宣说如来藏，却也说三性三无性说，说阿赖耶识，说于如来藏所摄藏、隐覆藏、能摄藏之三义，可见到类似于阿赖耶识的三相之说，也可见到《佛性论》独有之说。所以如果视世亲为《宝性论》后代之人，则似乎可以将《佛性论》看作是世亲接受《宝性论》，添加唯识的立场，而传述如来藏说的论书②。还有《无上依经》也较《宝性论》晚成立，可以视为是在其影响之下成立的③。

阿赖耶识与如来藏

如来藏应该从实践的立场来理解，但是一旦以存在论的立场提出时，如来藏与阿赖耶识的结合就成为问题。在唯识说里，阿赖耶识是“妄识”。相对地，站在如来藏的立场，阿赖耶识不得不作为真如与无明结合之法而成为“真妄和合识”。作为真妄和合识的阿赖耶识，一般按照真谛的译语，将此以“阿梨耶识”（阿黎耶识）之语来表示；而妄识的阿赖耶识，多以玄奘的译语“阿赖耶识”来表示，但是原文都是ālaya-vijñāna。

在唯识说里，阿赖耶识成为异熟识，因为这是作为前世业的果报之识。此阿赖耶识是轮回的主体；轮回主体的阿赖耶识里，无法找到觉悟的净法。相对地，如来藏的思想要求在为烦恼所污的心之根底，有不为污垢所染的自性清净心。 （179）下

因为包含此清净法（「清浄なるもの」）而称为阿梨耶识，所以成为真妄和合识。要使这本来不能合一的妄与真、染与净合而为一，而说阿梨耶识之展开的，是《大乘起信论》。因此如来藏缘起说可说是在《大乘

① 服部正明「仏性論の一考察」（『仏教史学』第四卷第三、四合并号，1955年）。参考中村瑞隆前引书序说。

② 宇井伯寿前引书页369。参考武邑尚邦『仏性論研究』，1977年。

③ 高崎直道 Structure of the Anuttarāśrayasūtra（Wu-shang-i-ching），（『印仏研』八之二，1960年）。不过宇井博士视此为《佛性论》以前成立的。同上，页365。

起信论》中完成，但是在此之前《大乘庄严经论》、真谛译的《摄大乘论释》等中论述了两者的关系。唯识思想里，首先是三性门的唯识说关系到如来藏思想。三性是遍计所执性、依他起性、圆成实性，而圆成实性当然与如来藏是同质的。因此唯识说中，如来藏、法身虽然包含于圆成实性，但是因如来藏特别被当作染净依止，所以这个想法也就导入到依他起性之中。于此成立了主张于依他起性有染分依他与净分依他的“二分依他性”之说，认为同时有此二分。但是在视阿赖耶识为妄识的唯识说立场里，于三性说中要明确地导入如来藏说是困难的。

所以在《大乘庄严经论》中，也有自性清净心、客尘烦恼染之说，也使用了如来藏之语①，但是却无法说是单方面地说如来藏缘起说。关于《摄大乘论》也是一样，虽然世亲《释》中可以见到自性清净心、如来藏之语，但是其立场似乎应该当作是唯识的立场②。这到《大乘起信论》时，就变
下(180) 成从完全不同的立场来阐述阿梨耶识了。

《大乘起信论》

望月信亨博士提倡《大乘起信论》并非印度的论书，而是在中国撰述之说，是在明治三十五年(公元 1902 年)③。之后有许多赞成与反对的主张，但是大体来说，中国撰述说方面比较占优势④。望月博士直接的论

---

① 《大乘庄严经论》卷六，《随修品》第十八偈(T 31.622c)；卷三，《菩提品》第三十三偈(T 31.604b)。S. Lévi，*Asaṅga Mahāyānasūtrālaṃkāra*，Paris，1909，pp. 40，88.

② 《摄大乘论释》卷五："说一切法有如来藏。"(玄奘译，T 31.344a；笈多译，T 31.290b；真谛译，T 31.191c)不过在真谛译的世亲释中，有关解释始于《大乘阿毗达磨经》的“此界无始时”的一偈，除了与笈多译或玄奘译同一的阿赖耶识解释以外，还表达了独自的如来藏释(T 31.156c)。

③ 望月信亨『大乘起信論之研究』，1922 年。

④ 前田慧雲「大乘起信論著者につきての疑い」(『哲学雑誌』第一八〇号)。村上专精「大乗起信論に対する史的研究」(『哲学雑誌』第三九二、三九四、三九七号)。松本文三郎「起信論に就いて」(收于『仏典の研究』，1914 年)。常盤大定「大乗起信論の真偽問題」「大乗起信論印度撰述卑見」(『哲学雑誌』第三九五、三九八、三九九、四〇四、四〇五号。收于『支那仏教の研究』第二，1941 年)。境野黄洋「大乗起信論は支那撰述にあらず」(收于『支那仏教史講話』上卷，1927 年)。羽渓了諦「奥義書と起信論」(『哲学研究』第三二、三三号)。宇井伯寿译注『大乘起信論』后记(岩波文库本，页 131 以下)，1936 年。武邑尚邦『大乘起信論講話』，页 304 以下，「附、起信論研究の展望」，1959 年。

据是，以《法经录》中此论并未包括在《真谛译录》中为理由，而将此论列入“众论疑惑”[①]中。《历代三宝纪》中此论虽作真谛译，但由于《历代三宝纪》是粗糙的经录，所以难以信赖。对此，宇井博士详细研究真谛的译经，关于真谛的译经录，以为《历代三宝纪》的记载是可信的，而认为《大乘起信论》是在印度成立，于公元550年左右由真谛译出。在岩波文库本的《大乘起信论·后记》中简洁地叙述了其理由；虽然这样就足够了，但是还想简单地看看问题点。

《起信论》因为天台智者大师（公元538—597年）的《小止观》所引用而受到注目，但是由于已经证实这是后代添加的文字[②]，所以不能成为智者大师知道《起信论》的证据，但是吉藏（公元549—623年）的《胜鬘宝窟》中作“马鸣论云”而屡屡引用《起信论》。还有昙迁（公元542—607年）也精通《起信论》，昙延（公元516—588年）、慧远（公元523—592年）则作了《起信论》的注释。关于慧远的注释虽也有疑问，但是在他的《十地论义记》中屡屡引用《起信论》而作“马鸣言”。自一般认为真谛译出《起信论》的公元550年起，在三四十年之间，《起信论》（181）下
广受中国佛教界欢迎而受到研究。而且考虑《起信论》的作者时，在当时的中国除了真谛三藏法师以外，要设想谁为《起信论》的作者并不容易。在当时中国著名的佛教者之中，与《起信论》的思想内容关联起来考虑时，除真谛以外，要认定为其作者是困难的。

而且从《起信论》的内容来看，这也显然是翻译，难以视为是中国人的著作。略示其理由一二如下。第一，在“故”（「故に」）的用法上可以见到印度方面的特色。在“故”的用法上，使用“……故，……”（「……の故に……である」），以“故”来连接前文与后文的情形是一般的用法。但是在梵文的文章里，另外还有所谓“彼山有火。有烟故”（「あの山に火あり。烟あるが故に」）的“故”的用法。在这个情形的“故”，是表达前句的理由，而未连接到后文。这个“故”的用法是梵文的文章特殊的用法，在中国的文章里原则上是找不到的。但是在《起信论》中，频

① 《法经录》卷五，T 55. 142a。

② 関口真大『天台小止観の研究』，1954年。

繁地使用了这个“故”的用法。例如在其最初的因缘分中，举出作《起信论》的8个理由，都显示出这个“故”的用法，亦即用于“非求世间名利恭敬故”“令诸众生正解不谬故”“为令善根成熟众生于摩诃衍法堪任不退信故”等；这些都是未接到后文的“故”的用法。

并不只是因缘分而已，在接下来的立义分、解释分中也是同样可见
下(182) 相同的用法。例如“示摩诃衍自体相用故”“平等不增减故”“具足无量性功德故”等，频频出现同类的“故”(「故に」)的用法，明显表示是由梵文翻译的。在中国的佛教者的著作中，也并非完全看不到这种“故”的用法。在智顗、吉藏等的著作中也偶尔可见，但是那是在印度佛典的引用文中的情况，或在受其影响而写的文章中可见，例子也非常少。对此，在梵文的文章中，文章的构成上，显示理由的文句接在所主张的命题之后的有很多，所以“故”就接在前面的文句下，而不接于后面的文句。当然梵文的文章中也有连接前后文的“故”的用法，但是在此之外，不接后文的“故”的用法很多。而在《起信论》中，这种“故”的用法非常多；从这点来看，《起信论》不得不视为是由梵文来的翻译作品。

其次由内容来看，让人觉得似乎有很多以中国的佛教者的佛教学素养无法写出来的内容。举阿弥陀佛的信仰为其一例；《大乘起信论》中说到阿弥陀佛的信仰，这是很有名的，在说四信、五行之后，说：“欲求正信，其心怯弱……惧谓信心难可成就，意欲退者，当知如来有胜方便。”劝当信阿弥陀佛，而住正定聚（T 32.583a）。

或以为如来藏思想与阿弥陀佛的信仰似无关系，但并非如此；两者
下(183) 都是“信的宗教”。《起信论》是信自己有如来藏而修行的宗教，阿弥陀佛的宗教也同样立足于“信”，而且阿弥陀佛前生的“法藏菩萨”可说与如来藏有关系[①]。因此在《宝性论》中也在卷末偈说愿于命终时见无量寿佛，欲成无上菩提[②]。但是《宝性论》中只以偈文的形式简单言及而已，而在《起信论》中则详加叙述，说到依信阿弥陀佛得住正定聚。在《起

---

① 参考拙论「如来蔵としての法蔵菩薩」(『恵谷先生古稀記念·浄土教の思想と文化』，1972年，页1287以下)。

② 『究竟一乗宝性論』卷四，T 31.848a。E.H. Johnston, ibid. p. 119.

信论》中于阐明信成就发心处说，信成就发心是为不定聚众生而说的，由于成就信而得住正定聚（T 32.580b）。如此，在《起信论》中可见到正定聚、不定聚、邪定聚的看法。《宝性论》中也说到正定聚等，但是在汉译里说“乃至邪聚众生”（T 31.823b），虽然省略了正定聚、不定聚，但是在梵本中则详举正定聚（niyata-rāśi）、不定聚（aniyata-rāśi）、邪定聚（mithyā-rāśi）三聚[①]，可见到以此三聚区别“信”的思想。

在《宝性论》中简单说到的三聚、阿弥陀佛的信仰，在《起信论》中则变得更详细了。这可以说是《起信论》的作者因为知道如来藏思想与阿弥陀佛信仰有关联，而有这样的说法。很难以想象在公元550年左右的中国佛教者，对阿弥陀佛的教理与如来藏的教理关联的情形了解到这个程度，从这点也可说《起信论》的作者是印度人。《起信论》中，不只阿弥陀佛的教理，在其他关于僧伽的教理等也可见到非印度的佛教者似 （184）下
乎无法写出的教理。其他各种地方，从内容上来看，也应认为《起信论》是印度人的著作。因此《起信论》不论从在中国出现此论的时代的状况来看，或从其内容来看，可说视为真谛三藏所译是稳当的。

《大乘起信论》中，除了真谛译之外，还有实叉难陀（公元695—710年）译本，内容上并未能见到特别超出真谛所译的地方[②]。因此在中国一向研究旧译的《起信论》，作了许多注释书，特别是上述慧远的《大乘起信论义疏》二卷、元晓（公元617—686年）的《大乘起信论疏》二卷、法藏（公元643—712年）的《大乘起信论义记》三卷，此三种注释受到重视，特别是法藏的《义记》被当作是《起信论》研究的指南，还有元晓与法藏各有《大乘起信论别记》一卷。另外，实叉难陀的新译方面，则有智旭（公元1599—1655年）的《大乘起信论裂网疏》三卷的注释。

若以为《起信论》是印度的撰述，随顺所传而视作者为马鸣似乎是稳当的。虽然也有学者以为这马鸣与《佛所行赞》的作者马鸣是同一人

① E. H. Johnston，ibid，p.10.
② 柏木弘雄「実叉難陀の訳と伝えられる大乗起信論」(『印仏研』一〇之二，1962年)。

物[1]，但是就其立足于如来藏而说阿梨耶识这点，则难以视为是龙树以前之作，恐怕是公元400年以后的人才妥当。宇井博士以为这个马鸣是公元400—500年之间的人物[2]。

如来藏缘起

如来藏思想虽然似乎也可以说完成于《宝性论》，但是“如来藏缘起”
下(185) 的思想则似乎应该视为到《大乘起信论》才成立。即以如来藏与无明一体化后的“阿梨耶识”为立场，运用缘起的理论于迷执的认识界之展开与烦恼之断尽而开示的，可说是到《起信论》才开始的。“如来藏缘起”之语首见于法藏的《大乘起信论义记》。《起信论》由因缘分、立义分、解释分、修行信心分、劝修利益分五章所成，但中心是立义分与解释分。立义分是阐述《起信论》的主张的部分，在解释分以下则为说明论证的部分。在立义分中，阐述了大乘起信的“大乘”的意思。因为若解大乘之深义，则自然就起信的缘故。若重点放在“起信”，则此论也可以说是宣说“信的宗教”之论书。对凡夫来说，因为如来藏是不可见的，所以除了信其存在而修行以外无他。在大乘佛教中，有立足于如此的“信”(śraddhā)的宗教，与说六波罗蜜的《般若经》那样立足于“行”的流派。《华严经》等虽然也有基于信的宗教面，但在理论地追求信的教理之时则成为如来藏说。

《起信论》立义分中，将大乘分为“法与义”说明。法是指“众生心”；法虽是“真的存在”的意思，但是所谓“大乘”之法，是众生之心，是指我们凡夫之心中具备“大”与“乘”之力的意思。一般以为“大乘”是“大乘之教”，但是大乘经典中说的“大乘”“一乘”的意思，则如《起信论》所说般，是指具足于凡夫心中的自性清净心、如来藏。

下(186) 心具有造出时间世界的力量，与是超越时间的永恒之法这两种性格。在《起信论》中，称心的本性为“真如”(tathatā，真实的状态)。心的状态分为二，其时间的一面称为“心生灭门”，超越心之时间的性格

① 松濤誠廉「瑜伽行派の祖としての馬鳴」(『大正大学紀要』第三九号，1954年)。
② 宇井伯寿，岩波文庫本『大乘起信論』，页137(收于大东出版社『宇井伯寿著作選集2』，1966年)。

则称为“心真如门”。

虽然迷惑的也是心，但悟的也是心，而且悟则是佛陀。在这点，心具有殊胜的性质。先前所分为法与义的“义”，即是指这殊胜的性质，以体大、相大、用大来表示。体大即是指真如本身，相大是指真如（佛陀）所具备的殊胜德性，以体大与相大来表示“理智不二”之佛身；用大则意味着佛陀救度众生的大用。此体大、相大、用大称为“三大”。

以上是大乘的“大”的意思，接着，“乘”是指众生心具足由迷向悟的力量。将众生由迷运载到悟的力量即是“乘”，而且要令人自觉到，这个力量并不是在自己之心以外之处，这便是《起信论》的意图。

解释以上所说立义分的一心、二门、三大的，就是其次的解释分。这部分占了全体的七成，是《起信论》的主要部分。《起信论》中在此后说“四信”与“五行”，但这说为“修行信心分”。四信是信根本（信自己有如来藏）、信佛、信法、信僧。其次，五行是布施、持戒、忍辱、精进、止观。因为止相当于禅，观相当于慧，所以五行与六波罗蜜的修行相同。还有在《起信论》中，在这之后为了无法实践五行的人，而阐述了有信阿弥陀佛往生净土，在净土中修行而悟道的方法。四信与五行的说明很简单，“大乘起信”的“大乘”以一心、二门、三大来阐明，“起信”则以四信、（187）下
五行来说明。

解释分分为显示正义、对治邪执、分别发趣道相三部分。其中，第一的显示正义叙述了本论最重要的思想；显示正义分为心真如门与心生灭门，心生灭门再分为染净生灭与染净相资，其次有三大说明。第一的心真如门是表达了心真如的状态，是显现心之永恒相的。在心之中，因为烦恼、恶的性质是终究要灭的，所以那些不是“心真如”，唯有心之善性才是心真如。但是相对性的善，与更高层次的善相比较则不能说是善，所以唯有超越相对的善才是心真如；这以“心性不生不灭”来表现。但是因为心真如超越了相对，所以无法以言说来表示，称此为离言真如。但是若不依语言，则无法显示于他人，所以在承认语言的不完全性之上，而称以言语表达的情形为“依言真如”。心的本性虽是永远的，但是并非是固定的实体。心不断地变化着，流动性的心之本性是真如，因为无法

把握，所以称为“空真如”。心离妄念、迷执时，没有虚妄的心念的，是空真如。心的本性是离于妄念的，但是同时心的本性具有无限丰富的本性功德，这点称为“不空真如”。

以上是心真如门，其次在心生灭门中，阐明大乘即是众生心。如来藏缘起是宣说于此的。在心生灭门中，心的本性以“如来藏”表示。这虽
下(188) 是指人得以成佛的本性，但特别是指为烦恼所覆时的如来藏。离烦恼时则称为“法身”，在缠位的法身即是如来藏。在凡夫时虽然如来藏并不是显在的，但是还是信为实在。如此承认如来藏的先在性，而且为了要说明现实的心是迷惑的，而说如来藏缘起。由迷到悟，要求有心的连续性。但是仅是连续，则迷仍是迷，不过在迷之中，具有否定迷自身而前进的自我否定之力量。迷执的凡夫产生要离迷执的欲望，但是在佛教中，并不将这迷与悟的关系说为连续与断绝交错者，而是以不常（连续的否定）、不断（断绝的否定）的空的立场来理解。亦即将现实视为“不常、不断”之一法，而非视为连续与断绝二元的综合。此不生不灭之真如与烦恼根源之无明不一不异地和合着，称此为阿梨耶识；这是真妄和合识。

于此阿梨耶识的凡夫心发现了自性清净心的力量的，称为“觉”。觉完全显现的话就是佛陀，称此佛陀的本性为本觉。在凡夫时觉虽以“不觉”的形式显现，但是在此不觉中，觉的力量逐渐增强，破和合识之相，而觉就完全地显现，此称为“始觉”；始觉是成佛的实现。生灭世界的真如，除了称为觉之外，也称作心源、真心、无念等。无念是没有妄念，念与分别相同，是指分裂为主客的认识。因为真如是心的本性，所以并无法认识分裂为主客的对象性认识。人的心应是“无念”的，但是凡夫
下(189) 的心必然转为“有念”，而出现主客对立的妄念的认识界；这点说明为“心性常无念故名为不变，以不达一法界故心不相应，忽然念起名为无明”。“不达一法界”是指不能认识主客未分的全体世界，若能认识全体的世界，则无念的如实认识就持续下去。变成有念，也说为“不如实知真如法一故，不觉心起，而有其念”。虽无法说明心为何起无明，然而因为无明，心的如实相就破了，而心便分裂为主观与客观。

《起信论》的阿梨耶识，并非唯识的阿赖耶识的潜在心。在《起信论》

中并未考虑到潜在心与表面心的对应关系，所以未说种子与现行的关系。此阿梨耶识中因为有无明在作用，从阿梨耶识必然地认识界会展开。这从阿梨耶识到认识界展开的经过，以“三细、六粗”来表示。“三细”是无明业相、能见相、境界相。无明的力量作用而生起妄念的世界的，即是无明业相，接着分裂为主客的，即是能见相与境界相。在这个阶段中，能见相与境界相主客的对应关系尚未成立，所以称为“不相应”。以上是微细的认识界，因为此心的活动不为意识所认识，所以称为“三细”。其次的“六粗”，是指粗的心之活动，是依意识能知的自觉性活动，即是智相、相续相、执取相、计名字相、起业相、业系苦相。智相是指将内心的境界相误认为是外界的存在，而进行好恶的判断。相续相则是持续苦乐的判断，记忆、善恶业等也保存于相续相，所以相续相（相续识）代替唯识的阿赖耶识在作用着。执取相是于苦乐的对象起执着。计名字相 （190）下
是于所执着的对象运用概念（名言），进行判断、决定。起业相是于所判断的对象产生行动。业系苦相是指受其结果、苦。以上从“识”的观点展开，则以业识、转识、现识、智识、相续识五意来表示，最后的相续识也称为意识。

以上的三细六粗、五意与意识，因为是不觉的展开，所以是妄念世界的问题。在说明妄念世界的展开后，在阐述心性、自性清净心与妄念、无明之间的相互关系上，可见到与如来藏说的唯识说相异之特色；此即主张“真妄交彻”的《起信论》的熏习论。唯识说的熏习论虽说到表面心的作用熏习于阿赖耶识，但是不许真如与阿赖耶识互相熏习。在唯识说中，以为真如是隐藏的世界。相对地，在如来藏说中真如称为心性、自性清净心、无念等，是以和现象心相同的情形来考虑，因此可以考虑到真如与妄心的相互交涉，这是因为视真如与智慧为不可分离之法的缘故。视佛的法身为理智不二时，因为理是真如，所以真如本身就作为智慧而活动。如果真如已经拥有作用，则从其他受到影响也是不可避免的。于此而宣说《起信论》独有之说——真如与无明的互相影响，亦即熏习，称此为“染净互资”。

成为熏习的基点的，是真如、无明、业识与妄境界四者。其中，真如

是以觉的状态进行作用，无明及以下的三者则是妄念的世界，是不觉状
下(191) 态的存在。凡夫迷执时，觉察人生之苦，处于迷之中却要否定迷执本身；视此为迷执的自我否定，或是视为作为处于迷执内部的他者的自性清净心之推动，亦即真如的内熏，这是看法的问题。如来藏说采取了“真如内熏”的看法，亦即以为真如从内不绝地推动着无明、妄念。更从外部有佛菩萨采取种种形式来推动凡夫，如此真如由内与外来推动无明妄心。相对地，在另一方面，无明则熏习于真如。因为无明持有力量，所以必然对真如给予影响。因此尽管心性是真如，仍以此心性为基础，展开三细六粗的妄念世界；换言之，这是真如为无明所熏习而染污的状态。或者外界（妄境界）推动心，强化心中的欲望、瞋怒。由于反复如此进行，心性的染污渐渐增强；将此关系当作是无明熏习于真如。虽然进行着真如与无明的熏习，但是认为众生会由于真如的内熏与佛菩萨的外缘的力量，而逐渐地灭无明达到涅槃。

“如来藏缘起”这一用语，是出于法藏《大乘起信论义记》的语词，在《起信论》中并未使用，但是说到如来藏缘起，则似乎可以理解为是指上述染净生灭的三细六粗与染净相资的熏习论。还有在《起信论》中有“三大”的说明，据此表达如来藏说中的佛陀观，更在其后修行信心
下(192) 分中说了四信与五行；这些已如前述。

如来藏思想的理论虽然大致可以说在《起信论》中已经完成，但是并未发现《起信论》的思想对印度佛教其后的发展给予影响的地方。在密教的《大日经》中，说佛的一切智以菩提心为因，大悲为根本，方便为究竟之说（T 18.1b–c），但是这个思想的源流探求于《大乘庄严经论》《宝
下(193) 性论》或《大集经》等[①]，而与《起信论》的关联并未受到认可。

参考书目

在注释中所示的引用书籍，已经举出主要的参考书。另与《大乘起信論》有关的参考文献，参考拙著『仏典講座』22『大乘起信論』附录，及柏木
下(196) 弘雄「起信論のテキスト、及び研究書」。

---

① 勝又俊教「菩提心展開の系譜」(『印仏研』九之一，1961年，页1以下)。

第七节　中观派的发展

中观与瑜伽

义净（公元 635—713 年）于公元 671 年到 695 年停留在印度，在他的《南海寄归内法传》（T 54.205a–c）中将当时印度的佛教传述如下。亦即当时在印度部派佛教与大乘佛教并存着，而说部派佛教“大纲唯四”，即是指有 4 个部派（nikāya，4 种尼柯耶）。其四部即是大众部、上座部、说一切有部、正量部，各传持有十万颂的经、律、论三藏。又说道，摩竭陀四部通行，但其中以说一切有部为最盛；西印度也稍微兼有三部，但正量部最盛；北印度全是说一切有部，有时候有大众部；南印度皆是上座部，余部甚少。东裔诸国杂有四部，锡兰岛则全是上座部，南海诸洲虽有十余国，独是根本说一切有部，时有正量部。

相对于部派佛教的分布，关于大乘佛教，则说：“其四部之中，大乘小乘区分不定。”不论大小乘，关于戒律是相同的，大小都通修四谛。其（197）下
中，特别礼拜菩萨，读大乘经的则是大乘，不做的则是小乘，两者只不过有如此的差异而已。而虽言大乘，不过只有中观与瑜伽二派而已。中观说俗谛为有，真谛是空，诸法之体是虚而如幻。相对地瑜伽则说，外界是无，唯内界是有，一切皆是唯识。两者所说虽然不同，但是因为同样是随圣教而立说，所以无法说谁是谁非。而说两者之教皆能达到涅槃，其目的在于要断除烦惑，拔济众生。

如义净上述所说，在 7 世纪末左右的印度佛教，大小乘的区别并不明显。而小乘的部派佛教主要是四派，大乘佛教则分为中观派（Mādhyamika）与瑜伽行派（Yogācāra）。但是较义净早 50 年左右旅行遍及全印度的玄奘，更清楚地传述了大小乘的区别。玄奘旅行印度全境，义净主要停留在那烂陀，所以无法将义净之说视为绝对，但是也可以当作一种看法而加以注意。

中观派是以龙树、提婆、罗睺罗为序，但罗睺罗之后传承不明。不

过在西藏的传承中说，罗睺罗是龙树之师[1]。亦即在布顿（公元 1290—1364 年）的佛教史中，是罗睺罗跋陀罗、龙树、提婆的师承顺序，而龙树除提婆之外也有名为龙智（Nāgabodhi）的弟子。布顿在其后载有月
下(198) 官（Candragomin）的传记，但是他的师承不明；提婆之后中观派似乎暂时衰弱下来。根据传到中国的鸠摩罗什（公元？—413 年）的传记（T 50.330c），罗什由莎车王子之弟须利耶苏摩处受《中论》《百论》《十二门论》。此《中论》附有青目之释，所以此梵志青目、注释《百论》的婆薮开士等在提婆之后相继出现于印度。罗什在公元 401 年到达长安，所以就是在此之前有须利耶苏摩，更在其前则有青目。

龙树——提婆—┬—罗睺罗跋陀罗——青目——须利耶苏摩——鸠摩罗什
　　　　　　　├……婆薮
　　　　　　　└—龙智

印度的中观派在月称（Candrakīrti）之时变得盛行，然而根据布顿的佛教史，佛护（Buddhapālita）、月称是中观随应破派（Mādhyamika-Prāsaṅgika）的代表者，而清辨（Bhavya，或 Bhāvaviveka）及其他则称为中观经量派（Mādhyamika-Sautrāntika），智藏（Jñānagarbha）、吉祥护（Śrīgupta）、寂护（Śāntirakṣita）、莲华戒（Kamalaśīla）、师子贤（Haribhadra）及其他则是属于瑜伽行中观派（Yogācāra-Mādhyamika）[2]。相对地，若根据宗喀巴的弟子克主杰（Mkhas-grub-rje，
下(199) 公元 1385—1438 年），则说佛护与月称乃至寂天是中观随应破（应成）派，而清辨、吉祥护、智藏、寂护及其弟子莲华戒是中观自立量（自续）派（Mādhyamika-Svātantrika）[3]。

总之，一般以为印度中观派在佛护之时变得盛行，之后清辨与月称

① E. Obermiller, *The History of Buddhism in India and Tibet by Bu-ston*, Heidelberg, 1932, p.123ff.

② E. Obermiller, ibid, p. 135. 宗喀巴弟子之说参考長尾雅人『西藏仏教研究』页 109。

③ F. D. Lessing and A. Wayman, *Mkhas grub rje's Fundamentals of the Buddhist Tantras*, Paris, 1968, p.91.

对立，而分为随应破派与自立量派，后来受唯识思想影响，与瑜伽行派融合，有复杂的发展[1]。

随应破派

此派是依据随应破（prasaṅga）的方法阐述空的思想，所以如此称呼。Prasaṅga 是“堕于过失”的意思，这是指出对方的主张中有过失，而破斥其主张的论法[2]。所有根据语言的立论都不是完整的，必定含有某种不完备，随应破派（Prāsaṅgika，或译应成派、归谬派）就攻击这个不完备的地方。例如在“我出生了”的立论中，如果“我”从出生之前就有的话，就没有必要再重新出生。但是若在出生之前没有“我”的话，则没有的东西要出生是不可能的，而就变成没有“出生”的主体，所以“我出生了”立论上有矛盾。这不只是在“出生”的情形，我去了，我来了，我死了，等等，所有的立论都能适用。所有在行动的，都不断地改变状态，但是语言并无法将正在动的东西原封不动地表现，因此一以语（200）下
言来表现，矛盾冲突就产生。

以这样的方法，来指责对方的主张中有过失，最后对方不管怎样立论都不能立。要以如此的方法来表示，于所有的存在（法）并无可把握的实体，亦即是“空”的，这是随应破派的方法。将使用 Prasaṅga（过误附随）论法的人们称为随应破派，所以随应破派自己并不立主张，是因为如果自己持有主张，则此主张中也能被人指出过失的缘故；月称将这点表现为“自无宗故”[3]。“宗”（pratijñā）是主张命题，因此随应破似乎就是与嘉祥大师所说的“破邪即显正”同旨趣。“破邪显正”也是在破邪之后并不立显正，破邪本身就是显正。

Prasaṅga 日译作“堕过”[4]等，而 Prāsaṅgika 日译则作“必过性

① 参考山口益『般若思想史』，1951 年，页 126 以下。野沢静証「中観両学派の対立とその真理観」（宮本正尊编『仏教の根本真理』，1956 年，页 455 以下）。

② 参考宮本正尊「必過性空論と中道」（『根本中と空』，1943 年，页 293 以下）。

③ L. de la Vallée Poussin，*Prasannapadā*，St.-Pétersbourg，1913，p. 23. 宮本正尊前引书页 315。

④ 山口益『月称造中論釈 I 』，1947 年，页 32。

空派”等[①]。月称虽然拒绝使用逻辑于表达空性上，但是他并非完全没有使用逻辑，毋宁说是丰富地活用了逻辑。在他的著作《净明句论》（*Prasannapadā*）中，到处使用逻辑论理来破斥对手的主张，但是那是用
下（201） 对方的逻辑而破对方的主张。所以随应破派拒绝逻辑，是指并未拥有自己固有的逻辑的意思。

Prasaṅga之语在龙树《中论》的偈（第二十四品十三偈）中已经在使用了。而作为动词的Prasajyate之语，也已用于《中论》的偈文中[②]，所以在龙树也已经有使用随应破的论法于表达空思想上。但是此语开始和清辨的自立量（Svātantrika）对立地使用，是从月称的时代开始的。尤其是月称排斥清辨的自立量，而以随应破的立场解说了《中论》的思想。此立场为西藏佛教所接受，认定为中观派的正统，而开始认定到龙树、提婆为止也是随应破派。但是实际上在印度佛教中，清辨的系统也是很有力的。

随应破派之祖一般以为是佛护[③]。他对龙树的《中论》（《根本中颂》，*Mūlamadhyamaka-kārikāḥ*）作注释，而阐明随应破的立场。他的注释一般称为“佛护注”（东北目录三八四二），唯藏译有传[④]。他的主张为清辨所攻击，所以佛护为清辨的前辈，视为是公元470—540年左右的人，大体上与陈那（公元480—540年左右）是同时代的人。相对地，清辨（Bhāvaviveka，Bhavya，）则是公元490—570年左右的人；他传为晚护法（公元530—561年）九年去世，是与护法同时代的前辈[⑤]。由于护法立于“理世俗”的唯识立场，所以“护法、清辨空有之诤”一事流传于唐
下（202） 代的中国佛教中。

月称

月称（Candrakīrti，公元600—650年左右）出现在清辨之后，排斥清辨

① 参考本书页361注③。
② 三枝充德，久我順『中論、梵漢蔵対照語彙』（宮本正尊編『大乗仏教の成立史的研究』附录），1954年，页27。
③ 山口益『般若思想史』，页144。
④ 佛护的研究较少，有大竹照真「中論仏護釈和訳」（『密教研究』第四五号，1932年）。
⑤ 宇井伯寿「玄奘以前の印度諸論師の年代」（『印度哲学研究』第五，1929年，页149）。

之说，而弘扬佛护的主张。其间的情形，在他的《中论》注释《净明句论》（*Prasannapadā*,《显正明论》）中说得很清楚。特别是在第一章的注释中，引用反对佛护之说的清辨之说加以破斥，而阐明随应破派的立场。《净明句论》与清辨的《般若灯论释》、吉藏的《中论疏》并列，是理解《中论》的重要注释。本书梵文原典现存，并有藏译(东北目录三八六〇)，虽然难解，但以史彻尔巴茨基（Th. Stcherbatsky）为始，由于许多学者的研究而使其内容得以阐明，在解明大乘佛教思想上留下重大的功绩。[①] 月称一般认为是公元 600—650 年左右的人，他还有《入中论》(*Madhyamakāvatāra*)，藏译现存(东北目录三八六一)[②]。藏译中，此外还将对龙树的《空七十论》的注释（东北目录三八六七）及对《六十颂如理论》的注释（东北目录三八六四)、《五蕴论》(东北目录三八六六) 等著作归于他[③]。在西藏佛教中因为月称之说被视为正统说，所以他的著作特别受重视。

另在龙树《中论》的注释中，梵本现存的只是月称的《净明句论》，但是在汉译中则有附青目注的《中论》四卷、安慧的《大乘中观释论》十八卷、清辨的《般若灯论释》(*Prajñāpradīpa*) 十五卷 3 本。藏译中则有传为龙树的自注（不过有疑）的《无畏注》(*Akutobhayā*，东北目录三八二九)、《佛护注》、清辨的《般若灯论释》、月称的《净明句论》4 本。（203）下

寂天

在月称以后随应破派如何发展并不清楚。如上所述克主杰将寂天

---

① 关于《净明句论》及其他《中论》的注释，参考本书页 260 以下。

② L. de la Vallée Poussin，*Madhyamakāvatāra*，Bibliotheca Buddhica IX，1907-12. Poussin 的法译:Muséon,n.s. VIII,XI,XII,1907-11. 译自藏文的汉译是：法尊《入中论》六卷，中华民国三十一年（公元 1942 年）四月。日译：笠松单传氏有序品之译，『仏教研究』四之三，1940 年5、6 月号。同，第一章，收录于『宇井伯寿博士還曆記念論文集』,1951 年。北畠利親「チベット文入中論訳註」(第二章，『仏教学研究』一八、一九，1961 年。第四章、第五章，『竜谷大学論集』三七四号，1963 年)。小川一乗「般若中観への道—入中論第六章の試訳—」(『大谷学報』五一卷之三～四，1971 年)。同『空性思想の研究—入中論の解読—』，1976 年。

③ 山口益「竜樹造六十頌如理論の註釈的研究」(『中観仏教論攷』第二)，「竜樹造七十空性偈に対する文献学的研究」(『山口益仏教学文集』上，1972 年)，「月称造五蘊論における慧の心所の解釈」(『山口益仏教学文集』下，1973 年)。竜谷大学東方聖典研究会『チベット文月称造五蘊論』，1952 年。瓜生津隆真「中観仏教における菩薩道の展開—チャンドラキールティの中観学説への一視点—」(『鈴木学術財団研究年報』Ⅰ，1964 年，页 63 以下)。

（Śāntideva）加入这个系统，寂天传为公元650—700年左右的人，他有《入菩提行论》（*Bodhicaryāvatāra*，《菩提行经》）、《大乘集菩萨学论》（*Śikṣāsamuccaya*），皆有梵本、藏译、汉译，也有将汉译的《大乘宝要义论》视为与在藏译中的《经集》（东北目录三九三四，*Sūtrasamuccaya*）同本，认为是他的著作之说。多罗那他传述了寂天著有此三著作，其中《大乘集菩萨学论》将菩萨应学的修行，以六波罗蜜为中心，却举出许多德目，而归纳内容于二十七偈，分为十九章（不过汉译只到十三章的中途）说明。特别是引用许多大乘经典，呈现菩萨之学（śikṣā），自有其特色[①]。《入菩提行论》阐明菩提心的意思，继而解说为了实现菩提（悟）的六波罗蜜行，最后将此善根回向一切众生，愿众生安乐；全部分为十章（汉译是八章）[②]。两书同样说应以空的立场来修行。还有在《入菩提行论》方面，有智生慧（Prajñākaramati，公元950—1030年左右）的注释（*Pañjikā*，详注）。在《入菩提行论》的第九章般若波罗蜜章中，特别破斥唯识说，以二谛的立场
下（204）论述空的思想。而在 *Pañjikā* 中，论议更详细，所以他显然是中观派的人。

自立量派

此派在呈现空的思想上，因为用自立量（svatantrānumāna，スワタントラ・アヌマーナ）的缘故，所以如此称呼。svatantra 是不借用他人的力量而以自力来活动的意思，译作“自立、自起”等。anumāna 则是推论（比量）、论证的意思，亦即佛护以随应破的论法而破斥对方的立论，但是那仅止于破斥，没有积极地表现空思想之处，因此清辨以为有必要将空的

---

① 梵文本的出版：Cecil Bendall，*Çikṣāsamuccaya*，*A Compendium of Buddist Teaching*，*compiled by Çāntideva*，Bibliotheca Buddhica No. I，1897–1902，Indo-Iranian Reprints I，1957；P.L. Vaidya，*Śikṣāsamuccaya of Śāntideva*，Buddhist Sanskrit Texts No. 11，Darbhaṅga，1966. 英译：Cecil Bendall & W.H. Rouse，*Śikshā-samuccaya*，*A Compendium of Buddhist Doctrine*，*translated from the Sanskrit*，London，1922.

② 梵文原典早先有 I.P. Minayev 的出版（公元 1889 年），与 Haraprasād Śāstrī（1894 年）的出版。Poussin 则把 Prajñākaramati 的注释 *Pañjikā* 一起出版，最近则有 Vaidya 本。P.L. Vaidya, *Bodhicaryāvatāra of Śāntideva with the Commentary Pañjikā of Prajñākaramati*，Buddhist Sanskrit Texts No. 12，Darbhaṅga，1960. 日译有：金倉円照『悟りへの道』，1958 年。山口益「寂天の入菩提行論及びその疏に於ける自証説の論破」（『仏教に於ける無と有との対論』，页 303—348）。

立场以逻辑来积极地表现。而且以为若用考虑周到的论证形式，则不会堕入过误的附随（prasaṅga），得以将空的思想以论证式来表现，而称此逻辑为 svatantra anumāna（自立的论证、独立的推论）。批评佛护的随应破论法，说“由于未说因与喻，所以不成论证式；未回答由他而来的论难。因为唯有指责对方的过失，所以使用佛护的论法，与其主张完全相反的主张反而就这样成立了”，表达了相反的论证式[1]。从如此的理由，清辨在阐述空时，认为随应破的论法是不充分的，而有必要依据“独立的推论”的空之论证。从这个立场，清辨注释了龙树的《根本中颂》，而著述了《般若灯论释》（*Prajñāpradīpa*）[2]，批判了佛护之说，而运用自立量阐明中观派的立场。如此清辨虽然重视逻辑学，但是承认了空性本身超越逻辑，空性是逻辑性思考所不及的。因此在胜义的立场上否定逻辑学，（205）下
而且在世俗（言说，vyavahāra）的范围内，要以逻辑来证明空性，这点有清辨独自的立场。这清辨的思想上的立场称为自立量派（Svātantrika。按：或作自续派），译作“自在论证派”“自立派”等[3]。

清辨的这一立场似乎可以理解为，是由于同时代的陈那的推动，佛教的逻辑学有了飞跃式的进展，故清辨受其影响，将逻辑学导入中观思想而成立的。当时一般很流行以论证方式来表现哲学主张，所以清辨的立场似乎可说较月称的立场更接近瑜伽行派。如上述，陈那在公元 480—540 年左右在世，清辨是在公元 490—570 年左右在世，清辨与陈那是同世代而稍晚；不过清辨并未采取“一切是唯识”的瑜伽行派立场。他世俗上主

---

① L. de la Vallée Poussin，*Prasannapadā*，pp. 14–15. 以《中论》的这点为中心，随应破派与自立量派的思想对立，已由宗喀巴从随应破派的立场加以解明。長尾雅人『西藏仏教研究』，页 229—289。Alex Wayman，*Calming the Mind and Discerning the Real*，*Buddhist Meditation and the Middle View from the Lam rim chen mo of Tsoṅ-kha-pa*，New York，1978，pp. 283–336.

② 关于『般若灯论释』的研究书，参考江島恵教「Bhāvaviveka 研究—空性論証の論理を中心にして—Ｉ」(『東洋文化研究所紀要』第五一册，1970 年 3 月，页 44 以下）。梶山雄一，第一章之德译，*WZKSO*，VI，1963；VII，1964。同，第一章日译「知恵のともしび」(『世界の名著』2『大乗仏典』，1967 年）。瓜生津隆真，第二十四章之英译，Ryushin Uryuzu，Bhāvaviveka's Prajñāpradīpa（Chapter 24）(『近畿大学教養部研究紀要』第二卷第二号，1971 年）。安井広済，第二十五章之日译，『中観思想の研究』，1961 年，页 305 以下。

③ 参考宫本正尊『根本中と空』页 300，山口益『般若思想史』页 153 以下，江島恵教前注论文。

张外界存在，所以也称他为经量部中观派（Sautrāntika-Mādhyamika, Mādhyamika-Sautrāntika）。月称也在世俗上承认外界的存在，但是清辨与月称对于世俗的解释有差异[1]。总之他们以胜义谛为“言亡虑绝”的世界，那是既不得说为有也不得说为无的。在这点，清辨和月称都不同于瑜伽行派，但是之后出现的寂护（Śāntirakṣita，公元725—790年左右）则受瑜伽行派之说的影响，说世俗上是无外界的，但是胜义上则说心也是无自性的。唯识说因为主张心（识）有，所以寂护之说在这点上不同于瑜伽行派，
下(206) 因此称他为瑜伽行中观派（Yogācāra-Mādhyamika）。亦即清辨虽是自立量派，但是从此寂护等的瑜伽行中观派来看，就称呼他的立场作经量部中观派了。在印度佛教中并没有随应破派、自立量派的命名，而是在藏传佛教所作的。亦即在宗喀巴的《菩提道次第广论》（*Lam-rim*）中，提到在雪山聚（即西藏）的佛教学者分中观师为随应破派与自立量派[2]。

如上述，布顿以智藏（公元700—760年左右）、吉祥护、寂护、莲华戒（公元740—795年左右）、师子贤等属于瑜伽行中观派。后期佛教的重要学者们几乎都包含在其中，所以可以视为在后期成为佛教的中观、瑜伽逐渐融合的时代。

清辨

清辨（公元490—570年左右）的原名拼作Bhāvaviveka，此名出于月称的《净明句论》（*Prasannapadā*，p.36）。不过由于藏译中除了Legs ldan ḥbyed（Bhāvaviveka）之外，还有Legs ldan, Skal ldan（Bhavya）等，所以也有用Bhavya的拼法；在汉译中译作“清辨”“分别明”。玄奘在《大唐西域记》卷十以“婆毗吠伽，唐言清辨”（T 51.930c）来介绍他的名字，不过“婆毗吠伽”还原为梵文是Bhāviveka，但是一般在梵文
(207)下 中使用Bhāvaviveka、Bhavya，而在汉译里一般称为“清辨”。

① 参考野沢静証「清弁の二諦説」(『日本仏教学會年報』第一八号，1953年)，北畠利親「清弁と月称の二諦論」(『印仏研』第一一之一，1963年1月，页66以下)，江島恵教前引论文页127以下。

② 参考長尾雅人『西蔵仏教研究』，1954年，页111。及本书页365注①，Wayman的著作。

清辨因为批判随应破派之祖佛护，所以受到此系统的月称激烈的攻击，所以他是佛护与月称之间的人。他的著作，注释《中论》的《般若灯论释》(*Mūlamadhyamaka-vṛtti-Prajñāpradīpa*，东北目录三八五三）虽然重要，但还有独立的著作《中观心论颂》《中观心论注思择焰》《大乘掌珍论》等。《般若灯论释》有汉译与藏译，《中观心论》虽唯有藏译，但最近发现了梵文原典。《思择焰》唯有藏译，《掌珍论》唯是汉译。在这些之外，藏译有《异部分派解说》，似乎是从《思择焰》第四章部派分裂的部分摘录出来的。此外《中观义集》(*Madhyamakārthasaṃgraha*，东北目录三八五七）与《中观宝灯论》(*Madhyamakaratnapradīpa*，东北目录三八五四）二部有藏译，被当作是他的著作，但是根据最近的研究，已经知道并非他的著作。前者被视为是在8世纪末到11世纪初左右成立的①。

清辨的主要著作是《中观心论颂》(*Madhyamaka-hṛdaya-kārikā*，东北目录三八五五）以及对此亲自所注的《中观心论注思择焰》(*Madhyamaka-hṛdaya-vṛtti-tarkajvālā*，东北目录三八五六)。本书分为十一章：

1. 不舍菩提心章
2. 亲近牟尼之誓愿章　(208) 下
3. 求真实智章
4. 入声闻之真实章
5. 入决择瑜伽行者之真实章
6. 入数论之真实章
7. 入胜论之真实章
8. 入吠檀多因论者之真实章
9. 入决择弥曼差之真实章
10. 说一切智性成就章
11. 说赞叹与名称章

① 参考江島恵教前引论文，页58以下。

分为以上各门，将当时重要的哲学思想当作“前命题”（pūrvapakṣa，当作批判对象的“前主张”〔按：前品、前宗〕）提出来，而在从中观的立场将此批判破斥的“后命题”（uttarapakṣa，后主张〔按：后证、后品〕中，阐明中观思想。本书不只在知晓清辨的思想上是重要的，从了解当时的哲学主张上来说也是贵重的文献。《思择焰》唯存藏译，《中观心论颂》则除了藏译之外，近来也发现了梵文本，其中一部分已经公布刊行了①。清辨的著作，汉译还有《大乘掌珍论》二卷，由玄奘所译，此书梵藏俱缺。

还有清辨的《般若灯论释》方面，有观誓（Avalokitavrata）的注释
下(209) （《般若灯论释疏》〔*Prajñāpradīpa-ṭīkā*〕，东北目录三八五九）。本书在分量上为《般若灯论释》的4倍，以《无畏注》为始，列举了佛护、月称、提婆设摩（Devaśarman）、求那师利（Guṇaśrī）、德慧（Guṇamati）、安慧（Sthiramati）、清辨等7位《中论》的注释家，也言及了其他佛教以外的学说，拥有丰富的内容。观誓由于对清辨的著作著述了注释，故确实是属于自立量派。观誓是活跃于公元700年前后的人，但是此后自立量派的动向不明。还有被当作清辨著作的《中观宝灯论》（***Madhyamakaratnapradīpa***，

① 参考山口益『仏教に於ける無と有との対論』序论二「清弁の著作とその主著中観心論について」。《中观心论颂》（*Madhyamaka-hṛdaya-kārikā*）由罗睺罗僧克里帖衍那在西藏发现，而由V.V. Gokhale教授研究，发表了其中一部分。The Vedānta Philosophy described by Bhavya in his Madhyamaka-hṛdaya-kārikā（*Indo-Iranian Journal* II-3，1958，pp.165-180）. H. Nakamura，The Tibetan Text of the Madhyamaka-hṛdaya-kārikā-vṛtti Tarkajvālā，corresponding to Prof. Gokhale’s Translation（*Indo-Iranian Journal* II-3，1958，pp.181-190）. 第五章藏译校订及日译，收于山口益『仏教に於ける無と有との対論』卷末。以下是部分的日译：中村元「中観心論なる頌と論理の炎との第八章」(『初期ヴェーダンタ哲学』，1950年，页238以下）。野沢静証「中観学心髄の疏·思択炎、真実智を求むる第三章」(『密教文化』第三四、四三、六六、六八、七四，1956、1959、1964、1966年）。第七章的日译，宮坂宥勝「論理の炎におけるヴァイシェーシカ哲学」(『高野山大学論叢』第一，1958年）。野沢静証「清弁の声聞批判—インドにおける大乗仏教非仏説論—」(『佐藤博士古稀記念仏教思想論叢』，1972年；同『函館大谷女子短期大学紀要』第五号，1973年）。中田直道「中観心論の頌第六章および論理の炎」(『鶴見女子大学短期大学部紀要』第六号，1972年）。同，The Sanskrit Text of the Madhyamakahṛdayakārikā and the Tibetan Text of the Madhyamakahṛdayavṛtti-Tarkajvālā(『鶴見女子大学短期大学部紀要』第六号，1972年）。川崎信定「バヴィヤの伝えるミーマーンサー思想」(『中村元博士還暦記念論集·インド思想と仏教』，1973年）Sh. Kawasaki，The Mīmāṃsā chapter of Bhavya’s Madhyamakahṛdaya-kārikā—text and translation—（『筑波大学哲学·思想系論集』，1976年）。关于《中观心论》以及《思择焰》的研究，参考世界聖典刊行協会刊『デルゲ版チベット大蔵経論疏部·中観部三』江島恵教之记。

东北目录三八五四），是以世俗、胜义二谛为中心展开论述，但是因为叙述对月称的归敬颂，屡屡引用月称之说，也引用了陈那、法称、无著等之说，所以已经论证出难以视为清辨之著作[①]。不过本书可见到与自立量的思想有共通点，于此也有将此书归于清辨的理由。虽然山口益博士将本书视为是公元800年以后清辨流派的人所作，但是同时从本书中屡屡引用月称之说也可以推测得知，在《中观宝灯论》的著述时代，随应破派与自立量派在学派上的区别已经不太受注意了[②]。

瑜伽行中观派

对《中论》作注释的德慧、安慧是瑜伽行派的人，无著也有《顺中论》一书。唯识瑜伽行派的人重视《中论》，正表示了空思想潜流于唯识思想底部。不过因为唯识思想是在中观之后出现的，所以到清辨的时代为止，中观派并未积极地采取唯识思想，毋宁说是清辨将瑜伽行派的真 （210）下
理取作“前命题”而加以破斥[③]。但是之后唯识思想渐渐引入中观派之中，站在中观派的立场而企图与唯识思想融合。这由寂护（Śāntarakṣita，Śāntirakṣita，公元725—790年左右）及其弟子莲华戒（Kamalaśīla，公元740—795年左右）等所达成[④]，而称呼他们为瑜伽行中观派（Yogācāra-Mādhyamika）。寂护与莲华戒是由西藏赞普赤松德赞（Khri sroṅ lde brtsan，公元754—797年左右在位）迎请入藏，而确立西藏佛教的基础。赞普建立有名的桑耶寺（Bsam yas，公元787年完成），在这里莲华戒与汉地的大乘和尚[⑤]展开过有关顿悟、渐悟的法论，此事很著名。

---

① 山口益「中観派における中観説の綱要書—中観宝灯論について—」(『山口益仏教学文集』上，页249以下)。

② 参考山口益前引书，页317。

③ 参考山口益『仏教に於ける無と有との対論』，本论第一部「前分所破」。

④ 关于寂护、莲华戒的年代，参考：G. Tucci, *The tombs of the Tibetan Kings*, Roma, 1950; P. Deméville, *Le concile de Lhasa*, Paris, 1952；G. Tucci, The debate of Bsam yas according to Tibetan sources, Minor Buddhist Texts, Part II, Roma, 1958. 佐藤長『古代チベット史研究』下卷，1959年，页579。山口瑞鳳「チベット仏教」(『講座東洋思想』5，仏教思想Ⅰ，第五章，1967年，页234以下)。中村元『初期ヴェーダーンタ哲学』，1950年，页113；同『ことばの形而上学』別册「增补订正」，1956年，页473等。

⑤ 原文为「中国僧大乘和尚」，即汉地僧人摩诃衍。——校者注

寂护、莲华戒曾是那烂陀寺（Nālandā）的学僧，当时那烂陀寺中有密教学者莲华生（Padmasambhava）。寂护向赤松德赞王推荐而诏请莲华生入西藏，他在公元773年进入西藏，在西藏弘传密教。

寂护与莲华戒

如上所述，布顿说智藏（Jñānagarbha）、吉祥护（Śrīgupta）、寂护、莲华戒、师子贤（Haribhadra）等为瑜伽行中观派的人，但是他们作为中观派，似乎是属于自立量的系统。克主杰称智藏的《二谛分别论》
下（211）（*Satyadvaya*，东北目录三八八一、三八八二）、寂护的《中观庄严论》（*Madhyamakālaṃkāra*）、莲华戒的《中观明论》（*Madhyamakāloka*，东北目录三八八七）为自立量东部的三论[①]。

寂护的《中观庄严论》有自立量的教义，山口益博士也注意到了[②]。在本书中有偈颂（东北目录三八八四）、寂护对此的自注（*vṛtti*，东北目录三八八五）以及莲华戒的详注（*pañjikā*，东北目录三八八六）。本书也包含有详注，重视《楞伽经》，承认外界是唯识，在胜义上说诸法是戏论寂灭、毕竟空，谋求瑜伽唯识与中观思想的融合；本书在西藏特别受到重视。还有展现他的学识的作品有《摄真实论》（*Tattvasaṃgrahakārikā*,《摄真实颂》，东北目录四二六六）。本书的梵本由3640余颂所成，全部分为26章（藏译31章），从中观的立场来批判印度之诸哲学，即：

1．自性（prakṛti）之考察

2．自在神（īśvara）之考察

3．俱（ubhaya，自性与自在神）之考察

4．有自性论（svābhāvika-vāda）之考察

---

① F. D. Lessing and A. Wayman, ibid, p. 81. 長沢実導『大乗仏教瑜伽行思想の発展形態』，1969年，此书为对智藏的年代、著作，特别是《二谛分别论》《瑜伽修习道》及其他的研究。松本史朗「Jñānagarbhaの二諦説」（『仏教学』第五号，1978年5月，页109以下）。

② 山口益『般若思想史』，页170以下；同「中観荘厳論の解読序説」（『干潟博士古稀記念論文集』，1964年，页43以下）。上山大峻「中観荘厳論における教示方法について」（『印仏研』八之二，页146—147）；同「シャーンタラクシタの二諦説」（『印仏研』九之二，页124—125）。

5. 声梵（śabda-brahman，文典家）之考察
6. 士夫（吠陀与梵书的 puruṣa）之考察 （212）下
7. 我〔ātman〕之考察
  a. 正理派、胜论派之我
  b. 弥曼差派所执之我
  c. 数论派所执之我
  d. 空衣派所执之我
  e. 奥义书（不二一元派）所说之我
  f. 犊子部的补特伽罗〔pudgala〕说
8. 常恒论（sthirabhāva）之考察
9. 业与果相属之考察
10. 实句义之考察
11. 德句义之考察
12. 业句义之考察
13. 同句义之考察
14. 异句义之考察
15. 和合句义之考察
16. 声之义（śabdārtha）之考察
17. 现量之考察
18. 比量之考察
19. 余量之考察
20. 盖然说（syādvāda）之考察 （213）下
21. 三世实有之考察
22. 顺世论之考察
23. 外界之考察
24. 天启圣典（śruti）之考察
25. 以自己为量（svataḥ-prāmāṇya）之考察
26. 一切智者（sarvajña）之考察

以上梵文分为26章（藏译31章），始于诸哲学学派思想的批判，而

进行逻辑学的知识根据（量）的批判、唯识思想的批判，最后论证了佛陀是完全的智者（sarvajña）。本书有莲华戒的细注（*pañjikā*，东北目录四二六七），合本颂与细疏，有梵文原典[①]与藏译。

还有，莲华戒除了对寂护的作品作注释外，也有《修习次第》（***Bhāvanākrama***，东北目录三九一五～三九一七）与其他的著作。《修习次第》在藏译中分作三部，其前编相当于汉译的《广释菩提心论》四卷。还有这前编的一部分已由图齐于公元 1939 年在西藏发现其梵文写本，而于 1958 年附以藏译出版。第三编的梵本则在 1971 年出版[②]。本书是阐明从发菩提心起，到成佛为止的修行次第的论书，而解说发菩提心、般若与方便、闻思修三慧、止与观、烦恼、真俗二谛、十地、佛地等。文中
(214) 下 引用了许多经典，在了解后期佛教的修行道上是重要的文献。

寂护、莲华戒虽是中观派的学匠，但同时导入了唯识的思想，而谋求

① 梵本与莲华戒的注合起来出版。Embar Krishnamacharya，*Tattvasaṃgraha of Śāntarakṣita with the commentary of Kamalaśīla*，2 vols，Baroda，1926（*G.O.S*. Nos. 30, 31）；Swami D. Shastri，*Tattvasaṃgraha of Śāntarakṣita with the commentary of Kamalaśīla*，2 vols，Varanasi，1968. Ganganath Jha 的英译：*G.O.S*. Nos. 80 & 83，Baroda，1937，1939. 日译：竜山章真「実義要集、我論批判」の研究—正理派 · 勝論派の章—」（『日本仏教学會年報』第九号，1936 年）。中村元「プルシャの考察」「ウパニシャッド論者の想定するアートマンの考察」（『初期ヴェーダーンタ哲学』，1950 年，页 350—403）；同「真理綱要（Tattvasaṃgraha）のうちの「語ブラフマンの考察」の翻訳」（『ことばの形而上学』，1956 年，页 65—110）。長沢実導「タットワサングラハに於ける補特伽羅説の批判」（『仏教研究』第三巻第三号，1939 年 5、6 月号，页 69 以下）。渡辺照宏「摂真実論序章の翻訳研究」（『東洋学研究』第二号，1967 年 9 月，页 15 以下）。伊原照蓮「タットワサンダラハに於けるアポーハ説について」（『文化』一五之一，1941 年 1 月）。服部正明「真理綱要における我論批判」（中村元編『自我と無我』，1963 年，页 515 以下）。川崎信定「Tattvasaṃgraha に引用された sarvajña 批判説」（『印仏研』一一之二，1963 年 3 月，页 170—171）；同「法を知る人は存在するか—Tattvasaṃgraha における仏教 · ミーマーンサー学派の論争」（『平川彰博士還暦記念論集 · 仏教における法の研究』，1975 年，页 267 以下）。

② G. Tucci，The contents of the first Bhāvanākrama，Sanskrit and Tibetan Texts with Introduction and English Summary（Minor Buddhist Texts，Part II，Roma，1958，p.157ff.）；Third Bhāvanākrama（Minor Buddhist Texts，Part III，Roma，1971）. 芳村修基「Tibetan Buddhistology—The Tibetan Text of Bhāvanākrama」（『竜谷大学論集』三四六号，1953 年 9 月）；同「カマラシーラの修習次第」（『仏教学研究』八、九号）；同『インド大乗仏教思想研究—カマラシーラの思想—」，1974 年。还有关于莲华戒的《中观明论》（*Madhyamakāloka*），参考江島恵教「Kamalaśīla の無自性性論証」（『東方学』第四一辑，1971 年 3 月）。此文阐明莲华戒对于无自性的论证，接受清辨的方法的同时，也采用在此之后由法称所确立的佛教逻辑学的方法。

两者的融合。他们的唯识说是“无相唯识说”（nirākāra-vijñānavāda），但是同时也与经量部的思想、世亲的《俱舍论》有密切的关系而受到注意。

《智心髓集》与觉贤

藏译大藏经中有当作提婆所作的《智心髓集》（*Jñānasārasamuccaya*，东北目录三八五一），及觉贤（Bodhibhadra）对此作的注释（东北目录三八五二）。本书由内容上来看难以视为提婆之作，而可视为在清辨以后产生中观瑜伽的论诤的时代，由中观派某人所作而归于提婆的。对此作注释的觉贤因为引用了清辨、寂护，所以被视为是之后的人[①]。根据山口益博士所说，本书虽是由 38 偈所成的小书，但是其中阐述“智心髓”之最上义，接着批判湿婆派、数论、奥义书及其他外学，在佛教内部则批判说一切有部、经量部、瑜伽行派等之说，最后叙述中观派之所宗，继而将中观的实践以闻思修三慧为中心来说明。如此，论的构成与清辨的《中观心论》、寂护的《摄真实论》如出一辙。本书加上觉贤的注释，不只是后代中观派的思想，在了知当时各学派思想上也有重要的价值。特别是在觉贤的注释中，叙述了瑜伽行派的学派传承，说到有以无著为始的无相（nirākāra）唯识派，与以陈那为始的有相（sākāra）唯识派，而
受到瞩目[②]。 （215）下

同样归于提婆的论书，有《心障清净论》（*Cittaviśuddhiprakaraṇa*），但本论书也是后代的论书，是基于中观思想而宣说密教的[③]。其中如来藏的思想受到认可，而视为是属于无相唯识的系统。

---

① 山口益「聖提婆に帰せられたる中観論書」(『中観仏教論攷』，页 261 以下)。Katsumi Mimaki，*La réfutation bouddhique de la permanence des choses*（*Sthirasiddhidūṣaṇa*）*et la preuve de la momentanéité des choses*（*Kṣaṇabhaṅgasiddhi*），Paris，1976，pp. 183–311.

② 山口益，同上，页 308。

③ 山田竜城「心障清浄論」(梵文、藏文、日译，『文化』三之八，1936 年 8 月)。山口益『般若思想史』，页 197 以下。

师子贤

前文的克主杰所举的瑜伽行中观派传承中，有师子贤（Haribhadra，公元800年左右）。他对弥勒的《现观庄严论》作了注释，亦即将《八千颂般若经》套入《现观庄严论》的科判章节〔「科段」〕而进行注释，在论偈的注释中配合《般若经》，于注释中加以利用。这有大注《八千颂般若解说·现观庄严明》（*Aṣṭasāhasrikāprajñāpāramitā-vyākhyā Abhisamayālaṃkārālokā*，东北目录三七九一），与小注《名为现观庄严论之般若波罗蜜多经优波提舍论之注》（*Abhisamayālaṃkāra-nāma-prajñāpāramitopadeśaśāstravṛtti*，东北目录三七九三）。前者《光明注》有梵本与藏译，梵本与《八千颂般若经》编成会本出版[1]，而有荻原云来的部分日译。小注唯有藏译。这是将前者除去《般若经》经文，只抽出论释的部分，抄出而编集的，其日译及原典已经出版[2]。

师子贤传为解脱军（Vimuktisena）的弟子，因为传说是波罗王朝的达摩波罗王时代的人，所以是公元800年左右的人[3]。他曾住在三峰寺（Trikūṭaka-vihāra），但是其经历不明。他在本书中完全依据弥勒的
下(216)《现观庄严论》，所以在这点上是瑜伽行派的人，不过他在注释中导入了般若中观的思想，据此则似乎有把他包含在瑜伽行中观派的传承中的理由，但是他的唯识说是无相唯识的系统[4]；他的学问给予西藏佛教很大的影响。

还有在师子贤的《光明注》中叙述了由无著、世亲、解脱军等著作了弥勒之论的注释。其中解脱军有对弥勒的《现观庄严论》的注释，亦即有《二万五千颂般若波罗蜜多之优波提舍论之现观庄严论颂评释》（*Pañcaviṃśatisāhasrikāprajñāpāramitopadeśaśāstrābhisamayālaṃkārakārikā-*

---

① U. Wogihara，*Abhisamayālaṃkārālokā Prajñāpāramitāvyākhyā*，Tokyo，1932–35；*Ālokā* 的出版有：G. Tucci，*G. O. S.* No. 62，vol. I，Baroda，1934；P. L. Vaidya，Buddhist Sanskrit Texts No. 4，Darbhanga，1960，p. 267ff.『荻原雲来文集』，页311以下、页694以下。

② 真野竜海『現観荘厳論の研究』，1972年。Hirofusa Amano，*A Study on The Abhisamayālaṃkāra-Kārikā-Śāstra-vṛtti*，1975。

③ 参考Vaidya，ibid. Introduction p. XIV。

④ 山口益『般若思想史』，页174以下。

vārttika）。这是将《现观庄严论》套入《大品般若经》而注释的，此书有藏译（东北目录三七八七，北京五一八五），梵本由图齐发现于尼泊尔，第一章已由 C. Pensa 出版[①]。因为在师子贤的《光明注》中举出两位解脱军，最初的解脱军著述了“注”（vṛtti），其次的解脱军著述了“评释”（vārttika），所以本书的“注”（vṛtti），似乎是前一位解脱军之作；这位解脱军大概不是师子贤的直接之师。

还有，由健代渊应师公布出版了另外一部《现观庄严论注》（*Abhisamayālaṃkāraśāstraṭīkā*）的梵本及其日译[②]。这是《现观庄严论》第八章《法身章》的注释，作者是佛吉祥智（Buddhaśrījñāna）。同样也有藏译（东北目录三八〇〇，藏译是全译）。根据健代师所说，佛吉祥智 （217）下
的注释因为专依师子贤，所以他似乎是师子贤以后的人。

在 10 世纪末随应破派中出现了智生慧（Prajñākaramati），他对寂天的《入菩提行论》作注释（*Pañjikā*），但之后的随应破派的传承不明。中观瑜伽行派的系统中，有活跃于 10 世纪末的宝寂（Ratnākaraśānti）。他是超岩寺的代表性学者，著有《般若波罗蜜多论》（东北目录四〇七九，*Prajñāpāramitopadeśa*）、《中观庄严论》（*Madhyamakālaṃkāropadeśa*，东北目录四〇八五）等[③]，展开统一中观与瑜伽的理论。他的立场为同样是超岩寺学僧的智吉祥友（Jñānaśrīmitra，活跃于公元 980—1030 年左右）所批判。智吉祥友立于经量瑜伽行派的立场，他的弟子有著名的逻辑学者宝称（Ratnakīrti）。相对地，阐明中观派立场的有阿底峡（Atīśa，Dīpaṃkaraśrījñāna，公元 982—1054 年）；他虽是超岩寺的僧首，但受西藏王智光（Ye shes ’od）迎请，于公元 1042 年左右入于西藏，为西藏佛教的再兴而活跃。他作为密教僧虽也是有名的，但是在显教方面留下

---

① Corrado Pensa，*L’Abhisamayālaṃkāravṛtti di Ārya-Vimuktisena*，*Primo Abhisamaya*，Serie Orientale Roma XXXVII，Roma，1967.

② 健代淵応『Abhisamayālaṃkāraśāstraṭīkā の研究』，1973 年。

③ 参考早島理「ラトナーカラシャーンティの菩薩道—Prajñāpāramitopadeśa における—」（『印仏研』二五之二，页 944 以下）。沖和史「ラトナーカラシャーンティの有形象説批判」（『印仏研』二五之二，页 940 以下）。早島理「Ratnākaraśānti の中道思想—Madhyamakālaṃkāropadeśa における—」（『印仏研』二六之二，页 1012 以下）。

许多著作。阿底峡在其主著《菩提道灯》(*Bodhipathapradīpa*，东北目录三九四七、北京五三四三)、其自注《菩提道灯细疏》(*Bodhipathapradīpa-pañjikā*，东北目录三九四八、北京五三四四)等，以“离一多性”等四大
下(218) 理由证明了《中论》的无自性。已有指出他的无自性论证，与莲华戒的《中观明》(*Madhyamakāloka*，东北目录三八八七)的“五论证”，或在《中观宝灯》(东北目录三八五四)、《摄中观义》(东北目录三八五七)中所说的“四论证”有关系，据此可认为阿底峡曾要整理莲华戒以降的无自性的论证形式[①]。但是阿底峡在中观思想中，可以视为属于随应破派的系统。

阿底峡身为密教僧也是著名的，特别是以“无上瑜伽”的般若・母续系统的学僧而有名，但是也继承方便・父续的系统。在8世纪成立的《秘密集会续》是方便父续的代表圣典，奉持此续的流派之中，智句流与圣者父子流是有名的。一如原本在密教中所说的“阿字本不生”般，其基础有空的思想，将这点特别明确阐明的是圣者父子流。圣者父子流约略在10世纪形成，但是此流派的重要著作是假托龙树、提婆、月称、龙智等中观派的学匠而作的；视龙树与其弟子提婆、龙智等为父子，而称此学派为圣者父子流。从著作假托龙树、提婆、月称等来看，也可以察知此学派中重视空的思想。因为密教是立于即身成佛的立场，所以以自性清净心(prabhāsvara)为中心而建构教理，但由于同时基于空的思想而得以说“迷悟不二”的即身成佛，因此中观派的学系也随密教的隆盛而
下(219) 消解在其中。

以上的中观派传承列表如下：

① 江島恵教「Atiśaの無自性論証」(『印仏研』一九之一，1970年，页451—455)。

中观派的传承

龙树（Nāgārjuna，约公元 150—250 年）
|
提婆（Āryadeva，约公元 170—270 年）
|
罗睺罗（Rāhulabhadra，约公元 200—300 年）

自立量派

清辨（Bhāvaviveka，约公元 490—570 年）
⋮
观誓（Avalokitavrata，约公元 700 年）
⋮
吉祥护（Śrīgupta）
⋮
智藏（Jñānagarbha，约公元 700—760 年）
⋮
（中观瑜伽行派）
寂护（Śāntirakṣita，约公元 725—790 年）
|
莲华戒（Kamalaśīla，约公元 740—796 年）
⋮
解脱军（Vimuktisena）
⋮
师子贤（Haribhadra，约公元 800 年）
⋮
宝寂（Ratnākaraśānti，约公元 1000 年）
⋮
胜敌（Jitāri，约公元 1000 年）

随应破派

佛护（Buddhapālita，约公元 470—540 年）
⋮
月称（Candrakīrti，约公元 650 年）
⋮
寂天（Śāntideva，约公元 650—700 年）
⋮
智生慧（Prajñākaramati，约公元 950—1030 年）
⋮
阿底峡（Atīśa，约公元 982—1054 年）
⋮
方便父续，圣者父子流

（220）下

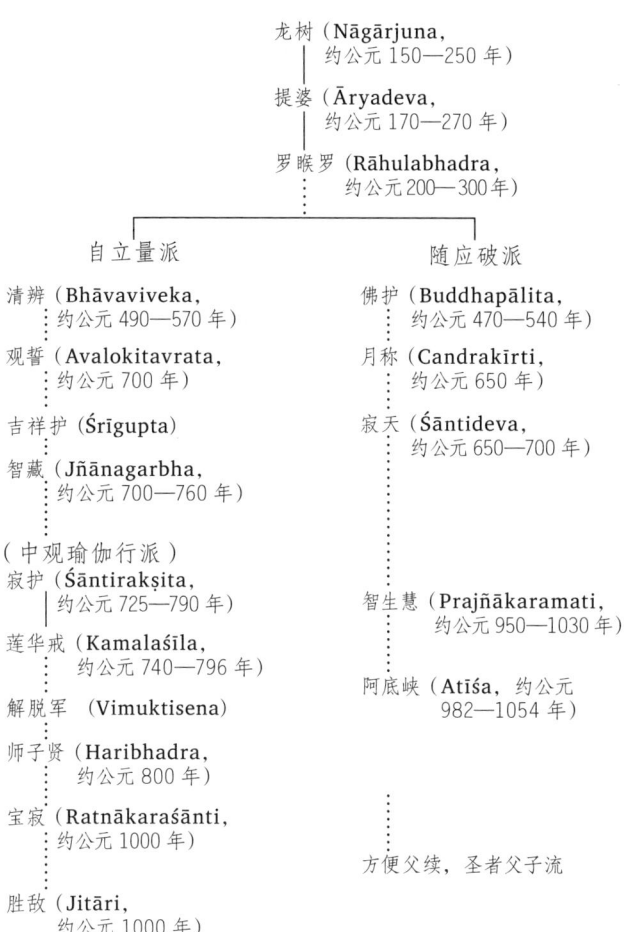

第八节 瑜伽行派的发展

瑜伽行派论师的年代

在第四节讨论了瑜伽行派诸论师的年代，考虑各家说法而推测出的年代如下：

瑜伽行派的传承

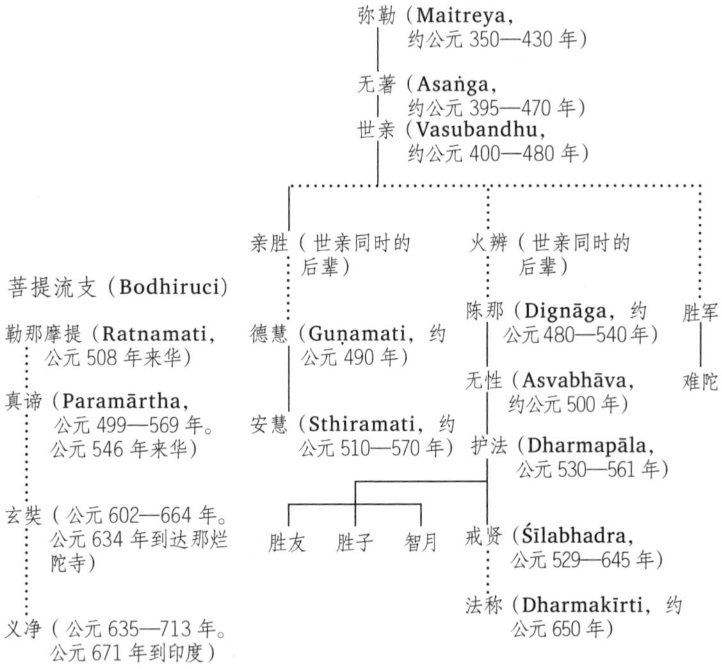

关于弥勒、无著、世亲的年代已在第四节加以讨论了，而关于陈那的年代早就由宇井博士推定为公元 400—480 年左右[①]，但是最近有关陈那的研究大有进展，他的年代已被订正。根据这些，他的年代定为公

① 宇井伯寿『印度哲学研究』第五，页 142，及其他。

元 480—540 年左右才妥当[①]。其次，安慧的年代由宇井博士推定为公元 470—550 年左右[②]，但由于之后研究的进展，佛劳华纳的公元 510—570 年说是较妥当的。列维研究伐腊毗王朝的碑文，阐明安慧与此王朝的密军王（公元 558—566 年在位）是同时代，而成为决定安慧年代的重要根据（参考本书页 247）。还有根据最近的研究，也已证实清辨、安慧、护法是同时代[③]。因为这样的理由，所以佛劳华纳所立的"安慧于公元 510—570 年在世"说才受到支持。（228）下

但是将安慧放在这个年代，他就比真谛（公元 499—569 年）还晚。因为一般是认为真谛继承安慧的思想而将之传到中国，两者的年代互换的话，从唯识思想的展开上来看，有重大的意义。在以上的年代论中，真谛于公元 546 年，47 岁时来到中国，所以那时安慧约是 36 岁，因此若视安慧在 30 岁左右思想完成，两者之间似乎可能有关联。或者安慧的殁年同前，而将其生年提前来看，作公元 490 年左右出生也是有可能的。（229）下
在这情形下，真谛来中国时，安慧则是 56 岁左右。但是以为真谛继承安慧的思想，是从两人思想的类似性来看，在文献上似乎并未发现真谛受到安慧影响的证据。在真谛的翻译之中，似乎没包含安慧的著作。真谛

---

① 服部正明「ディーグナーガ及びその周辺の年代—附『三時の考察』和訳—」(『塚本博士頌寿記念·仏教史学論集』，1961 年，横排页 79 以下)。服部教授阐明了陈那的《三时之考察》(*Trikāla-parīkṣā*，东北目录四二〇七）是基于伐致呵利(Bhartṛhari）的 *Vākyapadīya* 所成的，而证明陈那是伐致呵利的后辈。伐致呵利由中村元博士推定为公元 450—500 年左右的人（『ヴェーダーンタ哲学の発展』，1955 年，页 33），所以陈那是在此之后的人。服部教授在此论文中，虽然推定陈那的年代为公元 470—530 年，但后来赞成 Frauwallner 所定的公元 480—540 年之说。M. Hattori, Dignāga, On Perception, being the Pratyakṣapariccheda of Dignāga's Pramāṇasamuccaya, *HOS*. 47, 1968, p. 4; E. Frauwallner, Landmarks in the history of Indian logic, *WZKSO*, V, 1961. 金倉円照『インドの自然哲学』，1971 年，页 40。

② 宇井伯寿『印度哲学研究』第五，页 136。中村元『インド思想史』第二版，1968 年，页 210，也是根据这个。

③ 列维研究伐腊毗（valabhī）王朝的诸碑文，而证明了安慧（Sthiramati）与同王朝的密军王（Guhasena，统治至公元 566 年结束）是同时代的人，这件事由中村元博士在「因明に及ぼした空観の影響」(『仏教の根本真理』，1956 年，页 340）注意到了。而 Frauwallner 更基于列维的研究，定安慧的年代为公元 510—570 年（本页注②论文）。梶山雄一教授支持此说，还注意到在安慧的《大乘中观释论》、清辨的《般若灯论释》及观誓的疏、护法的《大乘广百论释论》之中互相引用、互相批判的情形，据此而论证这三者是同时代的人(「清弁・安慧・護法」，『密教文化』第六四、六五号，页 158）。确认了清辨 480—570 年、安慧 510—570 年、护法 530—561 年的年代。

译出许多陈那的著作，也译出德慧（公元490年左右）的《随相论》。但是宇井博士似乎并不认为这是德慧的著作[①]，不过总之这表示真谛知道德慧的名字，所以陈那、德慧是真谛的前辈。相对地，安慧的著作译入中国，是到唐代的玄奘、地婆诃罗才开始。所以从著作的译出年代来看，也似乎没有非视安慧为真谛的前辈不可的理由。真谛是优禅尼国人，但是德慧、安慧也活跃于伐腊毗时代。恐怕伐腊毗的唯识说是重视空思想的“无相唯识”（德慧与安慧都对《中论》写了注释），而与那烂陀学派的陈那、无性、护法系统重视理世俗的“有相唯识”的立场不同。因此安慧与真谛思想的类似性，可以以两者属于相同学派来理解，并不一定有必要认为真谛继承安慧之教。

不过成为问题的，是菩提流支所译的《宝积经论》四卷。此论在藏译（东北目录四〇〇九、北京五五一〇）作者是作安慧，汉、藏译都是《普明菩萨会》的注释，可以认为是同本，但是在汉译中缺作者。如果藏译
下(230) 的安慧作是正确的话，因为这是在公元508年左右汉译的，安慧的在世年代则似乎在公元500年以前。不过汉译中缺作者，多罗那他等的西藏佛教史也说世亲为《宝积经》写了注释，而安慧方面则未发现（如宇井所说，以安慧的年代为470—550年左右的推定来看，公元508年译出似乎也是不合理的）。若以为于508年译出安慧的著作，则安慧的年代向前推得太早，所以应视此为藏译之误[②]。

根据窥基的《成唯识论述记》卷一（T 43.231c），德慧是安慧之师，亲胜、火辨是与世亲同时代的晚辈。但是陈那、德慧似乎并不是世亲的直传弟子，世亲的直接弟子不明。

---

① 宇井伯寿「真諦三蔵伝の研究」(『印度哲学研究』第六，1930年，页96)。类似于《随相论》书名的注释《阿毗达磨俱舍注相随顺》(*Abhidharmakoṣa-ṭīkā-lakṣaṇānusāriṇī-nāma*，东北目录四〇九三、四〇九六）有藏译，是满增（Pūrṇavardhana）所作。宇井博士之所以否定汉译《随相论》是德慧作的，是因为汉译《随相论》与此藏译不合，但以为汉译与藏译不妨看作完全是别本。

② 参考服部正明「ディーグナーガ及びその周辺の年代—附『三時の考察』和訳—」(『塚本博士頌寿記念·仏教史学論集』，1961年，横排页83)。还有宇井博士说《宝积经论》为《瑜伽论》卷七十九所引用，并解释了该论的十六种相及十九喻（『宝性論研究』页96)。若这是正确的，则《宝积经论》似是无著以前成立的。

世亲是传承多方学说的人，除为主的唯识说之外，在如来藏思想、《十地经论》、《法华经》、净土教等方面也留下了基本的著作。这些在北魏时由菩提流支（Bodhiruci, 公元 508 年来华）、勒那摩提（Ratnamati，公元 508 年来华）、佛陀扇多（Buddhaśānta，公元 511 年来华）等传译到中国来。特别是由他们译出《十地经论》，而在中国成立了地论宗，但是菩提流支与勒那摩提意见不合，而分别译出。菩提流支的门人有道宠，兴地论宗的相州北道派；勒那摩提的弟子有慧光，成了地论宗相州南道派之祖。之后真谛于公元 546 年到达中国南方，翻译了《摄大乘论》等，成为摄论宗之祖。道宠法系的北道派后来流入此摄论宗，南道派则成为后世华严宗成立的一个要素。（231）下

世亲的思想在紧接其后来到中国的论师们之间也有解释上的差异。根据《成唯识论述记》卷一（T 43.231c），注释了世亲的《唯识三十颂》的人有“十大论师”。这些论师是护法、德慧、安慧、亲胜、难陀、净月、火辨、胜友、胜子、智月 10 位。其中，亲胜、火辨是与世亲同时代的后辈，德慧是安慧之师，净月与安慧是同时代的人，胜友与胜子、智月是护法的弟子，难陀传承胜军，所以似乎是不同法系的人。虽然说是十大论师，但并非是同时代的人，而分为 3 个系统。一是陈那—无性—护法的系统，这个系统的教理由玄奘传译到中国来，而发展为法相宗。相对于此，德慧—安慧系统的教理则由真谛传到中国，产生摄论宗。胜军—难陀的系统不明。

因为十大论师中并未包含陈那，所以他应没有对《唯识三十颂》作注释。但是他有关唯识说的主张屡屡为《成唯识论》所引用，关于所谓“识之四分说”，“安难陈护，一二三四”之说也很有名。此即关于识，安慧是自体分的一分说，难陀是见分、相分的二分说，陈那立了见分、相分、自证分的三分说，而护法更加上证自证分而立了四分说。汉译的《成唯识论》十卷，传说是“参糅”这十大论师之释所成的，但是实际上似乎是以护法之释为中心，而参照其他注释进行翻译的[1]。下（232）

---

① 参考勝又俊教『仏教における心識説の研究』，1961 年，页 9 以下。

有相唯识派与无相唯识派

觉贤（Bodhibhadra）曾对《智心髓集》加以注释，涉及有关瑜伽行派的说明时，觉贤记载，瑜伽行派存在有相（sākāra）唯识派与无相（nirākāra）唯识派[①]。有相唯识是由陈那新创，而由法称完成的唯识说，主张行相（ākāra）是依他起。无相派是无著等人，他们宣说行相是遍计所执性。还有在清辨、月称以后所著的《中观宝灯论》中也有论述到对有相唯识、无相唯识的批判，而同时在从寂护、莲华戒以下，到解脱护的逻辑学者之间，也是重要的问题[②]。

有相唯识是认为"行相"内在于依他起性的识本身之中的主张。在以为没有外界而成立认识的唯识说里，认识成立的根据非在识本身不可。行相一如所谓"识显现为境之相"[③]，是作为认识内容的赤、青等色或形、声、香、寒、暖等构成认识的要素。如果是外界实在论，认识上采取临摹说，可以解释作，识宛如镜子映照出外界般来认识外界。此时镜子没有拥有任何的形相，但是映照出外界，于镜面显现出赤、青等色。此赤、青等是在外物中的，并非在镜子中本来有的。若是如此的外界实在论者（外境有论、说一切有部等），则识可以是无行相，但是唯识论者不能承认无行相的识。认为使外界的认识成立的形相都具备于识之中，则成为有相
下(233) 唯识说的主张。

不过以为在识之中行相是本有的时候，就无法从识中除去行相了。特别是在凡夫的认识中，认识本身受迷妄所染。以为如此的认识之行相是依他起（缘起性的实在），是本有于识之中的，则似乎变成无法由此识转迷得悟了。于此不取有相唯识说，而说无相唯识(nirākāravijñānavāda)，主张识的行相（认识内容之相）是遍计所执性，那是如眼翳者所见的头发(眼前恍惚闪烁的东西)般没有实体之物，是有产生如此之说的理由的。

---

① 山口益「聖提婆に帰せられたる中観論書」(『中観仏教論攷』，页 308)；同『般若思想史』，页 160 以下。

② 山口益「中観派における中観説の綱要書」(『山口益仏教学文集』上，页 292 以下)。Y. Kajiyama, Controversy between the sākāra- and nirākāra-vādins of the Yogācāra school—some materials (*Journal of Indian and Buddhist Studies*, 14-1, 1965).

③ 本页注 ② 所引『中観仏教論攷』，页 309。

理解唯识说的究极为“境识俱泯”的立场，因为唯有依灭去识的行相才得以达成，所以这个立场成为无相唯识说似乎是极为自然的。所以认为无著、世亲等古唯识是无相唯识，是有理由的；一般以为此境识俱泯的无相唯识为安慧、真谛所继承下来。

但是如无相唯识般，以认识的内容是虚妄的，即是现实的认识（识）都是虚妄的，所以有导致无法承认真实智自此生起的理由之虞。对于这个非难，无相唯识者主张识的自证（swasaṃvid）而避免了这个难题。亦即以为凡夫的认识活动于迷妄中，但是其识之本性是自证的，空却了识作用的迷妄性时，就实现了转识得智，佛智即成立。以为即使现实的识是如何迷妄，因为其本性是自证的，所以转识得智是可能的。

此无相唯识似乎是唯识说的正统，但是陈那新说有相唯识说，似乎 （234）下
是陈那偏向于因明学的缘故。因明学为了要成为可能，在论辩的对方和自己的意识中，非有共通性（共许）不可。对现代的逻辑学来说，其共通性似乎是理性。但是我们的理性是由直证而知的，对方持有怎样的理性，并无法直接得知，这与不知狗、猫拥有怎样的心是一样的。我们只是各自知道自己的理性而已，因此若想立于唯识说而树立逻辑学的学说体系的话，则似乎非以识，尤其是第六意识中与他人具备着共通性为前提不可。于此陈那提倡有相唯识，主张行相是依他起，似乎是有理由的。因此陈那主张“六识说”而不立八识说，将阿赖耶识、末那识的作用分配于六识之中说明。陈那以这样的立场，来阐述唯识说。陈那没有对世亲的《唯识三十颂》作注释，传说是因为立于六识说之故。但是不承认阿赖耶识，唯识说果能成立吗？还有在六识说中，陈那如何组织唯识说，似乎尚有疑问①。

玄奘所传的护法的唯识说，是基于阿赖耶识之说建立八识。而且护法继承陈那，立于有相唯识说的立场。但是同时他并未立于陈那的六识说，而立于八识说，大成阿赖耶识，在这点也可看到他有综合了无著、世亲的古说与陈那的新宗义的伟大地方②。

---

① 参考宇井伯寿『陳那著作の研究』，1958 年，页 4。

② 参考山口益『中観仏教論攷』，页 310。

在有相唯识说中的认识之客观性，表现于将识的作用当作“量”（pra-
下（235） māṇa，认识根据）与“量果”（pramāṇa-phala）来掌握上。在《中观宝灯论》里，说这是在识中有推理（anumāna，比量）的作用，而作为其认识作用结果的“认识之对象”是量果[1]。陈那以有相说（sākāravijñānavāda）的立场，而说量与量果一致，这在服部正明教授的《集量论》（*Pramāṇasamuccaya*）的解说中也论述到[2]。亦即在认识（识）中，赤、青等的行相（识之行相），是认识的内容（所量，prameya），因此那是认识的对象（境）。所以识在那样的行相下显现，是指因为所量的行相是由识所把握的，所以识即是能量（pramāṇa），而且在那里，有所谓的识认识了对象的自觉（自证，svasaṃvitti）。这自证即为量果（pramāṇaphala）。

以唯识说而言，认识的对象（viṣaya，境），不过是以境的状态显现出来的识（识的相分），而有要掌握其相分的状态的识（见分），这表示识分裂为见分与相分。但是仅以“见分”见“相分”，无法完成认识。在此之上还伴有所谓的认识了对象的自觉（viṣayādhigati，对象之理解）。认识如果没有达到这里，就变成“视而不见，听而不闻”般的认识了。这是虽有量（认识作用），但没有达到量果。在完整的认识上，是有认识，而且有所谓的已经认识到了的自觉。如果没有这个自觉，就不会作为记忆留下来。以上所说，是在识之中有见分、相分、自证分的“三分说”，
下（236） 是陈那独特的主张。

唯识说中说，此三分不只是在识，而且在于各个心所法。这三分说出自陈那《集量论》，是有名的。根据藏译的《集量论》，三分还原成梵语如下；亦即可以认为说，相分是 viṣayābhāsa，见分是 svābhāsa，自证分是 svasaṃvitti[3]。在汉译中也译作所取分（grāhya-aṃśa）、能取分（grāhaka-aṃśa）、自证分等，《正理雷苞》（*Nyāya-mañjarī*）中所引用的《集量论》梵文偈文中，似乎是作 ābhāsa（似现 = 相分）、grāhakākāra（能

---

① 山口益『山口益仏教学文集』上，页 293。

② M. Hattori，Dignāga，On Perception，being the Pratyakṣapariccheda of Dignāga's Pramāṇasamuccaya，*HOS*. NO.47, 1968, p.98.

③ M. Hattori，Dignāga，On Perception，being the Pratyakṣapariccheda of Dignāga's Pramāṇasamuccaya，*HOS*. No.47, 1968, p.28.

取行相)、saṃvitti(自证)[1]。"见分、相分"等译语，是在护法的《成唯识论》中玄奘所译的，然而陈那《集量论》的原文似乎与这些不同。不过识分化为主观的部分与客观的部分，而且其识体是自证的思想，似乎已经存在于《摄大乘论》中[2]。

以上的三分，在护法《成唯识论》的系统中，全部视为是依他起性。亦即对于作为识的主观的作用、作为客观的作用、作为识的本性的认识性(自证)，承认其各个的独立存在性。但是也有说在陈那的《观所缘论》中，视见相二分为遍计所执性[3]。若果如此，他的立场与无相唯识派基本上并无不同。亦即主客对立的认识活动，是迷妄的，是应该空的。远离此迷而灭却主客的对立，没有对于对象的执着之认识，作为自证(svasaṃvitti，svasaṃvedana)的认识是真实的，如此则与所谓的识之一分说(自证分，安慧之说)也并无不同。

陈那的有相唯识思想，由法称(Dharmakīrti)所继承[4]。因为法称也是逻辑学者，所以采取了和陈那相同的立场，所以有相唯识派(Sākāra-　(237)下
vijñānavādin)的法系就成为陈那、护法、法称相继承的关系。相对地，无相唯识派(Nirākāravijñānavādin)，则是无著、世亲、德慧、安慧的顺序。

瑜伽行派的此二学派，在西藏称为圣教随顺派(Āgamānusāriṇo Vijñānavādinaḥ)与正理随顺派(Nyāyānusāriṇo Vijñānavādinaḥ)[5]。前者是无著的系统，后者是陈那的系统。

陈那

陈那(Dignāga，Diṅnāga，公元480—540年左右)，译作域龙，尊称为大域龙。传说著作也有很多，但是散逸的不少。义净举出"陈那八

① M. Hattori，Dignāga，On Perception，being the Pratyakṣapariccheda of Dignāga's Pramāṇasamuccaya，*HOS*.No.47, 1968, p.107.

② 佐佐木月樵『摂大乗論』藏译，五十二，「相分 rgyu-mthan，見分 lta-ba.」。

③ 参考宇井伯寿「陳那の三分説」(『陳那著作の研究』，页336以下)。

④ M. Hattori，ibid，p.98.

⑤ E. Obermiller, The sublime science of the great vehicle to salvation being a manual of Buddhist monism, *Acta Orientalia* IX, 1931, p.99.

论”[1]如下：《观三世论》（*Trikālaparīkṣā*，东北目录四二〇七，汉译缺）；《观总相论》（*Sāmānyalakṣaṇaparīkṣā*，义净译一卷，藏译缺）；《观境论》（*Ālambanaparīkṣā*，东北目录四二〇五、四二〇六，《无相思尘论》一卷，《观所缘论》一卷）；《因门论》（梵、藏、汉俱缺）；《似因门论》（梵、藏、汉俱缺）；《理门论》（*Nyāyamukha*，《因明正理门论》，玄奘译，义净译）；《取事施设论》（*Upādāyaprajñaptiprakaraṇa*，义净译作
下（238）《取因假设论》，藏译缺）；《集量论》（*Pramāṇasamuccaya*，东北目录四二〇三、四二〇四，汉译缺）。

这些主要是举出陈那的因明学作品，他的著作还不只此。服部正明教授指出陈那的著作有 22 种[2]，其中陈那因明学的主著是《集量论》。《集量论》的汉译虽然由义净译出，但是散逸了，藏译（《集量论》及陈那的自注）现存，基于藏译而进行了英译、日译及其详细的研究[3]。《因明正理门论》（《理门论》）唯有汉译（玄奘译、义净译，各一卷），本书是简单归纳陈那逻辑学的作品[4]。陈那在这些书里把从世亲所继承来的“因之三相”说，以九句因赋予基础，大成新因明。

在他的著作中，《取因假设论》、《无相思尘论》（《观所缘论》）、《解卷论》（《掌中论》）、《入瑜伽论》（*Yogāvatāra*）等，论述了唯识说。《解卷论》虽不包含于义净的八论之中，但是有汉译（真谛译、义净译《掌中论》）及藏译（东北目录三八四四、三八四五、三八四九，不过藏译是

---

① 《南海寄归内法传》卷四，T 54.230a。

② M. Hattori, ibid., pp. 6–10; E. Frauwallner, Dignāga sein Werk und seine Entwicklung, *WZKSO*., Bd. III, S. 84 ff. 1959.

③ M. Hattori, ibid. 北川秀則『インド古典論理学の研究』，1965 年 3 月。《集量论》分为六章，第一现量品与第五观离品处理认识论，第二为自比量品、第三为他比量品、第四观喻似喻品、第六观过类品则处理与狭义因明学有关的问题。服部氏的英译是第一章，北川氏的日译包含第二、第三、第四、第六章前段的翻译。武邑尚邦『仏教論理学の研究』，1968 年。

④ 有宇井博士详细的研究。参考宇井伯寿「因明正理門論解説」（『印度哲学研究』第五，1929 年，页 507 以下）。有 Tucci 的英译，G. Tucci, *The Nyāyamukha of Dignāga, being the oldest Buddhist text on logic after Chinese and Tibetan materials*（*Materialien zur Kunde des Buddhismus,* xv），Heidelberg, 1930.

作提婆的著作）[1]。《取因假设论》阐明：在常识上认为是有的，是假说；而世俗谛有不外是由识所表现〔「似現」〕的，在胜义谛上并不是有。《观所缘论》则阐明认识的对象不外是识的表现〔「似現」〕，有护法的注释。《解卷论》则是基于《摄大乘论》的蛇绳譬喻而说三界唯假名的作品，《入瑜伽论》是阐明实践行的论书。还有陈那的唯识思想，在《八千颂般若经》的注释《佛母般若波罗蜜多圆集要义论》（*Prajñāpāramitāpiṇḍārtha*）[2] 中也可见到，还有识的三分说也出现在《集量论》中。（239）下

还有陈那《三时之考察》（*Trikālaparīkṣā*，东北目录四二〇七。按：《观三世论》，汉译缺）有藏译，其日译已如前述[3]。陈那更有《俱舍论》的注释《阿毗达磨俱舍注要义灯）（*Abhidharmakośa-vṛtti-marmadīpa*，东北目录四〇九五），还有以《杂赞》（*Miśraka-stotra*）为代表的二、三赞颂。

如上所述，陈那的著作广及多方，但主要是因明学。因之三相说虽然在陈那以前已经存在，但是陈那将此依九句因而阐明同品、异品的逻辑学上的关系，在此之上树立因之三相说。因此把向来的比论式[4]的因明，改为演绎式（按：即类推式）的论证。于此有理由称陈那的逻辑学为“新因明”，因此即使是佛教以外的学派，只要研究逻辑学，没有不受陈那影响的。以逻辑学为专长的正理学派，甚至背离传统主张，而到采用新因明的程度。此陈那的新因明，由于法称而更得到发展，成为精致的学问。

---

① 宇井伯寿『陳那著作の研究』中，有《观所缘论》《解卷论》《取因假设论》等的解读研究。在北川秀則前引书的附录中，有《取因假设论》的删节译本。还有在《观所缘论》（*Ālambanaparīkṣā*）中，由山口益博士从藏译添加了调伏天的释疏而进行了「原典解釈」，也列有由藏译所作的梵文还原（『世親唯識の原典解明』，1953 年，页 409 以下），也有 E. Frauwallner 的德译。服部正明前引书，页 8。

② 在宇井伯寿『陳那著作の研究』页 235 以下有解读。还有梵文原典 *Prajñāpāramitāpiṇḍārtha* 与藏译一起由 G. Tucci 公布出版。G. Tucci, Minor Buddhist texts on the Prajñāpāramitā : the Prajñāpāramitāpiṇḍārtha, *JRAS*, 1947, pp. 53–75; P.　L. Vaidya, Buddhist Sanskrit Texts 4, p. 233 ff., Darbhanga, 1960.

③ 参考本书页 379 注②。

④ 比论式，汉语的习惯表达为“类推式”。——校者注

护法

在陈那之后有无性（Asvabhāva，公元500年）。无性留有《摄大乘论释》（玄奘译十卷，藏译东北目录四〇五一），其中引用了陈那《解卷论》的一偈，所以可知他是陈那以后的人。在他的《摄大乘论释》中，要立与四烦恼相应的染污意为末那识，或以存在论来看三性说，将见相二分
下(240) 视为依他起性，认为种子有本有与新熏等主张，颇为接近护法之说；因此无性之说被解释成是由护法所继承发展的。

护法（Dharmapāla，公元530—561年）来自南印度，年轻时即已成为那烂陀寺的僧首，29岁时退隐，住于佛陀伽耶的菩提树伽蓝，32岁圆寂。根据慈恩的《唯识枢要》（T 43.608a-b），说护法退隐于菩提树边后作《成唯识论》[①]，而将此书托给平常供养他的笃信者玄鉴居士。因为玄奘恳切地请求，所以居士就将此书与《五蕴论释》一起送给玄奘，所以《成唯识论》是护法接近入寂之年的作品，不过护法的《五蕴论释》并未译出。护法的著作有注释提婆《四百论》后半二百偈的《大乘广百论释论》十卷、注释世亲《唯识二十论》的《成唯识宝生论》五卷（以上是玄奘译）、注释陈那《观所缘论》的《观所缘论释》一卷（义净译）等。这些唯传汉译，藏译中只不过有从汉译重译的《大乘百法明门论》（东北目录四〇六三），而将作者当作"世亲或护法"。

护法的唯识说一般是立于"道理世俗谛"（理世俗）立场的唯识，这是将问题从定义上来明确说明的立场。因此即使说"不一不异"，"不一"（多、现象、时间、法之相）与"不异"（一、本质、永远、法之性）也分离而成了所谓"性相别体"之说，连续面是薄弱的。虽然法相（现象世界）的说明变得微细，但却失去了与永远的联结。因此无法否定，定义阿赖耶识为"妄识"，就已忽略了人格所具备的真理性、永远性；这是
下(241) 道理世俗的立场。

但是护法在组织体系时很善巧，以此立场将世亲的唯识说更精致地

① 《成唯识论》的汉英对照英译是：Wei Tat（韦达），*Ch'eng Wei-Shih Lun, Doctrine of Mere-Consiousness*, Hong Kong, 1973.

体系化。亦即因为以八识为别体，虽然除去识的唯一性那一面，但是因此就能将作为潜在心的阿赖耶识与作为表面心的七识（七转识），当作对应关系来掌握，而把这个关系当作是“种子生现行，现行熏种子”的关系，巧妙地组织起来。然后依据“三法展转，因果同时”的理论与“种子生种子”的异时因果理论，将此当作阿赖耶识缘起的理论，而大功告成。关于种子则阐明“种子之六义”，关于熏习则阐明能熏之四义与所熏之四义，使《摄大乘论》中所说的理论能巧妙地发展。将阿赖耶识与七转识的关系——“识之转变”（vijñānapariṇāma，这是世亲的用词），当作因能变、果能变来把握，果能变是由识体表现〔「似現」〕见分、相分，此解释也是护法特殊的主张。由于他把见分与相分视为识的作用，故以为见相二分是依他起性。而唯有见相二分之上所执着的心外的“实我、实法”，才当作遍计所执性。因为以为依众缘所生的八识（识体与见分、相分，也包含心所）是依他起性，所以这些皆不是空，而是有。认为在依他起的识的活动上，有有漏与无漏两者；在有漏的情况中，于此依他起性之识中除去遍计所执性时，则有圆成实性。圆成实性因为是真如，所以不是出生之法，但是当实我、实法成空，则称为依我空、法空之二空所显之真如（二空所显真如）。因为以存在论解释三性，所以在护法的解释中，将不一不异从相即上来看的立场则变得较薄弱。（242）下

《成唯识论》中以如上的立场，来详说八识各个的性格、活动，同时随而定义说明了唯识的法相。更在其后将唯识的修行，作资粮位、加行位、通达位、修习位、究竟位之五位来阐述。这是依世亲《唯识三十颂》而立“五位”的，但与以“十地”来说修行的《摄大乘论》不同，是护法的独特之说。

总而言之，护法的唯识说是持重视差别性大于共通性的立场，所以相对于一乘佛教说悉有佛性，说一切的众生成佛，反而重视五性各别，承认有不可能成佛的人（无性有情）的存在。护法此说藉由弟子戒贤（Śīlabhadra，公元529—645年）而传到玄奘。戒贤较护法年长一岁，成为护法的弟子，继护法成为那烂陀寺的学匠，被称为正法藏而受到尊敬。他在106岁时遇到玄奘，约五年之间教玄奘瑜伽唯识。玄奘虽然并

非只有从戒贤处学唯识，但是立场是护法的唯识说。而从玄奘继承这个教理的慈恩大师窥基（虽然称作“基”才是正确的，但是一般称作“窥基”。公元632—682年），由他在中国开创了法相宗。

德慧与安慧

根据《大唐西域记》卷八（T 51.913c），德慧（Guṇamati）是南印度人，住过那烂陀寺，也住过西印度的伐腊毗，而论破了数论的摩沓婆（Mādhava）。德慧注释《俱舍论》而作《随相论》，汉译的《随相论》是
下（243） 其再注[1]；也于《唯识三十颂》作注释，是十大论师之一；于《中论》也作了注释，此由观誓《般若灯论释疏》的引用可以得知[2]。

德慧的弟子是安慧（Sthiramati，公元510—570年左右）。根据《成唯识论述记》卷一，安慧是南印度境罗罗国人，“糅《杂集》，救《俱舍论》，破正理师，护法论师同时先德”[3]。如前所述，他是与伐腊毗王朝的密军王同时代的人，根据碑文有他所建立的寺院，已在本章第一节叙述了；安慧是在伐腊毗活跃的人。

安慧的著作现在所知如下。于《俱舍论》造了注释《真实义》（*Tattvārtha*），藏译（东北目录四四二一）现存。汉译的残卷，安惠造《俱舍论实义疏》五卷（T 29.325ff），并不确定是否相当于此。有注释世亲《大乘五蕴论》的《大乘广五蕴论》一卷（藏译，东北目录四〇六六），有梵文《唯识三十颂释》（*Triṃśikāvijñapti-bhāṣya*），还有《中边分别论复注》（*Madhyāntavibhāga-ṭīkā*）有梵本现存。《大乘庄严经论》的注疏现存有藏译（东北目录四〇三四）。还有汉译中有安慧糅合无著的《大乘阿毗达磨集论》与师子觉的注释而成的《大乘阿毗达磨杂集论》十六卷，更有注释《中论》的《大乘中观释论》。《大宝积经论》四卷，藏译中当作是安慧之作，恐怕有误。

下（244） 安慧的著作广及多方，但主要是唯识说，他对弥勒、世亲的著述作注

① 宇井伯寿「真諦三蔵伝の研究」(『印度哲学研究』第六，页96)。
② 野沢静証「徳慧・提婆設摩の中論疏の残簡」(『印仏研』二之二，1954年3月，页90)。
③ 《成唯识论述记》卷一，T 43.231c。

解，阐明古唯识、无相唯识的教理系统。不过因为他的《唯识三十颂释》很简要，所以有无法了解其教理之详情的遗憾。《成唯识论》中所引用的他的教理中，可见到安慧之说的特色。

唯识学派的论师尚有难陀、净月、胜友、胜子、智月等。胜子也称作最胜子，汉译有《瑜伽师地论释》一卷，而藏译中有《菩萨戒品广注》（东北目录四〇四六），他也被当作是安慧所糅合的《大乘阿毗达磨杂集论》（东北目录四〇五四）的作者。藏译中有德光（Guṇaprabha》的《菩萨戒本疏》（东北目录四〇四五）、《菩萨地注》（东北目录四〇四四）等。这些是《瑜伽论》的《菩萨戒》的注释，但他也有《五蕴论注》（东北目录四〇六七）。义净称赞说："德光再弘律藏。"（T 54.229b）德光对律藏的注释也有很多（东北目录四一一七～四一一九、四一二二）。《律经》（东北目录四一一七，*Vinayasūtra*）已发现了梵文写本，由巴帕特（P.V. Bapat）教授准备出版[①]。德光是义净（公元 673 年到印）以前的人。

在《大唐西域记》《南海寄归内法传》中，尚有许多传有名字的人，但是详细的事迹不明。瑜伽行派，如可见于陈那、法称那样地结合了因明学，所以近于承认外界实在的经量部之立场，因此佛教逻辑学派也称作经量瑜伽行派（Sautrāntika-Yogācāra）。法称的弟子有出色的逻辑学者，之后更出现法上（Dharmottara，公元 750—810 年左右）、智护（Prajñākaragupta）等，对法称的《量评释》著述了杰出的注释。 （245）下

还有在 10 世纪末出现了智吉祥友（公元 980—1030 年左右），著《刹那灭论》（*Kṣaṇabhaṅgādhyāya*），他的弟子有著名的逻辑学者宝称（公元 1000—1050 年左右）。关于经量瑜伽行派的佛教逻辑学，将在下节论述。

还有中观派的寂护、莲华戒，采用瑜伽行派之说，称为瑜伽行中观派（Yogācāra—Mādhyamika），因此唯识思想也与中观派结合而发展。特别是此系统的师子贤（Haribhadra，公元 800 年左右），注释弥勒的《现观庄严论》，著作《现观庄严论光明》；关于这点于前一节已述（本书页 374）。

---

① P. V. Bapat 教授和 V.V.Gokhale 教授于 1982 年出版了 *Vinaya-Sūtra and Auto-Commentary on the Same by Guṇaprabha*. Tibetan Sanskrit Works Series 22. K. P. Jayaswal Research Institute, Patna, Varanasi. 参看网址：http://www.eastlit.pku.edu.cn/show.php?id=6275。—— 编者注

还有唯识思想与中观思想都被采纳到密教中，成为其教理上的支柱之一部分。特别是成为密教曼荼罗中心的“五佛、五智”之教理，是在唯识的大圆镜智等四智上加入法界体性智。在密教的即身成佛中也重视瑜伽的修法，特别是将密教的怛特罗（tantra）分类为所作怛特罗、行怛特罗、瑜伽怛特罗、无上瑜伽怛特罗 4 种的情形时，重要的怛特罗是属于瑜伽怛特罗和无上瑜伽怛特罗；从这点也可知密教重视瑜伽行。

如上所述，瑜伽行派的唯识思想分为各式各样的方面而发展，因此
下（246） 单一的瑜伽行派似乎并不曾存在过。

第九节　佛教逻辑学的展开

佛教逻辑[1]学的前史

在佛教里，从原始佛教以来，就有对逻辑学的反省。例如，对于“世界是有限的，还是无限的？身与心是一个，还是不同的？”等质问，佛陀并没有回答。虽称此为无记（avyākata，十四难无记），没有回答的理由之一，可以理解作，是因为这种质问陷入二律背反的问题[2]。或者对于宣称“我不承认一切见（主张）”的长爪梵志，佛陀反问道：“你所谓不承认一切主张的主张，你也不承认吗？”（*MN*. Vol. I，p. 497）在此反问中，可以视为有关于概念之周延的反省。

当时有很多学者立各自的主张而论诤，六师外道之一的散若夷毗罗梨沸（Sañjaya），了悟到人智慧的不完整，而主张避免与他人论诤的“鳗论”（amarāvikkhepa，怀疑论）。对此，耆那教的尼乾子（大雄）倡导在界限内判断是可能的的“盖然论”（syādvāda），立于知识的相对主义。相对地，

① 「論理」，此处译作逻辑。下同。——编者注
② 和辻哲郎『原始仏教の実践哲学』，1927 年，页 144。

佛陀是以“无记”来回复十四难。在《阿含经》中，表示推论的语词常用到的是 takka（思索、推论〔tarka〕；依据推论〔takka-hetu〕）之语或 takkin（推论家）之语。在《弥兰陀王问经》里的弥兰陀王与那先比丘的 （251）下
对话中，也出现了逻辑上的反省，还有巴利上座部的论藏之一的《论事》（*Kathāvatthu*）中，已派论师的上座部在论难、追究作为异端说的其他部派的主张时，所用的论破方法中也可见到逻辑上的反省[①]。

在印度思想界中，自古以来对话、论诤就很盛行，所以为了决定论议的胜败，对逻辑学的反省也是必要的，这一累积逐渐形成作为学问的逻辑学。在公元前 1 世纪左右已经有研究逻辑学而称为 Hetuka、Haituka（合理主义者、怀疑论者）的人存在[②]；这些语词是由印度逻辑学中表示理由命题的“因”（hetu）所派生之语。逻辑学在佛教中称为“基于因之学”（hetu-vidyā，因明），但是在六派哲学中，逻辑则以“正理”（nyāya）之语来称呼。不过在佛教的内部，阿毗达磨论书并未说到逻辑学，仅止于在《大毗婆沙论》等世俗之论中指出因论而已。而最早的文献是现存于汉译的《方便心论》[③]，当时论述医学的作品中有《遮罗迦本集》（*Caraka-saṃhitā*），其中说到了医生所应领会熟练的学问之一的逻辑学[④]。龙树的《回诤论》中也说到了逻辑学，但是宇井博士将此三者的成立顺序，列作《遮罗迦本集》的逻辑学、《方便心论》、龙树《回诤论》的顺序，认为遮罗迦的年代为公元 2 世纪（与迦腻色伽王同时代），以为《方便心论》是在龙树以前成于信奉小乘佛教者之手的论书。 （252）下

《遮罗迦本集》中说到了宗（pratijñā）、因（hetu）、喻（dṛṣṭānta）、合（upanaya）、结（nigamana）的五分作法；作为知识根据的量（pramāṇa），也提到了现量（pratyakṣa）、比量（anumāna）、传承量（aitihya）、譬喻量（aupamya）、义准量（arthaprāpti）、随生量（sambhava）六量。但是《方便心论》《回诤论》中则说了四量（现量、比量、譬喻量、阿含

---

① 泰本融『東洋論理の構造』，1976 年，页 48 以下。

② 金倉円照「ハイツカとヘーツカ」（『印度哲学と仏教の諸問題』，1951 年，页 163 以下）。

③ 宇井伯寿「方便心論の註釈的研究」（『印度哲学研究』第二，1925 年，页 473 以下）。

④ 宇井伯寿「チャラカ本集に於ける論理説」（『印度哲学研究』第二，页 425 以下），还有梵文校订在同书卷末。

量〔āgama〕)①，此后还在《解深密经》《瑜伽论》《大乘阿毗达磨集论》《显扬圣教论》等之中归纳了逻辑学。在《解深密经》卷五（T 16.709c）举出现量、比量、圣教量三量作为证成道理的根据，虽然在佛教以外说了许多量，但是在佛教内整理了量，作三量。这是佛教的一般之说，而陈那将圣教量包含于比量中，立二量之说。

其次，在《瑜伽论》的《闻所成地》中，于说明内明（佛教学）、医方明（医学）、因明（逻辑学）、声明（文法学）、工业明（农商工书算等12种技术）(T 30.345aff）的“五明处”，第三说了“因明”（hetu-vidyā）(T 30.356aff)。在《瑜伽论》里，将逻辑学分为论体性、论处所、论所依、论庄严、论堕负、论出离、论多所作法7种。第一论体性列出论的种类有6种，第二论处所则举出王宫等进行讨论的场所，第三论所依则举出所成立之2种与能成立之8种作为因明成立的要素。能成立的8种，是宗、因、喻、同类、异类5种，与现量、比量、圣教量3种。其中若将同类、异类
下(253) 当作同喻、异喻，就是表示宗、因、喻的三支作法。在此举出三量作为知识根据，说现量有3种，比量有5种，圣教量有3种，有详细的说明。

第四论庄严，则是举出使论议善美的条件。第五论堕负则说明在论诤中落败的情形，第六论出离是指从得失等三点来观察是否应进行论议。第七论多所作法，是说若具备通晓自宗与他宗、勇猛无畏、论辩稳当三者，则得以自由地论议。

以上，《瑜伽论》的逻辑学分量虽多，但含有冗长的说明，作为逻辑学还并不是十分完备。在其次无著的《显扬圣教论》卷十一《摄净义品》(T 31.531aff)，说“论法有七种”，大体与《瑜伽论》相同，不过说明较简略。同样在《大乘阿毗达磨集论》卷七《论议品》(T 31.693aff）中也说“论议决择略说有七种”，大体是同内容之说，于此以立宗、立因、立喻、合、结、现量、比量、圣教量来表示“能成立之八种”，成了五分作法的术语。总之在这些当中，《瑜伽论》的因明处之说成了基本。由于继承无著之后的世亲，逻辑学也似乎进步了，但遗憾的是此方面著作留存

① E. H. Johnston and A. Kunst, The Vigrahavyāvartanī of Nāgārjuna, *Mélanges chinois et bouddhiques* 9, Bruxelles, 1951, p. 112.

的很少。汉译现存的《如实论》一卷，是论述逻辑学的作品，推定为世亲的著作。但《如实论》唯含《反质难品》，被视为是部分之译。根据中国的神泰、文轨、慈恩等，说世亲在此外尚有《论轨》(*Vādavidhi*)、《论式》(*Vādavidhāna*)、《论心》三作。《论轨》与《论式》为乌德陀迦罗 (254) 下
(Uddyotakara) 的《正理评释》(*Nyāyavārttika*) 所引用，而陈那则对此《论式》写了注释(*Vādavidhāna-ṭīkā*)[1]。但是这些著作仅止于片段地为其他著作所引用，世亲逻辑学的详情还不明[2]。

因的三相

因之三相是显示在论证中表示理由的“因”所应具备的三个条件，在陈那的逻辑学中相当有名。但这并非是陈那新发明的理论，在无著的《顺中论》、世亲的《论轨》中，已经说到了因的三相说。根据《顺中论》，因之三相说已经在逻辑学家的系统中说到。亦即在《顺中论》卷上（T 30.42a）里说到，数论派、大自在天派知道因之三相说，而在论议中活用，而且说那是从若耶须摩（Nyāyasoma）论师得来的。此若耶须摩是逻辑学家系统的人，推定为或许是属于正理派(或是耆那教徒)[3]。在《顺中论》之中，因之三相以“朋中之法、相对朋无、自朋成”之译语来表示，而接下来在五分作法里也说到论证方法。但是这以三支作法来表示的话，则是：

宗：声是无常的。

因：（声）是所作法（もの）之故。

喻：一切所作之法都是无常的，例如瓶。(同喻) (255) 下

一切常住之法皆有非所作之性质，例如虚空。[4]（异喻）

---

① M. Hattori, Dignāga, On Perception, being the Pratyakṣapariccheda of Dignāga's Pramāṇasamuccaya, *HOS*. No. 47, 1968, p. 9.

② 宇井伯寿「陳那以前に於ける仏教の論理説」(『印度哲学研究』第五，1929 年，页 387 以下)。G. Tucci, The Vādavidhi (*IHQ*. IV, 1928, pp. 630–636); E. Frauwallner, Vasubandhu's Vādavidhiḥ (*WZKSO*. Bd. I, 1957, pp. 1–44).

③ 宇井伯寿「仏教論理学」(『仏教思想体系』5)，1933 年，页 162 以下。

④ 此三支作法不同于五分作法，是因为第三的“喻”的意义不同。在五分作法里，喻只是表示“例如瓶等”，举出所谓的“喻依”(实例)而已，因此“合”与“结”就变成必要的。相对地，在三支作法中，喻是由“一切所作之法都是无常的”之“喻体”(判断命题)，与“例如瓶”之“喻依”此两部分所构成，因此就不需要合、结了。就此提出同喻和异喻二者这点，显示了因之三相的第二相、第三相的意趣。

在这三支作法中，“宗”（pratijñā）是主张命题，是指应论证之法，直接指宗之主词的“声”。“因”（hetu）是成为论证根据的，这里是指因之宾词(「賓辞」)的“所作之法”(所作性，所造作的性质)。“喻”(dṛṣṭānta)则举出实例作喻，印度逻辑学在“比论”上有其特色。在我们的经验世界中，无法提出绝对的立论，所以论证就成为比论。例如说“人是会死的”，确实至今为止人都死掉了，但是未来永远如此持续下去，在现阶段是无法断言的，因为未来说不定有不死的人出现。若考虑到这点，可知论证上绝对性的立论是不可能的，而都应该在“一定的范围内”主张立论。因此在印度逻辑学中，论证里“喻”是不可或缺的，这或许是耆那教的“盖然论”（syādvāda）的影响。喻有同喻和异喻，同喻是举出与因同类的东西，异喻是举出与它相反的东西。印度逻辑学举出“喻”，表示印度逻辑学并不是三段论法，亦即不是以大前提、小前提、结论这样的型态而进行论证的。三段论法是只将大前提中所包含的知识明确化，但是基于“喻”
下(256) 的比论使人获得新知识，其中包含了归纳性逻辑的意思。

在以上三支作法的实例中，宗之主词是“声”，宗之宾词是“无常”，此宾词称为“宗法”。而在三支作法里，第一的条件是，“因”之宾词的所谓“所作之法”的性质，包含在宗之宾词的“无常”中。这是因之三相的第一“遍是宗法性”[①]（pakṣadharmatva）。先前的“朋中之法”即是此 pakṣadharmatva 的译语，pakṣadharmatva 是指“因是宗之法”的意思，“朋”是 pakṣa 的译语，因（这个情形是所作之法）与宗（声）非有结合关系不可；这是第一相，是正确论证的必要条件之一。例如在所谓“彼山有火，有烟故”的论证中，“烟”的因必有于宗的“山”，即是此第一相。如果山没有烟（山与烟并未结合起来），例如将雾或阳焰误认为烟，而作此论证的话，那显然是错的。

第二相是“同品定有性”（sapakṣe sattavaṃ），前述的“自朋成”即相当于此。sapakṣe 是指 pakṣa（这个情形是声）的同类的意思。同类是指有宗之宾词与因两者，例如“瓶”拥有无常（宗之宾词）与所作之法（因）

① “因之三相”之译语是依玄奘译《因明入正理论》（T 32.11b），梵文则依 Śaṅkarasvāmin 的 *Nyāyapraveśa*（宇井伯寿「仏教論理学」，页 363）。

两方的性质。在这点与“声”是一样的，所以说瓶是声的“同品”。或者在“彼山有火，有烟故”的情形中，因为“炉灶”中可见到烟与火两者，所以“炉灶”成为山的同品。同品定有性，是“因必有于同品中”的意思，但是在同品中，不只是因，宗之宾词也非有不可；这是由于第一相的“宗法”拥有“宗（声）的属性”之意与宗之宾词（这里是“无常”）之意两 (257) 下
种意义，是因为所谓声的属性，必然包含所谓无常。但是在第二相“同品定有性”的情形，因并未要求在于同品的全部之中（定有），例如在“声是无常的”之情形，所作性（所作之法）虽在同品的全部之中，但是在“彼山有火”的情形，“烟”的因并不是在火的全部之中，例如在赤红燃烧的炭火中并没有烟，所以也有无烟的火，但是说“有烟处必有火”是可以的，所以说同品定有性；这是指因（烟）与宗（山）之间有“不相离性”（结合关系）的意思。

第三相是“异品遍无性”（vipakṣa 'sattvam eva），上述的“相对朋无”即相当于此。这里之所以有 eva，是表示“必无”（遍无）的意思，与同品的情况不同。vipakṣa（异品）是与宗相异者之意，在声的情形中，“虚空”等就是 vipakṣa。在异品中，因完全不存在，即是异品遍无性的意思。虚空里有常住的性质，同时有“不是所作之法”（非所作性）的性质。如果是“彼山有火，有烟故”的情形，“湖水”等就成为异品。在异品的情形中，如说“无火处烟不起”一般，在异品之全部当中都没有因，这是条件。同品的情形，虽然在其若干东西中有因就可以，但是在异品的情形中，全部都没有因是必要的。以逻辑阐明此事的，是陈那的九句因说，因此到世亲为止的因之三相说还不充分[①]。 (258) 下

总之，“因之三相”已为无著所知，但是他还没有采用到已说中，不过在接下来的世亲《论轨》中则已说到了因之三相说[②]。还有世亲《如实论》的“是根本法，同类所摄，异类相离”（T 32.30c）之说，也是表达因之三相的。所以因之三相说虽然经由世亲采用到佛教中，但本来似乎是在佛教以外，特别是由正理派的旁系的若耶须摩所说的。不过到世亲为止

① 关于陈那“因之三相说”，参考北川秀则『インド古典論理学の研究』页 94 以下。
② 参考本书页 395 注 ② 宇井伯寿之论文（『印度哲学研究』第五，页 475）。

因之三相说还不充分，到了陈那，基于九句因而加以理论性的明确化，依此根据三支作法的论证形式才确立下来。陈那的逻辑学，因为在此之外也有种种地方与先前的逻辑学不同，所以称他的逻辑学为“新因明”。

九句因

九句因说是由陈那开始说的，在他的《因明正理门论》、《集量论》(*Pramāṇasamuccaya*)等之中说到了[①]。九句因说是分析因之可能有的条件为 9 种，而阐明其中只有两种是正因之说，即三相的第一“宗法”有无限的可能。例如声的属性，在所作性以外，也有所认识者、由极微所成（由物质 = 空气而生）者、无形者等，有种种属性，这些只是第一相符合，但仅凭此并不成正因，所以要以同品与异品来斟酌这些宗法。宗法分为以下 3 种：同品的全部都有的（声的场合的所作性）、同品中完全
下(259) 不存在的（例如耳闻。这是声音才有的属性，其他东西〔同品〕中并不存在。不过一般来说，同品中完全没有的东西，也不能成为宗法）、同品的一部分有而一部分没有的（例如由极微所成者，火的场合的烟）。更有关第 1 种宗法中全品同品的全部都有的，可就 3 个情况来考虑：异品的全部都有的情况、异品全部都没有的情况、异品一部分有一部分没有的情况。同样地，第 2 种同品全部都没有的情况，也可考虑异品的 3 个情形；关于第 3 种同品一部分有一部分没有的情况，也可以就异品的 3 个场合来考察，所以就有 9 种场合成立。用惯用语表示如下：

第一句，同品有异品有；第二句，同品有异品非有；第三句，同品有异品有非有；第四句，同品非有异品有；第五句，同品非有异品非有；第六句，同品非有异品有非有；第七句，同品有非有异品有；第八句，同品有非有异品非有；第九句，同品有非有异品有非有。

---

① 《因明正理门论》,T 32.1b。关于《集量论》，参考北川秀則前引书，页 27 以下、页 185 以下。还有关于因之三相与九句因，参考山口惠照「五支作法から三支作法へ—因明の論理性について—」(『立命館文学』八九、九〇、九一号，1952 年；九三号，1953 年)。关于陈那的著作，参考本书页 386。

在《因明正理门论》中将此表现为："宗法于同品，谓有非有俱，于异品各三，（即）有非有及二。"（T 32.1b）以上九句之中，只有第二句与第八句得为正因。第二句因为是同品中皆有而异品中皆无的情形，所以因的遍充（vyāpti）就成立。是在无常东西的全部中都有所作性，在常住东西的全部中都没有所作性的情形，所以在"声无常，所作性故"的论证中，"所作性"能成为因。其次，第八句是同品的一部分有、异品的全部都没有的情形；这虽然没有遍布在同品中，但是充斥着变质为矛盾命题的异品。以"声"的情形来说，声是以由于人的努力而生（勤勇无间 （260）下
所发性）为因，证明声的无常的情形。闪电也与声一样，在生的刹那就灭了，所以是无常的，但是闪电并不是由人的努力（勤勇）所生的，所以勤勇无间所发性在同品（无常的东西）的一部分有而在一部分没有，但是在异品（常住的东西）中则完全没有，所以满足宗法、同品有、异品遍无的因之三相，而能成为正因。

在以上九句之中，第四句同品无异品有是第二句的相反，第六句同品无异品有非有是第八句的相反，所以称此二句为相违因；此二句显然是错误的。其余五句称为不定因，是在因之中没有论证能力的情形。

量与圣教量的意义

pramāṇa 译作"量"；pramāṇa 是"测度"的意思，有尺度、标准、规准等意思。所以在认识中，成为判定真伪标准的就是 pramāṇa，也译作知识根据、认识根据等。由这个量"所测度的"就是"所量"（prameya）。在认识中，认识的对象就是 prameya，然后可以得到认识的结果"量果"（pramāṇa-phala），但是陈那认为在认识活动中的这三者，只不过是同一现象（识）的三个面而已。

在唯识说中，真实知识的问题同时成为真实认识的问题。因此量论（逻辑学）虽然也是知识论，但同时也是认识论，不过在护法的《成唯识论》中并没有特别论及量论之处。只是在论述见分、相分、自证分等处， （261）下
引用陈那《集量论》的偈文，而说相分是所量、见分是能量、自证分是量果而已。不过因为护法是四分说，所以还在此叙述了知见分的作用的

自证分、了知其自证分作用的证自证分的关系，是说在这个情形有见分是所量（也称为非量）、自证分是能量、证自证分是量果的关系。以为此证自证分的作用反而由自证分所知，而说如此的自证分或证自证分的作用是现量，不过见分中有现量与比量两种作用[①]。关于量,《成唯识论》中只不过是这个程度的说明而已。

在安慧《唯识三十颂释》中说到三量，亦即在说意识等前六识的转变之中，其相应的心所有“五别境”的心所。五别境是欲、胜解、念、定、慧五心所。就五心所有一一说明，作了第五慧（prajñā）的说明，而说慧是指简择（pravicaya），亦即在自相与共相混杂着的诸法中觉察正确或错误（其自相与共相）的区别[②]。这情形的“正理”（yukti），是指圣教量（āptopadeśa）、比量（anumāna）、现量（pratyakṣa）[③]。依此看来，安慧以为在世亲的唯识说体系中逻辑学之展开是在“慧”心所之中的。相对地，护法的《成唯识论》中在慧心所的解说里并未言及量，而如上述
下（262）将能量、所量等视为识的作用。

安慧之说中重要的是他采取了三量说。新因明是二量说，这是由陈那所确立的。护法取现量、比量二量说，这点继承了陈那。因此安慧承认“圣教量”（āptopadeśa）有重要的意义。陈那是将圣教量包含到比量中，这当然是有理由的，因为各学派将各自所奉的圣典都立为圣教量，所以要从其中判定何者为真正的圣教量，不得不靠个人的理性（比量）。因此陈那将圣教量包含到比量中。但是圣教的内容，以自己的理性不应该从最初就完全了解。如果那是从最初就能完全了解的话，似乎就不用修行了。在佛教中自古就说闻慧（śrutamayī-prajñā）、思慧（cintāmayī-prajñā）、修慧（bhāvanāmayī-prajñā）[④]，也是由于慧是由修行而深化，才开始能比较深刻体会到佛陀之教的缘故。因此圣教量对修行者来说，

---

① 《成唯识论》卷二，T 31.10b。关于此偈在《集量论》中的所在，参考：M. Hattori, ibid. pp. 29, 107。

② 这里译者对原文作了修改。原文为：“すなわち自相と共相とが雑乱している諸法において、正しく、あるいは誤って、(その自相と共相との）区別を覺ることであると述べる。”——编者注

③ S. Lévi, *Vijñaptimātratāsiddhi*, Paris, 1925, p. 26.

④ P. Pradhan, *Abhidharmakośabhāṣya*, Patna, 1967, p. 334.

起先是一知半解的，当作应获得的对象而为前提。但是要将其当作圣教量——也就是真理——来承认的力量，就是他的“信”（śraddhā）。所以《华严经》卷六（T 9.433a）中说：“信为道元功德母。”而《大智度论》卷一（T 25.63a）则说：“佛法大海，信为能入，智为能度。”阐明了最初是作为信，后来转化为智，而使其成为可能的是圣教量。

亦即依圣教量开发自己的智慧，圣教量作为佛智的显现而具体化，（263）下
是远远超出俗智的。由于信、接受圣教量，可提升自己的智慧，在这个意义下，圣教量有超越现量、比量的性质。因此在佛教中，自古以来就承认圣教量，在龙树的《回诤论》中也说到了现、比、圣教三量。继承这个的中观派的月称也在《净明句论》中说了现量（pratyakṣa）、比量（anumāna）、圣教量（āgama）、譬喻量（upamāna）四量[①]。但是他是以为，量并不是当作从其他切离的实体而有的，而是在相互观待（parasparāpekṣā）上成立的世俗性的东西。也就是说，立于世间的立场而作佛陀之法的开示；月称在以量为世俗谛的范围内，承认了其真理性。

只要是佛教徒，将佛说（buddhadeśanā）当作圣教量来接受似乎不成问题，不过从众多的经论当中，将何者当作佛说来接受，以何种方法来认识，是议论分歧之处。重视逻辑学的清辨追随陈那，采用了现、比二量之说，并未将圣教（āgama）立作独立的量[②]，但是他也并不是不接受佛说为真理。虽承认其真理性，但是以为无法在世俗的立场认识其真理性，唯有进入胜义的世界才能认识。在中观派，胜义谛是“言忘虑绝，言语道断”的世界，所以在那里无法立作为言语的圣教量。因此清辨的立场是，与在世俗谛的范围内所施设的现量、比量同次元中，则不论圣教量[③]。（264）下

关于圣教量的处理，在中观派中也有不同，而在瑜伽行派中则如上所述，安慧认可了三量。相对地，陈那只承认现量与比量二量而已，而

① L. de la Vallée Poussin，*Prasannapadā*，p. 75，*ll*. 6–8.

② 江島恵教「Bhāvaviveka 研究—空性論証の論理を中心として—Ⅰ」（『東洋文化研究所紀要』第五一册，1970 年 3 月，页 108）。

③ 江島恵教「Bhāvaviveka の聖典観」（『印仏研』一七之二，1969 年 3 月，页 894 以下）。

将圣教量（śabda）与譬喻量（upamāna）包含于比量中[①]。据他所说，是以为声量（圣教量）的认识是由“他者的排除”（anyāpoha）而成立的，但是由“他者的排除”所认识的是比量对象的“共相”。关于共相将于以下加以考察。总之因为声量的认识对象与比量的认识对象是一样的，所以将声量包含到比量中，而认为譬喻量的认识之情形也与声量是相同的[②]。

现量与比量

陈那在《集量论》的现量品第二偈，将量限定为现量与比量二量，其理由是因为认识的对象是两种[③]。亦即是自相（svalakṣaṇa，个别相）与共相（sāmānyalakṣaṇa，共通相）。例如认识“火”的情形，唯有在彼时、彼处能经验到的特殊的颜色、形状、热度等火的构成要素是“自相”；这是由我们的感官所认识的。但是在其火焰的颜色、形状、热度等之中认得“名为火者”，那是以“火”的语词所表现的东西，是在其他火的情形里也能适用的；亦即也可说是在许多火之中能得到“一般的火”（火的共通相），这即是共相。所以在“火”的认识经验之中，有感觉上所认识的自相（即是赤红色、热度、火焰的形状等），与依第六意识所认识的作为
下（265）共相的“火”两类。我们所认识的，尽在于此自相与共相，即在此之外并无认识的对象。其中，自相是刹那灭的。火的热度、火焰的颜色在刹那间改变，是只限于一次的，所以其刹那的热度、红色等虽是自相，但是将它以“热、红”等语词来把握而一般化时，其热度、红色等已经成为共相了。所以自相是运用语词而概念化以前的“感觉本身”，是指纯粹经验；这是不知语言的婴儿也可以认识的。因为这是感觉，所以是热度、（火焰的）形状及颜色等。那并不是“火”，火是以那些感觉为素材而由意识所构成的。感觉，在主观上来说是眼识、耳识、鼻识、舌识、身识（触觉）的五识，客观来说分为色、声、香、味、触（触觉的内容），亦

① M. Hattori, ibid. pp. 78–79. 北川秀則『インド古典論理學の研究』，页 9 以下。
② M. Hattori, ibid. pp. 78–79. 参考北川秀则前引书页 12。
③ 参考本页注①。《因明正理门论》说“唯有现量，及与比量。彼声喻等，摄在此中。故唯二量”（T 32.3b）。

即“五境”。但是这些是识分裂为见分与相分，是识的两种状态，所以见分、相分、自证分三者，是识的不同显现，而当作是一个；这里有唯识说兴起的理由。

但是将一般的红色、热度、火等概念化，即使是第六意识所构想的，在那时并非将对象当作完全是“无”，而是认为其作为共相的火、热度、红色等存在着；认识此作为共相的存在的是比量知。陈那定义现量而叙述为“除分别者”（kalpanāpoḍha，现量除分别）。在“除分别”这点上，显示了是指现量还没加以思惟、概念化以前的直接经验。

就陈那的现量说来看，他认为现量分为 4 种。第一是五识身的现量。（266）下
五识是眼识、耳识、鼻识、舌识、身识的五识，五识身的“身”是“聚集”的意思。五识是指所谓的感觉知。感觉是直接知觉，是现量，其中并不包含“分别”（kalpanā）。但是这些感觉与五识，同时也由第六意识所认识，这个情形的意识称为五俱意识。此五俱意识虽称为“自性分别”，但是包含于现量中，这是现量的第二。这情形的分别不是 kalpanā，而是 vikalpa，然而分别有自性分别（svabhāva-vikalpa）、计度分别（abhinirūpaṇā-vikalpa）、随念分别（anusmaraṇa-vikalpa）3 种①。

自性分别，是指分为主观与客观而进行认识一事，在此意义上，感觉性的认识（五识身）也包含于自性分别。所以在 kalpanā 情形的“分别”中，不包含自性分别。其次的计度分别，是指判断这是绿色、这是花等。而随念分别，则是指想起过去的记忆，或反省、确认现在的事情。这 3 种分别虽是阿毗达磨佛教中所说的，但似乎可以认为陈那所说的 kalpanā 里包含了计度、随念二分别。认为与五识同时作用的意识（五俱意识）是自性分别，并非 kalpanā，而将此加到现量中。

现量的第三是“自证分”。陈那以为心、心所的作用各自分为见分、相分、自证分。而在比量（推论）的情形里，也以进行推论当作是“见分”的作用。确认此见分作用的自证分作用当作是体验的，是直接的。例如（267）下
想要、讨厌等判断，因为包含于计度分别、随念分别，所以是比量，但

①P. Pradhan, *Abhidharmakośabhāṣya*, p. 22.《阿毗达磨俱舍论》卷二，T 29.8b。

是以为其“想要、讨厌”等分别的“自证分”作用则包含于现量；这是第三现量。第四现量是指修定者（Yogin）的神秘的认识，是说瑜伽行者在禅定中所经验的“远离了教分别的实义之智”是现量；这可以认为是指禅定中的神秘体验。

以上，现量是直接经验，是无法以语言表现的认识初期阶段，此现量当作认识对象的是“自相”。这是无法为其他所取代的、只限一次的刹那灭的存在，因此自相的知识因为未成为语言，所以是无法传达于他人的。将此知识依语言而概念化的是比量，在这概念化中，推论必然会介入。例如见到对象而说“这是牛”或只是说“牛”，则在其所谓“牛”的理解中，有必要与许多牛比较、想起过去牛的记忆等。由许多类似的表象之比较，“这是牛”的认识才成立，所以其中必然包含多类表象的比较、判断。根据这些比较、判断而确立“牛的共通相”，基于此而将眼前之物判断为“这是牛”，所以在这里成为认识对象的是牛的“共通相”。在说红色、绿色，或单说“色”的情形中，条件也是相同的。所谓“红色”，并非与现量的对象是相同意义的实在，现在在此所见到的“红”是只限
下(268) 一次的刹那灭的感觉，那是还没拥有“红”的名称之前的东西，不过概念化后的“红色”与它是不同的，那是在所有“红的经验”中共通而妥当的。还有提到“色”，是作为绿色、红色、黄色等的共通性所立的，并不是别于绿色等而有“色”存在。所以虽不是有所谓“色”的实体，但既然我们从事所谓“色”的认识，可以认为所谓此成为认识对象的“色”以某种意义而“有”；那就是“共相”，共相是指共通的性质、普遍者的意思。

这个共相的存在，想想推论就清楚了。例如在“彼山有火，有烟故”的论证中，所推论的“火”，是作为共相的火。因为是远山的火，所以这个火是肉眼所不能见的；在这情形中现量（的火）并不存在。不过由推论能知山中有火，所以应有成为认识对象的火；这个火是作为共相的火。比量知是以此共相作为认识的对象，但是共相是多层的。例如作为红色的共相，与作为色的共相，或实体、属性、作用等，有种种共相。

在火之中，特殊的颜色、形状、热度等，亦即自相是实在的，并非

与此在相同次元，而共相实存。不过以特殊的颜色、形状、热度等为媒介，而认识“这是火”，所以可以认为有所谓火的共相，它成为认识的对象。但是陈那所说的共相（sāmānya-lakṣaṇa），并非胜论学派所说的“普遍”（sāmānya）那样积极性的实体。共相是观念上的存在者（分 （269）下
别之所产），所以陈那认为这并非是独立的存在，而是只具有“他者之排除”的内容者。例如其一时一时的绿色、红色等虽然存在，但是所谓“色”的具体的东西并不存在。不过所谓“色”却成为认识的对象，这是指其拥有的只是“不是色以外者”的内容。陈那将这点以“其他之法的排除”之语来表现[①]。这个“排除”（离，apoha）的思想，详论于《集量论》第五章《观离品》。

如上所述，虽然比量知的对象是没有实体性的东西，但是暂时还会产生“为何基于此的推论有可能是真实的”的疑问。关于这点，陈那认为因为“比量的妥当性不会欺骗我们”，所以能够主张是真实的。在日常经验中，推论拥有效果（arthakriyā），是由经验可以确认的。例如见到山上有烟，而推论那里有火的情形，实际上到山里去的话可以确认有火，所以在此推论中有效果。推论的结果不会欺骗我们，以这点而成立：在推论、比量中有妥当性。陈那将此 arthakriyā 唯就圣教量来论述，但是继其后的法称（Dharmakīrti）则扩大这个想法，作为比量一般的妥当性根据[②]。于此可见佛教论理学的实用主义的性质。

而在比量方面区别作，为自比量（svārtha-anumāna，为了自己的推论）与为他比量（parārtha-anumāna，为了他人的推论＝论证）。陈那最先将比量分为此 2 种，因为两者同样是比量，所以根本上是一样的，但 （270）下
是有能加以区别的地方。为自比量定义为“依（具有）三相为因（liṅga），而观察对象（量）”[③]，这可以视为是指“这是火”“这是花”等的判断。我们的思惟、分别经常采取此判断形式，一如“这是花”的判断，因为是

① 参考北川秀則『インド古典論理学の研究』，页 11、114。服部正明「Mīmāṃsāślokavārttika, Apohavāda 章の研究」上、下（『京都大学文学部研究紀要』第一四、一五，1973、1975 年）等。

② 参考北川秀則前引书页 12、428 等。

③ 参考北川秀則前引书页 73。

在刹那间进行的，所以也有没采取明确的论证形式的情形。但是既然是推论，因就介入其中，而可以说将这点表达为“依有三相之因而观察对象”。由于判断、思惟或推论，我们的认识就成立了，所以认为将此称为为自比量是妥当的。

相对地，为他比量是指论证。在这个情形里，立有三相之因，而依宗、因、喻的三支作法构成论证形式。在这个情形中因为是论证，所以应论证的，也就是主张命题（宗）最先提出。相对地，在为自比量的情形中，最后才提出结论（与宗相同者）。这是因为综合种种理由而下结论的缘故，因此也可以说为自比量是认识的问题，为他比量是记述的问题[①]。为他比量定义为“为他比量者，即是指将自己所显现令见者（即具有三相之因，而对他人）说明的”[②]。

随伴与遮遣

在比量方面，为他比量的情形固不待言，即使在为自比量的情形中，
下(271) 正因也是重要的。思惟、判断中之所以产生错误，是因为因不正确的缘故，为了确定因的正确与否而说“因之三相”。陈那依“九句因”而确立考虑因之三相之正确与否的方法，则已如前述。即在九句因中，第二与第八句，即因存在于同品的全部或一部分，同时在异品中完全不存在的情形，其因具有三相。

因之三相是关于“因”之规则，关于“喻”的规则便是“随伴与遮遣”。在三支作法中，“喻”则是提出同喻与异喻。由于将喻表示为二，所以五支的合与结就不需要了。

在三支作法中，例如在所谓“声无常，是所作法故”的“宗与因”里，在同喻的主语中“因”就成立；亦即同喻如下所示：

一切所作法皆是无常的，例如瓶。

① 宇井伯寿，渡辺照宏「印度の論理学」(『世界精神史の諸問題（二）』，页 160）。
② 参考北川秀則前引书页 126；这个定义由法称《正理一滴论》原封不动地继承下来。

但是异喻情形的主语并不是因，将同喻对换性质与位置，成为如下：

一切常住的都有非所作的性质，例如虚空。

在“声无常”的“宗”里，所谓“无常”是应该证明的（所立法）。同喻表示在有因之法中皆有所立法的关系，这是“随伴”的关系。异喻并不是相反的“在无因者中，都没有所立法”，而是倒置主客成为“在没有所立法者中，一切皆无因”的关系。这是遮遣的关系，这是由于九句 (272)下
因的第八是因只在同品的一部分有的情形，所以若遮遣了这个因的矛盾概念，则也遮遣了同品的一部分，而变成无法满足异品遍无性的条件。

例如在九句因第八句的情形，对于作为因的“声无常”之宗，而立“勤勇无间所发性之故”为因，但是这只不过是同品（无常者）的一部分而已。例如“闪电”也在产生之后就立刻消失，所以是无常的。但是闪电是自然的现象，并非是由人的努力（勤勇）而生的，因此就变成即使否定掉因的“勤勇无间所发性”的反面，也无法除去闪电等。亦即将异喻当作“非勤勇无间所发性的，都是常住的（非无常的）”，则甚至闪电（同品，亦即无常者的一部分）也变成常住的，因此就成了异喻将同喻对换性质与位置而安立[①]。还有因应该与宗之主词有结合关系，这已由因之三相的第一遍是宗法性所规定了。例如在“声无常，是所作法故”的论证中，“是所作法故”的因之主语是“声”。

关于以上的宗因喻，如果误用正确应用的话则陷于谬误。在论证中，谬误论特别重要。陈那以“十四过类”为代表，也有种种谬误论。

新因明虽是由陈那所确立的，但之后由法称（Dharmakīrti）再加以充实。一言以蔽之，他在现量的定义中，于陈那的“现量除分别”加上了“无错乱者”（abhrānta）[②]。其次，印度逻辑学的论证形式，原则上是 (273)下
使用全称肯定判断，因此否定判断变换性质作肯定判断，特称判断则换

① 北川秀則前引书页 39 以下。

② Th. Stcherbatsky, *Nyāyabindu and Nyāyabinduṭīkā*, Bibliotheca Buddhica VII, 1918, p. 4. 渡辺照宏「調伏天造 · 正理一滴論釈和訳」(『インド古典研究』I，1970 年，页 250）。

掉“若干的”，加上相当于此的严密修饰词作为全称命题。但是在说“没有物”的情形，非得使用否定判断不可。例如在说“没有瓶”的情形，“没有”并不能成为认识的对象。法称阐明了这点，而将因分为三种类，即“无识得因”（anupalabdhi-hetu）、“自性因”（svabhāva-hetu）、“所作因”（kārya-hetu）[1]。第一的无识得因是否定判断的因，其次之二者是肯定判断的因。

就第一“无识得因”而言，则如下所说：

宗：在某特定场所没有瓶。

因：因为被认识的条件已具足却未被认识到。

在这里因为没有“瓶”，所以无法以瓶作为认识的对象。即使在应有瓶的桌上没有瓶，或有别的东西，但也并不是那桌子或别的东西成为认识的对象。所以这应是称为“无”的认识，但是可以视为在其背后，有所谓“所有被知觉的都存在”的大前提[2]，法称更详细分析无识得因而分为 11 种。

其次的自性因与所作因虽是肯定判断的因，而在这里其被分成二者，是将分析判断场合的因称为自性因，将综合判断场合的因称为所作因。
下（274）自性因的实例如下：

宗：这是树。

因：原因是这是辛沙婆树。

在这里从辛沙婆树的因，导出树来，所以这是分析判断。在树的大概念中，含有辛沙婆树的媒介概念，而在（许多的）辛沙婆树的媒介概念中，包含着这个大概念（此树），有如此的关系，而成为三段论法的关系。相对地，所作因的例子如下：

宗：彼山有火。

因：有烟故。

在这里大概念的火与媒介概念的烟有包摄的关系，但是“彼山”与烟只是当作经验上的事实而结合而已，并无所谓概念的包摄关系，是基于

---

① Th. Stcherbatsky, *Nyāyabindu*, pp. 23-24. 渡边照宏前引书页 260—261。

② 宇井伯寿，渡边照宏「印度の論理学」（『世界精神史の諸問題（二）』，页 163）。

事实（结果）而选择了因。在肯定判断中区别了这两种因，但是法称的逻辑学全貌之解明非待今后的研究不可。

天主的因明入正理论

陈那之后出现天主（Śaṅkarasvāmin，商羯罗主），著作了《因明入正理论》（*Nyāyapraveśaka*）。本书由玄奘汉译，慈恩大师著述了注释《因明入正理论疏》三卷（《因明大疏》）[①]。本书作为在中国、日本的因明研究指南书而受重视，注释也很多。从汉译而进行藏译（东北目录四二〇八），（275）下
梵文原典也现存[②]。

慈恩大师说天主是陈那（公元 480—540 年）的弟子，因为汉译是由玄奘（公元 634 年到达那烂陀）所译出，所以天主似乎是到公元 600 年左右为止的人。

法称

法称（Dharmakīrti）是继承陈那的业绩而完成新因明的人。在义净（公元 673 年渡印）的《南海寄归内法传》（T 54.229b）中说"法称则重显因明"，而尊重他，但是在玄奘的《大唐西域记》中关于法称则未有只言。所以法称在玄奘去印度时还未有名，而在之后义净到印度以前变得有名，因此可以视他为 7 世纪的人。也有人定其年代为公元 650 年左右[③]，或公元 600—660 年左右[④]。根据藏传，也说他是护法的弟子，或者还说他跟自在军（Īśvarasena）学逻辑学；还有说法称与鸠摩利罗是同时

① 《因明入正理论疏》，有中村元博士的日译。收于『国訳一切経』和汉撰述部 43、论疏部 23，1958 年。G. Tucci, Notes on the Nyāya-praveśa by Śaṅkarasvāmin（*JRAS*. 1931, pp. 381-413）.

② Anandshankar B. Dhruva，The Nyāyapraveśa. Part I, Sanskrit Text with commentaries, critically edited with Notes and Introduction, *G.O.S*. No. 38, Baroda, 1930. 宇井博士校订的梵本及日译收于『仏教論理学』页 353 以下，附录「梵文因明入正理論」。

③ 金倉円照『印度精神文化の研究』，1944 年，页 313。中村元『インド思想史』第二版，1968 年，页 208。

④ Frauwallner 以法称的年代为公元 600—660 年，或作 7 世纪。E. Frauwallner, Landmarks in the History of Indian Logic, *WZKSO*. V, 1961; do., *Die Philosophie des Buddhismus*, Berlin, 1969, S. 390.

代的人[1]。

根据藏传，法称有7种著作[2]；这些著作如下：

1.《正理一滴论》（*Nyāyabindu*）
2.《量决择》（*Pramāṇaviniścaya*）
3.《量评释》（*Pramāṇavārttika*，《知识批判书》）
下（276） 4.《因一滴论》（*Hetubindu*）
5.《结合之观察》（*Saṃbandha-parīkṣā*）
6.《论诤之正理》（*Vādanyāya*）
7.《他人存在之论证》（*Saṃtānāntara-siddhi*）

根据布顿，最初的三书是主著，阐述正确知识的形式。第四、第五的二著是就比量而论述的，第六是阐明在论诤中的非难、矛盾、胜败及其理由等，第七是他人之心存在的证明——这是论证他人之心存在是与唯识的立场并不矛盾的作品。论证、论诤，唯有承认对方的存在才成立，而且唯有承认对方与自己立于共通的思想上、论理上的基盘（共许），才是可能的，所以佛教的逻辑学虽然立于唯识说，也不得不承认对方的存在，或对方与自己站在相同的思惟法则上。因此法称的立场是虽然信奉唯识说，却也似乎倾向于经量部。关于这点，史彻尔巴茨基评论说："大体而言，小乘肯定外界的存在，大乘则否定，而佛教逻辑学派则部分地承认。"[3]在法称的著作中，《他人存在之论证》、《量评释》里他也立于唯识说，但是在《正理一滴论》中则相当接近于经量部的立场，表现于其注释，但是法称似乎并无亲自明言自己是以经量部为立场而著作。出版《正理一滴论》复注的马尔瓦尼亚（Malvania）解释说，法称在胜义谛立于
下（277） 唯识说，而在世俗谛则立于经量部的立场。[4]

① D. Malvania, *Durveka Miśra's Dharmottarapradīpa*, Introduction pp. XV–XVI, Tibetan Sanskrit Works Series vol. II, Patna, 1955.

② E. Obermiller, *History of Buddhism by Bu-ston*, Part I, Heidelberg, 1931, pp. 44–45.

③ Th. Stcherbatsky, *Buddhist Logic*, vol. I, Leningrad, 1932, p. 525.

④ D. Malvania, ibid. pp. XX–XXI.

在印度同时发现《正理一滴论》与法上（Dharmottara）注释二者的梵本，而于公元1889年作为Bibliotheca Indica之一书而出版，校订本更由史彻尔巴茨基于1918年收在Bibliotheca Buddhica之中出版[①]，耆那教徒摩罗婆定（Mallavādin）的复注*Dharmottaratippanaka*（Tippaṇī, Tippaṇa）也于1909年出版。在罗睺罗僧克里帖衍那于西藏所发现的梵文佛教写本中，有度尔吠迦·密尸罗（Durveka Miśra）对法上的《正理一滴注》(*Nyāyabinduṭīkā*)之复注《法上明灯注》(*Dharmo-ttarapradīpa*)，于公元1955年在Patna出版[②]。这是长文的复注，是《正理一滴论》研究的贵重资料。藏译中有《正理一滴论》（东北目录四二一二），以及调伏天（Vinītadeva）的注（东北目录四二三〇）、法上的注（东北目录四二三一）及其他。

《正理一滴论》虽然很短，却是将法称的逻辑学善巧地整理的著作。其内容由现量（pratyakṣa）、为自比量（svārthānumāna）、为他比量（parārthānumāna）三章组成，第三章占一半以上。这是法称的逻辑学研究的很好的入门书，由史彻尔巴茨基进行了详细的研究及英译[③]，日译是由渡边照宏博士译出法上之释与来自藏译的调伏天释[④]。

《量决择》(*Pramāṇaviniścaya*）在藏译中有本论（东北目录四二一一）、法上的注（*Pramāṇaviniścaya-ṭīkā*，东北目录四二二七，北京版五七二七）、智吉祥贤（Jñānaśrībhadra）的注（东北目录四二二八）等，（278）下
内容分为现量、为自比量、为他比量三章。这虽是继《量评释》的大著，但从《量评释》采用了许多偈文，例如在第一章《现量章》中，偈文的五分之三是采自《量评释》。现存梵文只是片段为他书所引而已。有佛劳

① Th. Stcherbatsky, *Nyāyabindu and Nyāyabinduṭīkā of Dharmottara*, Bibliotheca Buddhica VII, Petrograd, 1918.

② 参考本书页410注①。

③ Th. Stcherbatsky, *Buddhist Logic*, 2 vols, Leningrad, vol. I, 1932; vol. II, 1930. 第二卷是《正理一滴论》的研究与翻译。Reprint, Hague, 1958.

④ 渡辺照宏「正理一滴論法上釈和訳」(『智山学報』新第九卷，页96以下；第十卷，页81以下；第十一卷，页142以下；第十三卷，页129以下。到《为他比量品》中途为止，1936年6月至1939年12月)。同「調伏天造·正理一滴論釈和訳」(『インド古典研究』I，1970年，页241—303)。附有调伏天之释，而由藏译全部日译。

华纳的弟子提尔曼·维特尔（Tilmann Vetter）的研究，他从事第一章《现量章》的藏译、梵文残卷的整理及其德译[①]。

《量评释》（*Pramāṇavārttika*，《知识批判书》，或作《释量论》），是法称的主著，也是大著。本书有说是以解说陈那《集量论》（*Pramāṇasamuccaya*）为目的而作的[②]，内容是由四章所成：《为自比量章》（*Svārthānumāna*，340 偈）、《量成就章》（*Pramāṇasiddhi*，286 偈半）、《现量章》（*Pratyakṣa*，541 偈）、《为他比量章》（*Parārthānumāna*，285 偈）。此书将《为自比量章》在最初提出来，与《集量论》《正理一滴论》都不一样。整部书是将近一千五百偈的巨著。关于第一章《为自比量章》，有法称的自注，其余的三章或四章全部，有许多后世学者所作的注释。后世的佛教徒重视本书而进行大量的研究。其中许多翻译为藏语，在西藏大藏经中保存着 8 种注释（加上本论、自注是 10 种，东北目录四二一〇、四二一六、四二一七、四二二〇～四二二六）。梵本由罗睺罗僧克里帖衍那在公元 1929 至 1938 年之间苦心地从事西藏探查时发现，全文的偈文由僧克里帖衍那于公元 1938 年公布出版[③]。对于第一章的法称自注，僧克
下（279） 里帖衍那也发现不完整的写本，图齐在尼泊尔也有发现，另由阎浮毗阇耶（M. Jambūvijaya）在帕坦（Pātan，北部古吉拉特〔Gujarāt〕）的耆那教僧院中发现别的写本，葛诺梨（R. Gnoli）据这些写本出版了梵文原文[④]。

僧克里帖衍那在西藏得到数种梵文的写本，其中智护（Prajñākaragupta）的《量评释庄严》（*Pramāṇavārttikālaṃkāra*）是善本，所以将此校订并于公元 1953 年在 Patna 出版[⑤]。本书是除去有法称自注的《为自比

① T. Vetter, *Dharmakīrti's Pramāṇaviniścayaḥ 1. Kapitel: Pratyakṣam*, Wien, 1966. 另也有法称认识论的研究书。do., *Erkenntnisprobleme bei Dharmakīrti*, Wien, 1964.

② 倉円圓照「量釈頌と集量論」(『印度精神文化の研究』，1944 年，页 346 以下)。

③ Pramāṇavārttikam by Ācārya Dharmakīrti, edited by Rāhula Sāṃkṛtyāyana (Appendix to *The Journal of the Bihar and Orissa Research Society*, vol. 24, Parts 1–2, March–June, 1938). 宮坂宥勝, Pramāṇavārttika-kārikā (Sanskirt and Tibetan)(『インド古典研究』II，1971—1972)。偈文有梵文与藏译对照出版。

④ Raniero Gnoli, *The Pramāṇavārttikam of Dharmakīrti, The first Chapter with the Autocommentary,* Series Oriental Roma XXIII, Roma, 1960.

⑤ Rāhula Sāṃkṛtyāyana, *Pramāṇavārttikabhāṣyam or Vārttikālaṅkāraḥ of Prajñākaragupta*, Patna, 1953.

量章》，而从第二章到第四章的注释。僧克里帖衍那所收集的摩那罗踏难定（Manorathanandin）的注释[①]、自在月（Vibhūticandra，毗浮提旃陀罗）的注释[②]也已出版。《量评释》是在了解法称的逻辑学上最重要的著作，关于本书的价值，早已因金仓圆照博士的研究而清楚了[③]，另金仓博士对佛劳华纳有关本书的成果[④]给予很高的评价，在日本也有许多学者进行本书的研究以及日译[⑤]；虽然是极为难解的书，但是可期待研究的完成。《量评释》不只是逻辑学的问题，在其《现量章》中详细论述了于刹那灭的认识中，认识是如何成立的，展开了佛教真正的认识论；是应注意的论书。

关于《因一滴论》(*Hetubindu*)，已出版了阿叉陀（Arcaṭa）注释的梵本，也已进行了从本文的藏译来的梵文还原[⑥]。藏译中除了本论（东北目录四二一三）之外，有调伏天的注及其他（东北目录四二三四、四二三五）。（280）下

《结合之观察》(*Sambandha-parīkṣā*）之梵文是由 Prameyakamalamārtaṇḍa 与 Syādvādaratnākara 而得以复原的[⑦]。最初佛劳华纳通过与藏译（东北目录四二一四。注释：东北目录四二一五、四二三六、四二三七）的比较而发现此事。而发表藏译的《结合之观察》与其注释

---

① Manorathanandin, Pramāṇavārttikavṛtti, *The Journal of the Bihar and Orissa Research Society*, vol. 24，pt. 3, vol. 26, pt. 3, Patna, 1938–40.

② Vibhūticandra, Vṛtti–Pariśiṣṭa, *The Journal of the Bihar and Orissa Research Society*, vol. 26, pt. 3, Patna, 1940.

③ 倉円圓照「法称の量釈頌とヂャイナ教義」(『印度精神文化の研究』页 355 以下)。

④ E. Frauwallner, Beiträge zur Apoha–lehre(*WZKM*. 37(1930),39(1932),40(1934), 42 (1937)，44 (1939)) .

⑤ 关于翻译，有户崎宏正「プラマーナ・ヴールティカ現量章の和訳研究」一～一四 (『九州大学文学部哲学年報』第二四、二五辑，1962 年 10 月，1964 年 10 月；『密教文化』第七一、七二号；『筑紫女学園短期大学紀要』第一～第一二号，1966—1977 年)。同『仏教認識論の研究』上卷，1979 年。此外有诸学者的众多研究论文。

⑥ Hetubinduṭīkā of Bhaṭṭa Arcaṭa with the commentary entitled Āloka of Durvekamiśra, edited by Pandit Sukhlalji and Muni Shri Jinavijayaji, *G.O.S.* No. 113, Baroda, 1949. 宮坂宥勝「アルチャタ及び諸学者の年代論」(『印仏研』二之一，1953 年，页 300)。E. Steinkellner, *Dharmakīrti's Hetubinduḥ Teil I: Tibetischer Text und rekonstruierter Sanskrit Text*, Wien, 1967; *Teil II, Übersetzung und Anmerkungen*, Wien, 1967.

⑦ D. Malvania, *Durvekamiśra's Dharmottarapradīpa*, Introduction p. XV, footnote 1.

之藏文，及其德译；金仓博士据此而发表了日译[1]。

《论诤之正理》（*Vādanyāya*），藏译中有本论（东北目录四二一八）以及寂护注（东北目录四二三九）、调伏天注（东北目录四二四〇）等。梵文也与寂护的注（*Vādanyāyavṛttivipañcitārtha*）一起被发现而出版[2]。

《他人存在之论证》（*Saṃtānāntara-siddhi*）藏译中有本论（东北目录四二一九）、调伏天的注释（东北目录四二三八），尚未发现梵文本。藏译作为 Bibliotheca Buddhica 19 而出版，有北川博士的英译与研究[3]。

对其他学派的影响

佛教逻辑学虽由陈那、法称集大成，但其结果必然给其他学派带来影响。代表印度逻辑学的虽是正理派，但是因为此派的代表典籍《正理经》在古代已固定化，受之后出现的佛教新因明的影响而被迫改变。在正理派中，于 4 世纪时跋舍耶那（Vātsyāyana）写了《正理经》的注疏，但
下(281) 受到世亲、陈那的批判。因此在 6 世纪后半，乌德陀迦罗(Uddyotakara）出现，著作了《正理评释》（*Nyāyavārttika*），斥退世亲、陈那之说，尝试要发挥向来的《正理经》之说。虽然表面上固执以往的五分作法，但不得不采用因之三相说。他的主张为后出的法称所批判、评斥，法称之说被 9 世纪出现的跋遮湿钵底・弥续罗（Vācaspatimiśra）所评破，更在 10 世纪末出现优陀阎那（Udayana）及阇衍陀（Jayanta），著述立说而活跃着。但是在正理派一度导入因之三相说之后，没有人不承认此说，

---

① 金倉円照『印度精神文化の研究』，页 361；同「法称における結合の観察」(『宗教研究』新一二之三，1935 年)。

② Rāhula Sāṃkṛtyāyana, Dharmakīrti' s Vādanyāya with the Commentary of Śāntarakṣita, *Appendix to The Journal of Bihar and Orissa Research Society*, vols. 21,22, 1935,1936.

③ 北川秀則「仏教に於ける他我存在の一証明」(『文化』第一八巻第三号，1954 年 5 月)。同『インド古典論理学の研究』，页 404—429，Appendix A.I.，A Refutation of Solipsism（Annotated Translation of the *Saṃtānāntara-siddhi*）. Stcherbatsky 将调伏天的注一起译为俄文，Harish C. Gupta 再将其英译。Th. Stcherbatsky, Establishment of the existence of other minds, A free translation of Dharmakīrti's Saṃtānāntara-siddhi and Vinītadeva's Saṃtānāntarasiddhi- ṭīkā(H.C. Gupta, *Papers of Th. Stcherbatsky*, Calcutta, 1969, pp. 71–121）.

还有胜论学派的妙足（Praśastapāda，般沙窣多波陀，6 世纪）[1] 也基于因之三相说而组织了逻辑学。

弥曼差学派在 7 世纪出现了鸠摩利罗与般跋羯罗（Prabhākara），而使学派盛大起来，特别是鸠摩利罗的著书中多处采用了佛教逻辑学。也有说他原本学过佛教的传说，采用了陈那、法称之说，因之三相说固不待言，甚至也采用了更细的地方。还有耆那教自大雄以来就是对逻辑学很关心的学派，也就受到佛教逻辑学很强的影响。公元 700 年左右的成军日光（Siddhasena Divākara）的《正理渡津论》（*Nyāyāvatāra*），被认为颇受法称逻辑学的影响[2]。天主的《因明入正理论》的梵本、法称的《量评释》自注之梵本，乃至法上对《正理一滴论》的注、阿叉陀对《因一滴论》的注等，保存在耆那教的僧院中。对《正理一滴论》法上的注释写了复注的摩罗婆定也是耆那教徒。（282）下

此外僧伽派、瑜伽派、吠檀多派等，因为逻辑学上关系比较浅的缘故，所以不清楚新因明对其的影响，但是对陈那、法称以后的印度逻辑学，新因明所给予的影响是很大的。

法称以后

印度佛教因为自法称以后逐渐走向衰退，所以佛教逻辑学的历史也并不清楚。西藏的大藏经中，寂护（Śāntirakṣita）的《摄真实论》（*Tattvasaṃgraha*，东北目录四二六六）归于因明部，还有对此写注释的莲华戒有《正理一滴注》（东北目录四二三二）。《摄真实论》是极具逻辑性的作品，贯穿全篇都运用法称的逻辑学。本书到三十一章为止批判当时的印度思想，其中举出声（声量）、现量、比量及其他量为主题。此研究还尚未开拓，将来若阐明这些内容，应该可以得到关于寂护、莲华戒的逻辑学的新看法。

史彻尔巴茨基将法称以后的佛教逻辑学传承分为三派[3]，亦即文献学的

① 金倉円照『インドの自然哲学』第五篇「慧月とプラシャスタパーダ」，1971 年，页 284。
② 金倉円照『印度精神文化の研究』，页 288 以下，有研究、原文、翻译。
③ Th. Stcherbatsky，*Buddhist Logic*，vol. I，pp. 39–47.

系统、哲学的系统与宗教的系统。文献学派是将法称的逻辑学作文献学上的研究而传承的系统，天主觉（Devendrabuddhi, 公元 630—690 年左右）
下(283) 是其代表。释迦觉（Śākyabuddhi）是他的弟子，光明觉（Prabhābuddhi）也属于这个系统，调伏天（Vinītadeva）也与他们根据相同的方法论。天主觉对法称的《量评释》中除了法称自注的初品之外的"后三品"作注释（东北目录四二一七），调伏天有《正理一滴注》《结合之观察注》《他人存在之论证注》及其他许多注释。他们的解释唯取显现在语句表面上的意思，因而受其他派强烈攻击。根据布顿，天主觉是法称的弟子，注释了《量评释》，但是三度改写，其师法称好不容易才认可它[1]。调伏天因《正理一滴注》受到法上（Dharmottara, 公元 750—810 年左右）的批判，所以是法上之前的人。

第二的哲学的系统是指想要解明包含在陈那、法称著作中的哲学意义的人们。这个学派的创立者是法上，他是婆罗门出身而在迦湿弥罗活跃着。因为他是在公元 800 年左右在世，所以不是法称的直接弟子，但是对《正理一滴》《量决择》及其他写了注释，而有《量之观察》（*Pramāṇaparīkṣā*，东北目录四二四八）、《离之考察》（*Apoha-nāma-prakaraṇa*，东北目录四二五〇）及其他独立的著作。跋遮湿钵底·弥续罗（Vācaspatimiśra）引用了他的著作，这个系统的喜增（Ānadavardhana）对法称的《量决择》写了复注，还有智吉祥（Jñānaśrī）、商羯罗难陀（Śaṅkarānanda）等皆出于此系统。

下(284) 第三的系统是从法称的著作之中，要阐明其宗教上意义的人们。陈那、法称的著作虽然说了逻辑学，但是可说是与大乘佛教一般的著作一样，最后要阐明觉悟或佛陀的本质。而从他们的逻辑学，来尝试着要阐明佛的法身、自性身、智身等的意义。此学派的创立者是由僧克里帖衍那所发现的梵文《量评释庄严》的作者智护（Prajñākaragupta），他来自孟加拉地区，他的著作为优陀阎那所引用，所以似乎是 10 世纪的人。

① E. Obermiller, *The History of Buddhism in India and Tibet by Bu-ston*, pp.154-155.

另根据解脱护，他被视为经量部的人①。

智护的后继者分为三派，即胜者（Jina）、日护（Ravigupta）、阎摩梨（Yamāri）三系统。第一的胜者就法称的《量评释》的组织陈述了意见，即主张《量评释》的《为自比量章》虽然在最初，但是这个传统的顺序是错的，应当是第一是《量成就章》，第二是《现量章》，《为自比量章》是第三章才对。而关于这点，胜者、日护、阎摩梨之间有论诤；他们都是在家者，而且是密教信徒。

毗陀补萨那（Vidyabhusana）举出法称以后的佛教逻辑学者，以如下的顺序列出，而说明其年代及著作，即：天主觉（Devendrabodhi，公元650年左右）、释迦觉（Śākyabodhi，公元675年左右）、调伏天（Vinītadeva，公元700年左右）、日护（Ravigupta，公元725年左右）、胜主觉（Jinendrabodhi，公元725年左右）、寂护（Śāntarakṣita，公元749年左右）、莲华戒（Kamalaśīla，公元750年左右）、贤护（Kalyānarakṣita，公元829年左右）、法上（Dharmottara，公元847年左右）、（285）下
珠瓶（Muktākumbha，公元900年左右）、阿叉陀（Arcaṭa，公元900年左右）、无忧（Aśoka，公元900年左右）、月官（Candragomin，公元925年左右）、智护（Prajñākaragupta，公元940年左右）、阿阇梨胜敌（Ācārya Jetāri〔Jitāri〕，公元940—980年左右）、胜者（Jina）、宝称（Ratnakīrti，公元940—1000年左右）、宝金刚（Ratnavajra，公元979—1040年左右）、胜友（Jinamitra，公元1025年左右）、施戒（Dānaśīla，公元1025年左右）、智吉祥友（Jñānaśrīmitra，公元1040年左右）、智吉祥贤（Jñānaśrībhadra，公元1050年左右）、宝寂（Ratnākaraśānti，公元1040年左右）、阎摩梨（Yamāri，公元1050年左右）、商羯罗难陀（Śaṅkarānanda，公元1050年左右）、善护（Śubhakaragupta，公元1080年左右）、解脱护（Mokṣākaragupta，公元1100

① Y. Kajiyama, *An introduction to Buddhist Philosophy*, *An Annotated Translation of the Tarkabhāṣā of Mokṣākaragupta*, Kyoto University, 1996, p.140.

年左右）①。其中有些人已经言及；但关于年代，仍有研究的空间。

上述的诸学者有许多著作，而保存于藏译中。因为要就这些一一说明是不可能的，所以这里只就梵本已经刊行的来简单介绍。

在公元 1910 年诃罗波罗沙德·沙斯怛梨（Haraprasād Shāstrī）公布了 3 位逻辑学者的著作②：

班智达无忧（Paṇḍita Aśoka）:《全体之排除》（*Avayavinirākaraṇa*）③、
下(286)《共相破斥之方向扩大》（*Sāmānyadūṣaṇadikprasāritā*）

宝称：《离之成就》（*Apohasiddhi*）、《依于随伴之刹那灭成就》（*Kṣaṇabhaṅgasiddhi*〔*anvayātmikā*〕）、《依于遮遣之刹那灭成就》（*Kṣaṇabhaṅgasiddhi*〔*vyatirekātmikā*〕）

宝寂：《内在遍充之考察》（*Antarvyāptisamarthana*）④

以上三位中，宝称的著作与其师智吉祥友的著作一起包含在僧克里帖衍那于西藏搜集到的梵本中，而由 Patna 的 K.P. Jayaswal 研究所出版。

《智吉祥友著作集》（*Jñānaśrīmitranibandhāvali*）⑤：

1.《刹那灭论》（*Kṣaṇabhaṅgādhyāya*）

2.《遍充论》（*Vyāpticarcā*）

3.《不一不异之考察》（*Bhedābhedaparīkṣā*）

---

① Satis Chandra Vidyabhusana, *A History of Indian Logic*, Reprint, Delhi, 1971, p. 319–347.

② Haraprasād Shāstrī, *Six Buddhist Nyāya Tracts in Sanskrit,* Bibliotheca India, Calcutta, 1910.

③ 参考 Y. Kajiyama, The Avayavinirākaraṇa of Paṇḍita Aśoka（『印仏研』九之一，1961 年，页 366—371）。

④ 参考 Y. Kajiyama, On the Theory of Intrinsic Determination of Universal Concomitance in Buddhist Logic（『印仏研』七之一，1958 年，页 360—364）。

⑤ *Jñānaśrīmitranibandhāvali*, edited by A. Thakur, Tibetan Sanskrit Works Series V, Patna, 1959; cf. Y. Kajiyama, Trikapañcakacintā : Development of the Buddhist theory on the determination of causality（『インド試論集』四之五号，1963 年），或说他还有『一切智者の成就』, cf. E. Steinkellner, Jñānaśrīmitra's Sarvajñasiddhiḥ（*Berkley Buddhist Studies*, 1977, pp. 383–393）.

4.《不认得之秘密》(*Anupalabdhirahasya*)

5.《一切声非有论》(*Sarvaśabdābhāvacarcā*)

6.《离之论书》(*Apohaprakaraṇa*)

7.《自在神论》(*Īśvaravāda*)

8.《结果与原因的关系之成立》(*Kāryakāraṇabhāvasiddhi*)

9.《瑜伽行者之智决择》(*Yoginirṇayaprakaraṇa*)

10.《不二一滴论》(*Advaitabinduprakaraṇa*)

11.《有相成就论》(*Sākārasiddhiśāstra*)

12.《有相集成》(*Sākārasaṃgrahasūtra*)

据编者塔库尔（A. Thakur）说，智吉祥友与阿底峡是同时代的人，住于超岩寺，是六贤门之一；此事也载于多罗那他的佛教史中[1]，因此他似乎是活跃于公元 11 世纪前半的人物。智吉祥友也是密教的学僧，上述他的著作有关逻辑学的有很多。3 是论述认识与对象不一不异的作品，7 (287)下
是否定外道所主张的自在神存在的论证，8 是因果的佛教解释，9 是瑜伽行者的神秘智慧之说明，10 与 3 同样是认识与对象的问题，11 是有相唯识说的论证。据智吉祥友所说，最初主张“有相唯识说”的人是法称。在此论中，第一是破斥无相唯识说，其次提出诸家的有相唯识说，最后论瑜伽与中观的一致。

智吉祥友的弟子是宝称，也是 11 世纪的人。他的著作在前述的沙斯恒梨所出版作品中也有 3 部，但是僧克里帖衍那所搜集的文献中也有他的著作，同样由 K.P. Jayaswal 研究所经塔库尔出版。其内容如下：

《宝称著作集》(*Ratnakīrtinibandhāvalī*)[2]：

1.《一切智者之成就》(*Sarvajñasiddhi*)

2.《自在神论证之破斥》(*Īśvarasādhanadūṣaṇa*)

---

[1] A. Schiefner, *Tāranātha's Geschichte des Buddhismus in Indien*, St. Petersburg, 1869, S. 241.

[2] *Ratnakīrtinibandhāvalī*, edited by Anantlal Thakur, Tibetan Sanskrit Works Series III, Patna, 1957.

3.《离之成就》(*Apohasiddhi*)

4.《依于随伴之刹那灭成就》(*Kṣaṇabhaṅgasiddhi*〔*anvayātmikā*〕)

5.《依于遮遣之刹那灭成就》(*Kṣaṇabhaṅgasiddhi*〔*vyatirekātmikā*〕)

6.《量内在论》(*Pramāṇāntarbhāvaprakaraṇa*)

7.《遍充决择》(*Vyāptinirṇaya*)

8.《常恒论证之破斥》(*Sthirasiddhidūṣana*)

9.《多样之不二解明论》(*Citrādvaitaprakāśavāda*)

10.《他人相续之破斥》(*Santānāntaradusạṇa*)

以上诸论与前述的智吉祥友的著作，在了解10世纪、11世纪左右的
下(288) 佛教逻辑学上拥有重要的价值；今后研究的进展让人期待。关于3《离之成就》，有梶山博士及帝仁陀罗·夏玛（Dhirendra Sharma）等的研究[①]。关于5《刹那灭论》，有马克德莫特（A.C. Senape McDermott）的原典校订、翻译、研究[②]，8《常恒论证之破斥》有御牧克己的研究[③]，10《他人相续之破斥》有梶山博士的翻译[④]。

根据本书中塔库尔的序文所述，宝称住在超岩寺，是智吉祥友的弟子。智吉祥友所示唯识学派的传承如下[⑤]：

Maitreyanātha(弥勒)——Asaṅga(无著)——Vasubandhu(世亲)——

① 梶山雄一「ラトナキールチのアポーハ論」(『印仏研』八之一，1960年，页76以下)。同「ラトナキールチの遍充論」(『中野教授古稀記念論文集』，1960年，页105以下)。Dhirendra Sharma, *The differentiation theory of meaning in Indian logic*, The Hague, 1969. 包含了*Apohasiddhi*(《离之成就》)的原典、英译及研究。

② A. C. Senape McDermott, *An Eleventh-century Buddhist Logic of 'Exists' : Ratnakīrti's Kṣaṇabhaṅgasiddhiḥ Vyatirekātmikā*, Dordrecht-Holland, 1967. 参考谷贞志「「瞬間的存在性」論証 Kṣaṇikatva-anumāna とその論理空間の問題」(『印仏研』二〇之二，页921以下；同二二之二，页1044以下)。

③ 参考御牧克己「恒常性批判(Sthirasiddhidūṣaṇa)」(『印仏研』二〇之二，页904以下)。K. Mimaki, *La réfutation bouddhique de la permanence des choses* (*Sthirasiddhidūṣaṇa*) *et la preuve de la momentanéité des choses* (*Kṣaṇabhaṅgasiddhi*), Paris, 1976.

④ Y. Kajiyama, Buddhist Solipsism, A free translation of Ratnakīrti's Saṃtānāntaradūṣaṇa (『印仏研』一三之一，1965年，页420—435)。

⑤ A. Thakur, *Ratnakīrtinibandhāvalī*, Patna, 1957, Introduction p. 17 (Second ed. 1975, p.9).

Dignāga（陈那）——Dharmakīrti（法称）——Prajñākara（智护）——Jñānaśrīmitra（智吉祥友）——Ratnakīrti（宝称）

以上的传承似乎是表示思想上的关联，例如世亲与陈那并无直接的师徒关系。总之以此来看，可知智吉祥友、宝称继承了智护的系统，智护是法称以后的三学派中的宗教学派的创立者。

与宝称同时代出现了宝寂（Ratnākaraśānti）。他住在超岩寺，从那洛巴学密续，在密教中也是优秀的学僧，著作了逻辑学的书《内在遍充论》（*Antarvyāpti*），还留下了有关“转依”的解释[①]。（289）下

宝称以后出现的人当中，有解脱护（Mokṣākaragupta，公元1050—1202年左右），他活跃在位于孟加拉的阇伽达罗（Jagaddala or Jagaddhala）僧院，处理逻辑学、认识论的著作，有逻辑学纲要书《思择说》（*Tarkabhāṣā*）[②]。本书的内容经由梶山博士研究，之后发表了翻译[③]。据此，本书是佛教逻辑学的纲要书，依据法称的逻辑学，而继承了法上、智护、智吉祥友等之说。本书分为现量、为自比量、为他比量三章，说明了陈那以后逻辑学的诸问题，但是同时也从逻辑学的立场斟酌以正理派为代表的诸学派，或佛教内部的毗婆沙师、经量部、瑜伽行派、中观派等之说，而且被认为基本上是经量部的立场[④]。

另与解脱护同系统的逻辑学者有胜敌（Jitāri）。图齐在尼泊尔发现

---

① 梶山雄一「ラトナーカラシャーンティの論理学書」（『仏教史学』第八巻第四号，1960年）。G. Tucci, Ratnākaraśānti on Āśraya-parāvṛtti（*Asiatica*, Festschrift für Fr. Weller, Lipsia, 1954, pp. 765-767）.

② 本书的梵本于1942年以*G.O.S.* vol. XCIV而出版。之后由Iyengar利用新的写本，合校藏译（东北目录四二六四），校订原典而出版。*Tarkabhāṣā of Mokṣākaragupta*, edited with a Sanskrit Commentary by Embar Krishnacharya, *G.O.S.* XCIV, Baroda, 1942; H.R. Iyengar, *Tarkabhāṣā of Mokṣākaragupta, included in Tarkabhāṣā and Vādasthāna*, Mysore, 1952.

③ 梶山雄一「Mokṣākaraguptaの論理学」（『印仏研』六之一，1958年，页73—83）。Y. Kajiyama, An Introduction to Buddhist Philosophy, An Annotated Translation of the Tarkabhāṣā of Mokṣākaragupta（『京都大学文学部研究紀要』第一〇，1966年3月）。同「認識と論理（タルカバーシャー）」（『世界の名著』2『大乗仏典』，1967年）。同『論理のことば』（『中公文庫』，1975年）。

④ 梶山雄一「存在と知識—仏教諸哲学諸学派の論争—（二）」（『哲学研究』第五〇五号，页13）。

胜敌的梵本，而加以出版；这是《因之真理解说》（*Hetutattvopadeśa*）与《生之舍弃》（*Jātinirākṛti*）[1]。根据图齐之说，胜敌有两位，一位是9世纪的人，是与师子贤同时代的人；另外一位是11世纪的人，曾是阿底峡之师。但是其中哪位是此书的作者则难以决定，而且胜敌为宝称的著作所引用，所以被视为是与他同时代，或者是在他以前的人[2]。在解脱护的《思择说》中，有很多引用自胜敌的《善逝本宗分别》（*Sugatamatavibhaṅga*，东北目录三八九九、三九〇〇）[3]。同样，在图齐
下（290） 所出版的明寂（Vidyākaraśānti）《逻辑之阶梯》（*Tarkasopāna*）[4]中，也可见到胜敌《逻辑幼童入门》（*Bālāvatāratarka*，东北目录四二六三）的影响[5]。胜敌对解脱护、明寂给予影响，就这点可以视他为佛教逻辑学上重要的人物。

还有明寂作的《逻辑之阶梯》，以现量、为自比量、为他比量的顺序而说明逻辑学，似乎与解脱护大约是同时代的人[6]。

解脱护是自11世纪到12世纪初期的人，他晚年正逢超岩寺为伊斯兰教徒所坏，印度佛教灭亡之时，因此其佛教论理学可以说是最后进行的印度佛教著作活动。但并不清楚有关这些论理学者的学术活动详情，而
下（291） 有待今后的研究。

参考书目

村上専精，境野黄洋『仏教論理学』，1918年。

宇井伯寿「仏教論理学」(『仏教思想体系』5，1933年)。

宇井伯寿『東洋の論理』，1950年。

---

① G. Tucci, Minor Buddhist Texts Part I, Selection V, Hetutattvopadeśa of Jitāri and Tarkasopāna of Vidyākaraśānti, Roma, 1956, pp. 249–310; G. Tucci, The Jātinirākṛti of Jitāri (*Annals of the Bhandarkar Oriental Research Institute*, Poona, 1930, vol. XI, pp. 54–58)。

② 白崎顯成「Jitāri と Mokṣākaragupta」(『印仏研』二五之一，页422)。

③ 白崎顯成前引论文，及「Jitāri と Mokṣākaragupta と Vidyākaraśānti」(『印仏研』二六之一，页41)。

④ 参考本页注②。

⑤ 参考本页注③。

⑥ 梶山雄一「存在と知識—仏教諸哲学諸学派の論争—(一)」(『哲学研究』第五〇〇号，页217)。

宇井伯寿，渡辺照宏「印度の論理学」(『世界精神史の諸問題』(二)，1941 年，页 145—174)。

松尾義海『印度論理学の構造』，1948 年。

中村元「因明入正理論疏解題」(『国訳一切経』和漢選述部 43，論疏部 23，1958 年)。

中村元「論理学の典籍及び研究文献」(宮本正尊編『仏教の根本真理』，1956 年，页 330—366)。

金倉円照『印度精神文化の研究』，1941 年。

北川秀則『インド古典論理学の研究—陳那の体系—』，1965 年。

武邑尚邦『仏教論理学の研究—知識の確実性の論究—』，1968 年。

長尾雅人，中村元監修，三枝充悳 編集『講座仏教思想』第二卷，認識論・論理学，1974 年。

泰本融『東洋論理の構造』，1976 年。

戸崎宏正『仏教認識論の研究』上卷，1979 年。 (299)下

(论文省略)

A. B. Keith: *Indian Logic and Atomism*, Oxford, 1921.

Satkal Mookerjee: *The Buddhist Philosophy of Universal Flux*, Calcutta, 1935, Reprint, Delhi, 1975.

M. M. Satis Chandra Vidyabhusana: *A History of Indian Logic*, Calcutta, 1921, Reprint, Delhi, 1971.

Th. Stcherbatsky: *Buddhist Logic*, 2 vols. Leningrad, 1930-32, Reprint, Hague, 1958.

K. N. Jayatilleke: *Early Buddhist Theory of Knowledge*, London, 1963.

D. Nath Shastri: *Critique of Indian Realism, A Study of the conflict between the Nyāya-Vaiśeṣika and the Buddhist Dignāga school,* Agra, 1964.

R. S. Y. Chi: *Buddhist formal Logic, Part I, A study of Dignāga's Hetucakra and K'uei-chi's Great commentary on the Nyāyapraveśa,* London, 1969.

Tilmann Vetter: *Erkenntnisprobleme bei Dharmakīrti*, Wien, 1964.

T. Vetter: *Dharmakīrti's Pramāṇaviniścayaḥ 1. Kapital*: Pratyakṣam, Wien, 1966.

Ernst Steinkelner: *Dharmakīrti's Hetubinduḥ teil I, II*, Wien, 1967.

M. Hattori: Dignāga, On Perception, being the Pratyakṣa-pariccheda of Dignāga's Pramāṇasamuccaya from the Sanskrit
(300)下 fragments and the Tibetan versions, *HOS*. 47, 1968.

第五章

秘密佛教

第一节　秘密佛教的意义

这里所谓的“秘密佛教”，是“密教”的意思。密教在西方多称为 Esoteric Buddhism，是 Exoteric Buddhism（显教）的相对词，不过这是近代学者所创的语词，在古代的梵文中，似乎并没有与此相对应的术语。密教还称为“怛特罗佛教”（Tāntric Buddhism，Buddhist Tantras）等。在密教中称呼经典为“怛特罗”（tantra，续），所以将密教称为“怛特罗佛教”。在后期的密教里，确实称呼经典为怛特罗，但是初期未必如此。也有只称呼为“经”，或也称为“大乘经”“方广经”等，或只称为“仪轨”（kalpa）、“陀罗尼”（dhāraṇī）等的例子。而在将《药师经》《金光明经》等杂密经典也加入密教中的情形，所谓“怛特罗佛教”之语在包含密教的全体上，似乎狭隘了些。

在《大日经》中，有真言道、真言教法、真言门等用语，“真言乘”的用语也出现了两次。但是其原语并非 mantra-yāna，而推测为似乎
下（303）是 mantracaryā-naya[1]，“真言乘”（mantra-yāna）当作术语而确定下来是在 11 世纪以后。相对地，mantranaya（真言理趣）之用语，则可见于《大日经》之中[2]，但是似乎并没有以此 mantranaya 来总摄密教的教理。

其次，也有学者视“金刚乘”（vajra-yāna）相当于我们所说的“密教”[3]，“金刚”（vajra）之语词在密教中确实是重要的语汇。在《大日经》中，说法的对象也主要是称为执金刚、执金刚秘密主、金刚萨埵等的菩萨们。在《金刚顶经》中，更在成佛的阶段说“修金刚心”，将成佛之智喻为金

① 参考松長有慶「mantrayāna, mantranaya, vajrayāna」(『印仏研』二一之二，1973 年 3 月，页 1011)。

② 参考上注。

③ 金岡秀友『密教の哲学』，页 8。

刚之坚固，而已成佛的毗卢遮那佛也称为金刚界如来，以“金刚”来表示密教的佛智。“金刚”在密教虽是重要的概念，但是并不清楚“金刚乘”（vajra-yāna）的语词是从何时开始出现的，至少似乎不是那么早的用语，而此语也有说只限于在《金刚顶经》系的密教中使用[①]。

此外也使用了“俱生乘”（sahaja-yāna）、“时轮乘”（kālacakra-yāna）等语词，但是任何一个在包摄密教全体时，概念的内容都太狭隘，因此相当于“密教”之词的梵文很难求；换句话说，此事显示了“密教”这一用语的内容并不清楚明确。因此这里虽题为“秘密佛教”，但是这个语词的概念内容似乎并非已经在学界中固定下来[②]。在日本自古以来称为 (304)下
“东密”“台密”等的密教，是指传到中国唐代的密教，亦即以《大日经》《金刚顶经》为中心的密教教理，因此并未包含在以后于印度发展的“无上瑜伽续”的密教，所谓“怛特罗佛教”“左道密教”的密教。宋代施护、法天等所译的密教经典中，属于无上瑜伽续的经典有很多，但是这些经典在中国、日本的佛教界中几乎未被研究，对日本真言宗的教理并没有给予影响。

要将传来日本的“密教”用语，套用在印度秘密佛教的全体时就产生了不合理的情形。在日本说“密教”的情形，与西欧、印度的佛教学者在说 Esoteric Buddhism 或 Tāntric Buddhism 的情形，可以见到其意义内容上有相当大的出入。在西欧说“密教”的情形中，有堕落的佛教的意思，但是语义上“esoteric”有“秘密”的意思，所以如果不问是否含有“左道”“性力”的意味，则“密教”与 Esoteric Buddhism 之间有共通点。因此在这里决定将“密教”“秘密佛教”之用语作广义的解释，也包含了怛特罗佛教、时轮教等，将基于密教仪轨而实际修习的佛教称为“秘密佛教”；因为在这些佛教中有重视秘密而忌惮公开的性格。同时在秘密佛教中有神秘主义的性格，这是因为密教采用了祈祷的缘故。在秘密佛教的秘密中，也含有神秘主义的意思。唱真言，诵陀罗尼，而进行

① 参考上页注①。

② 参考栂尾祥雲『秘密仏教史』「序説」，松長有慶『密教の歴史』「序説、1 密教という言葉の意味」页 3 以下，金岡秀友前引书第一节「密教の定義」页 3 以下等。

下(305) 祈祷，然后要得到神秘的力量、智慧；密教中可见到如此的性格。

在《大日经》《金刚顶经》中所说的教法，是成佛之教法，并不是以祈祷为目的，但是为了成佛的实现，而采用了广义的祈祷。

印度密教的独立，一般以为是在《大日经》出现之时。因此印度密教的说明虽然可以由《大日经》开始，但是因为在此以前也有说陀罗尼、真言的经典，所以想要将此祈祷主义的佛教作为密教的前史来考察，而将这些也加到“秘密佛教”之中。佛教咒术上的性格，虽然在大乘佛教中更加提高，但是在此前的佛教中也可见到，其起源可上溯到原始佛教的经典。因此在本书中将简单地检视《阿含经》中可见的咒术上的佛教，然后考察大乘佛教中可见的“杂密”。其次将《大日经》《金刚顶经》的思想作为密教的独立时代来叙述，之后要检视作为发达密教的“无上瑜伽续”的佛教。

还有，说到“秘密佛教”，在中国佛教里天台大师智顗的“化仪四教”中，有顿教、渐教、秘密教、不定教四教的判教一事是很有名的。但是这个情形的秘密教，与真言密教的秘密佛教没有关系。在天台大师的时代，真言密教还没传到中国来。化仪四教的秘密教，是指以秘密的方式
下(306) 说法的意思，是在大乘佛教中的区分。

参考书目

有关“秘密佛教”的参考书如下：

大村西崖『密教発達志』，全五巻，1918 年（1972 年再版）。

栂尾祥雲『秘密仏教史』，1933 年（1959 年再刊）。

宮坂宥勝「インドの密教」(『講座仏教』第三巻所収)，1959 年。

山田竜城『梵語仏典の諸文献』，1959 年，「V 秘密」24 所作経疏，25 行ユガ類，26 無上ユガ，27 秘密拾遺，页 146—183。

金岡秀友「インドの密教思想」(『講座東洋思想』6 所収)，1967 年。

松長有慶『密教の歴史』，1969 年。

金岡秀友『密教の哲学』，1969 年。

岩本裕『密教経典』(『仏教聖典選』第七巻)，1975 年。

高田仁覚『インド・チベット真言密教の研究』，1978 年。

B. Bhattacharyya: *An Introduction to Buddhist Esoterism*, Revised ed., Banarasi, 1964.（神代峻通訳，松長有慶補註，高木訷元訳補『インド密教序説』，1962 年。）

G. Tucci: *Tibetan Painted Scrolls*, 2 vols, Roma, 1952; do., *The Theory and Practice of the Maṇḍala*, London, 1961.（山本智教訳「曼荼羅の理論と実践」，『密教文化』八〇～八三号，1967 年 7 月—1968 年 5 月。）

S. B. Dasgupta: *An Introduction to tāntric Buddhism*, Calcutta, 1958.

F. D. Lessing and A. Wayman: *Mkhas grub rje's Fundamentals of the Buddhist Tantras*, The Hague, 1968.

A. Wayman: *The Buddhist Tantras — Light on Indo-Tibetan Esoterism*, New York, 1973.

J. Blofeld: *The Way of Power*, London, 1970. （307）下

第二节　原始佛教时代的秘密思想

觉悟与咒术

一般说原始佛教是理性的宗教，佛陀的觉悟与咒术没有关系。这是一般学者所认为的，佛陀的觉悟似乎与咒术没有关系。这是因为佛陀所悟的法是由智慧所悟的，觉悟没有黑暗而是光明，而与迷信、盲目的信仰无关。

在《阿含经》中，关于佛陀所悟的法，说："于所未曾闻法，生眼，生智（ñāṇa），生慧（paññā，般若），生明（vijjā），生光明（āloka）。"（*Vinaya*, vol. I, p. 11）法是所见者，而那时心中生起光明，所以觉悟的智、慧、明等，是一点疑惑都不残留的，是光明的、真理的洞察。或又如下说道："法由世尊所善说。（此）是现前证得的，是不待时的，是能说'来见吧！'的，是导向（于涅槃）的，是由智者各应了知的。"有如此形式的说明。这里表示，法也是由每个人所确证的，是超越时间的真理，是公开于任何人的，亦即主张法是普遍性的真理。 （308）下

在以上的说明中，主张“法是可以理解的”。这是理解的宗教，并非只有信的宗教。依智慧洞察真理就是悟，这也出现在原始佛教的教理——四圣谛、十二缘起说、五蕴无我说等基本的教理中。因此原始佛教的觉悟，可以说与不合理的迷信、盲目的信仰无关。但是并非因为如此，佛教的觉悟才被当作能以逻辑来说明。自大乘佛教起强调，佛教的觉悟超越了依于言语的表现，但是在原始佛教中也已经说到这点。例如在《梵网经》中说，世间的人们说佛陀守戒行善行而赞叹如来，但那只不过是琐碎平常的事而已。如来亲自证知（abhiññā）、现证，所说的诸法，是甚深而难见、难知，寂静而微妙，超越寻伺之境，至微而唯有智者所知的。唯有依此诸法，才能正确地赞叹、谈说如来（*DN*. Vol. I, p.12）。这里说到了如来所悟的法是难知、难见的，超越了寻伺之境，这个情形的“寻伺”（takka，tarka）是指“逻辑论证（「論理」）”。佛陀的觉悟超越了逻辑，是无法以语言来表现的难知、难见、微妙。

另在这里说“如来证知”的情形中，译为“证知”的 abhiññā 里有证悟的智慧之意，同时也有“神通”的意思。神足通、天眼通等六神通
下(309) 的神通就是 abhiññā；在此神通里，有以合理的理性所无法判定的神秘性的智慧之性格。觉悟之法，是指以神秘之智所证知的。因此说难知、难见，而说超越了逻辑上的理解。佛陀的觉悟并非凡夫所容易窥知的，所以似乎因这点而被神秘地看待，但是同时不得不认为觉悟本身也有神秘性的性格。

这在将觉悟说成“明”（vijjā，vidyā）这点上也可见到。如前所述，在说“于所未曾闻法，生眼，生智，生慧，生明……”的情形的“明”，有知识、科学等的意思，更有“咒文”的意思。咒文情况的 vijjā 译作“明咒”，因此在作为 vijjā 的智之中，可以视为有如下所述般神秘的性格。

在原始佛教里所理解的“觉悟之智”是复杂的。那虽然是理性的，充满光明的智慧，但是并非所谓合理的、逻辑的知识；在这里似乎有理由不能说“完全没有觉悟之智与密义结合的余地”。但是迷信的咒文、非理性的占卜等，在《梵网经》里明显地被排斥掉了，因此想必此咒文与佛陀的觉悟并无关联，不过《阿含经》中却说到了护咒、真实语等。而

一般的民众纵使皈依佛教，也是愚痴的、无力的，无法将佛陀所说的教法如法地实践。在如此愚痴的、意志薄弱的佛教徒中，似乎也从事迷信上的信仰。以这点，也有学者承认在原始佛教里有理性的上层结构与迷 (310) 下
信的下层结构的二重构造[①]。以下将就《阿含经》所说的“密咒”，简单地来检视。

明咒

首先要来看看在《梵网经》里受到排斥的密咒，称为 vidyā(vijjā)，亦即在 vidyā(明) 之中，既有为佛陀所肯定的“明”，同时也有为佛陀所否定的“明”，此被否定的明称为“徒劳无益之明”(tiracchāna-vijjā)。“tiracchāna”因为也有“畜生”的意思，所以在汉译中也译作“畜生咒”。在《梵网经》(*DN*. Vol. I, p. 9ff.)、《沙门果经》(*DN*. Vol. I, p.67ff) 中说到种种徒劳无益之明；《梵网经》第一所举出的，是“手相、占卜、兆相、占梦、占身相、占鼠咬布之形、火之护摩 (aggi-homa)、杓子之护摩、壳之护摩、粉之护摩、米之护摩、熟酥之护摩、油之护摩、口之护摩、血之护摩、指关节之明、宅地明、刹帝利明、吉祥明、鬼神明、地所明、蛇明、毒药明、蝎明、鼠明、鸟明、乌鸦明、寿命预言、防箭咒 (sara-parittāṇa)、动物鸣叫声之解释”等。说或有沙门、婆罗门等依信施之食而生活，同时依这些徒劳无益之明而生活于邪命。这里举出作为“徒劳无益之明”的，是手相、占梦等占相 (nemittika)，或火之护摩、油之护摩等护摩 (homa，火供)，宅地明、蛇明、毒药明等种种明 (学问)，防箭之护咒 (parittāṇa) 等。 (311) 下

将这些当作徒劳无益之明而非难，接下来更举出以武器、道具、男女、动物等占相，战争之预言，日蚀、月蚀、星宿之预言，顺世论、算术、政治或日常生活的知识，种种医术等，而说这些也是徒劳无益之明。因此在“明”之中，虽然咒文也包括在内，但是医术、世间的知识等也包含在其中。当时观察日月之运动、星宿等事，似乎是重要的学问，

① 参考奈良康明「古代インド仏教の宗教的表層と基層」(『三藏集』第一辑，页 277—304)。

而说到医术，病症的治疗、药物的调和等，也与唱咒文除病魔密切结合在一起，所以便将世间的学问与预言、密咒等归纳起来而理解作“明”（学问）。

根据《大般涅槃经》，佛陀在入灭之际有禁止出家的弟子们涉及佛陀遗骸的葬礼的规定，所以禁止出家的弟子关联到世俗的“明”似乎是当然的（即使禁止世俗的明，却也似乎没有必要认为是禁止所有的明）。律藏的《小事犍度》（*Vinaya*, vol. II, p.139）中，说到六群比丘学了徒劳无益的明，所以佛陀禁止了。在《四分律》相对应处，说到禁止吉凶符书咒等（T 22.960c）。在《五分律》中，禁止作迷人咒、起死人咒（T 22.174b）。如此禁止比丘学咒文，但是在比丘的二百五十戒的条文中，并无禁止徒劳无益之明的条文。

但是在“比丘尼律”中，则有禁止比丘尼学或教他人徒劳无益之明的条文。以巴利律来说，《比丘尼律波逸提法》第四十九条（*Vinaya*, vol. IV, p.305）中，叙述了六群比丘尼学徒劳无益之明而遭到世间非难
下（312） 之事，而说佛陀禁止了此事。同样地，在其第五十条中，禁止教他人徒劳无益之明；在汉译诸律中也有相应的条文。《四分律》《十诵律》中则说：“禁种种咒术。”（T 22.754a; T 23.337b–c）比丘尼律中有禁止徒劳无益之明的条文。不管如何，这种明在原始佛教被否定似乎是明显的；此事由“明”（vijjā）这个语词在原始佛教并没有那么占优势也可知道。佛教里将“迷”称为“无明”（avijjā，avidyā）；从这点来说，觉悟可以称作是与无明相反的“明”。《阿含经》中确实也有“无明灭而明生”等的表现，但是例子很少。悟压倒性地以“般若”（paññā）、“正觉”（sambodhi）来表示，所谓的佛陀（buddha）也是觉者的意思。佛教的悟一般是以般若、觉来表示[①]。

“明”虽然不多，但如上所见，在原始佛教中已经使用。在以上之外，佛的十号之一有“明行具足”（vijjācaraṇa-sampanna），此“明”也是“vijjā”。还有宿命通、天眼通、漏尽通称为“三明”（tisso vijjā），此明

① 参考西義雄『原始仏教に於ける般若の研究』，1953年。

也是“vijjā”，因此在《阿含经》中并非没有肯定地使用明的例子。而且虽然三明的明与神通是相同的意思，但是并不只是这个情形，而是一般来看，在“明”之中添加了咒术的性格是无法否定的。因此到了大乘佛教，咒术性地来看经典时，就使用此“明”。例如在《般若心经》里有“是大神咒，是大明咒，是无上咒，是无等等咒，能除一切苦”（T 8.844c），这场合的“大明咒”是“mahā-vidyā-mantra”，明是 vidyā、（313）下
咒是 mantra 的译语。般若波罗蜜是大明咒，受持的话就能除去一切苦。

还有在《小品般若经》的《塔品第三》和《明咒品第四》等之中，反复说般若波罗蜜是大明咒。而说从《般若经》中即使取出一句、一偈而受持也有大功德，毒蛇也避开此人，四天王常护持，在战场中入于军阵也不会丧命、受伤等（T 8.542a–b，及其他），亦即将《般若经》当作咒文来受持的话，则有大功德。在《大品般若经》卷九里也说般若波罗蜜是大明咒、无上明咒、无等等明咒（T 8.286b），而在《大智度论》卷五十八里有解说，而说明在诸咒术之中，般若波罗蜜是大咒术（T 25.469b）；其在进入密教后开始作为“明王”（vidyā-rājan）等而受重视。总之“明”之中有咒术上的性格，似乎可以视为是从原始佛教以来就有的[①]。

护咒

护咒是作为paritta的译语而使用的[②]，是指为了护身而用的咒文。在这个意义的咒文，在原始佛教里也被认可。在先前所举的比丘尼律的禁止“徒劳无益之明”的条文中，虽然禁止徒劳无益之明，但是许可例外。在巴利律里，作为例外的有说：“学文字，学持（dhāraṇa），为了守护而（314）下
学护咒（paritta），不犯。”（*Vinaya*, vol. IV, p.305）允许学习陀罗尼、护咒，或教导他人。此处的“dhāraṇa”可视为等同于 dhāraṇī（陀罗尼）。但是开头的“学文字”的“文字”（lekha），是否关联到后代“四十二字门”的“字”（lipi，akṣara）则不明。在巴利律说“护咒”处，在《四分律》

① 参考宫坂宥勝「vidyā の語義」(『干潟博士古稀記念論文集』，页 249—265）。
② 关于 paritta，参考松長有慶『密教の歴史』页 25。

则说道："若诵治腹内虫病咒，若诵治宿食不消咒，若学书，若诵世俗降伏外道咒，若诵治毒咒，以护身故无犯。"（T 22.754b）允许护身的咒文。在《十诵律》中也说："若读诵治齿咒、腹痛咒、治毒咒，若为守护安稳不犯。"（T 23.337b）允许守护的咒文。

其次在律藏的《小事犍度》里，说了避免被蛇咬的护咒。因于为毒蛇所咬而死的比丘，佛陀说了法，说："于四种蛇王族以慈心遍满者，则无为蛇所咬而死。"而说护念四种蛇王族的颂文，称此为"自护咒"（attaparitta）、"护咒"（paritta）（*Vinaya*, vol. II, pp. 109–110）。相当于此的《四分律》卷四十二里，巴利的四种蛇王族则换为"八龙王蛇"，而提出了护念八种龙王的颂文，称此颂为"自护慈念咒"（T 22.870c–871a）。还有在《杂阿含经》卷九（T 2.61a–b）里也有避免蛇咬的颂文，而举出八大龙王，为蛇所咬的比丘则作优波先那比丘。在《杂阿
下（315）含经》里，于颂文之后附有陀罗尼，更进一步密教化，此陀罗尼称作"咒术章句"，然后说若唱此咒术章句，则身不中蛇毒。

避免毒蛇的咒文，在大乘佛教发展而成《孔雀王咒经》等。更为密教采用，成为不空所译的《佛母大孔雀明王经》等。这种经典，传有在晋元帝（公元 317—322 年在位）时代由帛尸利密多罗所译的《大孔雀王神咒》一卷、《孔雀王杂神咒》一卷，所以其成立相当早。还有在梁代时，僧伽婆罗有《孔雀王陀罗尼经》二卷的翻译。在现在的大藏经中，加上不空译的，共有六本"孔雀王咒经"。这虽是将"孔雀"作为经题，但内容则是以慈心念八大龙王则无为毒蛇所咬之事当作中心的；此经的梵本也已经出版[①]。在这些经典里，因莎底（吉祥，svasti？）比丘为蛇所咬，佛陀说："以慈心念八大龙王，则不为毒蛇所害。"可知这是由《杂阿含经》卷九、律藏的《小事犍度》等的教法发展来的。将孔雀题到经题上，是因为孔雀捕蛇而食，所以认为孔雀有征服毒蛇的不可思议力量。由汉译很多也可知此经自古以来就受到重视。

如上所述，为了护身而唱的护咒，在原始佛教中也是允许的，特别

① 田久保周誉『梵文孔雀明王経』*Ārya-Mahāmāyūrī Vidyārājñī*，Tokyo, 1972.

是避免毒蛇之难的咒文受到了重视。而且人如果从心里对蛇怀有慈悲心，蛇也不会随便乱咬这个人；没有敌意是重要的。因此上述避免毒蛇之难的护咒，绝不能说没有效果。因此以这样的方法而唱的护咒，可说 (316) 下
与徒劳无益之明不同。护咒在巴利佛教系统中受到重视。《弥兰陀王问经》中，护咒举出了宝经（Ratana-sutta）、蕴护咒（Khandha-paritta）、孔雀护咒（Mora-p.）、幢首护咒（Dhajagga-p.）、阿吒那胝耶护咒（Āṭānāṭiya-p.）、鸯掘摩罗护咒（Aṅgulimāla-p.）等（*Milindapañha*, Trenckner's ed. pp.150–151），所以在《弥兰陀王问经》成立前后，就已经有很多护咒。现代的锡兰上座部，或其系统的缅甸、泰国的佛教，还拥有更多的护咒，为了祈福禳灾而经常读诵。所以在上座部系统中，将为了护身的咒文称作 paritta，但是在其他部派里，是否将为了护身的咒文称作 paritta 并不清楚。在密教中这个用语似乎没有传下来。

真实语

真实语是 satya-vacana 的译语，是指基于真实的誓语，拥有不可思议的力量之意。在佛教以外也在使用[①]，称作“真实言说”（satya-vākya），在巴利佛教里则作“真实之誓”（sacca-kiriyā）使用[②]。例如《本生经》第四四四经中说，双亲将被蛇咬到的儿子带到苦行者处来求助时，那位苦行者将自己到现在为止所修行的事实照实叙述，而唱道：“依此真实 (sacca) 得安稳！”毒就从那小孩的身体喷出来，而救了小孩一命 (317) 下
（*Jātaka*, vol. IV, p. 31）。此外在《本生经》中，也屡屡说到“真实之誓”（例如 *Jātaka*, vol. I, pp. 214, 294, etc.）。

其次，在《中部》第八十六《鸯掘魔罗经》里，鸯掘魔罗（指鬘外道）皈依佛陀，成为佛弟子，修行而成为阿罗汉。之后在他乞食于舍卫城时，见到怀孕的妇人难产痛苦的样子，而说了同情于此的心情。指鬘对产妇的痛苦深感同情，回来以后告诉佛陀。此时佛陀教鸯掘魔罗说：“你到产

① 参考原実「tapas，dharma，puṇya，（≒ sukṛta）」（『平川彰博士還暦記念論文集・仏教における法の研究』，1975 年，页 53，注 36）。

② 参考奈良康明「真実語について」（『日本仏教学會年報』三八，1972 年度，横排页 19—38）。

妇面前说：‘我得圣之生以来，不知有故意夺生类之命者。依此真理（tena saccena），令汝得安稳！’”鸯掘魔罗依言而行，由于这句话的真实威力，而使妇人从难产中得救。鸯掘魔罗本来是杀了许多人，切其指头做成项链，所以是被称为“指鬘外道”的恶人。但是因为即使是那种程度的恶人，也皈依佛陀，而成阿罗汉得圣生以来不曾杀过生，所以其真实语有帮助难产妇人的伟力。

在《鸯掘魔罗经》中，并没有将此言称作“真实之誓”。但是在前面所述的《弥兰陀王问经》的 paritta 之中的“鸯掘魔罗护咒”，则可视为是指此《鸯掘魔罗经》，所以此经被当作是 paritta 的一种。不过从形式上来说，则与上述的《本生经》所说的“真实之誓”相同，同样有“tena saccena”之语，所以也可以看作是“真实语”的例子。如此，在巴利经
下(318) 典中将真实语称作“真实之誓”，但是在汉译经典里这点并不清楚。《杂阿含经》卷三十八、《别译杂阿含经》卷十八（T 2.281a–b; 378b–379a）等中，则有说鸯掘魔罗皈依佛陀的教法，但是并没有提到悟道之后对难产妇人说真实语。《增一阿含经》卷三十一，也有鸯掘魔罗的经典，这里也说到了难产妇人的事，在这里鸯掘魔罗说：“我自生于贤圣以来，更不杀生，持此至诚之言，令胎得解脱。”（T 2.721a）也显示这是真实语，但是并未说“真实语”。在别译的《鸯掘魔罗经》《鸯崛髻经》中，也有和《增一阿含经》相同的故事，前者称为“至诚不为妄语”，后者则表现为“至诚语”（T 2.510a, 511c），所以认许了真实语的力量。

另在《大事》（*Mahāvastu*）中也使用了“真实语”。《大事》所说的紧那罗王本生中，叙述了紧那罗王度尔摩的女儿因为“真实语”（satya-vākya）之力而为猎师所捕之事（Senart’s ed. vol. II, p. 97）。还有在苏耶摩迦本生之中，说到被毒箭射中的苏耶摩迦，其毒由于他父亲的真实语（satya-vacana）之力而除去的故事（ibid. vol. II, pp. 218,229,etc.）。此外在《大事》中也可以见到“真实语”的例子，所以在大众部的系统中也使用了真实语。

“真实语”，也为大乘佛教所继承。例如在《八千颂般若经》（*Aṣṭasāhasrikā Prajñāpāramitā*）的最后有《常啼菩萨品》，常啼菩萨在求般若

波罗蜜的大法而到法上菩萨处去时，要卖自己的身体来准备献给法上菩萨的礼物。那时帝释天要试试常啼菩萨之心，而变身为少年之姿立于常啼菩萨面前，然后求心脏、血与骨髓。因此常啼菩萨便取利刀刺腕出血，割腿切肉，更为了得到骨髓而要断骨。因此帝释天知道常啼菩萨的决心坚固，舍少年之身而回复天神之身，说你想要什么就满你的愿。那时常啼菩萨为了要回复自己所切的身体而用了“真实语”（satya-vacana），唱道：“我依如来而得受记于无上正等觉不退转。依此真理（tena satyena），依此真实语，令身回复如故！”身体就回复原样。这也称作是“真实语之加持”（satyādhiṣṭhāna）（Mitra’s ed. p. 500）。 (319) 下

此真实语在《八千颂般若经》的古译《道行般若经》《小品般若经》等之中并不存在。梵本以外，在藏译（*bden-paḥi tshig*，Peking ed. vol. 21,p. 176, 295b4）或汉译《佛母出生三法藏般若波罗蜜多经》卷二十四（T 8.671c）可见到作“实语力”的译语，还有在《八千颂般若经》所说的“真实语之加持”的“加持”（adhiṣṭhāna）在密教中也是重要的概念。总之，密咒方面，不管是护咒或明咒，都相信有使他者动转的力量，但是认为真实语则更胜于此，语言直接有伟力。

如以上所述，在原始佛教中，咒文并不是完全被否定，而是在某个层面受到认可。特别认可为了保护自身的护咒，或真实之语有伟力，还 (320) 下
有似乎也可以承认明咒与佛教的觉悟有关联的地方。明咒、护咒或真实语等，以身、口、意三密来说，是属于“口密”。在这些以外，在《阿含经》中也可见到秘密思想的看法，可以视为以前的人住在现代人来看也无法想象的神秘世界里。因此在《阿含经》中，以梵天、帝释天为代表，许多天神经常出现，其中在密教里成为重要菩萨的“金刚神”等也出现了。原始佛教时代的人们活在与这些天神们的对话之中，不过关于这些不能详细论述，所以仅止于指出上述一二点而已。

在接下来的阿毗达磨佛教中也有密教的性格，在此则省略不谈，而要简单地来看看包含于大乘佛教中的密教的性格，因为密教是由大乘佛教发展出来的。 (321) 下

第三节　从大乘佛教到密教

杂密

出现在大乘经典中的密教称为“杂密”，是混杂入大乘经典中的密教之意，这是密教尚未独立的时代。独立的密教经典是作大毗卢遮那佛（Mahāvairocana，大日如来）的说法，而大乘经典的教主是释迦，纯正的密教是否定以释迦为教主而出现的佛教。以教主为大毗卢遮那，或以释迦为教主，可说是纯正密教与杂密的不同处。

在原始佛教里，咒文、咒术很少，但是在大乘经典中密教的要素变多了。其理由之一是，大乘佛教发展的贵霜王朝时代的北印度，是许多异民族接触、混合之地，因此异民族的咒术性宗教也流入大乘佛教中，在大乘佛教中咒术性的要素变多。还有在公元 1 世纪末，佛教中开始造佛像、菩萨像，这对密教“身密”的发展给予了影响。佛像，在说法之像、成道之像、降魔之像等之中，其各个手印都不同。在这手印之相上附加了种种意义，种类也变多起来，而发展到密教的印契（mudrā），然后成
下(322) 为“身密”的教理。

接着，印度教出现，对佛教给予了影响。在印度古代，最初是婆罗门教盛行，但之后在中印度佛教、耆那教出现，而婆罗门教的势力便衰弱了，但是其间婆罗门教与印度的土著民族达罗毗荼人等的宗教结合而变成印度教。自公元前 2 世纪左右起，印度教盛行起来，特别是在农民之间拥有强大的势力。之后随着印度教持有强大的势力，佛教也不得不受其影响，因此在大乘佛教中，采用了许多印度教的神，开始建构出对这些神的祈祷、仪式。这与佛教的艺术上的性质结合起来，而发展为连印度教中都无法见到的曼荼罗美术，还有绚烂的密教仪礼。

公元 320 年，中印度的笈多王朝兴起，笈多王朝以婆罗门教为国教，支持婆罗门文艺的复兴，因此在笈多王朝统治下繁荣的佛教，也无法避免受到婆罗门教的影响。婆罗门教、印度教，因为是极具咒术性的宗教，所以当然佛教也就密教化了。佛教的密教化在贵霜时代、笈多时代是很

显著的，例如在弟子的入门仪式中，佛教采用了国王即位仪式的“灌顶”（abhiṣeka）礼仪，即是在贵霜时代。还有进行祈祷的情形，佛教采用了筑土坛、造炉燃火而祈祷的“护摩”（homa）仪式，或使用进行祈祷的神圣场所“曼荼罗”（maṇḍala，坛场）等；这一般以为是在接下来的笈多时代。曼荼罗最初是在地上造的土坛，后来开始画上图案。（323）下

然后以在曼荼罗中所祭祀的佛、菩萨、诸神为对象，开始进行种种祈祷，那时的祈祷仪式，亦即“仪轨”（vidhi，kalpa）逐渐完备起来，而附随在其中，于其仪式唱颂的“陀罗尼”（dhāraṇī）、“真言”（mantra）的数量也增加了。

然后以这些佛、菩萨、诸神为对象，进行生病痊愈、安产、增加财富、丰收、旱灾时的祈雨、豪雨时的止雨、回避灾难，或祈福等种种祈祷。

陀罗尼

陀罗尼是 dhāraṇī 的音译，意译为“总持”；陀罗尼是在简短的语词中含有众多意义的。先前说到在原始佛教中有“持”（dhāraṇa），但是在原始佛教中并未发现陀罗尼之语（不过在汉译《阿含经》中则有），而此语到了大乘佛教开始频繁地使用起来。先前已指出在《般若经》等中有“明咒”（Vidyā），但是大乘经典陀罗尼远较明咒为多。还有“真言”虽也用在《般若经》中，但是在《般若经》以外也使用真言。但是因为将 mantra 音译（曼怛罗等）的情形很少，所以在汉译经典中很多地方难以推定原语为 mantra。不过真言、明咒，从意义上可以视为不异于陀罗尼，因此在这里要将这些语词合并起来考虑。（324）下

不过陀罗尼因为也有咒文以外的意思，所以首先要来检讨这点。

大乘经典重视陀罗尼。在许多大乘经典中，其开头在列出菩萨众处，叙述得陀罗尼三昧以作为菩萨所具之德[①]。陀罗尼最初似乎是记忆的手段，

① 参考拙著『初期大乘仏教の研究』第三章第三节「大乘仏教における陀羅尼の位置」，页227 以下。松長有慶『密教の歴史』，页 33 以下。栂尾祥雲『曼荼羅の研究』，页 429 以下。田久保周誉『真言陀羅尼蔵の解説』等。在《大智度论》卷十引了密迹金刚经而说身密、语密、意密的三密（T 25.127c）。

例如支谦译的《般舟三昧经》(公元178—189年)中说:“悉入诸陀罗尼门,于诸经中闻一知万,诸佛所说经悉能受持。”(T 13.903c)从译出的年代来看,可知从2世纪以前大乘佛教就在使用陀罗尼。还有,在《大集经》卷十七说:“为受持一切所闻不忘大誓庄严,得陀罗尼故。”(T 13.114c)而在《大宝积经》卷四十八中也说:“便得成就不可思议最胜无上不忘总持,多闻具足。”(T 11.285c)在《观普贤菩萨行法经》中也说:“得陀罗尼故,诸佛菩萨所说妙法忆持不失。”(T 9.390c)在《大智度论》中也说:“复次,得陀罗尼菩萨,一切所闻法以念力故,能持不失。”(T 25.95c)这些显示陀罗尼是忆持教法不失的力量。当时因为书籍难得,经典都以背诵来传持,所以作为记忆术,在简短的语词中含有多义的“陀罗尼”才受到重视。

但是由于陀罗尼含有多义,所以逐渐也利用到咒文上。陀罗尼自古
下(325) 就说有许多种类,例如在《华严经》卷十一举出了“清净陀罗尼、义陀罗尼、法陀罗尼、正语陀罗尼”4种(T 9.471a。译者按:原文有10种),在《法华经》卷七则举出旋陀罗尼(dhāraṇyāvartā-dhāraṇī)、百千万亿旋陀罗尼(koṭīśatasahasrāvartā-dh.)、法音方便陀罗尼(sarvarutakauśalyāvartā-dh.)3种陀罗尼(T 9.61b,梵本见荻原、土田本页386),在《瑜伽师地论》卷四十五作“陀罗尼总有四种”,举出法陀罗尼(dharma-dhāraṇī)、义陀罗尼(artha-dh.)、咒陀罗尼(mantra-dh.)、能得菩萨忍陀罗尼(bodhisattvakṣānti-lābhāya dhāraṇī)(T 30.542cff,梵本见荻原、土田本页272以下)。接着《瑜伽论》一一说明,第一的法陀罗尼是指在无量的时间中能善持不忘无量的经典,以念与慧为体。第二的义陀罗尼,是将经典的义趣于无量时善持,而忆持教法之义,所以此二种是以记忆为主的陀罗尼。第三的咒陀罗尼是依三昧自在力,而得咒句(mantra-pada),将此加持于有情,令除有情之灾患。第四的能得菩萨忍陀罗尼是指令得菩萨忍的陀罗尼,菩萨离一切欲望,住于静处,依自然坚固之因行与妙慧,而思惟陀罗尼咒句的意义,通达咒句的无义(nirartha),据此而正确理解一切法的意义;此陀罗尼是有益于自己证悟的陀罗尼。第三与第四的陀罗尼因为是思惟“咒句”

（mantrapada，真言句）的意义，所以是将“真言”（mantra）包含在内的陀罗尼，而第三与第四是与密教有关系的陀罗尼。

还有关于陀罗尼，在《大智度论》卷五里也有举出闻持陀罗尼、分别知陀罗尼、入音声陀罗尼 3 种而加以说明，接着举出寂灭陀罗尼、无边 （326）下
旋陀罗尼等 10 种陀罗尼，而说“有五百陀罗尼门”（T 25.95c–96b）。

如上述，陀罗尼虽有许多种类，但《瑜伽论》所说的“咒陀罗尼”在大乘经典中也早就出现了。支谦所译（公元 222—253 年翻译）的《无量门微密持经》是包含于密教的经典，然而此经名的“持”是指陀罗尼，此事经由比较异译的《无量门破魔陀罗尼经》《阿难陀目佉尼呵离陀邻尼经》等经名而可知。所以可知在 3 世纪之初，已在使用作为咒的陀罗尼了。在《无量门微密持经》中说依四法行而速得陀罗尼（T 19.681b），此经虽是短经，但在以后所译的异译中，经典逐渐变长，说到四十八种陀罗尼、得陀罗尼之四法行等。经由比较，可以得知从大乘经典到密教经典的陀罗尼的发展之一面。根据这些经典，说若受持此陀罗尼，则八鬼神昼夜拥护行者，八菩萨也常护念而增益其力，住不退转地，将来当成佛。

同样是支谦所译的《华积陀罗尼神咒经》中，提到若诵此华积陀罗尼，则不堕恶趣，常见佛陀，诸根具足，不生下贱，具足无量慧辩，为十方如来所知见，故昼夜六时应诵此陀罗尼（T 21.875a），及诵陀罗尼之功德。这个经典也是在公元 3 世纪初由支谦所译，之后到施护译为止
共有 4 本异译，是从大乘佛教传承到密教为止的陀罗尼经典。 （327）下

在大乘经典中，有很多以《陀罗尼品》将陀罗尼作为一章包含在内的经典。例如《法华经》的《陀罗尼品》、《大集经》卷二十一的《陀罗尼品》等都是有名的，其中举出了很长的陀罗尼（T 13.144aff）。还有在《大集经》的宝幢分中举出“宝幢陀罗尼”（T 13.133b，梵本[①]也已出版），其他在《大集经》各处也说到了陀罗尼、咒、咒术章句。在支谦所

① 《大集经》宝幢分的梵本已出版。Y. Kurumiya, *Ratnaketuparivarta Sanskrit Text*, Kyoto, 1978；N. Dutt, *Mahāsannipāta-Ratnaketu-dhāraṇī Sūtram*（*Gilgit Manuscripts*, vol. IV, Calcutta, 1959）.

译的《阿阇世王经》中也提到“陀罗尼者，总持诸法故”（T 15.397bff），而说明陀罗尼。在《大宝积经》中也有《出离陀罗尼品》《清净陀罗尼品》（T 11.32b–39b）等，说到种种陀罗尼。后来也造了集陀罗尼大成的经典，即唐代阿地瞿多所译的《陀罗尼集经》十二卷（T 18.785ff），失译的《陀罗尼杂集》十卷（T 21.580ff），隋代的阇那崛多所译的《大法炬陀罗尼经》二十卷（T 21.661ff），同样是他所译的《大威德陀罗尼经》二十卷（T 21.755ff），及其他许多陀罗尼经典都已汉译。

进入密教时代，也造了许多与陀罗尼有关的经典，由不空、施护或法贤等译出许多陀罗尼经典，这显示在印度密教里重视陀罗尼。以上从宣说陀罗尼的汉译经典译出的年代来看，则能够理解在大乘佛教里陀罗尼的发展。

陀罗尼与口密

密教式的陀罗尼是当作祈福消灾的咒文来唱诵，但这在进入密教以
下（328）后终于变身成为为了实现即身成佛的“口密”。在这一点，密教的陀罗尼、真言有异于大乘经典的陀罗尼的地方。在《大日经》的《具缘品》中说：“此真言相，非一切诸佛所作。不令他作，亦不随喜，何以故？以是诸法法如是故。若诸如来出现，若诸如来不出，诸法法尔如是住。谓诸真言，真言法尔故。”（T 18.10a）视“真言”与原始佛教的“缘起法”同样是“法尔”。

真言与陀罗尼因为被视为是真理的发现，如果从事与法相合的念诵，则行者一如与缘起法合一而成佛那样，依真言的念诵就能即身成佛。也就是修行者入曼荼罗，念佛而入禅定，手结印契，口唱真言，进入佛与自己入我我入的境地时，即身成佛就实现了。此时的真言，就是绝对真理的发现。在密教中，陀罗尼、真言虽也有消灾祈福的咒文之特征，但是终究以为就第一义来说，这就是即身成佛实现的方法。因为符合于法的念诵是必要的，所以就开始探求正确的仪轨了。

四十二字门与种子

与陀罗尼、真言同类的有“种子”。这是从诸佛、诸神等的真言取出一字，将此文字当作代表此尊的记号来使用。例如胎藏界的大日如来的种子是“阿”（a），这是将其真言“阿尾罗吽欠”（a-vi-ra-hūṃ-khaṃ）
的最初一字取来作种子。还有金刚界大日如来的种子是“鍐”（vaṃ），（329）下
其真言是“唵跋日罗驮都鍐”（oṃ vajra-dhātu vaṃ），而取其最后一字作为种子[①]。种子以取真言的最初一字为较多，但也有取最后一字或中间一字的。

总之，以一字代表其真言，而称此为种子的，是指一如植物的种子能生多果般，一字能生多义的缘故。亦即以一字来表示诸尊的本体的，即是种子，依此一字，而观照诸尊的本体，如“阿字观”就是其代表。

如上述之意的种子思想，因为在中国密教中已经存在了，所以可以视为在印度的密教中也已存在，但是从何时产生的，详情不明。不过不空所译的《金刚顶经瑜伽文殊师利菩萨法一品》，别名为“五字咒法”，叙述了“阿、啰、跛、者、曩”（a,ra,pa,ca,na）五字咒法，说道：“阿、啰、跛、者、曩，才说此陀罗尼，一切如来所说法，摄入五字陀罗尼中，能令众生般若波罗蜜多成就。我今当说曼荼罗法。”（T 20.705a）接着说作曼荼罗而观五字的方法；这里可见到观想文字的思想。但是在这里此五字则视为是文殊师利的陀罗尼，而以“阿字者，乐欲菩提义。啰字者，
深著不舍众生义……”来说明五字的意义。在此经之外，于密教经典中（330）下
说五字陀罗尼的经典有很多。

此五字陀罗尼“阿啰跛者曩”，与大乘经典中自古以来所谓的“四十二字门”最初的五字一致，因此很显然密教的五字陀罗尼是由四十二字门所取出的。此四十二字门[②]，在竺法护译的《光赞般若经》卷七、无罗叉译的《放光般若经》卷四、罗什译的《大品般若经》卷五等为代表的大品系《般若经》可以见到，所以可以视为在公元2世纪《般若经》中已

① 田久保周誉『真言陀羅尼蔵の解説』，页54—55。

② 关于“四十二字门”，在山田竜城「四十二字門に就て」(『日本仏教学會年報』第三年，1931年，页201以下）有详细的研究。

经说到了。在《大品般若经》(T 8.256a, N. Dutt, *Pañcaviṃśatisāhasrikā Prajñāpāramitā*, p. 212)里说“阿(a)字门，一切法初不生故。罗(ra)字门，一切法离垢故。波(pa)字门，一切法第一义故。遮(ca)字门，一切法终不可得故。那(na)字门，诸法离名，性相不可得故”等，来说明四十二字门。在《般若经》中，将此四十二字门称为“陀罗尼门”(dhāraṇī-mukhāni)，在此也显示四十二字是陀罗尼；在《大智度论》卷四十八(T 25.408b)中还有更详细的四十二字门的说明。四十二字门在大乘佛教中自古就视为是陀罗尼，还有在《华严经》系统中也说四十二字门，在《大集经》系的诸经中也提到了，而在密教经典中，于《守护国界主陀罗尼经》卷三(T 19. 534c)也有说到。

先前所示《无量门微密持经》所举的四法行的第一，是入于八字之义，但是此八字的陀罗尼也可视为是由四十二字门中，抽出波(pa)、罗(ra)、婆(ba)、迦(ka)、阇(ja)、陀(da)、赊(śa)、叉(kṣa)
下(331) 8个字母所成的[①]。

四十二字门虽以a、ra、pa、ca、na等顺序来表示，但也有以a、ā、i、ī、u、ū等五十音顺序来表示字母的经典。有名的是《大般涅槃经》卷八(T 12.413a)，可见于大乘《涅槃经》的系统中。在密教经典中，不空所译的《文殊问经字母品》(T 14.509)、《瑜伽金刚顶经释字母品》(T 18.338)等也说到了。在《大日经》卷二《具缘品》(T 18.10a–b)所提出的字母，虽未全具五十音，不过是这个系统的字母。在《大日经》中，说真言道是以一切法界加持力随顺众生，开示真言教法，而将字门作为真言教法来阐述，说“谓阿(a)字门，一切诸法本不生故。迦(ka)字门，一切诸法离作业故。佉(kha)字门，一切诸法等虚空不可得故……”云云，而说了到诃(ha)字门为止的二十九字，更附带说到仰(ṅa)字等五字。真言道显现于言说的是字门，认为这是真言教法。

在《大日经》中，此外在《阿阇梨真实智品第十六》《布字品第十七》《百字成就持诵品第二十三》等中，也有关于字母的说明。特别是《字轮

---

① 参考山田竜城前引论文页216。

品第十》，说：“字轮有遍一切处法门，……若菩萨住此字门，一切事业皆成就。”而叙述阿字及以下的字门道。首先提出阿(a)、娑(sa)、嚩(va)三字，阿表佛部，娑表莲华部，嚩表金刚部，亦即表示将密教的诸尊组织为佛、莲华、金刚三部族。其次说迦（kha）及以下之字门，而说修学这些遍一切处法门，则自然获得菩提心之行、等正觉之成就与涅槃。
称字轮为“遍一切处法门”，是因为轮是出生之义，由一种子字而生其他 (332)下
许多字。例如由阿字（a，菩提心之义）生出长阿字（ā，修如来行之义）、哑字（aḥ，证大涅槃之义）、长哑字（āḥ，方便力之义）等。换言之，由阿字生出一切文字，于此有称字轮为遍一切处法门的理由。真言行者在瑜伽行中观想如此的字门，要来实现证悟。

印契与身密

《大日经》卷四《密印品》阐明了139个印契(mudrā)。卷四全在说这品，这是《大日经》中最大的一品。大日如来住于身无害力三昧，而说了这些密印。在《大日经》中，就139个密印一一地各个附说真言。每个印契中含有密教上的意义，而与各个真言相应，实现佛的世界。这些之所以称为“密印”，并不只是单纯的印契，因为是“身密”，是“如来之印”的缘故。亦即意味着，由修习这些密印则能成佛。

在《大日经》中说到了139个密印，所以在此之前已经有许多印契成立了。在可说较《大日经》稍早以前成立的《陀罗尼集经》十二卷（公元653—654年译出）之中，卷一有32印，卷二有40印，卷三有21印等，说到非常多的印契。贞观年中（公元627—649年）智通所译的《千眼千
臂观世音菩萨陀罗尼神咒经》（T 20.83ff）中，也说明了许多印契，所以 (333)下
从杂密的时代起确实就说到了种种印契。

密教的印契，或以为是受到佛像的手或指头之形及印度舞蹈的手的动作所影响而成立的。在印度的舞蹈里不用台词，而以手的动作来表现悲喜爱憎等情感。因此指、手、腕等的形状代表何种意思，是有行规约定的。这些手的姿势与密教手印的结法有共通点①，因此认为佛教的印契

---

① 参考山折哲雄「マンダラと印」(『講座密教4·密教の文化』页192以下)。

是受到印度舞蹈的手势所影响而发展的。

还有可以想见佛像的手形发展于印契。一般说佛像是在公元 1 世纪后半，于犍陀罗与摩偷罗约略同时出现。佛像有示说法之像，或示入定之像、成道之像等种种，而且由佛像的印相来表示①。在这些印相中最早出现的是“施无畏印”（abhaya-mudrā）；这是举右手而手掌向前，左手握拳于腰而执衣端的印相，“施无畏”是于信众施以无畏除其恐怖心之意。不论在犍陀罗或摩偷罗，佛传图、佛像从最初开始就展现这个印相，数量也很多。相对地，禅定印是表示入定中的佛像，是结跏趺坐，于脐下右手置左手之上、手掌向上的印相，在菩萨像等中常常出现。相对地，转法轮印（说法印）的印相出现得稍晚些；这是两手置于胸前，手掌向
下(334) 内的印相，以此来表示佛陀的说法。其次，降魔印也称触地印，是右手垂于膝下而覆掌的印相；这是佛陀成道时恶魔现身，说“汝尚未悟”，佛陀以指指地，叫出地神，令地神证明自己之悟时的印相，是由佛传发展来的印相。

在犍陀罗的佛像中，以上 4 种印相全部都出现了，但在摩偷罗的初期佛像中，施无畏印占大部分，禅定印只有少数，在佛传图中虽可见到触地印，但是转法轮印完全没出现，似乎是因为较新成立的缘故。总之，从 2 世纪到 3 世纪左右的佛像出现了如上的印相，这些逐渐定型化，而发展为密教的印契。在这些之外更开始说到许多印契，这是因为随着祈祷的种类多起来，而开始要求符应于各个祈祷的印相的缘故。梁代（公元 502—557 年）失译的《牟梨曼陀罗咒经》（T 19.661aff）中，列出从第一印的佛心印及以下到莲华印为止的十六印；这是密教经典中所说的最早的印契②。

仪轨的发达

以上已见到在大乘佛教中密教式要素发展成为密教经典的成立要素，但密教式的咒法采用到佛教中，却是在相当早的时代。有名的是《摩登

① 参考高田修『仏像の起源』，页 245、370。
② 栂尾祥雲『曼荼羅の研究』，页 474。

伽经》；传说是支谦与竺律炎共译的，但支谦译是可疑的。不过有异译的《舍头谏太子二十八宿经》，这确实是竺法护译的，所以在印度3世纪末为止此经无疑已经成立。现在根据译文比较清楚的《摩登伽经》（T 21.400a）来看其内容时，已经说到筑坛烧护摩，唱咒祈祷了。（335）下

根据《摩登伽经》，旃陀罗种的女儿深深爱恋着阿难，因为爱欲竟然意图寻死。她母亲是咒师，由于女儿恳切的要求，便要以咒术将阿难招引到自己家中。母亲在自己屋内，以牛粪涂地为坛，在此坛场中铺白茅，而燃大猛火，取百八朵妙遏迦花，每诵咒一遍就投一花于火中。此时所诵的咒文是"阿磨利、毗磨利、鸠鸠弥……"。母亲一从事此咒法，阿难的心就因此咒力迷乱了，自己不知不觉逐渐向旃陀罗女家的方向走过去，终于来到其舍之前。阿难陷于此难，流泪而悲叹自己福薄，但是怎样也都无能为力。佛陀以净天眼遥见阿难之危急，为了保护他而唱了"悉梯帝、阿朱帝、阿尼帝"的咒文，还唱诵了二偈的偈文。依此佛陀的神力破旃陀罗女之咒，阿难得免于其咒力，能平安地回到祇陀林。

以上虽是故事，但总之在其中叙述了涂牛粪作坛场，造火炉，燃白茅草而烧护摩，诵咒文而行咒法。这是外道的作法，在佛教里还没有做这些，但是佛陀为了破其咒力，自己也诵了咒。还有在此经中，之后说"六句神咒"，说这是过去六佛所宣说的。在《摩登伽经》里，之后还说有"三章二十一句"的咒与"三章八句"的咒，更列出婆罗门咒、刹利神咒、（336）下
毗舍神咒、首陀神咒、大梵天王婆毗罗咒等。当时，亦即在公元3世纪末，咒法为佛教所采用是确实的事。还有在《摩登伽经》中，之后还详加叙述关于二十八宿与历法。

其次在密教曼荼罗里，中央安置大日如来，于其四方布置四佛，也可视为其萌芽的四方四佛，出现于《金光明经》《观佛三昧海经》中[①]。《金光明经》是昙无谶所译，他于公元412年左右到达中国的西境，而到433年左右为止译出了许多经论，其中含有《金光明经》，所以可知到公元5世纪为止四方四佛的思想已经成立了。此经的卷一（T 16.335b）以

① 大村西崖『密教発達志』，页108。

《金光明经》为四方四佛世尊所护持，而举出东方阿閦佛（Akṣobhya）、南方宝相佛（Ratnaketu）、西方无量寿佛（Amitābha，无量光）、北方微妙声佛（Dundubhisvara）。在此经的异译《合部金光明经》中叙述说，信相菩萨至心念佛之时，其室自然广博，于其室之四方涌出妙高座，于其四莲华台上，东方坐阿閦佛，南方坐宝相佛，西方坐无量寿佛，北方坐微妙声佛，于座上放大光明（T 16.360b）。接着，《观佛三昧海经》是佛陀跋陀罗所译出的，他于公元406年来到长安，后来到庐山、建康，示寂于429年。在他所译的《观佛三昧海经》中，财首菩萨赞叹佛陀而散的华，在文殊菩萨之上变为四柱的宝台，台内坐着四佛，放大光明。其四佛即是
下(337) 东方阿閦佛、南方宝相佛、西方无量寿佛、北方微妙声佛（T 15.688c）。

从以上两经译出的年代来看，可知到4世纪终为止，四方四佛的思想已经成立了。此外，在《金光明经》中密教的要素也很多。其次，《观佛三昧海经》说十波罗蜜、十善、念十方的十佛，是《华严》系统的经典。念"十佛"在公元662年那提所译的《离垢慧菩萨所问礼佛法经》（T 14.699a–b）中也说到了，但是念十佛并未被密教所继承。

以上二经所说的四方四佛，与胎藏界四佛的东方宝幢佛（Ratnaketu）、南方开敷华王佛（Saṃkusumitarāja）、西方无量寿佛（Amitābha，无量光）、北方天鼓雷音佛（Divyadundubhimeghanirghoṣa）之诸佛，很明显地与金刚界四佛的东方阿閦佛（Akṣobhya）、南方宝生佛（Ratnasambhava）、西方世自在王佛（Lokeśvararāja）、北方不空成就佛（Amoghasiddhi）之诸佛[①]有关系。所以《金光明经》等的四方四佛思想，与密教曼荼罗的成立关系很深。但是《金光明经》《观佛三昧海经》中虽说四方四佛，关于中台的大日如来什么也没说。这是因为在这些经中，是以释迦所住的此土为中心，而在四方考虑四佛的缘故。但是《华严经》中说毗卢遮那佛是有名的，可以注意《观佛三昧海经》是《华严》系统的经典一事。在观想佛时，以毗卢遮那佛的莲华藏世界为中心而观想，则以大日如来为中心的五佛的世界便自然成立。释迦佛的世界是时间的

① 参考栂尾祥雲「両部曼荼羅諸尊梵名」(『曼荼羅の研究』，页490以下)。

世界，但是毗卢遮那佛的世界是超越了时间的世界。

密教的曼荼罗是以何途径而成立的虽然不明，但本来是指结界于一定的土地，掘其恶土，入清净土，于其上作土坛，而在土坛上画诸尊。(338) 下
此“坛”就是曼荼罗（maṇḍala），坛也译作“界”，其原语是相同的。然后将弟子带入此神圣之界内，进行灌顶、传法，或者请诸佛、诸尊，而修三密，欲达佛之境地。或者在曼荼罗前，供养香花、饮食等，进行禳灾招福的祈祷[①]。

昙曜于公元462年所译的《大吉义神咒经》卷四（T 21.579b）里说，在佛像前作诸天龙王及余鬼神之像，以牛粪涂地，作七重界，于界场中央置诸华鬘，烧百一种香云云，叙述了结界的方式和祈祷的仪式。此经是在公元5世纪译出的，可知密教的仪轨逐渐完备起来。在梁代（公元502—557年）失译的《牟梨曼陀罗咒经》（T 19.658b），在说“祈雨法”时阐述了作坛法。即叙述道，先在高处作方坛，涂青绿，坛上画龙，坛之四方置水瓶，外更作纵广四肘之坛，涂以牛粪，安瓶于四角云云。在此经中接着说“画像法”（T 19.664a–b），画像是画于白毡。中央画佛，佛的右边画十二臂的金刚像，此像拥有四面。于佛之左画摩尼伐折啰菩萨，此像拥有四面十八臂。更于三尊周边画诸神。如此可知，到公元5世纪左右为止，作坛法、结界法、画像法、入道场仪式等的仪轨已经完备了，也可注意多面多臂的尊像已经出现了。(339) 下

接着，在当作唐代阿地瞿多译（公元654年）的《陀罗尼集经》中，详细叙述为了要作佛顶三昧陀罗尼道场忏悔的纵广四肘的曼荼罗的作法（T 18.786c）。即净治一室，掘去恶土，埋以好土，平治，烧香，诵咒，然后筑坛，而后说明了筑坛的作法，其次说明“般若坛”的作法。此坛是作纵广四肘，自内顺次涂五色，坛中心作释迦佛之华座，而安像。其东面作华座安般若波罗蜜身，北方作华座安大梵天，南方作华座安帝释天。而行香华饮食等供养，咒师坐于西门，向东云云，示修法的仪式（T 18.808a）。同样根据此经的“七日供养坛法”，说了七日中作坛而于其中

---

① 栂尾祥雲『曼荼羅の研究』第一「曼荼羅通説」，页1以下。

修法的仪式。还有在《毗俱知救病法坛品》（T 18.832a）中，示四肘五色法坛的作法，在“画毗俱知像法”里说，中央画释迦佛之像，左厢画金刚，右厢画观世音菩萨之像，并叙述其画法（T 18.832c）。此佛与左右配以金刚与观音的形式，可以视为是成为《大日经》的佛部、莲华部、金刚部三部族中，将密教的佛、菩萨、诸神等整合起来的开端。此经的译出是在公元 654 年，不过在此经以前就已经说到许多密教的佛、菩萨和诸神，而将这些归纳起来，三部族就成立了。

总之如上所述，在公元 5、6 世纪时，作坛（maṇḍala）而修法已广为采用到佛教中了。而且在《陀罗尼集经》中，诸尊的数量增加非常多，
下（340）各尊的印契、真言、供养法等都详细规定下来。在这些修法中，除灾虽是主要目的，但也同时说得以成佛之事，接近于密教的即身成佛思想。禳灾招福的祈祷，即使外道也从事，而在佛教中自原始佛教到大乘佛教也大大地发展了。但是认为以祈祷而得以成佛这点，可以见到在密教中祈祷的净化与思想上的深化。

还有大部的密教著作有《文殊师利根本仪轨经》（*Mañjuśrīmūlakalpa*）[①]。因为此经梵本早在公元 1920—1925 年就已出版了，所以在外国很早就受到注目。梵本有 55 章，藏译（东北目录五四三）是 36 章，宋代天息灾的汉译《大方广菩萨藏文殊师利根本仪轨经》二十卷是由二十八品所成。梵本最大，成立也新。但是在汉译中，也有唐代的宝思惟译（公元 702 年）、不空译（公元 746—774 年）等部分译的译本；可以说此经古老的部分到公元 7 世纪末左右已经成立了。虽是大部的经，但是内容上没有一贯性，是百科全书式的，阐述曼荼罗的造法、护摩法、灌顶法等密教仪轨的同时，也可见到印度的地名、河川名、山名、语言名等，更在梵本第五十三章《王统授记品》中，有印度王统史的叙述，也可见
（341）下 到往世书式的性质，但是本书的详细研究还留待将来。

---

① 参考堀内寛仁「文殊儀軌経の梗概」（『密教文化』七、八、九、一〇）。松長有慶「Mañjuśrīmūlakalpa の成立年代について」（『金倉博士古稀記念論集』，页 413—415）。同『密教の歴史』，页 48 等。T. G. Śāstrī, *Āryamañjuśrīmūlakalpa,* Trivandrum Sanskrit Series, Nos. LXX（1920），LXXVI（1922），LXXXIV（1925）；P. L. Vaidya, Mahāyānasūtrasaṃgraha Part II（Buddhist Sanskrit Texts No. 18），Darbhanga, 1964.

第四节 纯正密教的成立

密教的旗手

兴起密教的人们到底是谁？当然不清楚，但是大乘佛教似乎并非必然地发展成为密教，这是因为密教中显然有对大乘佛教的否定、批判。在《金刚顶经》的最初（T 18.207c），虽说到一切义成就菩萨（释迦菩萨）的成道，但是一切如来以在菩提树下释迦菩萨的成道（显教的成道）为不完全的，而教了基于密教的五重成佛（五相成身），这是很有名的。十地的修行由显教的教法来进行也是可能的，但以为若不依密教，完全成佛是不可能的。

因为成佛在佛教中是最基本的问题，所以密教以为在这点大乘佛教的证悟是不完全的，密教的立场在这点上与大乘佛教决定性地分开来。不过密教的修法，在只是消灾祈福的祈祷之间，似乎无法产生这样的主张。相信依于密教的"成佛"是可能的，这样的主张才开始产生。即行者口唱真言，手结手印，心念本尊，而入三昧时，似乎经历了从来没有 （343）下
经验过的神秘宗教体验。亦即产生"在密教中'神秘的瑜伽'（yoga）的行法，比向来大乘佛教的修行法还要殊胜"的自信，而作如此主张。即密教是神秘主义，这在密教的行法中明显地表现出来，与显教不同。

但是在密教中，丰富地继承了大乘佛教的教理，特别是采用许多中观或唯识的教理。因此在印度佛教中，在公元 7、8 世纪以后，很多中观派或瑜伽行派的学僧本身也是密教修法者；在这点，大乘佛教与密教是连续着的。在基础教理上两者确实是一样的，密教可以说是成立在大乘佛教的基础教理之上的上层结构。不过在神秘主义这点上，因为修行法不同，所以似乎应该说两者的宗教体验是不同的。

总之，开发密教瑜伽的人们，虽难以确定到底是谁，但恐怕是某一类的大乘佛教徒。由通达中观或唯识的教理，而且热衷于密教瑜伽的人们，才造出密教的教理。在玄奘《大唐西域记》卷三北印度乌仗那国之下，说此国的僧徒"并学大乘，寂定为业……戒行清洁，特闲禁咒"（T

51.882b）；这里所谓的“禁咒”似乎是陀罗尼。玄奘这个记载，表示在玄奘到印度时既是大乘佛教徒且修行密教的人们已经存在了。玄奘在公元7
下(344) 世纪前半叶朝礼印度，当时北印度流行密教。还有在7世纪后半叶旅行于印度的义净，在《大唐西域求法高僧传》卷下叙述道琳传之处，所说如下，即道琳在印度改受戒，修定慧的同时，也修戒律，特别深深关心“咒藏”。

说道，“明咒”梵语称为“毗睇陀罗必棏家”（Vidyā-dhara-piṭaka），译作“持明咒藏”。传说梵本有十万颂，唐译则为三百卷。大圣灭后，龙树菩萨详于此，而其弟子有难陀，恐明咒散逸，综理而得一万二千颂；此咒藏未传到中国。义净自身也在那烂陀，屡入坛场，希望得到此明咒，但其功不得成（T 51.6c）。

据此可知在公元7世纪后半的印度密教经典变多了，所以理应在此之前甚早印度就有密教了。不过因为未传中国，所以此密教似乎不是所谓的“杂密”，而是指纯正的密教。还有在《大唐西域记》卷八，记载说在摩竭陀国的鞮罗释迦伽蓝，有三丈的佛立像，左有多罗菩萨，右有观自在菩萨像，共三尊。“多罗”（Tārā）因为是密教的女性的菩萨，所以可以视此三尊为密教的三尊佛。《大日经》的《俱缘品》中说到了在胎藏曼荼罗的观音院有观音与多罗（T 18.6c-7a）。此鞮罗释迦伽蓝拥有密教佛像的同时，根据玄奘所说，也兼学大乘（T 51.913b），所以这也表示了密教与大乘佛教的紧密联结。因为是已建立了巨大的三尊佛的程度，所以
下(345) 这也表示密教远在玄奘之前就已在摩竭陀流行了。

密教与大乘佛教的关系虽然很深，但是7世纪左右印度的佛教，如义净在《南海寄归内法传》中所言，是处于大小乘变得无法加以区别的时代，因此即使在小乘教徒中，修密教也是有可能的。根据《大唐西域记》卷九（T 51.923a）的“结集记事”，佛灭后大众部与上座部各自进行结集，大众部在经、律、论三藏之外，立杂集藏与禁咒藏，而为五藏。这是大众部将后世所持有的“禁咒藏”，让人认为上溯到第一结集。还有根据窥基的《异部宗轮论述记》，法藏部也在三藏之外持有咒藏与菩萨藏；这是窥基传达的玄奘的所传。还有在吉藏的《三论玄义》（T 45.9c）中也说法护部（法藏部）持有五藏，“咒藏”也包含在其中。《三论玄义》似乎是承真谛之说。

此大众部、法藏部所持之“咒藏”，虽然并不清楚与先前义净所传“咒藏十万颂”是否有关，不过总之在小乘教徒中似乎也存在着密教倾向的僧徒。附带一提，玄奘到印度的时代，印度佛教小乘教徒远较大乘教徒为多[①]。

而且大众部拥有非常先进的佛陀观，这也表示与毗卢遮那佛的佛身论相联结的可能性。根据《异部宗轮论》(T 49.15b–c)，在大众部的本宗同义中叙述“一切如来无有漏法……如来色身实无边际，如来威力亦无边际，诸佛寿量亦无边际……一刹那心了一切法，一刹那心相应般若知一切法” (346) 下
等，说了极为先进的佛身论。而且如果大众部同时拥有禁咒藏，则关于批判大乘教理而密教兴起，大众部亦可能担任了某种角色。玄奘到印度的时代，大众部在各地兴盛着。根据《大唐西域记》，西域的安呾罗缚国、北印度的迦湿弥罗国、南印度的驮那羯磔伽国等奉行大众部（T 51.940a, 888a, 930c)，还有在西域的梵衍那国有大众部系的说出世部(T 51.873b)。此外，因为小乘佛教在各地盛行[②]，所以也可以认为在这些当中含有法藏部。

《大日经》的成立

《大日经》的出现，被视为是密教的独立。《大日经》并非是释迦的说法，而是作大毗卢遮那世尊(大日如来)的说法。教主与大乘佛教不同，还有闻法众也不同。在《大日经》中普贤等大菩萨也在列，但主要的却是以秘密主为上首的一切金刚持（Vajrapāṇi，金刚手)。说处也是如来加持的广大金刚法界宫，并非是这世上的。此毗卢遮那如来的法身说法，非舍利弗、大目犍连等声闻所能知，所以声闻、凡夫无法列席于说法之会上。声闻众没有在座，这点与大乘经典不同；如此在经典的形式中，《大日经》与大乘经典之间一线划开。

其次，在经典的内容上，《大日经》与大乘经典有很大的差异。首先 下(347)
在《大日经》里，法会中秘密主质问如来：“如来得一切智智，以何为因，以何为根，以何为究竟？”对此佛陀加以回答。这是以密教的立场来重

① 参考拙著『初期大乘仏教の研究』，页 699 以下，「求法僧の旅行記」。
② 参考前注拙著页 704 以下。

新解释佛陀证悟的智慧，对于证悟之智，《大日经》要阐明其立场与大乘经典不同。

拥有如此内容的经典，从《大日经》开始出现，在此之前则未见。因此《大日经》的出现被看作是密教的独立；这被认为是在公元650年前后。《大日经》是于唐开元四年（公元716年）来到长安的中印度僧善无畏（Śubhākarasiṃha，公元637—735年），在开元十三年（公元725年）译为七卷的经典。到第六卷为止的三十一品是成为中心的经典，而第七卷的五品则是附属的仪轨。他所译的梵本，是公元667年前往印度的沙门无行所得的，无行于公元674年客死于北印度，但他所收集的梵本传到中国来，保管于长安。之后来到长安的善无畏与一行（公元683—727年，又作673—727年）一起从其中选出《大日经》而译出，因此《大日经》成立在公元674年以前是确实的。所以在学界中，认为《大日经》是在公元7世纪中叶成立的，其理由是，因为在玄奘的《大唐西域记》中几乎没有有关密教的记载，因此不得将《大日经》的成立上溯到玄奘归国（公元645年）以前。不过在玄奘当时，北印度的乌仗那国流行密教，这在《大唐西域记》中也说到了，而摩竭陀国中也有密教系的三尊存在着，
下(348) 此事已如前述。而且在义净当时，说到有十万颂的密教经典，所以可以视为密教远在义净到印度以前早就存在了，因此认为似乎没有必要将《大日经》的成立限制于玄奘至印度以后[①]。

《大日经》详称《大毗卢遮那成佛神变加持经》（*Mahāvairocanābhisambodhivikurvitādhiṣṭhānavaipulyasūtra*），是阐述大毗卢遮那佛的成佛、觉悟，依神变加持众生的经典。在汉译之外也有藏译（东北目录四九四）。藏译是在公元9世纪由戒主觉（Śīlendrabodhi）与吉祥积（Dpal brtsegs）共译的；对应于汉译的前六卷部分，在藏译则成二十九章，之后附加了有关修法的仪轨七品。《大日经》并未发现梵文原典，但

① 一般学者视《大日经》的成立为7世纪中叶。参考栂尾祥雲『秘密仏教史』页36，松長有慶『密教の歴史』页57，及其他。但是《理趣经》的成立是在玄奘到印度之前，无法将《金刚顶经》的成立较《理趣经》下推得太晚。所以以《金刚顶经》的成立为公元650年左右，《大日经》则较此更前，似乎可以视为是公元600年左右。

是其中一部分为其他经论所引用[1]。例如说一切智智为“菩提心为因，大悲为根本，方便为究竟”的因根究竟三句，出现在莲华戒的《修习次第》（*Bhāvanākrama*，Tucci ed. p. 196），是很有名的。

在《大日经》的注释中，汉文有一行所录的《大日经疏》二十卷（《大日经义释》十四卷），已成了理解《大日经》的必读之书。在藏译方面，译出了佛密（Buddhaguhya，公元八九世纪）所著的广略二本注释（东北目录二六六二、二六六三），近年其研究已有进展。

《大日经》的教理

大日如来的成佛（一切智智）、神变、加持的教理，主要是在《大日经》初品《住心品》中说的。首先秘密主种种赞叹如来依一切智智自在（349）下 救度众生，然后问此一切智智“以何为因，以何为根，以何为究竟？”佛陀对此回答道：“菩提心为因，大悲为根本，方便为究竟。”而说“若欲识知菩提，应如是识知自心”。这是表示所谓“如实知自心”是菩提之相，接着将一切众生之心以愚童凡夫、世间之百六十心来表示，超越于此则生“出世间心”，上升为小乘的唯蕴无我心、大乘的无缘乘心，而觉悟自心本不生，而说达到真言门的极无自性心的过程。但是此“极无自性心”与最初的菩提心并非别物，是因为菩提心乃成佛之因。

在《大日经》中阐述的真言门之修行，是空观之深化，所以理论上真言教与大乘佛教并不是相异的。前面所说的“菩提心为因，大悲为根本，方便为究竟”，被当作《大日经》的骨干而受到重视，但是其思想的起源，在《大集经》《大乘庄严经论》等先前的大乘经论中可见到，而被视为是如来藏思想的发展[2]。但是在《大日经》中说“方便为究竟”，而重视现实，在如来之一切智智依大悲而救度众生不止的“方便”上，赋予最高的价值，则是其特色。视方便为究极者，这是因为以为在《大日经》的世界中，现实的世界就这样成为毗卢遮那佛的世界之故。此真理的世界在现实之中俨

① 参考松長有慶『大日経の梵文断片について』(『印仏研』一四之二，1966年3月，页860—853）。

② 参考勝又俊教「菩提心展開論の系譜」(『印仏研』九之一，1961年1月，页1—7）。

然存在着，如此主张之所以可能，是以心的层次来看世界的缘故。在悟到
下(350) 的纯粹清净“佛之心”中所映出来的世界，同样是纯粹清净的，成为真理的显现，亦即毗卢遮那佛的世界，因此这与现实并非别物。

在《大日经》的初品《住心品》中说明，菩提心由不完全显现之状态的愚童凡夫心，逐渐显现，而到达极无自性心的心品转升之过程。但在第二品及以下则阐述密教成佛的方法，亦即关于密教的修法。也就是在第二《具缘品》中说曼荼罗的作法，使弟子于曼荼罗入坛，而进行灌顶的方法等。基于《大日经》的曼荼罗称为“大悲胎藏生曼荼罗”，略称“胎藏曼荼罗”[①]（称为“胎藏界曼荼罗”，是从日本佛教开始的）。这是表示从佛的大悲愿力，为了救度众生现种种身，为有情作种种说法教化，应有情之性格，而显示示其本誓之活动。或者也解释说，依大悲之万行，令菩提心成长发展，终而令生摄化方便之活动，所以指大悲为“胎藏”，将这些菩提心、大悲与方便之德表示于曼荼罗的，即是大悲胎藏生曼荼罗，亦即视“大悲”为胎藏。

在胎藏曼荼罗中，中央有“中台八叶院”，中央是大日如来，四佛、四菩萨位于周围的八叶。四菩萨表示四佛因位之德，即东方宝幢佛与东南普贤菩萨、南方开敷华王佛与西南文殊菩萨、西方无量寿佛与西北观音菩萨、北方天鼓雷音佛与东北弥勒菩萨，四佛、四菩萨布置在圆上，所以成为八叶，成为八叶莲华开花之形；这也还解释作表示八瓣的肉团
下(351) 心。总之，无形无色的法身大日如来，为了摄化众生而变形为报身之处，即是周围的四佛。佛智以宝幢来表示就是宝幢佛，佛智华开而成有形的开敷华王佛，成救度众生之相的无量寿佛，还有放大音声说法的天鼓雷音佛，显示了报身佛的四个状态。《大日经》详称《大毗卢遮那成佛神变加持经》，从因之四菩萨成为果之四佛处，似乎是表示成佛、神变、加持之中最初的“成佛”。法身大日变成菩提心之形而显示了成佛，因为为了救度众生，有必要成为有形的，所以显现为四佛；这是由理智不二的大日、自性身到受用身（四佛）的显现。

① 关于胎藏曼荼罗，参考栂尾祥雲『曼荼羅の研究』页 63 以下。

显示此大日如来“神变”之德的，是围取中台八叶院的初重坛，即东之遍知院、西之持明院、南之金刚手院、北之莲华院四院。遍知院是以智印与佛母般若、救世菩萨等来表示佛智。持明院是以不动明王或降三世来表示佛智的断烦恼之力。遍知院与持明院表示佛的内在之德，将此以对外之形表示的，是金刚手院之智慧与莲华院之慈悲。金刚之坚硬表示佛智之坚固，莲华之柔雅表示佛之慈悲。具体地显现内在于佛智之神变力的，可以解释作是遍知院等四院。以三句来说，可以解释为，以中台八叶院与初重坛来显现大日如来之成佛，亦即菩提心。此成佛之神变力，显发于摄化众生，“加持”众生，成为大悲与方便。表示这个的，就是第二重的释迦坛与第三重的文殊坛。

在善无畏的解释中，第三重的文殊院等显现大悲之德，第二重的释迦院等表示方便之德，两者应该互换，这点似乎应该如《大日经》所说 （352）下
来解释[①]。亦即似乎应视为，大日成为四佛而转化为受用身，更于第二重的释迦院显现变化身之德。变化身是应身，为了摄化众生有成为应身之必要，此是大悲之德的显现。更在其外侧的第三重，配置文殊于东，除外障于南，虚空藏于西，地藏于北，等等菩萨。此如铃木宗忠博士所解释，视为是大日变为等流身，似乎是妥当的。亦即由于大日的加持力，以菩萨之形而摄化九界之众生。于此佛之世界实现处，有“方便为究竟”的意义。

如上所述，胎藏曼荼罗既可以解释为表示大日如来的成佛、神变、加持，或者也可以解释作显现菩提心、大悲、方便之三句。行者由于观想此曼荼罗而修行，其观智就开了，而为佛之心的大悲心即显现。一般来说，金刚界曼荼罗是智曼荼罗，相对地，胎藏曼荼罗是理曼荼罗，但是既然《大日经》说大日的成佛、神变、加持，此大日似乎应视为“理智不二”。

还有现在的胎藏曼荼罗中有十二大院（虽称十三大院，但少一院），在第三重之外有“外金刚部院”；即与《大日经》所说的三重曼荼罗有不

① 参考铃木宗忠『基本大乗秘密仏教』页238以下，「胎蔵曼荼羅の三重観」，1959年。

同的地方，这是后世发展之说。在《大日经》中说到3种曼荼罗，亦即
下(353)《具缘品》所说的“大曼荼罗”，《转字轮曼荼罗行品》所说的“法曼荼罗”，《秘密曼荼罗品》所说的“三昧耶曼荼罗”。第一的大曼荼罗也解释作，因为依五大之色（五色，白、赤、黄、青、黑）所显，所以称为大曼荼罗。这是在土坛作曼荼罗，或以画图来表示，但是在曼荼罗中的诸佛、诸菩萨、诸尊等以身像来表现是其特征，所以这是“身曼荼罗”。而阿阇梨作曼荼罗，画诸尊将弟子引入，令向曼荼罗投华，确认是否为真言行之根机，然后进行灌顶（abhiṣeka），使其成为真言的修行者。其次，“法曼荼罗”是依阿、啰、迦等“语”或“字”而显现诸尊的，是“语曼荼罗”，即是所谓的种子曼荼罗。第三的“三昧耶曼荼罗”是依显现诸尊本誓的道具而说曼荼罗，因为本誓是由意所现的，所以这是“意曼荼罗”。此3种曼荼罗宣说于《大日经》中；这与身口意“三密”的教理有关系。

如上所述，在《大日经》中，以胎藏曼荼罗为中心，而完成了密教的教理，因此《大日经》的出现被视为是密教的独立。

密教经典的四种分类

密教的经典称作“怛特罗”（tantra，续）。怛特罗的数量非常多，一般是顺着布顿（Bu-ston，公元1290—1364年）的分类法，将经典分为4种[①]，亦即所作（kriyā）续、行（caryā）续、瑜伽（yoga）续、无上
下(354)瑜伽（anuttarayoga）续4种。其中瑜伽续与无上瑜伽续被视为是上位的怛特罗，是后代成立的，但是开头的所作续、行续并非很早成立。在其中也有后代成立的，不过密教经典正确的成立年代不明。

第一“所作续”，被称为所谓杂密者的包含于这里面，部数也最多。因为包含密教式的大乘经典，在密教上是尚未发达的阶段。包含于其中的有《药师如来本愿经》《金光明经》《苏悉地羯啰经》《苏婆呼童子请问

① 参考高田仁覺『インド·チベット真言密教の研究』页52以下，「タントラの分類」，1978年，有详细的研究。以下的怛特罗分类，参考了本书及下书。山田竜城『梵語仏典の諸文献』，页146—183。A. Wayman, *The Buddhist Tantras*, 1973, p. 234ff., II, Analysis of the Tantric section of the Kanjur correlated to Tanjur exegesis.

经》《陀罗尼集经》《佛顶尊胜陀罗尼经》《佛母大孔雀明王经》《无量门微密持经》《不空罥索神咒经》《普贤菩萨陀罗尼经》等。此外包含于所作续的经典也很多。

属于第二“行续”的经典并不多，有名的是《大日经》，这是行续的代表，此外有《金刚手灌顶大怛特罗》《八王女陀罗尼》《青衣金刚手怛特罗》等。另也有主张把《普贤行愿赞》、《总持宝光明经》、《文殊师利根本仪轨经》（*Mañjuśrīmūlakalpa*）、《摩利支天菩萨陀罗尼经》、《上向髻大仪轨》、《最上明大怛特罗》等也入于行续；不过不把这些加入于行续时，则包含于所作续中。

第三“瑜伽续”的代表是《金刚顶经》（*Tattvasaṃgraha*，《真实摄经》），接着《理趣般若经》也包含于此。此外还包含了《一切秘密最上名义大教王仪轨》《三世间胜仪轨》《最上根本大乐金刚不空三昧大教王经》《金刚场庄严般若波罗蜜多经》等。（355）下

第四“无上瑜伽续”聚集最胜的怛特罗。因为后期成立者很多，所以包含许多左道密教的经典。无上瑜伽续分类为方便父续、般若母续及不含于此二者的3种，不含于父、母两续中的，包括《文殊师利真实名经》（*Mañjuśrījñāna-nāma-saṅgīti*）、《本初佛所现时轮续》（*Ādibuddhoddhṛta-kālacakra*）、《时轮续》（*Kālacakra*）等。其次母续分为七部，所含经典很多，包括《吉祥胜乐小品》（*Laghusaṃvara*）、《空行母网》（*Ḍākinījāla*）、《最胜乐出现续》（*Saṃvarodaya*）等“胜乐”系的怛特罗，《喜金刚》（*Hevajra*）、《佛顶续》（*Buddhakapāla*）、《大幻化网》（*Mahāmāyā*）、《大忿怒尊》（*Caṇḍamahāroṣaṇa*）、《金刚甘露》（*Vajrāmṛta*）、《世间主》（*Lokanātha*）、《多罗拘留拘啰》（*Tārā-kurukullā*）、《大时》（*Mahākāla*）、《所得等虚空本续》（*Yathālabdhakhasama*）及其他经典。

包含于父续的经典中，《秘密集会》（*Guhyasamāja*）是有名的。其他也包括了《金刚手》（*Vajrapāṇi*）、《阎魔敌》（*Yamāri*）、《佛一顶髻母大仪轨》（*Bhagavadekajaṭamahākalpa*）、《月密顶严》（*Candraguhyatilaka*）等。

在密教的发展上，有作为其前史的杂密经典的所作续时代，其次行续的《大日经》出现而密教独立；这是 7 世纪中叶的事。其教理更加发展，
下(356) 而出现了瑜伽续的《金刚顶经》《理趣般若》；这是离《大日经》不远的时代，更在此后出现了密教烂熟时代的无上瑜伽续诸经。无上瑜伽续的时代持续长达数百年，但此时代密教分为几个流派而繁荣着，并在教理发展的同时产生堕落，终于被吸收于印度教之中，至于灭亡。密教的灭亡在公元 1200 年左右。

《金刚顶经》的出现

《金刚顶经》的成立，似乎较《大日经》稍迟些，认为其成立在公元 680 年或 690 年左右[①]。金刚智（公元 671—741 年）于开元十一年（公元 723 年）译出《金刚顶瑜伽中略出念诵经》四卷，他是中印度人，于那烂陀寺出家。31 岁（公元 701 年）时往南印度，遇到龙智，而随侍 7 年，学《金刚顶瑜伽经》等。他似乎翻译了此时所学的《金刚顶经》，所以显然《金刚顶经》原形之成立是在公元 700 年以前。金刚智本是略要而抄译的，梵文的原形虽不明，但是具有《金刚界品》《降三世品》《遍调伏品》《一切义成就品》四品。不过因为各品的教理尚未完备，所以要将其原形的成立，从翻译时往前推得太早似乎是困难的。

根据不空的《金刚顶经瑜伽十八会指归》等，《金刚顶经》虽说有十八会，但具足十八会的经典并不存在[②]。先前说到金刚智本具有《金刚界品》等四品，这四品以十八会来说，是包括在其“初会”中的，而且并不
下(357) 是初会的全部。初会全部完整的《金刚顶经》，是公元 980 年来到中国的施护所译的《一切如来真实摄大乘现证三昧大教王经》三十卷（大中祥符八年，即公元 1015 年译），在《金刚界品》等四品之后加上《教理品》，成为五品。这是《初会金刚顶经》，也称作《真实摄经》（*Tattvasaṃgraha*）。似乎是在此“初会”中附加了种种“仪轨”等，而成为十八会，但是“十八会”原本现已不存。汉译、藏译、梵本中，作为《金刚顶经》存在的只是

① 栂尾祥雲『秘密仏教史』页 41。
② 松長有慶『密教の歴史』页 64 以下。

“初会”，所以提到《金刚顶经》，则可以理解为是指《初会金刚顶经》，亦即《真实摄经》。但是在汉译中，除了《真实摄经》以外，也有几部冠有“金刚顶经”的经典（T 18.287-338）。这些似乎与“十八会”《金刚顶经》有关，但实际详情不明。

与施护译同本的有藏译（东北目录四七九，11 世纪初翻译），是信铠（Śraddhākaravarma）与宝贤（Rin chen bzan po）共译的。梵文原典《初会金刚顶经梵本》（*Sarvatathāgata-tattvasaṃgraha*，《一切如来真实摄》）也由堀内宽仁教授出版[1]；这是将图齐（G.Tucci）从尼泊尔取得的“天城体本”与斯涅尔葛洛夫（D.L. Snellgrove）所得到的“悉昙本”校核，而校订出版的，非常有助于《金刚顶经》的研究。内容分为内篇与外篇，内篇含有《金刚界品》《降三世品》《遍调伏品》《一切义成就品》四品，外篇含有《教理分》与《流通分》；大体与汉译的“施护本”一致。（358）下

此梵本或藏译（施护译）等的原典何时成立虽然不明，但似乎可以从翻译之时（公元 11 世纪）上溯到很早。其理由是金刚智的弟子不空（公元 705—774 年）翻译了三卷本的《金刚顶经》，但是内容上却与施护译三十卷本开头的六卷《金刚界大曼拏罗广大仪轨分》逐言逐句几乎一致。在三十卷本中，这相当于最初的《金刚界品》五分中的第一分。不空于师圆寂后，为求密教经典而回到印度，于公元 741 年出发，在 746 年回到中国，在此印度之旅中也取得《金刚顶经》的梵本。不空只译出其“第一分”（《大曼荼罗广大仪轨品》），似乎还有残留，这由其所译的《都部陀罗尼目》《十八会指归》可知。但是那是《金刚界品》等前四品，似乎还缺最后的《教理品》。因此可知除了《教理品》之外的前四品，几乎一致的本子在不空的时代似乎已经成立了。

还有有关此《初会金刚顶经》，尊称为印度瑜伽部密教三大学匠的

① 堀内寛仁『初会金剛頂経梵本』*Sarva-Tathāgata-Tattva-Saṃgraham*（『高野山大学論叢』第三卷，1968 年 3 月；『密教文化』第九〇、九一号，1969 年、1970 年〔以上，第一《金刚界品》〕。『高野山大学論叢』第六卷，1971 年 9 月；『密教文化』第九七、九八号，1971 年；『高野山大学論叢』第八卷，1973 年 3 月；『密教文化』第一〇三、一〇四号，1973 年〔以上，第二《降三世品》〕）。『梵蔵漢対照初会金剛頂経の研究・梵本校訂篇下—遍調伏品·義成就品·教理分—』，1974 年 11 月。

诸家著作了注释，因为他们活跃在公元 8 世纪，所以如果研究这些注释，则可以知道 8 世纪以前《金刚顶经》的内容。这些注释就是，佛密（Buddhaguhya）的《入续义》（*Tantrārthāvatāra*）及其注，释迦友（Śākyamitra）的《憍萨罗庄严》（*Kosalālaṃkāra*），喜贤（Ānandagarbha）的《续真性光明释》（*Tantratattvālokakarī*）。

还有关于《金刚顶经》的未完成本，除了金刚智本、不空本之外，善
下(359) 无畏似乎也持有《金刚顶经》。他作了《五部心观》，然而这是基于《金刚顶经》的“三十七尊曼荼罗”的图像。不过因为这与金刚智所译的《金刚顶瑜伽中略出念诵经》教相不同，所以推定为善无畏为了作《五部心观》，而持有独自的《金刚顶经》[①]。因此《金刚顶经》的不全本，已经存于善无畏（公元 637—735 年）、金刚智（公元 671—741 年）修学时代的印度。据说金刚智在南印度从龙智处受《金刚顶经》，所以《金刚顶经》与南印度关系颇深。但是，善无畏也学《金刚顶经》，其学于何处则不明。

《金刚顶经》的思想

《金刚顶经》是瑜伽续的“根本怛特罗”（mūla-tantra），重视瑜伽，教理上与瑜伽行派唯识的教理关系很深。相对地，《大日经》则说悟自心本不生，实现极无自性心，与空的思想关系很深，因此《大日经》的成立可能与中观派有关。但是说毗卢遮那佛而重视心，这是继承华严思想的。《金刚顶经》也以毗卢遮那佛为本尊，这点与《大日经》相同。密教一般与《华严经》关系很深。相对于《大日经》将曼荼罗中的诸佛、诸尊摄属于佛部、莲华部、金刚部三部族，《金刚顶经》则分为佛部、莲华部、金刚部、宝部、羯磨部五部族，这点可视为是继承《大日经》之说，而将它加以发展。

虽然可以承认《大日经》与《金刚顶经》的关联，但是《大日经》与
(360)下 中观派相连，《金刚顶经》则相连于唯识思想，在这点两者似乎分开了。特别是《金刚顶经》所说的五佛表五智，而此五智视为是在唯识“转识

① 参考小野玄妙『仏教の美術と歴史』页 513，鈴木宗忠前引书页 122 以下。

得智”的四智上加入法界体性智，这点《金刚顶经》与瑜伽行派的思想是密切相连的。亦即以为中央的毗卢遮那如来现法界体性智，东方的阿閦如来现大圆镜智，南方的宝生如来现平等性智，西方的无量寿如来现妙观察智，北方的不空成就如来现成所作智。五佛是五智，如来成佛则展开为五智，显示此的是金刚界的曼荼罗。大圆镜智以下的四智虽然是在唯识所说的，为《佛地经》所继承而所说如下，亦即“有五法摄大觉地。何等为五？所谓清净法界、大圆镜智、平等性智、妙观察智、成所作智”（T 16.721a）。继承这“五种法”之说，而成立《金刚顶经》的五佛五智之说；在此也可见到唯识说与《金刚顶经》的密切关系。但是说四智之深处有法界体性智，在这点可承认与如来藏思想的共通性。在金刚智本《金刚顶瑜伽中略出念诵经》中，也说：“此心本性清净，而随彼之所用，随意堪忍。”（T 18.237b）说到了自性清净心。

《金刚顶经》的五佛五智，是将《金刚顶经》所说的五重成佛，亦即“五相成身观”显现于曼荼罗，因此这个曼荼罗称为“成身会”。五相成身观，是《金刚顶经》所说的密教独特的成佛论。据此，受生于王宫的一切义成就菩萨（释迦）虽然出家修六年苦行，但没办法得到真正的觉悟。最后蒙受秘密佛教的一切如来的惊觉开示，依其引导而修五相成身观，于色究竟天宫得无上正等觉，而成毗卢遮那如来，亦即金刚界如来。（361）下
五相成身观[①]，第一是观察自心，达观心的本质是自性清净的，称此为“通达菩提心”。自觉自己有自性清净心，即是通达菩提心，依此而得阿閦如来的本质之大圆镜智。第二，基于此自性清净心而起菩提心，称此为“修菩提心”。依此而观得自己之心如月轮，得平等性智，然后显现为宝生如来。第三，将此菩提心更加坚固，依此实现金刚心。金刚是指证悟的智慧。知晓自己的心是金刚之智，称此为“成金刚心”。依此得妙观察智，显现为无量光（无量寿）如来。第四，将此金刚心更加坚固，了悟自己的身语意都是金刚界，称此为“证金刚身”。依此而得成所作智，显现为不空

---

①　参考铃木宗忠前引书页 278—285。津田真一「初会金剛頂経における成仏の構造」，川崎信定「チベット仏教における成仏の理解—仏伝十二相をめぐって—」(『玉城康四郎博士還暦記念論集 · 仏の研究』，1977 年，页 185—202、269—284）。

成就如来，由于实现身语意之金刚而成金刚界菩萨。第五，金刚界菩萨悟“如一切如来有自己亦有”，得毗卢遮那的本质之法界体性智而成大毗卢遮那佛，称此为金刚界如来（T 18.207c–208a）。

此毗卢遮那的五相成身观的成佛，虽是在色究竟天实现的，但是实现此一切如来的平等性之后，毗卢遮那佛再度回到人间，入释迦身，降魔而成正觉。悟一切如来之平等性，融合一切如来的毗卢遮那佛是智身。因为智慧是无形的，所以是遍及于任何地方的，与一切如来相同，遍满
下(362) 法界，是无限大的。称此为金刚界如来，是指毗卢遮那佛是智身这点[①]。金刚界的金刚比喻证悟之智；界（dhātu），在这里是“成分”的意思，金刚之智的成分是一味的，遍满法界，称这点为金刚界如来。相对地，入释迦菩萨之身，以色身显现的毗卢遮那如来是化身，身形也是有限的。在曼荼罗中，住于四佛之中央的毗卢遮那佛是拥有如此二重性的佛，而在其根本则是作为法身的毗卢遮那。

一切如来遍满法界，我等凡夫也并非存在于法界以外之处。觉悟这点，蒙受一切如来之加持，而入于密教之瑜伽，则凡夫当场现五相成身观，得成毗卢遮那佛，由此而生即身成佛的教理。

依五相成身观而实现成佛的毗卢遮那佛，认为是报身佛。因为这是作为过去修行的结果而成佛的，所以此情形的佛视为报身，是佛教的教相。但是在成身会的曼荼罗中，位于中央的毗卢遮那佛视为是法身，然后开此法身为自性身、自受用身、他受用身、变化身[②]，因此以法身之中含有四身之别。但是因为也有视自性身为法身，自受用身与他受用身为报身，变化身为化身的三身说，所以法身与自性身的区别不明显。总之在此，中央的毗卢遮那如来是法身配法界体性智，东方的阿閦如来是自性身配大圆镜智，南方的宝生如来是自受用身配平等性智，西方的阿弥陀如来
(363) 下 是他受用身配妙观察智，北方的不空成就如来是变化身配成所作智。

南方的宝生如来因为是福德庄严的佛，所以视为自受用身（报身）是很恰当的，而西方的阿弥陀佛因为教化初地以上的圣者，所以视为他受

① 在色究竟天成佛的毗卢遮那佛是报身。参考栂尾祥雲『曼荼羅の研究』页 212。
② 栂尾祥雲前引书页 210 以下。

用身也是妥当的。如果不空成就也视为释迦的别名，则视为变化身是妥当的。

总之于此成立了“五佛、五智”的教理。但是法身与自性身的区别不明显，这点似乎有问题；亦即后来阿閦佛取代毗卢遮那佛而开始受到重视，想必是由此而来的。不过总之因为法身所显是四身，所以五佛并非别体，而是一佛之德性显现成五佛，特别是为了使毗卢遮那佛所具之德性令其他菩萨受用的缘故，而于四方示现四佛。

成身会的曼荼罗，是所谓的三十七尊曼荼罗[①]，由三十七尊所成。首先画中央之圆与其四方之四圆，合为五圆。于中央之圆画大日如来，于四方四圆由东顺序画阿閦如来等四佛。称此五圆为五轮，大日轮为如来部，阿閦轮为金刚部，宝生轮为宝部，阿弥陀轮为莲华部，不空成就轮为羯磨部，将五佛与各轮内之诸尊配属于五部。五部的“部”，是 kula 的译语，是家族、种族的意思。在此有以夫妇为基础的家族之意，认为诸尊的聚集是如此的群体。

其次，画包围此五佛之五轮的大轮，更在其外侧画围起此大轮之正方形，在正方形的线上的中央置四门。中央的五轮之中，四方四佛是大日所示现的，更在阿閦轮之中示现金刚萨埵、金刚王、金刚喜、金刚爱四亲近之四尊，在宝生轮之中示现金刚宝、金刚光、金刚笑、金刚幢四 (364)下
亲近之四尊，在无量寿轮之中示现金刚法、金刚利、金刚因、金刚语四亲近之四尊，在不空成就轮示现金刚业、金刚护、金刚牙、金刚拳四亲近之四尊，以上合为十六尊。其次，所示现的四佛为了要供养中央的大日如来，在大日轮之中示现金刚波罗蜜、宝波罗蜜、法波罗蜜、羯磨波罗蜜四尊。以上即成为合有五佛与二十尊住于五轮中。接着，毗卢遮那佛回报四佛之供养，而于四方四佛之侧（大轮之内，小轮之外），示现金刚嬉、金刚鬘、金刚歌、金刚舞四天女。四佛更应此于大轮之外的正方形四隅，现金刚烧香、金刚华、金刚灯、金刚涂香四天女。毗卢遮那佛因此益增威光，于四方之四门示现金刚钩、金刚索、金刚锁、金刚铃之

① 梅尾祥雲前引书页 204 以下。

四摄。

以上即成五佛三十二尊，在曼荼罗中住有三十七尊，此外成身会也有八十一尊曼荼罗。而在三十七尊的情形中，由于此外也画有贤劫千佛、诸天，所以就还包含许多尊。不过中心在三十七尊，而除了五佛之外都是菩萨。不过在这些之中，有四天女、四明妃等女性的菩萨。在此三十七尊中，虽已显示各自的意义，但是其特色是在表示中央毗卢遮那佛与四方四佛之间相互供养的妙谛[1]。特别是曼荼罗中有女性的菩萨，似乎是以女性来表示觉悟的智慧。这与“般若”（prajñā）、“波罗蜜”（pāramitā）是女性名词也有关联，而认为般若是生出佛的“佛母”
下(365)（T 8.333b）。这个想法在大乘佛教中早就有了，在《般若经》中也可见到[2]，在《维摩经》中也有“智度菩萨母，方便以为父”（T 14.544c）的有名的话；此“智度”是指“般若波罗蜜”。将般若与方便配于成佛的能生之父母的思想，是将般若（觉悟之智慧）当作女性原理来掌握，如此的想法为密教所继承。

而《大日经》重视能动的方便，《金刚顶经》则重视般若。《金刚顶经》以“金刚”（vajra）为经题，表示重视作为般若的金刚。Vajra（金刚）也有“金刚杵”的意思，这是指作为因陀罗（帝释天）武器的雷电。但是在佛教中，如《金刚般若经》中所见，将破除烦恼的锐利的般若智慧譬喻为金刚。或是在阿毗达磨佛教中说“金刚喻定”（vajropama-samādhi），将最微细的烦恼也断除的坚固禅定比喻为金刚；依此定，断最后的烦恼而成佛。这虽是定，但同时其中也含有慧，是因为断烦恼的主体是慧的缘故。将这些觉悟的智慧比喻为金刚的想法，似乎为《金刚顶经》所继承。金刚用来比喻觉悟的智慧，也是“空的智慧”。空智破除所有论难、邪见，而自己不伤，可见于《般若经》、龙树的论难等，所以将此空的智慧比喻为金刚是合适的。

同时因为这智慧是佛智，所以是佛的法身、报身所具的智慧；从这

---

① 梅尾祥雲前引书页 225 以下。

② 研究《般若经》的 Conze 博士也重视这点。参考平川，横山訳『コンゼ教—その教理と展開—』页 288 以下。

点说，此智遍在于法界。因此在金刚界曼荼罗中，毗卢遮那佛示现于四 (366) 下
佛之四方的十六尊、四天女，及四佛示现于毗卢遮那佛的四方的四波罗蜜、四天女等，都冠以“金刚”，而名为金刚爱、金刚宝、金刚利等；这是指在法界中所有人没有不是金刚者。还有供养物也是金刚，修行者也视为是金刚。觉悟之智是空之智慧，与诸法本性是空、空遍在于万物，此二者相应，而一切皆视为是金刚。而且因为视般若为女性原理，所以这些金刚也以女性出现。譬如在前述的成身会中，虽然四天女、四波罗蜜等也是女性，但是在三昧耶会中，如说明为“住毗卢遮那佛心中之智身金刚萨埵，成持标帜佛之心密之三昧耶形之种种无量女尊，而遍满一切世界，令一切有情从所有方面开发佛心”[①]等般，显现为女尊。还有作为佛的守护神的金刚持（vajra-dhara，vajra-pāṇi），在《阿含经》中已经可以见到了，而在《大日经》《金刚顶经》等，闻法众执金刚等，冠以金刚，也可能与这点有关。

《金刚顶经》所说的曼荼罗称为“九会曼荼罗”，举出9种。这些是在《初会金刚顶经》中所说的，其中成身会、三昧耶会、微细会、供养会、四印会、一印会六会说于初品的《金刚界品》，而且第七理趣会也包含于其中。第八降三世会、第九降三世三昧耶会二会，则说于第二品《降三世品》；任何一会都以上述三十七尊为中心。 (367) 下

《理趣经》的思想

《理趣经》的“理趣”，似乎是 Prajñāpāramitā-naya 的 naya 的翻译。在真言宗提到《理趣经》，是指不空所译的《大乐金刚不空真实三么耶经》一卷，在此之中附加了《般若波罗蜜多理趣品》的品名（T 8.784a。但是宋、元、明等三藏没有这个品名），所以也称为“般若理趣经”。由于在本文中“般若理趣”之语经常出现，所以将此附加在经题上。在后述的梵本中，在《理趣百五十颂》（*naya-dvyardhaśatikā*）[②] 的“百五十颂”之

① 栂尾祥雲前引书页 265。

② Naya-dvyardhaśatikā-ardhaśatikādy-aparaparyāyā（Buddhist Sanskrit Texts No. 17, Mahāyānasūtrasaṃgraha Part I, Darbhaṅga, 1961, p. 90）.

前附加了 naya。《理趣经》因为是由百五十颂所成，所以也称为《百五十颂般若波罗蜜经》。以《大般若经》十六分来说，相当于第十分，是短的《般若经》。其是以何途径编入《大般若经》中虽不明，但以玄奘译来看，已经变成密教化的《般若经》了，但是其密教化比起不空所译的《理趣经》可说还不充分。此经是玄奘译的《大般若波罗蜜多经》六百卷中的第五百七十八卷《般若理趣分》（T 7.986aff），分量就汉译所见，玄奘译较不空译还多。玄奘译有七千字左右，此以梵文一偈译为二十字来计算，则有三百五十偈之多，所以玄奘译是将已增广的《理趣经》纂入于《大
下（368）般若经》。但是《般若经》自古以来即说了“神咒”（mantra），已有将《般若经》咒术式地受持的信仰，所以《般若经》有与密教结合的理由。

在此之外，《理趣经》的汉译方面如下。菩提流志译《实相般若波罗蜜经》一卷（T 8.776aff），其虽似于《理趣经》，但也有内容上不一致的文句，也有不认为其是《理趣经》异译之说。金刚智译有《金刚顶瑜伽理趣般若经》一卷（T 8.778bff）；在最近的研究中说并不是金刚智之译，而是在后代参照前二译所译的。施护译有《遍照般若波罗蜜经》一卷（T 8.781cff），法贤译有《最上根本大乐金刚不空三昧大教王经》七卷，略称“理趣广经”（T 8.786bff）。①

以上汉译，有玄奘译、菩提流志译、金刚智译、不空译、施护译、法贤译 6 本《理趣经》，但重要的是不空译与玄奘译，法贤译在了知《理趣经》的广本上是重要的。翻译的年代以玄奘译最早，玄奘（公元 602—664 年）于公元 629 年向西域出发，公元 645 年回国，所以在此期间玄奘所取得的梵本之中有《理趣经》。考虑《理趣经》编入《般若经》时，似乎可以视为《理趣经》在公元 600 年左右已经存在了（不过不空译的原典之成立，似乎较此还晚）。月称（公元 650 年左右）在《净明句论》中引用了《理趣经》数次，显示本经在此之前已成立。

藏译有四本（东北目录四八七～四九〇）。东北目录四八七《名为吉祥最胜本初之大乘仪轨王》，与东北目录四八八《吉祥最胜本初真言仪轨

① 关于《理趣经》的类本 10 种，参考栂尾祥雲『理趣経の研究』页 28 以下，松長有慶『密教の歴史』页 74 以下。

品》，相当于汉译的法贤译“七卷《理趣经》”。东北目录四八九《般若波 （369）下
罗蜜多理趣百五十颂》，相当于“般若理趣分”。东北目录四九〇《名为吉祥金刚道场庄严之大续王》，含有施护译，但约有施护译的8倍之量。

梵文原典《百五十颂般若波罗蜜》（*Adhyardhaśatikā Prajñāpāramitā*），是在公元1912年雷乌曼（E. Leumann）公布出版在中亚所发现的梵本[①]。但这并非完本，处处有残缺，中间混杂着中亚系的译文。这转载于栂尾祥云的《理趣经之研究》，更收录在*Mahāyānasūtrasaṃgraha*[②]中，后者是只录出梵文。还有梵本的英译[③]。

《理趣经》的注释有不空译的《大乘金刚不空真实三昧耶经般若波罗蜜多理趣释》二卷（T 19.607aff），同样由不空译的《般若波罗蜜多理趣经大乐不空三昧真实金刚萨埵菩萨等一十七圣大曼荼罗义述》一卷（T 19.617bff）也可参考；这是解释“十七清净句门”的作品。

在藏译中，“理趣广经”的《吉祥最胜本初续》有《略释》（东北目录二五一一）及《广释》（东北目录二五一二），此二者是喜贤（Ānandagarbha）的著作。其次有《金刚场庄严续》的注释《金刚道场大续难语释》（东北目录二五一五），是寂静友（Praśāntamitra）的著作，还有智友（Jñānamitra）的《般若波罗蜜多理趣百五十注释》（东北目录
二六四七），这是“般若理趣分”的注释。 下（370）

《理趣经》与《金刚顶经》相同，是属于“瑜伽续”的经典，也可散见到与《金刚顶经》相同的教理，可知两者是同种经典。但是在表达密教的觉悟境地上，以男女交会的愉悦来表示，这点可说较《金刚顶经》还更进一步。在《理趣经》中，有“妙适清净句，是菩萨位。欲箭清净句，是菩萨位。触清净句，是菩萨位。爱缚清净句，是菩萨位”等，宣

---

① E. Leumann, *Zur nordarischen Sprache und Literatur*, Strassburg, 1912, S. 84–89. 以上的研究及翻译：E. Leumann, Die nordarischen Abschnitte der Adhyardhaśatikā Prajñāpāramitā, Text und Übersetzung mit Glossar.（『大正大学学報』六、七辑二，1930年，页47—78。）

② 参考本书页468注①。

③ E. Conze, The Perfection of Wisdom in 150 Lines（*The Short Prajñāpāramitā Texts*, London, 1973, pp. 184–195）. 此转载于1965年高野山大学出版的*Studies of Esoteric Buddhism and Tantrism*, pp. 101–115。

说了大乐之法门。说明道：妙适是二根交会之乐，欲箭是心为此欲望射中，男女拥抱之乐是触，依此触而男女不能分离是爱缚[1]。但是一如说为“清净句”（viśuddhi-pada）般，这些性欲并非无条件受到肯定，而是要在性欲被净化的状态中，见到证悟的境地，因此凡夫的爱欲并非原封不动地受到肯定，不过并不是要在舍离爱欲处来求悟境。这是将《维摩经》等所说的“不断烦恼不入涅槃”（T 14.539c）的立场，藉由《般若经》空的思想而肯定地采用。淫欲虽是污秽的，但是将其净化的话，则得以提高到清净的状态。如果不得以淫欲为在淫欲本身就是清净的，则不能说一切法的自性是清净的。但是因为一切法的本性是清净的，一切法是平等的，所以若深达般若之空智，则以淫欲为就淫欲本身即得为清净。这似乎是产生自“以在家受欲的立场而深化般若波罗蜜之实践”之处的思
下（371）想。在密教中，说大乐法门的最初经典出现在与《般若经》之融合上，这是值得注意的。在《理趣经》中是以生出一切法之平等的“般若理趣”为立场，而说大乐之法门。但是大乐法门，是暗藏若一步走错即堕邪见深坑之危险的法门。因此《理趣经》中阐述大乐之证悟的同时，也说了降伏之法门、忿怒之法门，更说观照之法门等；说大乐的同时，也兼顾到不令陷入邪见的深坑。

《理趣经》在说大乐法门上虽然同于接下来的“无上瑜伽续”，但是仍包含于瑜伽续中，其理由是，因为基本上拥有与《金刚顶经》相同的思想。由于《大日经》《金刚顶经》之出现，可以视为密教的教理已经完成，是因为在这些经典中，已经成立了依密教的修法而成佛的教理之故。是因为认为在此之后，虽然产生非常多的“无上瑜伽续”，但是这个基本
（372）下 立场不变。

参考书目

在注释中所举之外的参考书如下：

酒井真典『大日経の成立に関する研究』，1962 年。

吉田宏哲「密教の存在論—六大縁起を中心として—」（『講座仏教思想』第

① 栂尾祥雲『理趣経の研究』页 122。

一卷，页 137—178)，1974 年。
坂野栄範『金剛頂経に関する研究』，1976 年。 （374）下
渡辺照宏「理趣経干闐文和訳」(『聖語研究』三，1935 年 7 月)。
同「理趣経干闐文並びに语彙」(『智山学報』新第七、八号，1935 年 7 月)。
加藤精神『般若理趣経研精録』，1938 年（收录于『加藤精神著作集 · 密教学篇』，1978 年)。
那須政隆『理趣経達意』，1964 年。
金岡秀友『さとりの秘密理趣経』，1965 年。 （375）下

第五节　中期与后期的密教

问题所在

在此决定将中期、后期的密教总括起来，是因为这时代密教的详情不明。《大日经》《金刚顶经》成立于公元 650 年前后，此时代是密教的独立时代，亦即“前期”。从密续（按：续，又称怛特罗）的分类来说，《金刚顶经》属于瑜伽续，《大日经》属于行续，所以所作续、行续、瑜伽续三者属于前期密教。而中、后期的密教，则充满无上瑜伽续的经典，亦即印度密教的中心，是在无上瑜伽续。无上瑜伽续经典的数量非常多，流行的期间也很长。但是庞大数量的无上瑜伽续，不清楚每一怛特罗的成立年代，至今为止已研究的怛特罗也很少。因此要将众多的无上瑜伽续排列年代顺序，而追踪确定其历史上的发展是不可能的。

无上瑜伽续（anuttarayoga-tantra）是在瑜伽续的延长线上，超越它而发展的怛特罗。相对于此，《大日经》系的行续为瑜伽续所推陈出新后，似乎没有得到发展。其理由是行续的《大日经》在宣说密教上，并未利用“性爱”（śakti，性力），是以大乘佛教的立场来表示般若与方便， 下（376）
其中并未采用“性爱”。相对地，属于瑜伽续的《金刚顶经》则使用性爱表示般若与方便。这点由无上瑜伽续使其更加发展，而与印度人宗教上

的嗜好一致。

瑜伽续的根本怛特罗是《金刚顶经》，亦即《真实摄经》（*Tattvasaṃgraha*），此经在公元8世纪盛行于印度。佛密、释迦友、喜贤三人各自对《真实摄经》写了注释，是瑜伽部密教的三大学匠[①]。一般认为他们活跃在公元8世纪，恐怕在此之后无上瑜伽部的密教就盛大起来了。属于无上瑜伽部的"方便父续"的代表经典《秘密集会续》（*Guhyasamājatantra*），视为是在8世纪初期现其萌芽，而成立于8世纪后半叶[②]。由于当时以中印度与东印度为中心而繁荣的波罗王朝（公元750—1199年左右）信奉密教，故密教以中印度与东印度为中心而长期繁荣。不过之后伊斯兰教徒攻入印度，在公元1200年左右中印度与东印度也受到他们的攻击，密教的中心地那烂陀寺、超岩寺受到破坏，因此佛教在印度就灭亡了。不过到此为止的期间，无上瑜伽续流行的岁月长达四百年以上，所以将此期间视为密教的中、后期。

下（377） 在此时期，知名的密教僧虽然不少，但其思想、事迹不明。一如前述，在义净所传中，龙树的弟子有难陀，他集密咒而得一万二千颂（本书页452）。不过在空海所传的密教相承说中，大日如来授法于金刚萨埵，金刚萨埵授龙猛，龙猛授龙智，而金刚智（公元671—741年）承受之。在吕向所传中，金刚智在南印度遇到龙智，七年承事供养，那时龙智已经七百岁（T 55.875b）。在这里是说从龙树（龙猛）传到龙智。还有在父续系的圣者父子流的相承法系中，龙树的四大弟子有圣提婆、释迦友、龙觉（Nāgabodhi）、月称等[③]。此龙觉与龙智可能是同一人。虽在诸传之间也有类似点，但是因为都只是传说式的记录，所以确实的情形还不清楚。

另在《宋高僧传》中，说善无畏在那烂陀从达摩掬多受如来之密印

① 松長有慶『密教の歴史』页68。

② 羽田野伯猷「秘密集会タントラにおけるヂニャーナパーダ流について」(『文化』新五，页22)。松長有慶「秘密集会タントラ成立に関する二、三の問題」(『中野教授古稀記念論文集』，横排页193—207，1960年)。

③ 羽田野伯猷「Tāntric Buddhismにおける人間存在」(『東北大学文学部研究年報』第九号，1958年，页309)。

（T 50.714c），但是不清楚达摩掬多受持的是怎样的密教。此外，进入西藏的密教者中，有莲华生（Padmasambhava，公元 773 年）与阿底峡（Atīśa，公元 982—1054 年；亦名燃灯吉祥智，Dīpaṃkaraśrījñāna），作为西藏密教的传法者、改革者而有名，但是并不清楚他们传了怎样的密教。还有在公元 11 世纪左右身为超岩寺六门守护者而有名的，宝寂（Ratnākara-śānti）、不二金刚（Advayavajra）[1]、那洛巴（Nāropa）等名字也在流传着。不过有关他们的密教思想的研究也有待于今后。（378）下

在这些以外，声名流传的密教者也很多，但因为其著作、思想还没究明的缘故，所以无法以人为主而撰写密教的历史。还有在乌仗那（Uḍḍiyāna）中有主张说主有王（Indrabhūti）出现在公元七八世纪左右，关系到《秘密集会》的著作，而成为金刚乘（vajra-yāna）的开祖，且进入西藏的莲华生大士是他的儿子。此说为跋达刹耶（B. Bhattacharyya）、图齐（G.Tucci）及我国的栂尾祥云博士等所主张，而为一般人所支持[2]，但是在最近的研究中，否定了公元 7 世纪主有的存在[3]。主有之名在怛特罗佛教的相承法系中屡屡出现，视为他的著作的，在西藏大藏经中留下不少。因此主有似乎是实在的人物，但是将这些相承说检讨看看，则 9 世纪的主有是最确实的人物，应该视他是相承父续的智句流的《秘密集会》之一成就者[4]。

《秘密集会》不应视为是由于主有的请问而作的，但是《秘密集会》的成立是在公元 8 世纪，就无上瑜伽续来说很早。所以最先想要考察由此续发展来的父续传承，接着考察以《胜乐》《喜金刚》等为中心的母续系统，再考察最后出现的《时轮续》（时轮教），而结束密教的论述。下（379）

① 不二金刚方面，有 21 篇著作已整理出版。H.P. Shastri, Advayavajra Samgraha, *G.O.S.* vol. XL, 1927. 其中数篇有日译及解说。参考宇井伯寿『大乘仏典の研究』页 1—52（*Tattvaratnāvalī* 之日译）。栂尾祥雲『理趣経の研究』页 426 以下（*Yuganaddhaprakāśa, Mahāsukhaprakāśa*）。高田仁覺「善説集に示されたる密教的学道」（『印仏研』三之一，页 257—260）等。

② B. Bhattacharyya, *An Introduction to Buddhist Esoterism*, 1932, p. 44; G. Tucci, *Tibetan Painted Scrolls*, vol. I, Roma, 1952, p. 213. 栂尾祥雲『秘密仏教史』，页 69。

③ 羽田野伯猷「Tāntric Buddhism におたる人間存在」（前引书页 322 以下）。

④ 羽田野伯猷前引书页 318。

《秘密集会》的成立

《秘密集会》（*Guhya-samāja-tantra*）是“无上瑜伽部”但特罗中成立最早者其中之一。在不空（公元 705—774 年）《十八会指归》的“第十五会”文中，说此第十五会“名秘密集会瑜伽”（T 18.287a），显示了十八会《金刚顶经》的第十五会是《秘密集会》。此不空所说的《秘密集会》与现在的 *Guhya-samāja-tantra* 一致，已由学者所论证[1]。因此可以认为《秘密集会》的原形在不空的时代，亦即在 8 世纪前半已经成立了。“十八会”的《金刚顶经》传有十万颂，其“初会”的《金刚顶经》即是《真实摄经》，这在公元 7 世纪后半已经成立了。

不过初会的《金刚顶经》虽然已经成立了，但并不表示十八会当即全部都已成立。不空的《十八会指归》，其一半以上用在初会的说明上，第二会及以下到十八会为止也不过述其概要而已。因此第二会及以下，可视为还尚未当作独立经典，而当作是初会的附录式的典籍而加以概要解说[2]。但是可以注意在《十八会指归》中，在进行第十五会的说明之文中，有与现在的《秘密集会》一致的经文[3]。亦即根据《十八会指归》，在《秘密集会》中“似如世间贪染相应语”而说教法，但是对此，除盖障菩萨说：“世尊大人不应出粗言杂染相应语。”批评以粗恶杂染语来说教
下（380）法。针对于此，佛陀则说：“汝等清净相应语有何相状？我之此语，加持文字，应化缘方便，引入佛道，亦无相状。成大利益，汝等不当生疑。”（T 18.287b）介绍了以二根交会的淫欲道而说教法。相当于此文的教说，在《秘密集会》的汉译《一切如来金刚三业最上秘密大教王经》卷二（T 18.474a）中可以见到，还有在《秘密集会》的梵本中也可见到[4]。因此《秘密集会》的某些部分在不空的时代已经成立之事，由这些经文的一致也可窥知。然后这成为十八会《金刚顶经》的第十五会，故《秘密集会》

---

①　松長有慶「秘密集会タントラ成立に関する二、三の問題」（前引书横排页 199 以下）。

②　鈴木宗忠「金剛頂経の実存形態」（『宗教研究』第四年第二、三号，1942 年，页 237）。

③　松長有慶前引论文，前引书页 200。

④　Yūkei Matsunaga, The Guhyasamāja-tantra: A New Critical Edition（『高野山大学論叢』第一卷，1975 年，页 15—16）。

是《金刚顶经》的“后分”，这也是可以理解的。

现存的《秘密集会》是由“十八分”所成。但是在不空的时代，似乎还没有具足十八分的《秘密集会》。完整的《秘密集会》，被视为是在8世纪的后半成立[①]。《秘密集会》的十八分之中，前十七分称为“根本怛特罗”，最后的第十八分称为“上怛特罗”（uttaratantra）。第十八分也被认为是较前十七分成立得晚。但是认为前分也不是成立于一时，是到十二分为止先成立，后来再附加上十三分及以下。《秘密集会》的汉译在宋代咸平五年（公元1002年）由施护译为《一切如来金刚三业最上秘密大教王经》七卷，与梵本同样拥有十八分。在藏译中，前十七分的“根本怛特罗”（东北目录四四二）与第十八分的“上怛特罗”（东北目录四四三）分别译出。梵本由跋达刹耶于公元1931年出版原典，之后于公元1965年由师觉月（S. Bagchi）、公元1975年由松长有庆教授出版新的校订本[②]。因为《秘密集会续》在印度与中国西藏非常流行，所以造了很多注释，这些都编入到西藏大藏经中。 （381）下

在《秘密集会》的怛特罗中，五佛之中，瞋恚部的部主阿閦如来（Akṣobhya）成为中心，大日如来（Vairocana）在其前方，即位于东方，此是痴部的部主。还有如意宝部的宝幢如来（Ratnaketu）位于南方，金刚贪欲部的世自在王如来（Lokeśvaramahāvidyādhipati，或无量寿如来〔Amitāyus〕、无量光如来〔Amitābha〕）位于西方，三昧钩召部的不空金刚如来（Amoghavajra）位于北方（*Guhya*. p. 7）[③]。《秘密集会》中也说到令大日如来为中心的五佛说，但是重要的是以阿閦如来为中心的五佛[④]。因此在印度的密教中，阿閦佛较大日受到重视，而视此五佛与五蕴同一，也是自《秘密集会》开始的。亦即阿閦如来是识蕴的本

① 松長有慶『秘密集会タントラの成立過程』(『印仏研』四之二，1956年3月，页251）。

② B. Bhattacharyya, Guhyasamāja Tantra or Tathāgataguhyaka, *G.O.S.* vol. LIII, 1931; S. Bagchi, *Śrīguhyasamājatantra,* Buddhist Sanskrit Texts No. 9, Darbhaṅga, 1975; Y. Matsunaga, The Guhyasamāja-tantra: A New Critical Edition (『高野山大学論叢』第九、一〇巻，1974、1975年）。*Guhyasamājaya* 的引用是依据松长本。

③ 川崎信定「密教における愛」(佛教思想研究会编『仏教思想Ⅰ、愛』页163—165）。

④ 壬生台舜「Guhyasamāja-tantra の五仏説について」(『佐藤博士古稀記念仏教思想論叢』页351以下）。

质，代表心，而以是大悲之方便的瞋恚来净化拥有瞋恚烦恼的众生。阿閦如来也被视为与本初佛的大金刚持（Mahāvajradhara）是同一的，阿閦如来以五智来说是法界清净智。第二大日如来是色蕴的本质，代表身。依痴来净化住于痴的有情，在五智中相当于大圆镜智。第三宝幢或宝生如来（Ratnasambhava）是受蕴的本质，依我慢、憍慢净化拥有我慢、憍慢的有情，是平等性智。第四阿弥陀如来是想蕴的本质，依贪欲而
下(382) 净化拥有贪欲的有情，相当于妙观察智。第五不空金刚或不空成就如来（Amoghasiddhi）是行蕴的本质，依嫉（īrṣyā）而净化邪语之有情，相当于成所作智①。

将五佛配于五蕴，是要表示法界自身之五佛与五蕴复合体之人，同样作为五蕴，在其本质上是相同的。这似乎是，在此作为大宇宙的佛，与作为小宇宙的自己同样是由五蕴所成的，要在这点上来显示即身成佛的可能性，而且要将此成佛依“性爱”（śakti）来实现。亦即在《秘密集会》中，当作对于五佛的明妃（śakti），而配以四佛母或五明妃（*Guhya.* I, XVII, pp. 7–8, 104）②。四佛母，即表示地界的眼母（Locanā），是大日如来之妃；第二是表示水界的摩摩枳（Māmakī），当作是阿閦如来之妃；第三是表示火界的白衣母（Pāṇḍaravāsiṇī），这是阿弥陀佛之妃；第四是表示风界的多罗（Tārā），配为不空成就如来之妃。③以上，则成五佛却缺少一妃，但在说五明妃的场合，第五则举出表示空界的金刚持（Vajradharā）。在这个情形中，似乎将金刚持配于阿閦如来。总之，地、水、火、风四大与五蕴同样是个体的构成要素。将这些视为明妃之显现，而要依男女两性之融合来表示成佛的境地。

将自己的个体的出生观想为五佛之显现的“即身成佛”瑜伽，是“生起次第”（utpattikrama）的观法。个体的生起是依在前世的死，中间的存在之中有，接着由父母交会与中有识的合体而往新的生之托胎，乃至

---

①　羽田野伯猷『Tāntric Buddhism における人間存在』(前引书页 258—259)。

②　バッタチャリヤ著，神代峻通译『インド密教学序説』第四章注 54，页 246—247。川崎信定「密教における愛」(前引书页 166—167)。

③　羽田野伯猷前引书页 257。

由住胎、出生等之经过而说明，但是将此当作本来是佛的出生而观想的，（383）下
即是生起次第的观法。亦即将从法身的永远之实在而引起活动，以报身、化身佛出现于此世，而救济众生的佛之生起，按照从空劫到器世间成立的顺序，或按照已死的有情依从中有到托胎、住胎等次序而出生于此世的顺序之类比而观想。此际重要的是，掌握众生所具的自性清净心，或此已人格化的菩提心之生起，与佛之出生为同一而观想。

此生起次第之观法，是主要宣说于代表《秘密集会》的“方便父续”之观法。相对地，《喜金刚》（*Hevajra*）、《胜乐轮》（*Cakrasaṃvara*）等的“般若母续”则重视“究竟次第”（utpanna-krama，niṣpanna-krama，圆满次第）的观法。

《秘密集会续》在出现以后广受信奉，由传持者们形成流派。虽有许多流派，但是在其中重要的是智句所兴创的“智句流”，与假托龙树及其弟子们所立的“圣者父子流”（Ḥphags lugs）。智句是活跃在公元 8 世纪后半的人，被视为与《秘密集会续》的成立有关的人。他的弟子传有佛密（Buddhaguhya）、佛寂（Buddhaśānti）、释迦友（Śākyamitra）等，此流派之后一直盛行到 9、10 世纪。

圣者父子流的成立晚于智句流，以为形成于 9 世纪到 10 世纪。但是（384）下
此学派之后盛大起来，其势力凌驾于智句流。

父续的流派

方便父续的流派之中，智句流与圣者父子流是重要的，以下就此二派来简单地检视。

智句（Jñānapāda），名为佛吉祥智（Buddhaśrījñāna），是活跃在公元 8 世纪后半的人物。他被认为也与《秘密集会续》本身的成立有关，所以他是印度但特罗佛教的成立、发展上担任重要角色的人物。他在年轻时，曾就以《现观庄严论》的研究者而有名的师子贤学习般若与其他之学，之后在那烂陀寺进行讲学与著述。随后求密教而游学，于北印度之乌仗那（Uḍḍiyanā）就梨罗金刚（Rīrāvajra）学般若母续的教理，更到南印度的恭建那（Koṅkana），历经九年修学方便父续的教理，据此他

以父续为中心的密教学问便确立了。当时北印度的乌仗那与南印度的恭建那，各是母续与父续的密教中心地。

智句在恭建那学密教后至中印度的佛陀伽耶，于此从文殊之化身得示教口传而得到证悟，确立秘密集会的教理体系。之后他从事著作、教
下(385) 化，著有14种著作，但重要的是有关生起次第的著作《普贤成就法》（*Samantabhadra-sādhana*，东北目录一八五五）与《四支成就普贤母》（*Caturaṅgasādhana-samantabhadrī*，东北目录一八五六），有关究竟次第的著作《解脱明点》（*Muktitilaka*，东北目录一八五九），关于两次第的《名为二次第真性修习之口传》（*Dvikramatattvabhāvanā-nāma-mukhāgama*，东北目录一八五三）等，皆传于藏译中；他的显教著作《宝德藏般若注》也受到重视。

智句流以中印度的超岩寺为中心而繁盛。宝寂（公元950—1050年左右）、念智称（Smṛtijñānakīrti，公元1000年左右）、阿底峡（公元982—1054年，但是阿底峡更以母续的精通者而有名）、宝称（公元1000—1050年左右）、释迦师利（公元1200年左右），皆传智句流。特别是念智称于公元1000年左右入西藏，在康区将智句流密教传入西藏。智句流伴同瑜伽行派的教理，特别是弥勒五论的研究而流传，所以它一方面继承空观的立场，另外也持有将重点放在唯识说的教理。智句流以超岩寺为中心，扩及到尼泊尔、迦湿弥罗等，但是之后随着圣者父子流盛大起来，其势力便不及圣者父子流了[①]。

接着，圣者父子流也称为圣者流，是传承于龙树（Nāgārjuna）与其弟
(386)下 子提婆（Āryadeva），及其后出现的龙智（Nāgabodhi）、月称（Candrakīrti）等名之下的流派。但是并不是指中观派的龙树、提婆、月称等，而是在密教中著述著作而挂在这些人的名字下，并形成流派。密教的龙树是沙罗诃（Saraha）的弟子，沙罗诃开始时被称为罗睺罗跋陀罗，但得到密教的最胜悉地〔成就〕而被称为沙罗诃[②]。他将自身的证悟境地借托诗歌来

① 以上有关智句流，参考了羽田野伯猷「チベット仏教形成の一課題」（『日本仏教学會年報』第一六号，1950年）。

② 羽田野伯猷「Tāntric Buddhism における人間存在」（前引书页316）。

表达，称为《多诃藏歌》(*Dohākoṣa*)[①]。沙罗诃、龙树的密教是南印度吉祥山佛教的代表。

虽无法决定密教的龙树是一人还是多人，但此圣者父子流的形成是从9世纪到10世纪左右。圣者流的重要著作，有归于龙树的《成就法略集》(*Piṇḍīkṛtasādhana*)、《经合集》(*Sūtramelāpaka*)、《五次第》(*Pañcakrama*)，还有归于提婆的《行合集灯》(*Caryāmelāpakapradīpa*)，当作是龙智著作的*Vyavasthālī*、《曼荼罗二十仪轨》(*Maṇḍalaviṃś-atividhi*)，归于月称的《灯作明论》(*Pradīpodyotana*)、《金刚萨埵成就法》(*Vajrasattvasādhana*)等[②]。在这些当中,《成就法略集》作为叙述圣者流的“生起次第”的作品是重要的,《五次第》同样因是表达其“究竟次第”的作品而是重要的[③]。还有,《灯作明论》是重要的圣典注释，由罗睺罗僧克里帖衍那发现其梵文原典。(387)下

圣者父子流，一如由假托大乘中观派的龙树及其弟子们而建立流派这点也可推测得知般，相当浓厚地具有中观派空之教理。圣者父子流自9世纪到10世纪兴起，而自10世纪末到11世纪盛大起来。此派传有种种传承系谱，在这些系谱当中，除了上述的龙树及其弟子们之外，释迦友(Śākyamitra)、摩登祇巴(Mātaṅgi-pa)、黑阿阇梨(Kṛṣṇācārya)、瞿密师罗(Gomiśra)、智藏(Jñānagarbha)等之名为世所知[④]。这些人的年代、传记虽然不明，但西藏的廓库巴拉哲(Ḥgos khug pa lhas btsas)在11世纪进入印度，而从瞿密师罗的弟子学了圣者父子流。还有马尔巴(Mar pa，公元1012—1097年)于印度跟随与智藏同时代的那洛巴(Nāro-pa)学法，也还从智藏处学了《秘密集会》，因此智藏似乎也是

---

① 有沙罗诃的《多诃藏歌》的研究与翻译。奈良康明「サラハパータ作、ドーハー・コーシャー翻訳及びノート、Ⅰ・Ⅱ」(『駒沢大学仏教学部研究紀要』第二五、二六号，1967年3月)。《多诃藏歌》是讴歌依据俱生乘(Sahaja-yāna)之大乐的即身成佛的诗偈。

② 羽田野伯猷前引书页300。

③ 羽田野伯猷前引论文是基于归于龙树的《成就法略集》而解明圣者父子流的“生起次第”的研究。此《成就法略集》已发现其梵文，而与同样说圣者父子流“究竟次第”的《五次第》一起，由Poussin出版了梵文原典。L. de la Vallée Poussin, *Études et textes tantriques, Pañcakrama*, Gand, 1896. 还有酒井真典博士公布出版了此《成就法略集》与《五次第》的日译与研究。酒井真典『チベット密教教理の研究』，高野山，1956年。

④ 羽田野伯猷前引书页304—309，检讨了圣者父子流的种种系谱。

10 世纪到 11 世纪左右的人[①]。他有关于在《秘密集会》中担任重要角色的“佛眼母、摩摩枳、白衣、多罗”四天女的著作《四天女请问释》（东北目录一九一六）。另有属于西藏佛教新译初始的译经僧宝贤（Rin chen bzan po，公元 958—1055 年）进入印度，学《秘密集会》，藏译了《秘密集会》的根本及释续，乃至以《成就法略集》《五次第》《经合集》等为始的大量圣者父子流的文献，此为布顿（Bu-ston，公元 1290—1364 年）
下（388） 所继承，成为在西藏圣者父子流盛大的基础。

生起次第与究竟次第

宣说“生起次第”（utpatti-krama）的《成就法略集》（*Piṇḍīkṛta-sādhana*），依存于《秘密集会》的释续《金刚鬘》（*Vajramālā*）。还有宣说“究竟次第”（utpanna-krama，niṣpanna-krama）的《五次第》（*Pañcakrama*），已预设了《四天女请问》（*Catuḥdevīparipṛcchā*）及上述的《金刚鬘》等[②]。因此《成就法略集》所说的生起次第之教说，或《五次第》所说的究竟次第教说，是较《秘密集会》的立场还要发展很多之说。不过因为有关的研究、翻译已经发表，所以想要依据这些来简单地看看此二次第的内容。

修行生起次第观法的场所，选择在森林，水源充足、水果丰富的远离聚落的舒适寂静处。这与在母续瑜伽的修习中，选择尸林等阴惨的地方不同。在生起次第的修习中，首先作准备，对一切众生起大悲心，为了利益自、他，而起欲成就金刚持（Vajradhara）的“菩提心”；这是菩提心的修习。在这点，方便父续可说继承了《大日经》的“菩提心为因，大悲为根本，方便为究竟”三句之立场。

---

① 参考長沢実導「ジュニャーナガルバの密教観」「四天女の教義化」（收于長沢実導『大乘仏教瑜伽行思想の発展形態』，1969 年）。还有長沢実導博士在本书中，检讨了智藏的年代，将其在世年代推定为公元 700—776 年左右，但是这是以《二谛分别论》（*Satyadvayavibhāga-vṛtti*，东北目录三八八二）等为本所推定的年代（前引书页 12 以下）。但是依松本史朗氏之说，将《二谛分别论》的作者智藏，与西藏的佛典翻译者智藏，以及密教的智藏 3 位视为不同的人，似乎才是妥当。参考松本史朗「Jñānagarbha の二諦説」（『仏教学』第五号，1978 年 4 月，页 109 以下）。

② 羽田野伯猷前引书页 306。

此观法首先在最初观想自己为大金刚持，大金刚持也是阿閦佛，也称为本初佛（Ādinātha）。其本性是空，是清净光明（prabhāsvara）。因 （389）下
为是本性空，所以行者本身是金刚持的观法才成为可能，所以在生起次第的观法之根本处有空观。在同时，“清净光明”也是就如来藏、自性清净心所说的语词，继承了视众生的本质是佛性、如来藏的如来藏教理。在生起次第中，基于此如来藏的教理，不断地观想佛与自己的不二。

在生起次第中，首先观想个人之死、器世间之灭。器世间在坏劫时分解为极微，如星云般飘浮于空中，有情也于死时，形成个体的五蕴分散，个体就坏灭。观灭，是观想此有情与器世间的不可得、空性，进而观想正在进行此观想的唯心也是非有的，是自性清净光明的。个体于死时，五蕴之自性融化于清净光明，识蕴也融化于清净光明，这是观想于死时个体归入佛之法身之事。胜解作，有情与佛本来是不可分、不二的；以死为媒介，而此即成立。

其次进行净化中有而引导受用身的观法。即舍死，而持有想要从清净光明起来之欲望的识便生起。此识取五大（地、水、火、风、空），成为微细的五蕴而形成中有之身，但是在此之前观器世间的成立、劫初有情的出生。器世间的成立是首先出现风轮、水轮、金轮，世界成立于其上，进而在其上现起佛住处的宝楼阁。但是这些佛国土、器世间，在胜义中是空、自性清净的，且以为那不外是行者自身的自我展开。器世间之后，观有情世间的展开，而将自己观为劫初之人，且将此观为本初佛、金刚 （390）下
持是不二一体的。这是表示将有情世间当作本来是佛的世界而观，而将此观为“三十二尊”之出生；三十二尊是指五佛、四佛母、八菩萨、五供养妃、十忿怒尊。此自己与诸佛的不二一体观，是基于“自己的本性是清净光明”之胜解而起的。

中有是指有情死后而求得下一生处为止之中间的生存状态，在这里则将中有观为佛之“受用身”的报身佛状态。把由自己之死到中有，乃至到生（再生）的过程，观作从无形的法身显现为有形的受用身，再展开化身的过程，即是生起次第的观法。此中有身，以有情世间的展开来说则相当于劫初之人，而以佛身观来说则相当于本初佛（Ādinātha）。本

初佛是受用身，亦即观中有、劫初人与本初佛（受用身）三者是即一的。这之所以可能，是因为基于确信自己的本性是自性清净的，与佛无异，以及观佛与世界都是行者一心的展开（认识界），行者即佛的“瑜伽之观法”的缘故。在这里可知，中观派的空观与瑜伽行派的唯心、唯识思想在其根本处发挥了作用。

其次观想由中有到生。生是从中有之识入于母胎而开始，于父母二
根交会之处，中有之识乘风而至，父母之赤白由于依二根交会所生之大
下(391) 贪欲火，于秘密莲华融合时，中有之识入于母胎，与赤白合体；此即是
入胎。在这情形，中有识相当于菩提心，中有入胎是意味着身曼荼罗的
三十二尊融化收敛于自己，而成为佛身；亦即父母之赤白于秘密之莲华
（宝楼阁）融合时，于彼招请阿閦佛，而行者将自己本身引入于彼，如此
阿閦与行者成为不二一体。以受胎来说，此中有识所住之胎儿，于胎内
次第成长，经胎内五位而至出生。不过胎儿形成五蕴，取四大，具感官、
肢分的经过，五蕴相当于阿閦等五佛，四大相当于佛眼母等四佛母，之
后具眼等诸根或完备手足等肢分则相当于八菩萨、五供养妃、十忿怒尊
等之展开，因此观想婴儿之出生本身就是佛化身的展开。

接着，在出生以后依序成长，熟达身之技艺，学习语言，心中得到知识，以此为身加持、语加持、心加持而修习。身加持是指修习自己与毗卢遮那佛之不二一体观；毗卢遮那因为代表一切如来之身，所以是行者以一切佛之金刚身之自性为本性。同样地，无量光代表一切佛语，阿閦代表一切如来之心，依这些加持，行者的身、语、心与一切如来的身、语、心之不二一体观就成立，据此行者与金刚持的不可分一体观便成立；此“一切如来身语心金刚”是在秘密集会中显现的佛。

以上生起次第的观法是即身成佛的观法，特别是将有情的发生过程，
(392)下 当作由佛的法身到化身的展开过程来观想，依此而确立自己与金刚持的
不二一体观的观法。如此的观法，是为了陷溺于爱欲的意志薄弱者而开
示的易行道教法，亦即为了虽有深的信仰，但是没有力量实践依离欲道
而艰难修行的众生，而开示大贪欲的理趣，显示有从贪欲而生菩提之道
的大乐法门。为了大乐的实习，求得 12 岁或 16 岁的少女为印母（大印），

由于与此等入而进行修行，亦即由于了知大乐之门、色等五欲之本性，而成就菩提。为此而坚守金刚萨埵之制戒，对于是“师”（グル）的善知识的无条件皈依与信仰，是不可或缺的条件。因此从事饮食五种肉或五甘露（大小便等），行下贱阶级所行的行为，使用其用语等；这是表示怛特罗佛教是以下层阶级为对象的宗教运动。[1]

“生起次第”是观想由法身到化身的展开的修法，相对地，“究竟次第”是以得到融合于法身、空乐不可分之智为目的的修法，而在男女二尊的性瑜伽实践中实证它。在《五次第》中，将究竟次第的观法分为 5 个阶段来表示。

《五次第》（*Pañcakrama*）中所说的“究竟次第”的顺序，是“金刚念诵次第”（vajrajāpa-krama）、“心清净次第”（cittaviśuddhi-k.）、“自加持次第”（svādhiṣṭhāna-k.）、“乐现觉次第”（sukhābhisambodhi-k.）、
“双入次第”（yuganaddha-k.）。[2] 行者以此顺序来修观法，舍离个人性 （393）下
的要素，而归入普遍者的法身，但是因为《五次第》的说明是极为象征性的，所以具体上修怎样的行法，详细的地方并不清楚。因为对《五次第》的注释有很多[3]，所以有参考那些注释而研究的必要；但是现在并没有那样的准备，所以试着简单地来看。

第一“金刚念诵次第”与第二“心清净次第”，是有关现实个体的修习。金刚念诵是得到语之寂静的修习，心清净是得到心之寂静的修习。之前有得到身之寂静的修行，称之为“寂静身次第”，成为究竟次第的准备阶段。修习身语心之寂静，而追溯自己出生的本源，念想中有的状态；这是第三“自加持次第”。念想中有，是指自己加持由风与心所成的幻身。依此加持而念想自己与一切佛一切之相都是相同的，获得幻身，念想此为报身。

接着由中有上溯，则到达死，将此状态念想为“清净光明”（prabhāsvara），即是第四“乐现觉次第”。清净光明是指自性清净心，有情于

---

① “生起次第”的说明，参考羽田野伯猷前引书页 249—287。

② “究竟次第”的说明，参考了酒井真典前引书页 103—232。另《五次第》的梵本已由 Poussin 出版。参考本书页 479 注④。

③ 酒井真典前引书页 106—107。

死归入自性清净心，但自性清净心是佛性，是佛自身。“乐现觉”（sukhābhisambodhi），是证以大乐为本性的“现等觉”的阶段。此现等觉是清净光明的觉证，但同时是乐空无别的空之证悟，是得到释迦在菩提树下
下（394） 的证悟境地之体验的阶段；这似乎可以理解为是指与法身的合一。

第五是“双入次第”，是在第四阶段已现等觉的瑜伽者，成极喜金刚之身，行自利利他之行的阶段。双入是无上瑜伽乘唯有的不共不二之境地，这是指依以无差别为本性的光明俱生的大乐之智，而二元的本质变成了无差别的状态，这似乎是意味着法身的活动。总之，双入似乎是在男女二尊的性瑜伽所实现的境地，但是在《五次第》中，因为没有说明具体的修法，所以详情不明。在究竟次第的实修上，最初修身语心之寂静，但在此际也应用了脉（nāḍi）、轮（指 cakra，位在脐、心脏、颈、头四处）、在身体内动转之风（vāyu）等生理学上的知识于修法上，接着从阿阇梨受种种灌顶。所以关于究竟次第，有关这些地方的理解是必要的，还有《五次第》中所说的象征性的语词，与在实际修法中的方法如何联结，非得依注释文献来理解不可；今后这方面的研究令人期待。

母续的流派

在般若母续系的经典中，《喜金刚续》（*Hevajra-tantra*）[①] 是根本圣典，其成立最早，在此之后“胜乐”（Saṃvara）系的诸经典便成立了。胜乐的根本圣典是《最胜乐出现续》（*Saṃvarodaya-tantra*）[②]，在此之后《真实相应生起续》（*Saṃputhodbhava-t.*）、《小胜乐续》（*Laghusaṃvara-t.*）、
（395）下 《胜乐轮续》（*Cakrasaṃvara-t.*）[③]、《金刚续》（*Vajraḍāka-t.*）、《现说

① D. L. Snellgrove 出版了梵文原典、藏译原典及附有英译的研究。D. L. Snellgrove, *The Hevajra Tantra : A Critical Study,* Part I, Introduction and Translation ; Part II, Sanskrit and Tibetan Texts, Oxford, 1959. 宋代法护所译的《大悲空智金刚大教王仪轨经》五卷（T 18.587c–601c）是此经的汉译。

② 已出版了梵文原典以及英译。Shinichi Tsuda, *The Saṃvarodaya-Tantra Selected Chapters*, Tokyo, 1974. 津田真一「最勝楽出現タントラ『説真実品』· その梵文テキストと和訳—タントラ仏教に於ける真理観の一例として—」(『仏教学』创刊号，页 27—44，1976 年 7 月）。

③ 《小胜乐续》与《胜乐轮续》二书日文原文作“『ラグサンヴァラ · タントラ』（Laghusaṃvara-t.，Cakrasaṃvara-t.）”。或为《胜乐根本续》一书。——编者注

无上本续》（*Abhidhānottarottara-t.*）等续相继成立[1]。还有属于母续的经典，在此之外还包括了《佛顶续》（*Buddhakapāla*）、《大幻化网续》（*Mahāmāyā*）、《金刚哑啰哩续》（*Vajrārali*）、《四位本续》（*Catuḥpīṭha*）、《大忿怒尊成就法》（*Caṇḍamahāroṣaṇa*）等续[2]。藏译皆现存，已发现的梵文写本也很多，但是这些文献的整理、研究多有待今后。

这些怛特罗的成立年代还不清楚，但研究并出版《喜金刚续》的斯涅尔葛洛夫认为现行的《喜金刚续》成立于8世纪末[3]。此经的汉译者法护（公元963—1058年左右）[4]于30岁左右来到中国，所以汉译的原典于公元10世纪为止已经成立是确实的，但是这是从三十二仪轨的广本中略出二仪轨的略本。还有不空的《十八会指归》的第九会《一切佛集会拏吉尼戒网瑜伽》，被视为是般若母续系思想的源流，自在金刚、智句也被视为与般若母续的成立有关。因此说般若母续系的萌芽是在8世纪的前半，而从8世纪的后半盛大起来[5]。其中心是西北印度的乌仗那（Uḍḍiyāna），接着传播、发展到东印度的孟加拉地区。

在般若母续系的教理中，外教，特别是印度教的影响很显著，亦即“性力”（śakti）的实践较父续系更为强化了。在母续系的曼荼罗中，中央 （396）下
的男尊与和他相对的女尊成对，二尊拥抱合体，而取双入（yuganaddha）之形；称此为yab-yum（父母）。此“双入”的思想虽在父续中也存在，但这是显示空性与悲“不二”（advaya）的。以为二尊是空性与悲的权化，由于两者的融合而生“菩提心”。且不单是观想而已，而是修行者自己进入曼荼罗之中，以16岁的少女等为对象，实践如此的拥抱，于其大乐之中体验觉悟，称此为瑜伽。

在《喜金刚》的曼荼罗中，主尊喜金刚（Hevajra）与女尊无我女（Nairātmyā）进行瑜伽、双入而位于中央，有大小二圆轮将此围起

---

① 根据津田真一「ḍākinījālasaṃvaraの原像」（『印仏研』二〇之一，页430—436），同「pīṭha説から見たḍākinījālaの原型」（『印仏研』二二之二，页1061—1067）等。

② 松長有慶『密教の歴史』页93。

③ D.L. Snellgrove, ibid. Part I, p. 14.

④ 小野玄妙「経典伝訳史」（『仏書解説大辞典・別巻』页183）。

⑤ 松長有慶前引书页94。

来。在内圆轮上，置金刚女（Vajrā）等四天女，在外轮上置第二的月女（Gaurī II）等八天女，而于其外侧之上方置天女（Khecarī），下方置陆行女（Bhūcarī）二尊，合成为十六尊之曼荼罗[①]。在这里男尊只是喜金刚，不过在《最胜乐出现续》的六十二尊曼荼罗中，中心的嘿汝嘎（Heruka）与明妃（Vajravāhī）一对主尊，加上四天女、八天女，乃至二十四对的男性修行者与瑜伽女，合而成为六十二尊。称这些男性修行者为空行（ḍāka，勇父），其对象瑜伽女称为空行母（ḍākinī，荼吉尼），而这些瑜伽女的聚集称为“空行母网”（ḍākinījāla）。

下（397）　然后主尊嘿汝嘎与明妃，以及二十四对四十八尊的空行与空行母等，全部进行双入、瑜伽的实践，而将由此性瑜伽的实践所生之大乐称为“胜乐”（saṃvara）[②]。《最胜乐出现续》，是指阐明此胜乐之出生的怛特罗之意。在母续系中，“性力”的意味变得更强了。

此胜乐系的怛特罗所说的六十二尊曼荼罗之二十四对四十八尊，是由二十四个巡礼地（pīṭha）说发展来的。关于胜乐系怛特罗的修行，说到了“外座”与“内座”。“外座”是指男性修行者（称为瑜伽者，ḍāka或vīra）所遍访的二十四个巡礼地。此二十四处遍及印度全域，是以阇烂达罗（Jālandhara）、欧地亚那（Odiyāna）等为代表的密教徒之圣地。其二十四个巡礼地中，各有瑜伽女（yoginī，ḍākinī）住着。而男性修行者空行、瑜伽者则巡礼其地，依秘密的姿态找到应为自己对象的瑜伽女，而与此女从事性的瑜伽。此瑜伽女们与瑜伽者的集会，是在尸林或女神的祠堂等人所不近的不吉之处来进行的。此集会由布施其费用的施主之供养而召开，主持此集会的是阿阇梨。阿阇梨也是遍访的修行者，是学识丰富而有德行的修行者，受灌顶而取得成为阿阇梨的资格的人，为施主之恳请来担任阿阇梨的角色。亦即阿阇梨建曼荼罗，入于其中，亲自
（398）下　扮演嘿汝嘎的角色，与明妃进行性瑜伽。其周围置四天女，更在其外侧正方形院之四隅与四门置八天女。此扮演四天女、八天女的也是瑜伽女，

---

① D.L. Snellgrove, ibid. Part I, p. 74, 126.

② 津田真一「ḍākinījālasaṃvara の原像」(『印仏研』二〇之一，页 431)。同「サンヴァラマンダラの構成」(『宗教研究』二一四号，页 93)。

更在其外侧，于心、语、身之三轮上，置二十四位瑜伽女与二十四位瑜伽者；此即六十二尊的曼荼罗①。

以上胜乐曼荼罗的构成，是以嘿汝嘎与女尊为中心的天尊之集会，将此神话的情景加以视觉化，同时也表现胜乐系密教徒宗教体验之基础的性瑜伽集会。亦即表现以阿阇梨及其配偶者为中心的，一对一进行瑜伽的男女修行者们的圆轮；在此，于男女抱拥双入之实习中，体验法身、大乐身的世界。

以上表示，由巡礼“外座”而进行般若母续的修行，接着有“内座”的修行。“内座”是指身体的脉（nāḍi）。脉自头至脚定为二十四处，可以想见这些与外座的二十四处相对应。据此而假想小宇宙（身体）与大宇宙（世界）不二，因此以为身体内的二十四脉中也住着瑜伽女，更在身体中设想附于脊柱，自最下的会阴到上方有四个轮（cakra）。行者修哈达瑜伽（Hathayoga），而管理脉，使会阴的军荼利（Kuṇḍalinī）觉醒，使菩提心由下逐渐上升；由于上升，大乐逐渐升高。在此修行中，身体即是佛的住处。化身位于脐，以欢喜（ānanda）为本性；法身位于心脏，以最上欢喜（paramānanda）为本性。报身位于喉，以离 （399）下
欢喜（viramānanda）为本性；自性身（大乐身）位于头，以俱生欢喜（sahajānanda）为本性。四佛所位之处即是轮，随着菩提心上升，大乐也提高，到达顶轮时，则达最高之乐，实现与大宇宙合一之体验，达成即身成佛；如此就身体展开了佛身论。

完成密教的修行而得“悉地”（siddhi，成就）的人称为“成就者”（siddha）。在印度、中国西藏的传承中，留下许多成就者的传记，其中有父续系的成就者，也有不少母续系的成就者。但是都是传说性的，同名异人也很多，历史上的事实并不清楚。其中有名的人如下：沙罗诃（Saraha）、龙树、沙跋梨巴（Śabaripā）、卢伊巴（Luipā）、莲华金刚（Padmavajra）、阇烂陀梨巴（Jālandharipā）、爱染金刚（Anaṅgavajra）、

① 依据津田真一「サンヴァラ系密教における Pīṭha 説の研究、Ⅰ．Ⅱ」(『豊山学報』第一六，1971 年 3 月；第一七、一八合并号，1973 年 3 月），同「ḍākinījāla の実態」(『東方学』第四五辑，1973 年 1 月）等。

主有（Indrabhūti）、黑尊（Kṛṣṇācārya）、吉祥作（Lakṣmīn Karā）、自在金刚（Līlāvajra）、呾梨迦巴（Dārikapā）、俱生瑜伽女庆陀（Sahajayoginī Cintā）、昙毗嘿汝嘎（Ḍombī Heruka）等[①]。在他们之中也有著述《成就法》的人。还有活跃于11世纪的不二金刚（Advayavajra）也是母续系的密教者，
下（400） 而传法于西藏的阿底峡（Atīśa，公元982—1054年）也是母续的信奉者。

时轮教

在印度密教末期出现的特殊怛特罗，有《时轮续》（*Kālacakratantra*）。此续虽由三千颂所成，但这是由一万二千颂所成的《最胜本初佛》根本怛特罗所抄出的，详称《自最胜本初佛抄要之吉祥时轮续王》（*Paramādibuddhoddhṛta-śrīkālacakra-nāma-tantrarāja*，东北目录三六二、一三四六）。此续之成立，是在以公元1027年为上限的60年间[②]，因此是成立于11世纪。此经之注释，有被认为是芬陀利华王（Puṇḍarīka）所作的《无垢光》（*Vimalaprabhā*，东北目录八四五、一三四七），成了《时轮续》解释上不可或缺的参考书。《时轮续》也发现了梵本，而已出版其校订本[③]。《无垢光》也已发现其梵本，但还没有公布出版。

《时轮续》虽是“无上瑜伽部”的密教经典，但是因为出现在以《秘密集会》为代表经典的方便父续，与以《喜金刚》等为代表经典的般若母续之后，所以是站在综合两者思想的立场；因此相对于前二者，将此称为第三的“双入不二续”。此续是宣说方便与般若、空与慈悲，或大宇宙与小宇宙之不二的怛特罗。“时轮”之“时”（kāla）表示大悲、方便，“轮”（cakra）意味着空性、般若，而合两者表示双入不二，是《时轮续》
（401）下 的意义。特别是《时轮续》批判般若母续系诸经典重视“性力”、强调大乐的地方，重视戒律、回归本来的佛教的立场，是其特色。当时因为伊斯兰教徒攻入印度，摧毁佛教，是佛教陷于危急的存亡之秋的时代，所以回到佛教本来立场的自觉提高了，所以《时轮续》是拥有总括印度怛

① バッタチャリヤ著，神代峻通訳『インド密教学序説』，1962年，页86—107。
② 羽田野伯猷「時輪タントラ成立に関する基本的課題」（『密教文化』八，页26）。
③ Raghu Vīra and Lokesh Chandra, *The Kālacakratantra*, Śatapiṭaka Series Nos. 69, 70.

特罗佛教展开的末期此重要意义的怛特罗。

同时，《时轮续》在西藏佛教中也担任了重要的角色。特别是此怛特罗重视了戒律，给予西藏佛教的影响很大。布顿（Bu-ston，公元1290—1364年）是西藏佛教首屈一指的学匠，他重视《时轮续》。他对《时轮续》著作了注释，编《时轮史》，于时轮开了一派。从他的系统，宗喀巴、克主杰等优秀的学匠辈出，广宏时轮，由此来看也可知道《时轮续》在西藏佛教扮演了重要的角色[①]。

《时轮续》虽说是从《最胜本初佛》（*Paramādibuddha*）根本怛特罗所抄出的，但在将“本初佛”（ādibuddha）表示于经题上这点，则有其特色。本初佛并非是到《时轮续》才初说的佛，在《秘密集会》等中也已说到，是无上瑜伽续中所重视的佛。这是表现众生本来是佛的理念，由宣说即身成佛的密教来看，则众生从永远的过去已经是佛了，其根据是在众生本性的自性清净心（清净光明）。此具体化于五蕴，而出生阿閦等五佛。从这点来说，本初佛是出生密教根本佛之五佛的根本原理。（402）下

以毗卢遮那佛为中心的五佛，已说于《大日经》中，在接着的《金刚顶经》中，在毗卢遮那佛之外，以为有大毗卢遮那佛在五佛的背后。而在《金刚顶经》系统中，重视“金刚”（vajra），开始自觉到“金刚持”（vajradhara）、“金刚萨埵”（vajrasattva）为超越五佛的存在。而以为金刚萨埵是在五佛背后作为统一五佛的原理，但是其似乎转而开始称为本初佛；这似乎可以认为是受到在印度的正统派哲学中说到的一神教教理影响[②]。特别是《时轮续》呼吁印度教的毗湿奴派、湿婆派等，面临当时空前的国难，要协力对抗伊斯兰教徒，似乎是重视一神教式的本初佛的理由。

还有，可注意本初佛与法身舍利偈有关。根据栂尾祥云博士，在尼泊尔、中国西藏等地，有很多祭祀本初佛的塔，其中奉祀了象征本初佛的法身舍利偈等[③]。本初佛与法身舍利偈是如何结合的虽然不明，但是此事

① 羽田野伯猷前引论文页21。
② バッタチャリヤ著，神代峻通訳『インド密教学序説』，页165—167。
③ 栂尾祥雲『理趣経の研究』，页466—468。

可能与波罗王朝时代佛教的碑铭中有很多法身舍利偈的碑文有关[1]。

《时轮续》若依《无垢光》，说是在香巴拉（Shambhala）国所造的。此香巴拉国在何处虽然不明，但有学者比定为在流注于中亚咸海的药刹
下(403) 水河（Yaxartes）的北方地区，认为自此移入到印度。但是近年没有支持此说者，而出现认为香巴拉国是东南印度的奥里萨地方之说，或有主张认为是借用毗湿奴派构想的一种理想国土[2]。

总之，到了11世纪时，伊斯兰教徒进攻印度越来越激烈，在13世纪初，甚至东印度的孟加拉地区也受到伊斯兰教徒的打击。此时佛教所受到的伤害最惨烈，印度教虽也受到攻击，但是印度教是与民众成为一体的宗教，没有像佛教那样拥有从民众中分离而独立的出家教团，因此为了要消灭印度教，非得将民众的宗教仪礼全部夺除不可，结果似乎就变成非得消灭民众本身不可，但是无法做到那种程度。相对地，佛教拥有从民众分离出来的教团组织，建立了巨大的寺院，出家者在其中过集团生活，所以包围其寺院而将其歼灭，很容易就能把佛教消灭掉。而且比丘们穿着黄衣，与一般人穿着白衣相较，很醒目而容易区别。在外出乞食时，比丘们持钵、杖而组成队伍来行动。比丘的行动被误解为军队亦未可知，而且巨大的僧院以砖而筑成数层，宛如城郭。

这些条件累加起来，佛教的教团就彻底地被破坏了。正因为如此，佛教徒才有很强的佛教灭亡的不安。在这一历史情况下所作的，就是此《时
(404)下 轮续》。在《时轮续》中，详细叙述了为伊斯兰教徒的军队所攻击的印度的惨状。而说打退此伊斯兰教徒之事，是《时轮续》最大的悲愿，因此得到毗湿奴与湿婆的协助，组织联合军，呼吁共同对抗之。因此在《时轮续》中，可见到与印度教融洽和谐的教理，说梵天、湿婆、毗湿奴等大神是佛陀强而有力的协助者。在教理上也采用了印度哲学的正统派的教理，例如说到觉醒时、睡眠时等四位，或毗湿奴的十权现，说十权现的第九佛陀，第十迦祇（按：kalki，カルキ）。接着在说究竟次第时，利用六支瑜伽的体系，也采用了瑜伽派的教理。

---

① 静谷正雄『パーラ时代仏教碑銘目録—インド仏教碑铭目録続編Ⅱ』，1970年。

② 羽田野伯猷，本书页488注③所引用论文页23、25。

《时轮续》所希望的，是印度教诸派都应接受时轮灌顶，成为金刚部族，跨越阶级、宗派习惯的差异，共同饮食、结婚，大联合、团结起来以对抗伊斯兰教徒。而以预言的形式叙述，到未来的古梨迦王之时，得到毗湿奴、湿婆及诸王的大联合军，大胜伊斯兰教徒之事[①]。

但是尽管是《时轮续》的悲愿，印度全域还是为伊斯兰教徒所征服，佛教在印度就灭亡了。那烂陀寺、超岩寺、飞行寺（欧丹达普罗大寺）等大寺院也一个接一个被破坏，诸寺的学匠们则四散于中国西藏、尼泊尔，及南印度、爪哇、缅甸等，到最后残存的孟加拉佛教教团也坏灭了。一般来说，是以公元 1203 年超岩寺被破坏之时当作是印度佛教的灭亡。大教团
的佛教确实在此时灭亡，但是并非此后佛教徒在印度完全不存，之后佛教 (405)下
徒仍不绝如缕地存在着，这在前文已叙述了（本书页 254—257）。 (406)下

① 羽田野伯猷「インド仏教交涉の一断面—回教対策を目的とせる時輪の形成に於ける—」（『印仏研』一之二，1953 年，页 98）。

后　记

《印度佛教史》上册付梓以来，已过了五年。收于此下册的部分，也大多在上册刊行当时就已脱稿了，但是为杂事所迫而未完成，这次终于到了出版的阶段。固然是不完备的作品，但如果能在某种程度有助于对印度佛教史的理解，则是著者之幸。

在本书中收此二章，即以龙树以后的佛教为“后期大乘佛教”作第四章，之后配以“密教”作第五章；而在最初略示从笈多王朝到佛教灭亡为止的佛教史概要，以资初学者的理解。不过毋庸赘言，印度佛教史的历史发展不明的地方很多。到玄奘、义净的时代为止，据其带回到中国的资料，对印度佛教史的发展可以有若干头绪，但是自此以后的情形，从中国的资料来看，完全是不明的。所以初期的中观派，及陈那、护法时代为止的瑜伽行派的历史，虽不完整但也可以叙述；不过关于之后的后期中观派及后期瑜伽行派、佛教逻辑学、密教等历史上的发展，基于确实资料的论述是不可能的。但是在本书中，之所以也敢就这几点进行（411）下
若干陈述，是希望对将来能出现更好的“印度佛教史”有若干帮助。

到近年，发现许多印度佛教逻辑学的文献而公布出版，其中有很多西藏的资料。最近这些文献受到大力研究，也有许多出色的成果。不过因为内容很难解，在本书中无法充分活用这些研究成果。但是将来如果研究有进展，则佛教逻辑学历史上的发展也可以加以论述。还有有关后期的中观派、瑜伽行派，西藏佛教中文献也很多。虽然也举出了至今为止出色的研究成果，但是完全研究之达成似乎非待将来不可。这些研究如果有进展，则似乎也得以阐明中观派、瑜伽行派的思想发展、互相交涉，及与密教的关系等。密教也可以说是一样的；关于密教经典，梵文

的原典也很多，藏译、注释也很多，这方面的研究也由于诸学者的研究而有进展。这些研究如果有进展，则相信将来关于印度佛教史可以进行正确的论述。不过在现在，因为有关后期印度佛教我也完全是门外汉，所以很遗憾无法完全活用至今为止诸学者的研究成果，还有叙述上的错误似乎也不少。关于这些地方，期待得到专家的叱正以便将来订正。

还有本书中虽然没有部派佛教的论述，但是并不表示在此时代部派教团已不存在。根据法显、玄奘的记载，当时部派教团方面远较大乘佛
下（412）教来得强大。不过由于其教理的变迁、教团的消长不明，所以无法在这里提出来。但是在义净时代的那烂陀寺中，大小乘的区别似乎不明显，而一如大乘密教化，被吸收于印度教中一般，小乘佛教不是也与大乘融合，消解于密教中，与密教步上同样的命运吗？

在本书中，顾虑到初学者之便，虽不完备但费心列出了参考书，有原典的则尽可能地列出来。不过关于研究论文，并非费心网罗，而不过只是举出注意到的而已，所以或许遗漏了很多重要的成果，这点尚祈读者之宽恕。

当本书执笔之际，关于密教的部分，从川崎信定、津田真一两位得到了关于文献的协助，还接受了松长有庆博士的建议；于此一并表达感谢之意。还有关于上册，也感谢诸位老师指正错字及地图之误。关于本书，有关误植之订正、索引之制作、地图之誊写等，得到春秋社社员诸氏的协助，于此一并表示谢意。

平川　彰　识

上（ⅲ）一九七九年七月一日

校对者记

欣闻后浪出版公司要引进平川彰著《印度佛教史》，我之前曾对照过几处，发现庄昆木先生的译本有些错误，趁着这次修订的机会，曾参与校译一过。这里简单交待此书之前的几种译本。

一

平川彰《インド仏教史》，东京：春秋社，1974—1979 年。

原著上册是 1974 年出版，下册是在 1979 年，时隔 5 年。我手里有 2011 年新一版。北京大学中国古代史研究中心陆扬老师有一篇介绍，题为《介绍印度佛教史的入门书》，对此书做了高度评价。我正是由这篇文字接触到这本书。陆老师说："在印度佛教研究的各大领域内都有突破性贡献。所以全世界都没有比他更合适写通史性的著作了。"其实从后来出版的《平川彰著作集》和此书给出的参考资料可以知道，平川氏的研究真正有心得的是在原始佛教到大乘佛教的早期。论述大乘起源的英文文章是 1963 发表的（"The rise of Mahayana Buddhism and its relationship to the worship of stupas", *Memoirs of the Research Department of the Toyo Bunko*, Toyo Bunko.），《初期大乘仏教の研究》出版是在 1968 年，《印度佛教史》第三章的第 2、3 两节就是根据此书改编的。为了论证大乘佛教与部派的关系，以及佛塔信仰的居士属性，平川佛教的重心始终在戒律。晚年的大作《二百五十戒の研究》无疑是《律藏の研究》的深化，他得出的结论是二百五十戒中的大部分戒条，都是部派分裂以前的产物，甚至可以追溯到佛陀时代，这样就为原始佛教教团史的讨论奠定了文献的基础。而对于中晚期的大乘佛教以及密教，他的知识是有所欠缺的。下册末尾有一篇《后记》，说这两章的内容上册出版的同时已经脱稿，但“为杂事所迫而未完成”，这是指日本1960年代末风起云涌的学生运动，平川担任校务维持工作。此外他还坦言印度佛教逻辑学的新材料、新进展无法充分掌握的遗憾。

二

A History of Indian Buddhism, translated and edited by Paul Groner, University of Hawaii Press, 1990.

Paul Groner 的英译本，只翻译了上册，而且重新编辑，将原来的三章若干小节分成了18章。后附参考书目，在原作者给出的文献以外，又补充了西文的相关研究。

三

显如法师、李凤媚译《印度佛教史》，2001 年。

此本出版信息不详，网上有电子版，前面有个说明：

平川彰著《印度佛教史 上卷》，由显如法师（一九四九——九九八年）翻译，以“显证”的笔名，于一九七九年一月起，在《净觉杂志》连载四十五期。他往生之后，善友们着手整理他的遗作时，才惊觉这部译作已被遗忘，尚未编辑成书。编辑部取得该书手稿，并向台南妙心寺“中华佛教百科文献基金会佛学资料中心”请求影印《净觉杂志》的连载文稿，请新竹法华寺地观法师以计算机作业来扫描文稿，节省重新打字的费时费力。再商请李凤媚小姐对照日文原书，校正错误并补足略译的部分，历时约一年多。

末尾的日期是2001年3月于嘉义新雨道场。显如法师是嘉义人，网上能找到一些资料，知其人早年接触印顺法师的作品，学习佛教。1979年留学美国，在威斯康辛大学攻读博士期间，患鼻咽癌去世。杂志上连载的版本和嘉义新雨道场出版的李凤媚居士校订本都没有见过，只有网络上流传的pdf。这个译本也不是全译，和英译本一样，只有上册。序文里还说，佛光出版社即将推出上、下册完整版，但笔者并未得见。

四

庄昆木译《印度佛教史》，台北：商周出版社，2002 年。

我手里有2006年再版，也有电子版。我曾经致信法鼓文理学院校长惠敏法师，庄先生曾经留学东京大学印度哲学研究所，后在灵鹫山出家，法号大田。这是本书第一个全译本，书首有译者序，针对平川《后记》所说新资料不能充分掌握的情况，介绍了若干种工具书目录，算是稍稍弥补了原书的缺憾。译者序还说：

> 本译作中，注释及参考书目中的日本人名、书名与文章名，均用日本的汉字系统，且书名与文章名也保留原文，以便读者查询，而年代则统一以西元记年。原书上册的梵文等有不明处，间或参考英译本（***A History of Indian Buddhism, From Śākya to Early Mahāyāna***, Paul Groner tran.,University of Hawaii Press, 1990）添入，皆为便于读者理解，不一一注明。

所谓“梵文不明”，是由于日文原著有用片假名标示梵文标题的情况，中译者有时候直接给出汉译，括注梵文。不过这种处理难免疏漏，校译时发现了几处。

五

显如法师、李凤媚、庄昆木译《印度佛教史》，贵阳：贵州大学出版社，2013 年。

这是大陆比较易得的引进版本，没有原版的出版信息，亦无序言。对了一下才发现，原来是上册用显如法师的译本，下册用庄昆木的译本拼合而成。排版的错误也比较多。

这次计划引进的是庄昆木的译本。校译的工作方法是先通读庄译本，遇到不通顺的地方去查日文原文。前三章，也就是日文的第一册，有英译和另一个汉译本可以参考，后两章特别是第四章，尤其感到困难，几乎是啃下来的。由于我不会梵文，一些关键的单词如果和我印象中常见的转写不一致，或者前后不一致才去查，个别的单词请教了和我一起在敦煌挂职的张远博士。但藏文我完全不懂，所以完全没有看出问题。我的义理修养也很薄弱，一些粗浅的教理还能凭上下文看出问题，后期大乘佛教，中观派和逻辑学，读下来也没有懂。为了不出大错，凡是讲比较高深的义理的部份，基本逐字对照过。

总结起来，这书翻译的问题大致有如下几类：

1. 漏译：这最严重，似乎多数属于串行，造成前后文意不连贯。

2. 理解错误：肯定、否定；施受关系弄反；指代的对象等等。

3. 译名：可能是台湾与大陆译法不同，比如桑奇大塔，译作山齐。这个都没改。但是前后不统一的要改。

4. 排印错误：举不胜举。

5. 文体问题。

对于陆扬老师评价庄译本说：

庄先生的佛教学学养看得出来非常好，翻译的工作又做得认真，所以中文读起来总的感觉很精确通顺。但如果一定要苛刻地提点意见的话，那么我觉得有些涉及佛教义理的段落会让不熟悉佛教术语的人产生理解上的困难，这主要是因为中文写作佛教研究的学术习惯所引起的。用中文来翻译包括日语在内的外文的佛教研究常常要迁就中国佛教中已有的术语和表述，这从学术上讲似乎是天经地义的，但却会产生一层隔膜，比如平川用现代日文翻译出来的佛典里的语句，到了中文里就不得不还原成古代汉译佛典里的原文，但涉及到义理的那些古代汉译佛典语句往往并不好懂，读者如果没有受过这方面的训练会有理解上的困难。这当然不是译者的问题，而似乎是中国佛教悠久而丰富的传统在现代所造成的学术包袱，我也不知道如何妥善解决，只能先提出来引起注意。

这次校译对这两点都有些体会。总体感觉庄译比显如法师的翻译更加规行矩步，尽量贴着日文的语法走。比如一些常用的表达“なければならない”，尽可以译为“必须”，“一定”，但在庄先生的译本里非常整齐地用了“非…… 不可”的句式。这种硬译只要不造成理解上的混乱，自有它的好处。另外一点是译语的平易与古雅，日文原著的腰封上明确说这是一本“即使初学者也可以容易地通读下来，解说平易、明快的印度佛教通史”，是希望初学者也可以轻松地通读，日本的许多佛典项目都是本着这样的目的，因此翻译都采用现代日语，而非训读。英文甚至对此还不满意，De Jong 的《欧美佛教研究小史》修订版的结尾展望里谈到，日文的佛学著作在关键概念上沿用汉语的表达，使初学者无法透彻地了解这些概念的意涵。这样看起来，中文的传统最保守。不知道出于什么原因，汉语的解说往往特别晦涩。庄译本即体现了这种追求，比如日文非常平常的“分かる”，英译 understand，中译成为“了知”，“見る”，英译 watch, see，中译成了“谛观”，我觉得这是人为地增加理解的困难，且与原书宗旨相悖。但译者风格如此，校译的时候也没有太多改动。

最后还要说明的是，我本人只参与了校译的前期工作，出版方还聘请了日语专业人士做了大量细致的改订。作为一个中国佛教史的研究者和佛教的初学者，我时时拿着平川先生这本厚书的复印本，反复查阅。现在国内终于有了引进的新版，我愿意将此书郑重推荐给对佛教感兴趣的朋友。

索　引

中文索引

（索引页码为日文原版页码）

—A—

阿　329（下）

阿波兰多　105（上）

阿波兰多迦　120（上）

阿波陀那　340（上）

阿叉陀　280,282,286（下）

阿閦（——如来，——佛）　337,338,

361-364,382,389,392,402（下）

阿閦佛　317,356,371（上）

《阿閦佛国经》316,317,356,357,371（上）

阿閦轮　364（下）

阿底峡 23,218,220,287,378,386,400（下）

阿阇梨　91（上）

398（下）

阿阇世王　51,107,319,367（上）

《阿阇世王经》　319,373,（上）

328（下）

《阿含经》　57,175（上）

49,50,108,109,130,171,367（下）

阿呼河山　111（上）

阿吉斯王　292（上）

阿赖耶　124,128（下）

阿赖耶识　9,219（上）

81-86, 92, 100,108,110,124,127,

137,142,146-155, 160,162,174,

176-179,190,235,241（下）

阿赖耶识的转变　146（下）

阿赖耶识说的源流　124（下）

阿赖耶识缘起　110,122,144,242（下）

阿兰若处　395（上）

阿梨耶识　179,180,186,189,190（下）

阿黎耶识　100,179（下）

阿啰跛者曩　331（下）

阿罗伽提婆　121（上）

阿罗汉　30,45,261,380,389,392（上）

150（下）

阿罗汉道　263（上）

阿罗汉果　79,270（上）

阿罗汉向　79,270（上）

阿罗逻·迦罗摩　36（上）

阿弥陀佛（——如来）　366,367（上）

40,53,164,183,187,363,382（下）

《阿弥陀经》　318,365（上）

阿弥陀轮　364（下）

阿摩罗伐提　306,347（上）

阿摩罗普罗派　172（上）

阿摩罗识　159（下）

阿那律论师　185（上）

阿难　34,48,94,114,116,151（上）
336（下）
阿檠提　104,110（上）
阿毗达磨　174,192,201（上）
84（下）
阿毗达磨藏　174,193（上）
《阿毗达磨藏论》　188（上）
《阿毗达磨灯论》　188（上）
《阿毗达磨发智论》　179（上）
阿毗达磨论义　192（上）
阿毗达磨有的思想　125（下）
阿毗昙　174（上）
《阿毗昙甘露味论》　186（上）
阿耆多　24（上）
阿僧伽→无著
阿陀那识　82,127,149,151（下）
阿惟颜　390（上）
阿惟越致　370（上）
《阿惟越致相品》　40（下）
阿尾罗吽欠　329（下）
阿修罗　232（上）
阿踰陀　7,93,103（下）
阿育王
34,108,123,125,127,130,279（上）
《阿育王传》　108,113,125,167（上）
阿育王的法　133（上）
阿育王的《十四章法敕》　130（上）
《阿育王经》　113,125,167（上）
阿育园　285（上）
阿吒那胝耶护咒　317（下）
阿旃陀　305（上）
10,15–17（下）
阿折罗阿罗汉　16（下）
爱　72,73,234（上）
爱缚清净句　371（下）
爱染金刚　400（下）
安德烈·巴罗　157（上）
安尔萨息　291（上）
安慧　188（上）
13,14,35,80,100,106,109,142,
148,203,210,228–232,
234,237,238,243,244,262,
263（下）
安慧释　109,147,148（下）
安慧注　97,108（下）
安井广济　86（下）
安立果　239（上）
安世高　292,316（上）
安息　287,291,316（上）
唵跋日罗驮都鍐　330（下）
案达罗王朝　279,299（上）
案达派　157（上）
案提塔　284（上）
奥里萨　20,28,29（下）

—B—

八瓣的肉团心　351（下）
八不中道　42（下）

八法　213（上）
八法品　106（上）
八烦恼事　254（上）
《八犍度论》　179（上）
八敬法　88（上）
八龙王蛇　315（下）
八论　111（下）
八菩萨　391（下）
《八千颂般若》　376（上）
94,216,239,319（下）
八人地　391,392,394（上）
八圣道　61（上）
八十九心　214（上）
八识　110,137,155,159,242（下）
八识说　235（下）
《八王女陀罗尼》　355（下）
八未曾有法　84（上）
八相成道　339（上）
八叶莲华　351（下）
八斋戒　250,388（上）
八重法　49,88（上）
巴胡特　280,311,341（上）
巴利佛教的心所　214（上）
巴利七论　177（上）
巴利上座部　201,222,262,346（上）
巴利语　97（上）
巴帕特　245（下）
跋磋国　49（上）
跋提婆卢　307（上）
跋陀伽摩尼·阿婆耶　169（上）
颰陀波罗　372（上）
颰陀和　396（上）
白莲华　363（上）
白匈奴族　11,12（下）
白衣母　383（下）
百八烦恼　209,260（上）
百八三昧　356（上）
百藏　376（上）
百二十年　126（上）
百二十一心　215（上）
百法　155（下）
《百法明门论》　110,241（下）
百六十年　126（上）
《百论》　32,52–54,103,199（下）
百年后　125（上）
百五十颂　368（下）
百有余年　125（上）
《百字论》　53（下）
柏木弘雄　196（下）
败种　364（上）
般涅槃　81（上）
般若　383（上）
43,365,401（下）
般若波罗蜜　356（上）
28,29,73,366（下）
《般若波罗蜜多理趣品》　368（下）
《般若波罗蜜多论》　218（下）
般若波罗蜜身　340（下）

《般若灯论释》 35,203,205,208（下）
《般若灯论释疏》 209,244（下）
《般若经》 316,332,341,350,
355,374,391,394（上）
39,42,43,52,73,94,133（下）
《般若经》南方起源说 322（上）
《般若理趣分》 368,370（下）
《般若理趣经》 368（下）
般若母续 219,356,384,385,395（下）
般若坛 340（下）
《般若心经》 313（下）
般舟三昧 349,387（上）
74（下）
《般舟三昧经》 316,318,366,367,371,387
（上） 40,132（下）
薄地 391,392,394（上）
《薄伽梵歌》 370（上）
宝部 360,364（下）
宝称 218,246,286–290（下）
《宝称著作集》 288（下）
《宝顶经》 374（上）
40,72（下）
《宝行王正论》 34,36–38（下）
宝护 25（下）
《宝积经》 320（上）
《宝积经》→《大宝积经》
《宝积经论》→《大宝积经论》
宝寂 23,218,220,286,
287,289,378,386（下）
《宝髻经四法忧波提舍》 107（下）
宝金刚 23,286（下）
宝经 317（下）
宝楼阁 390,392（下）
宝山 21（下）
宝生轮 364（下）
宝生如来（——佛） 338,361–363,
382（下）
《宝塔品》 362（上）
宝相佛 337（下）
《宝性论》 67,70,74,76,79,85,95,110,
170,172,174,177,178,184,185,193（下）
《宝性论颂》 94（下）
宝幢分 375（上）
宝幢如来（——佛） 338,351,352,
382（下）
宝幢陀罗尼 328（下）
报恩 134（上）
报身 51,162–165,352,384,394,400（下）
报身佛 202（上）
363,391（下）
暴流 255（上）
悲 397（下）
《悲华经》 370（上）
碑铭 11,22（下）
北本 67（下）
北川秀则 281,292（下）
北道派 159（上）
北方不空成就佛 338（下）

北方天鼓雷音佛　338（下）
北方微妙声佛　337（下）
北俱卢洲　227（上）
北路　36,50（上）
北山住部　150,152,157（上）
《北寺疏》　182（上）
呗罗特法敕　138（上）
本初佛　11,382,389,391,401–403（下）
《本初佛所现时轮续》　356（下）
本地分　93,95,98,157（下）
本觉　189（下）
本来自性清净涅槃　160,161（下）
本门　364（上）
本母　193（上）
本起　337（上）
本上座部　150,153,154,158,161（上）
本生　101,281,283,340,341（上）
《本生经》　340（上）
本事　101（上）
本事分　157（下）
《本事经》　98（上）
本性　363（上）
《本业经》→《菩萨本业经》
本愿　366,368（上）
鼻识　152,155（下）
比耳沙诸塔　280（上）
比量　213,236,253,254,262–265,
270,271,277–279,283（下）
比量得　162（上）
比论　256（下）
比丘　45,84,284（上）
比丘戒经分别　97（上）
比丘尼　49,84,284,396（上）
比丘尼戒经分别　97（上）
比丘尼僧伽　85（上）
比丘尼僧院　305（上）
比丘僧伽　85,397（上）
《彼岸道品》　106（上）
必过性空论　201（下）
毕普罗瓦　53（上）
闭尸　233（上）
变成男子　73（下）
变化身　101,164–167,353,363（下）
变化土　166,167（下）
遍充　260（下）
《遍充决择》　288（下）
《遍充论》　287（下）
遍行　150,156（下）
遍行的心所　149,154（下）
遍行惑　238（上）
遍行因　237,238,259（上）
遍计所执相　84,133（下）
遍计所执性　101,120–123,133–136,
141,180,233,234,237,242（下）
遍是宗法性　257,273（下）
遍知院　352（下）
《辨中边论》　97（下）
《辨中边论颂》　94（下）

表业 248（上）
表义名言 146（下）
别解脱律仪 251（上）
别境 156,262（下）
别境的心所 154（下）
别申般若 39（下）
别相念住 266,267（上）
波利邑 110（上）
《波罗碑铭目录》 20（下）
波罗蜜 383,384（上）365（下）
波罗提木叉 88,95,388（上）
波罗夷法 88（上）
波罗夷罪 86（上）
波斯匿 47（上）
波提迦 291（上）
波逸提法 89（上）
钵罗奢佉 233（上）
帛尸利密多罗 316（下）
补处（地） 395（上）
补涉波祇鳌僧伽蓝 21（下）
补特伽罗 9,166,219（上）
83,126（下）
补陀洛山 19（下）
不定法 89,213,224（上）
不定聚 184（下）
不定心所 212（上）154（下）
不定种性 80,81（下）
不动（地） 393,394（上）
不动灭无为 156（下）
不动明王 352（下）
不动如来 356（上）
不动业 252（上）
不二 397,401（下）
不二金刚 378,400（下）
不共十地 392（上）
不共无明 259（上）
不还 261,389（上）
不还道 263（上）
不还果 79,270,392（上）
不还向 79,270（上）
不觉 189（下）
不净观 267（上）
不净品之依他 123（上）
不可说藏 219（上）
《不可思议解脱经》 358（上）
65（下）
不可知执受 148（下）
不空 175,328,357,359,380（下）
不空成就轮 364（下）
不空成就如来（——佛） 361–363,
382（上）
不空金刚如来 382（下）
《不空羂索神咒经》 355（下）
不空如来藏 78,175（下）
不空真如 188（下）
不律仪 251（上）
不善地法 209（上）
不善心 213（上）

不善心所 215（上）
不失坏 249（上）
126（下）
不时解脱 270（上）
不退（地） 369,394（上）
不退位 390（上）
不退转 319（上）
不退转地 392（上）
不退转菩萨 391（上）
不相离性 258（下）
不相应行 220（上）
不邪淫 388（上）
《不增不减经》 64,70,78（下）
不住涅槃 330（上）
不转性行 391（上）
布呾洛迦山 18（下）
布顿 36,111,198,199,402（下）
布萨日 86（上）
布施 134,383（上）
布施波罗蜜 385（上）
部 364（下）
部派 197（下）
部派佛教 143,331,343（上）
部派教团 164,310,311,313（上）
部派教团的发展 162（上）
部昙 233（上）
部执异论 126（上）

—C—

惭 154（下）
惭悟 211（下）
叉诃罗多王族 302（上）
刹利神咒 337（下）
刹那 200（上）
刹那灭 200,217,221（上）
137,145,266,280,288（下）
《刹那灭论》 246,287,289（下）
刹那缘起 235（上）
差别 218（上）
禅 42,274,384（上）
禅定 37,273（上）
74,329（下）
禅定体验 132（下）
禅定印 334,335（下）
禅宗 86（下）
缠 257,260（上）
忏悔 89,387（上）
《忏悔品》 88（下）
常恒论 213（下）
《常恒论证之破斥》 288（下）
常军王 13（下）
常乐我净 175（下）
常啼菩萨 320（下）
《常啼菩萨品》 319（下）
超岩寺（超戒寺） 23–27,218,287,
386,405（下）
朝礼圣地 345（上）

车匿 35（上）
瞋 254,261（上）
154（下）
瞋恚 382（下）
瞋恚部 382（下）
陈那 5,16,101,106, 148,202,215,
228–238,255,259,262–265,
270,276,282,289（下）
陈那八论 238（下）
陈那的现量说 266（下）
称友 180,188,212（上）
26（下）
成道 38（上）
成佛 343,349,352,353（下）
成佛的记别 381（上）
成佛之教法 329（上）
成劫 231（上）
成金刚心 362（下）
《成就法》 400（下）
《成就法略集》 387,389（下）
成就者 379,400（下）
成身会 361（下）
《成实论》 181,216,342（上）
成实宗 224（上）
成所作智 160,163,361,362,364,383（下）
《成唯识宝生九论》 110,241（下）
《成唯识论》 109,124,145,154,156,161,
164,167,232,237,241,243,262（下）
《成唯识论述记》 231,232（下）
《成业论》 189（上）
103,104,108,109,111,118（下）
诚信 370（上）
乘 328（上）
187（下）
痴 77,243,254,261（上）
154,382（下）
痴部 382（下）
持 314,327（下）
持藏者 282（上）
持法师 95（上）
持论母师 177,193（上）
持律师 95（上）
持明院 352（下）
持明咒藏 345（下）
持因 239（上）
赤沼智善 55,102,225,241,325（上）
出家 85（上）
出家佛教 343（上）
出家教团 344（上）
404（下）
出家菩萨 361,387,395,397（上）
出家菩萨教团 373（上）
出家者 307（上）
出离 384（上）
出世间上上藏 174（下）
出罪羯磨 89（上）
初禅 229,274（上）
初发心菩萨 391（上）

《初会金刚顶经》 358,359（下）
《初会金刚顶经梵本》 358（下）
处 68,205（上）
畜生 80,232（上）
畜生咒 311（下）
触 72,73,234（上）
152,156（下）
触地印 335（下）
传承量 253（下）
传道师之派遣 119,122（上）
纯正密教 322,343（下）
慈 384（上）
慈悲 401（下）
次第 393（下）
次第缘 138（下）
粗恶杂染语 380（下）
存在 198（上）
存在的空 134（下）

—D—

达罗毗荼 18（下）
达摩掬多 378（下）
达摩勒弃多 120,289（上）
达磨→法
达磨波罗（——王） 19,21,23（下）
达内沙卢 14（下）
怛特罗 354（下）
怛特罗佛教 303,305,393（下）
大 187（下）
《大阿弥陀经》 353,366,368,371（上）
大爱道瞿昙弥 32（上）
大般涅槃 68,161（下）
《大般涅槃经》 344（上）
64,66,67（下）
《大般涅槃经后分》 67（下）
《大般若波罗蜜多经》 355（上）
《大般若经》 374（上）
64,65,368（下）
《大宝积经》 374（上）
64–66,72,231（下）
《大宝积经论》 230, 244（下）
大悲 74,349–353,401（下）
大悲胎藏生曼荼罗 351（下）
大悲心 389（下）
大悲之德 352（下）
大不善地法 209–212,224（上）
大乘 166,310,326,329,364（上）
187,188,197（下）
《大乘阿毗达磨集论》 100,111,157,
244,253,254（下）
《大乘阿毗达磨经》 64,80,84,85,92,99,
100,176（下）
《大乘阿毗达磨杂集论》 100,245（下）
《大乘百法明门论》 156,241（下）
《大乘宝要义论》 36（下）
《大乘成业论》→《成业论》
大乘的佛像 305（上）
大乘的菩萨 381,395（上）

大乘雕刻　303（上）
《大乘二十颂论》　36–38,48（下）
《大乘法界无差别论》　178（下）
大乘佛教　5,293,310,328（上）
大乘佛教的源流　330（上）
《大乘广百论释论》　54,241（下）
《大乘广五蕴论》　108,244（下）
大乘和尚　211（下）
《大乘集菩萨学论》　70,204（下）
大乘教团　164,310（上）
大乘经　198（下）
大乘经典　353,376（上）
64（下）
大乘经典的出现　315（上）
《大乘破有论》　36,41（下）
《大乘起信论》　86,177,180,181,
184–187,191（下）
《大乘起信论裂网》　185（下）
《大乘起信论疏》　185（下）
《大乘起信论义记》　185（下）
《大乘起信论义疏》　185（下）
《大乘三聚忏悔经》　355（上）
大乘上座部　165,327（上）
大乘寺　164,310,311（上）
《大乘唯识论》　109（下）
《大乘无想经》　126（上）
《大乘五蕴论》　108,244（下）
《大乘掌珍论》　208（下）
《大乘中观释论》　35,203,244（下）
《大乘庄严经论》　93,96,97,
177,180,193,350（下）
《大乘庄严经论颂》　93,94,96,109,
161（下）
大慈大悲　383（上）
《大慈方便论》　34,36（下）
大德　282（上）
大地法　211,216,223（上）
《大法鼓经》　171（下）
大烦恼地法　209,212,223,260（上）
大梵天　340（下）
《大方等如来藏经》　171（下）
《大华严经》　64（下）
《大吉义神咒经》　339（下）
《大集经》　374,375（上）
64,66,193,（下）
大迦叶　34,46,94,114,116（上）
大迦旃延　50,104,109（上）
大觉寺　10（下）
大结集　147（上）
大结集派　147（上）
大金刚持　382,389（下）
大精舍上座部　159（上）
大俱絺罗→摩诃拘絺罗
大空宗　322（上）
大乐　395,398（下）
大乐法门　371,393（下）
大乐身　399,400（下）
大龙菩萨　34（下）

大曼荼罗 353（下）
大牟尼 160（下）
大目犍连 46,151,180,283（上）
大牧伯 291（上）
大涅槃 159,160（下）
大涅槃寺 11（下）
《大毗卢遮那成佛神变加持经》→《大日经》
大毗卢遮那佛 322,362,403（下）
大毗卢遮那世尊 347（下）
《大毗婆沙论》 185（上）
252（下）
《大品》 97（上）
《大品般若经》 39（下）
大菩萨 382（上）
《大菩萨藏经》 374（上）
65（下）
大菩提 159,160（下）
《大日经》 22,193,306,329,340,
347–349,355,360,366（下）
《大日经》的骨干 350（下）
《大日经》的教理 349（下）
《大日经疏》 349（下）
《大日经义释》 349（下）
大日轮 364（下）
大日如来 359（上）322,
337,338,347,351,352,364,378,382（下）
大善地法 212,223（上）
大师 83（上）
《大史》 112,153,159,184（上）
《大事》 230,333,335,391,393,394（上）
319（下）
大誓庄严 385（上）
大寺 165,168,307（上）
大寺的佛教 171（上）
大寺派 165,168,170,182, 309,327（上）
大塔庙处 373（上）
《大唐西域记》 125,310,326（上）
8,14,34,93（下）
大天 112,120,150（上）
大天五事 112,163（上）
大铁围山 228（上）
大夏 287,290（上）
大小兼学 326（上）
大小兼学寺 164,310,311（上）
大雄 246（上）
大野法道 91（下）
大印 393（下）
大优婆塞 11,13（下）
大优婆夷 11,13（下）
大域龙→陈那
大圆镜智 150,160,162,166, 246,
361–363,382（下）
大月氏 292（上）
《大云经》 86（下）
大制多 306（上）
《大智度论》 125,354（上）
34,37,39–41,50,52, 55,64,73,326（下）

大种　206（上）
大众部　96,97,99,112,147,150,152,154,156,157,161,163,165,175,185,202,219,222,230,256,297,298,304,311,312, 323,331,346（上），50,70,83,126,197,346, 347（下）
大众部教理　332（上）
大注　216（下）
《大庄严》（经）　334,376（上）
《大庄严论经》　125（上）
大自在天派　255（下）
忉利天　228（上）
《导论》　178（上）
《岛史》　109,112,122,153,184（上）
到彼岸　356（上）
道宠　231（下）
《道行般若经》　316,357,390（上）
道俱戒　251（上）
道类智　270（上）
道理世俗谛　241（下）
道琳　345（下）
道生律仪　251（上）
道支真如　202（上）
《道智大经》　321,353（上）
《稻竿经》　375（上）
稻津纪三　168（下）
得　220（上）
156（下）
德光　109,245（下）
德慧　188（上）
9,14,106,210,229–232,238,243,244（下）
德句义　213（下）
等流果　238,247（上）
等流身　167,353（下）
《等诵经》　194,209（上）
等无间缘　239（上）
137,138,145（下）
鞮罗释迦伽蓝　345（下）
荻原云来　96, 216（下）
地　211,394（上）
地方首长　289（上）
地界　383（下）
地论宗　107,231（下）
地婆诃罗　230（下）
地前菩萨　163（下）
地狱　80,227,231,232（上）
弟子　91（上）
弟子佛教　329（上）
帝日王　9（下）
帝释天　340（下）
第二结集　109,128,146（上）
第二时教　84（下）
第二世亲　103（下）
第三结集　122,146,148（上）
第四结集　185,297（上）
第一结集　57,94（上）
第一义谛　42,46–48（下）

掉举　254（上）
顶　267,268（上）
《顶髻胜母陀罗尼》　111（下）
定　264（上）
　154（下）
定光如来　337（上）
定俱戒　251（上）
定生律仪　251（上）
定学　78（上）
东方阿閦佛　337,338（下）
东方宝幢佛　338（下）
东密　305（下）
东山住部　155,156,157,307,309（上）
东胜身洲　227（上）
动发胜思　247（上）
动身思　247（上）
兜率净土　371（上）
兜率天　371（上）
《兜沙经》　318,359（上）
阇伽多罗寺（——大寺，——僧院）24,
　290（下）
阇烂达罗　398（下）
阇那崛多　66（下）
独觉　44,392（上）
独觉乘　381（上）
　81（下）
独觉菩提　81（下）
独觉种性　80（下）
独觉种姓　268（上）
独立的推论　205（下）
独头意识　153（下）
读诵　363（上）
犊子部　151,153,154,156,158,
　161,169,200,219,332（上）
　83,125（下）
杜达　13（下）
度尔吠迦·密尸罗　278（下）
渡边海旭　379（上）
渡边楳雄　191（上）
渡边照宏　55（上）
　225,375（下）
断常中道　62（上）
对法　174,192（上）
《伅真陀罗经》　319（上）
钝根　270（上）
钝毗帝须　121（上）
顿悟　211（下）
多佛出世　230（上）
《多诃藏歌》　387（下）
多罗　383（下）
多罗那他　25,28,36（下）
多罗菩萨　345（下）
多闻部　150,152,154,156,157,309（上）
堕过　201（下）

—E—

轭　255（上）
恶戒　251（上）

恶魔 39（上）
恶魔波旬 38（上）
恶说 90（上）
恶作 89（上）
饿鬼 80,232（上）
耳识 152,155（下）
二百岁以前 126（上）
二谛 42,44（下）
《二谛分别论》 211（下）
二谛合明中道 48（下）
二谛说 48（下）
二分说 148（下）
二分依他性 180（下）
二根交会 391（下）
二空所显的真如 140,159（下）
二量 253（下）
二量说 263（下）
二十部 151（上）
二十七贤圣 271（上）
二十四缘 236,241（上）
二十五条袈裟 92（上）
二位世亲说 102,105（下）
二一八年说 125（上）
二转依妙果 159（下）

—F—

发菩提心 382（上）
《发菩提心经论》 103（下）
《发菩提心论》 103（下）
发趣差别 162（上）
《发趣论》 177,194,218（上）
发语思 247（上）
《发智论》 180（上）
伐腊毗 11–14,106（下）
法 40,57,65,133,134,192,
197,198,199,203,208,225,242（上）
29,135,157（下）
法藏 185,186,192（下）
法藏部 96,97,100,151,153,154,156,
158,161,175,181,228,298,331,332,334,
346（上）
346（下）
法藏菩萨 366（上）
184（下）
法藏菩萨本生谭 367（上）
法称 5,233,237,238,245,
270,273,276,282,289（下）
法称的自注 279（下）
法称以后 283（下）
法成 85,88（下）
法处 206（上）
法的规制 135（上）
法的静观 135（上）
法的礼拜 28（下）
法的相摄 207（上）
法的巡礼 131（上）
法的研究 174,196（上）
法的种类 204（上）

法灯明　53（上）
法尔　329（下）
《法法性分别论》　94,96,104,109（下）
《法法性分别注》　111（下）
法格　28（下）
法根　83（上）
法观　76（上）
《法华经》　361,363,389（上）
49,88,107,231,326（下）
《法华经论》　103,107,111（下）
《法集论》　177,194,210,215（上）
法结集　146（上）
法界　70,206（上）
78,362,363,383（下）
法界藏　174（下）
法界清净智　382（下）
法界体性智　246,361–363（下）
《法界无差别论》　177（下）
《法经录》　181（下）
《法镜经》　321,353（上）
法救　186,187（上）
《法句经》　58,176（上）
130（下）
法炬　171（下）
法空　155（下）
法腊　91（上）
法轮　44（上）
法曼荼罗　354（下）
法门　95,138,389（上）
法上　284,286（下）
法上部　151,153,154,156,158,303,
305（上）
法身　49,51,70,76,78,163–165,
180,189,191,285,363,384,
392–394,399（下）
法身藏　174（下）
法身常住　69（下）
法身大日如来　351（下）
法身舍利偈　11,403（下）
法身说法　347（下）
《法身章》　217（下）
法胜　187（上）
法坛　340（下）
法谈　91（上）
法陀罗尼　326（下）
法王　28（下）
法王塔　288,312（上）
法喜部　155,156,159,169（上）
法喜长老　169（上）
法贤　328（下）
法贤译　369（下）
法显　125,164,310,326（上）
7,8,67（下）
法显译　66（下）
法献　362（上）
法相法　200（上）
法相宗　232（下）
法性　134（下）

法性身 50–52（下）
法性土 165,167（下）
法眼 62,83（上）
法依 83（上）
法音方便陀罗尼 326（下）
法云（地） 393,395（上）
《法蕴足论》 179,180,201（上）
法之大臣 135（上）
法智 273（上）
法主 25（下）
法尊 94（下）
幡 347（上）
凡夫地 391（上）
凡夫菩萨 381（上）
烦恼 77,203,208,254,257,260（上）
74,156（下）
烦恼地 211（上）
烦恼地法 209（上）
烦恼心所 154（下）
烦恼障 159（下）
梵天 229（上）
梵天劝请 44（上）
《梵网经》 310（下）
梵文原典 376（上）
梵我之否定 9（上）
方便 319,384,385（上）
43,349,353,366,401（下）
方便父续 219,356,377,384,385（下）
方便究竟 350,353（下）
《方便品》 363（上）
《方便心论》 38, 252,253（下）
方便之德 352（下）
方便智 166（下）
方等 357（上）
方广 101,357（上）
方广部 159, 322（上）
《方广大庄严经》 334（上）
方坛 339（下）
防非止恶之力 250（上）
《放钵经》 319,372（上）
放生 88（下）
非得 220（上）
非二 251（上）
非福业 252（上）
非即非离蕴的我 125（下）
非即非离蕴我 219（上）
非僧非俗 349（上）
非想非非想处 202,229,275（上）
非想非非想处定 36（上）
非择灭 199,202（上）
非择灭无为 156（下）
非智缘尽 203（上）
吠檀多 8,209（下）
分别 192,196（上）
45,48,157,267（下）
《分别功德论》 125,189（上）
《分别论》 177,194（上）
分别论者 185,219,332（上）

分别起　153（下）
分别事识　86（下）
分别说　123,149（上）
分别说部　96,149,158168（上）
分别说者　309（上）
分别性　101,122,133（上）
《分别瑜伽论》　93,94（下）
《分别瑜伽品》　132,133（上）
分别知陀罗尼　326（下）
分位差别　155（下）
分位缘起　235（上）
芬陀利华王　401（下）
忿怒之法门　372（下）
粪扫衣　90（上）
风　395（下）
风界　383（下）
风轮　230（上）
讽诵者　282,284,303（上）
佛宝　349（上）
《佛本行集经》　334,391（上）
佛部　332,340,360（下）
佛传　55,336（上）
佛传图　281,283,348（上）
佛传文学　331,333,339（上）
佛传研究　55（上）
佛地　391,392,395（上）
《佛地经》　361（下）
《佛顶尊胜陀罗尼经》　355（下）
《佛国记》　310（上）
佛护　200,202,205,220（下）
佛护注　202（下）
佛华严　358（上）
佛吉祥智　217,385（下）
佛寂　384（下）
佛教梵语　365（上）
佛教梵语文献　377（上）
佛教教团理想　83（上）
佛教逻辑学　5,283（下）
佛教逻辑学的前史　251（下）
佛教逻辑学派　277（下）
佛教灭亡　404（下）
佛教徒　30（上）
佛教徒众　284（上）
佛教学　253（下）
佛界　170（下）
佛劳华纳　102–104,106,228,280（下）
佛立三昧　387（上）
佛密　349,359,377,384（下）
佛灭百年　125（上）
佛灭百年出世　125（上）
佛灭后的教团　104（上）
佛灭年代　33（上）
佛灭一三七年　160（上）
佛母　73,365（下）
《佛母般若波罗蜜多圆集要义论》　239（下）
《佛母大孔雀明王经》　316,355（下）
佛菩提　81（下）

佛身　201（上）
101,167,187（下）
佛身论　346,400（下）
佛生因缘　334（上）
佛授　182,215（上）
佛说　175（上）
《佛所行赞》　334（上）
佛塔　1299,310,313,344,395（上）
佛塔供养　346,347（上）
佛塔教团　349（上）
佛塔礼拜　349,355,387（上）
佛土　167（下）
佛陀　30,31（上）
405（下）
佛陀跋陀罗　75,171（下）
佛陀的传记　55（上）
佛陀伽耶　39,285（上）
10（下）
佛陀观　80,330,332（上）
49,50,52,101,163,192（下）
佛陀扇多　104,231（下）
佛陀同时出世　230（上）
佛陀像　294（上）
佛物　349（上）
佛现前三昧　349（上）
佛像　298,318,362（上）
322,334（下）
佛像制作　317（上）
佛心印　335（下）
佛性　329,363,381（上）
48,68–70,74,78,390,394（下）
《佛性论》105,110,111,174,178,179（下）
佛眼母　392（下）
《佛以三车唤经》　362（上）
佛音　66（上）
佛智　352,366（下）
佛种　71, 170（下）
佛种性　74（下）
佛种姓　268（上）
佛子　72,74（下）
《佛祖历代通载》　105（下）
弗沙密多罗　279（上）
弗维色迦寺　298（上）
弗维色迦王　297（上）
扶律谈常　69（下）
服部正明　169, 236,239（下）
福城　373（上）
《福田经》　261（上）
福业　252（上）
父母生　50（下）
父续　356（下）
父续的流派　385（下）
《付法藏因缘传》　55,105（下）
付嘱法藏　116（上）
富娄沙富罗　7,93,99（下）
富楼那　50,105,180（上）
腹痛咒　315（下）
缚　260（上）

—G—

盖 255（上）
盖然论 251（下）
甘醯离 303（上）
甘蔗王族 6（下）
干潟竜祥 172（上）
40, 102, 106（下）
高崎直道 91（下）
高田修 314（上）
根 73,193（上）
根本怛特罗 381（下）
根本烦恼 256（上）
根本分裂 109,112,150（上）
根本识 219（上）
83（下）
根本说一切有部 158,161,167（上）
《根本说一切有部律》 97,99,100,376（上）
81（下）
根本无分别智 159（下）
根本香堂 11（下）
根本有部→根本说一切有部
根本有部律→根本说一切有部律
《根本有部律杂事》 113（上）
《根本中颂》 35,36,42,52（下）
工业明 253（下）
恭建那 17,385（下）
共十地 391（上）
共通相 265,268（下）
共相 162,262,265,266,269（下）
共许 235（下）
共一切心所 216（上）
供养 137,363,389（上）
供养法 341（下）
古唯识 245（上）
观 78,267,386（上）
观察相义禅 86（下）
观佛 318（上）
观佛三昧 318,349,367（上）
132（下）
《观佛三昧海经》 337（下）
《观境论》 238（下）
观念论 124（下）
《观三世论》 238（下）
观世音菩萨 340（下）
观誓 209,210,220,244（下）
《观所缘论》 237,239（下）
《观所缘论释》 241（下）
《观无量寿经》 365,367（上）
观音菩萨 323,368,382（上）
351（下）
《观音菩萨普门品》 365（上）
观自在菩萨 18,345（下）
《观总相论》 238（下）
灌顶 390,395（上）
323,339,354（下）
灌顶法 341（下）
光明 308（下）
光明觉 283（下）

光明注　94,216（下）
《广百论本》　54（下）
《广破论》　38（下）
《广释菩提心论》　214（下）
鬼神　327（下）
贵霜　292（上）
果　239,244（上）
果分不可说　359（上）
果能变　146,147,242（下）
果转变　146,147（下）
过去佛　50（下）
过去七佛　282（上）
过误附随　201（下）
还灭门　75（上）

—H—

海部　155,156,159（上）
海喜派　170（上）
海印三昧　359（上）
诃梨跋摩　181（上）
合　253（下）
《合部金光明经》　87（下）
合理主义者　252（下）
合真开应　165（下）
和合果　239（上）
和合僧　83（上）
和过哲郎　55（上）
黑阿阇梨　388（下）
黑蜂山　322（上）
6,34（下）
嘿汝嘎　397,398（下）
弘誓　385（上）
弘誓之大铠　383（上）
后得智　141,159,163（下）
后命题　209（下）
后五百岁　323（上）
互为果　214（上）
护法　182（上）9,14,17,18,54,106,109,110,148,202,228,230,232,235,238,240,241,243, 262（下）
护摩　311,323,336（下）
护摩法　341（下）
护咒　311,314,315,317（下）
华积陀罗尼　327（下）
《华积陀罗尼神咒经》　327（下）
华氏城　114（上）
19（下）
《华严经》　318,323,357,359（上）
38,49,51,65,69,75,131,132,164,172,325,338,360（下）
华严思想　53（下）
化地部　100,151,153,154,156,158,165,175,202,219,222,309,331,332,334,337,346（上）
83,93,126（下）
化身　164,166,363, 392,393,399（下）
化生　232（上）
画像法　339（下）

怀疑论 251（下）
坏劫 231（上）
欢喜 399（下）
欢喜（地） 393,394（上）
159（下）
幻身 394（下）
灰身灭智 275（上）
《回诤论》 36–38, 252,253,264（下）
悔过法 89（上）
慧 262,264,272（上）
154,262（下）
慧观 67（下）
慧光 231（下）
慧解脱 60,261,264,265,270,369（上）
慧严 67（下）
慧远 181（下）
惛沉 254（上）
火辨 231,232（下）
火界 383（下）
惑业苦 235（上）

—J—

鸡胤部 150,152,157,202（上）
鸡园 163（上）
积集说 28（上）
吉藏 47,48,55,175,181,203（下）
吉尔吉特 376（上）
吉尔那 107（上）
吉田宏晢 374（下）
吉祥护 199,200,207,211,220（下）
吉祥山 308,322（上）
6,34,387（下）
极爱一子地 72（下）
极七返生 261（上）
极微 198,207（上）
极无自性心 350,351（下）
极喜金刚 395（下）
即身成佛 329,341,363,383,392,402（下）
即蕴我 219（上）
《笈多碑铭目录》 9–11,13,14,17（下）
笈多王朝 5–12,17,102,323（下）
笈诃寺 298（上）
集谛→苦集圣谛
集法 62（上）
集法智 269（上）
集法智忍 269（上）
《集量论》236,237,239,259,265,279（下）
集起 131（下）
《集异门足论》 180,181,194（上）
嫉 383（下）
计度分别 267（下）
计名字相 190（下）
记说 101（上）
记忆 326（下）
记忆之持续 125（下）
伎乐 53,348（上）
迹门 364（上）
寂护 22,199,200,206,207,

211,212,215,220, 233,246,283,
285（下）
寂护的注 281（下）
寂静身次第 394（下）
寂静友 370（下）
寂灭陀罗尼 327（下）
寂天 200,204,220（下）
罽宾 119,163（上）
加持 349,352,353,392,394（下）
加行道 267（上）
加行果 239（上）
加蓝尼派 172（上）
加藤精神 375（下）
迦多衍尼子 179,180（上）
迦离窟院 303（上）
迦梨陀沙 8（下）
迦罗婆遗迹 295（上）
迦腻色伽 293（上）
迦腻色伽寺 295（上）
迦祇 405（下）
迦湿弥罗 11,12（下）
迦叶摩腾 315（上）
《迦叶菩萨品》 375（上）
迦叶氏 283（上）
家长 284（上）
袈裟 90（上）
袈裟色 92（上）
假 47（下）
假名 47（下）
假我 64（上）
假有 198（上）
坚慧 177（下）
坚性 206（上）
坚意 55,106（下）
犍陀罗 7,11,12,93,99（下）
犍陀罗艺术 293（上）
犍陀舍罗 307（上）
简择 272（上）
262（下）
见 254,272（上）
见到 264,265（上）
见道 257,264,265,266,269,270,392（上）
159（下）
见地 391,392,394（上）
见谛道 269（上）
见分 121,147,236,237,262,266（下）
见惑 257（上）
见结 261（上）
见清净 262,263（上）
见至 270（上）
建志 18（下）
建志补罗 53（下）
健代渊应 217（下）
健拏骠诃 358（上）
渐渐精进菩萨 41（下）
键南 233（上）
将来佛 50（下）
降伏的法门 372（下）

降魔成道　39（上）
降魔印　334（下）
降三世　352（下）
憍陈如　45（上）
憍慢　382（下）
憍萨罗国　21,48（上）
34（下）
憍赏弥　117,123（上）
觉护　28（下）
觉护王　9（下）
觉天　186,291（上）
觉贤　215,233（下）
觉音→佛音
教法　66（上）
教法史　184（上）
教授阿阇梨　87（上）
教训譬喻　336（上）
教主　347（下）
阶位　390（上）
结　255（上）
253（下）
结合的观察　277,281（下）
结集　94,373（上）
结界法　339（下）
结经　365（上）
结生识　233（上）
羯罗蓝　233（上）
羯磨　87,95,244（上）
羯磨阿阇梨　87（上）
羯磨部　360,364（下）
羯磨师　87,90（上）
《解节经》　80（下）
《解卷论》　239（下）
《解深密经》　64,79–86,
92,100,101,108,127,133,176,253（下）
解释分　182,186,188（下）
解脱　43,60,270（上）
《解脱道论》　183（上）
解脱护　24,233,286,290,291（下）
解脱军　216,217,220（下）
《解脱明点》　386（下）
解脱身　160（下）
戒　86,383,384,396（上）
戒本　88（上）
戒波罗蜜　388（上）
戒禁取结　261（上）
戒经　88（上）
戒律　402（下）
戒清净　262（上）
戒日王　14,15,19（下）
《戒日王行传》　15（下）
戒师　90（上）
戒坛　90（上）
戒体　249（上）
戒贤　9,243（下）
界　68,87,205（上）
74,84,85,339,363（下）
《界身足论》　179,180,211（上）

《界说论》 177（上）
金仓圆照 28,32,314（上）
280,281（下）
金冈秀友 307,375（下）
金刚 304,340,366,367,403（下）
《金刚般若经》 355（上）
366（下）
《金刚般若经论》 97,100（下）
《金刚般若经论释》 103（下）
《金刚般若经论颂》 94,109（下）
金刚宝座 285（上）
金刚部 155,156（上）
332,340,360,364（下）
《金刚场庄严续》 370（下）
金刚乘 304,379（下）
金刚持 367,383,389,391,392,403（下）
金刚杵 366（下）
《金刚顶经》 22,343,355,361,366,
377（下）
金刚界大日如来 330（下）
金刚界曼荼罗 353,361,367（下）
《金刚界品》 357,359（下）
金刚界菩萨 362（下）
金刚界如来 304,362,363（下）
金刚界四佛 338（下）
金刚鬘 389（下）
金刚念诵次第 393,394（下）
金刚女 397（下）
金刚萨埵 304,364,378,393,403（下）
金刚手 347（下）
《金刚手灌顶大怛特罗》 355（下）
《金刚仙论》 103（下）
金刚心 362（下）
金刚喻定 366（下）
金刚智 357,359,360,378（下）
《金刚幢经》 361（上）
《金刚幢菩萨十回向品》 361（上）
《金光明经》 375,376（上）
87,88,337,355（下）
《金光明最胜王经》 87（下）
金轮 230（上）
金银净 110（上）
尽智 273（上）
近譬喻 342（上）
禁咒 344（下）
禁咒藏 346,347（下）
经 95（上）
经藏 57,94,97,99,174,193,282（上）
经的论母 177,194（上）
经分别 95,177,196（上）
《经集》 176（上）
204（下）
经卷 389（上）
经量部 151,153,154,158,161,162,
181,216,218,247,256,331（上）
83,103,104,108,127,215,277,290（下）
经量部中观派 206（下）
经量瑜伽行派 218,245,246（下）

经师　95,282（上）
精进　383,384（上）
156（下）
精进论者　245（上）
净分依他　180（下）
净观地　392（上）
《净行品》　359,361,395（上）
《净明句论》　35,38,48,201,203,207,264,
369（下）
净品依他　123（下）
净色　207（上）
净土　370（上）
净土教　108（下）
净土经典　365（上）
《净土论》　107,111（下）
《净土论注》　107（下）
净月　232,245（下）
静虑　42,274（上）
静虑律仪　251（上）
境　73（上）
境界相　190（下）
境识俱泯　121,234（下）
镜面王　63（上）
鸠摩利罗　8,282（下）
鸠摩罗笈多　7,9（下）
鸠摩罗逻多　342（上）
鸠摩罗什　32, 199（下）
究竟次第　384,387,389,393（下）
究竟位　124,158,160,243（下）
《究竟一乘宝性论》→《宝性论》
九法宝　376（上）
九分教　66,100,357（上）
九果　239（上）
九会曼荼罗　367（下）
九句因　239,240,259,272,273（下）
九句因说　258（下）
九十八随眠　209,257（上）
九无为　202,203（上）
九无学　261,271（上）
九喻→如来藏九喻
久远实成　364（上）
久远实成的佛陀　51（下）
酒井真典　374（下）
救济佛　343（上）
拘那含佛　137（上）
拘尸那罗　10,11（下）
《具缘品》　353（下）
具足戒　84（上）
具足戒的戒体　250（上）
具足戒羯磨　87（上）
俱解脱　264,265,270,369（上）
《俱舍论》　187（上）
103,105,108,111,215（下）
《俱舍论实义疏》　188（上）
244（下）
《俱舍释》　180,188（上）
105（下）
《俱舍注要义灯》　240（下）

俱生 213（上）
俱生乘 304（下）
俱生的我执 153（下）
俱生欢喜 400（下）
俱有因 214,237（上）
决定 384（上）
《决定藏论》 96（下）
决定思 247（上）
决择分 98（下）
军荼利 399（下）
捃拾教 68（下）

—K—

开敷华王佛 338,351,352（下）
开迹显本 364（上）
开经 365（上）
开应合真 101（下）
开真合应 165（下）
铠罗沙寺 17（下）
渴爱 59（上）
克主杰 199,402（下）
客尘烦恼 71,171（下）
空 243,386（上）
42,44,47,134,175,389,401（下）
空的认识 46（下）
空的思想 125,133,155,200,219（下）
空观 7,393（上）
93,386,390（下）
空海 378（下）
空行 397,398（下）
空行母 397（下）
空行母网 356,397（下）
空界 383（下）
空理所显的真如 155（下）
《空七十论》 36,38,203（下）
空如来藏 78,175（下）
空无边处 202,229,275（上）
空性 28,47,48, 397,401（下）
空真如 188（下）
空智 366（下）
孔雀护咒 317（下）
《孔雀明王经》→《佛母大孔雀明王经》
孔雀王朝 108（上）
6（下）
《孔雀王咒经》 316（下）
口密 321,328（下）
堀内宽仁 342,358（下）
窟院 300（上）
苦谛 59,203（上）
苦法智 269（上）
苦法智忍 269（上）
苦行 37（上）
苦集圣谛 59（上）
苦乐中道 62（上）
42（下）
苦灭道圣谛 60（上）
苦灭圣谛 60（上）
苦圣谛 59（上）

苦之灭 41（上）
《库轮达疏》 182（上）
库苏鲁迦 291（上）
袴谷宪昭 169（下）
窥基 123,231,243（下）
愧 154（下）

—L—

拉莫特 40,100,108（下）
兰婆迦 296（上）
栏楯 280,348（上）
蓝毗尼园 32（上）
老死 72,234（上）
乐空无别 394（下）
乐现觉 394（下）
乐现觉次第 393,394（下）
勒那摩提 104, 231（下）
类智 273（上）
《楞伽阿跋多罗宝经》 85（下）
楞伽岛 168（上）
《楞伽经》 64,85–87,171,176,212（下）
离 270（下）
离垢（地） 388,393,394（上）
离欢喜 400（下）
离婆多 111,127（上）
离系果 238,239（上）
离言真如 188（下）
离一多 218（下）
离欲（地） 391,392,394（上）
离蕴我 219（上）
《离之成就》 287,289（下）
《离之考察》 284（下）
梨罗金刚 385（下）
理 364（上）
165（下）
理查德·罗宾森 41（下）
理曼荼罗 353（下）
理门论 238（下）
理趣 368（下）
《理趣百五十颂》 370（下）
《理趣般若经》 355（上）
355（下）
理趣分 355（上）
理趣广经》 369（下）
理趣会 367（下）
《理趣经》 368（下）
《理趣经》的思想 368（下）
《理趣经》的注释 370（下）
《理趣经广本》 369（下）
《理趣经之研究》 370（下）
理身 101（下）
理世俗 230,241（下）
理性 162（下）
理长为宗 104（下）
理智不二 164,187,191,352,353（下）
力 384（上）
《历代三宝纪》 181（下）
立义分 182,186（下）

立因 239（上）
利根 270（上）
连缚缘起 235（上）
莲华部 332,340,360,364（下）
莲华戒 22,199,200,207,211,212,214,
220,233,246,283,285,349（下）
莲华金刚 400（下）
《莲华面经》 12（下）
莲华生 211,378,379（下）
莲华印 335（下）
莲华院 352（下）
量 235,253,261（下）
《量成就章》 279,285（下）
量果 235,236,261,262（下）
《量决择》 276,278,284（下）
《量评释》 245,276,277,279,280,284,
285（下）
《量评释庄严》 280,285（下）
量释颂 295（下）
《量之观察》 284（下）
了别 130,131,152（下）
了别境转 146,152（下）
列维 97,109（下）
灵鹫山 48（上）
铃木大拙 86（下）
铃木宗忠 168,353（下）
流转门 72（上）
六波罗蜜 317,319,338,384（上）
《六波罗蜜经》 321,353（上）
六城部 158（上）
六处 72,234（上）
128（下）
《六度集经》 341,383（上）
六法戒 250（上）
六句神咒 336（下）
《六门教授习定论》 100,109（下）
《六门陀罗尼解说》 111（下）
《六门陀罗尼注》 111（下）
六内处 128（下）
六趣 232（上）
六入 72（上）
六师外道 23（上）
六十二尊 397（下）
六十二尊的曼荼罗 399（下）
《六十颂如理论》 36–38, 203（下）
六识 110,131,152,175（下）
六识说 235（下）
六随眠 256（上）
六外处 128（下）
六位心所 154,155（下）
六无为 109（下）
六物 92（上）
六贤门 23（下）
六因 236,237,240（上）
六欲天 228（上）
六斋日 86（上）
六足·发智 180（上）
六足论 179（上）

龙华三会　371（上）
龙军　178,287（上）
龙猛　378（下）
龙女成佛　73（下）
龙山章真　173（上）
龙树　322（上）
5,6,32–34,52,53,88,100,133,198,199,
202,219,220,253,264,345,366,384,
386–388（下）
龙树的著作　34,36,41（下）
《龙树菩萨劝诫王颂》　36,37（下）
龙树山　306,307,322（上）
龙树之师　55（下）
龙智　22,198,199,219,357,378,386（下）
漏　77,203,255（上）
漏尽智　40（上）
陆行女　397（下）
鹿野苑　44,123,285（上）
10（下）
卵生　232（上）
伦理　58（上）
轮　395,399–401（下）
轮回　27,232（上）
轮回思想　9（上）
轮回主体　150（下）
轮回转世　229（上）
论藏　174,175,178,181（上）
论处所　253（下）
论的论母　177,194（上）
论分别　196（上）
《论轨》　254,255,259（下）
论母　177,192,193,195（上）
论母的总说　193（上）
《论式》　254（下）
《论事》　123,148,177,215（上）
252（下）
《论事注》　159（上）
论体性　253（下）
《论心》　254（下）
论议　101,195（上）
107（下）
《论议品》　254（下）
论证　270,271（下）
论诤百义　54（下）
《论诤之正理》　277,281（下）
论庄严　254（下）
罗阇波罗　22（下）
罗睺罗　34（上）
198（下）
罗睺罗跋陀罗　40,55,199,387（下）
罗睺罗吉祥贤　26（下）
罗睺罗戒贤　25（下）
罗睺罗僧克里帖衍那　170（下）
罗曼那派　172（上）
罗什→鸠摩罗什
罗宙拉　291（上）
《逻辑童蒙入门》　291（下）
逻辑学　206,253（下）

逻辑学的纲要书 290（下）
《逻辑之阶梯》 291（下）
《洛阳伽蓝记》 12（下）
吕向 378（下）
律 57（上）
律藏 57,94,97,98,282,336（上）
245（下）
律藏注 183（上）
律的论母 195（上）
律结集 146（上）
律经 245（下）
律仪 251（上）
律仪之无表 250（上）
《略义疏》 182（上）

—M—

马尔巴 388（下）
马尔瓦尼亚 277（下）
马鸣 297,334（上）
181（下）
马胜 46（上）
迈特罗迦 12,13（下）
脉管 395（下）
鳗论 251（下）
曼荼罗 323,338,340, 354,361（下）
曼荼罗的造法 341（下）
曼荼罗的作法 351（下）
曼荼罗法 330（下）
慢 254（上）
154（下）
梅尾祥云 307,370, 374,379,403（下）
梅伽替尼 287（上）
闷绝 154（下）
孟加拉 28,29（下）
弥兰陀王 178,287（上）
《弥兰陀王问经》 178, 287（上）
318（下）
弥勒 373（上）
50,85,92–99,101,102,104,106,109,
161,165,176,177,228, 289（下）
弥勒的佛身论 164（下）
弥勒的年代 98,105（下）
弥勒净土 371（上）
弥勒菩萨 50,317,371,382（上）
92,93,351（下）
弥勒五法 93,94,386（下）
弥勒之著作 95,98（下）
《弥勒庄严经》 106（下）
弥曼差（——学派） 8,209（下）
迷人咒 312（下）
秘密佛教 303（下）
《秘密集会》 376（上）
219, 377,379–382,385,402,406（下）
秘密集会的成立 380（下）
秘密集会瑜伽 380（下）
密教 6,13（上）
5, 246,305,306,376（下）
密教经典的四种分类 354（下）

密教相承说 378（下）
密教信徒 285（下）
密教瑜伽 344（下）
密军王 13,228（下）
密林山部 154,156,158（上）
密林山住部 151,153（上）
《密严经》 87,176（下）
密印 333,378（下）
密咒 375（上）
378（下）
缅甸佛伝 55（上）
妙法 363（上）
妙法华 376（上）
《妙法莲华经》 361,362（上）
《妙法莲华经忧波提舍》 107（下）
《妙法莲华赞颂》 55（下）
妙观察智 160,162,361–363,382（下）
妙慧 337（上）
妙适清净句 371（下）
妙喜国 357,370（上）
妙音 186（上）
妙足 282（下）
灭 199（上）
灭法 62（上）
灭法智 269（上）
灭法智忍 269（上）
灭尽定 274（上）
150,152,154,156（下）
灭净法 90（上）
名 73（上）
名号 369（上）
名色 72,73,234（上）
名言 146（下）
名言种子 138,146,150（下）
明 310–314（下）
明（地） 393,394（上）
明妃 383,397,398（下）
明行具足 313（下）
明咒 311,324,345（下）
明作寂 290（下）
命根 216,217,220（上）
83,125,156（下）
摩阐提→末阐提
摩怛理迦 193,195（上）
摩得勒伽藏 195（上）
《摩登伽经》 335（下）
摩登祇巴 388（下）
摩诃波遮离 182（上）
摩诃帝须长老 169（上）
摩诃拘絺罗 50（上）
摩诃勒咤 121（上）
摩诃僧那僧涅 385（上）
摩诃僧祇律 97,148（上）
摩诃衍→大乘
摩竭陀（国） 21,48,111（上）
6,11,19（下）
摩摩枳 383（下）
摩那罗踏难定 280（下）

摩哂陀　96,118,120,162,168（上）
摩偷罗　106,109,291,298（上）
摩醯逻矩罗王　11,12（下）
摩咥里制吒　334（上）
《摩崖法敕》　131（上）
摩耶夫人　31（上）
摩夷　176（上）
末阐提　119,288（上）
末伽梨瞿舍梨　24（上）
末那识　110,131,137,146,151,155,
160,162,240（下）
末示摩　283（上）
末田地　34,114,119,127,163,167（上）
《牟梨曼陀罗咒经》　335,339（下）
牟尼　30（上）
牟尼偈　138（上）
母续　356,389（下）
母续的流派　395（下）
木村泰賢　172,191,241,350（上）
目犍连子　283,285（上）
目犍连子帝须　34,114,123,127,283（上）
目连→大目犍连
牧伯　291,298,302（上）
《钼顶瑜伽经》→《金刚顶经》

—N—

那烂陀（——寺，——大伽蓝）
8,9,23,26,27,211,405（下）
那烂陀寺　166（上）
那洛巴　23,289,378,388（下）
那私迦　299,301（上）
那先比丘　178,287（上）
《那先比丘经》　179,287（上）
那须政隆　375（下）
男女交会　371（下）
南本　67（下）
南方宝生佛　338（下）
南方宝相佛　337（下）
南传佛教　3,168（上）
南方开敷华王佛　338（下）
《南海寄归内法传》　125,161,327（上）
276（下）
南路　50,106,110,111,299（上）
南条文雄　86,87（下）
南瞻部洲　227（上）
难胜（地）　393,394（上）
难荼罗　310（上）
难陀　148, 232,245,345,378（下）
难陀王朝　107（上）
内凡位　267（上）
内明　253（下）
内在遍充论　289（下）
能藏　100（下）
能得菩萨忍陀罗尼　326（下）
《能断金刚般若波罗蜜多经论释》
97（下）
能分别　157（下）
能见相　190（下）

能量　236,262（下）
能取　121,147,157（下）
能取分　237（下）
能取行相　237（下）
能摄藏　179（下）
能识的有　136（下）
能造　207（上）
能造四大　207（上）
能作因　237,239（上）
尼柯耶　96（上）
尼连禅河　37（上）
尼乾陀　25（上）
尼陀那　101（上）
《泥洹经》　68（下）
逆观　75（上）
念　154,326（下）
念智称　386（下）
涅槃　43,60,67,199,201,239,275,330（上）
160,161,164,175（下）
《涅槃经》　64,66,67,69,70,73,332（下）
《涅槃经本有今无偈论》　107（下）
牛家部　154,156,157（上）
暖　267（上）
暖性　206（上）
女性原理　73,366（下）

—O—

欧伯米勒　170（下）
欧丹达普罗大寺（飞行寺）　22,23（下）
偶然论　245（上）

—P—

帕哈尔普　20（下）
排除　270（下）
攀缘如实禅　86（下）
培佩　53（上）
朋　257（下）
朋中之法　255,257（下）
毗睇陀罗必㮈家　345（下）
毗伽罗诃波罗　22（下）
毗卢遮那佛　359（上）
51,164,338,346（下）
毗卢遮那如来（——佛）
304,360,361,363,392,403（下）
毗摩兰　296（上）
《毗尼藏根本》　334（上）
毗尼母经》　195（上）
毗婆沙师　290（下）
毗婆沙师→说一切有部
毗舍离　110,111（上）
毗舍佉　47（上）
毗舍神咒　337（下）
毗湿奴　403,405（下）
毗昙　174（上）
毗陀补萨那　285（下）
辟支佛　44（上）
辟支佛地　391,392,394,396（上）
《辟支佛因缘论》　188（上）

譬喻　101,340,342（上）
譬喻量　253,265（下）
譬喻师　158（上）
譬喻者　185,216,219,243,342（上）
片野道雄　169（下）
频毗娑罗王　36,46（上）
《品类足论》　179,180,181,223（上）
平等性智　160,162,166,361–363,382（下）
瓶耆罗　16（下）
婆阇窟　304（上）
婆浮陀　25（上）
婆罗阿逸多　9（下）
婆罗门教　7,8（下）
婆罗门咒　337（下）
婆毗吠伽　207（下）
婆沙四评家　186（上）
婆薮盘豆→世亲
《婆薮盘豆法师传》　93,102（下）
婆修盘陀　105（下）
婆遮普塔　284（上）
破僧伽　123（上）
破外小　54（下）
破邪即显正　201（下）
破邪显正　46（下）
菩萨　329,339,349,380,381,391,392（上）
198（下）
《菩萨本业经》　359,361,393（上）
菩萨藏　346（下）
《菩萨藏经》　321,353,354（上）
菩萨乘　12,328,381（上）
81（下）
菩萨道　392（上）
菩萨的教团　395（上）
菩萨的阶位　389（上）
菩萨的实践　320（上）
菩萨的修行　387（上）
菩萨的自觉　380（上）
菩萨地　391,392,394（上）
95,96（下）
《菩萨地持经》　87,95,96,98,101,102,
106（下）
《菩萨地注》　245（下）
菩萨法　71,172（下）
菩萨行　349（上）
《菩萨戒本疏》　245（下）
《菩萨戒品广注》　245（下）
菩萨论　333（上）
菩萨僧伽　397（上）
《菩萨善戒经》　95,98（下）
菩萨死　396（上）
菩萨听众　397（上）
菩萨瑜伽行　54（下）
《菩萨瑜伽行四百论》→《四百论》
菩萨之教　381（上）
菩萨之学　204（下）
菩萨种性　80（下）
菩萨众　85,350,397（上）
菩提　160（下）

菩提道场　285（上）
10（下）
《菩提道次第广论》　207（下）
《菩提道灯》　218（下）
《菩提道灯细疏》　218（下）
菩提行经》　204（下）
菩提流支　79,104,107,229–231（下）
菩提流志　374（上）
65,70,76（下）
菩提罗　291（上）
菩提树　39（上）
菩提心　382（上）
204,208,349,350,353,362,384,389,392,
397,399（下）
《菩提资粮论》　37,39,41（下）
普遍　269（上）
普遍者　269（上）
普光　105（下）
普卢摩夷王　305,306（上）
普门示现　365（上）
普贤　373（上）
《普贤成就法》　385（上）
《普贤行愿赞》　361（上）
355（下）
普贤菩萨　382（上）
351（下）
《普曜经》　336（上）
瀑　82（下）

—Q—

七百结集　148（上）
七百人会议　109（上）
七波罗蜜　384（上）
七聚罪　90（上）
七论　177（上）
七日供养坛法　340（下）
七圣　271（上）
七十五法　223,260（上）
《七十真实论》　103（下）
七事品　179（上）
七条袈裟　92（上）
七无为　203（上）
七贤　271（上）
七心界　206（上）
七重界　339（下）
七转识　242（下）
祈祷佛教　6（下）
祈雨法　339（下）
祇陀林寺　170（上）
祇夜　101（上）
祇园精舍　47（上）
耆那教　25,30,137（上）
282（下）
起死人咒　312（下）
《起信论》→《大乘起信论》
《起信论》的作者　182（下）
起业相　190（下）
契经　94,101（上）

器界 162（下）
器世间 228,231（上）
149,390（下）
前六识 146（下）
前命题 209（下）
前田慧云 352（上）
195（下）
前五识 160（下）
乾慧地 391,394（上）
潜在心 126,190（下）
遣虚存实识 123（下）
乔达摩 21（上）
伽陀 94,101（上）
《伽耶山顶经注》 111（下）
亲鸾 72（下）
亲胜 231,232（下）
亲所缘缘 139,152（下）
勤勇无间所发性 261（下）
青目 32,33,56,199（下）
青目注 203（下）
清辨 126,159（上）
16,35, 199,200,202,205–210
215,220,228, 264（下）
《清净道论》 171,183,200,265（上）
清净法界 361（下）
清净分 85（下）
清净光明 389,390,394,402（下）
清净句 371（下）
清净世间智 141（下）
清净相应语 380（下）
清净业处 367（上）
请食 91（上）
穷生死蕴 219（上）
83,126（下）
琼斯顿 170（下）
丘就却 292（上）
求那跋陀罗 80（下）
求那师 210（下）
瞿波罗 19（下）
瞿密师罗 388（下）
瞿昙 31（上）
瞿昙弥 49（上）
曲女城 14（下）
取 72,234（上）
《取事施设论》 238（下）
《取因假设论》 238,239（下）
趣 232（上）
权大乘 125（下）
权智 163（下）
《全定说纲要》 161（上）
《全体之排除》 286（下）
《全学说纲要》 161（上）
《全哲学纲要》 161（上）
泉芳璟 86,88（下）
《劝诫王颂》 34（下）
劝请 387（上）

—R—

燃灯佛 337,381（上）
燃灯授记 337（上）
染分的依他 180（下）
染净生灭 192（下）
染净相资 191,192（下）
染污 254（上）
染污分 85（下）
染污清净分 85（下）
染污意 254（上）
151,240（下）
攘灾招福祈祷 341（下）
绕道 348（上）
人格主体 125（下）
《人施设论》 177,193（上）
71（下）
人我 219（上）
126（下）
忍 267,268,269,272,390（上）
忍辱 384（上）
认识的对象 138（下）
认识的空 134（下）
日护 285（下）
日泰寺 53（上）
如来部 364（下）
如来藏 9,360（上）
70–79,85,86, 165,170,171,
174–179,189,216,390（下）
如来藏的教理 173（下）
如来藏的九喻 76（下）
《如来藏经》 64,70,74,75,88,
171–174（下）
如来藏思想 319,367（上）
5,64,170,171, 231,350（下）
如来藏思想的发展 176（下）
如来藏思想的历史 170（下）
如来藏相关的经典 75（下）
如来藏缘起 185,192（下）
如来藏缘起说 180（下）
如来出现 75（下）
如来地 391（上）
如来护王 9（下）
如来界 74,85,170,172（下）
如来清净禅 86（下）
如来身 174（下）
如来性 170,172（下）
如来性起 75（下）
如来眼 75（下）
如来之家 71,159（下）
如来之身 75（下）
如来之眼 174（下）
如来智 75（下）
《如来智印经》 40（下）
如来种 71,73（下）
如来种性 74（下）
《如实论》 254,259（下）
如实知自心 350（下）
如是语 101（上）

如意宝部 382（下）
乳母 74（下）
《入阿毗达磨论》 215（上）
入不二法门 357（上）
《入大乘论》 55,106,177,178（下）
入道场作法 339（下）
《入法界品》 323,358,361,376（上）
65（下）
《入楞伽》 376（上）
《入楞伽经》 85（下）
入灭 51（上）
《入菩提行论》 204,218（下）
入音声陀罗尼 327（下）
《入瑜伽论》 239（下）
《入中论》 203（下）
若耶须摩 255（下）

—S—

萨埵太子 88（下）
萨诃提婆 121（上）
萨母陀罗笈多 7,102（下）
《萨婆多部毗尼摩得勒伽》 195（上）
《萨昙分陀利经》 362（上）
塞犍陀笈多 10,102（下）
塞种 287,290（上）
三藏 174（上）
197,346（下）
三藏三十万颂 182（上）
三乘 81,172（下）
三大 187（下）
三大愿 77（下）
三谛 45,47,48（下）
三毒 208,261（上）
三段论法 256（下）
三罚 246（上）
三法行 389（上）
三法印 71（上）
三法展转 142（下）
三分说 148,236（下）
三峰寺 216（下）
三归依文 361（上）
三结 79,261（上）
三解脱门 78（上）
三界 227,275（上）
三界唯心 48（下）
三界五部 258（上）
三界虚妄 360（上）
131（下）
《三具足经忧波提舍》 107（下）
三量 253（下）
三量说 263（下）
三轮清净 385（上）
三论宗 52（下）
三昧 43,273,385,386（上）
三昧钩召部 382（下）
三昧耶曼荼罗 354（下）
《三弥底部论》 181（上）
三密 339,354（下）

《三品悔过经》 355（上）
《三品经》 321,353,387（上）
三菩提 131（上）
三千大千世界 230（上）
三三昧 386（上）
三身说 88,101,163,165,167（下）
三十二相 80（上）
49（下）
三十二尊 391（下）
三十七道品 78（上）
三十七尊曼荼罗 364（下）
三十三天 228（上）
三时教 84（下）
三时判教 84（下）
《三时之考察》 240（下）
三世两重因果 235（上）
三世实有 214（下）
三世实有说 179（上）
三无性 110,141（下）
《三无性论》 110（下）
三细 190（下）
三贤 263,266,271（上）
三相 84,133,271（下）
三性 110,180（下）
三性门的唯识 180（下）
三性说的唯识 84（下）
三学 78（上）
三业 246（上）
三灾 231（上）
三支作法 256,272（下）
三种律仪 251（上）
三种菩提 81（下）
三种无自性 84（下）
三重曼荼罗 353（下）
三自性 101（下）
《三自性教说》 110（下）
散若夷 25（上）
色 64,74,205（上）
152（下）
色法 223（上）
色界 228,258,275（上）
色界天 228（上）
色究竟天 228（上）
色究竟天宫 361（下）
色身 202,204（上）
363（下）
色身的佛陀 166（下）
色贪 258（上）
色心互熏 127（下）
色蕴 205（上）
僧 85（上）
僧宝 349（上）
僧残法 89（上）
僧残罪 86（上）
僧房 301（上）
僧伽 45,83,85（上）
僧伽分裂 137（上）
《僧伽罗刹所集经》 125（上）

僧迦舍 111（上）
僧就 66（下）
僧团佛教 347（上）
僧物 349（上）
僧院 301,305,310（上）
僧院窟 304（上）
僧中有佛 346（上）
沙尔那特→鹿野苑
沙罗诃 387,400（下）
沙门 23,307（上）
沙门尼 307（上）
沙弥 47,85（上）
沙弥尼 85（上）
沙斯怛梨 28（下）
莎车王子 32,56,199（下）
莎底 316（下）
山口瑞凤 224（下）
山口益
57–62,97,108,109,114, 210（下）
山齐 121,123,280,281（上）
山齐的石刻铭文 283（上）
山田竜城 376（上）
善 134,252（上）
善财童子 361,373（上）
善的心所 154（下）
善地 211（上）
善恶的标准 251（上）
善慧 337（上）
善慧地 393,394（上）
《善见律毗婆沙》 183（上）
善净心所 216（上）
善男子 395（上）
73（下）
善女人 395（上）
73（下）
善岁部→饮光部
善无畏 22, 359,360,378（下）
善心 213（上）
善作护 286（下）
商羯罗 8（下）
商羯罗难陀 284,286（下）
商羯罗主 275（下）
商那和修 34,111,113,114,127,167（上）
上怛特罗 381（下）
上田义文 168（下）
上衣 92（上）
上座部 96,97,112,147,150,
152, 154,158,161,165,175,202, 255,
327（上）
18,20,83,126,197,346（下）
上座部的论藏 177（上）
舌识 152,155（下）
蛇王族 315（下）
舍 384（上）
舍堕法 89（上）
舍滥留纯识 123（下）
舍利 53,143（上）
舍利弗 46,283（上）

《舍利弗阿毗昙论》 181,194,203,216,222,333（上）
71（下）
《舍利弗悔过经》 355（上）
舍利弗陀罗 25（下）
《舍利弗问经》 159（上）
舍利供养 344（上）
设施有 198（上）
《摄阿毗达磨义论》 185,215（上）
摄大乘论》 80,84,85,99–101,
109,128,161,164,231,237,239（下）
《摄大乘论释》 55,103,104,174,180,
240（下）
摄决择分 95,96,114（下）
摄论宗 231,232（下）
摄末归本识 124（下）
摄事分 95（下）
摄释分 95（下）
摄受正法 77（下）
摄异门分 95（下）
《摄真实论》 212,215,283（下）
《摄真实颂》 212（下）
身表 247（上）
身加持 392（下）
身论 179（上）
身曼荼罗 354（下）
身密 322,333（下）
身器清净 266（上）
身轻安 216（上）
身轻快性 216（上）
身识 152,155（下）
身业 247（上）
身证 264,265,270（上）
《深密解脱经》 79（下）
神变 349,352,353（下）
神通 309（下）
神通变化身 51（下）
神咒 313,368（下）
审虑思 247（上）
生 72,234（上）
生经 98（上）
生起次第 383,387,389,392（下）
生身 49,51,163（下）
生无自性 84（下）
生因 239（上）
生有 232（上）
声量 265,283（下）
声明 253（下）
声闻 83,329（上）
声闻乘 12,144,328,381（上）
81（下）
声闻的阶位 389（上）
声闻地 391,396（上）
95,96（下）
声闻菩提 81（下）
声闻僧伽 350（上）
声闻种姓 268（上）
80（下）

圣 61（上）
圣道支性 202（上）
圣德太子 77,173（下）
圣典 66,174（上）
圣教 264（下）
圣教量 80,254,261–265（下）
圣教随顺派 238（下）
圣提婆→提婆
圣仙 44（上）
圣者父子流 219,384–388（下）
圣者流的相承系谱 378（下）
胜敌 220,286,290（下）
胜法 192,196,201（上）
胜解 154（下）
胜乐 395,398（下）
《胜乐轮》 384（下）
胜论 209（下）
《胜鬘宝窟》 77,175,181（下）
胜鬘夫人 76（下）
《胜鬘夫人会》 76,77（下）
《胜鬘经》 64,70,73,76,86,171,173,174（下）
《胜鬘经义疏》 77,173（下）
胜思惟梵天所问经论》 107（下）
胜义阿毗达磨 201（上）
胜义补特伽罗 218（上）
胜义谛 206,264,277（下）
《胜义谛相品》 80（下）
胜义法 199（上）
胜义善 252（上）
胜义无自性 84,141（下）
胜义有 198（上）
胜友 232,245,286（下）
胜者 285,286（下）
胜主觉 285（下）
胜子 232,245（下）
尸陀盘尼 187（上）
师子觉 244（下）
师子贤 94,199,211,216–218,220,246,385（下）
师子洲 168（上）
狮子柱头铭文 291,311（上）
施佛之果 347（上）
施护 328（下）
施戒 286（下）
施僧之果 347（上）
施设 193（上）
《施设论》 179,180（上）
施无畏印 334,335（下）
湿婆派 215,403（下）
十八不共佛法 66,80（上）
十八部 155（上）
十八部论 125（上）
十八部之分裂 151（上）
《十八会指归》 396（下）
十八界 68,205（上）
十八有学 261,271（上）
十波罗蜜 338,360,384（上）

十缠　260（上）
十大论师　109,232（下）
十大受　77（下）
十地　318,333,338,388, 391,393,394（上）
159（下）
十地的菩萨　166（下）
《十地经》　318,333,358,361,376,
394（上）
40,65,231（下）
《十地经论》　103,107,111,231（下）
十恶　252（上）
十二部经　357（上）
十二处　68,205（上）
128（下）
十二分教　100（上）
《十二门论》　32,37,39,52, 199（下）
十二因缘　40（上）
十二缘起　72,360（上）
42（下）
十二缘起说　233（上）
十烦恼事　254（上）
十忿怒尊　391（下）
十结　255（上）
十戒　250（上）
十六大地狱　227（上）
十六尊　397（下）
《十七地经》　93（下）
《十七地论》　96（下）
十善　388（上）
十善戒　393（上）
十善业道　252（上）
十事　109,110,112（上）
十四难无记　251（下）
十诵律　97（上）
十随眠　256（上）
十缘　241（上）
十支缘起　76（上）
十智　272（上）
十住　391,394（上）
《十住毗婆沙论》　396（上）
37,39,40,52,53（下）
十住说　393（上）
石柱法敕　132（上）
时　401（下）
时解脱　270（上）
时轮　402（下）
时轮乘　304（下）
时轮灌顶　405（下）
时轮教　401（下）
时轮史　402（下）
《时轮续》　356,401,402,404（下）
识　64,72,73,74,233（上）
45,129,131,266（下）
识的有　121（下）
识的转变　141,142,242（下）
《识身足论》　179,180（上）
识无边处　202,229,275（上）
识蕴　382（下）

识转变 110,144（下）
实法 222（上）
实践论 77（上）
实句义 213（下）
实我的见 153（下）
《实相般若波罗蜜经》 369（下）
实智 163（下）
史彻尔巴茨基 277,283（下）
矢吹庆辉 379（上）
始觉 189（下）
士用果 238,239（上）
世第一法 267,268（上）
世谛 42（下）
世谛中道 48（下）
《世间品》 227（上）
世界的破坏与生成 231（上）
世亲 187（上）
5,7,10,53,85,92,96–109,142,156,165,215,
228,231,232,234,238,255,259,282,289（下）
世亲的年代 98,101,102,104,106,
179（下）
世亲的著作 104,107,110,111（下）
世亲逻辑学 255（下）
世俗 206（下）
世俗阿毗达磨 201（上）
世俗谛 43,46–48,83, 264,277（下）
世俗有 198（上）
世俗智 268,269,273（上）
世友 151,159,180,186,188,212,332（上）
104,105（下）
世自在王佛（——如来） 338（下）
世尊 30（上）
式叉摩那 86（上）
似现 237（下）
《似因门论》 238（下）
侍者 117（上）
《释轨论》 108,109,111（下）
释迦 361,364（下）
释迦的说法 347（下）
释迦佛 340（下）
释迦觉 283,285（下）
释迦牟尼 31（上）
《释迦牟尼佛本行》 334（上）
释迦菩萨 337,381（上）
343,363（下）
释迦师利 23,25,386（下）
释迦坛 352（下）
释迦友 359,377,378,384,388（下）
释种比丘 11（下）
释尊 31（上）
《首楞严经》 69（下）
首楞严三昧 318,356（上）
《首楞严三昧经》 316,317,356,372（上）
首陀神咒 337（下）
《寿量品》 364（上）
受 64,72,216,234（上）
154,156（下）
受持 363（上）

受记　364,381（上）
受用身　101,164-167,352,353,390,391（下）
受用土　167（下）
受蕴　382（下）
授记　101,337（上）
书写　363（上）
书写经典　389（上）
《殊胜义》　183,196（上）
疏所缘缘　139,152（下）
数论　209,215（下）
数论派　255（下）
数息观　78,267（上）
《双对论》　177（上）
双入　397（下）
双入不二　401（下）
双入不二续　401（下）
双入次第　393,395（下）
水界　383（下）
水轮　230（上）
水野弘元　28,55, 276（上）
168（下）
顺观　72（上）
顺解脱分　267（上）
顺决择分　267（上）
顺世论　214（下）
顺世派　162（上）
顺世外道　25（上）
顺性行　391（上）
《顺正理论》　195（上）
《顺中论》　55,100,210,255（下）
说出世部　150,152,157,165,202,333（上）
347（下）
说法的百义　54（下）
说法师　95（上）
说法印　334（下）
说假部　150,152,154,156,157（上）
说一切有部　96,97,99,150,153,154,156,158,161,162,163,165,166,167,202,216,256,291,295,296,298,311,312,326,327,331,334,346（上）
39,83,93,103,125,197,215,233（下）
说一切有部的论藏　179（上）
说因部→说一切有部
说转部→经量部
铄迦罗阿逸多→帝日王
私伽婆　34,114（上）
思　216,247（上）
156（下）
思的种子　249（上）
思慧　272（上）
263（下）
思量　131（下）
思量转变　146,151（下）
《思择焰》　208（下）
四阿赖耶　128（下）
《四百观》　53（下）
《四百观论》　33,39,54（下）

《四百论》 53–55,241（下）
四暴流 208（上）
四波罗蜜 338,383（上）
367（下）
四禅 229,274（上）
四禅三明 40（上）
四大 383（下）
四大圣地 104,143（上）
四大种 206（上）
四大洲 230（上）
四德 69（下）
四地 391（上）
四谛 197（下）
四谛观 267（上）
《四谛论》 188（上）
四谛十六行相观 267（上）
四谛说 40,59（上）
《四法解说》 111（下）
四烦恼 152（下）
四方僧伽 86,88,302,303（上）
四方四佛 337,338（下）
四分律 97（上）
四分说 148（下）
四佛→四方四佛
四佛母 383,391（下）
四行 391（上）
四苦 59（上）
四量 253,264（下）
四论宗 52（下）
四门出游 35（上）
四明妃 365（下）
四念处观 78,267（上）
四亲近 364,365（下）
四如实智观 158（下）
四善根 263,266,267,271（上）
四摄 365（下）
四身说 163,165,167（下）
四生 232（上）
四圣谛 45,61（上）
四圣种 266（上）
《四十二章经》 315（上）
四十二字门 315,329,331（下）
四十六心所 211（上）
四双八辈 261（上）
四天女 365,367（下）
《四天女请问》 389（下）
《四天女请问释》 388（下）
四天王众天 228（上）
四无量心 78（上）
四无色定 275（上）
四相 221（上）
四向四果 79,261（上）
四信 187（下）
四姓平等 63（上）
69（下）
四寻思观 158（下）
四依 90（上）
四缘 236,239,240（上）

137（下）
《四赞歌》 36,41（下）
四智 159,161,164,361（下）
四种涅槃 160（下）
四种菩萨 391（上）
四种缘起 235（上）
四众 84,147（上）
松长有庆 342, 382（下）
宋云 12（下）
诵法师 282（上）
苏摩普罗大寺 20,24（下）
苏那拘 34,114（上）
《苏悉地羯啰经》 355（下）
俗谛 198（下）
宿命论 245（上）
宿作因说 27（上）
随伴 271,272,288（下）
随法行 264,265,270（下）
随烦恼 260（上）
154,156（下）
随眠 209,217,222,254,255,257（上）
随念分别 267（下）
随生量 253（下）
随生者 72（下）
随喜 397（下）
《随相论》 230,243（下）
随信行 264,265,270（下）
随应破 202（下）
随应破派 199,200,207,218–220（下）
随增 204（上）
娑多婆诃王朝 279,299（上）
所变相见 155（下）
所藏 100（下）
所量 236,261,262（下）
所取 121,147,157（下）
所取分 237（下）
所摄藏 179（下）
所识之非有 136（下）
所缘 133（下）
所缘随增 204（上）
所缘缘 239（上）
137,138（下）
所造 207（上）
所造色 206（上）
所知障 159（下）
所作性 256（下）
所作续 354,355,376（下）
所作因 274（下）

—T—

《他人存在之论证》 277,281（下）
他受用 162,164（下）
他受用身 166,167,363（下）
他受用土 166,167（下）
他受用智 101（下）
他心智 273（上）
他者的排除 265（下）
他者之排除 270（下）

塔库尔 287,289（下）
塔门 280（上）
塔寺 395（上）
塔院 301,305（上）
胎 73,74（下）
胎藏 351（下）
胎藏界大日如来 329（下）
胎藏界曼荼罗 351（下）
胎藏界四佛 338（下）
胎藏曼荼罗 345,351,353（下）
胎内五位 233（上）
胎生 232（上）
胎外五位 233（上）
台密 305（下）
贪 254,261（上）
154（下）
贪染相应语 380（下）
贪欲 382（下）
坛 336,339（下）
坛场 323（上）
昙鸾 107（下）
昙毗嘿汝嘎 400（下）
昙迁 181（下）
昙无谶 87,88,95（下）
昙无谶本 67（下）
昙延 181（下）
檀特山 38（上）
藤田宏达 366,370（上）
提地迦 167（上）
提尔曼·维特尔 279（下）
提婆 310（上）
32,33,52–55,103,198,199,215,219,
220,241,378,386,387（下）
提婆波罗王 21（下）
提婆达多 45,51（上）
《提婆达多品》 362（上）
提婆难毗耶帝须 168（上）
提婆设摩 180（上）
210（下）
提云般若 178（下）
体大 187（下）
天（界） 228,232（上）
天鼓雷音佛 338,351,352（下）
天女 397（下）
《天譬喻》 113（上）
81（下）
天亲→世亲
天主 275,276（下）
天主觉 283,284,285（下）
《添品妙法莲华经》 362（上）
田中顺照 169（下）
调伏天 160（上）
109,284,285（下）
调伏天注 281（下）
通达菩提心 362（下）
通达位 124,158,243（下）
通三乘 84,125（下）
通申大乘 39（下）

同类因　237,238,247（上）
同品　257–260,273（下）
同品定有性　257,258（下）
同他心所　215（上）
同喻　255,256,272,273（下）
铜叶洲　168（上）
童受　342（上）
童真　372,387,390（上）
童真地　390,394（上）
偷兰遮罪　89（上）
头陀行　92（上）
突吉罗　89（上）
图齐　27（下）
徒劳无益之明　311,312（下）
土坛　339,354（下）
推论　252（下）
推论家　252（下）
托胎的第一刹那　234（上）
驮那羯磔迦　299,306,307,323（上）
53（下）
陀邻尼　327（下）
陀罗尼　6,375,385,393（上）
303,315,324–331（下）
《陀罗尼集经》　328,333,340,355（下）
陀罗尼门　325,327,331（下）
《陀罗尼品》　328（下）
《陀罗尼杂集》　328（下）

—W—

《外道小乘涅槃论》　53（下）
《外道小乘四宗论》　53（下）
外凡位　267（上）
外界实在论　233（下）
外境有论　233（下）
万法唯识　84（下）
王　31（上）
王山部　155,156,158,216（上）
王舍城　36（上）
往生净土　369（上）
《往生论》→《净土论》
妄境界　191（下）
妄识　123,179,241（下）
望月信亨　181（下）
微妙声佛　337（下）
为他比量　270,271,278,290,291（下）
《为他比量章》　279（下）
为自比量　270,271,278,290,291（下）
《为自比量章》　279,280,285（下）
唯　120（下）
唯识　92,100,120,136,154,158（下）
唯识百法　110,155（下）
唯识的教理　332（上）
120（下）
唯识的意义　120（下）
《唯识二十论》　103,109–111（下）
唯识佛教　5（下）
唯识观　120,123（下）

唯识观的进展 158（下）
唯识派 161（上）
92（下）
《唯识三十颂》 85,103,104,
109–111, 142,156,158,232（下）
《唯识三十颂释》 80,244,262（下）
唯识说 86,94,100,104,136,157,233,
277（下）
唯识思想 64,80,108,211,361（下）
唯识所现 133（下）
唯识性 120,141（下）
唯识性 159（下）
唯识修行 124,243（下）
唯物论 24,162（上）
唯心论 84,128,131,132（下）
唯心所现 132（下）
《维摩经》 332,357,373（上）
71–74,132,172,366（下）
梶芳光运 325,398（上）
梶山雄一 289,290（下）
未曾有法 101（上）
味 152（下）
文殊 372（上）
51（下）
文殊般若 374（上）
文殊菩萨 323,371,373,382（上）
337,351（下）
文殊菩萨的经典 371（上）
文殊师利 390（上）
330（下）
文殊师利法王子 371（上）
《文殊师利根本仪轨经》 341,355（下）
《文殊师利菩萨问菩提经论》 107（下）
《文殊师利问经》 159（上）
《文殊师利问菩提行经论》 111（下）
《文殊师利真实名经》 356（下）
文殊坛 352（下）
文殊为中心的佛教 374（上）
《文殊仪轨经》→《文殊师利根本仪轨经》
文献学派 283（下）
文字 315（下）
闻持陀罗尼 386（上）
326（下）
闻慧 272（上）
263（下）
问答分别 196（上）
我 219（上）
135,213（下）
我爱 152（下）
我痴 152（下）
我见 152（下）
我空 155（下）
我慢 152,382（下）
我所 64（上）
我执 153（下）
乌罗塞迦 288（上）
乌仗那 379,385,396（下）
《无碍解道》 176,215（上）

无比法 196,201（上）
无边旋陀罗尼 327（下）
无表色 205,248,249,250（上）
127（下）
无表业 248（上）
127（下）
无惭 254（上）
154（下）
无常力实体化 222（上）
无分别 46（下）
无分别智 393（上）
134,141,158,161,163（下）
无佛性 81（下）
无覆无记 150（下）
无覆无记心 213（上）
无功用行 393（上）
《无垢光》 401,403（下）
无垢识 121,159（下）
无行 348（下）
无记 62（上）
146,251（下）
无记业 252（上）
无间地狱 243（上）
无间缘 241（上）
《无尽意经注》 111（下）
无愧 254（上）
154（下）
无量光（——如来）337,338,362,382（下）
无量光佛 368（上）
《无量门微密持经》 327,355（下）
无量寿佛 368（上）
《无量寿经》 365（上）
164（下）
无量寿如来（——佛） 337,338, 362,
382（下）
无漏 78（上）
无漏法 203（上）
无漏界 160（下）
无漏律仪 251（上）
无漏善 252（上）
无漏业 252（上）
无漏智 269（上）
无明 72,75,233,243,259（上）
190–192,313（下）
无明业相 190（下）
无念德首 366（上）
无色界 229,258,275（上）
无色贪 258（上）
无上菩提 81（下）
《无上依经》 179（下）
无上瑜伽 219（下）
无上瑜伽部 380,401（下）
无上瑜伽乘 395（下）
无上瑜伽怛特罗 246（下）
无上瑜伽续 354–356,372,376,377,
402（下）
无生法忍 319,390,392（上）
无生忍 51（下）

无生智　273（上）
无识得因　274（下）
无始时来界　85（下）
无所有处　202,229,275（上）
无所有处定　36（上）
无为　203（上）
无为法　65,199,201,224,225,239（上）
108,156（下）
无畏山寺　165,169,170,171（上）
无畏山寺派→法喜部
《无畏注》　35（下）
无我　9,64（上）
83,125（下）
无我女　397（下）
无我说　217（上）
无相　386（上）
233（下）
《无相思尘论》　239（下）
无相唯识　217,230,233,234,245（下）
无相唯识派　215,233,237,238（下）
无相唯识说　215（下）
无想定　274（上）
154,156（下）
无想果　154,156（下）
无心睡眠　154（下）
无性　97,106,230,232,240（下）
无性有情　81（下）
无学道　264,265,266,269,272（上）
《无依虚空论》　105（下）
无因无缘论　27（上）
无忧→阿育王
无有爱　59（上）
无余涅槃界　81（上）
无余依涅槃　81（上）
160,161（下）
无愿　386（上）
无种性　80（下）
无住处涅槃　101,160,161（下）
无著　5,7,53,55,80,85,92,93,
95-106,161,165,176,177,210,215,
228,233,234,238,254, 259,289（下）
无著之著作　（下）
无自性之论证　218（下）
五比丘　44（上）
五部　161（上）
五部大乘经　66（下）
五部心观　360（下）
五藏　174,346（下）
《五次第》　387,393（下）
五大　390（下）
五大部　64（下）
五地　391（上）
五法→弥勒五法
五法藏　219（上）
五法藏说　332（上）
五法行　389（上）
五分法身　80（上）
49（下）

五分律 97（上）
五分作法 254（下）
五佛 246,361,382,383,391,392,403（下）
五盖 208（上）
五甘露 393（下）
五根 205（上）
149,162（下）
五供养妃 391（下）
五果 236,238,240（上）
五行 187（下）
五戒 78,250,388（上）
五境 266（下）
五俱的意识 267（下）
五论之颂 93（下）
五明处 253（下）
五明妃 383（下）
五尼柯耶 282（上）
五篇罪 90（上）
五趣 232（上）
五上分结 208,255（上）
五神通 392（上）
五十二心所 215（上）
五十音 332（下）
五识 266（下）
五识身的现量 266（下）
五事 113,150（上）
《五事品》 179（上）
五条袈裟 92（上）
五停心 266（上）
五位 223（上）
158（下）
五位七十五法 223（上）
五位说 179（上）
五味 70（下）
五下分结 208,255,261（上）
五相成身 343（下）
五性各别 77,80,81,243（下）
五因 239（上）
五阴盛苦 59（上）
五蕴 64,68,205（上）
382,383,390,392,402（下）
《五蕴论》 189（上）
103,104,108,109,111（下）
《五蕴论释》 241（下）
《五蕴论注》 245（下）
五蕴无我 45,64（上）
五智 246,361（下）
五种法 361（下）
五种种性 77（下）
五重成佛 343（下）
五重唯识 123（下）
五字陀罗尼 330,331（下）
五字咒法 330（下）
武邑尚邦 299（下）
舞蹈 347（上）
物质 205（上）
悟入 187（上）

—X—

西方世自在王佛 338（下）
西方无量寿佛 337,338（下）
西牛货洲 227（上）
西山住部 150,152,155,156,157,307,308（上）
西王山部 155,156（上）
《西域记》→《大唐西域记》
希腊人 289（上）
悉达多 31（上）
悉地 400（下）
悉有佛性 64,68（下）
锡兰传 112,122,153（上）
锡兰岛部 158（上）
锡兰上座部→分别说部
锡兰寺 309（上）
锡严派 172（上）
喜金刚 356,384,397（下）
喜金刚曼荼罗 397（下）
喜金刚续 395,396（下）
喜贤 359,370,377（下）
戏论 134（下）
戏论寂灭 45（下）
系 255（上）
细心 219（上）
83,126（下）
细意识 218（上）
贤护 372,396（上）
285（下）
《贤首菩萨品》 361（上）
《贤愚经》 125（上）
贤胄部 151,153,154,156,158,302,303（上）
显教 13（上）
显境名言 146（下）
显色 205,206（上）
《显识论》 110（下）
显示正义 188（下）
显现 142（下）
《显扬圣教论》 100,253,254（下）
《显正明论》 203（下）
现等觉 394（下）
《现观庄严论》 96,216,385（下）
《现观庄严论光明》 246（下）
《现观庄严论略释》 94（下）
《现观庄严论颂》 94（下）
《现观庄严论颂评释》 217（下）
《现观庄严论注》 217（下）
《现观庄严明》 216（下）
现行 190,242（下）
现行赖耶 148（下）
现行熏种子 142,242（下）
现量 253,254,262,266,268,269,278,279,283,290,291（下）
现量除分别 273（下）
现量得 162（上）
现量章 280,285（下）
现前 393,394（上）

现前僧伽 86（上）
现识 86（下）
相成身观 361,362（下）
相大 187（下）
相对朋无 255,258（下）
相分 121,147,236,237,262,266（下）
相互供养 365（下）
相互观待 44（下）
相互因待 48（下）
相见道 159（下）
相无性 141（下）
相无自性 84（下）
相续 218（上）
相续相 190（下）
相依性 69（上）
相应 214（上）
相应部 98,175（上）
相应部注 183（上）
相应无明 259（上）
相应因 214,237,238（上）
香 152（下）
香巴拉国 403（下）
想 64,216（上）
156（下）
想受灭无为 156（下）
想蕴 382（下）
《小部》 98,175（上）
小乘 144,166,326,327,380（上）
197（下）
小乘法教 327（上）
小乘教说一切有部 327（上）
小乘教徒 346（下）
小乘说出世部 327（上）
小乘寺 310,311（上）
小法山 308（上）
小烦恼地法 209,224,260（上）
小品 97（上）
小千世界 230（上）
《小胜乐续》 395（下）
《小王统史》 170,184（上）
《小止观》 181（下）
小注 216（下）
邪定聚 184（下）
邪命外道 24,137（上）
邪语 383（下）
胁尊者 185（上）
心 129–131（下）
心不相应 222（上）
心不相应行 220（上）
心不相应行法 208,224（上）
156（下）
心地 211,217（上）
心法 155（下）
心法智 175（下）
心加持 392（下）
心解脱 60,261,369（上）
心品转升 351（下）
心清净 262（上）

心清净次第 393,394（下）
心生灭门 187,188（下）
心所 213,214,215,225（上）
139（下）
心所的独立 216（上）
心所法 179,208,210,223（上）
心所说 216（上）
130,154（下）
心所有法 156（下）
心王 213,223（上）
139（下）
心相应 222（上）
心心所的相应 214（上）
心心所法的俱生 213（上）
心性本净 203,319,333,360,372,382（上）
70（下）
心性本净说 375（上）
《心障清净论》 53,216（下）
心真如门 187,188（下）
辛沙婆树 275（下）
新日王 102（下）
新萨婆多 187（上）
新世亲 104（下）
新学菩萨 391（上）
新因明 240,259,263,276,281（下）
信 264,270,369,370,388（上）
154,156,186,263,309（下）
信成就发心 184（下）
信的宗教 173（下）
信解 270（上）
158（下）
信解脱 264,265,369（上）
信拘 288（上）
信满成佛 360（上）
行 64,72,74,233（上）
行六波罗蜜菩萨 391（上）
行为的三种类 244（上）
行相 149,152,153,233,236（下）
行续 354,355,376（下）
行蕴 383（下）
形色 205,206,248（上）
性 71（下）
性爱 376,377,383（下）
性地 391,392,394（上）
74（下）
性决定 145（下）
性力 305,377,396（下）
性人 71（下）
性瑜伽 398（下）
修道 257,264,265,266,269,270（上）
修道论 266（上）
修多罗 101（上）
修行道阶位 262（上）
修行的进展 261（上）
修行生活 90（上）
修行信心分 187（下）
修慧 272（上）
263（下）

修惑 257（上）
修金刚心 362（下）
修菩提心 362（下）
《修习次第》 357（上）
214,349（下）
修习果 239（上）
修习位 124,158,243（下）
须达多 47（上）
须利耶苏摩 32,33,56,199（下）
须弥山 227（上）
须弥山说 227（上）
虚空 199,202（上）
虚空无为 156（下）
虚诳法 134（下）
虚妄分别 157（下）
玄奘 125,164,165,310,326（上）
8,12,14,16,18,20,34,65,79,95,230,
235,237, 243,345,348（下）
旋陀罗尼 326（下）
雪山 33（下）
雪山部→本上座部
雪山聚 207（下）
熏迦王朝 280（上）
熏习论 191（下）
巡礼地 398,399（下）

—Y—

言说 206（下）
岩本裕 351（上）
阎摩梨 285,286（下）
阎魔 227（上）
眼母 83（下）
眼识 155（下）
焰（地） 393,394（上）
《央掘魔罗经》 70,86,171（下）
鸯掘魔罗 318,319（下）
鸯掘魔罗护咒 317（下）
《鸯掘魔罗经》 318（下）
养因 239（上）
《药师经》 375（上）
《药师如来本愿经》 355（下）
野蛮人 290（上）
业 24,74,242,244,248（上）
213（下）
《业成就论》 108（下）
业的本质 247（上）
业的果报 125（下）
业的因果 243（上）
业的种类 251（上）
业感缘起 233,236（上）
业果论者 245（上）
业句义 213（下）
业论者 245（上）
业生说 333（上）
业识 191（下）
业说的起源 245（上）
业系苦相 190（下）
业相 86（下）

业种子 138,146（下）
夜摩天 228（上）
夜婆那 286（上）
一阐提 69,81（下）
一乘 76,77,172（下）
一法界 190（下）
一分说 148,237（下）
一佛乘 363（上）
一行 348,349（下）
一来 261,389（上）
一来道 263（上）
一来果 79,270,392（上）
一来向 79,270（上）
一切法 224（上）
《一切佛集会拏吉尼戒网瑜伽》 396（下）
一切行苦 71（上）
一切皆苦 71（上）
一切去 127（上）
一切如来 343（下）
《一切如来金刚三业最上秘密大教王经》 381（下）
一切如来真实摄 358（下）
《一切如来真实摄大乘现证三昧大教王经》 358（下）
一切如来之平等性 362（下）
一切义成就菩萨 343,361（下）
一切智性 209（下）
一切智者 214,288（下）
一切智智 348,349（下）
一切种智 338（上）
一生补处 338,371,382,390（上）
一生补处菩萨 391（上）
一说部 150,152,154,156, 157,202（上）
一味蕴 218（上）
83（下）
一向记 149（上）
一心 360（上）
一音说法 335（上）
一子地 74（下）
伊楼罗 301,305（上）
10,16,17（下）
伊斯兰教徒 5,9（下）
医方明 253（下）
医学 253（下）
依持 174（下）
依他起 137,233,234（下）
依他起相 84,133（下）
依他起性 101,122,123,133,134,137,140,141,180,242（下）
依他性 101,122,133（下）
依言真如 188（下）
依因 239（上）
依缘 241（上）
《遗教经》 68（下）
《遗教经论》 107（下）
《遗日摩尼宝经》 320,321,353（上）
71,72,132,172（下）

疑结　261（上）
已作　392（上）
已作地　391,394（上）
义成部　155,156,158,216（上）
义净　125,161,166,327（上）
9,87,197,198,238,276,345,348,
378（下）
《义释》　176（上）
义准量　253（下）
《异部分派解说》　126（上）
《异部解说集》　160（上）
《异部宗轮论》　112,125,150,159,189（上）
《异部宗轮论述记》　346（下）
异品　258–260（下）
异品遍无性　258（下）
异生性　156（下）
异熟　246（上）
异熟果　238,246（上）
异熟识　179（下）
异熟因　237,238,246（上）
异熟转变　146,150（下）
异喻　256,272,273（下）
易行道　369（上）
393（下）
《易行品》　40,53（下）
意　129–131（下）
意曼荼罗　354（下）
意识　149,151–155,160,162,190（下）
意识之流　125（下）
意业　247（上）
意志的自由　245（上）
因　239（上）
174,252,253,254,255,271–273（下）
因的三相　239,255,272（下）
因的三相说　240,259,282（下）
因的真理解说　290（下）
因分可说　359（上）
因根究竟的三句　349（下）
因果同时　142（下）
因论　252（下）
因明　252,253（下）
《因明大疏》→《因明入正理论疏》
《因明入正理论》　275（下）
《因明入正理论疏》　275（下）
《因明正理门论》　238,239,259,260（下）
因能变　146,147,242（下）
因施设　47（下）
《因一滴论》　276,280,282（下）
因缘　95,239,240,241,336（上）
因缘分　182（下）
《因缘心论颂》　36,41（下）
因缘依　140（下）
因转变　146,147（下）
音乐　347（上）
淫欲道　381（下）
引正王　34（下）
引正王王族　6（下）
饮光部　151,153,154,156,158,296,334（上）

印度佛教　3（上）
印度教　6（上）
6–8,15,17,21,26,323,357,404（下）
印度舞蹈　334（下）
印母　393（下）
印契　322,329,333,335,341（下）
印相　335（下）
影像　133（下）
影像门的唯识　84,133（下）
应机说法　8（上）
《应六波罗蜜经》　354（上）
应身　164,165,353（下）
用大　187（下）
优波底沙　183（上）
优波毱多　34,114,127,163,167（上）
优波离　34,48,94,114（上）
优波扇多　187（上）
优波提舍　34,107（下）
优留曼荼山　114（上）
优婆塞　45,84,284（上）
《优婆塞戒经》　87（下）
优婆夷　45,84,284（上）
优陀那　101（上）
《优陀那颂》　186（上）
优陀延　49（上）
优陀耶山　21（下）
忧波提舍　107（下）
犹豫　254（上）
《游行经》　68（下）
游行者　22（上）
友松圆谛　352（上）
有　72,234（上）
有爱　59（上）
有部→说一切有部
有部的教理　332（上）
有部的修道论　266（上）
有财王　280（上）
有顶　228（上）
有分　218（上）
有分识　218（上）
83,126（下）
有分心　218（上）
有覆无记　152（下）
有覆无记心　213（上）
有漏法　203（上）
有漏智　269（上）
有漏种子　162（下）
有情　384,390（下）
有为法　65,199（上）
有无中道　62（上）
有相　233（下）
《有相成就论》　287（下）
《有相集成》　287（下）
有相说　236（下）
有相唯识　230,233（下）
有相唯识派　215,233,238（下）
有相唯识说　234,235,288（下）
有学道　271（上）

有余依　161（下）
有余依涅槃　160,161（下）
有自性论　212（下）
幼日→鸠摩罗笈多
幼日王　10（下）
臾那　286（上）
瑜伽　37,42,273,328（上）
92,197,198,246,344,397,398（下）
瑜伽怛特罗　246（下）
瑜伽行　246（下）
瑜伽行派　161,162,166,328（上）
10,79,92,102,106,132,198,200,210,
228,246,265, 290,361（下）
瑜伽行派论师之年代　228（下）
瑜伽行者　268（下）
瑜伽行中观派　199,207,210,211,
246（下）
《瑜伽论》　93,96,98–100,135,157,
253（下）
瑜伽女　397–399（下）
《瑜伽师地论》　93,95,326（下）
《瑜伽师地论释》　245（下）
瑜伽续　354,355,360,371,376（下）
愚夫所行禅　86（下）
愚童凡夫心　351（下）
宇井伯寿　33,103,325（上）
32,37,97, 101,178, 181,230（下）
羽田野伯猷　406（下）
语加持　392（下）
语曼荼罗　354（下）
语业　247（上）
郁伽　49（上）
郁伽长者　396（上）
《郁伽长者经》　320,355,395（上）
40（下）
郁陀迦·罗摩子　36（上）
预流　79,261,389（上）
预流道　263（上）
预流果　79,270,392（上）
预流向　79,392（上）
域龙→陈那
欲　154（下）
欲箭清净句　371（下）
欲界　228,229,258,274,275（上）
欲界的烦恼　258（上）
欲贪　258（上）
喻　253–256,272（下）
《喻鬘论》　342（上）
御牧克己　289（下）
元晓　185（下）
原始般若经　325（上）
圆成实相　84,133（下）
圆成实性
101,122,123,133,134,139,141,180（下）
缘　69,236（上）
45（下）
缘觉→独觉
缘觉乘→独觉乘

缘起　65,67,69,72,202,236,375,393（上）
42,44,134,144（下）
缘起的世界　242（上）
缘起法　329（下）
《缘起经释》　111（下）
缘起门的唯识　84（下）
缘起说　241（上）
缘起无为　203（上）
缘起真如　202（上）
缘起支性　202（上）
缘欠不生　199（上）
缘已生法　67,68（上）
44（下）
远行（地）　393,394（上）
远续缘起　235（上）
愿　384（上）
愿生身　50（下）
愿生说　333（上）
愿性行　391（上）
月称　35,36,38,48,54,199,200,203,219,
220,264,369,378,386,387（下）
《月灯三昧经》　353,375,376（上）
月官　198,286（下）
月女　397（下）
云　337（上）
蕴护咒　317（下）

—Z—

《杂阿含》（经）　96,98,125,175（上）
《杂阿毗昙心论》　187（上）
105（下）
杂藏　165,175（上）
杂集藏　346（下）
杂密　322,345,355（下）
《杂譬喻经》　125（上）
《杂赞》　240（下）
在缠位的法身　70,78,189（下）
在家佛教　343（上）
在家菩萨　361,387,389,395,396（上）
40（下）
暂住　200（上）
《赞般若波罗蜜偈》　55（下）
赞佛乘　331,334,380,381（上）
赞佛乘的菩萨　381（上）
赞佛颂　335（上）
赞颂　240（下）
藏　367（上）
《藏论》　188（上）
《藏释》　178（上）
藏外　178（上）
早岛镜正　173（上）
择灭　199,202,203,239,269（上）
择灭无为　156（下）
贼住比丘　148（上）
增上果　238（上）
增上缘　240,241（上）
137,139（下）
《增一阿含经》　96,98（上）

增长 249（上）
126（下）
《增支部》 98（上）
《增支部注》 183（上）
栴檀树耳 52（上）
旃陀罗笈多二世 7（下）
旃陀罗笈多一世 6,102（下）
旃陀罗女 336（下）
占相 311（下）
《长阿含经》 96,97,228（上）
《长部》 97（上）
长部讽诵者 282（上）
长部注 183（上）
长井真琴 93（上）
《长老偈》 176（上）
长老尼偈》 176（上）
长尾雅人 97（下）
长者 45（上）
《掌珍论》 208（下）
《掌中论》 239（下）
招提僧 88（上）
遮伽拉王 25（下）
遮娄其王朝 15（下）
《遮罗迦本集》 252,253（下）
遮遣 271,272,288（下）
哲学的系统 284（下）
真谛 198（下）
真谛（人名） 80,93,102,104,109,161,
174,229,230,234,346（下）
真谛中道 48（下）
真见道 159（下）
真净法界 165（下）
真如 109,121,141,161,163,165,
187,188,192,242（下）
真如内熏 192（下）
真如无为 156（下）
真识 123（下）
真实 134,384（上）
《真实摄经》 355,358,377,380（下）
真实性 101,122,133,139,140（下）
真实言说 317（下）
真实义 244（下）
真实语 317–320（下）
真实之誓 317（下）
真实智 209（下）
真妄和合识 123,179,180,189（下）
真妄交彻 191（下）
真言 324,329,341（下）
真言乘 303（下）
真言道 332（下）
真言法尔 329（下）
真言教法 332（下）
真言句 326（下）
真言理趣 304（下）
正定 61（上）
正定聚 183,184（下）
正法 363（上）
正法藏 243（下）

正观唯识 123（下）
正见 61（上）
正觉 39（上）
正精进 61（上）
《正理渡津论》 282（下）
正理派 255,281（下）
《正理评释》 282（下）
正理随顺派 238（下）
《正理一滴论》 276,278,282（下）
《正理一滴注》 278,283,284（下）
正量部 9,151,153,154,156,158,161,165,166,181,200,219,298,327（上）
11,14,83,125,126,197（下）
正量部的传承 160（上）
正命 61,216（上）
正念 61（上）
正勤日王 102（下）
正思 61（上）
正学女 86（上）
正业 61,216（上）
正语 61,216（上）
证知 309（下）
证自证分 148,262（下）
支娄迦谶 315,316（上）
支提山寺 165,168（上）
枝末分裂 122,150,163（上）
《知识批判书》 276（下）
祇陀林寺派→海部
执藏 100（下）
执持 127（下）
执持识 82,149（下）
执金刚 304（下）
执取相 190（下）
执受 149（下）
直接经验 268（下）
直接认知 129（下）
止 78,267,386（上）
《止观门论颂》 109（下）
指鬘外道 49（上）
指鬘外道→鸯掘魔罗
至诚语 319（下）
制多窟 301,304（上）
制多山 120,150（上）
制多山部 150,152,154,156,157,306,346（上）
制多堂 301,308（上）
治齿咒 315（下）
治毒咒 315（下）
治腹内虫病咒 315（下）
治宿食不消咒 315（下）
智 269,272,384（上）
353（下）
智藏 199,200,207,211,220,388（下）
智度 356（上）
366（下）
智慧 201,384（上）
309（下）
智吉祥 284（下）

智吉祥贤　278,286（下）
智吉祥友　23,218,246,286,289（下）
《智吉祥友著作集》　287（下）
智见清净　263（上）
智句　385,396（下）
智句流　219,379,384–386（下）
智猛　68（下）
智身　285,362（下）
智生慧　23,204,218,220（下）
智相　190（下）
《智心髓集》　53,215,233（下）
智旭　185（下）
智顗　47,48（下）
智友　370（下）
智缘尽　203（上）
智月　229,232,245（下）
《中阿含经》　98（上）
《中边分别论》　93,96,103,104, 133,135, 177（下）
《中边分别论复注》　244（下）
《中边分别论释》　111（下）
《中边分别论颂》　94,96,109（下）
《中部》　98（上）
中部注　183（上）
中村元　33,55,314（上）
中道　45,62（上）
42,45–47（下）
中观　197,198（下）
《中观宝灯论》　208,210,233,236（下）
中观经量派　199（下）
《中观迷乱摧破》　53（下）
《中观明》　219（下）
《中观明论》　212（下）
中观派　161,162,328,335（上）
35,46,52,55,133,198–200, 215, 265,290,344,387,388（下）
中观随应破（——派）　200（下）
《中观心论》　215（下）
《中观心论颂》　208（下）
《中观心论注思择焰》　208（下）
《中观义集》　208（下）
《中观庄严论》　212,218（下）
中观自立量派　200（下）
中国　104（上）
中国撰述说　181（下）
《中论》　32,34,35,42,47,48,52, 133,134,199,202,203, 210（下）
《中论偈》　35（下）
《中论疏》　203（下）
《中论颂》　36,37,55（下）
《中论颂赞》　36（下）
中期大乘经典　64（下）
中期与后期的密教　376（下）
中千世界　230（上）
中台八叶院　351（下）
中有　232（上）
383,391,394（下）
种性地　71（下）

种姓　263,268（上）
种姓智　263,265（上）
种子　218,249（上）
74,82,83,127,140,142,145,149,190,
242,329,330（下）
种子的六义　145（下）
种子的转变　157（下）
种子赖耶　148（下）
种子曼荼罗　354（下）
种子生现行　142–144,242（下）
种子生种子　145,242（下）
种子识　127（下）
种子说　104（下）
众　397（上）
《众经撰杂譬喻》　125（上）
众圣点记　32（上）
《众事分阿毗昙论》　179（上）
众同分　220（上）
146,156（下）
众贤　187（上）
众学法　89（上）
舟桥尚哉　169（下）
咒　314,315,328,336（下）
咒藏　345,346（下）
咒句　326（下）
咒师　340（下）
咒术　6（上）
308,313,322（下）
咒术章句　316,328（下）
咒陀罗尼　386（上）
326（下）
咒文　310,312,320（下）
朱利槃特　50（上）
侏那　304（上）
珠瓶　286（下）
诸法实相　364（上）
44,45（下）
诸法无我　71（上）
诸佛之母　73（下）
诸行无常　71（上）
竺法兰　315（上）
主体的统一　217（上）
主有　379,400（下）
《住心品》　350（下）
注释（书）　178,182,189（上）
转变　142–144,146,147,150（下）
转变说　28（上）
转法轮　45（上）
《转法轮经忧波提舍》　107（下）
转法轮印　334,335（下）
转轮圣王　32（上）
转识　108（下）
转识得智　150,361（下）
《转识论》　109,110（下）
转相　86（下）
转依　101,110,121,157,159,289（下）
《转字轮漫荼罗行品》　354（下）
《庄严佛道论》　34（下）

《庄严经论释》 111（下）
幢 347（上）
幢首护咒 317（下）
椎尾弁匡 325,379（上）
资粮位 124,158,243（下）
自护慈念咒 315（下）
自护咒 315（下）
自加持次第 393,394（下）
自立 205（下）
自立的论证 205（下）
自立量（——派）
200,202,205,206,207,220（下）
自立派→自立量派
自利利他圆满 328（上）
自朋成 255,257（下）
自受用 164（下）
自受用身 166,167,363（下）
自受用土 166,167（下）
自受用智 101（下）
自说 101（上）
自体分 147（上）
自我 83,135,153,157（下）
自我的执着 243（上）
自我意识 153（下）
自相 198,200（上）
162,262,265,266,268（下）
自性 198,199（上）
174,212（下）
自性分别 267（下）
自性行 391（上）
自性清净 174（下）
自性清净藏 174（下）
自性清净心 77,203,219,269,360,
372,380（上）
70,74,86,161,171,180,219,361,362,
384,390,394,402（下）
自性身 101,164,165,167,285,352,363,
400（下）
自性因 274（下）
自在比丘 41（下）
自在军 276（下）
自在论证派→自立量派
自在神 212（下）
自在语称 23（下）
自在月 280（下）
自证 234,236（下）
自证分 147,148,236,237,262,266,
267（下）
自恣 87（上）
字轮 332（下）
字母 332（下）
宗 201（下）
宗法 257,259,260（下）
宗教的学派 289（下）
宗喀巴 199,207,402（下）
宗派 137（上）
鍐 330（下）
总持 386（上）

324,325（下）
总相念住　266,267（上）
足论　179（上）
最古的大乘经典　321,353（上）
最上欢喜　400（下）
《最上要义论颂》　94（下）
《最胜本初佛》　401,402（下）
《最胜乐出现续》　356,395,397,398（下）
最胜善　53（上）
最胜子→胜子
尊祐造说　27（上）
左道　305（下）
左道密教　305,356（下）
佐佐木月樵　100（下）
作坛法　339（下）
作意　156（下）

印欧语索引

（索引页码为日文原版页码）

A

Akṣobhya 356（上）
337, 338, 382（下）
Akutobhayā 35, 203（下）
akṣara 315（下）
ākāra 233（上）
Aṅguttara-nikāya 98（上）
acalā 393, 394（上）
Ajantā 305（上）
16（下）
Ajātaśatru 51（上）
Ajātasattu 51（上）
Aññāta-Kondañña 45（上）
Atīśa 23, 218, 378, 400（下）
Aṭṭhakathā 178, 189（上）
Aṭṭhaka-vagga 106（上）
Aṭṭha-garudhamme 49, 88（上）
attaparitta 315（下）
aṭṭhaṅgiko maggo 61（上）
adbhūtadharma 101（上）
Adyardhaśatikā 355（上）
Advayavajra 378, 400（下）
Adhyardhaśatikā 370（下）
ādāna-vijñāna 82, 127（下）
Ādinātha 389（下）
ādibuddha 402（下）
Ādibuddhoddhṛta-kālacakra 356（下）
adhiṭṭhāna 384（上）
adhipati-phala 238（上）
advaya 397（下）
anattan 64（上）
anādikālikaprakṛtiśuddha-nirvāṇa 160（下）
anaiyata-rāśi 184（下）
anāgāmin 261（上）
anātman 64（上）
anāsrava 203（上）
animitta 386（上）
anyāpoha 265（下）
ānanda 399（下）
Ānandagarbha 359（下）
Anaṅgavajra 400（下）
Anuruddha 185（上）
anuśaya 209（上）
anujāta 72（上）
anuttarayoga 355（上）
anuttarayoga-tantra 376（上）
anupalabdhi-hetu 274（上）
anumāna 236, 253, 262, 264（上）
anusmaraṇa-vikalpa 267（上）
anusaya 255（上）
antarābhava 232（上）
André Bareau 190（上）
Andhaka 156, 157（上）
Anūnatvāpūrṇatvanirdeśa-parivarta 78（下）
Antarvyāpti 289（下）
Apadāna 340（上）
Aparanta 105（上）
Aparamahāvinaseliya 308（上）
Apararājagirika 155, 156（上）
Aparaśaila 152, 157（上）
Aparaseliya 155, 156, 307（上）
apoha 270（下）
Apoha-nāma-prakaraṇa 284（下）
Apohasiddhi 287（下）

āptopadeśa 262, 263（下）
apratiṣṭhita-nirvāṇa 160（下）
appaṇihita 386（上）
apratisaṃkhyā-nirodha 199（上）
aprāpti 220（上）
abhaya-mudrā 334（下）
abhiññā 309（下）
Abhidharma-samuccaya 100（下）
Abhidharmasamuccaya-bhāṣyam 116（下）
Abhidharma-sūtra 80（下）
abhinirūpaṇā-vikalpa 267（下）
abhiṣeka 323（下）
Abhisamayālaṃkāra 94, 113（下）
Abhisamayālaṃkārakārikā-vārttika 217（下）
Abhisamayālaṃkāraśāstraṭīkā 217（下）
Abhisamayālaṃkārālokā 112（下）
abhūtaparikalpa 157（下）
abhrānta 274（下）
abbhūtadhamma 101（上）
ābhāsa 237（下）
Abhayagirivāsin 159（上）
Abhayagiri-vihāra 169（上）
Abhayagiri-vihāra-vāsin 165（上）
Abhidhamma 174, 192（上）
Abhidhamma-kathā 192（上）
Abhidhammatthasaṅgaha 185（上）
Abhidamma-piṭaka 178（上）
abhidhamma-bhājaniya 196（上）
Abhidhamma-mātikā 177, 194（上）
Abhidharma 174, 192（上）
Abhidharmakośabhāṣya 187（上）
Abhidharmakośavyākhyā 180, 188（上）
Abhidharmadīpa 188（上）
Abhidharma-pṭaka 174, 181（上）
abhimukhi 393, 394（上）
Abhirati 357（上）
abhiṣeka 390（上）
Abhiṣekatā 395（上）
abhisambodhi 39（上）
aitihya 253（下）
Amarāvatī 306（上）
Amitābha 368（上）
337, 338, 382（下）
Amitāyus 368（上）
382（下）
amarāvikkhepa 251（下）
Amoghavajra 382（下）
Amoghasiddhi 338, 383（下）
arahant 261（上）
ariya 61（上）
Arciṣmatī 393, 394（上）
Arcaṭa 286（下）
arthakriyā 270（下）
artha-dhāraṇī 326（下）
arthāpatti 253（下）
arhat 261（上）
Alakadeva 121（上）
Āṭānāṭiya 317（下）
avadāna 101, 336, 340（上）
Avanti 105, 110（上）
Avaragodānīya 227（上）
Avarokiteśvara 382（上）
Avalokitavrata 209（下）
avijñaptikarman 127（下）
avijñaptirūpa 127（下）
avipranāśa 126（下）
Avyavinirākaraṇa 286（下）
avyākata 251（下）
avijjā 72, 75（上）
avijñapti-karman 248（上）

avijñapti-rūpa 205, 248（上）
avidyā 75（上）
avipraṇāśa 249（上）
avivartika 369（上）
asura 232（上）
Aśoka 108（上）
286（下）
Aśvaghoṣa 334（上）
aṣṭamaka 392（上）
Aṣṭasāhasrikā-prajñāpāramitā 376（上）
asaṃskṛta-dharma 199（上）
Aṣṭasāhasrikāprajñāpāramitāvyākh-yā-Abhisamayālaṃkārālokā 216（下）
Asaṅga 7, 92, 99, 115, 289（下）
Asvabhāva 229, 240（下）
Asita 32（上）
Asoka 108（上）
Asokārāma 285（上）
asaṃkhatadhamma 65（上）
Assaji 46（上）
Ahogaṅga 111（上）
ākāśa 199（上）
Āgama 57（上）
āgama 253, 264（下）
ĀgamānusāriṇoVijñānavādinaḥ 238（下）
Ājīvika 137（上）
ātman 219（上）
Ānanda 48, 94, 114（上）
āyatana 68（上）
Ayodhyā 7, 93（下）
āraṇyāyatana 395（上）
Ārambha-vāda 28（上）
Ārūpya-dhātu 229（上）
Āryadeva 32, 39, 53, 386（下）
310（上）
Ārhata 30（上）
Āḷāra-Kālāma, Arāḍa-Kālāma 36（上）
ālaya 127（下）
ālayamudita 128（下）
ālayarata 128（下）
ālayarāma 128（下）
ālayavijñāna 81, 100, 110, 122, 179（下）
āloka 308（下）
āsava 77, 255（上）
āsrava 203（上）
āśrayaparāvṛtti 110, 121, 159（下）
aupamya 253（下）

B

Bactria 287（上）
bandhana 260（上）
Bapat, P.V. 191（上）
bala 384（上）
Bālāditya 9, 10, 102（下）
Bālāvatāratarka 291（下）
Bahulika 156（上）
Bahuśrutīya 152, 157（上）
Bahussuttaka 154, 156（上）
Bāvarin 50（上）
Bimbisāra 36（上）
bīja 218（上）
217（下）
Bimarān 296（上）
buddha 392（上）
Buddhagupta 28（下）
Buddhaguhya 349, 359, 384（下）
buddha-gotra 69, 71（下）
buddhadeśanā 264（下）
buddha-dhātu 69, 170（下）
Buddhapālita 35, 199, 202（下）
buddhaputra 72（下）

buddha-vaṃśa 170（下）
Buddhaśānta 231（下）
Buddhaśānti 384（下）
Buddhaśrījñāna 217, 385（下）
Buddha 30（上）
Buddhagayā 39（上）
Buddhaghosa 66, 170, 182（上）
Buddhacarita 334（上）
Buddhadatta 182, 215（上）
Buddhadeva 186, 291（上）
Buddha-dhātu 381（上）
Buddhāvataṃsaka 358（上）
Budhila 291（上）
Bu-ston 36, 112（下）
bobhicitta 382（上）
Bodhisattva 380, 392（上）
bodhisattva-gaṇa 85, 350, 397（上）
Bodhisattvapiṭaka 321, 353（上）
Bodhisattvayāna 328, 381（上）
Bodh-gayā 285（上）
Bodhicaryāvatāra 204（下）
Bodhipathapradīpa 218（下）
Bodhipathapradīpa-pañjikā 218（下）
Bodhibhadra 215, 233（下）
Bodhimaṇḍa 10（下）
Bodhiruci 231（下）
bodhisattvakṣānti-lābhāya dhāraṇī 326（下）
bodhisattvabhūmi 96（下）
Bodhisattvayogācāra-Catuḥśataka 54（下）
Bodhgayā 10（下）
Bauddha 30, 162（上）
bhakti 370（上）
Bhagavad-gītā 370（上）
Bhaṭṭiprolu 307（上）
Bhadrapāla 372, 396（上）
Bhadrayānīka 154, 156（上）
Bhadrayāīya 153, 158（上）
Bharhut 280（上）
Bhartṛhari 247（下）
bhāva 72（上）
bhavaṅga 218（上）
bhavaṅga-citta 218（上）
bhava-taṇhā 59（上）
Bhavya 126, 159（上）
bhavaṅga 83, 126（下）
Bhavasaṃkrānti 41（下）
Bhavasaṃkrānti-śāstra 36（下）
Bhavya 199, 202, 207（下）
Bhāvanākrama 214, 349（下）
bhāvanāmayī-prajñā 263（下）
Bhāvaviveka 56, 199, 200, 202, 207, 293（下）
Bhājā 304（上）
bhāṇaka 282, 303（上）
Bhāvanākrama 357（上）
bhāvanā-mārga 257, 270（上）
bhikkhu 45, 84（上）
bhikkhunī 49, 84（上）
bhikkhunī-saṃgha 85（上）
bhikkhu-saṃgha 85（上）
bhikṣu 45, 84（上）
bhikṣuṇī 84（上）
Bhikṣu-saṃgha 397（上）
Bhramaragiri 34（下）
Bhūcarī 397（下）
bhūmi 211, 394（上）

C

Candrakīrti 35, 48, 199, 203, 386（下）
Candragupta I 6（下）
Candragupta II 7（下）

74, 85, 363（下）
dhāraṇa 314（下）
dhāraṇī-mukhāṇi 331（下）
dhāraṇyāvartā 326（下）
Dhruvasena 13（下）
Diṅnāga 238（下）
Dignāga 229, 238, 289（下）
diṭṭhippatta 264（上）
Dīvyāvadāna 113, 125（上）
Dīgha-nikāya 97（上）
Dipaṃkara 337（上）
Dīpavaṃsa 112, 153, 184（上）
Dīpaṃkaraśrījñāna 218, 378（下）
Divyadundubhimeghanirghoṣa 338（下）
Divyāvadāna 81（下）
Duḍḍā 13（下）
Dundubhisvara 337（下）
dukkaṭa 89（上）
Dukkha-ariyasacca 59（上）
Dukkhanirodha-ariyasacca 60（上）
Dukkhasamudaya-ariyasacca 59（上）
Dundubhissara 121（上）
dūraṃgamā 393, 394（上）
Durveka Miśra 278（下）
dṛṣṭiprāpta 270（上）
deva 232（上）
Devadatta 48（上）
Devānampiya-Tissa 168（上）
desanā 66（上）
dravya 198, 222（上）
dṛṣṭānta 253, 256（下）
Dvādaśāṅga-dharmapravacana 100（上）
Dhanyākara 323（上）
dhamma 53, 94（上）
dhamma-kathika 95（上）
Dhammaguttika 154, 156（上）
dhammadhara 95（上）
dhamma-dhātu 70（上）
Dhammapada 58（上）
dhammapariyāya 95（上）
Dhammapāla 182（上）
Dhammarakkhita 120, 289（上）
Dhammaruci 155, 156, 169（上）
Dhammarucika 159（上）
dhamma-vijaya 131（上）
Dhammasaṅgaṇi 177, 194（上）
dhammānusārin 264（上）
Dhammuttariya 154, 156, 303（上）
Dharanikoṭ 306（上）
Dharmaguptaka 153, 158（上）
Dharma-cakra 44（上）
Dharmatrāta 186（上）
dharma-nidhyāti 135（上）
dharma-niyama 135（上）
dharmaparyāya 138, 389（上）
dharma-bhāṇaka 282（上）
Dharma-mahāmātra 135（上）
dharmameghā 393, 395（上）
dharma-yātra 134（上）
Dharmarājikā-stūpa 288（上）
dharmalakṣaṇa 200（上）
Dharmaskandha 180（上）
dharmānusārin 270（上）
Dharmottarīya 153, 158（上）
Dhātukathā 177（上）
Dhātukāya 180（上）
Dhānyakaṭaka 299, 306, 323（上）
dhāraṇī 375, 386（上）
303, 315, 324, 326（下）
dhūta 92（上）

Kālacakratantra 401（下）
kālacakra-yāna 304（下）
kalpa 303, 324（下）
kalpanāpoḍha 266（下）
Kalyānarakṣita 285（下）
kiriyavādin 245（上）
kilesa 77, 203, 254（上）
Kukkuṭika 157（上）
kumārabhūta 372（上）
kumāra-bhūmi 390（上）
Kumāralāta 342（上）
Kumāragupta 7（下）
Kumārila 8（下）
kuṇḍalinī 399（下）
Kurundaṭṭhakathā 182（上）
Kuṣāṇa 292（上）
Kusuluka 291（上）
kula 364（下）
krama 394（下）
kṛtajñatā 135（上）
kṛtāvī 392（上）
kṛtyānuṣṭhāna-jñāna 160（下）
kriyā 354（下）
Kṛṣṇācārya 388（下）
Koṅkana 17, 385（下）
Kosala 21（上）
Kaukuṭika 152, 154（上）
kliṣṭamanas 254（上）
151（下）
kleśa 203, 254（上）
kṣaṇika 235（上）
Kṣaṇabhaṅgasiddhi 287, 288（下）
Kṣaṇabhaṅgādhyāya 246（下）
Kṣaharāta 302（上）
kṣānti 267（上）
Kṣudraka-piṭaka 175（上）
Kṣudrakāgama 175（上）
Khandha-paritta 317（下）
Khecarī 397（下）
Khuddaka-nikāya 98, 175（上）

L

Lamotte, É. 54, 189（上）
Laṅkādīpa 168（上）
Laṅkāvatāra 376（上）
Laṅkāvatāra-sūtra 85（下）
Lampāka 296（上）
Lamotte 117（下）
Lam-rim 207（下）
Laghusaṃvara-tantra 395（下）
layana 301（上）
Lalitavistara 334, 376（上）
Lumbinī 32（上）
leṇa 300（上）
lekha 315（下）
Lévi 118（下）
Locanā 383（下）
Lokāyata 25（上）
lokasaṃvṛti-satya 43（下）
Lokeśvaramahādidyādhipati 382（下）
Lokeśvararāja 338（下）
Lokottaravādin 152, 157, 333（上）
Laukikāgratā 267（上）
lipi 315（下）

M

maṇḍala 323, 339, 340（下）
Makkhali Gosāla 24（上）
Magadha 21（上）
Majjhantika 119, 288（上）
Majjhima-nikāya 98（上）
majjhimā paṭipadā 45, 62（上）

Majhima 283（上）
Mañjuśrī Kumārabhūta 371（上）
Mathurā 106, 109, 291（上）
Madhurā 106, 109（上）
Madhyāntika 114, 119（上）
Madhyamakaratnapradīpa 208, 210（下）
Madhyamakaśāstra 36（下）
Madhyamakaśāstrastuti 36（下）
Madhyamaka-hṛdaya-kārikā 208（下）
Madhyamakārthasaṃgraha 208（下）
Madhyamakālaṃkāra 212（下）
Madhyamakālaṃkāropadeśa 218（下）
Madhyamakāloka 212, 219（下）
Madhyamakāvatāra 203（下）
madhyamā pratipad 46（下）
Madhyānta-vibhāga 94（下）
Madhyāntavibhāgaṭīkā 114, 244（下）
Mādhyamika 35, 52, 198（下）
Mādhyamika-Prāsaṅgika 199（下）
Mādhyamika-Sautrāntika 199,206（下）
Mādhyamika-Svātantrika 200（下）
manas 129, 131（下）
mano nāma vijñāna 110, 151（下）
Manorathanandin 250（下）
mano-vijñāna 151（下）
mantra 314, 324（下）
mantracaryā-naya 304（下）
marntra-dhāraṇī 326（下）
mantranaya 304（下）
mantrapada 326（下）
mantra-yāna 304（下）
Mañjuśrīmūlakalpa 341, 355（下）
manuṣya 232（上）
mama 64（上）
Mahākaccāna 104（上）
Malvania 277（下）
Mahākassapa 46（上）
Mahākāśyapa 114（上）
Mahākṣatrapa 291（上）
Mahācetiya 306（上）
mahādarśa-jñāna 160（下）
Mahāprajñāpāramitopadeśa 34,40（下）
Mahāyāna-viṃśaka 36（下）
Mahāyāna-viṃśikā 37（下）
Mahāyānsaṃgraha 99（下）
Mahāyānasūtrālaṃkāra 94, 115（下）
Mahāratnakūṭadharmaparyāya 66（下）
Mahāvajradhara 382（下）
Mahāvastu 319（下）
Mahāvairocana 322（下）
Mahātissa 169（上）
Mahādeva 112, 120（上）
Mahānāma 49（上）
Mahāpaccarī 182（上）
Mahāpajāpatī-Gotamī 32（上）
mahābhūta 206（上）
Mahā-Moggallāna 46（上）
Mnhāyāna 310, 326（上）
Mahāratnakūṭa 320（上）
Mahāvaṃsa 112, 153, 184（上）
Mahā-vagga 335（上）
Mahāvastu 230, 333（上）
Mahāvihāra 159, 168, 307（上）
Mahāvihāra-vāsin 165, 168, 309（上）
Mahāsaṃgīti 147（上）
Mahāsaṃgītika 154, 156（上）
Mahāsaṃghika 112, 147, 152,157（上）
MahāsaṃghikaVajjiputtaka 154（上）
Mahāsattva 380（上）
mahāsaṃnāha-saṃnaddha 385（上

Mahāsaṃnipāta-sūtra 375（上）
Mahāsuññatavādin 322（上）
Mahinda 120, 162, 168（上）
Mahiṃsāsaka 154, 156（上）
Mahīśāsaka 153, 158, 309（上）
Māmakī 383（下）
Mātaṅgi-pa 388（下）
mātikā 176, 177, 193（上）
Mātikā-dhara 177, 193（上）
mātra 120（下）
mātṛkā 193（上）
Mātṛceṭa 334（上）
Mādhyamika 161, 162, 328（上）
Māyā 31（上）
Māra-Pāpimant 38（上）
mithyā-rāśi 184（下）
Mihiragula 12（下）
Migadāya 44（上）
Milinda 178, 287（上）
Milindapañha 178, 287（上）
Miśraka-stotra 240（下）
mūrdhan 267（上）
Mūlasarvāstivādin 158, 167（上）
Megha 337（上）
mettā 384（上）
Menandros 178（上）
Meridarkh 289（上）
Meru 227（上）
Maitreya 371（上）
50（下）
Maitreyanātha 92, 289（下）
Maitreya-pañcadharma 94（下）
mokṣa 43（上）
Mokṣākaragupta 286, 290（下）
Mogaliputa 283, 285（上）
MoggaliputtaTissa 114（上）
moha 77（上）
moṣadharma 134（下）
Maurya 108（上）
mleccha 290（上）
mudrā 322（下）
Muktākumbha 286（下）
mūlagandha-kuṭī 11（下）
mūla-tantra 360（下）
Mūlamadhyamakakārikāḥ 35, 37（下）
Mūlamadhyamakakārikās 57（下）
Mūlamadhyamaka-vṛtti-Prajñāpradīpa 208（下）
Mūlamādhyamika 36（下）

N

nāḍi 395, 399（下）
Naṇḍūra 310（上）
naraka 30, 227（上）
Nāgasena 178, 287（上）
Nāgārjunakoṇḍa 306（上）
Nāgārjunikoṇḍa 308（上）
Nāgabodhi 198, 378, 386（下）
Nāgārjuna 32, 386（下）
nāma 73（上）
149（下）
nāmadheya 369（上）
nāmarūpa 72（上）
Nālandā 166（上）
8, 211（下）
Narasiṃhagupta 9, 10（下）
Nāsik 299, 301（上）
Nāropa 378, 388（下）
Nairātmyā 397（下）
naya 368（下）
naya-dvyardhaśatikā 368（下）

nigamana 253（下）
nikāya 96, 172（上）
197（下）
Nikāya-Buddhism 143（上）
nidāna 95, 336（上）
Niddesa 176（上）
nibbāna 43, 60（上）
nirākāra 215, 233（下）
nirākara-vijñānavāda 234（下）
Nirākāravijñānavādin 238（下）
niraya 80, 227（上）
nirmāṇa-kāya 164（下）
nirupadhiśeṣa-nirvāṇa 81（上）
160（下）
nirodha-dhamma 62（上）
nirvāṇa 43, 60, 81（上）
nirvikalpa 134（下）
nirvikalpa-jñāna 158（下）
niṣpanna-krama 384, 389（下）
niṣyanda-phala 228（上）
niṣyanda-kāya 167（下）
nissatta 66（上）
niyata-rāśi 184（下）
nīvaraṇa 255（上）
nemittika 311（下）
Netti-pakaraṇa 178（上）
Nerañjarā 37（上）
Neru 227（上）
Nyāyapraveśaka 275（下）
Nyāyabindu 276, 278（下）
Nyāyabinduṭīkā 278（下）
NyāyānusāriṇoVijñānavādinaḥ 238（下）

O

Obermiller 221（下）
Odantapura 22（下）
Odiyāna 398（下）
ogha 255（上）

P

pacanekāyika 282（上）
paccaya 69（上）
pacceka-buddha 44（上）
Padmavajra 400（下）
Padmasambhava 211, 378（下）
Pahārpur 20（下）
Pañcakrama 387, 389, 393（下）
Pañcanikāya 97（上）
Pāṇḍaravāsiṇī 383（下）
Paññatti 154（上）
Paññattivāda 150（上）
paññā-vimutti 60（上）
pakṣadharmatva 257（下）
paṭicca 69（上）
paṭiccasamuppanna-dhamma 68（上）
Paṭisambhidāmagga 176（上）
Paṭṭhāna 177（上）
Patika 190（上）
pabbajjā 85（上）
parama 380（上）
paratantra-svabhāva 122, 133（下）
Paramādibuddha 402（下）
paramānanda 400（下）
Paramārtha 229（下）
paramārtha-satya 43（下）
Paramārtha-saptatikā 103（下）
paramopāsaka 13（下）
paramopāsikā 13（下）
paramāṇu 198, 207（上）
Paramārtha-sat 198（上）
parasparāpekṣā 44（下）
parārtha-anumāna 270, 278（下）

pariṇāma 218（上）
Pariṇāma-vāda 28（上）
parinibbāna 80（上）
paribbājaka 22（上）
parikalpita-svabhāva 122, 133（下）
paritta 314, 315（下）
parittāṇa 311（下）
pariyatti 66（上）
pariyāya 95（上）
Parthia 287, 291（上）
paryavasthāna 257（上）
pavajita 307（上）
Pasenadi 47（上）
Pāṭaliputra 114（上）
Pāṭheyyakā 110（上）
Pātimokkha 88（上）
pāramitā 384（上）
365（下）
pāramī 384（上）
pārājika 86, 88（上）
Pārayanna-vagga 106（上）
Pārśva 185（上）
pārṣada 137（上）
Pāli 174, 189（上）
Pālibhāsā 189（上）
Pāḷi 189（上）
parinispanna-svabhāva 122, 133（下）
Pigrāhwā 53（上）
Piṇḍīkṛtasādhana 387（下）
Puggalapaññatti 177, 193（上）
Puṇḍarīka 401（下）
Puṇḍravardhana 20（下）
Puṇṇa 50, 105（上）
pudgala 166, 219（上）
126（下）
Pubbaseliya 155, 156, 307（上）
puruṣakāra-phala 238（上）
pustaka 389（上）
Puṣpa-girisaṃghārāma 20（下）
pūjā 137, 389（上）
pūrva-praṇidhāna 369（上）
Pūrvavideha 227（上）
Pūrvaśaila 157, 309（上）
pūrvapakṣa 209（下）
Peṭaka 188（上）
peṭakin 282（上）
Peṭakopadesa 178（上）
Potalaka 323（上）
18（下）
pramāṇa 235, 236, 253, 261（下）
Pramāṇaparīkṣā 284（下）
pramāṇa-phala 235, 236, 261（下）
Pramāṇavārttika 276, 279（下）
Pramāṇavārttikālaṃkāra 280（下）
Pramāṇaviniścaya 276, 278（下）
Pramāṇaviniścaya-ṭīkā 278（下）
Pramāṇa-samuccaya 236, 239,259（下）
prameya 236, 261（下）
Prakaraṇapāda 180（上）
prakṛti 77, 363（上）
212（下）
Prajñaptivādin 152, 157（上）
Prajñaptiśāstra 180（上）
prajñā 201, 272（上）
prajñāpāramitā 356（上）
prajñapti 47（下）
prajñā 46, 262, 365（下）
Prajñākara 289（下）
Prajñākaragupta 280, 285, 286（下）
Prajñākaramati 204, 218（下）

Prajñāpāramitā-naya 368（下）
Prajñāpāramitāpiṇḍārtha 239（下）
Prajñāpāramitāstuti 55（下）
Prajñāpāramitopadeśa 218（下）
Prajñāpradīpa 203（下）
Prajñāpradīpa-ṭīkā 210（下）
Prajñāpradīpa-mūlamadhyamaka-vṛtti 35（下）
praṇidhāna 384（上）
pratisaṃkhyā-nirodha 199（上）
pratijñā 201, 253, 256（下）
pratibhāsa 142（下）
pratītyasamutpanna-dharma 44（下）
pratītyasamutpāda 44（下）
pratītyasamutpāda-vyākhyā 111（下）
pratītyasamutpādahṛdaya 36（下）
Pratītyasamutpāda-hṛdaya-kārikā 41（下）
pratyakṣa 253, 262, 264, 278（下）
pratyaya 45（下）
pratyavekṣaṇā-jñāna 160（下）
pratyeka-buddha 44, 392（上）
Pratyekabuddha-yāna 381（上）
Pratyutpanna-samādhi 387（上）
pradhākarī 393, 394（上）
Prabhābuddhi 283（下）
prabhāsvara 389, 394（下）
pramuditā 393, 394（上）
Prasthānabheda 162（上）
Prākrit 365（上）
Prātimokṣasūtra 88（上）
prāpti 220（上）
prapañca 134（下）
prapañca-upaśama 45（下）
prasaṅga 200（下）
Prasannapadā 35, 48, 201, 203（下）
Prāsaṅgika 200（下）
pravicaya 262（下）
preta 80, 232（上）
phassa 72（上）
pīṭha 398, 409（下）

R

Rajula 291（上）
Ratnakūṭa 374（上）
Ratnakīrti 218, 286, 287, 289（下）
Ratnakīrtinibandhāvalī 288（下）
Ratnakūṭa 72（下）
Ratnaketu 337, 338, 382（下）
Ratnagiri 21（下）
Ratnamati 229, 231（下）
Ratnavajra 286（下）
Ratnasambhava 338, 382（下）
Ratnākaraśānti 218, 286, 287, 289, 378（下）
Ratnāvalī 34, 36（下）
Rājagirīya 155, 156, 158（上）
rājan 31（上）
Rājyapāla 22（下）
Rāhula 34（上）
Rāhulabhadra 40, 55（下）
Rāhulaśīlabhadra 25（下）
Rāhula Sāmkṛtyāyana 170（下）
Ravigupta 285（下）
rūpa 64, 74, 205（上）
Rūpa-dhātu 228（上）
rūpa-prasāda 207（上）
Ṛevata 111（上）
Robinson 36（下）
Rosen, V.S. 190（上）
ṛṣi 44（上）

S

saḷāyatana 72（上）
Sahadeva 121（上）
sahabhū-hetu 214, 237（上）
Sāṃketika 201（上）
Sāgariya 170（上）
Sāgalika 159（上）
Sāgaliya 155, 156（上）
Sāñcī 281（上）
Sāṇavāsī 111（上）
sacca-kiriyā 317（下）
Saddharmapuṇḍarīkastava 55（下）
sādhu 134（上）
sādhumatī 393, 394（上）
sāmaṇera 47, 85（上）
sāmaṇerī 85（上）
Samantabhadra-sādhana 386（下）
samatā-jñāna 160（下）
sāmānya 269（下）
sāmānyalakṣaṇa 265（下）
Saṃbandha-parīkṣā 277, 281（下）
sambhava 253（下）
saṃbhoga-kāya 163, 164（下）
saṃdhi 82（下）
Saṃdhinirmocana-sūtra 79（下）
Sāṃmitīya-śāstra 181（上）
Saṃtānāntara-siddhi 277, 281（下）
Samudragupta 7（下）
Śāntarakṣita 211, 285（下）
Sāntideva 204（下）
Śāntirakṣita 196, 206, 211, 283（下）
Śātavāhana 34（下）
Sāramati 177（下）
Sāriputta 46（上）
Sārnāth 44, 285（上）
sahaja-yāna 304, 407（下）
sahajānanda 400（下
Sautrāntika-Mādhyamika 206（下
Sautrāntika-Yogācāra 245（下
sāvaka 83（上
Sāsanavaṃsa 184（上
sāsrava-dharma 203（上
Satyadvaya 211（下
satya-vacana 317, 319, 320（下
satya-vākya 317, 319（下
sapakṣe sattvaṃ 257（下
sākāra 215, 233（下
sākāravijñāna-vāda 236（下
Sākāravijñānavādin 238（下
Sākārasiddhiśāstra 287（下
Schmithausen 117（下
siddha 400（下
siddhi 400（下
sikkhamānā 86（上
Siggava 115（上
Siddhatthaka 155, 156（上
Siddhārthika 158（上
Siṃhara 168（上
sīmā 87（上
sīla 86（上
śikṣā 204（下
Śikṣāsamuccaya 204（下
Sīhaḷavihāra 309（上
Śīlabhadra 229（下
Śubhakaragupta 286（下
Śubhākarasiṃha 348（下
Sukhāvatīvyūha 366（上
suññatā 386（上
sutta 101（上
Suttanipāta 50（上
suttanta 95（上

ttanta-bhājaniya 196（上）
ttantika 95, 282（上）
ttantika-mātikā 194（上）
tta-piṭaka 57, 97（上）
tta-bhājaniya 177（上）
tta-mātikā 177（上）
ttavāda 155, 156（上）
ttavibhaṅga 95（上）
nya 43（下）
nyatā 47（下）
nyatā-prayojana 47（下）
nyatārtha 47（下）
nyatāsaptati 36（下）
datta 47（上）
durjayā 393, 394（上）
hṛllekha 36（下）
nāparanta 50（上）
mati 337（上）
meda 337（上）
meru 227（上）
tra-samuccaya 36, 204（下）
ryasoma 32（下）
varṇaprabhāsa 376（上）
varṣaka 153, 158（上）
varṇaprabhāsottama-sūtra 87（下）
tra 94, 101（上）
khābhisambodhi 394（下）
khābhisambodhi-krama 393（下）
ṭhi 22, 45（上）
niya Bimbisāra 46（上）
āpatti 261（上）
mapura 20（下）
naka 115（上）
adhiśeṣa-nirvāṇa 160（下）
trāntika 153, 158, 161, 162（上）
stūpa 143, 395（上）
Sthavira 152, 158（上）
Sthaviravāda 112（上）
srotāpatti 261（上）
svabhāva 198（上）
svalakṣaṇa 198（上）
Shinkot 288（上）
Skandagupta 10（下）
Śata-piṭaka 376（上）
śamatha 78, 267, 386（上）
śarīra 53, 143（上）
Śākyamuni 31（上）
Śāṇakavāsī 114（上）
Śātavāhana 279, 299（上）
Śālistambasūtra 375（上）
Śikṣāsamuccaya 353（上）
śīla 86（上）
śuklavidarśana 392（上）
śūraṅgama-samādhi 356（上）
śauca 134（上）
śraddhā 369（上）
186（下）
śraddhādhimukta 270（上）
śraddhānusārin 270（上）
śramaṇa 23（上）
śrāvaka 83（上）
śrāvakabhūmi 96, 113（下）
Śrāvaka-gotra 268（上）
Śrāvakayāna 144, 328, 381（上）
Śrāvakasaṃgha 350（上）
Śrīgupta 199, 200, 211（下）
Śrīmālādevīsimhanāda-sūtra 76（下）
Śrīparvata 308, 322（上）
34（下）
śrutamayī-prajñā 263（下）

śruti 214（下）
śreṣṭhin 22（上）
srhirabhāva 213（下）
Sthiramati 13, 114, 210, 229,244（下）
Sthirasiddhidūṣaṇa 288（下）
Ṣaṭpāramitā 321, 383（上）
Ṣaṇḍagiriya 158（上）
Ṣaṇṇagarika 153, 158（上）
Saṃkusumitarāja 338（下）
Saṃvara 395, 398（下）
Saṃvarodaya 356（下）
Saṃvarodaya-tantra 395（下）
saṃvitti 237（下）
syādvāda 213, 251（下）
svatantra-anumāna 205（下）
svataḥ-prāmāṇya 214（下）
svabhāvavikalpa 267（下）
svabhāva-hetu 274（下）
svalakṣaṇa 265（下）
svasaṃbhoga 164（下）
svasaṃvitti 236, 237（下）
svasaṃvid 234（下）
svasaṃvedana 147, 237（下）
svasti 316（下）
Svātantrika 202（下）
svādhiṣṭhāna-krama 393（下）
svābhāvika 212（下）
svābhāvika-kāya 164（下）
svābhāsa 121, 147, 237（下）
svārtha-anumāna 270, 278（下）

T

taṇhā 59, 72（上）
tantra 354（下）
Tantras 303（下）
Tatia 116（下）
Tatiya-saṃgaha 148（上
Tathāgataguhyaka 376（上
tathatā 121, 187（下
tathāgakakula 71（下
tathāgata-garbha 70, 170（下
Tathāgatagarbhasūtra 75（下
Tāntric Buddhism 303, 305（下
tathāgatagotra 74, 170（下
tathāgata-dhātu 74, 85, 170, 172（下
Tattvaratnāvalī 406（下
Tattvasaṃgraha 283, 355, 358,377（下
Tattvasaṃgrahakārikā 212（下
tattvasya lakṣaṇam 44（下
Tattvārtha 244（下
tanu 392（上
Tambapaṇṇī 168（上
Tāmraśātīya 158（上
Takasaki, J. 193（下
takka 252（下
takkin 252（下
Tāranātha 36（下
Tārā 345, 383（下
tarka 252（下
Tarkabhāṣā 290（下
Tarkasopāna 291（下
Ti-piṭaka 174（上
tiracchāna-vijjā 311（下
tiryañc 232（上
toraṇa 280（上
Trimśikā 109, 118, 142（下
Trimśikāvijñapti-bhāṣya 244（下
Tripiṭaka 174（上
Triśatikāyāḥ 115（下
Trisvabhāvanirdeśa 110（下
Triskandhaka 321（上

Vasumitra 151, 186, 188, 332（上）
104（下）
Vasu 32（下）
Vaibhāṣika 158, 161, 162（上）
Vibhūticandra 280（下）
Vairocana 359（上）
vyākaraṇa 101, 337, 381（上）
Vaidalya 36, 38（下）
Vājiriya 155, 156（上）
Vātsiputriya 153, 158（上）
vāyu 395（下）
Vāyumaṇḍala 230（上）
Vmutkisena 216（下）
Vijñānakāya 180（上）
Vijñānāstitvavādin 161（上）
Viṃśatikā 109, 118（下）
Vimalaprabhā 401（下）
viññāṇa 64-72（上）
vinaya 53-94（上）
vinayadhara 95（上）
Vinaya-piṭaka 57, 97（上）
Vinaya-mātṛkā 195（上）
Vinayasaṃgiti 146（上）
Vinītadeva 160（上）
278, 284, 285（下）
vipaśyanā 78, 267, 386（上）
vipassanā 78（上）
vipāka-phala 238（上）
vipākahetu 237（上）
vipakṣe ’sattvam eva 258（下）
vibhaṅga 196（上）
Vibhaṅga 177（上）
Vibhajjavāda 170（上）
Vibhajjavādin 149（上）
vibbajjhavāda 123（上）
Vibhajyavāda 309（上）
Vibhajyavādin 158（上）
vibhava-taṇhā 59（上）
vidyā 310（上）
vidyākaraśānti 290（下）
vidyā-dhara-piṭaka 345（下）
vidhi 324（下）
vimrālā 393, 394（上）
Vimalakīrtinirdeśa-sūtra 357（上）
vimutti 43（上）
Vimuttimagga 183, 191（上）
vimokkha 43（上）
Vinaya-sūtra 245（下）
vīra 398（下）
viramānanda 400（下）
viriyavādin 245（上）
viśeṣa 218（上）
visaṃyoga-phala 238（上）
Visākhā-Migāramātā 47（上）
viṣayādhigati 236（下）
viṣayādhāsa 121, 147, 237（下）
Visuddhimagga 171, 183, 191（下）
viśuddhi-pada 371（下）
Vigrahapāla 22（下）
Vigraha-vyāvartanī 36（下）
vihāra 301（下）
vijñaptimātra 92, 154（下）
vijñaptimātratā 120, 141（下）
Vijñaptimātratāsiddhi 109, 118（下）
vijñāna 129（下）
vijñānapariṇāma 110, 142, 242（下）
Vijñānavādin 92（下）
Vijñānavādinaḥ 238（下）
vijjā 310（下）
vikalpa 45, 48, 267（下）

kramaśilā 23（下）
kramāditya 10, 102（下）
tarāga 392（上）
tulyaka 322（上）
tullaka 159（上）
tullavāda 170（上）
danā 64, 72（上）
dalla 101, 357（上）
dikā 280（上）
yyākaraṇa 101（上）
sālī 109（上）
tter 279（下）
ipulya 101, 357（上）
ddhācārya 105（下）
avahāra 206（下）
avahārasiddhi 36（下）
ākhyāyukti 109（下）
āpti 260（下）
āptinirṇaya 288（下）

W

aldschmidt 190（上）
ogihara 113（下）

Y

b-yum 397（下）
vana 286（上）
ma 227（上）
maka 177（上）
māri 285, 286（下）
śomitra 180, 188（上）
na 328（上）
rkand 56（下）
ga 23, 37, 42, 255, 273（上）
92, 344, 354（下）
gācāra 161, 162, 328（上）
92, 132, 198（下）
Yogācāra-bhūmi 95, 113（下）
yogācārabhūmi 115（下）
Yogācāra-Mādhyamika 199, 207,
211, 246（下）
Yogāvatāra 239（下）
yoginī 398（下）
yona 286（上）
Yuktiṣaṣṭikā 36, 37（下）
yuganaddha 397（下）
yuganaddha-krama 393（下）

出版后记

《印度佛教史》，原著由东京春秋社出版，于1974年、1979年分别出版了上、下两册。台湾商周出版社引进版权后，聘请东京大学印度哲学研究所的庄昆木先生进行了中文翻译。

现在，非常荣幸，后浪出版公司能将这本由日本卓越的佛教学者平川彰先生所写作的印度佛教通史带给中国大陆的读者。后浪出版公司本次出版，引进的是台湾商周出版社2004年第二版的版本。该译本忠实于原著，译文简洁，译者具有相关的专业背景。另外，此次出版，还聘请了陈志远博士对日文原版、英文版和台版等版本做了校对，力求尽可能地以专业、完善的面貌面世。

庄先生的译文多承留了日文原文中的汉字，如「忍可」「途中」「成立」，还有一些佛学术语，如「止住」等，这些词汇渊源有自，与中国古典文化、佛教文化联系紧密，耐人寻味，或已成为译者的语言文字风格，本版一并存留。但是个别译词可能与中国大陆读者一般的语言文字习惯相龃龉，如“それぞれ”译作“个别”——虽然“个别”一词在《现代汉语词典》（第六版）中有“（1）副词：单个儿；各个；（2）形容词：极少数；少有”两个义项，这里应取“各个”的意义解。此外，对同一原文译者根据不同的语境采取了不同的译法，或如“罽宾”“迦湿弥罗”“克什米尔”，“型态”“形态”等，也请读者留意。

在整体保留译者的文风的基础上，为了便于读者更好地理解原意，校对者及编者在正文和注释中作注、下按语等。书中个别见仁见智之处，编者注出了原文，或在正文中，以“「 」”等标注出日文原文，供读者理解并做进一步的思考。总体来说，本版译文的特点，是在尊重著者原意的基础上，基本保留译者的译文风格。

本书的编辑历时大半年，在编辑过程中得到了校对者陈志远先生和同行友人的诸多帮助，特别要感谢郎旭冉女士，在日语原文的问题方面给予了慷慨的指教。由于编者佛学素养、日语水平有限，难免存在错漏，敬请读者朋友不吝指正。

本书中，注释中的日本人名、书名与文章名等，均用日文的汉字；参考书目一般以日文和英文原文著录。另外，为了读者检阅日文原版书时方便，本书作了边码标注出原版书的对应页码。由于原书采取的节后注的形式在本次出版中改为置入正文中的对应位置，故原书节后注的页码在本版中无法标注，这部分的边码会出现不连贯等现象，亦请读者注意。

服务热线：133-6631-2326　188-1142-1266

读者服务：reader@hinabook.com

后浪出版公司

2018 年 8 月

图书在版编目（CIP）数据

印度佛教史 /(日)平川彰著；庄昆木译. -- 北京：北京联合出版公司，2018.7（2024.3 重印）

ISBN 978-7-5596-2153-5

Ⅰ.①印… Ⅱ.①平… ②庄… Ⅲ.①佛教史—印度 Ⅳ.① B949.351

中国版本图书馆 CIP 数据核字 (2018) 第 114944 号

INDO BUKKYO-SHI Volumes1&2，*New Edition* by Akira Hirakawa

Original Japanese edition published by Shunjusha Publishing Company.

This Simplified Chinese edition published by arrangement with Shunjusha Publishing Company，Tokyo in care of Tuttle-Mori Agency，Inc.，Tokyo Through Bardon-Chinese Media Agency，Taipei.

地图审图号：GS（2018）1792

印度佛教史

著　　者：［日］平川彰

译　　者：庄昆木

出 品 人：赵红仕

选题策划：后浪出版公司

出版统筹：吴兴元

责任编辑：刘　恒

特约编辑：王晓静　陈顺先　林立扬

营销推广：ONEBOOK

装帧制造：墨白空间・曾艺豪

北京联合出版公司出版

（北京市西城区德外大街 83 号楼 9 层　100088）

北京盛通印刷股份有限公司印刷　新华书店经销

字数 569 千字　655 毫米 ×1000 毫米　1/16　39 印张

2018 年 10 月第 1 版　2024 年 3 月第 7 次印刷

ISBN 978-7-5596-2153-5

定价：128.00 元
